国家社科基金后期资助项目
出版说明

后期资助项目是国家社科基金设立的一类重要项目,旨在鼓励广大社科研究者潜心治学,支持基础研究多出优秀成果。它是经过严格评审,从接近完成的科研成果中遴选立项的。为扩大后期资助项目的影响,更好地推动学术发展,促进成果转化,全国哲学社会科学工作办公室按照"统一设计、统一标识、统一版式、形成系列"的总体要求,组织出版国家社科基金后期资助项目成果。

全国哲学社会科学工作办公室

国家社科基金
GUOJIA SHEKE JIJIN HOUQI ZIZHU XIANGMU
后期资助项目

秦汉政权
合法性理论的
建构与演变

高海云　著

上海三联书店

目　录

绪　　论

秦汉时代，是中国社会的转型期，也是中国文化的整合期。在激荡的社会变革与政治斗争过程中，弥漫着有关天命与正统理论的塑造、更新与论争。古代政权若想长期地维系统治，不仅需要强大的行政官僚体系、政治经济实力和完善的制度设计，还需要获得思想理论的支撑。"天命所在"关涉到政权与君主的统治合法性问题，政治权力的传承正统性则关涉到谁能掌握国家核心权力。"在社会民众眼中，只有具备了高度接受率和普遍认同度的政权，权力才能变成权威，秩序才能变成现实，服从才能变成义务，政权才具备合法性。"①对于天命与正统理论体系的建构、论证、改造、宣传与争夺，成为秦汉时期政权更迭、权力斗争中不可避免的政治活动。政治权威与天命绑定在一起，政权的合法性便神圣不可侵犯。为此，梳理先秦秦汉时期"天命观"的演变历程，考察帝制时代早期诸政权的天命与正统观念，对于探索秦汉时代政权合法性理论的建构与演变、政治与学术之间的互动关系、权力运作的内在思想机制以及士人价值取向的变迁，有着至关重要的研究价值。

秦汉学术的特点，是思想与现实政治相互作用、紧密联系，在学术上具有综合性、神秘性，在思想上以天人关系、古今历史系统问题为关注的中心，围绕现实问题，为政治需要服务。天，是中国古代政治哲学与历史中最高的存有概念，由天所引申出的天道、天命问题也是中国哲学中极具重要性的主题。秦汉时期"受命改制"思潮的兴起并不是偶然事件，它的出现有多方面的原因。这其中既有社会危机的冲击因素，也与频繁的灾异和符命所催动的士人政治抉择有关，更是由各方势力利用"天命"、宣扬"正统"以博得政治资本的动机所驱动，其间还夹杂了经学的谶纬神学化与方士化儒生的鼓吹。可以说，秦汉时代的天命观，参与到了皇位继承、政权更替、军阀割据、农民运动、灾异物候、天文历法、封禅礼制、宗教文化、意识形态、价值观念等诸方面之中，对于汉代以后的政治生活也产生了极其深远的影响。

---

① 汪文学：《正统论》，西安：陕西人民出版社，2002年，第3页。

关于先秦秦汉时期的"受命"思想与政权合法性问题的探讨,关涉到思想与政治的互动、理论与实践的统一、历史与逻辑的结合。"中国古代思想家的最大特点是以治国理民为己任,以政治与伦理为核心。"①思想者诠释与创造的理论学说,虽是主观思考的结果,却以客观存在为基础。他们处于各自不同的社会结构中,受到自身阶级、阶层抑或是群体利益的影响,不自觉地会从各自既定的阶层立场、价值取向出发,阐释其理解或想象中的思想内容。即便是继续使用前人使用过的概念、观点、范畴来表达自己的思想,也不可避免地渗入新的思想基因,夹杂着思想家个人及其所处时代的社会属性,表达着他们的时代诉求。思想者所创造和阐释的思想内容,尽管有可能包含超越时代的诉求,但其基本立场和观点不可能完全脱离思想者所处的时代因素,也不可能跳出其所处阶层的价值观念和理想追求。为此,思想史研究需要将"思想"与"社会实践"相统一。既要考察"思想"产生的社会基础,也要看到思想者如何践行其思想的行为以及践行的效果;既要全面把握思想家的思想体系,认识其历史价值和现实价值,又要系统分析思想与社会之间的互动关系,"将思想者置于特定的历史环境下考察其思想形成的社会基础和历史基础,力戒就思想论思想之弊"②。惟此,方能在"求真"的基础上,洞悉历史与社会变迁的趋势、规律和根源,跳出任何政治的、价值的、目的论的预设,冷静、客观、谨严、理性、科学地展开历史研究。

一、"天命""正统"与政治神话

在中国古代社会,皇权的合法性、正统性主要来自"天"的授意。这是古人不能抗拒、必须遵从的最高意志。从殷商时代的"神佑王权"、周代的"王权天授",到秦汉时代的"五德终始",对于政权合法性、正统性、正当性的论证方法和理论阐释始终是中国古代政治思想史研究的核心论题。正统性,在中国古代是指一个王朝的统治,除了依靠武力之外,还必须获得天命神权的肯定、宗法血缘的合规、社会成员的认同,其政权才能稳固。"正统关注的是国家政权在历史顺序中的合理性和现实格局中的合法性的问题。它把统治者对天下的治权和宗法因素、天道因素捆绑在一起,认为只有与圣王之治一脉相承的王朝才是合乎自然运行法则的王朝,才具有历史的合理性和现实的合法性。"③正统性贯穿着君权的唯一性、独断性特质,它既是历史系

---

① 臧知非:《史学视域中的思想史研究》,《史学月刊》2018 年第 1 期,第 9 页。
② 臧知非:《史学视域中的思想史研究》,《史学月刊》2018 年第 1 期,第 12 页。
③ 杨权:《新五德理论与两汉政治——"尧后火德"说考论》,北京:中华书局,2006 年,第 11 页。

统,也是政治观念;既是宗法原则,也是制度规则及其实践。为宣示现实政权的正统性,君臣、学者就需要在思想领域内进行理论创造,并将其阐解的理论推布于社会大众。政权正统性的思想基础在古代主要是君权神授的"天命论",这也是政权合法性的理论基础。"从政治权力之角度讲正统,分析政治权力之正伪问题,实质上就是讨论政治权力的合法性问题。"①"任何一个国家的建立,首先将面临政治权力的合法性问题。"②梁启超谓:"言正统者,以为天下不可一日无君也,于是乎有统。又以为'天无二日,民无二王'也,于是乎有正统。统之云者,殆谓天所立而民所宗也。正之云者,殆谓一为真而余为伪也。"③这就意味着,正统性立足于君主是"天所立而民所宗"的一人(一姓),其余则是"伪"。"正统论"的作用是将现实社会的政治权威分为正统与非正统两种,从而提供有关正统王朝的单线"书写"路径,贬抑、罢黜非正统王朝的历史地位。陈侃理认为正统王朝的认定,有三项标准:"一是唯一性,即独享'天下'的最高统治权;二是连续性,即与此前的正统王朝在时间上前后衔接,或在法统上存在联结;三是正当性,即其建立和统治都应该合乎道义。"④王健文认为它是一种价值中立的形式,以特定时空下多数人的认识为依归。⑤ 换言之,正当性是指一个王朝的大多数民众对于政权的认可。"对皇权正当性的论证,包括对作为整体的皇权统治正当性的原则性探讨,以及对皇位继承或转移(改朝换代)理据、方式、过程正当性的普遍规则乃至具体案例认受性的讨论。"⑥这种关涉皇权正当性的论证,在中国古代(尤其是先秦秦汉)主要体现为传统史学家所言的"正统性",而"正统性"的论证途径又与"天命"和"血缘"密切相关。"天命",即上天之命。汉代士人谈论的天命,核心是"受命于天"的政治神话。曾德雄认为"所谓受命,就是受天之命而王天下"。⑦ 冷德熙进一步解释曰:"所谓受命,指每位圣人为王,事先都有天帝使黄河神马(或龙马、神鱼、凤凰、神雀)授予河图,或洛河神龟负出洛书,以作天命神权的依据。"⑧"天命"观念,不仅是一个关涉到政权合法性、正统性、合理性、正当性、正义性的问题,而且也是影

① 汪文学:《再论中国古代政治正统论》,《贵州文史丛刊》1998年第6期,第29页。
② 汪文学:《正统论》,太原:陕西人民出版社,2002年,第3页。
③ 梁启超:《论正统》,《饮冰室全集》,台北:文化图书公司,1969年,第617页。
④ 陈侃理:《如何定位秦朝——两汉正统观的形成与确立》,《史学月刊》2022年第2期,第5页。
⑤ 王健文:《奉天承运——古代中国的"国家"概念及其"正当性"基础》,台北:三民书局股份有限公司,1995年,第14页。
⑥ 吕宗力:《汉代的谣言》,杭州:浙江大学出版社,2011年,第304页。
⑦ 曾德雄:《谶纬中的帝王世系及受命》,《文史哲》2006年第1期,第42页。
⑧ 冷德熙:《超越神话——纬书政治神话研究》,北京:东方出版社,1996年,第107页。

响民心向背的关键性因素。秦汉时代的天命思想,不仅要在血缘、宗法上得到理论支撑,更需要借重于"天(帝)"的权威来论证。这实际涉及到"神话"领域的内容。何平曾比较"神话"与"政治神话"的区别:(1)神话在发生时间上远远早于政治神话;(2)神话的内涵远比政治神话丰富,前者是世界观的表达,后者是政治心态的表现;(3)政治神话的命运与政治的存在相始终,新的政治神话并不限于在以往的原生神话中寻求素材,而能够借助神话思维的规则,创造新的神话题材。① 神话是特定时期社会心理与社会意识的集中体现,政治神话的形成是为了满足政权与君主统治合法性、正统性与神圣性的现实需要。"政治神话是运用超自然的非理性思维方式在政治领域制造的神话,其产生源于政治上的秩序化和合法化出现危机。"②

受命神话属于政治神话的范畴,侧重于有关君主统治合法权的获取与论证问题。政治神话系统除了帝王"受命"神话外,还包括用以增强经学的神学权威而造作的圣贤神话、政治投机者欲博取利益而造作的谶文、反映君主治政得失的祥瑞与灾异等。"所谓政治神话,是一种文明神话。它是阶级社会中怀着特定政治倾向性的人们,为了某种政治目的,借助文化传统中的宗教思想和神话传说资料而造作的虚构性诸神故事。"③它是"建元开国、治国理政的战略实践和具有宗教精神的资源力量的适用"。④ 传世文献中记载的政治神话,包括与帝王(包括其他历史人物)相关的神秘化的传说、典故、谶文、图录、星象、异貌、谣谚、祖先神话等。政治神话的内容,虽然未必完全出于人们的有意识造伪,但却应该有人为操作的痕迹。开国君臣及其御用学者们往往有意地编造神话,因为有了神话,得天下的合法性与保政权的正当性便可以更容易操作一些。孙广德曾综论古代开国帝王的神话,自汉高祖以后共23人,占总人数的92%。⑤ 政治神话具有明确的政治目的和极强的政治功利性。它们往往发生在帝王取得天下之前。⑥ 德莱西(Francis Delaisi)说:"任何一种集团的领袖,只要掌握了一些神秘的事物,

① 何平:《论政治神话及有关政治范式的神话——古代政治神话论纲之一》,《天津社会科学》1992年第1期,第45—51页。

② 刘泽华、胡学常:《汉赋的政治神话》,《学习与探索》1999年第3期,第136—143页。

③ 冷德熙:《超越神话——纬书政治神话研究》,北京:东方出版社,1996年,第40页。

④ 黄震云:《汉代神话的多态性与政治》,《文学评论》2010年第2期,第98页。

⑤ 孙广德:《我国正史中的政治神话》,自杜维运、王寿南、王德毅、李云汉编:《中国史学论文选集》第6辑,台北:幼狮文化事业公司,1986年,第65—66页。孙氏所列的开国之君中,包含曹丕、王莽、刘备、孙权。

⑥ 需要指出的是,开国之君的神话内容虽多言及取得天下之前的情状,为了说明自己得天下的正当性,但这只是史书里的记载。实际上,这些神话内容未必然发生在开国之君征战天下的过程中,也当有得天下之后为了稳固统治而刻意附会、附加的神话内容。

他的权威会马上增加十倍。在逐鹿天下时，要击败群雄，取得政权，神话是很有用的。有了神话，就与其他英雄不同，似乎是天命所归。一方面可以威胁对手，减削他们的士气，一方面也可争取豪杰们的归服及一般人的拥戴。"①这在秦汉之交、两汉之际的历史变迁中，有着鲜明的体现。

秦汉政治神话实际是在继承先秦时期"至上神"信仰的基础上，吸收当时流行的阴阳五行、神仙方术、天文历法、王霸治道等思想因素，为迎合秦汉政治权威的现实需要而形成。儒生群体在汉代逐渐构建起一种"儒教神话"。叶舒宪认为"儒教神话是中国传统神话的主流神话，它依托儒家经书、史书和地方文献，通过国家祭祀、地方崇拜仪式和宗庙崇拜仪式，以及神庙、图像和文物等负载，并流行于口头，以丰富的形态流传在中国历史的长河里。"②它包括"以凤、麟、玉等圣物为代表的儒家神话意象系统；以圣人崇拜为基础的'尧舜禹汤文武'圣王谱系的儒家神话历史观；以天命、德、心、仁、义等为核心的儒家神话哲学关键词；以礼乐、孔庙祀典为核心的儒家神话仪式及其神圣空间；儒家经典编纂结构、程式性语词、仪式性盟誓等的神话编码；儒家思想发生期的神话信仰语境"。③

在古代的现实政治统治中，合法性与统治力是两个不可忽视的因素。一个王朝必须用一套世界观与诠释系统来概念化、合理化它的建构与事实，以说服社会中的成员。④ 所谓政权合法性，是一个政权取得民众支持、贯彻行政指令、维护国家稳定的根本依据。"在世界上，任何一个国家政治权力的确立，面临的首要问题就是权力的合法性问题。政治权力集中也罢，如果其本身不具备合法性，不把权力变成权威，把统治变成权力，把服从变成义务，其统治绝对不能长久。"⑤这种政权合法性，在古代与"天命观"直接相关。"在西汉之前，有三种不同的天命观，即殷周宗教天命观、春秋自然天命观和战国五德终始说。"⑥"天命观"很大程度上决定了某一政权或某一任君主的统治是否成立。因而，新政权建立后所要解决的首要问题，便是通过包括"天命观"在内的各种政治神话论证其取得政权的合法性、正统性。相应地，久居统治地位的君主，同样需要持续宣示自己"受命于天"的地位，以维持自身统治的长久。为此，君主统治效果的好与坏，反映在天命问题上，便

① 吕宗力：《汉代的谣言》，杭州：浙江大学出版社，2011年，第175页。
② 叶舒宪、唐启翠编：《儒家神话》，广州：南方日报出版社，2011年，第115页。
③ 叶舒宪、唐启翠：《儒家神话论》，《社会科学战线》2011年第9期，第126—134页。
④ 王健文：《奉天承运——古代中国的"国家"概念及其"正当性"基础》，台北：三民书局股份有限公司，1995年，第8页。
⑤ 汪文学：《再论中国古代政治正统论》，《贵州文史丛刊》1998年第6期，第30页。
⑥ 李培健：《西汉五德实行论考》，南开大学博士学位论文，2013年，第29页。

是"祥瑞"与"灾异"的降临。君主有德则天降祥瑞以嘉奖,君主失道则天降灾异以警示。由此,便滋生出另一种政治神话形式,即"祥瑞神话"。祥瑞神话与受命神话相结合,构成一朝政治神话中直接关涉现实政治的内容。当某一政权出现统治危机时,统治者一方面可以利用"更受命"的方式再次宣示自己"受命于天"的合法性,另一方面又可以通过寻找"祥瑞"与曲解"灾异"的方式稳定民心。当然,一旦王朝将倾,后继者同样可以效仿前朝,造作新的"受命"神话来自承天命,并通过新的"祥瑞"物候来证明自身已接受"天"的评判。这便是两汉之际形形色色的政治势力所共通的思维理路。

除上述具现实意义的受命神话和祥瑞神话外,还有另外一种圣贤神话。[①] 这种圣贤神话是政治神话中颇为理想化的类型,是一种文明神话。这种圣贤神话是通过将远古帝王、圣人、贤者一类具有理想人格的个体进行神圣化的改造,使人们信服、尊崇。以孔子为例,他本为春秋末期的学者,却被汉儒塑造成为"汉家制法"的"素王"角色,甚至经他手整理的五经也同样具有了神圣不可侵犯的权威性。圣贤神话提供的是一种"政治理想",一种"治道模范",其造作的目的是希望通过圣贤的神化色彩督促现世统治者采纳并实现其政治主张。这实际是汉代儒生群体一直以来的政治追求和价值取向,也正因为这种政治理想与汉代政治实践的疏离,才导致西汉末年儒生激荡出所谓"汉运将终""异姓禅代"的思潮,并最终走向了刘氏皇权的对立面。直到光武中兴,将"受命"理论的阐释重新拉回到了刘氏汉家的"轨道",才经由《王命论》《白虎通》的系统论述,形成秦汉时代最为完整、系统、详备、成熟的政权合法性理论体系。

秦汉大一统政治对于思想、学术的影响,从形式上看,秦以"驳而霸"为特征,至武帝"表彰六经",以儒家教化为学术主流与治世理想,收束了先秦以来的学术争鸣局面;从内容上看,各家学说受到现实政治体制与专制皇权权威的影响和压力,纷纷改弦更张、创新其原来面貌。秦汉时代的学者们,在吸收、援引既有的"天"论、祖灵崇拜、五德终始、阴阳五行、伦理观念、人性论、大一统、天人感应、君权神授、谶纬神学等各种思想因素的基础之上,逐渐构建起一套愈来愈系统化的受命政治神话。这种受命神话,根本上属于

---

① 学界就汉代政治神话的分类还有其他学说,如:李中华专就纬书神话系统分为创世神话、历史人物神话和圣人神话三类(李中华:《神秘文化的启示——纬书与汉代文化》,北京:新华出版社,1993 年,第 144 页);冷德熙将古代神话系统分为《山海经》诸神系统、春秋战国历史神话系统与纬书政治神话系统,同时将纬书神话又细分为创世纪神话、圣王神话、天人感应神话与易学象数神话四类(冷德熙:《超越神话——纬书政治神话研究》,北京:东方出版社,1996 年)。此二说侧重在纬书系统内进行分类,但秦汉"天命"观念下的政治神话,不仅仅出于纬书系统,其内涵与外延相较于纬书神话要丰富得多。

关涉政权的合法性、合理性、正统性、正当性、正义性等问题的政治神话范畴。它以神秘化、神学化的思想内容为表现形式，以强化对社会大众的意识形态控制为出发点，以宣扬朝代更迭的合理性或维护现有统治基础为目的。政治神话的形成，既包括知识阶层"有意识"的创造，主动地对既有神话进行增益附会，也包括社会民众对统治者所宣扬之政治神话的"无意识"的传播和信仰。就"受命"理论体系论证的途径而言，大抵包含六种类型。

（一）祖灵神话，如刘歆所宣扬的汉家"尧后"说、王莽的"舜后"说，皆是以五德转移的理路来为自己的统治寻找血缘传承上的正统性，并以这种传承正统性作为能够接受"天命"的理据。这种论证以"祖先崇拜"为理论基础，以系统梳理古代帝王历史谱系为前提，通过"祖先神"的神圣性来辅翼现世君主的正统性、合法性。

（二）帝王神话，包括感生①、异貌、望气、异行等。通过现世君主有别于常人的出生异象、相貌特征或者迥异于他人的言行，来突出其个性，并借由这种个性来佐证其统治正当性。此类帝王神话在社会基层中具有极强的传播性，也容易被民众普遍接受。冷德熙认为虽然这种神话形式出现得较早，甚至可能是史前文化余绪，但其大量出现是在西汉成、哀之后的纬书、碑刻中。②在汉代人的政治神话中，感生等帝王神话，已经不再是原始人群对于超自然性和生殖崇拜的朴素理解，而是血缘上的高贵性和现实权力上的神圣性相结合而形成的标志与象征。

（三）符命、谶纬。图谶早出于战国时期，纬书晚出于西汉成、哀之际。两汉之际，谶与纬逐渐合流，谶纬之学兴起。谶纬成为诸家势力争夺天命的主要理论依据。以王莽代汉期间的"颂德献符遍天下"与光武帝"信图谶"为代表，谶纬成为左右政权更迭的思想武器。方士化儒生想要借重于神权来干预现实政治，逐渐将今文经学与谶纬神学合流。二者合流的主要路径是"减省章句"与"凭谶解经"，合流完成的标志是《白虎通》的颁行。《白虎通》成为秦汉时期有关政权合法性理论建构的成熟形态。

（四）"德运"。德运对于"天命"的论证，得益于邹衍与董仲舒对古代阴阳、五行、天文、数术、历法、制度、史实等思想内容的创新性改造。邹衍创立"五德终始说"，董仲舒又发展出"三统说"，实际是通过德运转移的理路来论证政权交替的合理性。尽管秦汉统治者不会主动按照五德终始的理论来退

---

① 所谓"感生"，即无性生殖。许慎《五经正义》引《公羊传》曰："圣人皆无父，感天而生"；郑玄注《中候敕省图》曰："感五帝座星者称帝"。感生神话，在汉代人的精神世界非常普遍。

② 冷德熙：《超越神话——纬书政治神话研究》，北京：东方出版社，1996年，第100—101页。

位让贤，但他的继任者们无一例外地要用这套五德相胜或相生的理路来宣称自己为当兴之"德"。秦朝自承"水德"，但其"受命"意识远在秦立国之初便有体现。汉代经历了"水德""土德""火德"三种"德运"的流转、论争，贯穿整个西汉王朝，最终在东汉定型为"火德"之运。"德运"在秦汉之交、两汉之际的政治生活中发挥过极为重要的作用。相较而言，东汉中期以后德运理论的重要性较此前减弱了不少，究其原因在于谶纬神学较五德运转理论更为直接，且更易传播、接受。

（五）功业与人事。这是一种比较现实且理性的思路，即"成王败寇"的模式。凭借君主荡平天下的实力，作为自己获得"天命"的现实资本。这在西汉前期汉高祖的言行中有所流露。当他初定天下时，并不太注重理论建设，而是将其所以能平定天下的原因归于自己的一帮生死与共的"创业者"。就现实政治而言，强力的政治权威当然是维系统治稳固的基石，但若无意识形态领域的"天命"宣传，恐很难维持长治久安。故统治者在强调现实官僚政治与行政威权的同时，还需寻求某些精神领域的"软实力"作为统治支撑。这在古代社会中，最直接、最能发生作用的便是神秘主义因素。

（六）史传文学。"书写"有"开物成务之益"，[1]在我国古代甚至是国家管理的一种重要方式。古代史学著作，除了记录性的"备忘"功能以外，出于著作者的主观意识与价值取向，还具有鲜明的政治意义与时代价值。如太史公作《史记》，"究天人之际，通古今之变"的最终落脚点仍是"安住于现实"，为现实政治服务。至于班固撰作《汉书》，更是深受其父班彪《王命论》思想的影响，全然站在刘氏皇权正统的立场。与班氏父子大抵同时代的王充，撰作《论衡》，"疾虚妄"而"立实诚"，但其根本意涵却植根于他的"宣汉"思想。他是东汉前期政治实践的亲历者，对于光武、明、章帝的执政风格有着比较理性的认知。他宣扬的"今胜于古""周不如汉"，实际是要肯定东汉时代社会政治的优越性、合理性。肯定当下，便是从现实功业与人事角度肯定了东汉现实政治秩序的正当性。另外，汉代文学家们曾撰作众多"颂汉"的赋作，宣扬现世的美好，如刘苍《光武受命中兴颂》，班固《高祖颂》《南巡颂》《东巡颂》《两都赋》《封燕然山铭》《安丰戴侯颂》《窦将军被征颂》，傅毅《洛都赋》《明帝诔》《显宗赋》《窦将军北征颂》《西征颂》，班昭《欹器颂》，崔骃《杖颂》《明帝颂》《四巡颂》《反都赋》《北征颂》《四皓墟颂》，黄香《天子冠颂》，王褒《甘泉宫赋》，李尤《河铭》《洛铭》《怀戎颂》，马融《东巡颂》《广成颂》《上

---

① 林传甲：《中国文学史》，陈平原辑：《早期北大文学史讲义三种》，北京：北京大学出版社，2005年，第31页。

林颂》《梁大将军西第颂》,贾逵《永平颂》《神雀赋》,张衡《二京赋》,杜笃《论都赋》,崔瑗《四皓颂》《南阳文学颂》,刘毅《圣德颂》,曹朔《汉颂》四篇,史岑《出师颂》等。这些汉赋在内容表现上,大都具有彰显刘氏皇权的炫耀性色彩,在思维路径上与王充"宣汉"思想如出一辙。

可以说,一个完整的帝王"受命"神话,应当包括感生、符命、德运以及来自于先祖的辅翼。"神话的内容大概都有些虚构,但有神话则是千真万确的事实;而这些事实的发生,必然有其原因,也必然有其功能。"①当"受命"神话与现实世界相配合,天然地滋生出颂扬盛世的史传文学。于是,神秘主义的精神世界与现实主义的生活达成一种默契的"共生状态",成为现实政权合法性的共同理论依据。相反,当社会危机爆发之时,这些神秘主义的因素又往往被演绎成政权更迭、新王当立的理论武器。对于统治者而言,天命正统观念是不得不重视、也不得不谨慎视之的意识形态。当新王朝初建时,竭力寻找全面、系统的"受命"依据,这是统治者亟待处理的事务。当王朝统治稳固后,统治者便不希望人们随意谈论"天命"话题。汉家统治者不断地谋求统一经学、官定图谶、控制儒生,便是出于这一政治目的。"受命"神话"被建构出来和传播开来,超现实、超自然的故事,获得了现实的、世俗的生存空间,在社会和政治生活中发挥了实际的作用,参与了历史的创造……从某一侧面展现了历史的真相"。②在适当的时空情境中,受命神话能够以极强的自信力量、敏锐的政治感知、丰富的人生阅历和圆融的社会传播,对其治下的民众发出强烈的心理暗示,进而影响他们的言行及他们对于受命对象的评价。

汉代是中国古代政治神话滋生的繁荣期,数量多,系统性强。总体而言,汉代的政治神话尚未完全摆脱原始神话的范畴,但它不仅仅是对原始神话的简单拓展,而且是基于汉代独特思维方式之上的"动态化"创造性诠释。殷商至秦汉时代的天命与正统观念,大抵经历了如下几个阶段的发展历程(后文详论):

(一)殷周之际,人们心目中的"至上神"由"帝"向"天"转变。为论证"汤武革命"的合法性与合理性,周人提出"以德配天"的思想,并以"敬德""明德""修德"等为具体要求,从而给"天命"赋予"德"的"枷锁"。有德与否成为判断帝王是否据有"天命"的标准,即所谓"大德者必受命"。③至东周,

---

① 孙广德:《我国正史中的政治神话》,自杜维运、王寿南、王德毅、李云汉编:《中国史学论文选集》第 6 辑,台北:幼狮文化事业公司,1986 年,第 52 页。

② 吕宗力:《汉代的谣言》,杭州:浙江大学出版社,2011 年,第 191 页。

③ (清)阮元:《十三经注疏·礼记正义》,北京:中华书局,1980 年影印本,第 1628 页。

随着周王室的衰微，周人对既定"天命"的固有思想开始产生动摇，甚至发出"昊天不惠，降此大戾"①的谴告。各诸侯王势力的发展，也提出重新论证执政合法性的理论要求。总体而言，商周时代的"天命"更多地基于血缘政治上的传承性，宗法组织中的正统是政权合法性的基础。

（二）战国时代，生产力、生产关系处于大变革时期。各国的变法运动，开启了由血缘政治向地缘政治的转变，"世卿世禄"制度逐渐向官僚政治体制过渡。此时的旧贵族在事关统治核心地位的政权合法性问题上，仍然围绕着血缘与宗法上的支撑进行阐释。另外，一些宗室夺取诸侯国正统的现象时有发生，如"三家分晋""田氏代齐"，甚至在战国后期发生秦国攻灭周王室，进而统一六国，自宣"天命"归秦的事件。在这种时代背景下，邹衍创立"五德终始说"，以"五德运转"讨论"天命"与古代历史系统。每一个王朝据有一德，并循着"五德相胜"的次序演生出王朝更迭的历史。此后，"德运"与"天命"相关联，成为政权合法性论证的重要理据之一。秦汉时期（尤其是两汉之际）几乎每一次政治势力的兴替，都存在着关于各自"德运"的争论与宣扬。

（三）秦代关于"天命"与正统理论的探索。秦的"受命"意识由来已久。自秦襄公、文公时期便有相对成熟的畤祭活动。这种"受命"意识以"承周受命"为特点，在秦人、秦国、秦朝的发展历程中起到很大作用。至始皇帝初并天下后，不得不面对秦故地与东方六国的文化冲突问题。为表明秦并天下的合法性、正当性，始皇帝一方面通过东巡、刻石、封禅等形式宣传自己的丰功伟绩，另一方面利用"五德终始说"，宣示秦有"水德"之运，以德运转移来论证天命归秦。尽管秦朝因"急政"而亡，但始皇帝这套宣示天命的形式却被汉家统治者借鉴，并不断增益、改造。

（四）西汉前期，刘氏"受命"观念的争论与确立。汉初，高祖以平民之身越登鼎槐之位，亟待解决自身统治正当性的问题。他最初同样借重于功业、人事上的成绩，从现实理性中寻求答案，故有"过秦"思潮的萌发。在德运问题上，高祖至景帝时期，发生过汉为"水德"还是"土德"的争论。争论的焦点在于是否承认秦居一德的政治地位。至汉武帝时，推行"太初改制"，宣布汉家"土德"之运，并举行封禅，暂时解决了汉初的德运论争。董仲舒以儒家思想为核心，吸收当时流行的阴阳五行学说，创立"君权神授""天人感应论""灾异谴告说""三统说"等，对"天命"理论进行了一次系统化的"重构"。在这种新型天命观中，董仲舒提出"王者必受命于天""受命之君，天意之所予也"的观点，将君主塑造成"天"与"人"相互沟通的媒介、桥梁。同时，汉儒

---

① （清）阮元：《十三经注疏·毛诗正义》，北京：中华书局，1980 年影印本，第 441 页。

鼓吹的"孔为赤制"传说，也为刘氏皇权增添了"贤圣"权威的助益。

（五）西汉末期，基于"五德运转"与"三统论"中的理论矛盾，以及社会危机的日益激化，"汉运将终"的思潮兴起。"天命何在"不再是一个确定的观念，它成了一个可以被政治投机者利用来博取更大政治利益的工具。谷永、刘向等人的"灾异论"，初衷是劝谏君主行德政，却在思想领域内动摇了刘氏皇权的合法性。眭孟、甘忠可、夏贺良之徒更是提出"异姓禅代"或"更受命"，直接质疑、冲击了刘氏现有的"天命"。儒生群体出于"理想政治"与刘汉"霸王道杂之"政治传统的矛盾，与刘氏皇权渐行渐远。汉儒愈强化、鼓吹"天命"观念，刘氏皇权的合法性地位愈动摇。最终，他们寻找到新的"天命"人选，为王莽"颂德献符遍天下"。

（六）新莽时期"天命"与正统观念的"改造"。王莽自篡汉之初便通过编纂《自本》，重新梳理上古以来的历史系统，创造性地提出"王氏舜后土德"的学说，以取代"汉家尧后火德"的理论。代汉过程中，王莽还大量搜集、造作图谶、符瑞等，一步步将自己塑造成"天命之主"。王莽醉心于自己的天命正统论证，信奉"制定而天下平"的理念，推行大规模的改制运动。他的改制内容大多脱离社会现实，导致社会生活混乱，又与儒生价值要求渐行渐远，终致败亡。

（七）两汉之际的"刘氏复兴"与"天命"争夺。新莽政权并未解决西汉末期以来的社会危机。随着新莽的众叛亲离，"刘氏复兴"之谶广为流传，"人心思汉"成为思想领域的主流。各家政治势力或拥立刘氏之后，或诈称刘氏子弟，在政治与军事上展开生死搏斗，在意识形态领域则各据符应、图谶，自我神化、自任"天命所归"。这以刘秀与公孙述关于"天命"的争论，最为典型。刘秀利用《赤伏符》等图谶，成为"应天命而王"的正主，在两汉之际的割据混战中获得最终胜利。

（八）东汉时代"天命"与正统理论体系的定型。班彪曾作《王命论》，论证刘氏应当再次"受命于天"，在重建汉家统治秩序过程中起到了舆论宣传作用。光武帝刘秀作为两汉之际政治巨变的亲历者，对于儒生群体的力量、图谶之学的影响有着清醒的认识。他一方面利用图谶，征用儒生，另一方面则力图杜绝儒学与儒生借神秘主义因素干预现实政治的途径。于是，光武帝"宣布图谶于天下"，将图谶之学变为官定之学，不再允许士人、学者私造、私解图谶之学。此后，这套官定了的"图谶"被统治者视作经学解说的标准，即"凭谶解经"。至汉章帝时，召开白虎观会议，"共正经义"，今、古文经学与谶纬神学相互融合。会后的《白虎通》成为汉代"天命"与正统理论体系的定型之作。

　　秦汉时代的政权合法性、正当性,实赖于天命、祖先、符应、祥瑞(或灾异)、贤圣等政治神话的论证。"受命于天""天人合一",是中国古代政治思想的主轴。各家关于"天命"与正统观念的理据搜集、鼓吹宣扬、争论驳辨,不仅仅是意识形态内的矛盾冲突,还直接关涉政权运作的核心问题——政治权威能否被普遍认可、拥护。政治权威无论是出于朝代嬗替的现实需要,还是维系既定政权永续存在的目的论价值追求,都必然竭力寻求思想与理论的建构与支撑。理论的探索、思想的传布,紧密地影响着社会大众的精神世界,形成相对共通的意识形态、价值观念,进而影响人们的社会实践活动。理论的探索,需要思想家们的阐释。阐释会促成理解,理解又是新一轮阐释的基础。于是,思想(理论)的创造始终在动态的演生过程之中。当人们理解的内容、本质、特征、条件、目的和限制等逐渐成为思想(理论)阐释学的主要研究对象时,阐释学本身就具有了存在价值和现实意义。思想(理论)的阐释,成为人们与社会存在之间的一扇窗。从事阐释活动的思想家们总是处在具体而特定的历史、文化和社会条件之中,在其特定语境之下,从事各种类型的语言组合、思想发挥,在遵守某种规则的同时,又不断地打破规则的藩篱,去修改规则、新立规则,促成思想形式、思想内容的持续更新。春秋战国的诸子之学如此,秦汉时代的儒学"经学化"也是如此。然而,大一统的政治权威,天然地要求思想领域具有"一元化"倾向,并凭借行政力量干预、控制、统一学术。学术权威被置于政治权威之下,甚至成为政治权威的"附庸",加之学术流派的门户观念,必然使统一后的学术走向僵化、教条而缺乏创新。当学术固鄙、固化了人的思想时,又会出现一批具有创新思维的学人,去打破固有的藩篱,创造新的学术内容与形态。这种"长时段""螺旋式"的学术演生,构成秦汉时期政治与学术互动关系的主线。皇权、官僚、士人、学子,甚至普通民众,都被"裹挟"其中,成为"思想"的承担者、"观念"的践行者。通过对秦汉政权合法性理论建构与演变的系统分析,抓住"天命"观这一主线,可以整体性地把握秦汉思想的内容、实质、影响,以及思想与社会实践的关系,从而窥见秦汉时代真实的历史价值。

二、关于谶、纬的释义与研讨

　　欲考察秦汉时代的"天命"与"正统"观念,谶纬之学是一个绕不开的话题。它构成了一个"神""自然"与"人"三者一体的思想体系。其一,谶纬之学认为宇宙是一个生成关系。万物的本原,或曰"天生万物",或曰"元气生万物",或曰"水生万物",或曰"太易浑沌生万物",或曰"八卦生万物"。诸说纷异,但都承认世间万物有其生成的逻辑。其二,建构起"天"与"人"的关系,包括天人相副、天人同度、天人合一等观念。其三,以纲常伦理道德为内在基理,赋予宇宙(包括天、祖先等)"道德"属性。如《礼纬·含文嘉》所言:"王者叙长幼,各得其正,则房心有德星应之";《春秋纬·感精符》所言:"三纲之义,日为君,月为臣,列星为民";《乐纬·稽耀嘉》所言:"君臣之义,生于金。父子之仁,生于木。兄弟之序,生于火。夫妇之别,生于水。朋友之信,生于土。"①谶纬关于天人、宇宙的理论虽然十分驳杂,难成体系,但其根本精神是一致的,都是安住于现实政治问题的理论创作。换言之,政治观念,是谶纬的中心;造神,是谶纬的基本内容。

金春峰曾由社会思潮的角度对谶纬作全面的分析,他说:"谶纬的思想确是矛盾的。一方面是粗糙恶劣的神学唯心主义;一方面却是对以元气为基础的宇宙生成图式的发展。一方面充满着天人感应、灾异等等的说教;一方面又提出'八卦为体'的思想,把哲学的生成论推向本体论,在思维方式上有所前进。一方面在名号文字观上,发展了一套阴阳象数学的思想模式,对认识的发展有极大危害;一方面对八卦的起源又从文字方面作了新的平实的探索,不失为可贵的成果。一方面反映了政治上各种势力的勾心斗角,借谶纬语言表现种种政治野心;一方面却又在谶纬迷信的形式下,反映出汉末真实的社会矛盾和进步的社会理想。一方面把孔子神化,似乎要向宗教方面演化;一方面却又在神学形式下,更加强调三纲五常,为强化世俗的伦常统治服务。因此对于谶纬需要持细致的一分为二的分析态度。作为西汉以前今文经学思想运动发展的产物,应当把谶纬作为汉末的社会思潮来加以分析,而不应作为误入歧途的思想垃圾,简单摒弃。"②就谶纬研究而言,近年学界著述颇丰,但大多围绕着谶纬文献的整理、谶纬与政治的关系、谶纬思想的起源③、对谶纬的评价等主题,细究起来,仍有亟待厘清的几个问题,

---

① (日)安居香山、中村璋八辑:《纬书集成》,石家庄:河北人民出版社,1994年,第499、738、548页。

② 金春峰:《汉代思想史》,北京:中国社会科学出版社,1987年,第375页。

③ 关于谶纬思想的起源,众说纷纭,比较有代表性者如吕凯分为三系十类:(一)据时而论者,源于太古说、周代说、秦穆公说、哀平说;(二)据人而论说,源于孔子说、七十子说、古太史说;(三)据书而论者,本于五经说、本于《洪范》《夏小正》《周官》《内经》说、本于《礼记》诸篇说。王令樾将纬书分为四类:纬起于伏羲至孔子、起于西汉哀平之际、起于周秦西汉、出于古史。钟肇鹏曾胪列有关谶纬起源的12种观点:(1)源出《河图》《洛书》说,刘勰、胡应麟、孙瑴、蒋清诩等;(2)源出《易经》说,胡寅、胡玉缙、姜忠奎等;(3)源出太史说,俞正燮;(4)源出太古说,刘师培;(5)源出周代说,任道镕;(6)源出春秋说,孙瑴、顾炎武、全祖望、连鹤寿;(7)源出孔子说,汉代儒生多持此说;(8)源出孔子弟子说,钱大昕、赵在翰、张惠言、李富孙;(9)源出战国之末说,胡渭、朱彝尊、汪继培、姚振宗;(10)源出秦朝说,张九韶、王鸣盛;(11)源出邹衍说,金鹗、陈槃;(12)源出西汉之末说,张衡、王祎、阎若璩。(分见吕凯:《郑玄之谶纬学》,台北:商务印书馆,1982年,第1—13页;王令樾:《纬学探原》,台北:幼狮文化事业公司,1984年,第57—74页;钟肇鹏:《谶纬论略》,沈阳:辽宁教育出版社,1991年,第2—11页)

比如谶与纬的异同、纬书的形成时代、谶纬合流的历程等。

学界多以谶纬连称，认为谶与纬是一物，如王鸣盛《蛾术编》"谶纬"条曰："纬者，经之纬也，亦称谶。"①俞正燮《癸巳类稿》曰："纬固在谶，谶，旧名也。"②顾颉刚认为谶纬"在名称上好像不同，其实内容上并没有什么大分别。实在说来，不过谶是先起之名，纬是后起之名罢了"。③ 陈槃认为谶与纬"异名而同实""盖从其占验言之则曰谶；从其附经言之则曰纬；从《河图》及诸书之有文有图言之则曰图，曰纬，曰录；从其占候之术言之则曰候，从其为瑞应言之则曰符；同实异名，何拘之有？"④钟肇鹏赞同陈槃的"同实"之论。⑤ 姜忠奎《纬史论微》也认为"纬共名也，图谶符箓皆别名"⑥。但是，《后汉书》记张衡有关图谶的起源与流变的言论时，只言"谶"而不及"纬"，可知在张衡眼中，谶与纬并非一物，二者尚未完全合流。兹录其文曰：

> 谶书始出，盖知之者寡。自汉取秦，用兵力战，功成业遂，可谓大事，当此之时，莫或称谶。若夏侯胜、眭孟之徒，以道术立名，其所述者，无谶一言。刘向父子校秘书，阅定九流，亦无谶录。成、哀之后，乃始闻之……又言"别有益州"。益州之置，在于汉世。其名三辅诸陵，世数可知。至于图中讫于成帝。一卷之书，互异数事，圣人之言，孰无若是，殆必虚伪之徒，以要世取资。往者侍中贾逵摘谶互异三十余事，诸言谶者皆不能说。至于王莽篡位，汉世大祸，八十篇何为不戒？则知图谶成于哀、平之际也。⑦

由张衡所言，颇可推知：(1)图谶兴于成、哀之际；(2)谶言互异数事，故不可信；(3)学者制作图谶的目的在于"要(邀)世取资"；(4)由"谶书始出，盖知之

① 王鸣盛：《蛾术编》卷2《谶纬》，北京：商务印书馆，1958年，第46页。
② 俞正燮：《癸巳类稿》卷14《纬书论》，《俞正燮全集》，合肥：黄山书社，2005年，第692页。
③ 顾颉刚：《秦汉的方士与儒生》，上海：上海古籍出版社，2005年，第92页。
④ 陈槃：《谶纬命名及其相关之诸问题》，《古谶纬研讨及其书录解题》，台北编译局，1991年，第148页。
⑤ 钟肇鹏：《谶纬论略》，沈阳：辽宁教育出版社，1991年，第2—11页。
⑥ (清)姜忠奎：《纬史论微》，上海：上海书店，2005年，第13页。持类似观点者，还有陈廷杰、冯友兰、黄开国、董平、王铁等人，分见陈廷杰：《谶纬考》《东方杂志》1924年第26卷第6号；冯友兰：《中国哲学史》，北京：中华书局，1961年，第546—573页；蒙文通：《经学抉原》，上海：商务印书馆，1933年，第4—49页；黄开国：《论汉代谶纬神学》《中国哲学史研究》1984年第1期，第55—60页；董平：《论汉代谶纬之学的兴起》，《中国哲学史》1993年第2期，第133—139页；王铁：《汉代学术史》，上海：华东师范大学出版社，1995年，第214—217页。
⑦ (南朝宋)范晔：《后汉书》卷59《张衡传》，北京：中华书局，1965年，第1912页。

者寡"，知张衡赞同图谶起源甚早，只是秦及西汉初期不以"谶"为名（下文详论）。清儒阮元亦曾言及"谶""纬"的差异，曰：

> 慹纬之兴，始于哀平之际，终于大业，洎乎宋郑两家为之作注，而纬与经乃相杂而不越。然异学争鸣，七纬之外复有侯、有图，最下而及于谶，而经训愈漓。不知纬自为纬，谶自为谶，不得以谶病纬也。自贾公彦《周官疏》造为汉时禁纬之说，后儒不察，并为一谭，以为古人纬谶同讳，此谬论也。今以《隋书·经籍志》证之，云："孔子既叙六经，以明天人之道，知后世不能稽同其意，故别立纬及谶。""及"者，遂事之辞也。观下文，"王莽好符命，光武以图谶兴，遂盛行于世"，则谶者特纬之流弊也，谶纬之别，此一证也。……否则朱氏彝尊所引谢书及汉人碑碣称：姚浚则尤明图纬密奥、姜肱则兼明星纬、郭泰则探综图纬、李休则又精群纬、袁良则亲执经纬、杨震则明河洛纬度、祝穆则七典并立，该洞七典、唐扶则综纬河洛、刘熊则敦五经之纬图、杨著则穷七道之奥、曹全则甄及慹纬、蔡湛则少耽七典、武梁则兼通河洛、张表则该览群纬、丁鲂则兼究秘纬、李翊则通经综纬；不曰谶而曰纬，则纬之醇固异于谶之驳也。使其有禁奚习者之多乎？此又不待智者而决矣。[①]

阮元此论首先指出"纬"是专指"七纬"，而"侯""图"以下皆为"谶"的范畴，后列举四类例证说明谶与纬不同，又援引朱彝尊所辑的十六家谈纬的称名，认为他们只谈"纬"而不及"谶"字，证明"纬之醇固异于谶之驳"。阮氏此论引据广泛，论证繁富，对于辨明谶与纬之间存在差异的事实，有所裨益。但是，阮氏知其异，而未考察二者之间的联系，甚为遗憾。

考诸两汉史籍，"谶"与"纬"连称为"谶纬"，始见于东汉时代，二者之间实际是一种"源不同而合流"的关系。《四库总目提要》曾论谶与纬曰：

> 儒者多称谶纬，其实谶自谶，纬自纬。谶者诡为隐语，预决吉凶。纬者，经之支流，衍及旁义。盖秦、汉以来，去圣日远，儒者推阐论说，各自成书，与经原不相比附，如伏生《尚书大传》、董仲舒《春秋阴阳》，核其文体，即是纬书，特以显有主名，故不能托诸孔子。其他私相撰述，渐杂以术数之言，既不知作者为谁，因附会以神其说。迨弥传弥失，又益以妖妄之词，遂与谶合而为一。然班固称"圣人作经，贤者纬之。"杨侃称

---

① 上海古籍出版社编：《纬书集成》，上海：上海古籍出版社，1994年，第773页。

> 纬书之类,谓之"秘经",图谶之类,谓之"内学",河洛之书,谓之"灵篇"。胡应麟亦谓谶、纬二书,虽相表里,而实不同。则纬与谶别,前人固已分析之。①

所谓"谶自谶,纬自纬,非一类也",明确表明了二者为不同事物的观点。但是,将"纬书"视为"经之支流",又有混淆经与纬概念界域之嫌。其中,将纬书形成时间上溯至伏生《尚书大传》、董仲舒《春秋阴阳》之类,明显是将阐释儒家经典的"传记""训解"之类的著作混同于纬书,这是值得商榷的。有学者为调和"经""谶"与"纬"的关系,将纬书分为广义与狭义两层。狭义的纬书专指依傍经书的内容;广义的纬书则包含狭义的纬和预言性质的谶。②如此广狭划分,实际并未解决原有问题,反而使问题愈辨愈乱。故此,有必要厘清"谶""纬"的概念内涵,以及二者合流的状况。

(一)最初原义有区别

"'谶'是神学语言,谶书是一种占验吉凶的书。"③甲骨文、金文中,皆不见"谶"字形。《说文解字》训"谶"曰:"谶,验也",即有占验效果的政治预言。东汉张衡曰:"立言于前,有徵于后,故智者贵焉,谓之谶书。"④《四库全书总目提要》曰:"谶者诡为隐语。"贾谊《鵩鸟赋》所言的"发书占之,谶言其度",⑤明显是指占验之书。《淮南子·说山训》也称:"六畜生多耳目者不详,谶书著之。"⑥最早的谶书可能是先秦时期流传的《河图》、《洛书》。⑦《淮

---

① (清)永瑢等:《钦定四库全书总目》,转引自陈槃:《谶纬命名及其相关之诸问题》,《古谶纬研讨及其书录解题》,台北编译局,1991年,第146—147页。

② 持类似观点者,有顾颉刚、姜忠奎、钟肇鹏、郑钧、肖巍、向晋卫、黄朴民等,分见顾颉刚:《秦汉的方士与儒生》,上海:上海古籍出版社,2005年,第93页;姜忠奎:《纬史论微》,上海:上海书店出版社,2005年,第8—13页;钟肇鹏:《谶纬论略》,沈阳:辽宁教育出版社,1991年,第1—11页;郑钧:《谶纬考述》,台北:文史哲出版社,2008年,第8页;肖巍:《谶纬及其思想效应》,《云梦学刊》1997年第1期,第30—33页;向晋卫:《论汉代的谶纬之学》,《广西社会科学》2002年第5期,第65—68页;黄朴民:《两汉谶纬简论》,《清华大学学报》2008年第3期,第39—44页。

③ 钟肇鹏:《谶纬论略》,沈阳:辽宁教育出版社,1991年,第1页。

④ (南朝宋)范晔:《后汉书》卷59《张衡传》,北京:中华书局,1965年,第1912页。

⑤ (汉)班固:《汉书》卷48《贾谊传》,北京:中华书局,1962年,第2226页。《史记·贾谊列传》语为"发书占之兮,筮(策)言其度"。《正义》云:"发策数之书,占其度验。"(《史记》卷84《贾谊列传》,北京:中华书局,1959年,第2497页)

⑥ 何宁撰:《淮南子集释》,"新编诸子集成本",北京:中华书局,1998年,第1121页。

⑦ 有人又把《河图》、《洛书》当作早期的谶纬,因为谶纬中有大量的河图纬和洛书纬。但是需要注意的是,谶纬所谓的河图和洛书只是河图纬、洛书纬的总称,并非是独立的纬书名。先秦时方士们所推崇的《河图》、《洛书》,当有图有文,估计是与楚帛书一样内容相对简单的卜筮、占验之书。它们后来由汉时方士或儒生增益而成河图纬和洛书纬,如东汉桓谭曰:"今诸巧慧小才之人,增益图书,矫称谶记。"此被增益的图书,当是先秦时《河图》、《洛书》相类的谶书。

南鸿烈·俶真训》记曰:"洛出《丹书》,河出《绿图》"①;《秦始皇本纪》记曰:"燕人卢生使入海还,以鬼神事,因奏录图书,曰'亡秦者胡也'。"②陈槃解《绿图》即《河图》。③ 至秦汉以后,《河图》、《洛书》演为谶书的代名词,许慎说:"有征验之书,河洛所出书曰谶。"④但这里所说的"谶书"是指先秦时代带有文字的图谶,⑤它们与两汉之际出现的谶、纬合流后的"谶记""谶书""谶纬"等称是有区别的。在西汉成、哀以迄东汉前期,学术界有一个"由谶入纬"的过程。

所谓"纬",苏舆《释名疏证补》曾曰:"纬之为书,比傅于经,辗转牵合,以成其宜,今所传《易纬》《诗纬》诸书,可得其大概,故云'反复围绕以成经也'。"⑥"纬"是相较于"经"而言的,是"经"的对应称呼。"纬"的内容对"经"的进一步的附会、解说与引申,"纬书的产生是依傍经义,其实质是神学迷信、阴阳五行说与经义的结合"。⑦ 所谓"依傍经义",是指纬书除"河图洛书"的内容外,皆与儒家经典之六经、《论语》《孝经》相对应。《隋书·经籍志》中,列纬书门类的顺序为:河图、易纬、尚书纬、诗纬、礼纬、乐纬、春秋纬、孝经纬、论语纬。明儒孙毂辑录纬书时,重新胪列顺序,曰:

> 纬之兴,其兴于符命。夫五德承运,迁有感生,故首《尚书》焉。符命之替也,灾异滋多,获麟而经,亦孔子之龙与马也,故次《春秋》。有灾有异,天人之道洽,《易》数幽玄乃可证;向也,《易》纬至博而传尚存,故又次之。《礼》行变化,《乐》动神示,皆倚《易》而滋矣,又次之。久矣,夫《乐》之不作也,盖后《诗》而亡也,故《诗》次《乐》焉。正《乐》删《诗》复为谁?孔子也!孔子迈九圣而无其遇,迄为素王,诸贤悼惜,故《论语》纬又次之。语莫大于孝,孝至通天,北落为降,紫麟聿来,而孔子之元命亦可知矣,《孝经》纬又次之。嗟嗟此以悲河不图也,惟河与洛,天谆谆命

① 何宁撰:《淮南子集释》,"新编诸子集成本",北京:中华书局,1998年,第157页。
② (汉)司马迁:《史记》卷6《秦始皇本纪》,北京:中华书局,1959年,第252页。
③ 陈槃:《古谶纬研讨及其书录解题》,台北编译局,1991年,第257—260页。
④ 按此句为《说文》遗文,段玉裁依据李善《鹏鸟赋》、《二都赋》注补进。
⑤ 出土文献中亦有类似于"图谶"的内容,如湖南长沙子弹库出土的战国《楚帛书》与马王堆汉墓出土的《天文气象杂占》,往往被视为巫术占验性的图文。(参见李零:《长沙子弹库战国楚竹书研究》,北京:中华书局,1985年,第139—153页;傅举友、陈松长编著:《马王堆汉墓文物》,长沙:湖南出版社,1992年,第154—158页)
⑥ 王先谦:《释名疏证补》,上海:上海古籍出版社,1984年,第309页。
⑦ 钟肇鹏:《谶纬论略》,沈阳:辽宁教育出版社,1991年,第2页。

群圣以闻诸经以祖焉,是不可以无述,终之以河洛纬。[①]

孙毂排定的顺序为:尚书纬、春秋纬、易纬、礼纬、乐纬、诗纬、论语纬、孝经纬、河洛纬。同时,孙毂试图说明谶与纬的关系,曰:"纬之兴,其兴于符命(谶)。"就内容而言,"谶"直接假托于鬼神之事,以朝代更迭为主题;"纬"则假托孔子之言,依傍儒家经典而制作神学理论。汉代的经学虽具备一定程度上的"宗教性"作用,但它重人事、重现实、重道德的精神,与宗教所想象的"彼岸世界"是判然不同的。然而,在纬书中,孔子被说成了"神",儒家经典也成了"陈天人之际,述天地之心"的"神书"。依傍经学的纬书,演生出神学的形式。这种神学色彩虽然没能使儒学变成真正的宗教,但它确实让儒家朝着宗教迈进了一大步。[②] 可以说,纬书的本质,实际是经学的神学化倾向。

(二) 产生时代有先后

图谶的产生远早于纬书。图谶萌芽于先秦,发端于秦汉之际。抑或有将谶的起源前推至殷末者,如东汉王充作《论衡》,曾记殷末之"谶",曰:"案周取殷之时,太公《阴谋》之书,食小儿丹,教云亡殷,兵到牧野,晨举脂烛。"[③]又曰:"推此以省太公钓得巨鱼,剖鱼得书,云'吕尚封齐',及武王得白鱼,喉下文曰'以予发',盖不虚矣。"[④]但《论衡》为东汉之作,所记乃东汉前期社会上普遍流行的谶言。基于两汉之际的图谶兴起之后的造作热潮,有理由相信此处的"教云亡殷""吕尚封齐"为后人增衍之作,并非殷末既有。

实际上,谶的起源与先秦时代的占卜活动直接相关,所谓"发书占之,谶言其度",占卜的结果用语言或者文字表达出来便形成政治预言,即谶。南宋学者胡寅说:"谶书原于《易》之推往以知来。周家卜世三十,卜年得八百,此知来之的也。《易》道既隐,卜筮者溺于考测,必欲奇中,故分流别派,其说寖广。要之,各有以也。"[⑤]胡玉缙《纬史论微序》曰:"孔子之系《易》也曰'天垂象,见吉凶,圣人象之;河出图,洛出书,圣人则之。'是即纬学之滥

---

① (明)孙毂:《古微书》,自上海古籍出版社编:《纬书集成》,上海:上海古籍出版社,1994年,第138页。
② 金春峰:《汉代思想史》,北京:中国社会科学出版社,1987年,347—349页。金氏比较谶纬与宗教的特性,认为"谶纬并未能使儒学变成宗教。这里根本的原因在于谶纬与宗教的相似,仅在于它的外表,而在实质上谶纬与真正宗教的性格是恰恰相反的"。
③ 黄晖撰:《论衡校释》卷7《语增篇》,北京:中华书局,1990年,第343—344页。
④ 黄晖撰:《论衡校释》卷22《纪妖篇》,北京:中华书局,1990年,第930页。
⑤ (元)马端临:《文献通考》引胡寅说,北京:中华书局,1986年,第1604页。

筋。"姜忠奎《纬史论微自序》曰:"《易》析天纲,纬之肇也。"[①]相传,《河图》为《周易》的来源,而《洛书》为《尚书》的来源。先秦诸子经籍中多见有关《河图》、《洛书》的记载,如《周易》:"天垂象,见吉凶,圣人象之。河出图,洛出书,圣人则之。"[②]《尚书·顾命》:"伏羲氏王天下,龙马出河,遂则其文以画八卦,谓之河图。"《尚书·洪范》:"天与禹洛出书,神龟负文而出,列于背,有数至于九,禹遂因而第之,以成九类,常道所以次叙。"[③]《墨子》中有:"泰颠来宾,河出绿图,地出乘黄,武王践功。"[④]《论语·子罕》:"子曰:'凤鸟不至,河不出图,吾矣也夫?'"[⑤]至汉代,儒生们将《河图》、《洛书》引申为君主继"天命"而王、顺"天意"而治的标识,如《汉书·五行志》曰:"刘歆以为虙羲氏继天而王,受《河图》,则而画之,八卦是也。禹治洪水,赐《洛书》,法而陈之,《洪范》是也。圣人行其道而宝其真。降及于殷,箕子在父师位而典之。周既克殷,以箕子归,武王亲虚己而问焉。……此武王问《洛书》于箕子,箕子对禹得《洛书》之意也。"[⑥]伏羲、禹、周文王之所以取得天下,皆是因为他们接受了《河图》、《洛书》,禀负"天命"而建立不世之勋。这种思维理路直接促使两汉之际的方士与"方士化儒生"们造作有关《河图》、《洛书》的纬书著作,如《礼含文嘉》中有:"伏羲德洽上下,天应之以鸟兽文章,地应以龟书,伏羲则而象之,乃作易卦。"[⑦]存世的"七经纬"中有专门的《河图纬》、《洛书纬》类目,合计 56 种(详见下文)。

谶的产生途径,除了由占卜得来,还有假托神灵、上帝之言的卜占之辞。《史记·赵世家》曾记"秦谶""晋谶""赵谶",曰:

> 赵简子疾,五日不知人,大夫皆惧。医扁鹊视之,出,董安于问。扁鹊曰:血脉治也,而何怪!在昔秦缪公尝如此,七日而寤。寤之日,告公孙支与子舆曰:"我之帝所甚乐。吾所以久者,适有学也。帝告我:晋国将大乱,五世不安;其后将霸,未老而死;霸者之子且令而国女无别。"公孙支书而藏之,秦谶于是出矣。
>
> 帝告我"晋国且世衰,七世而亡,嬴姓将大败周人于范魁之西,而

① (清)姜忠奎著:《纬史论微》,上海:上海书店出版社,2005 年,第 1、2 页。
② (清)阮元校刻:《十三经注疏·周易正义》,北京:中华书局,1980 年影印版,第 82 页。
③ (清)阮元校刻:《十三经注疏·尚书正义》,北京:中华书局,1980 年影印版,第 239、187 页。
④ (清)孙诒让撰,孙启治点校:《墨子间诂》,"新编诸子集成本",北京:中华书局,2001 年,第 152 页。
⑤ (清)阮元校刻:《十三经注疏·周易正义》,北京:中华书局,1980 年影印版,第 89 页。
⑥ (清)阮元校刻:《十三经注疏·论语注疏》,北京:中华书局,1980 年影印版,第 2490 页。
⑦ (日)安居香山、中村璋八辑:《纬书集成》,石家庄:河北人民出版社,1994 年,第 494 页。

亦不能有也。今余思虞舜之勋,适余将以其胄女孟姚配而七世之孙。"董安于受言而书藏之。

当道者曰:"晋国且有大难,主君首之。帝令主君灭二卿,夫熊与罴皆其祖也。"简子曰:"帝赐我二笥皆有副,何也?"当道者曰:"主君之子将克二国于翟,皆子姓也。"简子曰:"吾见儿在帝侧,帝属我一翟犬,曰'及而子之长以赐之'。夫儿何谓以赐翟犬?"当道者曰:"儿,主君之子也。翟犬也,代之先也。主君之子且必有代。及主君之后嗣,且有革政而胡服,并二国于翟。"简子问其姓而延之以官。当道者曰:"臣野人,致帝命耳。"遂不见。简子书藏之府。①

"秦谶"是可见最早的图谶,但它绝非最早出现的谶。由公孙支、董安、简子"书而藏之"的做法可知,他们肩负着记录、保存此类谶言的职责。所谓"帝告我""致帝命"之言,都是直接借重于"至上神"来造作政治预言。这些政治预言,也确然得到后世历史实践的验证。它们之所以能够被保存下来,恐怕也正是由于它的有验性。

纬的产生晚于谶。清儒朱彝尊曾作《说纬》,对纬书产生于哀、平之际的说法做补充,认为纬书与谯氏、京氏之学密切相关。② 章太炎曾论谶纬的源流,说:"燕、齐怪迂士,性欲东海,说经者多以巫道相糅。故《洪范》,旧志之一篇耳,犹相与抵掌树颊,广为抽绎。伏生开其源,仲舒衍其流,是时适用少君、文成、五利之徒,而仲舒亦以推验火灾,救旱致雨,与之校胜。以经典为巫师豫记之流,而更曲《春秋》,云为汉制法,以媚人主,而梦政记。昏主不达,以为孔子果玄帝之子,真人尸解之伦。谶纬蜂起,怪说布彰,曾不须臾。"③章氏所言,隐含着将董仲舒《春秋繁露》视作谶纬的意味,这一点或可商榷,但他对谶与纬演生趋势的总结,大体是符合史实的。再如张荣明称:"纬的兴起较晚,在谶之后,其特点是依傍于经。所以,清人王祎说:'有经则有纬,故曰纬书。'……经有广狭之义。广义上说,凡是作为国家指导原则的学说的文本都可称为'经',为解释'经'而作的'传'、'解'、'注'、'疏'之类的理论均可称为'纬'。狭义上说,汉武帝独尊儒术直至清代,被奉为国家正统的儒教经典才可称为经,为解释这些经而作的'注'、'疏'、'解'一类均为

---

① (汉)司马迁:《史记》卷43《赵世家》,北京:中华书局,1959 年,第 1786—1788 页。
② (清)朱彝尊著,侯美珍、黄智明、陈恒嵩点校:《经义考》,台北:"中央研究院"中国文哲研究所筹备处,1997 年,第 885 页。
③ 章太炎:《驳建立孔教议》,《章太炎全集》(第四册),上海:上海人民出版社,1985 年,第196 页。

‘纬’。从狭义的‘纬’的定义出发，‘纬’发端于汉儒董仲舒。董仲舒本人是春秋公羊学经师，公羊学被立为官方学说就是董仲舒的贡献……作为他的思想集中表现的《春秋繁露》一书，仅就其命名而言，就可知它是作为《春秋》的‘外传’而存在的。"①可见，张氏将纬书的产生时间定在董仲舒时期。徐复观亦有类似观点，他说："纬书怪诞之说，我发现是由仲舒所引发出来的，对先秦之理性主义、合理主义应有的发展，加上了一层阻滞。"②但是否有了经学之后，便立刻产生了纬学呢？这是值得商榷的。汉武帝时所立五经博士，乃是五种儒家经典的博士，钱穆称之为"六艺博士"。当时五种经典居博士官，学士要想获得政治权威的认可，必须凭借自己的学识，各立学说而争夺博士官地位。这势必造成所谓"经学纷异"的局面。对于五种经典的解释之学，使每一种经典都会生发出纷繁复杂的诸家学说。至汉宣帝时期，召开"石渠阁会议"，欲解决"经学纷异"的问题，凭借行政的力量讲论五经同异，最终确立十二家博士官体制。自此，博士官由武帝时期的"六艺博士"，转变为十二家"师法博士"。"师法博士"一旦确立，武帝以来学士们通过各置经解争立博士的途径便被阻断，他们只能在这十二家"师法"之内，不断"增益章句"，以解经之广博为资本，争取博士官的地位。当"经学纷异"之时，学者只要能够各置经解，便有可能获得政治认可，自不必刻意采取假托圣人之作的方式来撰作"纬书"。但到师法博士确立之后，私作经解不被官方认可，这才使得学士们倾向于比附经义、假托圣贤。这时"纬书"的兴起，才有了发挥空间。从这个意义而言，纬书的兴起应当晚于汉宣帝黄龙元年（前49年）。

历代有学者因《汉书·艺文志》未著录谶纬书目，断定纬书的产生时间最早在西汉哀平之际，并以东汉光武帝"宣布图谶于天下"之后作为谶纬成书的时间节点。李梅训曾作《〈汉书·艺文志〉不著录谶纬论》文，考证班固不著录谶纬的原因。他认为《汉志》本于刘歆《七略》，并未遍收西汉之书，且西汉谶纬书籍收于太史而不在秘书，故不在刘向、歆父子校书之列。③就逻辑上来讲，此种观点似乎可信，因为他们将谶纬文献视作东汉时代的书籍，故班固著《艺文志》时未著录谶纬书目。但这种观点本身即存在矛盾：其一，此说是在将图谶与纬书混同为"谶纬"的前提下所作的论断，图谶早见于战国时期；其二，早在班固作《汉书》之前，光武帝即官定过图谶八十一篇的规模。

---

①　张荣明：《中国的国教：从上古到东汉》，北京：中国社会科学出版社，2001年，第213—214页。

②　徐复观：《两汉思想史》（卷二），台北：学生书局，1979年，第358页。

③　李梅训：《〈汉书·艺文志〉不著录谶纬论》，《古籍整理研究学刊》2010年第1期，第5—9页。

汉儒荀悦曾作《申鉴·俗嫌》，言其叔父荀爽反对纬书出自孔子的观点，认为纬书产生于"中兴之前"的西汉后期。清儒阎若璩曰："尝思纬书萌于成帝，成于哀、平，逮东京尤炽……案或问纬起哀、平，子以为始成帝者，何也？余曰：'张衡言成哀之后，乃始闻之。初亦不省所谓。读班书《李寻传》，成帝元延中，寻说王根曰："五经六纬，尊术显士。"则知成帝朝已有纬名，衡言不妄。'"①阎氏认为纬书萌于汉成帝，成于哀、平之际。李梅训观点与阎氏相类，认为谶纬文献形成于西汉哀、平以前，很可能在成帝时已部分成书，当时官府藏书中也有谶纬书的存在。②钟肇鹏在总结谶纬起源的十二家观点基础上，认为"零星的谶纬虽然早已存在，但把它们集中起来，编成《易纬》、《诗纬》、《书纬》、《礼纬》、《乐纬》、《春秋纬》这样的书籍，则不能早于王莽时代"。③这实际是按照谶与纬合流后的情况来论断的，既然二者之间在两汉之际出现合流，则其中之一的纬书当早于新莽时期便已兴起。所以，阎氏所言纬书成于哀、平之际的说法是合理的。④

谶依托神灵，纬附会圣贤。纬书源于配经而出，内容上较五经更具神学色彩；谶文在汉世虽也常附经而行，内容却掺杂许多怪诞邪异之说，与五经文字多不相比附，故"纬醇谶驳"。"以往对谶纬起源的研究，或强调谶的起源，或混沌地讲谶纬的起源，混淆了谶纬二者既有区别又相合的特性，从而导致了认识上的分歧。"⑤谶与纬合流出现在两汉之际，尤其是东汉初年光武帝重建汉家天下后，"宣布图谶于天下"，并要求经生按照这套官定的图谶进行解经活动，即"凭谶解经"。东汉出现"谶纬"连称，并非偶然事件。"一方面，董仲舒新儒学的盛行使天人感应、阴阳五行的思维方式成为谶纬思潮的先导；另一方面，如我们所知，当一种思想被定为统治思想而固定下来后，就必须面临着被绝对化直至神化的命运。儒学被定为经典后，其自身就成为不容怀疑与改变的，要维持这种绝对性，将其神化无疑是最便捷而且最必要的方式，而儒学自我神化的结果就是向谶纬演变。"⑥图谶之学成为儒生治经的标准，逐渐杂入经学解释之中，促使谶与经的合流。在这经谶合流的

---

① （清）阎若璩疏证：《尚书古文疏证》，上海：上海古籍出版社，1987年，第985页。

② 参见李梅训：《谶纬文献史略》，山东大学博士学位论文，2003年。

③ 钟肇鹏：《谶纬论略》，沈阳：辽宁教育出版社，1995年，第26页。

④ 有学者对此持否定态度，如清儒徐养原《纬候不起于哀平辨》，认为纬书萌芽于成帝之世。《清经解》收录汪继培、周治平、金鹗、李富孙同名文章《纬候不起于哀平辨》，甚至将纬书出现的时间前推至春秋战国时期，认为纬书是孔子及其弟子的遗文。（参见《清经解》卷1290《纬候不起于哀平辨》，上海：上海书店出版社，1988年，第864—866页。）

⑤ 张荣明：《中国的国教：从上古到东汉》，北京：中国社会科学出版社，2001年，第212页。

⑥ 张俊峰：《谶纬与东汉社会思潮略议》，《河北学刊》2001年第3期，第15页。

过程中,同样具有神学化色彩的纬书也被混入到经学内容之中,被东汉士人称作"内学"。"谶纬"连称正是基于这一社会背景而产生。

两汉之际的谶纬思想,首先影响了政权的更迭与正统之争。如西汉哀帝时期的"再受命"闹剧,王莽自称"舜后土德"与士人的"颂德献符"活动,刘秀凭借《河图赤伏符》与"刘氏复兴"之谶建立东汉王朝的过程。可以说,每一次新政权的建立,都需要宣称"受命而王",将统治者说成"受命之主""代天行政"。王莽与刘秀,先后被儒生群体、豪强地主、农民起义者推举为"天命"所系之主,主要原因在于两汉之际的"救世主"信仰和二人身上的"卡里斯玛权威"。马克斯·韦伯在《经济与社会》一书中解释"卡里斯玛权威",认为"(卡里斯玛)魅力应该被叫做一个人的被视为非凡的品质,因此,他被视为天份过人,就有超自然的或超人的,或者特别非凡的、任何其他人无法企及的力量或素质,或者被视为神灵差遣的,或者被视为楷模,因此也被视为领袖"。① 韦伯将人类社会的支配行为分为三种类型,即理性支配、传统支配、卡里斯玛支配。其中,卡里斯玛支配类型,即"对个人、及他所启示或制定的道德规范或社会秩序之超凡、神圣性、英雄气概或非凡特质的献身和效忠"。② "卡里斯玛支配是超凡的,因此它与理性的特别是官僚型的支配呈尖锐的对立。一个臣服于卡里斯玛的支配团体,我们称之为卡里斯玛共同体,以感情性的共同体关系为基础"。③ 按照韦伯的理论,王莽与刘秀确实符合这种"卡里斯玛权威"式的领袖气质与个人魅力。王莽自踏入政坛前,便能谦卑恭让、严于律己,将自己塑造成一个人民心目中具有完美"道德"的领袖。他甚至先后收到四十八万七千五百七十二人的劝进登基要求,即所谓"颂德献符遍天下"。刘秀同样被视为新的道德典范,他恬退隐忍、敦厚善任,奖崇儒术、征用儒生,所以能够吸引中兴二十八将、三十二功臣的追随,形成一个以南阳豪族为纽带的政治共同体,最终平定天下。王莽与刘秀这种超凡性、神圣性的"卡里斯玛权威"形象塑造过程中,"天命观"与"谶纬"无疑起到过极其重要的作用。如王莽曾经"班符命四十二篇",刘秀曾于中元元年(56 年)"宣布图谶于天下",皆为此证。

汉明帝时,又有楚王刘英、广陵王刘荆、阜陵王刘延的三次谋反案。史载楚王刘英"少时好游侠,交通宾客,晚节更喜黄老,学为浮屠斋戒祭祀","诵黄老之微言,尚浮屠之仁祠,洁斋三月,与神为誓"。楚王英崇尚黄老、浮

---

① (德)马克斯·韦伯:《经济与社会》,北京:商务印书馆,1997 年,第 269 页。
② (德)马克斯·韦伯:《支配的类型》,桂林:广西师范大学出版社,2004 年,第 303 页。
③ (德)马克斯·韦伯:《支配的类型》,桂林:广西师范大学出版社,2004 年,第 356—358 页。

屠之学,本就与帝国的正统学术不合,又"交通宾客",触犯最高统治者的逆鳞。楚王英"与渔阳王平、颜忠等造作图书,有逆谋,[1]结果被燕广告发。要知道,自中元元年(56 年),光武帝"宣布图谶于天下"后,图谶便有了官定的规模和解释,是不允许重新造作或解说图谶之文的。楚王英的私造图书行为,是他被诛的根源。再如广陵王刘荆,曾派人谎称东海王刘强的舅父郭况写信给刘强,称:"今年轩辕星有白气,星家及喜事者,皆云白气者丧,轩辕女主之位。又太白前出西方,至午兵当起。又太子星色黑,至辰日辄变赤。夫黑为病,赤为兵,王努力卒事。高祖起亭长,陛下兴白水,何况于王陛下长子,故副主哉!上以求天下事必举,下以雪除沉没之耻,报死母之仇。"这实际上是广陵王刘荆鼓动东海王谋反。结果,明帝囚禁广陵王刘荆于河南宫。刘荆见怂恿东海王谋反一事无望,又自我标榜"我貌类先帝。先帝三十得天下,我今亦三十,可起兵未",甚至"使巫祭祀祝诅[2],诋毁明帝。结果明帝"徙王广陵,荆遂坐复谋反自杀也"。[3] 再就阜陵王刘延谋反一事言,史载"永平中,有上书告延与姬兄谢弇及姊馆陶主婿驸马都尉韩光招奸猾,作图谶,祠祭祝诅。事下案验,光、弇被杀,辞所连及,死徙者甚众。"[4]可见,阜陵王刘延的罪名也是"作图谶"以谋逆。

"谶纬"思想,还深深影响着农民起义与军阀割据势力。谶纬的作者们从天命与历史两方面来为"革命论"站台。历史上没有永存不变的"家天下","自三皇以下,天命未去飨善,使一姓不再命"[5]。就"长时段"的眼光看,"易代革命"是必然发生的事情,不可避免。但是,谶纬作者们给"革命"附加了"条件":其一,人主失德,社会危机无力挽救之时,只有革命方能使天地秩序恢复正常;其二,革命者须获得新的"天命",并有符瑞降世;其三,新王受命后必须改制。社会公众并非在任何情况下都能公开讨论革命,只有在社会崩乱之时,才有可能公开或秘密地讨论、流传。这在秦汉时代有过充分的表现。比如秦末陈胜吴广的"鱼腹藏书"事,"楚虽三户,亡秦必楚"谶,两汉之际刘秀的《赤伏符》与"刘氏复兴"谶,王郎的"代汉者刘子舆"谶,刘扬的"赤九之后,瘿杨为主"谶,公孙述的"公孙十二期"、"代汉者当涂高"等谶。以李焉与王况为例,《汉书·王莽传下》记载:"魏成大尹李焉与卜者王况谋,

① (南朝宋)范晔:《后汉书》卷 42《光武十王列传》,北京:中华书局,1965 年,第 1428—1429 页。

② (南朝宋)范晔:《后汉书》卷 42《光武十王列传》,北京:中华书局,1965 年,第 1447—1448 页。

③ (南朝宋)范晔:《后汉书》志 13《五行志》,北京:中华书局,1965 年,第 3268 页。

④ (南朝宋)范晔:《后汉书》卷 42《光武十王列传》,北京:中华书局,1965 年,第 1444 页。

⑤ (日)安居香山,中村璋八辑:《纬书集成》,石家庄:河北人民出版社,1994 年,第 373 页。

况谓焉曰：'新室即位以来，民田奴婢不得卖买，数改钱货，征发烦数，军旅骚动，四夷并侵，百姓怨恨，盗贼并起，汉家当复兴。君姓李，李音徵，徵火也，当为汉辅。'因为焉作谶书，言：'文帝发忿，居地下趣军，北告匈奴，南告越人。江中刘信，执敌报怨，复续古先，四年当发军。江湖有盗，自称樊王，姓为刘氏，万人成行，不受赦令，欲动秦、洛阳，……'会合十余万言。'①这"十余万言"的规模，足见李焉、王况为攫取政治利益而孜孜不倦的谶言造作热忱。此谶在后来可能为李通、李轶兄弟所接纳，并简化为"刘氏复兴、李氏为辅"的宣传口号，先是鼓动刘縯、刘秀兄弟起兵，后又挟谶文投入刘玄更始政权麾下。

　　如上所见，谶纬之兴对于两汉之际政权更迭、皇位继承、诸侯叛逆、农民起义、割据混战等产生深远影响的既定历史事实，②必然受到东汉王朝统治者的重视以及学士们对图谶之学的追捧。"谶纬的出现，既依附于孔子和儒家经典，又可以借助于宗教神权的力量来指导现实和预示未来的吉凶祸福。这样既便于同汉代的现实和政治结合，并以神权的力量增加了经学的权威性，从而巩固了经学的统治地位，这就是谶纬附经，亦以辅经的妙用。"③谶纬的内容繁多，但其最终的指向是实现"德治仁政"的社会。"它把古代中国关于宇宙的观念、天文地理知识、星占望气等技术、神话传说与故事，与传统的道德和政治学说糅合在一起，一方面试图以理论与经典在知识系统中提升自己的文化等级与品位，一方面试图以这一套囊括诸家，包笼天地人神，贯通终极理想、思想道德、制度法律与具体方术的知识系统干预政治，以建立理想的秩序。"④谶纬的主旨是维护封建皇权的神圣性、权威性，但其中的"神意"太浓，又往往怪诞不经，每每与皇权发生冲突。因此在汉代以后，逐渐为统治者所轻弃。"'谶纬'在历史上的地位颇尴尬：因其涉入天命国运，起事者夺权时借谶纬以明天命，但夺权后又惧他者攻其矛盾……耐人寻味的是，这类文献多不是因其内容不稽而遭禁绝，而是因为它们构成了对既有秩序的潜在威胁，遂成为政治角力下的牺牲品。"⑤三国以降，屡次被禁，至

　　① （汉）班固：《汉书》卷99下《王莽传下》，北京：中华书局，1962年，第4166—4167页。
　　② 有学者认为谶纬在西汉末期的社会危机背景下，具有"社会批判形式"，是一种"潜隐状态的社会抗议运动的曲折表现"。（参见冷德熙：《超越神话——纬书政治神话研究》，北京：东方出版社，1996年，第238页）
　　③ 钟肇鹏：《谶纬论略》，沈阳：辽宁教育出版社，1992年，第5页。
　　④ 葛兆光：《中国思想史》（第一卷），上海：复旦大学出版社，2001年，第411页。
　　⑤ 殷善培：《谶纬思想研究》，台北：花木兰文化出版社，2008年，第1—2页。

隋朝以后基本失传。① "但谶纬神学的一些内容却为佛教、道教所吸收,僧道中讲图谶和天人感应的颇不乏人。至于作为民俗神道的谶语则长期流传于民间,直到近现代也不少见。"②现在可见的谶纬主要是五经七纬,据安居香山、中村璋八的《纬书集成》,有 164 种纬书文献。

(三) 图谶与符命的区别

"符应",又作"符命"、"符瑞"③,主要是讲天降瑞祥以及天象之学。"符应"之说,由来已久。陈槃指出战国后期邹衍创立五德终始说,便是"继承此类旧说而益以'怪迂之变'。海上燕齐方士传其术,秦汉间思想,此其主潮矣。"④《史记·孟荀列传》记邹衍"称引天地剖判以来,五德转移,治各有宜,而符应若兹"。⑤ "五德"与"符应"相结合,有德者必有符,有符则显示其有受命之运。秦汉时期的谶纬内容,深受"符命"之说的影响,史籍中所见的"符瑞"之物很多,如凤凰、麒麟、白虎、黄龙、青龙、黑龙、神雀、白燕、赤鸟、芝草、白鹿、神木、玉杯、玉英、玫瑰、碧石、龙马、天马、黄云、神龟、宝鼎、辰星、填星、嘉禾、甘露、箕荚、河图、洛书、白雉、文圭、白石丹书、比目之鱼、比翼之鸟等,不胜枚举。⑥

《说文解字》解"符"字,曰:"信也。汉制以竹,长六寸,分而相合。从竹付声。"即初义为古代信物的统称。早在先秦时期,"符"便被广泛应用于政令、外交、交通等施政环节,作为专门人士身份的凭据,如《墨子·号令》:"诸城门若亭,谨候视往来行者符。"《周礼·地官·章节》:"门关用符节"等。陈槃释"符"曰:"符者,凭信之物,《墨子·兼爱》下所谓'犹合符节'者也。字从竹,本以竹为之,以为假为凡征验之名,阴阳五行家言瑞应者尤喜用之。"又说:"谶纬之属,皆可称'符',谓其为天人感应之瑞符也。"⑦

不论"符"用于何种场合,都隐含着"符"的授受双方之间存在紧密关系:其一,授予"符"的同时也意味着对于所授之人的信任、肯定、褒奖等意义;其

① 曹魏禁谶纬事,见《三国志·魏书·常林传》引鱼豢《魏略》;隋炀帝禁谶纬事,见《隋书·经籍志》。历代禁绝谶纬的状况,钟肇鹏曾制表说明。(参见钟肇鹏:《谶纬论略》,沈阳:辽宁教育出版社,1992 年,第 32—33 页)

② 钟肇鹏:《谶纬论略》,沈阳:辽宁教育出版社,1992 年,第 192—194 页。

③ 另有瑞应、瑞命、嘉应、福应、德祥、祥异、嘉瑞、祯祥、瑞应、休祥、祥瑞等称,异名而同实。

④ 陈槃:《秦汉间之所谓"符应"论略》,《中研院历史语言研究所集刊论文类编·历史编》(秦汉卷),北京:中华书局,2009 年,第 473 页。

⑤ (汉)司马迁:《史记》卷 74《孟子荀卿列传》,北京:中华书局,1959 年,第 2344 页。

⑥ 秦汉时代的符瑞已然十分丰富,至唐代以后则更为繁杂。清儒叶德辉也曾辑录符瑞之名,曰:"今所辑多至一百四十余种,疑其中有分合之异。"(参见(清)叶德辉:《辑孙氏瑞应图记叙》,光绪乙亥春二月长沙叶氏郋园刊本)

⑦ 陈槃:《古谶纬研讨及其书录解题》,台北编译馆,1991 年,第 266、173 页。

二,接受"符"的同时意味着接受了授予者交付的使命、责任以及拥有"符"所附着的权力。受"符"者的资质必须由上级确认,但是拥有最高一级授予权的君主的资质,却不能由他治下的臣民来确认,而只能求诸于"天"的旨意。"天"本身具有抽象性与虚幻的视觉形象,怎样具象化地把"受命于天"表现出来,便成了士人们孜孜不倦的讨论话题。"符瑞"观念便是这种"天命"形象化的成果之一。

"瑞"字,《说文解字》皆曰:"以玉为信也。从玉、耑",即以玉为信物之意,故也称"玉瑞"。"瑞"作为一种礼器,在先秦时期用以标明贵族身份和权力。《周礼·典瑞》曰:"典瑞掌玉瑞、玉器之藏",其注曰:"人执之以见曰瑞,礼神曰器。瑞,福信也。"①《尚书·尧典》曰:"正月上日,受终于文祖,在璇玑玉衡,以齐七政。肆类于上帝,禋于六宗,望于山川,遍于群神。辑五瑞,既月乃日,觐四岳群牧,班瑞于群后。"马融注曰:"五瑞,公侯伯子男所执,以为瑞信也。尧将禅舜,使群牧敛之,使舜亲往班子。"②《管子·水地》曰:"夫玉之所贵者,九德出焉……是以人主贵之,藏以为宝,剖以为符瑞。"③此类"符瑞"仅限于身份标识,与后世的"符瑞"含义大不相同。至西汉时代,"符瑞"成为标明帝王"受命而王"的吉祥之物,如《史记·封禅书》记载曰:"自古受命帝王,曷尝不封禅?盖有无其应而用事者矣,未有赌符瑞见而不臻乎泰山者也。"④《春秋繁露》中也专列《符瑞》篇。可以说,"符瑞"观念的正式明确化是在汉代。《汉书·刘辅传》载:"天之所与,必先赐以符瑞;天之所违,必先降以灾变。此神明之征应,自然之占验也。"⑤上天欲降"天命",必在之前先赐予相应的征兆,而且一定是代表吉祥的物候、异象。

综言之,"符应"、"符瑞"在本质上是指能够预示、标志、验证君主接受、拥有"天命"的象征,并且这种象征是神学的、神异的。"符瑞是古代帝王、君主立国、主国、诞生、执政得到天命的凭证。"⑥"符应",既有有形之物,也有无形之象,但都是奇异、罕见之事,故王充称之为"生于常类之中,而有诡异之性"。⑦"符应",以"神异物象"为表征,沟通天人关系,其最终目的和落脚点在于论证政权的合法性、合理性、正统性与正当性。它的表象尽管往往是

①　(清)阮元校刻:《十三经注疏·周礼注疏》,北京:中华书局,1980 年影印版,第 776 页。
②　(清)阮元校刻:《十三经注疏·尚书正义》,北京:中华书局,1980 年影印版,第 126—127 页。
③　黎翔凤撰,梁运华整理:《管子校注》,"新编诸子集成本",北京:中华书局,2004 年,第 815 页。
④　(汉)司马迁:《史记》卷 28《封禅书》,北京:中华书局,1959 年,第 1355 页。
⑤　(汉)班固:《汉书》卷 77《刘辅传》,北京:中华书局,1962 年,第 3251—3152 页。
⑥　李发林:《汉画像中的祥瑞画》,《南都学坛》,1987 年第 1 期,第 69 页。
⑦　王晖撰:《论衡校释》,北京:中华书局,1990 年,第 730 页。

先验的、虚幻的、抽象的,但它所关注的核心问题却是现实且理性的。与"图谶"相较,"符应"关注于言君主"受命",而"图谶"虽同样具有预言、神异性质,但适用范围并不限于君主,也用于诸侯、大臣等。如"刘氏复兴,李氏为辅"之谶,既宣示了刘氏皇权应得"天命",也意味着李通、李轶等李氏子孙当为汉家政权的辅鼎之臣。需要指出的是,本文在考察秦汉时代的图谶、符应时,无意于对二者进行截然不同的区分,因为尽管二者的适用范围不同,但就两汉之际的政治巨变而言,二者所起到的政治影响相差无几。

三、关于"五德运转"的模式

秦汉时代,"五德终始说"是有关天命与正统思想的理论依据之一。"五德运转"模式在不同历史时期的演变与解说,深刻影响着政治哲学的构建以及政权合法性的论证。德运理论,不仅仅是对上古历史系统的总结,还是对当时政治问题的系统阐释。为此,有必要首先厘清"五德运转"模式的类型与内容。

邹衍创立"五德终始说",以"五德相胜"的思维理路解释王朝兴替。但"五德运转"的模式,除了"五行相胜"外,还包括"五行相生",甚至另有所谓"五行毋常胜"之说。《宋书·历志中》:"且五德更王,唯有二家之说。邹衍以相胜立体,刘向以相生为义。据以为言,不得出此二家者。"[1]沈约认为"五行相生"说为西汉末年刘向、歆父子所立,但考诸史籍可知,"五行相生"说在董仲舒《春秋繁露》中便有阐释,甚至可能源出更早,而非始于刘向、歆父子。[2]

邹衍"五行相胜"的次序是土、木、金、水,首列土而终列水,后者逐次胜前者。云梦秦简中另有一种次序,即木、金、火、水、土,以木为首,以土为末。[3] 董仲舒《春秋繁露》所载的次序与云梦秦简相同。银雀山汉墓出土《孙膑兵法·五壤相胜》所列的次序是木、土、水、火、金,木为首而金为末。[4] 虽然各家对五行排列的次序有所不同,但就五行之间的相胜原理却是一致的。[5] 关于"五行相生"的次序,是木、火、土、金、水,《春秋繁露》曰:"天有五

① (南朝梁)沈约:《宋书》志12《律历志》,北京:中华书局,1974年,第259页。

② 详参顾颉刚《五德终始说下的政治和历史》、钱穆《评顾颉刚〈五德终始说下的政治和历史〉》,俱载顾颉刚编著:《古史辨》(全七册),上海:上海古籍出版社,1981年,第1—104页。

③ 《云梦睡虎地秦墓》编写组:《云梦睡虎地秦墓》,北京:文物出版社,1981年,图版137。

④ 吴九龙释:《银雀山汉简释文》,北京:文物出版社,1985年,第6页。

⑤ 饶宗颐在《中国史学上之正统论》中,比较各家五行次序的差异时,认为邹衍五德相胜是"土克木,木克金",可能是错误地理解了相胜的次序。(饶宗颐:《中国史学上之正统论》,上海:远东出版社,1996年,第10—22页)

行：一曰木，二曰火，三曰土，四曰金，五曰水。木，五行之始也；水，五行之终也；土，五行之中也。此其天次之序也。木生火，火生土，土生金，金生水，水生木，此其父子也。"①

　　钱穆在解释邹衍五德终始说时，认为在"五行相胜"之外，还包含一种"相生"的月令之学：

　　　　"'五行相次转用事随方面为服'，是东方木，南方火，中央土，西方金，北方水，春夏秋冬相次用事的，如《吕纪》《月令》及《淮南·天文训》及魏相奏议所说。照次序排列，五行始木，而火，而土，而金，而水，恰恰是五行相生，与终始的相胜说正属相反。"①

钱氏并未明言邹衍学说中已经具备了"五行相生"的原理，但他指出"邹衍书本有两种，如淳指《主运》，不指《终始》，原文将如淳《主运》注误《终始》，似误"，②似乎倾向于《终始》与《主运》分别以"相胜"、"相生"立论的观点。此后，陈槃、侯外庐、杨向奎等学者明确提出邹衍学说兼具"相胜"与"相生"两种运转原理。

　　五行运转由"相胜"向"相生"的转变，使政治理论发生根本性变化。顾颉刚说："自从有了五行相胜说，就引起了五德终始说，把五行相胜的原理用之于朝代的递嬗上。这因下一代'革'上一代的命，正与五行中某一行'胜'某一行相像。"③"相胜"成了暴力革命的理论依据。但除了"革命"之外，还有一种相对和平的过渡方式，即"禅让"。"五行相胜的原理可以适用于商周的革命，但不可适用于虞、夏的禅让。""舜受尧的禅让，禹受舜的禅让，止有祥和，毫无克伐。"④正因为这种五行运作模式的不同，成为影响中国古代（尤其是两汉之际）政权更迭方式的理论依据。

　　刘向、歆父子提倡"五行相生"的理念，是基于西汉末期的社会危机而

---

　　①　苏舆撰，钟哲点校：《春秋繁露义证》，"新编诸子集成本"，北京：中华书局，1992年，第321页。笔者按：《楚帛书》五木神为"青木、赤木、黄木、白木、墨木之精"，所体现五行相生之序为木、火、土、金、水（参见饶宗颐、曾宪通编著：《楚帛书》，香港：中华书局香港分局，1985年，第22页）。《吕氏春秋·十二纪》《淮南子·天文训》《春秋繁露》所论亦同次序。因此，五行相生次序，自战国以来是一脉相承而无不同。

　　①　钱穆：《评顾颉刚〈五德终始说下的政治和历史〉》，自顾颉刚编著：《古史辨》第五册，"民国丛书第四编"，北京：朴社，1935年影印版，第621—622页。

　　②　钱穆：《评顾颉刚〈五德终始说下的政治和历史〉》，自顾颉刚编著：《古史辨》第五册，"民国丛书第四编"，北京：朴社，1935年影印版，第622页。

　　③　顾颉刚：《五德终始说下的政治和历史》，《清华大学学报》1930年第1期，第141页。

　　④　顾颉刚：《五德终始说下的政治和历史》，《清华大学学报》1930年第1期，第141、142页。

发。按照"五德终始说"与董仲舒的"三统说"理论,西汉末期出现有关汉家"三七之厄"之类的末世危机学说。眭孟、夏贺良之徒甚至在宣扬"汉运将终"的同时,激起"更受命"思潮。为了应对这种危机,刘向、歆父子开始改变"五行相胜"为"五行相生"的次序。他们将历史系统上推至伏羲,下演至汉代。据《宋书·符瑞志》所载,按照"相生"次序排列的帝德系统为:伏羲(太昊)、炎帝(神农)、黄帝、少昊、颛顼、帝喾、尧、舜、夏、商、周、汉。在这正统的德运之外,刘向、歆父子又创造出所谓"闰统",以解决德运阐释过程中的矛盾之处。《汉书·郊祀志下》曰:"昔共工氏以水德间于木、火,与秦同运,非其次序,故皆不永。"[①]在伏羲与炎帝之间加上了共工氏,进而推断周与汉之间的秦为"闰统"之"水"。通过这套改造,远古至汉代的帝德系统已然完成了两个半的循环。

在五行"相胜"、"相生"说之外,还有一种"毋常胜"说。如王莽代汉时曾利用"土火相乘"之谶,"乘"有"相胜"之义,《说文》训"乘"为"覆也,从入桀。桀,黠也",段玉裁注曰:"《史记》云桀黠奴。凡黠者必强,故桀训黠。入桀者,谓笼罩桀黠。"[②]按照"相胜"原理,应当是水胜火,汉家被刘歆、王莽等宣称为"火德",那么王莽似乎应该为"水德",以水"乘"(胜)火。然而王莽明明是自任了"土德"之运。这按照五行"相生"原理可以理解,但却无法解释"土火相乘"之文。这便有了"毋常胜"的论说空间。当时的儒者与王莽所采择者,是刘歆的"汉家尧后火德说",似乎刻意地避开"土火相乘"的理论阐释。这或许是因为"毋常胜"说并非出自儒家,而且"毋常胜"说在对应历史系统时具有不确定性,难以主观操控。所谓常胜,即按照五行属性的生克原理所衍生出的相胜次序,比如水胜火;所谓"毋常胜"则是反其道而论,称火亦可胜水。如《左传·昭公九年》记楚灭陈之事,曰:"夏四月,陈灾。郑裨竈曰:'五年陈将复封,封五十二年而遂亡。'子产问其故。对曰:'陈,水属也;火,水妃也。楚所相也。今火出而火陈,逐楚而建陈也。妃以五成,故曰五年。岁五及鹑火,而后陈卒亡,楚克有之,天之道也,故曰五十二年。'"杜预注曰:"天数以五为纪,故五及鹑火,火胜水衰。"[③]子产、杜预以"水胜火衰"解释陈亡于楚的史实,即是"毋常胜"说的例证。

学界一般认为"毋常胜"说源出于墨家。《墨子·经下》有言:"五行毋常胜,说在宜";《经说下》亦曰:"五合,水土火,火离然。火铄金,火多也;金靡

---

① (汉)班固:《汉书》卷 25 下《郊祀志下》,北京:中华书局,1962 年,第 1271 页。
② (汉)许慎撰,(清)段玉裁注:《说文解字注》,上海:上海古籍出版社,1981 年,第 237 页。
③ (清)阮元校刻:《十三经注疏·春秋左传正义》,北京:中华书局,1980 年,第 2057 页。

炭,金多也。合之府水,木离木。若识麋与鱼之数,惟所利,无欲恶。"①吴毓江在注解《墨子》时,曾言:

> "证以《贵义》篇墨子与日者回答之语,则五行生克说墨子时颇为流行,故《墨经》立说非之曰:五行无常胜,惟在用之宜耳。……《韩子·备内》篇:'今夫水之胜火亦明矣,然而金鬵间之水,煎沸竭尽其上,而火得炽盛焚其下,水失其所以胜矣。'《论衡·命义》篇:'水盛胜火,火盛胜水。……五行者,盖若麋游于山,鱼跃于渊,各适其性,各有其宜,无相胜可言也。'《孙子·虚实》篇'五行无常胜'之义与此同。"②

可见,在墨家眼中,五行生克的次序并非固定的模式,水可胜火,火亦可胜水,其关键在于"用之宜"。这实际具有朴素辩证法的逻辑,也是对邹衍以来"五行相胜说"的进一步引申。栾调甫将"常胜"与"毋常胜"看作五行说的两大派别,③杨向奎则称"毋常胜""实在是战国中叶以前的一种常识"。④

五行学说既然有"相胜"与"相生","相胜"又分"常胜"与"毋常胜",那么将这种次序对应五德运转时,便有了解释朝代更迭的不同理论模式,为后世学者附会、利用、发挥"五德终始说"的原理提供了可操作的空间。这也成为秦汉时代借助"五德终始说"探讨政权合法性时,滋生出各种"受命"学说与符瑞征兆的原因。

---

① （清）孙诒让撰,孙启治点校:《墨子间诂》,"新编诸子集成本",北京:中华书局,2001年,第319、377—378页。

② 吴毓江撰,孙启治点校:《墨子校注》,北京:中华书局,1993年,第584—585页。

③ 栾调甫:《梁任公五行说之商榷》,自顾颉刚编著:《古史辨》第五册,"民国丛书第四编",北京:朴社,1935年影印版,第378—387页。

④ 杨向奎:《西汉经学与政治》,上海:上海古籍出版社,1994年,第24页。

第一章　周秦时代"至上神"观念的演变

　　中国古代社会中,"至上神"信仰关涉到一个王朝统治的正当性问题。自殷商之际开始,社会民众的"至上神"信仰一直处于不断的变化之中:从殷人的"上帝",到周人的"天",再到汉儒改造后的人格化的"天"。这种"至上神"信仰,如何与社会政治体制相勾连,又如何一步步转化为皇权专制所需要的神权辅翼,成为秦汉思想史研究领域的经典话题。

　　人类早期文明的"书写",是近年来国际学术界论议颇多的主题。就目前可见的资料而言,"书写"在不同的早期文明中承担的作用有所差异。埃及纸草上的文字多用于记载颂神、祝祷等宗教事务,苏美尔泥板上的楔形文字多用于记录行政或商业活动。与之相较,我国早期文明的"书写"传统,在载体与功能上都丰富得多。① 在书写载体方面,可分为甲骨卜辞、金鼎铭文、刻石等"硬文本"与简牍、帛书、纸书等"软文本"。② 在功能上,"硬文本"与"软文本"具有明显的"记录性"与"实用性"。我们研究先秦至秦汉时期的"至上神"信仰,必然需要从这些早期"书写"资料中寻找史料。

第一节　商周时代的"帝"与"天"

　　先秦社会的最高权力,最初是以"神主"的形式出现。③ 商代的"王"虽然是现实世界最高权力的操控者,却受到来自"神"权的束缚。商代祭祀的对象即是他们心中的神灵。这些祭祀神灵是多样的,其中以"帝"的地位最

---

　　① 参见拱玉书、颜海英、葛英会:《苏美尔、埃及及中国古文字比较研究》,北京:科学出版社,2009 年,第 1—37 页。

　　② 参见程苏东:《书写文化的新变与士人文学的兴起——以〈春秋〉及其早期阐释为中心》,《中国社会科学》2018 年第 6 期,第 134—158 页。

　　③ 参见晁福林:《先秦社会最高权力的变迁及其影响因素》,《中国社会科学》2015 年第 2 期,第 183—201 页。

高。商周之际,"上帝"信仰逐渐让渡给"天"的信仰。这一转变的内在机理在于周人解释"汤武革命"合理性的政治需要。周人创造了"天子"一词,挟"天命"以令诸侯,王权有所增强。"天"信仰的建立,为后世皇权"受命于天"的理论奠定了基础,也是秦汉时代"天命观"演生的肇端。

一、殷商的"至上神"

商代尚处于初期国家范畴,其国家形态不具备完全成熟的性质。① 商王的权力除了靠初期的国家政治权力来保障外,还竭力借重于传统神灵崇拜的作用。神权成为商王保有高贵权力的信仰"保护伞"。大量甲骨卜辞资料,使我们对于殷商历史有了较为丰富的认识。作为最高政治权威,商王必须为自己所拥有的权力寻找到理论(信仰)的依据,从而证明其政权的合法性与治民的正当性。

商人尊神。② 《礼记·表记》载:"殷人尊神,率民以事神。先鬼而后礼,先罚而后赏。"③商王率领民众尊奉神灵,假借鬼神之意强化自身权威。商代的世界观以"上下二分"为特点。"殷人把现实世界叫做'下'的世界,把神的世界叫做'上'的世界。"④在这个世界观中,"上帝"是商人心目中的"至上神"。远古时期人们所崇拜的风、雨、雷、电之类的"自然神",到商代都变成了"上帝"的辅佐。陈梦家整理甲骨文记载,认为殷人的祭祀对象可分为三类:(1)天神:上帝、日、东母、西母、云、风、雨、雪;(2)地祇:社、四方、四戈、四巫、山、川;(3)鬼神:先王、先公、先妣、诸子、诸母、旧臣。陈氏称之为"天帝崇拜""自然崇拜""祖先崇拜"三类。⑤ 郭沫若断言:"殷墟时代的殷民族中至上神的概念是已经有了的。"⑥如《诗经·商颂》曰:

① 参见晁福林:《先秦社会形态研究》,北京:北京师范大学出版社,2003年,第272—323页。
② 傅佩荣认为"今人对于古代中国的认识,自从1899年开始的一系列考古发掘以来,已经获得了长足的进展。这些发掘所获的大量甲骨文字与其他器物,已经证实为商朝遗物,并且可以推溯至纪元前一三二四年的商朝君王武丁时代。商朝的世系与年历被学者们推测得相当周全,商朝的文明也逐渐成为充满希望的研究领域。"(傅佩荣:《儒道天论发微》,台北:学生书局,1985年,第1—2页)笔者按:商代的出土文献足资考证,周商研究成果也相当丰硕,甲骨卜辞、金鼎铭文的作用、功能、文字内容等,足证商人是极其重视祭祀的氏族,尊神是其显著特征。晁福林亦认为:"商王朝经常举行名目繁多的祭祀,其仪式十分复杂。"(晁福林:《夏商西周的社会变迁》,北京:中国人民大学出版社,2010年,第317页)
③ (清)阮元校刻:《十三经注疏》,北京:中华书局,1980年影印版,第1642页。
④ 张岂之:《中国思想史》,西安:西北大学出版社,1989年,第10页。
⑤ 陈梦家:《殷墟卜辞综述》,北京:中华书局,1988年,第562、646页。
⑥ 郭沫若:《先秦天道观之进展》,自《青铜时代》,北京:中国人民大学出版社,2005年,第3页。笔者按:殷人的至上神观念并非单一神,而是多神与至上神并举。如尚海丽说:"殷人在承认上帝的至上性的同时并不否定其他神灵的存在,上帝的至上性恰恰是以多神的从属性为逻辑(转下页)

"天命玄鸟,降而生商,宅殷土芒芒。古帝命武汤,正域彼四方。方命厥后,奄有九有。商之先后,受命不殆,在武丁孙子。武丁孙子,武王靡不胜。龙旗十乘,大糦是承。邦畿千里,维民所止,肇域彼四海。四海来假,来假祁祁。景员维河。殷受命咸宜,百禄是何。"①

可见,殷人眼中的"至上神"与"祖先神"一体,"殷人的神同时又是殷民族的宗祖神,便是至上神是殷民族自己的祖先"。②"玄鸟"被商人视为祖先,而商人接受"上帝意旨"的方式是祭祀活动,即"龙旗十乘,大糦是承"等。商代的祭祀活动中,经常有以"主"的形式出现的受祭对象。所谓"主",源自于表示神主的"示"字。③《说文解字》释"主"曰:"主者,神象也。"殷墟卜辞中常见的"主"字,与"示"字通用,皆是"祖先神"的含义。卜辞中有"示帝"二字,裘锡圭认为:"'示'的本义是神主,'示帝'可能是给康丁立神主的意思。"④卜辞中还有大量与"示"相连用的词汇,如"大示""小示""示癸""示任""上示""下示"等,其代表的是不同的先祖、先王。甚至在卜辞中,还有将"示"用数量称谓者,如"七示""九示""十示""二十示"等,指代某些祖先神。值得注意的是,在商代权力秩序中,"'主'的本意多限于表示国君的统治国家之权,而卿大夫至少在名义上无此种权力"。⑤"唯天子诸侯有主,卿大夫无主,尊卑之差也。卿大夫无主者,依神以几筵,故少牢之祭,但有尸,无主。"⑥可见,商王通过有无祭祀"主"的权力,来规范商代社会等级秩序。

商王朝所祭祀的神灵还包括异姓氏族的首领,特别是那些商王朝的功

(接上页)前提的。"(尚海丽:《殷人与犹太人的上帝观及其历史取向》,自郭新和主编:《董作宾与甲骨学研究》,开封:河南大学出版社,2003年,第95页)傅佩荣认为:"殷人相信三类神明,就是帝和上帝、自然神祇与祖先。这三类神明是同时并存的。"(傅佩荣:《儒道天论发微》,台北:学生书局,1985年,第2页)

① (清)阮元校刻:《十三经注疏·毛诗正义》,北京:中华书局,1980年影印版,第622—623页。

② 郭沫若:《先秦天道观之进展》,《青铜时代》,北京:中国人民大学出版社,2009年,第7页。

③ 王献唐认为"主"源于表示神主的"示"字之外,还有源自火烛之说;何琳仪据新出考古资料进一步探讨,认为"'主''示'实乃一字之分化"。(分见王献唐:《古文字中所见之火烛》,济南:齐鲁书社,1979年影印本,第59—74页;何琳仪:《战国文字通论(订补)》,南京:江苏教育出版社,2003年,第309页)

④ 裘锡圭:《关于商代的宗族组织与贵族和平民两个阶级的初步研究》,《古代文史研究新探》,南京:江苏古籍出版社,1992年,第299页。

⑤ 晁福林:《先秦社会最高权力的变迁及其影响因素》,《中国社会科学》2015年第2期,第183—201页。

⑥ (汉)郑玄:《驳五经异义》,"丛书集成初编"本,上海:商务印书馆,1935年,第22—23页。

勋氏族的祖先。如卜辞中有"伊二十示又三",①是说建商功臣伊尹被列入商王祭祀对象之中。又如《孔丛子》曰:"《书》曰:'兹予大享于先王,尔祖其从与享之。'季桓子问曰:'此何谓也?'孔子曰:'古之王者,臣有大功,死则必祀之于庙,所以殊有绩劝忠勤也。盘庚举其事以厉其世臣,故称焉。'"②这是盘庚告诫自己的臣民,有大功者死后可被尊崇祭祀。这与后来的周朝只祭祀本族先祖③的做法不同,反映的是在商王朝势力不断扩大过程中,接纳、融合其他氏族部落的状况。与之相应,各异姓氏族也负有向商王进献占卜龟甲的义务。胡厚宣曾总结此类进献龟甲的卜辞共有 825 例之多。④ 各氏族向商王进献龟甲,固然在政治上表示对商王的服从与支持,但更重要的是表示他们通过这种间接方式参与了商王朝国家祭祀。如此,商王树立起自身对神灵的最高祭祀权,他成为现实世界与神灵世界相互沟通的主导者。

商王朝的受祭对象中,"帝"居于至高地位。殷人卜辞多见"帝"的称谓,郭沫若、傅斯年、胡厚宣、陈梦家、张光直、岛邦男、徐复观、牟钟鉴、葛兆光等人,皆认为"帝"便是殷商的"至上神"。尽管学界仍有争议,⑤但商人崇奉"上帝"的信仰当为真实存在。殷商时代奉祀的神灵甚多,既有自然神灵,也有祖先崇拜,但"上帝"信仰应当居于重要地位。"殷人的上帝或帝,是掌管自然天象的主宰,有一个以日月风雨为其臣工使者的帝廷。"⑥牟钟鉴将帝的能力概括为:(1)支配自然界;(2)主宰人类祸福;(3)决定战争成败与政权兴衰;(4)主管土木、出行、商业等日常事务。他认为"在殷人心目中,上帝是一个无所不能,无所不在的大主管,他们事无巨细都要向上帝'请示''汇

① 郭沫若主编:《甲骨文合集》第 11 册,北京:中华书局,1982 年,第 4243 页。亦可参见陈梦家:《殷墟卜辞综述》,北京:中华书局,1988 年,第 363—364 页。

② 王钧林、周海生译注:《孔丛子》,北京:中华书局,2009 年,第 22 页。

③ 关于周人只祭祀本族先祖的例证,如《国语·鲁语》:"非是族也,不在祀典";《左传》僖公三十一年:"鬼神非其族类,不歆其祀"。常玉芝曾列举伊尹、伊奭、黄尹、黄奭、咸戊等五位异族神的祭祀情况,指出"说明了后世古书上所说的'神不歆非类,民不祀非族'的规则在商代尚未施行;而'非我族类,其心必异'的说法也不是人人皆然的"。(宋镇豪主编,常玉芝著:《商代宗教祭祀》,北京:中国社会科学出版社,2010 年,第 419 页)

④ 参见胡厚宣:《武丁时五种记事刻辞考》,《甲骨学商史论丛初集》,齐鲁大学国学研究所,1944 年,第 599 页。

⑤ 也有持反对意见者,如李宗侗、徐旭生、伊藤道治、许倬云、晁福林等学者。其中,晁福林在《先秦社会形态研究》中不仅直接否定了殷商"上帝"信仰的认识,而且认为"帝""不过是小心翼翼地偏坐于神灵殿堂的一隅而已。整个有殷一代,并未存在过一个统一的,至高无上的神灵"。(参见晁福林:《先秦社会形态研究》,北京:北京师范大学出版社,2003 年,第 164 页)胪列于此,以备参考。

⑥ 陈梦家:《殷墟卜辞综述》,北京:中华书局,1988 年,第 562—567 页。

报'"。^① 这里的请示、汇报的方式,便是占卜。占卜的主导者是王,而占卜的结果则由商人的先公先王来传达。陈梦家综论这一逻辑路径,说:"先公先王可以上宾于天,上帝对于时王可以降祸福、示诺否,但上帝与人王并无血统关系。人王通过了先公先王或其它诸神而向上帝求雨祈年,或祷告战役的胜利。"^②这便建立起了"人王—先公先王—上帝"的关系渠道。张光直认为:"卜辞中的上帝是天地间与人间祸福的主宰——农产收获、战争胜负、城市建造的成败,与殷王福祸的最上的权威,而且有降饥、降馑、降疾、降洪水的本事。"^③李宗侗更指出商代末期的"上帝"是一个极具族群独占的守护神,而不是普遍的裁判者。^④ 殷人的"上帝"是商族专有的守护者,而不是对所有族群一视同仁的超氏族神,故"上帝"对于商人有必须眷顾的理由,但不存在道德标准的要求。就性质而言,"帝"是一个"具有巨大威力的自然神"。^⑤ "帝"的特点是"自然神"的属性,具有原始崇拜的基因,它反映的更多是自然界不可抗拒的神秘力量。"帝如同一个没有理性的暴君,权威很大,而且喜怒无常,是一种盲目支配人间的力量,人们只能诚惶诚恐地屈从它。"^⑥"从甲骨卜辞中还看不出殷人的'帝'是一个代表正义的神。它'令风''降若''降艰',人间祸福完全取决于'帝'的无目的性意志。人只能通过观察卜骨的纹路来揣测上帝的意志。所以殷人并没有赋予天帝以德性,更没有形成'谴告'意识和'君道'观念。"^⑦这种"谴告"意识是周人的创造,殷商时代确然未见具有道德性的至上神观念。

商周之际的精神世界中,还有个"天"的信仰。关于"天"观念的溯源归于殷周之际,几无争议。然"天"出于殷商后期,还是周代始有,却论难颇多。学界多认为郭沫若最早提出殷代没有"天"观念的主张,如张荣明说:"自郭沫若《先秦天道观之进展》提出殷周之际产生'天'观念以来,学人多遵之,否定殷代有'天'观念。"^⑧胡厚宣的观点基本与郭沫若相同,他说:"惟终殷之世,未见天称,卜辞虽亦有天字,但若'天邑商''天戊'之天,皆用为大,与天

---

①　牟钟鉴、张践:《中国宗教通史》,北京:中国社会科学出版社,2007 年,第 67—68 页。

②　陈梦家:《殷墟卜辞综述》,北京:中华书局,1988 年,第 580 页。

③　张光直:《中国青铜时代》,台北:联经出版公司,1983 年,第 300 页。

④　李宗侗:《中国古代社会史》,台北:华冈出版有限公司,1977 年,第 266—267 页。

⑤　参见常玉芝:《由商代的"帝"看所谓"黄帝"》,《文史哲》2008 年第 6 期,第 35—48 页。

⑥　张岂之主编:《中国思想学说史》(先秦卷),桂林:广西师范大学出版社,2007 年,第 163 页。

⑦　杨世文:《汉代灾异学说与儒家君道论》,《中国社会科学》1991 年第 3 期,第 120 页。

⑧　张荣明:《殷周政治与宗教》,台北:五南图书出版有限公司,1996 年,第 55 页。持相同观点者,又如夏渌说:"郭老在他所占有的卜辞史料研究的基础上得出了殷人尚无人格化'天'的观念,周人在金文中才开始有'天道观念'的结论。四五十年来,郭老的这一结论,一直为我国历史科学家所接受。"(夏渌:《卜辞中的天、神、命》,《武汉大学学报》1980 年第 2 期)

帝之天无关。称帝为天,盖自周武王时之《大丰簋》言'天亡尤王'始。"①胡氏看到殷商卜辞中有"天"字,认为"天"训释为"大"亦无不可,但我们是否就可以忽略商代出现"天"的事实? 再者,郭沫若的断言,是否为其确诂? 我们首先从陈梦家《殷墟卜辞综述》对于郭沫若的转引来看:"卜辞的'天'没有作为'上天'之义的。'天'字观念是周人提出来的。"郭沫若《先秦天道观念之进展》②曾根据此点,认为:"今文《尚书》中《商书》之《微子》《西伯戡黎》《高宗肜日》《盘庚》和《汤誓》以及《礼记》《大学》《缁衣》所引之《太甲》、《孟子·万章篇》所引之《伊训》、《墨子·兼爱篇》所引之《汤说》皆有'天'字,都不能信为殷人的原作……由'天'之观念的发生,而有'天命''天子',它们之兴起约在西周初期稍晚时。"③《殷墟卜辞综述》历来被认为是甲骨学研究的经典著作,但书中介绍郭沫若关于"天道观"的论述时,曾注意到郭沫若后期对自己的"天道观"进行过修改,却未能详述其修改的内容,引为遗憾。郭沫若在《先秦天道观之进展》一文,虽然说"卜辞称至上神为帝,为上帝,但绝不曾称之为天。天字本来是有的,如象大戊称为'天戊',大邑商称为'天邑商',都是把天当为了大字的同意词",但他明确说明了商代存在"天"字,而只是不承认商代出现的"天"具有"至上神"的意涵。郭沫若继而断言:"卜辞既不称至上神为天,那么至上神称天的办法一定是后起的,至少当得在武丁以后。"又说:"殷时代是已经有至上神的观念的,起初称为'帝',后来称为'上帝',大约在殷商之际的时候又称为'天';因为天的称谓在周初的《周书》中已屡见,在周初彝铭如《大丰簋》和《大盂鼎》上也是屡见,那是因袭了殷末人无疑。"④可见,郭沫若的"天道观"是将殷商的至上神视为"帝","天"则是殷末出现,被周代人因袭且抬高为"至上神"。陈梦家转引时,忽略了郭沫若后来对自己"天道观"的修改。郭沫若提出的周人因袭殷商之"天"观念的说法,实际可视为孔子所言"周因于殷礼"的注脚。后来侯外庐等学者撰著《中国思想通史》时进一步发展了这一"因袭说",书中说:"周人必然要向殷代制度低头,尤其在胜利者的文明程度不如失败者的文明程度时,胜利者反而要在文化上向失败者学习。于是周人也就不能不假设一些理由来接受殷人的宗教制度。"⑤夏渌在"因袭说"的路上,走得更加激进。他认为"天"的意涵包

---

①　胡厚宣:《殷代之天神崇拜》,《甲骨学商史论丛初集》(上册),齐鲁大学国学研究所,1943年,第328页。

②　文章名应为《先秦天道观之进展》,陈梦家转引时误加一"念"字。

③　陈梦家:《殷墟卜辞综述》,北京:中华书局,1988年,第581页。

④　郭沫若:《青铜时代》,《郭沫若全集·历史编》,北京:人民出版社,1982年,第321—324页。

⑤　侯外庐、赵纪彬、杜国庠、邱汉生:《中国思想通史》(第一卷),北京:人民出版社,1957年,第72页。

括"卜辞中人格化的'天'字"①,已然将殷商的"天"视为"人格化"了。

纵观有商一代的历史,商人的信仰世界是多元的,既祭祀本族先祖,也祭祀有功的异姓氏族先祖;既有"帝"的信仰,也出现"天"的信仰。在商人心目中,"帝"是其信仰世界的"至上神",而商王先祖则是沟通神灵世界的"帝"与现实世界的"王"之间的通道。故商人的信仰存在"祖先神"与"自然神"的双重属性。商王通过这种神权的塑造和祭祀体系的建立,一定程度上达到了巩固最高权力的目的,也适应了早期社会政治发展的趋势。傅佩荣曰:"帝是商人的至高主宰,而且在周朝以前帝与天并未正式成为互换等同的概念。周朝文献才明确显示帝与天之互换等同性,并且天的出现逐渐取代了帝。"②陈来亦曰:"商周世界观的根本区别,是商人对'帝'或'天'的信仰中并无伦理的内容在其中,总体上还不能达到伦理宗教的水平。"③至殷周之交,随着周人的兴起,精神世界再次迎来新的调整,"天"的地位被不断抬升起来。

二、周人的"以德配天"

"中国政治与文化之变革,莫剧于殷、周之际。"④这反映在思想领域,表现为:殷商之"帝"观念向周代之"以德配天"的"天"观念转变。殷商时代的"天"尚不具备"至上神"的地位,"天"成为"至上神"是周人的创造。尽管周人的"天"观念,因袭了商人,但并不能否认周人改造"天"的努力。周代的"天",有一个从"自然神"向"至上神"的过渡过程。《礼记·郊特牲》开篇即言"郊特牲而社稷大牢"⑤,所谓"大牢",即公牛,《说文解字》训为"牛父",指种牛。这里的"大牢",实际是蕴含生殖意义的词语。《郊特牲》又说:"天子大社,必受霜露风雨,以达天地之气也。是故丧国之社屋之,不受天阳也。"⑥这里的"天"成了农业生产的"自然神"角色。《周礼·春官·小祝》中"有寇戎之事,则保郊祀于社",⑦显然"天"具有"战神"的意味。《郊特牲》又曰:"万物本乎天,人本乎祖,此所以配上帝也,郊之祭也,大报本反始也。"⑧《孝经·圣职章》引申曰:"昔者周公郊祀后稷以配天。"⑨"天"又成了"祖先

---

① 夏渌:《卜辞中的天、神、命》,《武汉大学学报》1980 年第 2 期,第 81—86 页。
② 傅佩荣:《儒道天论发微》,台北:学生书局,1985 年,第 13 页。
③ 陈来:《古代宗教与伦理:儒家思想的根源》,台北:允晨文化出版公司,2005 年,第 177 页。
④ 王国维:《观堂集林》,石家庄:河北教育出版社,2003 年,第 231 页。
⑤ (清)阮元校刻:《十三经注疏》,北京:中华书局,1980 年影印版,第 1444 页。
⑥ (清)孙希旦:《礼记集解》,北京:中华书局,1989 年,第 685 页。
⑦ (清)孙诒让:《周礼正义》,北京:中华书局,1987 年,第 2042 页。
⑧ (清)孙希旦:《礼记集解》,北京:中华书局,1989 年,第 694 页。
⑨ 胡平生:《孝经译注》,北京:中华书局,1996 年,第 19 页。

神"。有关"天"神学角色的多元解释,正说明周人对于"天"的概念正处于一个朝着"至上神"发展的过程中,尚未形成稳定的"天"形象。

周公制礼时,"设丘兆于南郊,以祀上帝,配以后稷,日月星辰,先王皆与食。封人社壝址,诸侯受命于周,乃建大社于国中。其壝东青土、南赤土、西白土、北黑土,中央叠以黄土。将建诸侯,泰以黄土,苴以白茅,以为社之封,故曰受则土于周室"。① 周公所设计的郊天礼中,仍然以"上帝"为中心,而以"土地神""自然神""祖先神"等配祀。可见,在周初,"天"尚未完全替代"帝"的"至上神"地位。

随着周代统治日趋稳定,殷商时代那种"上帝神"与"祖先神"相结合的局面被打破,二者开始分离,并出现以"天"的观念取代殷商"上帝"观念的现象。"天"因之成为新的"至上神"。在商代,"上帝"被殷民视为保佑自己民族的神,是"排他"的神,故商人的"上帝"是没有意志的,一味地保护商人。"天与帝的不同在于,它既可以是超越的神格,又总是同时代表一种无所不在的自然存在和覆盖万物的宇宙秩序,随着神格信仰的淡化,天的理解就有可能向自然和秩序方面偏移。……既然天是有伦理理性的可知的存在,人所要作的,就是集中在自己的道德行为上。"②"汤武革命"后,周人必须寻找到解释这种暴力革命背后的神学理论。周人既不能简单继承殷人的"上帝"信仰,也不得不对"至上神"赋予自由意志。因为只有"至上神"拥有意志,才能对他的保护对象有所选择,才能为周灭商的合法性提供神学解释的空间。

周人以蕞尔小邦,国力远逊于殷商,居然一举而克商。这一历史巨变,极大地冲击着周人的精神世界。如何促使殷人接受败亡的现实,同时确保周人的"天命"不再像商人那般失去,成为摆在周人面前的理论难题。他们最终选择了用"天"取代了"上帝"信仰,并竭力赋予"天"以"德"的属性。周人礼乐文明的主要精神正在于其"纳上下于道德"③。周人将"天命"与"敬德""保民"结合起来,以"敬德"为"受命"的根本,以"保民"为"天命"的体现,并把先王塑造成"以德配天"的典范。周人认为有德者才能据有天下,而商纣王正是因为"失德"才导致了神的背弃。《诗经·大雅·皇矣》详细论述了

① 黄怀信、张懋镕、田旭东:《逸周书汇校集注》,上海:上海古籍出版社,1995 年,第 568 页。
② 陈来:《古代宗教与伦理:儒家思想的根源》,台北:允晨文化出版公司,2005 年,第 208 页。
③ 王国维曰:"欲观周之所以定天下,必自其制度始矣。周人之制度大异于商者,一曰立子立嫡之制。由是而生宗法及丧服之制,并由是而有封建子弟之制、君天子臣诸侯之制。二曰庙数之制。三曰同姓不婚之制。此数者,皆周之所以纲纪天下。其旨则纳上下于道德,而合天子、诸侯、卿、大夫、士、庶民以成一道德团体,周公制作之本意,实在于此。"(王国维:《观堂集林(外二种)》,石家庄:河北教育出版社,2001 年,第 288—289 页)

周人受命的过程,曰:"皇矣上帝,临下有赫;监观四方,求民之莫。维此二国,其政不获;维彼四国,爰究爰度。上帝耆之,憎其式廓。乃眷西顾,此维与宅。"①尽管此处仍依凭"上帝"信仰,但在《诗经·大雅·文王》中却发挥了"天"的作用:"文王在上,于昭于天,周虽旧邦,其命维新。有周不显,帝命不时,文王陟降,在帝左右。……上天之载,无声无臭,仪刑文王,万邦作孚。"②在这套政治哲学中,天命是可以转移的,是否转移的标准在于是否有"德"。类似的"天命"思想在《尚书》中处处可见。傅斯年据《周诰》十二篇,列举出包含"命"字的语句共 104 处,其中 73 处指的是"天命"或"上帝之命"。这些文字中,有关汤武革命中所呈现的"周改殷命"事件是最常见的语汇。③ 可见,周人对于"天命"观念的重视程度。不仅是"天","天子"也是被赋予具有神祇之义的名词,据顾立雅统计,《周易》有 8 次,《诗经》有 104 次,金文有 77 次。

"天子"之称,在存世文献的记载中,似乎在夏商时代即已存在。如:"古者尧生于天子而又(有)天下"④,是称呼尧为"天子"之例。"舜耕于鬲(历)山……立而为天子",⑤"舜其大孝也与?德为圣人,尊为天子,富有四海之内",⑥是称呼舜为"天子"之例。《韩非子·难势》曰:"桀为天子",⑦是称夏王为天子之例。《墨子·兼爱》曰:"汤贵为天子,富有天下",⑧是称商王为天子之例。然这些文献作为后人述古之作,颇可置疑。相较而言,殷墟卜辞

---

① (清)阮元校刻:《十三经注疏·毛诗正义》,北京:中华书局,1980 年影印版,第 519 页。

② (清)阮元校刻:《十三经注疏·毛诗正义》,北京:中华书局,1980 年影印版,第 503—505 页。

③ 美国学者艾兰(Sarah Allan)认为周人可能是通过学习殷人占卜技术,有了"受命"的观念,他说:"从周原发现的卜骨我们知道,周王在他们战胜殷商之前也曾进行占卜。虽然在周的卜辞中有许多独有的特征,但是文字系统和占卜方法本质上是和商朝的一样,因此我们可以合理地假定,周的占卜完全是来自商朝的。周原有一些甲骨卜辞也似乎是殷商国王所制造。很有可能是殷商国王设立了一个占卜的中心,但是却被周的统治者侵占了。然而一旦周开始自己进行占卜,殷商的宗教垄断也就受到了威胁:周可能通过他们自己的占卜,正如他们所做的,证明了上帝偏爱他们自己的事业。这里便开始种下了天命更迭的种子。"(参见(美)艾兰:《早期中国历史、思想与文化》,杨民等译,沈阳:辽宁教育出版社,1999 年,第 147 页)笔者认为,艾兰的推论值得商榷,有失武断,但其结论当有合理之处。商周时代的祭祀、占卜是政治命运的昭示,殷人与周人祭祀、占卜的活动,当有相互影响,且周有承袭殷人之制的方面。

④ 武汉大学简帛研究中心、荆门市博物馆著:《楚地出土战国简册合集》(一),北京:文物出版社,2011 年,第 61 页。

⑤ 武汉大学简帛研究中心、荆门市博物馆著:《楚地出土战国简册合集》(一),北京:文物出版社,2011 年,第 42 页。

⑥ (清)阮元校刻:《十三经注疏·礼记正义》,北京:中华书局,1980 年,第 1628 页。

⑦ (清)王先慎撰,钟哲点校:《韩非子集解》,"新编诸子集成本",北京:中华书局,1998 年,第 388 页。

⑧ (清)孙诒让撰,孙启治点校:《墨子间诂》,"新编诸子集成本",北京:中华书局,2001 年,第 123 页。

和《尚书·盘庚》等可考文献只见称"王"而无"天子"之称,可知夏商时期尚不存在周人所言的"天子"之称。"天子"之称,应当是周人的创造。它的出现,与周代宗法制的推展有关。现实世界的宗法制,以嫡长子继承制为核心。嫡长子天然地具有继承和延续宗族祭祀与宗族统绪的责任。周王称"天子",这便将"天"的祭祀权和最高权力传承给了周王。从这个意义上说,"天子"之称,实际是现实世界的宗法关系在神权世界中的投影。"天子"即"天"的嫡长子,故《尚书·召诰》说:"皇天上帝,改厥元子。兹大国殷之命。惟王受命,无疆惟休。"①皇天上帝更改其长子为周王,赋予周王继承"大国殷之命"的权力。周王拥有了这种"受命",便可拥有无疆界的美誉。所谓"汤武革命",便有了来自"天"的神权肯定和认可,成了合法的、正当的、合理的事情。

另外,西周初年的政治形势十分严峻,既有武庚叛乱,所谓"天降割于我家不少",②又有管、蔡等西周宗室的政治内斗。如何让周人及其统治区域的臣民相信"天命在周"而不再反叛,需要从思想、理论上找到解决之道。周人首先宣扬"天命靡常,惟德是依"的思想,来解释殷商失国的神学合理性。"西周的天命观是'有常'与'无常'的统一,'无常'是指天所命赐给某一王朝的人间统治权不是永恒的,是可以改变的;'有常'是指天意天命不是喜怒无常,而有确定的伦理性格。"③天命之"无常"是在"有常"的前提下,希冀君主"修德"以永续天命而形成的观念,是"有常"的有效补充。《尚书·多士》:"我闻曰:'上帝引逸。'有夏不适逸,则惟帝降格,向于时夏。弗克庸帝,大淫泆有辞。惟时天罔念闻,厥惟废元命,降致罚,乃命尔先祖成汤革夏,俊民甸四方。自成汤至于帝乙,罔不明德恤祀,亦惟天丕建,保乂有殷。殷王亦罔敢失帝,罔不配天其泽。在今后嗣王,诞罔显于天,矧曰:其有听念于先王勤家。诞淫厥泆,罔顾于天显民祗。惟时上帝不保,降若兹大丧。"④这是周公训诫殷遗民的话,其思路是通过三代历史变革的梳理,借助"汤革夏"的故事,为"周革商"的政治变革作注解。

周人从三代历史更迭的经验总结中找到"天命转移"的逻辑,同时希望周人统治能够避免"天命转移"的命运。为此,周人提出了"敬德""明德"的观念。《尚书·召诰》曰:"我不可不监于有夏,亦不可不监于有殷。我不敢知曰,有夏服天命,惟有历年;我不敢知曰,不其延。惟不敬德,乃早坠厥命。

---

①　(清)阮元校刻:《十三经注疏·尚书正义》,北京:中华书局,1980年影印版,第212页。
②　(清)阮元校刻:《十三经注疏·尚书正义》,北京:中华书局,1980年影印版,第198页。
③　陈来:《古代宗教与伦理:儒家思想的根源》,台北:允晨文化出版公司,2005年,第204页。
④　(清)阮元校刻:《十三经注疏·尚书正义》,北京:中华书局,1980年影印版,第219—220页。

我不敢知曰，有殷受天命，惟有历年；我不敢知曰，不其延。惟不敬厥德，乃早坠厥命。"《君奭》亦曰："有殷嗣，天灭威。今汝永念，则有固命，厥乱明我新造邦。"①夏、商皆因为"不敬厥德"而失去"天命"，那么周人要延续"天命"就需要"嗣前人恭明德"②。所谓"嗣前人"，是指崇奉周代先王之遗德；所谓"恭明德"，即"敬德"和"明德"。周人的"嗣前人恭明德"将"天"的信仰与祖先崇拜巧妙地结合在"德"上。"从《诗经》看，'德'在周初已有三大内容：一是宗教的内容，如'帝谓文王，予怀明德……不识不知，顺帝之则'；一是政治的内容，如'民之质矣，日用饮食。群黎百姓，遍为而德'；一是伦理的内容，如'既见君子，孔燕岂弟。宜兄宜弟，令德寿岂'。简言之，'德'是周初励精图治的思想家向统治阶级提出的关于敬天、治国、修身的行为准则。"③徐复观评价曰："周人建立了一个由'敬'所贯注的'敬德''明德'的观念世界，来照察、指导自己的行为，对自己的行为负责，这正是中国人文精神最早的出现。"④基于此，天命"有常"与"无常"相统一，构成周人天命观的本质属性。

这种建立在"敬德"与"明德"基础上的天命观，几近完美地阐释了汤武革命的合理性，以及周人统治天下的合法性问题。周代的典籍，尤其是周前期，谈到周王朝取得政权时，必炫耀自己获取"天命"，且一定联系夏、商两代兴灭的历史，用"天命转移"来解释其中的理由。凡是符合"天命"与"道德"的，当兴；凡是违背"天命"与"道德"的，则亡。"周人对于最高权力的总体设计是：周王向上对于天国而言，垄断了天国和天命；向下对于社会而言，则是以宗子的身份而凌驾于芸芸众生。"⑤周王在信仰世界的最高权势是"天子"，在现实世界的最高权力则是"宗法王权"。"天"成了周王专擅权力的后盾。周人这种对于"天命"观念的创造、宣传，具有划时代的意义。它转化了殷人的自然神崇拜，将"敬"的观念、"德"的要求映射到对至上神"天"的信仰之上，⑥从

---

① （清）阮元校刻：《十三经注疏·尚书正义》，北京：中华书局，1980 年影印版，第 213、224 页。

② （清）阮元校刻：《十三经注疏·尚书正义》，北京：中华书局，1980 年影印版，第 223 页。

③ 褚斌杰、章必功：《〈诗经〉中的周代天命观及其发展变化》，《北京大学学报》1983 年第 6 期，第 54 页。先秦"德"的意义甚为复杂，导致学界议论纷纭，莫衷一是。然有人认为西周初期的"德"不具有道德的含义，"只当作一种'行为'或'作为'的意思来使用"，此论恐有以偏概全之惑。（参见王德培：《西周封建制考实》，北京：光明日报出版社，1998 年，第 150 页）

④ 徐复观：《中国人性论史·先秦篇》，台北：商务印书馆，1969 年，第 35 页。

⑤ 晁福林：《先秦社会最高权力的变迁及其影响因素》，《中国社会科学》2015 年第 2 期，第 194 页。

⑥ 如蒲慕州所言："所谓道德性的天命实际上仍是以政治行为为主要考虑，而所谓的'人文精神'也应该只是就政治层面的自觉而言。而且这中间的理性因素，与其被毫无保留的说成是'周人'宗教特征，不如说是表现了周统治阶层的政治哲学。"（蒲慕州：《追寻一己之福——中国古代的信仰世界》，上海：上海古籍出版社，2007 年，第 37 页）

此天对于人的影响与作用仅以人的行为在道德上合理与否为依据。① 此后历代朝廷更替,尤其是秦汉时代,皆须引征"天命"以为统治合法性的辅翼。

纵观商周时代社会最高权力的变迁之路,可以发现,商周君主在其权力尚未强大、国家体制尚未成熟的时候,无不充分利用"帝""天""祖先"等影响巨大的神权力量,为其权力寻找"终极依据",宣示自己权力的合法与合理。他们所凭借的受祭对象主要由"帝"向"天"转变,并逐渐被赋予了"道德"的属性。但是,"天"被周人抬升到"至上神"的地位,并不意味着"帝"信仰的消失。"帝"信仰在周人乃至秦汉时代仍有存续,甚至出现了"天"与"帝"两种信仰混同相融的现象,将二者连称"天帝"。秦汉时代之"封禅"与祭祀五方"帝",以及创造"太一",都是在时代背景下政权寻求天命神权辅翼的新思考。这在后文详论,此处不赘。

第二节 战国时期天命理论的探索

东周时期是中国古代思想大发展时期,余英时特别称之为"哲学的突破(Philosophic breakthrough)",并认为中国古代的哲学突破较其他文明最为"温和"。② 此时生产力的发展与生产关系的变化引起社会巨大变革。各国变法运动冲击着周代以来的权力秩序与精神世界。周人所构建的"以德配天"理论,在西周王室衰微后逐渐遭受质疑和挑战。"从西周至春秋,尤其是在丧乱之际,常表现出抱怨天、责备天、怀疑天的态度。"③"怨天""咒天""骂

① 徐复观曰:"周人虽然还保留着殷人许多杂乱的自然神,而加以祭祀;但他们政权的根源及行为的最后依据,却只诉之于最高神的天命。并且因为由忧患意识而来的'敬'的观念之光,投射给人格神的天命以合理的活动范围,使其对于人仅居于监察的地位。而监察的准据,乃是人们行为的合理与不合理。于是天命(神意)不再是无条件地支持某一统治集团,而是根据人们的行为来作选择。"(徐复观:《中国人性论史·先秦篇》,台北:商务印书馆,1969 年,第 24 页)

② 余英时说:"春秋、战国的'礼坏乐崩'是'百家争鸣'的前奏。而礼乐则是章学诚所谓官师政教合一的古代王官之学,也就是古代学术的总汇。论中国古代知识阶层的思想背景,首先必须着眼于此。《庄子·天下篇》论古之'无乎不在'的'道术'分散为诸子百家,最能得其真相……从现代社会学的观点看,这一'道术为天下裂'的过程正是古代文明发展史上一个最重要的关键,即所谓'哲学的突破'(Philosophic breakthrough)。"(余英时:《中国知识阶层史论·古代篇》,台北:联经出版公司,1980 年,第 30—31 页)"中国古代的'哲学的突破'最为温和,主要是针对儒家而言。儒家守先以待后,寓开来于继往,所以斧凿之痕迹最浅。无论就'突破'的过程或'哲学'的内涵而言皆然。事实上,其他各家的突破,与儒家相较虽甚激烈,但全面地看,仍然是相当温和的。这种温和的性格至少一部分源于诸子立言所采取的'托古'的方式。"(余英时:《中国知识阶层史论·古代篇》,台北:联经出版公司,1980 年,第 34 页)

③ 陈咏明:《儒学与中国宗教传统》,台北:商务印书馆,2003 年,第 108—109 页。

天"的声音,屡屡出现。郭沫若认为这种声音是对"天"信仰的根本性的动摇①;傅佩荣认为这代表"天"观念的式微②。随之而来的是各诸侯王兴起后对于重新探索"天命观"的需要。春秋战国时期的思想家,凭借着商周以来的文化遗存(主要是六经),出于各家不同的出身、立场,滋生出繁盛的诸子思想。③ 他们面对社会大变革的时代因素,重新思考"礼乐文化"的内容、形态,在政治哲学领域内质疑、动摇甚至挑战以前的"天命"思想,形成新的天人关系论、万物起源说、社会历史观。邹衍是这一理论探索中最具成就之人,他所构筑的"五德终始说"成为影响秦汉时代乃至整个中国古代历史的政治哲学。

一、春秋战国时期天命观的挑战

周人的"天命靡常"观念下,天命虽然可以控制、左右人间的政权更迭、民众的祸福命运,但天命本身在现实操作性上却可以被"人"所掌控。易言之,在逻辑理路上,"人"其实可以通过践行德行,而左右自己的命运。劳思光指出:"周人虽不废天命观念,然力求置天命于自觉意志之决定下;天命归于有德,而是否能敬德,则是可自作主宰者。于是,人对于天命,并非处于完全被动承受之地位;反之,人通过'德',即可以决定天命之归向矣。此种强调人之自觉努力之思想,乃周文化之第一特色。"④傅佩荣亦曰:"天命有常可以由君主之德来证实;君王有德与否进而决定人民的祸福。天、君王、与人民之间的三角关系,是传统神权政体转化为德治政体之基础。德治政体并不表示人在道德方面要完全摆脱一位超越的主宰;它的重点毋宁在于肯

---

① 郭沫若:《先秦天道观之进展》,《青铜时代》,北京:中国人民大学出版社,2005年,第20—22页。

② 傅佩荣:《儒道天论发微》,北京:中华书局,2010年,第52—54页。

③ 关于诸子思想的起源,刘歆《七略》提出"诸子出于王官"说,历代多引以为据。近世学者对此说掀起论难,大体可分为三种倾向:(1)批评者,如胡适、傅斯年;(2)维护者,如章太炎、吕思勉;(3)修订者,如刘师培、钱穆、冯友兰。(参见胡适:《诸子不出于王官论》,《胡适文集》第2册,北京:北京大学出版社,1998年,第180页;傅斯年:《战国诸子除墨子外皆出于职业》,《傅斯年"战国子家"与〈史记〉讲义》,天津:天津古籍出版社,2007年,第6—13页;章太炎:《诸子学略说》,桂林:广西师范大学出版社,2010年,第3页;吕思勉:《先秦学术概论》,《中国文化思想史九种》下册,上海:上海古籍出版社,2009年,第470—471页;刘师培:《古学出于史官论》,《刘师培全集》第3册,北京:中共中央党校出版社,1997年;钱穆:《国学概论》,上海:商务印书馆,1931年,第34页;冯友兰:《先秦诸子之起源》,《三松堂全集》第11卷,郑州:河南人民出版社,2001年,第344—348页)亦有学者跳出"诸子"范畴,认为"诸子出于王官"不如表述为"学术出于王官"更为贴切。(邓骏捷:《"诸子出于王官"说与汉家学术话语》,《中国社会科学》2017年第9期,第184—204页)笔者以为,春秋战国时期诸子学说的形成,在文本或言说上当有所依凭,即"先王之陈迹",以六艺为主,渊源有自,论有所本。

④ 劳思光:《新编中国哲学史》第三册,台北:三民书局,1997年,第72页。

定君王是绝对正义的体现。"①由是,君主之德,成为联系天意与民意的关键环节。但至春秋以后,周公制礼作乐以来所形成的等级制度面临着挑战。周王室的衰微,使周人"以德配天"的天命观念受到普遍质疑。这时期出现了早期的"灾异"思想。如《国语》记载周惠王:"十五年(前662年),有神降于莘,王问于内史过,曰:'是何固?固有之乎?'对曰:'有之。国之将兴,其君齐明、衷正、精洁、惠和……民神无怨,故明神降之,观其政而均布福焉。国之将亡,其君贪昌、辟邪、淫佚、荒怠、粗秽、暴虐……明神不蠲而民有远志,民神怨痛,无所依怀,故神亦往焉,观其苛慝而降之祸。'"②周大夫论述的是"天神"会赐福于贤德之人,而降祸于贪鄙之君。又如《大雅·桑柔》曰:"天降丧乱,灭我立王。降此蟊贼,稼穑卒痒。哀恫中国,具赘卒荒";《大雅·云汉》:"天降丧乱,饥馑荐臻……旱既大甚,则不可推。兢兢业业,如霆如雷。周余黎民,靡有孑遗"③,分别以蝗灾、旱灾斥责上天。在诗人的眼中,"天"成了昏聩、无良的凶神。这实际已经具有了"灾异论"的意味,所谓天降褒贬之意,取决于君主的道德品行。这里的"人"不再像西周以前那般只能被动地接受"天神"的意志,而是可以通过自己的道德修养、施政举措等反向影响"天"的态度。

随着西周统治危机的加深,"已经普遍而深刻地遭了动摇的天,有意志的人格神的天,再不能有从前的那样的效力了。一入春秋时代,天就和他的代理者周天子一样只是拥有一个虚名,信仰的人自然也还有,但毫不信仰的人却是特别的多……郑国的子产有一句话更说得透彻,便是'天道远,人道迩,非所及也'。这些都表示着春秋时代的为政者的思想是很有点程度地脱离了天的羁绊。"④"西周初'文王,受天有大命'(大盂鼎)、'皇天无亲,惟德是辅'的'天命''敬德'说,在厉王、幽王的荒虐统治下,遭到人民的摒弃。"⑤《诗经》中包含了许多被学者称之为"怨天"的内容,这些诗句大多产生于西周末年。⑥ 天命观念在西周晚期已然动摇,步入东周时代则更加困顿,甚至

① 傅佩荣:《儒道天论发微》,台北:学生书局,1985年,第51页。
② 上海师范大学古籍整理组校点:《国语》,上海:上海古籍出版社,1978年,第29—30页。
③ (清)阮元校刻:《十三经注疏》,北京:中华书局,1980年影印版,第559、561—562页。
④ 郭沫若:《先秦天道观之进展》,《青铜时代》,北京:科学出版社,1957年,第29—30页。
⑤ 陈锡勇:《宗法天命与春秋思想初探》,台北:文津出版社,1992年,第104页。
⑥ 陈来:《古代宗教与伦理:儒家思想的根源》,台北:允晨文化出版公司,2005年,第224页。高亨认为《诗经》中此类"怨天"诗大多是讽刺君主或行政官,并非直接批评天。如他认为《节南山》是讽刺尹氏,《雨无正》是讽刺王室贵族。陈来虽支持这种说法,但认为应当真有代表一般民众情绪发泄的怨天诗存在。陈咏明认为:"虽传注常谓天代指君主,似不可尽信。因为诗人们如果完全是意指君主,有时也会作出说明……这些抱怨和责备,是从信仰的立场对天而发的。"(陈咏明:(转下页)

凋零,在社会上出现了"天谴论"和"不惠说"。所谓"天谴论",是对"天命靡常"思想的进一步发展、补充。周人认为,自然界中的灾异现象是上帝向现实君主发出的警示:若不改革施政,天命就会转移。所以,君主一旦获知这种灾异,就应引以为戒、改弦更张。自周昭王"王道微缺"后,周人的"敬德"之心渐趋衰微,至周幽王时,有人发出忧虑之声,如"幽王二年(前 780 年),西周三川皆震。伯阳父曰:'周将亡矣。……昔伊、洛竭而夏亡,河竭而商亡。今周德若二代之季矣,其川源又塞,塞必竭。夫国必依山川,山川崩竭,亡之徵也,川竭山必崩。若国亡,不过十年,数之纪也。夫天之所弃,不过其纪。'"①所谓"周将亡"的呼声,渐渐为世人所知。又如《诗经·小雅·十月之交》载:"十月之交,朔月辛卯。日有食之,亦孔之丑。彼月而微,此日而微。今此下民,亦孔之哀。日月告凶,不用其行。四国无政,不用其良。彼月而食,则维其常。此日而食,于何不臧!烨烨震电,不宁不令。百川沸腾,山冢崒崩。高岸为谷,深谷为陵。哀今之人,胡憯莫惩!"②如此频繁发生的自然灾害,被时人视作"上天"对周王的警告,预示着周王朝的"天命"将要发生改变。这种"天谴论"发出的目的虽然在于规谏周王"修德",希望周王能够改弦更张,重拾周代先祖以来的"天命";但要求君主"修德"本身便意味着承认周王"失德"的现实。

《诗·大雅·文王》曰:"上帝既命,侯于周服。侯服于周,天命靡常。"③《大明》曰:"明明在下,赫赫在上。天难忱斯,不易维王。"④《尚书·君奭》亦曰:"天难谌""天不可信"。如果说"天命靡常"的观念,还有警示、勉励周人敬德保民的目的,那么东周以来的"不惠说"则反映了社会民众对于"天"信仰的动摇,甚至直接挑战。"围绕上帝产生的上述两种态度有着不可忽视的哲学意义。上天'谴告'说和上天'不惠'说的分歧,标志着传统宗教崇拜的破裂。……另一些人则力图从传统思想的束缚中摆脱出来,不愿继续忍受这种残暴的不合理的神权统治。"⑤这种"天"信仰的动摇,启蒙着春秋以后的理性精神。商周以来的卜筮活动日趋废弛,"怪力乱神"之说亦为学者所

(接上页)《儒学与中国宗教传统》,台北:商务印书馆,2003 年,第 109 页)笔者认为,《诗经》的"怨天"内容,反映的是西周末年的时代因素,不论它由精英阶层所作,还是一般民众所发,都在不同程度地包含着对西周以来天命观的质疑。

① (清)阮元校刻:《十三经注疏·春秋左传正义》,北京:中华书局,1980 年影印版,第 2102 页。
② (清)阮元校刻:《十三经注疏·毛诗正义》,北京:中华书局,1980 年影印版,第 445—446 页。
③ (清)阮元校刻:《十三经注疏·毛诗正义》,北京:中华书局,1980 年影印版,第 504—505 页。
④ (清)阮元校刻:《十三经注疏·毛诗正义》,北京:中华书局,1980 年影印版,第 506 页。
⑤ 褚斌杰、章必功:《〈诗经〉中的周代天命观及其发展变化》,《北京大学学报》1983 年第 6 期,第 57 页。

避谈或质疑，"人"的理性有了某种程度的觉醒、发展，如《左传·桓公六年》载"夫民，神之主也。是以圣王先成民而后致力于神"①，隐含着将"神"与"民"的地位颠倒过来的意味。

天命随时可能转移，天子若要永续地保有天命，就需要正视天命的要求与警示。如《尚书·召诰》曰："呜呼！天亦哀于四方民，其眷命用懋，王其疾敬德。相古先民有夏，天迪从子保；面稽天若，今时既坠厥命。今相有殷，天迪格保；面稽天若，今时既坠厥命。今冲子嗣，则无遗寿者；曰其稽我古人之德，矧曰其有能稽谋自天。呜呼！有王虽小，元子哉。其能诚于小民，今休；王不敢后，用顾畏于民碞。"又如《大诰》："王曰：'尔惟旧人，尔丕克远省，尔知宁王若勤哉！天閟毖我成功所，予不敢不极卒宁王图事。肆予大化诱我友邦君；天棐忱辞，其考我民，予曷其不于前宁人图功攸终？天亦惟用勤毖我民，若有疾；予曷敢不于前宁人攸受休毕？'"②儒家以"德"为天命的根源，要成就"外王"，就需要以"内圣"为基础。战国中晚期成书的《尚书·尧典》③便是以"天命观"为主轴，讨论帝王之"德"以及践行德的要求，进而要求帝王必须以实践天命于人事、使人民获得美好的生活为终极目标。《尧典》在思想与内容上，吸收了西周以来的天命观，认为受命之主必须要有良好的"德"，才能感召天地，得到"天"赋予的治国安民权力。文中记述尧的形象与德政，曰："钦、明、文、思、安安，允恭克让，光被四表，格于上下。克明俊德，以亲九族；九族既睦，平章百姓；百姓昭明，协和万邦，黎民于变时雍。"④当尧展现其"兼善天下"的"德"，才获得了"天命"的认可。同时，《尧典》的"天命观"并未浅止于此，它对帝王的要求，除了才、德以外，还要参照施政、人事。帝王能否保有天命，不能如商周时代般依靠占卜、祭祀，而是要更加关注帝王的所作所为，看帝王的施政能否使"九族既睦""百姓昭平""谐和万民"。帝王若在"人事"上没有显著的功业，天命便不会降临。帝王所有的"人事"活动、施政举措，都只是"代天行事"，而非满足个人私利。儒家不愿否定周人的天命理论，除了继承传统，他们希望在天人合德的思维下，凸显"人"的价值。由此，儒家便对商周以来的天命观作出改造，将"人事"的重要性抬升至"天命"之前，审视帝王是否能够兼善天下，足以"格于上下"。这当然与春秋战国时代的"民本"思想的兴起有着密切关系，然其实质在于时人

①　（清）阮元校刻：《十三经注疏·春秋左传正义》，北京：中华书局，1980 年影印版，第 1750 页。
②　（清）阮元校刻：《十三经注疏·尚书正义》，北京：中华书局，1980 年影印版，第 212、199 页。
③　《尚书·尧典》成书于战国中晚期的观点，可参见陈梦家：《尚书通论》，上海：商务印书馆，1957 年，第 135—136 页；屈万里：《尚书集释》，台北：联经出版事业公司，1994 年，第 6 页。
④　（清）阮元校刻：《十三经注疏·尚书正义》，北京：中华书局，1980 年影印版，第 118—119 页。

对"天"的质疑以及对"人"能动性的提倡。

春秋时期的政治思维中普遍存在着一些理性的特点,具体表现在对"德、仁、民、义、礼、智、信"等伦理政治范畴的细致阐述中。对于商周以来的"天",或抱持日益强烈的怀疑精神,或采取"存而不言"的消极态度。至战国时期,诸子们在继续探索伦理、理性、道德等话题的同时,谈"天"也成为一种时尚。战国的"天"论①固然提出了若干庞杂的宇宙图式,但就其思想主旨而言,仍立足于探究人事必然之理。这是战国诸子谈"天"的重心所在。老子第一次提出了"道"的哲学范畴,主张"天道自然无为";孔子对天抱持"存而不议"的态度,而关注人的作用;墨子虽认为天有意志,但反对天命支配人事的说法;宋钘、尹文提出"精气"为万物本源;庄子强调道德自然无为、无知的特点,摆脱了目的论,却陷入了宿命论;孟子强调人的主观能力而形成主观唯心主义思想;《易传》主张"太极"为天地未分之时的最原始、最高的统一体;《黄帝内经》主张"气一元论"思想。这场"百家争鸣"的学术热潮中,以荀子的"天"论最具积极意义。荀子的"天"论,汲取了老子及其后学的天道自然无为观,剔除其中的消极因素;同时将孔子、墨子思想中重视"人事""经验"的内容吸收进来,摒弃他们关于"天命""天志"等的神秘主义论述。任继愈将荀子视为"先秦时期唯物主义哲学的集大成者",是有道理的。兹以荀子为例,详论如下。

关于"天"的性质,荀子认为"天地"是世界万物存在的根源。他说:"天地始者,今日是也。百王之道,后王是也。"②他认为"天"处于不断运动、变化之中,具有某种规律性,"天行有常,不为尧存,不为桀亡。应之以治则吉,

---

① 冯友兰曾总结先秦时期的"天论"思想,将"天"划分为五种含义:"曰物质之天,即与地相对之天;曰主宰之天,即所谓皇天上帝,有人格的天、帝;曰运命之天,乃指人生中吾人所无奈何者,如孟子所谓'若夫成功则天也'之天是也;曰自然之天,乃指自然之运行,如《荀子·天论篇》所说之天是也;曰义理之天,乃谓宇宙之最高原理,如《中庸》所说的'天命之谓性'之天是也。"(冯友兰:《中国哲学史》(一),《三松堂全集》第二卷,郑州:河南人民出版社,2001年,第281页。)蒙文通认为"天"有四义:"孔子所说的天,大体上有四种涵义,第一种涵义是指神格化的'意志之天'。第二种涵义即自然之天,与第一种涵义是直接对立的,这是孔子时代关于天的意义的一个大变革,可谓古代的一次宗教革命。孔子学说是改革性的,不是颠覆性的。第三种涵义是指不可改变的命运,即'命定之天'。第四种涵义是从价值上说的,即所谓'义理之天'。"(蒙文通:《重新解读孔子的天人之学》,《中国儒学》第1辑,北京:商务印书馆,2009年,第119—120页)张俊杰进一步概括,认为先秦的"天",可以概括为三义,即:(1)"自然之天"("物质之天"),是指自然天道的运行法则;(2)"宗教之天"("主宰之天""运命之天"),是指宇宙最高的主宰;(3)"道德之天"("义理之天"),强调天是人性与道德的来源。(张俊杰:《"天人秩序"的重建——秦汉时期"郊祀礼"的思想史研究》,北京:中国社会科学出版社,2020年,第78—79页)

② (清)王先谦撰,沈啸寰、王星贤点校:《荀子集解》卷3《不苟篇》,"新编诸子集成本",北京:中华书局,1988年,第48页。

应之以乱则凶"①。"天"可以表现为日月星辰的运行,"治乱天邪? 曰:日月、星辰、瑞历,是禹、桀之所同也,禹以治,桀以乱;治乱非天也"②。"天"亦可表现为四季节令的递嬗,"列星随旋,日月递照,四时代御,阴阳大化,风雨博施,万物各得其和以生,各得其养以成,不见其事而见其功,夫是之谓神。皆知其所以成,莫知其无形,夫是之谓天"③。甚至自然界的日蚀、月蚀、星坠④、木鸣⑤等异象,也是"天",如:"星坠、木鸣,国人皆恐。曰:'是何也?'曰:'无何也! 是天地之变,阴阳之化……夫日月之有蚀,风雨之不时,怪星之党见,是无世而不常有之。'"⑥荀子的天,是自然的天,它属于物质层面。如韦政通说:"'天行有常'是荀子论天的基本观念,此观念的涵义是:天体的运行,有它自身一定的轨道、法则,这种轨道、法则是永恒的,天体的一切现象的递变,即无不遵循其自身所具的法则。此法则即近代科学中发现的自然律"⑦;廖名春说:"荀子认为,天就是客观现实的自然界,就是唯一实在的物质世界"⑧;周群振说:"荀子所谓'天',实只为自然宇宙中之物质或物理现象而已。根本不可与正宗儒家之自精神生命证显的天命或天道相提并论","何者是'天的内容'? 此在荀子心目中,显然存在着两种不同的意义——实亦是不同的两个层次:一为可以耳闻目见的自然现象,一为非耳闻

①　(清)王先谦撰,沈啸寰、王星贤点校《荀子集解》卷17《天论篇》,"新编诸子集成本",北京:中华书局,1988年,第306—307页。

②　(清)王先谦撰,沈啸寰、王星贤点校《荀子集解》卷17《天论篇》,"新编诸子集成本",北京:中华书局,1988年,第311页。

③　(清)王先谦撰,沈啸寰、王星贤点校《荀子集解》卷17《天论篇》,"新编诸子集成本",北京:中华书局,1988年,第308—309页。

④　关于"星坠",有四种观点:(1)新星说,如美国学者John Knobloce;(2)彗星说,如王念孙、郝懿行、牟端平;(3)流星、陨星说,如蒋南华、方孝博、谭宇权;(4)流星雨说,如杨惊等。(分见John Knoblock, *Xunzi: A Translation and Study of the Complete Works* , Stanford, CA: Stanford University Press, 1994, P. 18;王念孙:《读书杂志》,南京:江苏古籍出版社影印王氏家刻本,1985年,第705页;郝懿行:《荀子补注》,自严灵峰《无求备斋荀子集成》,台北:成文出版社,1977年,第76页;牟端平《荀子》,济南:山东友谊出版社,2001年,第433页;蒋南华、罗书勤、杨寒清《荀子全译》,贵阳:贵州人民出版社,1995年,第355页;方孝博《荀子选》,北京:人民文学出版社,1958年,第83页;谭宇权《荀子学说评论》,台北:文津出版社,1994年,第230页)笔者从"流星、陨星说"。

⑤　关于"木鸣",有三种观点:(1)风吹木鸣,如董治安、杨柳桥;(2)社木鸣,如俞樾;(3)社木因风吹而鸣,如陶宗仪。(分见董治安、郑杰文《荀子汇校汇注》,济南:齐鲁书社,1997年,第553页;杨柳桥:《荀子诂译》,济南:齐鲁书社,1985年,第457页;俞樾:《诸子平议》,北京:中华书局,1954年,第266—267页;陶宗仪:《辍耕录》,北京:文化艺术出版社,1998年,第124页)笔者从"风吹木鸣"说。

⑥　(清)王先谦撰,沈啸寰、王星贤点校《荀子集解》,"新编诸子集成本",北京:中华书局,1988年,第313页。

⑦　韦政通:《荀子"天生人成"一原则之构造》,梁启超等著《中国哲学思想论集》(先秦卷),台北:水牛出版社,1976年,第184页。

⑧　廖名春:《荀子新探》,台北:文津出版社,1994年,第176页。

目见的自然现象后面的所以然之理"①。周氏推断出"天"的两重意义,是依据了《荀子·天论》中的"圣人为不求知天"和"夫是之谓知天"两句,进而认为荀子主张应当知晓"自然现象"的天,不需求知"所以然之理"的天。这种两重之"天"的观点,颇值得商榷。实际上,荀子并未将"天"视作存在的超越之理,他肯定"天"的根源性,目的只是为万物生成寻找到一个依据,"天"并不具备"所以然之理"的超越性内涵。至于曾振宇提出的荀子之"天"包含"自然之天""主宰之天""义理之天"的三层义涵说,②更是失之偏颇。徐复观曾说:"欲了解荀子的思想,须先了解其经验的性格。即是他一切的论据,皆立足于感官所能经验得到的范围之内。为感官经验所不及的,便不寄与以信任。"③所谓"经验的性格",所指的便是荀子思想针对现象的世界而发的事实。综论之,荀子的"天"具有根源性、客观性、规律性的特质,属于"物质性"的范畴。这便否定了周人"道德之天"的论断,成为战国时代"天"信仰衰减的表征之一。

荀子强调"天人之分",他认为"天"与"人"各有自己的职责:"不为而成,不求而得,夫是之谓天职。如是者,虽深,其人不加虑焉;虽大,不加能焉;虽精,不加察焉;夫是之谓不与天争职。天有其时,地有其财,人有其治,夫是之谓能参。舍其所以参而愿其所参,则惑矣。"④天生万物,这是天的"职分",人不应"与天争职"。人只要善用天时、地利,克尽"人职",便是"能参"。若是违背自己所"职",而对天地兴起贪慕或祈佑之心,那便是"惑"了。李涤生曾说:"荀子的天是自然,却不尊不敬,要和它面对面地分工合作,而昌言'天人之分'。他认为天的职分,是生万物,人的职分在治万物,人生的祸福不是天意,而在人为。故主张善尽人事,利用自然,福厚人生。"⑤易言之,"天的职分就是生成万物,而人的职分就是利用万物,善尽人事,一切的价值来自于人的创造……荀子之'天'全然没有价值根源的意义,因此也没有内化于人性、人心的理由"⑥。天、人既然相分,各有其职,那么人世中的灾害、治乱、祸福就都与"天职"无关,而属于"人职"。《荀子·天论》曰:

---

① 周群振:《荀子思想研究》,台北:文津出版社,1987 年,第 139、149 页。

② 曾振宇:《荀子"天论"百年误读与反拨》,《哲学与文化》2007 年第 34 卷第 10 期,第 65—82 页。

③ 徐复观:《中国人性论史》(先秦篇),台北:商务印书馆,2003 年,第 224 页。

④ (清)王先谦撰,沈啸寰、王星贤点校:《荀子集解》卷 17《天论篇》,"新编诸子集成本",北京:中华书局,1988 年,第 308 页。

⑤ 李涤生:《荀子集释》,台北:学生书局,1986 年,第 361 页。

⑥ 童宏民、赵明媛:《荀子"天论"探究》,《勤益人文社会学刊》2010 年第 1 期,第 10 页。

> 强本而节用，则天不能贫；养备而动时，则天不能病；修道而不贰，则天不能祸。故水旱不能使之饥渴，寒暑不能使之疾，妖怪不能使之凶。本荒而用侈，则天不能使之富；养略而动罕，则天不能使之全；倍道而妄行，则天不能使之吉。故水旱未至而饥，寒暑未薄而疾，妖怪未至而凶。受时与治世同，而殃祸与治世异，不可以怨天，其道然也。故明于天人之分，则可谓至人矣。①

可见，治乱的决定因素并非"天"，而是人的行为所致。这种思想已经摆脱商周以来国家政治由上帝主宰的"天命"观念。基于此，荀子竭力强调"人"的作用，要求人应当本于"人职"，遵循"人道"。这里的"人道"即为人的原则，也即君子所当奉行的行为准则。所谓"道者，非天之道，非地之道，人之所以道也，君子之所道也"②，即此谓。

明于天人之分，则人不需向慕"天"，而应修身立德、敬事人道。这是荀子"不求知天"的思想前提。"无何也！是天地之变，阴阳之化，物之罕至者也。怪之，可也；而畏之，非也。"③对于与"天"相关涉的内容，人可以"怪之"，但"天"不具有神性、权威性，所以不需要畏惧它。徐复观论及"不求知天"，说：

> 他（荀子）的不求知天，有两方面的意义。一是只利用天所生的万物，而不必去追求天系如何而生万物。另一是天的功用，与人无关。不必由天的功用、现象，以追求它对于人有何指示，有何要求。人只站在人的现实上，尽自己应尽的职分，而不必在天那里找什么根据。在天那里找人的行为的根据，在荀子认为是一种无实际意义的混乱。④

徐氏此论，一方面否认了"天"具有超越性的权威意义，另一方面指出人不必孜孜于契合天道的行为，对"天"无需穷知深解。当然，荀子的"不求知天"是"有限制性"的，并非对"天"一无所知，而是说主张舍弃那种无意义的穷究

---

① （清）王先谦撰，沈啸寰、王星贤点校：《荀子集解》卷17《天论篇》，"新编诸子集成本"，北京：中华书局，1988年，第307—308页。

② （清）王先谦撰，沈啸寰、王星贤点校：《荀子集解》卷17《天论篇》，"新编诸子集成本"，北京：中华书局，1988年，第123页。

③ （清）王先谦撰，沈啸寰、王星贤点校：《荀子集解》卷17《天论篇》，"新编诸子集成本"，北京：中华书局，1988年，第313页。

④ 徐复观：《中国人性论史·先秦篇》，上海：上海三联书店，2001年，第197—217页。

"天"意。因为人的"职分"之中,包含着顺应"天"的运行规律、治世理民的要求,所以人也要在一定程度上"知天"。荀子所言"故大巧在所不为,大智在所不虑。所志于天者,已其见象之可以期者矣;所志于地者,已其见宜之可以息者矣;所志于四时者,已其见数之可以事者矣;所志于阴阳者,已其见和之可以治者矣"①,"不为""不虑"即是"不与天争职""不求知天",而"所志于"天、地、四时、阴阳,便是人应当"知天"的范畴。人只需要了解天象的变化、地利的生息、四时的运转、阴阳的调和,便可达到"尽其人事"的前提。唐君毅阐释说:

> 荀子对天之不为而成,不求而得之生物之职之功,固加以正视。故于天之功之深、大、精与神,与万物之由各得天之和以生,如庄子之所喜言者,固亦未尝不加承认。唯以此天之职之功,人不当与之争,人亦不能更加其虑、其能、其察于天之上,以有所助益于天,而分天之职与功。人唯当于天职与功之外,更尽人之职,以成人之功,而不求知天之行自身之所以然。此人之尽其人事,"其行曲治,其养曲适,其生不伤",即为人之所以理天地而知天。②

在唐氏看来,天人相分,各有其职,天之职,"人不当与之争";同时,人也不能以"其虑""其能""其察"去试图"助益于天"。人只需要在"理天地而知天","尽其人事"即可。

在"知天"的基础上,荀子进一步提出了"制天命"思想,他说:"大天而思之,孰与物畜而制之? 从天而颂之,孰与制天命而用之? 望时而待之,孰与应时而使之? 因物而多之,孰与骋能而化之。思物而物之,孰与理物而勿失之也? 愿于物之所以生,孰与有物之所以成? 故错人而思天,则失万物之情。"③在荀子的思想里,一切的价值都归于"人"的世界。人不需"思天""怨天",而应利用万物存在与运行的规律成就"人事"。至于如何"尽行人事",荀子主张的是礼治思想。他说:

> 百王之无变,足以为道贯。一废一起,应之以贯。理贯不乱。不知

---

① (清)王先谦撰,沈啸寰、王星贤点校:《荀子集解》卷17《天论篇》,"新编诸子集成本",北京:中华书局,1988年,第310—311页。

② 唐君毅:《中国哲学原论·原道篇卷一》,台北:学生书局,1986年,第441页。

③ (清)王先谦撰,沈啸寰、王星贤点校:《荀子集解》卷17《天论篇》,"新编诸子集成本",北京:中华书局,1988年,第317页。

贯,不知应变,贯之大体未尝亡也,乱生其差,治尽其详。故道之所善,中则可从,畸则不可为,匿则大惑。水行者表深,表不明则陷。治民者表道,表不明则乱。礼者,表也。非礼,昏世也;昏也,大乱也。故道无不明,外内异表,隐显有常,民陷乃去。①

　　天地者,生之始也;礼义者,治之始也;君子者,礼义之始也。为之,贯之,积重之,致好之者,君子之始也。故天地生君子,君子理天地。君子者,天地之参也,万物之总也,民之父母也。无君子则天地不理,礼义无统,上无君师,下无父子,夫是之谓至乱。②

"礼"被荀子视为治国理民的根本,而君子是"礼仪之始"。现实世界应当以培养君子为治世的基础,有君子则能成就礼义之道,使社会和谐。马国瑶曾评价说:"荀子的天论思想,主要在证成'自然世界为人文世界所主宰'一义。他的论天论性,都是为了彰显'礼义之统'的效用,为的是要完成'制天''化性'的理想。"③此论后半句的总结是无误的,但前半句所言的"自然世界为人文世界所主宰",却是值得商榷的。因为在荀子的观念中,实不存在征服"天"的野心,或者说没有征服"天"的意图,他所思所想的根本都在于现实世界,由"人事"层面而发。

　　综言之,荀子的"天"论虽不至全然为时人所认同,却能代表战国学者在"天"观念上的大体情状。荀子肯定了"天"的根源性、客观性、规律性,其目的在于否定"天"的"意识性"以及"天"对于现实世界的干预,在"天人之分"的基础上,强调"人"的能动性,提倡"人事"的作用,并最终落脚于现实世界中"礼义道统"的推布。先秦孔、孟、老、庄、墨等诸家思想中,"天"尚具有形而上的"根源性"意涵,而荀子将"天"视作物质性的、非人格的存在,这是荀子"天"论最积极的内容。④ 韩非子作为荀子的学生,继承师说,并在忽视天

①　(清)王先谦撰,沈啸寰、王星贤点校:《荀子集解》卷17《天论篇》,"新编诸子集成本",北京:中华书局,1988年,第318—319页。

②　(清)王先谦撰,沈啸寰、王星贤点校:《荀子集解》卷9《王制篇》,"新编诸子集成本",北京:中华书局,1988年,第163页。

③　马国瑶:《荀子政治理论与实践》,台北:文史哲出版社,1996年,第67页。

④　参冯友兰:《中国哲学史》上册,上海:中华书局,1947年,第301—302页;侯外庐等:《中国思想通史》第1卷,北京:人民出版社,1957年,第477—482页;徐复观:《中国人性论史》,上海:华东师范大学出版社,2005年,第137—140页;葛兆光:《中国思想史》第1卷,上海:复旦大学出版社,1998年,第252—253页。笔者认为,春秋战国时的天命观大抵由《尚书》天命观发挥而来;《尚书》中的"天"是道德属性的天,"天命"的表现是殷周革命中的征服;孔子不语"怪力乱神",试图规避政权转移的话题;孟子一方面想要以"民意"取代"天意",但在谈到政治权威的获得时仍以"天 (转下页)

道上走向极致。① 陆贾与贾谊,乃至汉初的纵横家在这方面亦是荀子、韩非子的后学。② 另外,汉代中期的董仲舒,循着孟子、邹衍有关天人合一的思维路径,对先秦以来有神论的天道观进行修补、重构,改造"天"为有意志的人格神,更新天子、天意的概念,完成一套相对成熟的政治理论体系。董氏新构的"天"论本身虽未必出于"神话",但它一旦与大一统王朝的合法性论证相结合,便很难避免流入"政治神话"的归属。汉代的"天命"观念与政治理论遂转向了迥异于荀子的另一方向。

二、"天命"理论的探索:五德终始说

战国时代的诸子们纷纷思考西周"礼乐制度"的出路,提出自己的思想、理论与主张,"百家之学"因之而起。思想家们围绕"天命"观念、"人"的作用、万物的起源、社会历史观等主题,阐释己见、互相论难。这些思想,既创造性地推动着春秋战国时期"礼乐文明"的思想进程,又为即将到来的大一统国家政权提供着统治合法性理论建构的思想因素。战国时代,诸侯并起,相互攻伐。周天子的地位一落千丈。周显王三十五年(前 334 年),魏、齐互王;周显王四十六年(前 323 年),魏、韩、赵、燕、中山"五国相王";周赧王二十七年(前 288 年),秦、齐互为西帝、东帝。诸如此端,显示着周人的"天命"荡然无存。新的"天命"将归于何处,又当以何种理论来解说,成为诸子思想阐发的主要论题。在此社会大变革的时期,"天"的信仰经历"咒天""骂天"以及诸子思想的冲击,已然发生动摇,不得不寻求新的"受命"理论路径——五德终始说兴起。

"五德终始说"由战国末期的邹衍创立。③ 邹衍,齐人,生卒年不详,号"谈天衍",约与荀子同时代,曾居稷下学宫,"以儒术干世主,不用,即以变化

(接上页)意"为凭藉;荀子身当大一统前夕,历史发展的大势已然明朗化,他既不取任何"天命",也不赞同孟子所言的"民意"影响,而直接以君主本身的"德"主宰政治。荀子的合法性理论相较而言,更加完善些,但他否定天命、民意的同时,并未解决"君子"与"权势"之间的分离关系,因此,如何树立政治权威,仍有待于新的政治学说的论证。邹衍之五德终始说,正是在此背景下形成。

① 侯外庐:《中国思想通史》第 1 卷,北京:人民出版社,1957 年,第 561—562 页。

② 胡适称"其思想近于荀卿、韩非"不无道理,参见胡适:《陆贾〈新语〉考》,《胡适文存》第 3 集,合肥:黄山书社,1996 年,第 437 页;刘家和亦指出《新语》属于荀子一派,参见刘家和:《关于陆贾〈新语〉的几个问题》,《古代中国与世界》,北京:北京师范大学出版社,2010 年,第 282—290 页。贾谊思想与法家的联系,参见徐复观:《两汉思想史》第 2 卷,上海:华东师范大学出版社,2001 年,第 74—75 页;贾谊与荀子思想间的传承关系,参见侯外庐等:《中国思想通史》第 2 卷,北京:人民出版社,1957 年,第 57—59 页;金春峰:《汉代思想史》,北京:中国社会科学出版社,1987 年,第 91—95 页。

③ 邹衍创立的五德理论,在汉代典籍中,并不称为"五德终始说",而是以"终始五德""五德之传""五德转移"等概略之词名之。笔者以"五德终始说"称之,是泛指自邹衍以迄汉代,各种以"五德"为中心的,以政权更迭为论述对象的历史系统理论。

始终之论,卒以显名"①。他试图以"阴阳五行"思想来阐释社会历史政治的变迁史,借用五行相胜的思维理路来解释历代王朝的更替,从而为政权的合法性提供理论依据。阴阳与五行,在中国历史中长期影响人们的思想。顾颉刚将之视为"中国人的思想律"②,颇有道理。"阴阳",是古人对昼夜、寒暑、男女、动静、生息、天地等自然现象的高度概括而形成的概念。③《说文解字》注释说:"阴,暗也,水之南,山之北也""阳,高明也"。徐复观认为:"'阴阳'二字,是由佥易二字孳乳出来的。虽然阴阳二字行而佥易二字废。但以一切有关阴阳观的演变,都是与日光有密切关的佥易二字之原义引申演变而出,大概是没有问题的。"④在《诗经》中,"阴""阳"二字大多分开使用,表示天气状况,只有在《大雅·公刘》中有"相只阴阳"连接使用,但也只是表现山之北与山之南的含义。周绍贤进一步指出:"阴阳二字,本为解释事物之代名词,如男为阳、女为阴,日为阳、月为阴,昼为阳、夜为阴,前为阳、后为阴,暖为阳、冷为阴,刚为阳、柔为阴,整个宇宙,可以阴阳二字括之。"⑤李汉三疏证古籍中有关阴阳说的内容,发现《诗》《书》《易》《春秋》《仪礼》《论语》《墨经》《孟子》《孙子》《吴子》《司马法》等皆不见阴阳论,至易传《十翼》才开始以"阴阳"解说《易经》,故推断"阴阳说"发端于战国中期之末。⑥"五行"是古人对现实世界中各种事物进行分类而总结出的五种物质属性,分别是木、火、土、金、水。⑦徐复观认为:"一般所说的五行,是构成万物的五种

① 王利器校注:《盐铁论校注》,"新编诸子集成本",北京:中华书局,1992年,第150页。

② 顾颉刚:《五德终始说下的政治和历史》,《清华大学学报》1930年第1期,第71页。

③ 关于"阴阳"的起源,有三种说法:(1)源于生殖崇拜,以吕思勉、先玄同、范文澜为代表;(2)起源于祭祀占卜活动,以姚孝遂、彭华、刘翔、沈建华为代表;(3)源于古代历法,以刘尧汉、陈久金为代表。(分见吕思勉:《先秦学术概论》,上海:东方出版中心,2008年,第6—7页;钱玄同:《答顾颉刚先生书》,自《古史辨》第一册,上海:上海古籍出版社,1982年,第273页;范文澜:《与颉刚论五行说的起源》,自《古史辨》第五册,上海:上海古籍出版社,1982年,第641页;姚孝遂、肖宁:《小屯南地甲骨考释》,北京:中华书局,1985年,第370页;彭华:《阴阳五行研究》,华东师范大学博士学位论文,2004年,第12页;刘翔:《中国传统文化价值观诠释学》,上海:上海三联书店,1996年,第267页;沈建华:《释卜辞中方位称谓"阴"字》,《古文字研究》第24辑,北京:中华书局,2002年;刘尧汉:《中国文明的源头新探——道家与彝族虎宇宙观》,昆明:云南人民出版社,1985年,第60—61页;陈久金:《阴阳五行八卦起源新说》,《自然科学史研究》1986年第2期)

④ 徐复观:《中国人性论史·先秦篇》,上海:上海三联书店,2001年,第453页。

⑤ 周绍贤:《汉代哲学》,台北:中华书局,1983年,第39页。

⑥ 李汉三:《先秦两汉之阴阳五行学说》,台北:维新书局,1981年,第1—10页。

⑦ 关于"五行"观念的起源,有六种观点:(1)源于原始先民日常生活,如吕思勉说:"五行者……盖民用最切之物";胡适说:"五行一说大概是古代民间常识里的一个观念";齐思和说:"五行观念起初并不具备玄妙的哲理,只是源于先民的日常生活"。(分见吕思勉:《先秦学术概论》,上海:东方出版中心,2008年,第5页;胡适:《中国中古思想史长编》,合肥:安徽教育出版社,2006年,第127页;齐思和:《五行说之起源》,自《中国史探研》,石家庄:河北教育出版社,2003年,第294页)(2)源于先民之农业生产活动,如冯友兰说:"五行即为自然界的金、木、水、火、土的物质。"(转下页)

基本原素,有同于印度佛教之所谓四大。但对五行观念的运用,却主要是放在由这个五种原素的相互关系,即所谓相生相胜的互相关系上面,以说明政治、社会、人生、自然各方面的变化。"①在春秋以前,"阴阳"与"五行"是并存的两种学说,二者之间互有畛界。至战国后期,"阴阳"与"五行"才逐渐结合起来,被用作诠释社会现象和历史系统。② "五德终始说"便是基于"阴阳五行"说而演生出来的新学说。梁启超认为阴阳五行说"起于燕齐方士;而其建设之,传播之,宜负罪责者三人焉:曰邹衍,曰董仲舒,曰刘向"③。梁氏将"阴阳五行说"的兴起归于"燕齐方士",并以邹衍为其建设与传播之首功之人。王梦鸥《邹衍遗说考》进一步修订梁氏之说:"从这学派的分歧来看,我们的结论却与梁启超相反:因为他说阴阳五行说创始于燕齐的方士,而邹衍

(接上页)(冯友兰:《中国哲学史新编》(上册),北京:人民出版社,1998 年,第 82—83 页)(3)源于图腾崇拜,如饶宗颐:"五行起源于古人的占卜活动,'殷人实以卜五龟为多。'五龟遂成为五行观念的源头";沈建华说:"商人在祭星火交天的活动中,自然方位成了最重要的一个具有特殊意义的象征。'五帝'思想,是结合了东、西、南、北、中的概念而产生的。……在商代的卜辞中,已经有了五行观念的最初雏形。"(参见饶宗颐:《殷代贞卜人物通考》,自《饶宗颐二十世纪学术文集》(第二册),台北:新文丰出版股份有限公司,2003 年,第 69 页;沈建华:《从殷代祭星郊礼论五行起源》,自艾兰、汪涛、范毓周主编:《中国古代思维模式与阴阳五行说探源》,南京:江苏古籍出版社,1998 年,第 303页)(4)源于商代四方、五方的观念,如胡厚宣认为"五行观念起源于商代的四方之说";庞朴说:"殷人已具有了五方观念,五方观念是以五作为基数的方位系统,五行就是从这种系统衍生而来";郭沫若赞同庞朴说法。(参见胡厚宣:《甲骨文四方风名考》,自齐鲁大学国学研究所:《责善半月刊》1941年 12 月 2 卷第 19 期;庞朴:《阴阳五行探源》,《中国社会科学》1984 年第 3 期;郭沫若:《中国古代社会研究》,北京:人民出版社,1977 年,第 105 页)(5)源于星宿说,以刘起釪、王梦鸥为代表(分见刘起釪:《五行原始意义及其分歧蜕变大要》,自艾兰、汪涛、范毓周主编:《中国古代思维模式与阴阳五行说探源》,南京:江苏古籍出版社,1998 年,第 133—160 页;王梦鸥:《邹衍遗说考》,台北:商务印书馆,1966 年,第 13 页)(6)源于殷人"改火"说,如陈梦家认为:"'改火'又称'五火',其是指不同的季节分钻不同树木以为火。殷人卜辞中关于'五火'的记录代表了一种民族传统,可以表明五行的起源。"(陈梦家:《五行之起源》,《燕京学报》1938 年第 24 期)

① 徐复观:《中国人性论史》,台北:商务印书馆,2003 年,第 519 页。徐氏又说:"不仅《洪范》中未曾以五行配五事;即在邹衍的五行新说已经流行的战国末期乃至秦,也还未以五行配五事",将五行配五事视为西汉初期"迂愚之儒"的活动。此说颇值得商榷,刘节《洪范疏证》即持相反观点,认为《洪范》是战国末期之作,其中的五行说,系邹衍一派的学说。(参见刘节:《洪范疏证》,《古史辨》第 5 册,第 391 页)笔者认为《尚书·甘誓》曰:"予誓告汝,有扈氏威侮五行,怠弃三正",孔颖达疏:"五行之德,王者相承所取法",此处的"五行"显然指五种"王者之道",是五行配五事之证。笔者从刘节说。

② 关于"阴阳"与"五行"思想融合完成的标志,大体有四种说法:(1)西周说,左益寰、潘俊杰为代表;(2)春秋说,张岂之为代表;(3)战国说,梁启超、顾颉刚、范文澜、庞朴为代表,认为邹衍实现了阴阳与五行的融合;(4)西汉说,马勇为代表。(可参见左益寰:《阴阳五行家的先驱者伯阳父——伯阳父、史伯是一人而不是两人》,《复旦大学学报》1980 年第 1 期;潘俊杰:《阴阳五行合流新探》,《西北大学学报》2009 年第 5 期;张岂之:《中国思想史》,西安:西北大学出版社,1989 年,第 18—19页;张岂之主编:《中国思想史论集》第一辑,桂林:广西师范大学出版社,2000 年;马勇:《邹衍与阴阳五行学说》,《社会科学研究》1986 年第 5 期)笔者从"战国说"。

③ 梁启超:《阴阳五行说之来历》,《东方杂志》1923 年第 20 卷第 10 号。

是其负责者之一;而我们则以为:把原有的阴阳说加入五行说中起消息作用的,是创自邹衍;并由他传于燕齐海上之方士","邹衍最大的创说,是把古已有之'阴阳'与'五行'借重观念合而为一,使它成为宇宙诸现象的原动力。"①梁、王二说虽有矛盾之处,但就邹衍对阴阳五行有"创说"之功的说法,实无二致。

邹衍的政治活动,在《史记》中的记载十分分散,如:

> 邹衍,后孟子……邹子重于齐。适梁,惠王郊迎,执宾主之礼。适赵,平原君侧行撤席。如燕,昭王拥彗先驱,请列弟子之座而受业,筑碣石宫,身亲往师之。②

> 惠王数被于军旅,卑礼厚币以招贤者。邹衍、淳于髡、孟轲皆至梁。③

> 燕昭王于破燕之后即位,卑身厚币以招贤者。……乐毅自魏往,邹衍自齐往,剧辛自赵往;士争趋燕。④

> 平原君厚待公孙龙,公孙龙善为坚白之辩,及邹衍过赵,言至道,及绌公孙龙。⑤

又刘向《别录》引《史记》曰:

> 齐使邹衍过赵,平原君见公孙龙及其徒綦毋子之属,论"白马非马"之辩,以问邹子。邹子曰:"不可!彼天下之辩有五胜三至,而辞正为下。辩者,别殊类使不相害,序异端使不相乱,杼意通指,明其所谓,使人与知焉,不务相迷也。……"坐皆称善。⑥

由上述史料可知,邹衍曾与梁惠王、燕昭王、赵平原君有过宾主关系。细究

---

①　王梦鸥:《邹衍遗说考》,台北:商务印书馆,1966年,第15、56页。
②　(汉)司马迁:《史记》卷74《孟子荀卿列传》,北京:中华书局,1959年,第2344—2345页。
③　(汉)司马迁:《史记》卷44《魏世家》,北京:中华书局,1959年,第1847页。
④　(汉)司马迁:《史记》卷34《燕召公世家》,北京:中华书局,1959年,第1558页。
⑤　(汉)司马迁:《史记》卷76《平原君虞卿列传》,北京:中华书局,1959年,第2370页。
⑥　(汉)司马迁:《史记》卷76《平原君虞卿列传》,北京:中华书局,1959年,第2370页。

之,可以发现各条记载的矛盾之处。① 钱穆《邹衍考》曾疏通考证曰:

> 衍至赵,见平原君,在信陵破秦存赵之后……其时梁惠王死已七十
> 二年,燕昭王亦死二十二年矣。……邹衍乃与剧辛同僚,去信陵破秦十
> 五年。其自齐赴赵,当齐王建时。……自赵往燕,则仕燕王喜,绝不与
> 齐宣、燕昭相涉。史公云云,盖误于燕齐方士之说耳。方士以神仙愚秦
> 始皇,乃引燕昭王、齐威、宣王以为重。②

钱氏将造成邹衍史实混乱的原因,归于方士们为求"自重"于秦始皇的刻意
附会。若细究之,邹衍仕宦历程应当是:大概在 25 岁左右时,先仕于燕,后
仕于齐;在 48 岁左右时,值信陵君破秦存赵之后,邹衍由齐往赵。总体而
言,邹衍创造"五德终始说"的阶段大抵皆处于燕齐之地。当时列国政治活
动中,最突出的事件是秦昭王与齐湣王的互称"西帝""东帝"。"称帝"的运
动成为时代的主题。邹衍的居处,正是"东帝(齐)"与正在拟称"北帝(燕)"
之地。这自然成为邹衍以上古以来的诸帝搭配"五德"而进行理论创造的客
观社会环境。列国"称帝"的时代背景,成为邹衍滋生"五德终始说"天然的
温床。可以说,邹衍的思想创造是对当时社会现实政治需要与历史主题的
积极回应、主动迎合。

邹衍著述,据《汉书·艺文志》"阴阳家"有《邹子》四十九篇,《邹子终始》
五十六篇,共计一百零五篇。班固将《邹子》与《邹子终始》并举,说明两书有
别。《史记·封禅书》曰:"自齐威、宣之时,邹子之徒,论著终始五德之运,及
秦帝而齐人奏之,故始皇采用之。"③可见,《邹子终始》五十六篇流传于齐
地。又《史记·封禅书》曰:"宋毋忌、正伯侨、充尚羡门高最后,皆燕人,为方
仙道,形解销化,依于鬼神之事。邹衍以阴阳主运显于诸侯,而燕齐海上之
方士传其术不能通,然则怪迂阿谀苟合之徒自此兴,不可胜数也。"裴骃注引
如淳语曰:"今其书有《主运》,五行相次转用事,随方面为服";司马贞注曰:

---

① 胡适曾揭示这种矛盾,说:"平原君死于前 251 年,梁惠王死于前 319 年(此据
《纪年》;若据《史记》,则在前 335 年),梁惠王死时,平原君还没有生呢。平原君传说邹衍过赵,在信陵君破秦存
赵之后(前 257 年),那时梁惠王已死 62 年了(若据《史记》则那时惠王已死了 78 年),燕昭王已死了 22
年了。《史记集解》引刘向《别录》也有邹衍过赵见平原君及公孙龙一段,那一段似乎不是假造的。依
此看来邹衍大概与公孙龙同时。"(参见胡适:《中国哲学史大纲》卷上,上海:商务印书馆,1919 年,
第 256 页)胡适之说与下引钱穆之说,略有差异,但都揭示了《史记》关于邹衍记载的混乱现象。惟
胡适并未分析出造成这种混乱、矛盾的原因,故本文依从钱穆之说。

② 钱穆:《先秦诸子系年考辨》,上海:上海书店出版社,1992 年,第 402—403 页。

③ (汉)司马迁:《史记》卷 28《封禅书》,北京:中华书局,1959 年,第 1368 页。

"《主运》是《邹子》之书篇名。"①可知,所谓"阴阳主运"即《邹子》四十九篇,传于燕齐海上方士,尤盛于燕地。钱穆疏通各说,断言曰:"《邹子》四十九篇,出邹子手著……至于《终始》五十六篇……或其徒述之。……两书有别,未可混并。"②钱氏此说,大抵可从。

邹衍著述虽多,然自《隋书·经籍志》之后,已大多亡佚不见。今人只能通过其他文献辑佚出部分邹衍思想的片段。《史记·孟子荀卿列传》曰:

> 邹衍睹有国者益淫侈,不能尚德,若《大雅》整之于身,施及黎庶矣。乃深观阴阳消息而作怪迂之变,《终始》、《大圣》之篇十余万言。其语闳大不经,必先验小物,推而大之,至于无垠。先序今以上至黄帝,学者所共术,大并世盛衰,因载其禨祥度制,推而远之,至天地未生,窈冥不可考而原也。先列中国名山大川,通谷禽兽,水土所殖,物类所珍,因而推之,及海外人字所不能睹。称引天地剖判以来,五德转移,治各有宜,而符应若兹。……然要其归,必止于仁义节俭,君臣上下六亲之施,始也滥耳。王公大人初见其术,惧然顾化,其后不能行之。③

太史公所言,实已道出邹衍"五德终始说"思想的总纲。这里交代了几个要点:(1)邹衍作"五德终始"的原因是战国时期王公大人"淫侈""不尚德";(2)以"怪迂之变""闳大不经"为外在表征;(3)历史观上,由黄帝前推至"天地未生";(4)理论逻辑上,将战国以前的先圣先王,与"五德"渐次对应,并述其符应以及"治各有宜"的制度;(5)"五德终始说"的思想主旨在于"仁义节俭""君臣上下六亲之施"。太史公将邹衍与孟子、荀子合传,似乎将其视为儒家;其思想主旨也近似于儒家,甚至有学者认为"邹衍亦儒家……西汉儒者如董仲舒、刘向等的学说与他极相像"④。且不论邹衍与儒家的关系如何,但就其创造"五德终始说"及其在秦汉政治与历史上的影响而言,邹衍一系确可视为独具特色的学术派别。⑤

---

① （汉）司马迁:《史记》卷28《封禅书》,北京:中华书局,1959年,第1369页。
② 钱穆:《先秦诸子系年考辨》,上海:上海书店出版社,1992年,第405页。
③ （汉）司马迁:《史记》卷74《孟子荀卿列传》,北京:中华书局,1959年,第2344页。
④ 顾颉刚:《五德终始说下的政治和历史》,《清华大学学报》1930年第1期,第75—76页。
⑤ 需要指出的是,邹衍时代尚无明晰的诸子学派概念。先秦乃至西汉的学术有一个从"子学"向"经学"的演变过程。若由学派的生成与目录学的角度看,诸如"九流十家"般各自独立且思想迥异的学派概念的生成要晚得多。如《荀子·非十二子》所评议者为"子学"而非某一学派;《韩非子·显学》始有指陈儒、墨为显学的看法。可见,至少在荀子时代尚无明显的学派分立,仍（转下页）

邹衍有关"五德终始"的理论架构,可见的最早记载是《吕氏春秋·应同篇》:

> 凡帝王者之将兴也,天必先见祥乎下民。黄帝之时,天先见大螾大蝼,黄帝曰"土气胜",土气胜故其色尚黄,其事则土。及禹之时,天先见草木秋冬不杀,禹曰"木气胜",木气胜,故其色尚青,其事则木。及汤之时,天先见金刃生于水,汤曰"金气胜",金气胜,故其色尚白,其事则金。及文王之时,天先见火,赤鸟衔丹书集于周社,文王曰"火气胜",火气胜,故其色尚赤,其事则火。代火者必将水,天且先见水气胜,水气胜故其色尚黑,其事则水。水气至而不知,数备将徙于土。①

在邹衍看来,历朝历代的演进,都是按照"五行相胜"的规律而转移的,即"木胜土,金胜木,火胜金,水胜火,土胜水"。这种转移循环往复,每一朝代"配"一德,而每一朝代也相应地具有其所配之德的正朔、服色、度数、音律、制度。当前一朝被另一朝所取代时,必然会有预兆降临,即"凡帝王之将兴也,天必先见祥乎下民"。② 综论之,邹衍的五德系统大抵包含了四个方面的内容:其一,五德循环转移,应"德运"者为天子;其二,德运转移必先降符应,"五德之瑞即应于受命之王本身"③;其三,朝代制度与德运相对应,不能混用、逾矩;其四,德运转移循着"五行相胜"的顺序。按照邹衍的理论,我们可以综列出一个简单的帝王世系循环系统:

德运	帝王	符应	制度			
			正朔	服色	度	音律
土德	黄帝	天先见大螾大蝼。黄龙地螾见。	建卯	黄	五	黄钟

(接上页)处于"子学"阶段。韩非子时代为了标明、提倡法家一系,始有了总结诸子思想倾向而划归某家学派的活动。至司马谈《论六家要指》有了"六家"之说,刘歆作《七略》提出了"九流十家"之说,此后学者多沿袭刘氏的学派划分观念。换言之,所谓先秦诸子学派概念的完成与定型是在西汉末期。先秦至汉初的学者多有兼通诸子之学的现象,也导致了如邹衍为儒家还是阴阳家的争论。

① 许维遹撰,梁运华整理:《吕氏春秋集释》,"新编诸子集成本",北京:中华书局,2009 年,第284 页。
② 许维遹撰,梁运华整理:《吕氏春秋集释》,"新编诸子集成本",北京:中华书局,2009 年,第284 页。
③ 顾颉刚:《五德终始说下的政治和历史》,《清华大学学报》1930 年第 1 期,第 425—426 页。

德运	帝王	符应	制度			
			正朔	服色	度	音律
木德	大禹	天先见草木秋冬不杀。 青龙止于郊,草木畅茂。	建寅	青	八	姑洗
金德	商汤	天先见金刃生于水。 银自山溢。	建丑	白	九	无射
火德	文王	天先见火。 赤鸟衔丹书集于周社。	建子	赤	七	林钟
水德		天且先见水气胜。 黑龙。	建亥	黑	六	大吕

在这套历史德运循环系统中,最早上溯至黄帝,之后分别按"五行相胜"的理路转移,每一朝代占据一个德运,每一朝代的制度设计也必须按照自己"德运"的规则来制定。"从史学的层面考察,邹衍的贡献,是系统解释了黄帝以来'王朝'兴衰的必然性,提出五德终始的历史循环论,为自己的政治主张披上必然的天命外衣。"①但邹衍的"五德终始说"所支配的时代很短,只贯通罗列了黄帝、夏、商、周四代,有了四个德运,第一轮的五德运转都还未能完成,更谈不上"终而复始"。既然还缺着一个德运,那么按照五行相胜的逻辑,自然轮到了"水德"之运。《吕氏春秋·应同篇》所记载的五德运转次序,果然在秦始皇时期得到了应验,于前221年秦宣布为"水德"之主。

值得注意的是,邹衍基于"五行相胜"的逻辑阐释其五德终始说的同时,在讨论时月政令的时候,还有一套"五行相生"的立意。钱穆较早注意到这一点,他在《评顾颉刚〈五德终始说下的政治和历史〉》一文中说:

> 同时另有一种像如淳所谓"五行相次转用事,随方面为服"的五帝说,为《吕览·十二纪》及《月令》所载,并不与五德终始相同。五德终始,是"五德之次从所不胜"的,所以说"虞土,夏木,殷金,周火"(见《淮南·齐俗训》高诱注)。而"五行相次转用事随方面为服",是东方木,南方火,中央土,西方金,北方水,春夏秋冬相次用事的,如《吕纪》《月令》及《淮南·天文训》及魏相奏议所说。照次序排列,五行始木,而火,而土,而金,而水,恰恰是五行相生,与终始的相胜说正属相反。而且一年

---

①　臧知非:《秦思想与政治研究》,西安:西北大学出版社,2021年,第4753—4754页。

的春夏秋冬,天之所服,应该随时不同,也和终始的虞土尚黄,夏木尚青,殷金尚白,周火尚赤全异。一说注重在时月的政令,而一说则注重在帝德的转移,两说本不同。①

钱穆并未明言邹衍创立"五行相生"说,但他注意到邹衍所作《主运》与《终始》的不同。此后,侯外庐、杨向奎、白奚等学者进一步疏证,提出邹衍"五德说"兼有"相胜"与"相生"两种思维路径的观点。②

总体而言,邹衍是以"五行相胜"作为理论和逻辑基础,结合历史系统的梳理,创立了"五德终始说"。"五德终始说",是基于由"天(命)"及"人(社会历史)"的推导而形成的理论,并用了"瑞应"作为沟通天人之际的媒介。它推导的理论基础是"五行相胜"说,特别注重的是"变通"。另外的"五行相生"则用来阐释自然运动,尤其是四时政令的规律。③

"战国时的人本来常在预备新王的出世。墨家鼓吹尚贤和尚同,就是希望天下道德最好的人做地位最高的人。孟子汲汲劝时王行仁义,施王政,就是要时王实现孟子的理想去取得天下。现在驺衍有这个新学说发表,便得时君知道:如要做成天子,定要在五德中得到符应,才可确实表示其受有天命。这个学说的意义最简单,最能吸收智识薄弱的人的信仰,所以它的势力便一日千里了。"④在某种程度上,邹衍的这套"五德终始说"理论适应了战国时期诸侯林立的政治需要。它不仅可以"有效"地阐释上古至战国的王朝兴替缘由,而且为日渐明朗的战国形势指明了"出路"。邹衍受到梁惠王、燕昭王等诸侯王们的礼遇,司马迁也不禁感慨曰:"其游诸侯见尊礼如此,岂与

---

① 钱穆:《评顾颉刚〈五德终始说下的政治和历史〉》,自顾颉刚编著:《古史辨》第五册,"民国丛书第四编",北京:朴社,1935 年影印版,第 621—622 页。

② 参见侯外庐、赵纪彬、杜国庠、邱汉生:《中国思想通史》(第一卷),北京:人民出版社,1957年,第 650—651 页;杨向奎《中国古代社会与古代思想研究》上册,上海:上海人民出版社,1962 年,第 156 页;白奚:《稷下学研究——中国古代的思想自由与百家争鸣》,北京:生活·读书·新知三联书店,1998 年,第 261—268 页。

③ 关于"五行关系"的观点,除了"相生"与"相胜"说外,还有一种"毋常胜"说。此说为墨家之说,《墨子·经下》:"五行毋常胜,说在宜。"《经说下》曰:"说五:合水土火,火离然。火铄金,火多也;金靡炭,金多也。合之府木,木离木。若识麋与鱼之数,惟所利。"吴毓江《墨子校注》曰:"证以《贵义》篇墨子与日者问答之语,则五行生克说墨子时颇为流行,故《墨经》立说非之曰:五行无常胜,惟在用之宜耳。合水土火三者,则火不能然,此仅可明水土之性不能然,非水土胜火也。若用之得宜,则胜者亦将失其所以胜。……五行者,盖若麋游于山,鱼跃于渊,各适其性,各有其宜,无相胜可言也。《孙子·虚实篇》'五行无常胜'之义与此同。"(吴毓江校注,孙启治点校:《墨子校注》,北京:中华书局,1993 年)持类似观点者,还有栾调甫《梁任公五行说之商榷》,《古史辨》第 5 册,第 381—382页;杨向奎《西汉经学与政治》,台北:独立出版社,2000 年,第 23—24 页。此五行"毋常胜"说,侧重于强调五行之间相胜关系中所需要的"量"的因素,否定了相胜的必然性。

④ 顾颉刚:《五德终始说下的政治和历史》,《清华大学学报》1930 年第 1 期,第 82 页。

仲尼菜色陈、蔡,孟轲困于齐、梁同乎哉!……或曰:伊尹负鼎而勉汤以王,百里奚饭牛车下而缪公用霸,作先合,然后引之大道。驺衍其言虽不轨,傥亦有牛鼎之意乎?"[1]作为一种以统治秩序的调整为宗旨的理论,在战国七雄倾轧的时代,或在秦末群雄并起的时代,抑或是两汉之际的各家政治势力角逐的时代,"五德终始说"自然受到有心者的重视。它所代表的是君主和政权的合法性,是"受命"意识的体现。无论是乱世枭雄,还是承平之主,都能在"德运"理论中寻得所需的养分,成就自身的权力欲求。"五德终始说"虽导源于邹衍,但在秦汉时代的兴衰起伏中,却获得了不断更新的发展空间。它在汉代受到"灾异说"的推波助澜,生发出政治角力的另一场域,成为儒生介入现实政治运作的理论依据和逻辑路径。

第三节　秦代"天命"的论证与挑战

秦的统一,是中国古代史上的大事件。秦文化既有复杂而丰富的内涵,又有神奇而璀璨的魅力。就思想而言,秦与东方列国相比,确然是思想的"荒漠",但它却成了东方列国诸子思想与政治理想的"试验场"。秦朝的统治确然短暂,但由其立国伊始便发展起来的"受命"观念,却绵延久长。

一、秦"受命"意识与德运论证

秦人的"受命"意识由来已久,自秦襄公、文公时期便有相对成熟的"受命"观念。这种"受命"意识以"承周受命"为特点,在秦人、秦国和秦朝的发展历程中发挥过很大作用。至秦并天下后,始皇帝为淡化秦与东方六国的文化冲突,促使六国遗民接受秦的"大一统"地位,竭力宣扬自身统治的合法性、正统性。他所依凭的理据主要有三:其一,功业与人事;其二,五德终始说;其三,封禅。

(一)秦"受命"意识

秦人的历史,与夏人、殷人、周人同样悠久,源自东方,[2]曾为商朝重要部族。殷周鼎革之后,秦人被迁至"西垂",成为周人的附庸,与西戎部落毗

---

[1]　(汉)司马迁:《史记》卷74《孟子荀卿列传》,北京:中华书局,1959年,第2345页。

[2]　关于秦人的早期来源,有"西来说"与"东来说"两种观点。前者以王国维、吕思勉、顾颉刚、蒙文通、周谷城、熊铁基等为代表,后者以傅斯年、卫聚贤、黄文弼、徐旭生、林剑鸣等为代表。此为学界通识,胪列于此。

邻而居。秦在与西戎的冲突与交流中发展壮大，因护送周平王东迁有功而获得诸侯资格。春秋时秦国一度为霸主之一，战国时代经商鞅变法而一跃为七雄之首，并最终完成统一天下的功业，建立了秦朝。王子今曾说："秦文化表现出由弱而强、由落后而先进的历史转变中积极进取、推崇创新、重视实效的文化基因。"①在这文化基因中，秦人由来已久的"受命"意识是值得关注的内容。畤祭诸帝，是秦人"受命"意识的主要表现形式。②

贾谊《过秦论》曾曰："秦孝公据崤函之固，拥雍州之地，居臣固守以窥周室，有席卷天下，包举宇内，囊括四海之意，并吞八荒之心。"③他似乎将秦并吞天下的国策定于秦孝公之时。历代学者亦往往由秦国变法前后的国势差异分析，将秦孝公时期看作秦国历史的重大转折。这当然是有道理的。但是，若前推秦国早期历史，不难发现早在秦襄公始立西畤时，便有了非凡的志向。《史记·封禅书》曰："秦襄公既侯，居西垂，自以为主少皞之神，作西畤，祠白帝，其牲用骝驹、黄牛、羝羊各一云。"④按照周代礼制，"天地"是天子祭祀的"专属物"，诸侯不能染指。诸侯所祭的对象，只能是其治下域内的名山大川。然秦襄公刚刚得到诸侯的资格，便确确实实地祭天、祠白帝。此后十六年，秦文公"东猎汧渭之间，卜居之而吉。文公梦黄蛇自天下属地，其口止于鄜衍。文公问史敦，敦曰：'此上帝之征，君其祠之。'于是作鄜畤，用三牲郊祭白帝焉"。⑤秦文公步了秦襄公的后尘，也举行了只有周天子才有资格的郊祭制度，可见襄公、文公的自我定位。九年后，秦文公又曾祠"陈宝"："文公获若石云，于陈仓北阪城祠之。其神或岁不至，或岁数来，来也常以夜，光辉若流星，从东南来集于祠城，则若雄鸡，其声殷云，野鸡夜雊。以一牢祠，命曰陈宝。"⑥从文献看"陈宝"其实是一枚陨石。陨石在中国古代通常被视作符瑞，如《晋书·天文志》曰："流星之类，有音如炬火下地，野雉鸣，天保也；所坠国安，有喜。"⑦一块陨石坠落，惊动了山坡上夜宿的野鸡，"其声殷云"，秦文公以为这是雄鸣之瑞，于是"以一牢祠"。苏秉琦认为："所

① 王子今：《秦史与秦文化研究丛书·总序》，自臧知非：《秦思想与政治研究》，西安：西北大学出版社，2021年，第4687页。

② 钱穆曾曰："《诗》《书》只言'天''帝'，而无'五帝'。'五帝'乃战国晚期之说。祀'五帝'，其事兴于秦。"（钱穆：《〈周官〉著作时代考》，《两汉经学今古文平议》，北京：商务印书馆，2001年，第323页）

③ （汉）贾谊撰，阎振益、钟夏校注：《新书校注》，"新编诸子集成本"，北京：中华书局，2000年，第1页。

④ （汉）司马迁：《史记》卷28《封禅书》，北京：中华书局，1959年，第1358页。

⑤ （汉）司马迁：《史记》卷28《封禅书》，北京：中华书局，1959年，第1358页。

⑥ （汉）司马迁：《史记》卷28《封禅书》，北京：中华书局，1959年，第1359页。

⑦ （唐）房玄龄等撰：《晋书》志2《天文中》，北京：中华书局，1974年，第328页。

不可解者，在古代社会中祭祀是与战争同样重要的一等大事，何以秦人把它（陈宝）看得如此重要，竟与祭天之典不相上下？及秦兼并天下后，尚唯雍四畤上帝为尊，而光景动人民唯陈宝。一个自然的解释，便是在此平易故事的背后，恐尚含有在秦人社会中某种原始的习俗信仰。”①苏氏不解秦文公祭祀之意，而将之推断为“某种原始的习俗信仰”，是未能明了秦文公欲借重于神灵世界的意向。太史公将秦襄公作西畤事说成“僭越”之举的原因，也在于此。事见《史记·六国年表》：

> 太史公读秦记，至犬戎败幽王，周东徙洛邑，秦襄公始封为诸侯，作西畤用事上帝，僭端见矣。《礼》曰：“天子祭天地，诸侯祭其域内名山大川。”今秦杂戎翟之俗，先暴戾，后仁义，位在藩臣而胪于郊祀，君子惧焉。②

这里说的“僭端”，基于两个方面：其一，“秦杂戎狄之俗”，与中原文化不同；其二，“位在藩臣而胪于郊祀”，是僭越周礼的举动。秦僻居西垂，客观上确然与西戎之俗有所交流，但其欣欣向慕的却是中原文明。秦襄公护佑周平王赴洛邑的原因，便是想积极地融入到中原文明。

秦公钟铭文有“我先祖受命，赏宅受或（国）”一语。“这儿的‘先祖’有两解，一指襄公，‘赏宅受或（国）’，是指襄公受封为诸侯，获得了岐以西之地。一是非子和襄公并合而言，将‘赏宅’和‘受或（国）’分解为二事，‘赏宅’是指非子为周附庸、赐邑于秦事；‘受国’则指襄公为诸侯而言。”③不论哪一种解释，都说明秦人有着强烈的“受命”意识。秦人的“帝”观念与殷商类似：殷商的“帝”只是商族的保护神，不是普世神，商人的先祖“宾于帝”，得到“帝”的护佑；而秦人的祖先“不㒸（坠）于上”，与商人的“宾于帝”颇为相似，秦襄公所祠的白帝也正是西方之帝。

襄公、文公之后，秦国君主仍然沿袭类似祭祀活动。秦宣公时，曾“作密畤于渭南，祭青帝”④。秦穆公时，“病卧五日不寤；寤，乃言梦见上帝。上帝命穆公平晋乱。史书而记藏之府。而后世皆曰上天。”⑤秦穆公能够面见上

---

① 苏秉琦：《苏秉琦考古学论述选集》，北京：文物出版社，1984年，第7页。

② （汉）司马迁：《史记》卷15《六国年表》，北京：中华书局，1959年，第685页。

③ 臧知非：《秦人的“受命”意识与秦国的发展——秦公钟铭文探微》，《秦文化论丛》2001年，第250页。

④ （汉）班固：《汉书》卷25上《郊祀志上》，北京：中华书局，1962年，第1196页。

⑤ （汉）班固：《汉书》卷25上《郊祀志上》，北京：中华书局，1962年，第1196页。

帝,受命平定晋国之乱,隐然具备了"受命之主"的意味。至秦灵公时,"作吴阳上畤,祭黄帝;作下畤,祭炎帝。后四十八年,周太史儋见秦献公曰:'周始与秦国合而别,别五百载当复合,合七十年而伯王出焉。'"①相较而言,秦襄公祭白帝,白帝是西方之帝;秦灵公祭青帝,青帝是东方之主,说明秦灵公隐然有了向东发展的意图。②"黄帝、炎帝与白帝、青帝这些一方之'帝'不同,黄帝、炎帝是天下一统的象征,既是圣王,更是普天之帝,灵公祭祀黄帝、炎帝,表达的是统一天下的志向追求。"③有趣的是,秦人的这种远大志向,却得到了周王室官员太史儋的默认,并为秦灵公找寻理由说"合七十年而伯王出"。这或许代表了一批周人的"天命靡常"观念,而秦人也逐渐形成"承周受命"的观念。

秦文献中多见"杂戎狄之俗"的记载,历代史家遂引以为据,认为秦文化迥异于东方六国,被列国排斥在中原文明之外。"秦文化特征鲜明:重功利,非道德,讲实用,轻理论,是法家的功利主义文化。其原因是秦立国于戎狄之地,与戎人杂处,带有戎狄文化的特质,缺乏西周宗法制度的传统,适宜法家理论生根结果,这是由秦国特殊的历史道路所决定的。"④这是学界的通识,确有其道理。从历史的角度看,秦受封为诸侯之后,其民的构成主要有三部分:其一,秦人;其二,周故地之余民;其三,被征服的戎狄部落。秦自立国伊始,便与西方戎狄部落杂处,其经济结构、生产方式、社会风俗自然受到戎狄文化的影响。但是,秦自西迁至统一天下的历程是一个波谲云诡的"动态"过程,秦文化自身也经历了不断地吸收、消化、融合周边各种文化的过程,时人对于秦的客观认识、价值评判也因此处于变化之中。若我们"只是以他者的眼光做出的静态的定性描述,没有从秦人自己文化自觉的层面分析秦人的文化取向;还缺乏动态的因果分析,没有秦国的社会结构和东方各国进行比较,尚不能准确揭示秦文化的历史之路"⑤。孔子记秦晋崤之战,曰:"夏四月辛巳,晋人及姜戎败秦师于崤。"⑥《春秋》本文中未见孔子将秦国攻袭郑国视为异类的"夷狄"行为。但《公羊传》记曰:"其谓之秦何?夷狄

①　(汉)班固:《汉书》卷 25 上《郊祀志上》,北京:中华书局,1962 年,第 1199 页。
②　《周礼·天官·太宰》有"祀五帝"的职责,郑司农云:"五帝五色之帝",贾公彦疏:"五帝者,东方青帝灵威仰,南方赤帝赤熛怒,中央黄帝含枢纽,西方白帝白招拒,北方黑帝汁光纪。""白招拒"是西方的主宰神,与之配食得是少皞。《礼记·月令》所祭的四时之帝:大皞、炎帝、黄帝、少皞、颛顼,此为五行之帝。配以五人帝即伏羲、神农、轩辕、金天、高阳。加之以四方,应之以五色,就是西方白色帝白招拒,金天氏少皞配食。少皞氏之墟在曲阜,少皞氏是东方族群。
③　臧知非:《秦思想与政治研究》,西安:西北大学出版社,2021 年,第 4714 页。
④　臧知非:《秦思想与政治研究》,西安:西北大学出版社,2021 年,第 4729 页。
⑤　臧知非:《秦思想与政治研究》,西安:西北大学出版社,2021 年,第 4729 页。
⑥　(清)阮元校刻:《十三经注疏·春秋左传正义》,北京:中华书局,1980 年影印版,第 1832 页。

之也。曷为夷狄之？秦伯将袭郑，百里子与蹇叔子谏曰：'千里而袭人，未有不亡者也。'"①公羊氏开始将秦视为"夷狄"，并将其原因归之于"千里而袭人"的不义之道。《谷梁传》赞同公羊家说，进一步发挥说："不言战而言败，何也？狄秦也。其狄之何也？秦越千里之险，入虚国，进不能守，退败其师徒。乱人子女之教，无男女之别。秦之为狄，自殽之战始也。"②在谷梁氏看来，秦之所以被视为"夷狄"的原因，已经是"乱人子女之教，无男女之别"的社会风俗了。春秋时代，人们尚没有因为秦国的"戎狄之俗"而贬斥，秦国不仅能够参与诸侯的会盟活动，秦穆公时期甚至一度称霸。《公羊传》《谷梁传》所言的"夷狄"，代表的已经是战国初期至商鞅变法之前的六国部分士人观念。

至秦孝公继位之初，秦国势弱，孝公自感"诸侯卑秦"，下诏求贤、变法。《史记·秦本纪》曰：

> 河山以东强国六，与齐威、楚宣、魏惠、燕悼、韩哀、赵成侯并。淮泗之间，小国十余。楚、魏与秦接界。魏筑长城，自郑滨洛以北，有上郡。楚自汉中，南有巴、黔中。周室微，诸侯力政，争相并。秦僻在雍州，不与中国诸侯之会盟，夷翟遇之。③

秦国虽在春秋时期一度称霸，但在秦穆公之后，随着东方六国不同程度的变法运动，秦国势力已然落后于东方，连"与中国诸侯之会盟"的资格都没有。这里的"夷翟"隐含两层意义：其一，国势弱小；其二，文化落后。秦孝公下诏求贤时，即曰：

> 孝公于是布惠，振孤寡，招战士，明功赏。下令国中曰："昔我缪公自岐雍之间，修德行武，东平晋乱，以河为界，西霸戎翟，广地千里，天子致伯，诸侯毕贺，为后世开业，甚光美。会往者厉、躁、简公、出子之不宁，国家内忧，未遑外事，三晋攻夺我先君河西地，诸侯卑秦，丑莫大焉。献公即位，镇抚边境，徙治栎阳，且欲东伐，复缪公之故地，修缪公之政令。寡人思念先君之意，常痛于心。宾客群臣有能出奇计强秦者，吾且

---

① （清）阮元校刻：《十三经注疏·春秋公羊传注疏》，北京：中华书局，1980 年影印版，第2264 页。

② （清）阮元校刻：《十三经注疏·春秋谷梁传注疏》，北京：中华书局，1980 年影印版，第2403 页。

③ （汉）司马迁：《史记》卷5《秦本纪》，北京：中华书局，1959 年，第 202 页。

尊官,与之分土。"于是乃出兵东围陕城,西斩戎之獂王。①

秦孝公下诏求贤的原因在于"诸侯卑秦",急欲扭转秦国国势,"复缪公之故地"。从这两则史料中的"夷翟遇之""诸侯卑秦"可知,《公羊传》《谷梁传》对《春秋》的阐释、发挥,有一定的社会基础和时代背景。

商鞅变法之后,东方六国对秦的评价有所转向,不再是"夷狄",而转为"虎狼之国"。此类史料比较多,如:

> 夫秦,虎狼之国也,有吞天下之心。秦,天下之仇雠也。衡人皆欲割诸侯之地以事秦,此所谓养仇而奉雠者也。夫为人臣而割其主之地,以外交强虎狼之秦,以侵天下,卒有秦患,不顾其祸。

> 秦有举巴、蜀并汉中之心。秦,虎狼之国,不可亲也。②

> 秦与戎、翟同俗,有虎狼之心,贪戾好利而无信,不识礼义德行,苟有利焉,不顾亲戚兄弟,若禽兽耳。此天下之所识也,非有所施厚积德也。

> 王毋行,而发兵自守耳。秦虎狼,不可信,有并诸侯之心。③

> 屈平曰:秦虎狼之国,不可信,不如毋行。④

> 论秦之德义不如鲁卫之暴戾者,量秦之兵不如三晋之强也,然卒并天下,非必险固便形势利也,盖若天所助焉。⑤

如上史料中,秦国所谓"虎狼"的表现,大多集中于两点:其一,贪婪;其二,无信。这是史家熟知的,无须赘言。需要讨论的是为何战国中期后的六国给予秦国"虎狼"的评价。

就周代各诸侯国的立国过程而言,列国大都经历了与秦国相同的建国

---

① (汉)司马迁:《史记》卷5《秦本纪》,北京:中华书局,1959年,第202页。
② (汉)司马迁:《史记》卷69《苏秦列传》,北京:中华书局,1959年,第2261页。
③ (汉)司马迁:《史记》卷40《楚世家》,北京:中华书局,1959年,第1857、1728页。
④ (汉)司马迁:《史记》卷84《屈原贾生列传》,北京:中华书局,1959年,第2484页。
⑤ (汉)司马迁:《史记》卷15《六国年表》,北京:中华书局,1959年,第685页。

之路。如楚国,始封为子男之爵,"辟在荆山,筚路蓝缕,以处草莽,跋涉山川以事天子,唯是桃弧、棘矢以共御王事"①。楚国的兴国,经历了江汉地区蛮夷部落的融入,其社会风俗、生产生活自然带有明显的蛮夷因素。楚王熊通甚至明言"我蛮夷也,不与中国之号谥"②。再如齐国,当姜尚受封之后,基于东方莱夷部落的存在,采取"因其俗,简其礼,通商工之业,便渔盐之利"的政策,积极主动地吸收东夷文化。楚、齐文化与秦国类似,皆有不同于中原文化的少数民族文化因素存在,却不见被"夷翟视之"。可知,"夷翟""虎狼"皆是战国时期六国士人对秦的评价,前者基于秦国力弱小的鄙视,后者基于秦变法强国后的威胁。若我们转换历史评价的立场与角度,以秦文化本身为视角来考察,便会得出不同的认识。

秦在发展历程中,始终以华夏正统自居。"秦人虽采西戎文化,但决非以戎人自居,而是以华夏正统自居,要以夏变夷。"③秦襄公以来的祭祀文化,皆是采用周人的仪法制度,其"通聘享之礼"的"礼"也是指周礼。陕西华山下曾出土《秦骃祷病玉版》,内容是秦君骃身患重病,向华山神祭祀,祷告康复的祷词。铭文中有云:

> 周世既(没),典典濿(法)鲜(散)亡。惴惴小子,欲事天地、四亟(极)、三光,山川神示(祇),五祀先祖,而不得垕(厥)方。④

这块玉版是秦惠文王之物,秦君骃即是惠文王。祷词将"不得垕(厥)方"的原因归结于"周世既没,典法散亡"。这就反映出两个问题:其一,秦人是采用周室典法制度的,只是散亡严重,所使用的可能有不合规定的地方;其二,秦君骃本人是"事天地、四亟(极)、三光、山川神示(祇)"的。这种做法当然是来自于秦人先祖传下来的惯例。"欲事天地"的"事"指的是"祭祀",也即周礼的郊祭之制。周人的礼乐文明始终为秦人向慕、吸收。

云梦秦简《法律答问》曾记载:

> "臣邦人不安其主长而欲去夏者,勿许。"可(何)谓"夏"? 欲去秦属是谓"夏"。

① (清)阮元校刻:《十三经注疏》,北京:中华书局,1980年影印版,第2064页。
② (汉)司马迁:《史记》卷40《楚世家》,北京:中华书局,1959年,第1692页。
③ 臧知非:《秦思想与政治研究》,长安:西北大学出版社,2021年,第4739页。
④ 李零:《秦骃祷病玉版的研究》,《中国方术续考》,上海:东方出版社,2000年,第454—455页。

> "真臣邦君公有罪,致耐罪以上,令赎。"可(何)谓"真"?臣邦父母产子及产它邦而是谓"真"。可(何)谓"夏子"?臣邦父、秦母谓殹(也)。①

所谓"夏"意即"华夏","去夏"即是离开华夏,离开秦国国境就是"去夏"。这在秦法看来,是不允许的。即便是不适应秦法及习俗的"臣邦人"也是不被允许离境的。"臣邦",是指经历秦国征伐、迫于秦国压力而臣服于秦国的少数民族势力。"臣邦"的后人在身份上与秦人不同,叫做"真"。当父亲为"臣邦",而母亲是秦人的话,他们子孙的身份便是"夏子"。上述律条是商鞅变法以后的秦律,但就律条内容而言,秦人以"(华)夏"自居的观念应当远早于商鞅时代,很早便有了。

战国后期,荀子曾入秦考察秦国的政风民情,其结论颇能代表一批东方士人对于当时秦国的认识。《荀子·强国篇》曰:

> 应侯问孙(荀)卿子曰:"入秦何见?"孙卿子曰:"其固塞险,形势便,山林川谷美,天材之利多,是形胜也。入境,观其风俗,其百姓朴,其声乐不流汙,其服不挑,甚畏有司而顺,古之民也。及都邑官府,其百吏肃然,莫不恭俭、敦敬、忠信而不楛,古之吏也。入其国,观其士大夫,出于其门,入于公门;出于公门,归于其家,无有私事也,不比周,不朋党,倜然莫不明通而公也,古之士大夫也。观其朝廷,其间听决百事不留,恬然如无治者,古之朝也。故四世有胜,非幸也,数也。是所见也。故曰:佚而治,约而详,不烦而功,治之至也,秦类之矣。"②

荀子所言"古之民也""古之吏也""古之朝也""古之士大夫也"等,颇可见其对秦国政治制度的肯定态度。这里丝毫不见了"夷狄""虎狼"之称,而将秦国治世看作是"治之至也",即治国理政的极致状态。荀子继而总结秦政的特点说:"驳而霸",认为"秦之所短"是"殆无儒"。所谓"驳",本指马匹的毛色不一,后引申为驳杂不纯的意思。荀子称秦政"驳而霸",实际是指秦国之政对各种政治理念"杂而用之"。这是基于对秦国发展历程的总结而提出的观点。秦国本土在"思想"上的创造确实非常薄弱,但东方列国的诸子学说

---

① 睡虎地秦墓竹简整理小组:《睡虎地秦墓竹简》,北京:文物出版社,1990年,第135页。
② (清)王先谦撰,沈啸寰、王星贤点校:《荀子集解》卷16《强国篇》,北京:中华书局,1988年,第302—303页。

却能在秦国生根发芽,甚至超越六国士人的"理论层次",在政治实践中贯彻施行。荀子认为秦唯一的短处在于"无儒",他的理想是实现"粹而王"。"粹"即能够采用各家精华。"无儒",缺少儒学,而不是只用儒学。众所周知,秦立国之初,向慕西周礼乐文明;"收周余民"后,锐意东进,对东方的诸子学说兼收并蓄。秦穆公曾名列五霸的资本便是"中国以诗书礼乐为政",以华夏自居。

太史公作《秦本纪》,传统史家多有刺讥者,如刘知几认为秦国"爵乃诸侯,而名隶本纪"是不合纪传体史书的编写体例的,"诸侯而称本纪,求名责实,再三乖谬"。① 张政烺解释太史公列秦为本纪,是受了《吕氏春秋·十二纪》的影响,为了凑足"十二"的数字。因为"十二"在当时是"天"的大数,"十二"取法于天。② 实际上,太史公在《六国年表》中似曾做过解释,他说:"秦始小国僻远,诸夏宾之,比于戎翟,至献公以后常雄诸侯。论秦之德义不如鲁卫之暴戾者,量秦之兵不如三晋之强也,然卒并天下,非必险固便形势利也,盖若天所助焉。"③ 所谓"天所助",即指秦受了"天命",才得以"卒并天下"。"在司马迁看来,周氏衰亡,天命弃周;秦虽为诸侯,但立国伊始就行天子礼,先后立西畤、鄜畤、密畤、上畤、下畤,将白帝、青帝、黄帝、炎帝都纳入了供奉的系列,国家由小到大,由弱到强,最后统一天下,冥冥之中,自有天帝相助。从天命转移的角度来看,周衰秦兴正是其体现,应列秦为本纪。"④ 秦统一天下后,始皇帝接受五德终始说,以为"秦文公出猎,获黑龙,此其水德之瑞"⑤,在秦国"受命"意识的发展中,"是有其历史基因的,是秦历代先君'天命'意识的发展,而非全部出于秦始皇个人的好大喜功"。⑥ 再者,汉初张苍与贾谊争论"水德"与"土德"的过程中,张苍认为汉家居"水德"的原因在于秦朝短命而亡,不应独占一德。然若由秦人最早的"受命"史料分析,不难发现秦人自任承周受命的历史非常久远,早在秦襄公、文公时期便已有比较成熟的"受命"意识。若从此时计算秦人的"受命"时间,那么,秦人的"受命"历史大抵五百余年,不仅居"水德"是合理的,就连太史儋的预言也得到了验证。这也就解释了贾谊、公孙臣等汉儒肯定秦居"水德"的逻辑思路。

---

① 浦起龙释:《史通通释·本纪》,上海:上海古籍出版社,1978年,第37页。
② 张政烺:《"十有二公"及其相关问题》,《纪念顾颉刚学术论文集》,成都:巴蜀书社,1990年,第181—200页。
③ (汉)司马迁:《史记》卷15《六国年表》,北京:中华书局,1959年,第685页。
④ 臧知非:《秦思想与政治研究》,西安:西北大学出版社,2021年,第4725页。
⑤ (汉)司马迁:《史记》卷28《封禅书》,北京:中华书局,1959年,第1366页。
⑥ 臧知非:《秦思想与政治研究》,西安:西北大学出版社,2021年,第4725页。

（二）秦朝的巡行与德运论证

春秋战国长期的诸侯混战局面，最终在公元前221年以秦灭六国的方式终结。一个诸侯林立的华夏中国最终归于大一统。但政治与军事上的统一，并不意味着秦与东方六国在社会生活与文化认同上的矛盾也被同步抹平。秦国嬴氏在西方故地，基于自西周以来的长久统治，被秦故地民众视为理所应当的统治者，基本不存在质疑其统治合法性的问题。但东方六国遗民对于秦人向来有着一种偏见式的认识，将秦人视为"虎狼之国"，甚至将秦国视为化外之地。他们似乎保有着某种文化上的优越感，进而从思想与心理上轻视秦人。与之相对，秦人却以"征服者"自居，并将自己在秦故地习以为常的政策、制度竭力地推广到新征服的东方六国地区。但是，秦始皇君臣在这一推广过程中忽略了秦与六国社会发展上的巨大差异，过于激进。这种激进的结果是招致了六国"故旧"贵族领导的反秦浪潮，最终推翻了秦朝的统治。①

秦与东方六国在社会各方面存在巨大的差异。秦统一前的经济区域按方位划分，可分为东、西、南、北、中五个区域。② 东方的齐鲁地区（包括今山东全境和河北省东南部），便渔盐之利，植桑麻，私营工商业发达，太史公称"山东多鱼、盐、漆、丝、声色"。③ 南方经济区（指长江中下游及其以南的广大地区，即原来的楚、吴、越地区）商品贸易发达，但农业发展相对滞后，"江南楠、梓、姜、桂、金、锡、连、丹沙、犀、玳瑁、珠玑、齿革"，"楚越之地，地广人稀，饭稻羹鱼，或火耕而水耨，果隋蠃蛤，不待贾而足。地势饶食，无饥馑之患，以故呰窳偷生，无积聚而多贫。是故江、淮以南，无冻饿之人，亦无千金之家"。④ 西方经济区（指函谷关以西地区，包括关中、巴蜀与西北地区）本为周人故地，平原沃野，经济发达。后为秦国长期经营。尤其是巴蜀地区，"地饶卮、姜、丹沙、石、铜、铁、竹、木之器。南御滇僰、僰僮。西近邛笮，笮马、旄牛。然四塞，栈道千里，无所不通。"⑤北方经济区包括燕赵北部和中山地区，人口密度相对较小，农业比较粗放，畜牧业发达。中原经济区（指当时的河东、河内、河南为中心，即黄河中游地区）是传统经济发达地区，是虞

---

① 关于秦朝速亡的原因，讨论者甚多，笔者曾撰文以秦与六国文化差异的视角，考查秦朝"急政"所导致的秦末战争。参见拙文《统一郡县制与社会矛盾的集中——秦朝速亡的制度史分析》，《秦汉研究》2010年第4辑。

② 对战国时期各经济区域的情况，可参考田昌五、漆侠：《中国封建社会经济史》，济南：齐鲁书社，1996年，第22—29页。

③ （汉）司马迁：《史记》卷129《货殖列传》，北京：中华书局，1959年，第3253页。

④ （汉）司马迁：《史记》卷129《货殖列传》，北京：中华书局，1959年，第3253—3254、3270页。

⑤ （汉）司马迁：《史记》卷129《货殖列传》，北京：中华书局，1959年，第3261—2162页。

夏、殷商的故地，"昔唐人都河东，殷人都河内，周人都河南，夫三河在天下之中，若鼎足，王者所更居也，建国各数百千岁，土地小狭，民人众，都国诸侯所聚会，故其俗迁俭习事"。① 由此可见，秦统一前，各国此疆彼界，壁垒相当森严，各国处在相对独立的经济区域和经济形态之中。②

这种经济区域的差异不仅仅表现在上述生产方式和经济生活中，还表现在各地生活习俗的差异。如秦地"修习战备，高上气力，以射猎为先"；燕赵之地，"其俗愚悍少虑，轻薄无威，亦有所长，敢于急人"；魏地"俗犹有先王遗风，重厚多君子，好稼穑，虽无山川之饶，能恶衣食，致其蓄藏"；齐鲁之地"俗宽缓阔达，而足智，好议论，地重，难动摇，怯于众斗，勇于持刺，故多劫人者"；楚地"俗剽轻，易发怒，地薄，寡于积聚"。③ 另外，东方六国在经济上素有重商、崇利的传统，秦国则不然。《史记·货殖列传》所举的工商业者中竟无一人出自秦国。东方的魏人白圭、河东盐商猗顿、邯郸铁商郭纵等，都是以商业致富，交结诸侯，甚至干预国政。这与秦国自商鞅变法以来一贯实行的"重农抑商"国策，形成鲜明的对比。《商君书》有言："夫民之亲上死制也，以其旦暮从事于农。夫民之不可用也，见言谈游士事君之可以尊身也，商贾之可以富家也，技艺之足以糊口也。民见此三者之便且利也，则必避农；避农，则民轻其居；轻其居，则必不为上守战也"。④ 秦国的经济资源如土地、矿山、川泽、林牧等都控制在国家手中，私人工商业几无生存空间。这种文化传统、风俗习惯、价值取向上的差异，导致秦朝仅仅靠武力征服，很难弥合文化上的矛盾冲突。东方六国相较于秦地的制度严密，比较崇尚个性自由，蔑视国家秩序，社会力量与国家力量在很大程度上处于二元对立的关系。秦国则不同，秦吏民均能严守法令，谨守秩序，国家力量处于绝对支配社会力量的状态。文化上的差异与冲突，使东方六国的旧贵族、士人及民众在心理上敌视、贬斥秦俗。这就意味着秦朝"匡饬异俗"必然是一个长期的历史过程，不可能一蹴而就。

秦始皇初并天下，曾下诏说明自己统一六国地区的合理性：指陈六国之"暴乱"。诏文曰：

---

① （汉）司马迁：《史记》卷129《货殖列传》，北京：中华书局，1959年，第3262—3263页。

② 参见臧知非：《周秦汉魏吴地社会发展研究》，北京：群言出版社，2007年，第34—36、61、71、75、43页。

③ （汉）司马迁：《史记》卷129《货殖列传》，北京：中华书局，1959年，第1644、1657、3266、3265、3267页。

④ 高亨：《商君书著译》，北京：中华书局，1974年，第14页。

异日韩王纳地效玺，请为藩臣，已而倍约，与赵、魏合从畔秦，故兴兵诛之，虏其王。寡人以为善，庶几息兵革。赵王使其相李牧来约盟，故归其质子。已而倍盟，反我太原，故兴兵诛之，得其王。赵公子嘉乃自立为代王，故举兵击灭之。魏王始约服入秦，已而与韩、赵谋袭秦，秦兵吏诛，遂破之。荆王献青阳以西，已而畔约，击我南郡，故发兵诛，得其王，遂定其荆地。燕王昏乱，其太子丹乃阴令荆轲为贼，兵吏诛，灭其国。齐王用后胜计，绝秦使，欲为乱，兵吏诛，虏其王，平齐地。寡人以眇眇之身，兴兵诛暴乱，赖宗庙之灵，六王咸伏其辜，天下大定。①

此一诏文中，秦始皇首先罗列韩国"倍（背）约"、赵国"倍（背）盟"、魏国"始约服"而后"谋袭秦"、楚国"畔约"的历史事实，将他们塑造成"暴乱"、有"辜"的不义之国，秦则是一次次"被动"做出征伐的行动。如此，六国的灭亡便成了咎由自取，秦国的统一便成了理所当然。李斯也曾说"今陛下兴义兵，诛残贼"②，实际是对秦始皇"兴兵诛暴乱"的注脚。通过宣示敌国"暴乱"来树立己方正当性的作法，固然能够给予民众一定的秦朝统治正当性的心理暗示，但这种论证政权合法性的方式，实在缺乏理论性和普遍的思想"改造"作用。③ 因此，秦朝实际面临着一个艰难的文化"整合"过程，也有待于在王朝统治的合法性理论问题上进行探索和构建。为了标示自己的功劳，秦王曾召集大臣讨论自己的"名号"，他说："'今名号不更，无以称成功，传后世。其议帝号'。丞相绾、御史大夫劫、廷尉斯等皆曰：'昔者五帝地方千里，其外侯服夷服诸侯或朝或否，天下不能制。今陛下……平定天下，海内为郡县，法令由一统，自上古以来未尝有，五帝所不及。臣等谨与博士议曰：古有天皇，有地皇，有泰皇，泰皇最贵。臣等昧死上尊号，王为'泰皇'。命曰'制'，令曰'诏'，天子自称曰'朕'"。④ 然而，秦王犹觉得将自己比作上古的"泰皇"不够尊崇，于是"去'泰'，著'皇'，采上古'帝'位号，号曰'皇帝'，他如议"。⑤ "皇帝"制度的产生，是秦始皇君臣共同的创造。当秦始皇下诏议帝号之前，王绾、冯劫、李斯与博士官们已经讨论出了初步方案，即借用三皇中最尊贵

① （汉）司马迁：《史记》卷6《秦始皇本纪》，北京：中华书局，1959年，第235—236页。
② （汉）司马迁：《史记》卷6《秦始皇本纪》，北京：中华书局，1959年，第236页。
③ 此种树立己方正当性的方式，并非秦始皇的首创，《尚书》记载汤武革命时，亦列陈商纣王的罪行，如""弃厥遗王父母弟""作奇技淫巧以悦妇人""惟妇人言是用"等。（分见《尚书》之《尚书·汤誓》《周书·泰誓》《周书·牧誓》，阮元校刻：《十三经注疏》，北京：中华书局，1980年，第160、182—183页）可知，秦始皇的做法实际是汤武革命时的旧例，只不过《尚书》中未用"暴乱"一词罢了。
④ （汉）司马迁：《史记》卷6《秦始皇本纪》，北京：中华书局，1959年，第236页。
⑤ （汉）司马迁：《史记》卷6《秦始皇本纪》，北京：中华书局，1959年，第236页。

的泰皇作为秦国君的名号。三皇五帝在先秦以来的学者心目中(尤其是儒、墨两家),是最理想的圣君明主,是现实世界的君主应当顶礼膜拜的学习对象。博士们毫不吝啬地将自己思想中最完美的称号奉送给秦王。但秦王仍不满足,最终在"皇"后加上"帝"字。如此,始皇帝在名号上已然成为超越上古三皇五帝的存在。他将自己置于新建的大一统王朝的专制核心地位,享有极具现实意义的至上权威地位。

始皇帝除在名号上增加权威性之外,还竭力通过巡游与刻石的方式,反复宣示、申说自己的功业。一方面是希望以这种威权来震慑治下之民,另一方面是要使自己"功盖五帝"的功业为各地臣民所接受,认同他的统治合理性。在秦始皇称帝后的十二年时间内,曾五次巡游,平均两年多巡游一次。第一次巡游是向西回到秦人的发祥地,向自己的祖先告祭自己的功业。这实际是祖先崇拜的一种表现,通过这种方式可以表明自己族群在贵族世系上一脉相袭下来的正统性。之后的四次巡游都是前往帝国的东方。在巡游过程中,始皇帝时刻不忘以"刻石表功"的方式宣示自己的功业成就。文献可见的刻石如前219年的"绎山刻石"、"泰山刻石"与"琅琊刻石",前218年的"芝罘刻石"与"东观刻石",前215年的"碣石刻石",前210年的"会稽刻石",又称"秦七刻石"、"秦七碑"。以"绎山刻石"为例,文曰:

> 皇帝立国,纬初在昔,嗣世称王。讨伐乱逆,威动四极,武义直方。戎臣奉诏,经时不久,灭六暴强。廿有六年,上荐高庙,孝道显明。既献泰成,乃降专惠,亲巡远方。登于绎山,群臣从者,咸思攸长。追念乱世,分土建邦,以开争理。功战日作,流血于野,自泰古始。世无万数,陀及五帝,莫能禁止。乃今皇帝,壹家天下,兵不复起。灾害灭除,黔首康定,利泽长久。群臣诵略,刻此乐石,以箸经纪。[①]

在此则刻石中,所谓"武义直方",是指自己对东方的征服是正义性的战争,而将六国说成"乱逆"、"六暴强"。这就将秦统一天下的行动说成是符合民众意愿的事情。再如"琅琊刻石"曰:

> 维二十八年,皇帝作始。端平法度,万物之纪。以明人事,合同父子。圣智仁义,显白道理。东抚东土,以省卒士。事已大毕,乃临于海。

---

① (清)严可均校辑:《全上古三代秦汉三国六朝文》,北京:中华书局,1958年影印版,第121页。

皇帝之功,勤劳本事。上农除末,黔首是富。普天之下,抟心揖志。器械一量,同书文字。日月所照,舟舆所载。皆终其命,莫不得意。应时动事,是维皇帝。匡饬异俗,陵水经地。忧恤黔首,朝夕不懈。除疑定法,咸知所辟。方伯分职,诸治经易。举错必当,莫不如画。皇帝之明,临察四方。尊卑贵贱,不逾次行。奸邪不容,皆务贞良。细大尽力,莫敢怠荒。远迩辟隐,专务肃庄。端直敦忠,事业有常。皇帝之德,存定四极。诛乱除害,兴利致富。节事以时,诸产繁殖。黔首不安,不用兵革。六亲相保,终无寇贼。欢欣奉教,尽知法式。六合之内,皇帝之土。西涉流沙,南尽北户。东有东海,北过大夏。人迹所至,无不臣者。功盖五帝,泽及牛马。莫不受德,各安其宇。[①]

在琅琊刻石中,始皇帝将他推行的制度与"皇帝"之称的角色特征相勾连,以"颂秦德"为宣传的主旨。刻石内容中明确地宣示始皇帝的"皇帝之功""皇帝之明""皇帝之德""皇帝之土",不仅希望通过这种宣传使帝国治下之民对"皇帝"这一新概念有一个清晰的认知,凸显"皇帝"的权威性,也希望臣民们认同秦朝从故地"移植"到东方六国的各项制度、律令。

如上这种颂扬功业的方式,只能是一种现实主义的视角。个人功业的推崇,并不能确保皇权的稳固,因为就逻辑上而言,它造成了一种思维模式,即只要能够创立"功盖五帝"的丰功伟绩,便可以获得改朝换代的权威性。秦末陈胜、吴广喊出的"王侯将相宁有种乎"的呼声,实际便意味着皇权时刻面临的巨大挑战。

事实上,早在始皇帝巡游东方之时,便有质疑秦朝统治的声音。如所谓"东南有天子气"的说法。《史记·高祖本纪》曰:"始皇帝常曰:'东南有天子气',于是因东游以厌之。"[②]所谓"天子气",即"天命"的征兆。始皇帝之所以不厌其烦地巡游,其政治原因恐怕是在于他对自己这个"皇帝"的合法性身份缺乏足够的自信与底气,不得不向东方巡游以"厌胜"这种东南方的"天子气",甚至不惜动用"赭衣三千人"毁坏古朱方城、改名"丹徒",以期达到"败其势"的目的。但是,始皇帝这种巡游、厌胜之举,除了达到威慑作用外,并未从理论建设上完成其政权合法性的构建。为了解决这种理论支撑的匮乏问题,始皇帝也曾试图寻求有关"天命"与正统观的辅翼。

就现存文献所见,始皇帝在"天命"理论的构建上,所能找到的论证途径

---

① (汉)司马迁:《史记》卷6《秦始皇本纪》,北京:中华书局,1959年,第245页。
② (汉)司马迁:《史记》卷8《高祖本纪》,北京:中华书局,1959年,第348页。

不外乎两种:其一,秦"受命"之谶;其二,秦居"水德"之运。关于秦之"水德"说,实际是沿袭邹衍所创的"五德终始说"来建设的。秦始皇认为秦国是继周代而兴的,既然在邹衍学说中周为火德,则"水胜火",秦应居"水德",于是按照"水德"确立秦朝的一系列制度。《史记·封禅书》曰:

> 秦始皇既并天下而帝,或曰:"黄帝得土德,黄龙地螾见。夏得木德,青龙止于郊,草木畅茂。殷得金德,银自山溢。周得火德,有赤乌之符。今秦变周,水德之时。昔秦文公出猎,获黑龙,此其水德之瑞。"于是秦更命河曰"德水",以冬十月为年首,色上黑,度以六为名,音上大吕,事统上法。[1]

《史记·秦始皇本纪》记此事曰:

> 始皇推终始五德之传,以为周得火德,秦代周德,从所不胜。方今水德之始,改年始,朝贺皆自十月朔。衣服旄旌节旗皆上黑,数以六为纪。符、法冠皆六寸,而舆六尺,六尺为步,乘六马。更名河水曰德水,以为水德之始。[2]

《史记·封禅书》所言"或曰"的内容,明显是来自于"齐人"向秦始皇的鼓吹。它与《吕氏春秋·应同篇》的内容一致,"齐人之奏《邹子终始》,明以媚秦,而上托于邹子"[3]。试列表比较如下:

五德	《吕氏春秋》		《史记·封禅书》
	帝王	符瑞	符瑞
土	黄帝	大螾大蝼见	黄龙地螾见
木	禹	草木秋冬不杀	青龙止于郊,草木畅茂
金	汤	金刃生于水	银自山溢
火	文王	赤乌衔丹书集于周社	赤乌之符

由上表可知,《吕氏春秋》与《史记·封禅书》所列的符应并无太大差异。最大的不同在商朝,然而"金刃生于水"与"银自山溢"的说法,除了外在表象上

---

[1] (汉)司马迁:《史记》卷28《封禅书》,北京:中华书局,1959年,第1366页。
[2] (汉)司马迁:《史记》卷6《秦始皇本纪》,北京:中华书局,1959年,第237—238页。
[3] 钱穆:《先秦诸子系年考辨》,上海:上海书店出版社,1992年,第406页。

不同外,其实质上的政治意涵并无二致。

秦始皇认为自己"以眇眇之身",使"六王咸伏其辜",应当"更名号""称成功""传后世",于是循着五德终始说的逻辑,推行一系列水德制度。这套制度的具体内容十分庞杂,求索其本,主要包含:

1. 十月朔。商周以来的历法思想中,一年分十二个月,并分别与十二地支相应,以冬至月(即夏历十一月)为建子,顺次为建丑、建寅、建卯、建辰、建巳、建午、建未、建申、建酉、建戌、建亥。如此,十二个月有十二种月朔,每一种月朔对应着一个朝代的历法之正。按照五德终始说,夏朝建寅,商朝建丑,周朝建子,秦朝代周而行,应当建亥,即以夏历十月一日为一年的开始。

2. 色上黑。五德说中,与水德对应的是黑色,故秦的衣服、旌旗等皆用黑色。[①]

3. 数用六。古人将数字分为奇数、偶数,以奇数为阳数,配天,以偶数为阴数,配地。《汉书·五行志》曰:"天以一生水,地以二生火,天以三生木,地以四生金,天以五生土。"[②]如此完成了数字与五行的第一次循环。至第二轮循环,则六、七、八、九、十分别与水、火、木、金、土分别相配。按照秦水德制度的规定,"数以六为纪"。虎符、法冠[③]的大小为六寸,舆车轮距为六尺、每乘舆车用六马。

4. 音上大吕。古人认为,音乐不仅仅是情感的外放,还直接关涉治道。乐与礼、刑、政,共同构成治道的主要内容。古乐有十二律,阴阳各具其六。大吕是乐律的一种,"吕"有"旅阳宜气"的涵义,预示着新王朝萌兴、欣欣向荣。

5. 事决于法。秦自商鞅变法,力行法治。水德在四时中对应冬季,冬为"助天诛",正符合秦政的特色。这就为秦政之苛暴找到了理论依据。

6. 更名河水为德水。

传统学者偶有怀疑秦始皇是否将水德制度贯彻于全国。我们以"数用六"为例,秦制推展过程中,所有制度都竭力凑上"六"的数目,如秦统一后,"分天下以为三十六郡"[④],三十六即是六的倍数。秦始皇登封泰山时所筑的祭天之坛,"高三尺,阶三等",祭地之墠"皆广长十二丈"[⑤],三为六的半

---

① 需要指出的是,秦朝色上黑,但并非"唯黑"。由秦始皇陵兵马俑可知,其服饰的用色是多种多样的。参见袁仲一:《秦始皇陵兵马俑研究》,北京:文物出版社,1990年,第270—274页。

② (汉)班固:《汉书》卷27上《五行志上》,北京:中华书局,1962年,第1328页。

③ "法冠",即秦御史所佩戴的"惠文冠"。

④ (汉)司马迁:《史记》卷6《秦始皇本纪》,北京:中华书局,1959年,第239页。

⑤ (汉)司马迁:《史记》卷6《秦始皇本纪》引《晋太康地记》,北京:中华书局,1959年,第242页。

数,十二为六的倍数。又如秦迁徙豪富至咸阳,数字为"十二万户";秦咸阳二百里内为"二百七十",十二与二百七十皆为六的倍数。再如秦始皇东巡所作的刻石,以三句为韵,每句四个字,三句共十二个字。上举诸例,皆为"数用六"的例证,说明秦始皇确实曾经大规模推行水德制度,其目的在于借重于"五德终始说"所赋予的神学因素,论证秦并天下的合法、正当、合理。

基于"五德终始说"的理论,秦始皇在历史上第一次将"五德终始说"与现实政治实践相结合,举行了盛大的封禅活动。封禅是古代君主祭祀天地的最高典礼。[①] 封,是于泰山之巅筑坛祭天;禅,是于梁甫筑坛祭地,其目的是向天地汇报治国的功业,表明自己作为人间天子地位的正当性。《白虎通·封禅》曰:"王者易姓而起,必升封泰山何? 报告之义也。始受命之日,改制应天,天下太平功成,封禅以告太平也。所以必于泰山何? 万物之始,交代之处也。必于其上何? 因高告高,顺其类也。故升封者,增高也。下禅梁甫之基,广厚也。"[②]"用历史的眼光看,封禅之说,是战国时代燕齐海岱地区主要是齐鲁学者的创造,是随着五德终始说的问世而创生的。按照五德终始说,天降福瑞,指示人君如何治理天下,那些圣主明君能够理解天意、按照上天指示改革制度与治国方针者,就是受命于天,从而实现天下太平。"[③]封禅说,是五德终始说在理论上的衍生物;封禅礼仪,则是五德终始说在社会实践中的仪式体现。《史记·封禅书》记秦始皇封禅事,曰:

> 即帝位三年,东巡郡县,祠驺峄山,颂秦功业。于是征从齐鲁之儒生博士七十人,至乎泰山下。诸儒生或议曰:"古者封禅为蒲车,恶伤山之土石草木;扫地而祭,席用菹稭,言其易遵也。"始皇闻此议各乖异,难施用,由此绌儒生。而遂除车道,上自泰山阳至巅,立石颂秦始皇帝德,明其得封也。从阴道下,禅于梁父。其礼颇采太祝之祀雍上帝所用,而

①　关于"封禅",近世学者大抵有三种观念:其一,"封禅非古",即封禅是先秦孔孟之儒所不言,而汉儒妄说。如苏辙曰:"秦不足言,汉之诸儒,初不言封禅。封禅之端发于相如,相如之言抑可信乎?"(苏辙)《苏辙集》,北京:中华书局,1990年,第1212页)其二,"封禅不见六经,非圣王之制"。如王樹明推论封禅之源为祭山;刘宗迪溯源为观象记时;冯时溯源为天地之祀。(分见王樹明:《东岳泰山新铨》,《故宫学术季刊》第15卷第3期;刘宗迪:《泰山封禅考:从观象授时到祭天告成》,自《先秦两汉学术》第4期;冯时:《中国古代的天文与人文》,北京:中国社会科学出版社,2006年,第161—173页)笔者认为,由秦始皇、汉武帝封禅之不用儒生之议,可知至少在汉武帝以前,儒者对封禅并无统一的认识,各有其思,故先秦时封禅"不著于经"、儒者罕言封禅,大抵可从。

②　(清)陈立撰,吴则虞点校:《白虎通疏证》,"新编诸子集成本",北京:中华书局,1994年,第258页。

③　臧知非:《秦思想与政治研究》,西安:西北大学出版社,2021年,第4762页。

封藏皆秘之,世不得而记也。[1]

秦始皇之所以要封禅,目的在于"颂帝德""明其得封",也即宣示秦之"受天命""应水德",向社会大众表明只有秦政、秦制才是符合天命的。他第一次将理论中的"封禅说"付诸实践,只不过秦始皇的"水德"内容与邹衍所宣扬的"五德终始说"主旨发生了巨大差异:邹衍是要实现"仁义节俭,君臣上下六亲之施",秦始皇则是要为"急法"寻找理据。封禅,固然有着某种宗教目的,但更主要是出于现实政治的考虑,是要通过封禅活动,圣化、神化秦朝的统治。

"五德终始说",某种程度上而言,具备了秦朝施政之指导思想的性质;巡行中的"端正风俗"与"封禅"活动又在社会实践层面宣示其"受命于天"的观念。始皇帝努力地寻找证明其统治合法性的"天命"理论,并希望民众接纳,但是,始皇帝在理论建设上的努力,并不能解决秦与东方六国之间的经济、政治、文化、习俗等方面的冲突。秦"受命"之谶,指向的是始皇帝的先祖们,并不直接与始皇帝相关;而秦"水德"说也因其与法家崇法尚刑的政治特色相联结,成为人们反抗秦朝暴政的理据。《史记·秦始皇本纪》曰:"刚毅戾深,事皆决于法,刻削毋仁恩和义,然后合于五德之数。于是急法,久者不赦"[2]。秦政将刑罚与"水德"相配的结果,便是"急法"。"急法"则导致社会矛盾的激化,并在秦末迅速激发起各地民众与六国旧贵族的反抗,使秦短命而亡。

二、秦末"亡秦"之谶

图谶之学源出于战国时代,至秦代尚处于雏形阶段。秦末著名的"亡秦"之谶大抵包括:"亡秦者胡也""始皇帝死而地分""今年祖龙死""陈胜王,大楚兴""楚虽三户,亡秦必楚"等五则。

关于"亡秦者胡",据《史记·秦始皇本纪》载:"因使韩终、侯公、石生求仙人不死之药。始皇巡北边,从上郡入。燕人卢生使入海还,以鬼神事,因奏录图书,曰'亡秦者胡也'。始皇乃使将军蒙恬发兵三十万人北击胡,略取河南地"。[3]"图书",即图谶。方士卢生造作了这一谶言,而始皇帝却相信了所谓"亡秦者胡"的谶言,认为"亡秦"的征兆应在匈奴身上,迫不及待地发兵征讨。有学者认为此"胡",指代的应当是秦二世胡亥,因为秦二世而亡。

① (汉)司马迁:《史记》卷28《封禅书》,北京:中华书局,1959年,第1366—1367页。
② (汉)司马迁:《史记》卷6《秦始皇本纪》,北京:中华书局,1959年,第238页。
③ (汉)司马迁:《史记》卷6《秦始皇本纪》,北京:中华书局,1959年,第252页。

这恐怕是后人基于秦亡的既定历史所作的"倒推"式解释。

关于"始皇帝死而地分"的谶言,发生在秦始皇三十六年(前211年),史载:"三十六年,荧惑守心。有坠星下东郡,至地为石,黔首或刻其石曰'始皇帝死而地分'。始皇闻之,遣御史逐问,莫服,尽取石旁居人诛之,因燔销其石。"①这一谶文,可能是因为焚书坑儒而心怀激愤的方术士们对秦始皇的诅咒。始皇帝对这种方士惯用的伎俩有所察觉,派御史案问实情。结果未能寻找到刻文的"黔首",只能继续使用那种屡试不爽的"厌胜"之术,强硬且残忍地诛杀附近的民众,并将此刻石与石上文字一同"燔销"。

关于"今年祖龙死"。《史记·秦始皇本纪》曰:"秋,使者从关东夜过华阴平舒道,有人持璧遮使者曰:'为吾遗滈池君。'因言曰:'今年祖龙死。'使者问其故,因忽不见,置其璧去。使者奉璧具以闻。始皇默然良久,曰:'山鬼固不过知一岁事也。'退言曰:'祖龙者,人之先也。'"②"滈池君",水神名;"祖龙",暗指始皇帝。"祖"是开始、始祖的意思,"龙"又象征着皇帝。此则谶文与"始皇帝死而地分"的造作思路如出一辙,只不过这里是借"山鬼"之口,言"亡秦"之谶。始皇帝同样以"厌胜"的方法,派军射杀东海鲛人,以示自己战胜了山鬼所言的命运。为了将自己跳脱出这则谶言,始皇帝还直言所谓"祖龙"是指"人之先",而不是特指他自己。如此解释,"今年祖龙死"似乎就跟始皇帝的命运没有什么关系了。可见其言论之直白。

关于"亡秦必楚",《史记·项羽本纪》曰:"居巢人范增,年七十,素居家,好奇计,往说项梁曰:'陈胜败固当。夫秦灭六国,楚最无罪。自怀王入秦不反,楚人怜之至今,故楚南公曰"楚虽三户,亡秦必楚"也。'"③此谶不仅是楚南公、范增等人对于秦朝的诅咒之辞,而且也在潜流中契合了楚人对于怀王的追慕之情以及对楚亡的不甘。所谓"三户"当指陈胜、项羽、刘邦。三人兴起之地,皆为东方邻近齐与三晋地区的楚地。在文化传统与风俗信仰上,这里与秦故地的差异尤为显著,距离秦朝统治的核心区域也更为遥远,比较容易成为反秦的爆发之地。秦朝灭亡的命运,也确实由这"三户"最终完成。

关于"陈胜王",《史记·陈涉世家》记载:"陈胜、吴广喜,念鬼,曰:'此教我先威众耳。'乃丹书帛曰'陈胜王',置入所罾鱼腹中。卒买鱼烹食,得鱼腹中书,固以怪之矣。又间令吴广之次所旁丛祠中,夜篝火,狐鸣呼曰'大楚

---

① (汉)司马迁:《史记》卷6《秦始皇本纪》,北京:中华书局,1959年,第259页。
② (汉)司马迁:《史记》卷6《秦始皇本纪》,北京:中华书局,1959年,第259页。
③ (汉)司马迁:《史记》卷7《项羽本纪》,北京:中华书局,1959年,第300页。

兴,陈胜王'。卒皆夜惊恐。旦日,卒中往往语,皆指目陈胜。"①所谓"鱼腹藏书"、"篝火狐鸣",不过是一种政治投机的手段,跟后世繁复的谶纬神话相比,并不高明。但正是这种简单之谶,却造成了极大的宣传作用,也容易被下层民众所接受,最终促成秦末农民大起义的爆发。

以上"秦亡"之谶,使秦始皇所构建的本就不系统、不稳固的"天命"与正统观念受到极大冲击。这与秦朝暴政所导致的社会矛盾相结合,成为秦朝速亡的理论基础。秦朝在现实与理论上对于政权合法性的论证都失败了。对政权合法性问题继续探索和系统总结的重任,便落在了汉朝君臣、学者的肩上。汉朝的政权合法性理论,尽管有许多继承自秦人的思维逻辑,但在理论建构的系统性、成熟度上远较秦时丰富璀璨。

---

① (汉)司马迁:《史记》卷 48《陈涉世家》,北京:中华书局,1959 年,第 1950 页。

第二章 西汉刘氏"天命"理论的构建

秦汉之际的历史巨变以及汉家政权建立后的社会现实,促使汉朝统治者竭力寻求自身统治合法性、正当性的理论依据。这是汉初七十年,统治者最亟待解决的政治事务之一,直接关涉到新政权的稳定与长治久安。汉代社会的集体意识,对于刘氏皇权政治的秩序化与合法性有着强烈的需求。以董仲舒创立的"天人感应说"为思想基调,以武帝太初改制为标志,完成了汉廷刘氏政权合法性理论的早期建构。尽管在这一理论的逻辑架构中,隐含了导致西汉末期"汉运将终"思潮的思想因素,但它所创造的"天命"与正统观念却"模铸"了新莽乃至东汉时期政权合法性理论体系的基本框架。

汉代的"受命"思想,以"君权神授""王者必受命而后王"为核心。古人认为,受命而王的君主必然不是普通人,他们必然具有异于常人的相貌、感生、异行。感生,即感神物、神迹而生,如简狄吞玄鸟之卵而生契,姜嫄履大人脚印而生后稷等。此外,五德终始说也成为汉代天命观论证的主要理论。两汉的德运理论,经历了一场"水德—土德—火德"的争论历程,并存在由"五行相胜"向"五行相生"的思维转变,从而在不同的时代都产生过能量巨大的政治影响。

第一节 汉初帝王神话与德运之争

汉高祖刘邦创造出平民立国的历史先河。就汉以前的历史规律而言,新政权的建立必然经历数十年甚或"十余世"的奋力经营。[①] "昔虞、夏之兴,积善累功数十年,德洽百姓,摄行政事,考之于天,然后在位。汤、武之王,乃由契、后稷修仁行义十余世,不期而会孟津八百诸侯,犹以为未可,其

---

① 王文颜:《司马迁笔下的高祖形象》,《孔孟月刊》1989 年 8 月,第 29 页。

后乃放弑。秦起襄公,章于文、缪、献、孝之后,稍以蚕食六国,百有余载,至始皇乃能并冠带之伦。"①可见建国立政之艰。司马迁甚至感慨曰:"此乃传之所谓大圣乎！岂非天哉？岂非天哉？非大圣孰能当受命而帝者乎?"②面对这前无先例的历史巨变以及初定天下的政治局势,汉高祖不得不竭力寻求思想、理论来抬高自己,证明其建汉的正当性。他与秦始皇有所不同,起于民间的事实让他无法与始皇帝的高贵出身相提并论。为抬高自己的出身,汉高祖硬生生地造出一套自己的"帝王神话"。同时在德运问题上,高祖君臣的"布衣将相之局"使他们难以达成重构"天命"的理论建设。他们只得简单地承袭秦所宣称的"水德"之运,从而否定秦的德运。这便引发了汉初的"德运"之争。

一、汉高祖的帝王神话

秦二世而亡,但秦人所构筑那一套大一统的君主集权制度,却并未随着秦亡而消逝。汉承秦制,即便是在新朝廷的统治合法性的论证问题上,也不免沿袭秦始皇时代的逻辑思路。当汉高祖以草莽之身越登最高权位时,他所依据的论证理据也是人事、功业。高祖六年(前201年)正月,楚王韩信等人上疏劝谏刘邦称帝,曰:"大王陛下,先时秦为亡道,天下诛之。大王先得秦王,定关中,于天下功最多。存亡定危,救败继绝,以安万民,功盛德厚。又加惠于诸侯王有功者,使得立社稷。地分已定,而位号比拟,亡上下之分,大王功德之著,于后世不宣,昧死再拜上皇帝尊号,……汉王即皇帝位于汜水之阳"。③ 这与始皇帝宣示功业的逻辑是一致的。刘邦曾总结自己成功的原因,曰:

> 夫运筹帷幄之中,决胜千里之外,吾不如子房。镇国家,抚百姓,给馈饷,不绝粮道,吾不如萧何。连百万之军,战必胜,攻必取,无不如韩信。此三者,皆人杰也,吾能用之,此吾所以取天下也。项羽有一范增而不能用,此其所以为我擒也。④

刘邦称帝后,尊称自己的父亲为太上皇。《汉书·高帝纪》曰:"朕亲被坚执锐,自帅士卒,犯危难,平暴乱,立诸侯,偃兵息民,天下大安,此皆太公之教

---

① (汉)司马迁:《史记》卷16《秦楚之际月表》,北京:中华书局,1959年,第759页。

② (汉)司马迁:《史记》卷16《秦楚之际月表》,北京:中华书局,1959年,第760页。

③ (汉)班固:《汉书》卷1《高帝纪》,北京:中华书局,1962年,第52页。

④ (汉)司马迁:《史记》卷8《高祖本纪》,北京:中华书局,1959年,第381页。

训也。"①两则史料,一言汉初三杰之功,一言刘太公之教训,尽管可能有言不由衷之意,但无论如何,在建汉之初的刘邦眼中,取得天下的原因主要在于"人谋",而未讲什么"天命"。

汉高祖还曾令陆贾"著秦所以失天下,吾所以得之者,及古成败之国"。② 陆贾乃作《新语》十二篇,其内容多为言秦政之失,并强调人事的作用。《新语·明诫》曰:"安危之要,吉凶之符,一出于身。……故世衰道失,非天子所为也,乃国君者有以取之也。恶政生恶气,恶气生灾异。……治道失于下,则天文变于上,恶政流于民,则螟虫生于野。……鸟兽木尚欲各得其所,网之以法,纪之以数,而况人乎!"③陆贾认为,国之兴衰系于天子的作为,而不是"上天"的意志。这明显与殷周以来的"天命"观念有所区别:后者强调的是"天"的力量,陆贾则更注重"人"的作用,尤其是君主的决定。在陆贾看来,在君主时代,国君是权力的中心,拥有最强大的力量,君主的德行直接决定了"上天"的赏罚。这种思想实际是对《左传》所载周内史叔兴"吉凶由人"和《荀子》"制天命而用之"的继承。尽管这种思想在哲学上具有朴素唯物主义的因素,但就汉代政权合法性的论证而言,却并不是最好的方式。从高祖十一年(前196年)诏"今吾以天之灵,贤士大夫定有天下,以为一家",颇可知其开始将自己获得天下的原因归于"天"的作用。至高祖临终前,更是相信"天命",史载:"高祖击(黥)布时,为流矢所中,行道病。病甚,吕后迎良医,医入见,高祖问医。医曰:'病可治。'于是高祖嫚骂之曰:'吾以布衣提三尺剑取天下,此非天命乎? 命乃在天,虽扁鹊何益!'遂不使治病,赐金五十斤罢之。"④高祖此时认为自己凭借武力获得天下是因为"天命"所致,已然对自己"受命于天"的观念相当笃信。这也可以说明他在起兵至临终前,必然有一场不断神化自己的历程。

相较于始皇帝,刘邦的出身无疑是更低的。始皇帝还可以从秦襄王开始的畤祭以及秦穆王之谶中,得到些许正统性的理论依据,来自社会下层的刘邦却无法从世系上找到依傍。刘邦的父亲刘公、母亲刘媪,都是普通人,甚至连个像样的名字都没有,更不可能一开始便有"祖先神"的助力。可以说,刘邦并没有什么血缘政治的传统优势。为此,他只能创造自己的神话,来圣化自己的出身。"开国之君能开创一个朝代,而使整个天下归他统治,

① (汉)班固:《汉书》卷1《高帝纪》,北京:中华书局,1962年,第62页。
② (汉)班固:《汉书》卷43《陆贾传》,北京:中华书局,1962年,第2113页。
③ 王利器:《新语校注》,"新编诸子集成本",北京:中华书局,1986年,第155页。
④ (汉)司马迁:《史记》卷8《高祖本纪》,北京:中华书局,1959年,第391页。

当然是不平凡的人物,必然有些与常人不同之处。"①《史记·高祖本纪》记载刘邦的出身,曰:

> 父曰太公,母曰刘媪。其先刘媪尝息大泽之陂,梦与神遇。是时雷电晦冥,太公往视,则见蛟龙于其上。已而有身,遂产高祖。②

《汉书·高帝纪上》曰:

> 母媪尝息大泽之陂,梦与神遇。是时雷电晦冥,父太公往视,则见蛟龙于上。已而有娠,遂产高祖。③

《论衡·奇怪》曰:

> 高祖之母,适欲怀妊,遭逢雷龙载云雨而行,人见其形,遂谓之然。梦与神交,得圣子之象也。④

这便是汉高祖的感生神话。在这则神话故事中,刘邦自出生便不是一般人,而是人与神相交的产物。高祖的权威性、神秘性在潜移默化的传播中逐渐形成了。清儒梁玉绳分析高祖出生神话,曰:"蛟龙见于泽上,雷电晦冥,而刘媪梦卧不觉,将与土木何殊?即史所载,其诬已显,《论衡·奇怪篇》尝辨之。元(人)方回《续古今考》云:'好事之人,见刘邦起于亭长,为王为帝,相与扶合附会,以诧其奇。司马迁采以成《史》,班固不能改。'"⑤此言确有道理。高祖的神化,与这"好事之人"的"扶和附会"有着密切关系。吕宗力曾直言这些感生神话是"汉代人为论证汉皇室统治正当性而推出的政治神话"。⑥ 正是在秦汉之际,"龙"开始成为帝王的象征。⑦

在两汉之际兴起的纬书中,汉儒又将刘邦的感生神话演生为三个版本:
其一,"含始吞赤珠,刻曰玉英,生汉皇"。(《终含神雾》)

---

① 孙广德:《我国正史中的政治神话》,自杜维运、王寿南、王德毅、李云汉编:《中国史学论文选集》第6辑,台北:幼狮文化事业公司,1986年,第65—66页。
② (汉)司马迁:《史记》卷8《高祖本纪》,北京:中华书局,1959年,第341页。
③ (汉)班固:《汉书》卷1《高帝纪》,北京:中华书局,1962年,第1页。
④ 黄晖撰:《论衡校释》,北京:中华书局,1990年,第164页。
⑤ (清)梁玉绳撰:《史记志疑》,北京:中华书局,1984年,第45页。
⑥ 吕宗力:《汉代的谣言》,杭州:浙江大学出版社,2011年,第294页。
⑦ 王维堤:《龙凤文化》,上海:上海古籍出版社,2000年,第158页。

其二，"后赤龙感女媪，刘季兴。"（《终含神雾》）

其三，"刘媪梦赤鸟如龙，戏己，生指嘉；指嘉妻含始游洛池，赤珠出，刻曰：'玉英吞此者为王客。以其年生刘季，为汉皇。'"（《春秋握诚图》）

此三则内容，明显不是新莽时代的产物，更像是东汉光武帝重建刘氏统治后的产物，因为就前文所论的纬书产生时代而言，纬书最早成于成、哀之际，而这时正是"汉运将终"思潮兴起的时期，不论是方士还是方士化儒生，他们都不可能为了西汉刘氏皇室造作这批刘氏神话。"赤龙感女媪"尚且保留西汉初年刘邦感龙神话的原貌，但太史公所言的"蛟龙"，已经被改成了"赤龙"。这一方面继承了人与龙杂交的神圣性，另一方面则又在这种感生过程中赋予了汉家"赤制火德"的德运因素。由此看，此则纬书之文，定然是在刘向、歆父子宣扬汉家"火德尧后"说之后产生。另一则"含始吞赤珠"，同样是附会汉家火德之说，而在形式上又明显模仿简狄吞鸟卵而生契的感生神话，运用了类比的象征性手法，将圆形球状的赤珠，类比为同一形状的鸟卵，进而将鸟卵推衍为代表生殖的象征。如此，高祖便被赋予了如远古帝王一样的感生权威。

刘邦不仅把自己说成是人、龙杂交而"非常"之人，还在起兵期间制造了所谓"斩白蛇"的神话。《史记·高祖本纪》载：

> 高祖被酒，夜径泽中，令一人行前。行前者还报曰："前有大蛇当径，愿还。"高祖醉，曰："壮士行，何畏！"乃前，拔剑击斩蛇。蛇遂分为两，径开。行数里，醉，因卧。后人来至蛇所，有一老姬夜哭。人问何哭，姬曰："人杀吾子，故哭之。"人曰："姬子何为见杀？"姬曰："吾子，白帝子也，化为蛇，当道，今为赤帝子斩之，故哭。"人乃以姬为不诚，欲告之，姬因忽不见。后人至，高祖觉。后人告高祖，高祖乃心独喜，自负。诸从者日益畏之。[1]

在这里，刘邦又成了"赤帝子"，为自己的起义炮制出具有神话色彩的正当性。[2] 这种斩蛇神话，或许借鉴了晋文公斩蛇的故事。《史记志疑》曰："晋文公之兴也，蛇当道，梦天杀蛇，曰：'何故当圣君道？'而蛇死。而汉高之

---

① （汉）司马迁：《史记》卷 8《高祖本纪》，北京：中华书局，1959 年，第 347 页。

② 王子今认为刘邦斩蛇神话，使其具有了放射神异光辉的政治领袖身份，具有了即将开创新的政治史上"赤帝子"的地位。（王子今：《"斩蛇剑"象征与刘邦建国史的个性》，《史学集刊》2008 年第 6 期，第 21 页）

兴也,亦蛇当径,斩蛇,而妪夜哭。"①贾谊《新书·春秋》详记其事,曰:

> 晋文公出畋,前驱还白:"前有大蛇,高若堤,横道而处。"文公曰:
> "还车而归。"其御曰:"臣闻:祥则迎之,是妖则凌之。今前有妖,请以从
> 吾者攻之。"文公曰:"不可。吾闻之曰:天子梦恶则修道,诸侯梦恶则修
> 政,大夫梦恶则修官,庶人梦恶则修身。若是,则祸不至。今我有失行,
> 而天招以夭,我若攻之,是逆天命也。"……乃退而修政。居三月,而梦
> 天诛大蛇,曰:"尔何敢当明君之路!"文公觉,使人视之,蛇已鱼烂矣。
> 文公大说(悦),信其道而行之不解,遂至于伯。故曰:见妖而迎以德,妖
> 反为福也。②

刘向《新序·杂事二》所记与贾谊《新书》基本相同。晋文公斩蛇事,未见于
《左传》《史记·晋世家》,当为汉儒附会高祖斩蛇事而造作的神话。"斩杀大
蛇已成为秦汉之际、晋宋之际反复出现的真命天子排除险阻建功立业的神
话母题……路遇大蛇而斩之,是现实中可能发生的合理情境,至于神母夜
哭、以神灵自居,则是英雄欺人之谈,神道设教的伎俩。"③从太史公所记听
到"神母夜哭"而"心独喜"的心理状态看,与其说是刘邦自觉"天命归己"的
真情流露,倒不如说更像是利用民众心理、准确把握机遇的政治敏感使然。
"诸从者日益畏之",正是这种利用"神道设教"所达到的政治效果。

不仅如此,刘邦因出生于今江苏沛县,地处帝国的东南方向,又将秦始
皇时所常见的"东南有天子气"之谶言据为己用,认为自己便是这股"天子
气"的应谶之人。《史记·高祖本纪》记其事曰:

> 秦始皇帝常曰"东南有天子气",于是因东游以厌之。高祖即自疑,
> 亡匿,隐于芒、砀山泽岩石之间。吕后与人俱求,常得之。高祖怪问之。
> 吕后曰:"季所居上常有云气,故从往常得季。"高祖心喜。沛中子弟或
> 闻之,多欲附者矣。④

所谓"东南有天子气",所反映的不过是基于秦与东方六国故地文化差
异之上,所产生的六国故地的反抗运动。这也是秦始皇不惜劳师动众地多

---

① (清)梁玉绳撰:《史记志疑》,北京:中华书局,1981年,第215页。
② (汉)贾谊撰,阎振益、钟夏校注:《新书校注》,北京:中华书局,2000年,第248—249页。
③ 吕宗力:《汉代的谣言》,杭州:浙江大学出版社,2011年,第185页。
④ (汉)司马迁:《史记》卷8《高祖本纪》,北京:中华书局,1959年,第348页。

次东巡的原因,目的是要"厌胜"东南反抗运动。只不过这种"厌胜"行动,被刘邦君臣拿来作为反秦的宣传。实际上,即便是刘邦本人起初面对这种说法时,也是"自疑"的。他当时的势力不过百人,且被逼迫到"芒、砀山泽岩石之间",无力反秦。后来吕后鼓吹说"季所居上常有云气",刘邦才欣然接受。

既然自任"有天子气",便应当有不同于常人的相貌特征。于是,高祖的样貌也渐渐被重构,如:

> 高祖为人,隆准而龙颜,美须髯,左股有七十二黑子。[①]

> 代汉者,龙颜珠额头。

> 其人日角龙颜,姓卯金,含仁义。

> 戴玉英,光中再,仁雄出,日月角。

> 帝刘季,日角,戴北斗,胸龟背龙,身长七尺八寸,明圣而宽仁,好任主。

> 帝季,日角,戴胜,斗胸,龟背,龙股,长七尺八寸,明圣宽仁,好任主轸。

> 赤帝之为人,视之丰,长八尺七寸。

> 体为朱鸟,其表龙颜,多黑子。[②]

这种将人的相貌与政治命运、荣辱休咎等巧妙相联的传统,实际是源于先秦的骨相学思想。这种风俗,在战国时期非常盛行,如《荀子·非相篇》云:"古者有姑布子卿,今之世,梁有唐举,相人之形状颜色而知其吉凶妖祥,世俗称之。"[③]姑布子卿与唐举都是凭借骨相学为世人所熟知的人物。到汉

① （汉）司马迁:《史记》卷8《高祖本纪》,北京:中华书局,1959年,第342页。
② （日）安居香山,中村璋八辑:《纬书集成》,石家庄:河北人民出版社,1994年,第463、580、1179、1185、765页。
③ （清）王先谦撰,沈啸寰、王星贤点校:《荀子集解》,"新编诸子集成本",北京:中华书局,1988年,第72页。

89

代,王充在《论衡》中也专列《骨相》篇,曰"人禀于天,则有表候于体"。①

汉高祖所宣扬的感生、异貌,对后世汉代君主产生过很大影响。汉文帝、汉武帝都曾有过类似的感生神话,如《史记·外戚世家》载:

> 汉王心惨然,怜薄姬,是日召而幸之。薄姬曰:"昨暮夜妾梦苍龙据吾腹。"高帝曰:"此贵征也,吾为女遂成之。"一幸生男,是为代王。②

《汉书·外戚传》载:

> 男方在身时,王夫人梦日入其怀,以告太子。太子曰:"此贵征也。"……王夫人生男。③

薄姬梦苍龙而生文帝,王夫人梦日而生武帝,这与高祖造作感生神话的路径没有什么两样。王充曾总结曰:"帝王之生,必有怪奇,不见于物,则效于梦矣。"④所谓"感龙交"、"梦苍龙"、"梦日",自然是"怪奇"之事。值得注意的是,有关文帝、武帝的感生神话,都未记载在帝王本纪之中,而是在外戚传中略备一说而已,可见,即便是司马迁和班固恐怕也对这种"怪奇"不甚相信。

再以"异貌"为例,两汉文献中还有其他君主的异貌记录,如:

汉宣帝:

> 身足下有毛,卧居数有光耀。⑤

王莽:

> 为人侈口蹙䫇,露眼赤睛,大声而嘶。长七尺五寸,好厚履高冠,以氂装衣,反膺高视,瞰临左右。是时有用方技待诏黄门者,或问以莽形貌,待诏曰:"莽所谓鸱目、虎吻、豺狼之声音也,故能食人,亦当

---

① 黄晖撰:《论衡校释》,"新编诸子集成本",北京:中华书局,1990 年,第 108 页。
② (汉)司马迁:《史记》卷 49《外戚世家》,北京:中华书局,1959 年,第 1971 页。
③ (汉)班固:《汉书》卷 97《外戚世家》,北京:中华书局,1962 年,第 3946 页。
④ 黄晖撰:《论衡校释》,"新编诸子集成本",北京:中华书局,1990 年,第 156 页。
⑤ (汉)班固:《汉书》卷 8《宣帝纪》,北京:中华书局,1962 年,第 237 页。

为人所食。"①

光武帝：

> 身长七尺三寸，美须眉，大口，隆准，日角。②

> 上为人隆准，日角，大口，美须眉，长七尺三寸。③

　　这些也是高祖以来帝王神话营造的一贯做法，只不过有褒（如宣帝、光武），有贬（如王莽），其褒贬的标准则是史书作者的政治立场。

　　帝王神话的造作，增添了君主自身在血缘政治上的正统性，但这种对于神权的简单借用，同样缺乏足够的底气。政权的合法性，还需要一套相对完备、成熟的政治理论和一些"受命之辞"来证明。汉初有"五星聚于东井"的受命之辞，如《史记·天官书》曰："汉之兴，五星聚于东井"；④《汉书·天文志》曰："汉元年（前 206 年）十月，五星聚于东井，以历推之，从岁星也。此高皇帝受命之符也。故客谓张耳曰：'东井秦地，汉王入秦，五星从岁星聚，当以义取天下。'……五年（前 202 年）遂定天下，即帝位。此明岁星之崇义，东井为秦之地明效也"⑤；《史记·张耳陈余列传》曰："汉王之入关，五星聚东井。东井者，秦分也。先至必霸。楚虽强，后必属汉"⑥；《汉书·高帝纪》曰："（汉）元年（前 206 年）冬十月，五星聚于东井，沛公至霸上。"颜师古注引应劭言曰：'东井，秦之分野。五星所在，其下当有圣人以义取天下'⑦；《汉书·楚元王传》曰："汉之入秦，五星聚于东井，得天下之象也"⑧。可以说，秦汉之际，这种"五星聚于东井"的天象被视为汉家当兴的预兆，刘邦建汉是"天命"的意旨。

　　所谓"五星"，即"五曜"，金、木、水、火、土五星。早在战国时期，星象家甘德、石申就曾讨论"五星循度"的话题，即"古历五星之推，亡逆行者，至甘氏、石氏《经》，……古人有言曰：'天下太平，五星循度，亡有逆行。日不食

---

① （汉）班固：《汉书》卷 99 中《王莽传中》，北京：中华书局，1962 年，第 4124 页。
② （南朝宋）范晔：《后汉书》卷 1《光武帝纪》，北京：中华书局，1965 年，第 1 页。
③ （汉）刘珍等撰，吴树平校注：《东观汉记校注》，北京：中华书局，2008 年，第 1 页。
④ （汉）司马迁：《史记》卷 27《天官书》，北京：中华书局，1959 年，第 1348 页。
⑤ （汉）班固：《汉书》卷 26《天文志》，北京：中华书局，1962 年，第 1301—1302 页。
⑥ （汉）司马迁：《史记》卷 89《张耳陈余列传》，北京：中华书局，1959 年，第 2581 页。
⑦ （汉）班固：《汉书》卷 1《高帝纪》，北京：中华书局，1962 年，第 22—23 页。
⑧ （汉）班固：《汉书》卷 36《楚元王传》，北京：中华书局，1962 年，第 1964 页。

朔,月不食望。'"①据传在《甘石星经》中有许多通过"五星"运行规律谈论现世社会生活的记载,如"五凶并见,其年必恶""五星不失行,则年谷丰昌"。②在甘德、石申看来,五星相聚的现象与世间的吉凶之兆并未形成固定的一一对应关系,五星相聚既可能意味着是吉兆,也可能是凶年。太史公在《史记》中,试图在"五星相聚"与"吉凶之年"之间搭建一座桥梁,这座桥梁便是"德"。《史记·天官书》曰:"五星合,是为易行,有德,受庆,改立大人,掩有四方,子孙蕃昌;无德,受殃若亡。五星皆大,其事亦大,皆小,事亦小"。③太史公认为,凡是受命之君,必为有德之人,从而为刘氏皇权披上了五行说与星象学的外衣。

所谓"东井",即井宿,是二十八星宿之一,居南方七宿的首位。若循着古代星象学的"分野说",则"东井"指代秦故地。"秦地,于天官东井、舆鬼之野也。"④古代雍州的范围大概在今陕西、甘肃、青海、宁夏四省相近的地带,本为秦人统治地域。汉人宣扬"五星聚于东井",实际意义是讲会出现有德之人代替旧秦人来治平天下。因此,"五星聚于东井"也便成了汉代帝王"受命于天"的符命。到东汉时,王充也记载称,"五星聚东井,星有五色。天或者憎秦,灭其文章;欲汉兴之,故先受命,以文为瑞也"。⑤

然而,汉初"符命"思想并不像两汉之际那般为士人、民众所接受。"五星聚东井"之辞对于汉初政权合法性的作用,也远不像"刘氏复兴"之谶的政治影响力。事实上,尽管汉高祖通过制造并宣传自己的帝王神话、援引骨相学与星象学,继续探索政权合法性的理论基础,但基于"汉初布衣将相之局"以及高祖对知识分子的轻视,这套理论远未形成稳定形态。

二、汉初水德与土德之争

战国末期以来,五德终始说成为学术领域内的主要思想流派之一。秦始皇援用五德终始说作为宣扬秦朝权威与功业的理论工具。有学者甚至认为秦朝的治国指导思想并非法家,也非杂家,而是五德终始说。⑥秦汉嬗代后,亲历秦朝短暂历史的刘邦君臣,清晰地意识到"五德终始说"对于宣扬刘氏正统的巨大作用。相较前文所胪列的高祖神话与"受命之辞",五德终始

---

① (汉)班固:《汉书》卷 26《天文志》,北京:中华书局,1962 年,第 1290—1291 页。

② (唐)瞿昙悉达:《开元占经》,郑州:中州古籍出版社,1994 年,第 204、205 页。

③ (汉)司马迁:《史记》卷 27《天官书》,北京:中华书局,1959 年,第 1321 页。

④ (汉)班固:《汉书》卷 28《地理志》,北京:中华书局,1962 年,第 1641 页。

⑤ 黄晖撰:《论衡校释》,"新编诸子集成本",北京:中华书局,1990 年,第 865 页。

⑥ 参见臧知非:《道家·黄老·秦汉政治与学术发展——重读熊铁基先生〈秦汉新道家〉》,《史学月刊》2004 年第 7 期,第 81—88 页。

说无疑是更为完备、系统的理论体系。关于汉朝德运的争论，是从高祖至两汉之际的最高意识形态问题。

汉初，在"德运"问题上产生过巨大分歧。有关汉居何德的争论，在西汉中期一度有所定夺，但直到东汉光武帝时，才最终解决。汉初的"德运"分歧，实际上源于对秦朝"受命之德"的认可问题。刘邦初建国时，并不认可秦朝居水德的事实。在刘邦君臣看来，秦朝短祚，不能自居一个德运，秦朝所自任的"水德"之运是非法的，居"水德"的应当是刘汉王朝。汉朝才是直接继周代"火德"而兴的"水德"应命者。[①]《史记·历书》曰："汉兴，高祖曰'北畤待我而起'，亦自以为获水德之瑞。虽明习历及张苍等，咸以为然。是时天下初定，方纲纪大基，高后女主，皆未遑，故袭秦正朔服色"。[②] 刘邦认为秦朝所祭祀的"帝"，仅有白帝、青帝、黄帝、赤帝四者，不足"五帝"之数，于是自宣"北畤待我而起"，建北畤，祠黑帝，"自以为获水德之瑞""袭秦正朔服色"。

《汉书·郊祀志》记汉初有关德运争论的情况，曰：

> 汉兴之初，庶事草创，唯一叔孙生略定朝廷之仪。若乃正朔、服色、郊望之事，数世犹未章焉。至于孝文，始以夏郊，而张苍据水德，公孙臣、贾谊更以为土德，卒不能明。孝武之世，文章为盛，太初改制，而儿宽、司马迁等犹从臣、谊之言，服色数度，遂顺黄德。彼以五德之传从所不胜，秦在水德，故谓汉据土而克之。[③]

班固认为高祖时期，因汉廷初建，尚处于"庶事草创"阶段，"德运"制度尚未提上议事日程，只能沿用秦朝的"水德"制度。至汉文帝时，才有了关于"水德"与"土德"的争论。前者以丞相张苍为代表，主张沿用"水德"制度，后者以贾谊、公孙臣为代表，主张汉家居"土德"，应改正朔、易服色。直到汉武帝"太初改制"，儿宽、司马迁等继续为"土德"说张本，才得以宣布汉为"土德"，部分地推行了"土德"制度的具体内容。

---

① 关于刘邦自居水德之事，又有顾颉刚提出过"秦汉两代水德并存"说，钱穆主张的"未遑改制"说；（分见顾颉刚《五德终始说下的政治和历史》，《古史辨》第5册，第431页；钱穆《评顾颉刚〈五德终始说下的政治和历史〉》，《大公报·文学副刊》1932年4月13日）顾氏在论"两代水德并存"说时，也同时提到了汉家直接承周而否认秦德的观点，并未明确指出主张哪种观点。钱氏"未遑改制"是从国家初建的政治形势而言的。张岂之认为顾氏、钱氏皆未切中题旨。他认为汉承袭水德的原因有二：其一，刘邦君臣多出自"秦吏"，熟悉水德制度；其二，刘邦起兵三秦，定都关中，为取得秦民支持，不得不沿用水德。（参见张岂之《中国思想学说史》，桂林：广西师范大学出版社，2007年，第47—50页）诸多学说，各有理据，故胪列于此，以备参考。

② （汉）司马迁：《史记》卷26《历书》，北京：中华书局，1959年，第1260页。

③ （汉）班固：《汉书》卷25《郊祀志》，北京：中华书局，1962年，第1270页。

张苍是汉为"水德"说的积极倡导者。相传他"尤善律历","推五德之运,以为汉当水德之时,尚黑如故"。[①] 按照张苍的推论,五德终始的历史谱系应当为:

黄帝——虞夏——殷商——周——秦汉
(土)　(木)　　(金)　(火)　(水)

又《汉书·郊祀志》记汉初郊祀礼,曰:

> 王者各以其礼制事天地,非因异世所立而继之。今雍鄜、密、上下畤,本秦侯各以其意所立,非礼之所载术也。汉兴之初,仪制未及定,即且因秦故祠,复立北畤。今既稽古,建定天地之大礼,郊见上帝,青、赤、白、黄、黑五方之帝皆毕陈,各有位馔,祭祀备具。诸侯所妄造,王者不当长遵。及北畤,未定时所立,不宜复修。[②]

汉初统治者尚未按照五德相胜的学说建立自己的正统德运,而只是立"五方畤"(即东南西北中五方之畤)来行郊祀青、赤、白、黄、黑五方之"帝"。这实际上是一种具有泛神崇拜性质的"五帝"信仰,并未形成某一方神独尊的局面。高祖君臣自信地高举"水德"之运,依旧沿用秦朝的正朔、服色。直至高后执政时期,始终没有产生过质疑。

但至汉文帝即位,距离汉家立国已经 26 年,"天下和洽,而固"[③],政治与社会态势已经发生很大变化。于是,有政治思想家开始提出对汉家"水德"说的质疑,要求改制。第一个提出改制要求的是贾谊,洛阳人,年少闻名,为博士、太中大夫,深受文帝赏识。他对文帝朝的社会形势,有自己独特而精辟的主张。政治上,反对"无为",建议"众建诸侯而少其力",以削弱诸侯王权力,加强皇权权威;民族政策上,主张反击匈奴;经济上,强调重农抑商;历史观上,针对秦亡汉兴的历史事实,总结秦亡的教训,宣扬"过秦思潮",倡导礼义教化的作用;思想上,要求改"水德"而行"土德"。概言之,贾谊的政治理论主要体现为:"改正朔,易服色制度,定官名,兴礼乐。乃悉草具其仪法,色上黄,数用五,为官名悉更。"又《汉书·贾谊传》曰:"谊之所陈

①　(汉)司马迁:《史记》卷 96《张丞相列传》,北京:中华书局,1959 年,第 2681 页。
②　(汉)班固:《汉书》卷 25《郊祀志》,北京:中华书局,1962 年,第 1257 页。
③　(汉)司马迁:《史记》卷 84《贾生列传》,北京:中华书局,1959 年,第 2492 页。

略施行矣。及欲改定制度,以汉为土德,色上黄,数用五"。① 贾谊之所以力主汉为"土德"之运,实际是"过秦思潮"的一个组成部分。因为既然要"过秦",批判秦政暴虐,在内在逻辑上就必须首先承认秦朝应当居一个德运,而且秦人早就宣称自己是"水德"之运。如此,承认秦为"水德",循着五行相胜说的逻辑,汉家自然应当是"土德"。贾谊基于"土德"说,曾草具变更仪法之事。《史记·贾生列传》记其事曰:"孝文帝初即位,谦让未遑也。诸律令所更定,及列侯悉就国,其说皆自贾生发之。于是天子议以为贾生任公卿之位。"② 然而,文帝以藩王入居中央,即位之初受到朝中勋贵势力的影响还很大。绛侯周勃、丞相灌婴、东阳侯张相如、御史大夫冯敬等人不断向文帝施压,"短贾生曰:'洛阳之人,年少初学,专欲擅,权纷乱诸事!'"③文帝性格"谦让",逐渐疏远贾谊。后又将贾谊迁为长沙王太傅、梁怀王太傅。结果,贾谊年仅33岁便郁郁而终。

继贾谊之后,再次提出"土德"说的是鲁人公孙臣。文帝十四年(前166年),"鲁人公孙臣以终始五德上书,言'汉得土德,宜更元,改正朔,易服色。当有瑞,瑞黄龙见。'事下丞相张苍,张苍亦学律历,以为非是,罢之"。④ 公孙臣为方士,好占卜、神仙之学,他认为第一个获得"土德"的黄帝,有"瑞黄龙"降临,于是推论汉家"土德"也应有一样的符应。相较于贾谊仅言汉家"土德",公孙臣的说法更进一步,他甚至断言汉家当有土德的符应出现。丞相张苍针锋相对地提出反对意见,曰:"汉乃水德之始。故河决金堤,其符也。年始冬十月,色外黑内赤,与德相应。如公孙臣言,非也!"⑤在张苍看来,公孙臣言之凿凿的符应"黄龙"始终未见,但"水德"的符应"河决金堤"却是明确地被证明降临了。公孙臣无力反驳,德运之争因之一度沉滞。

戏剧性的一幕发生在公孙臣上书后的第三年,代表"土德"的符应"黄龙"果然降临到成纪。于是,文帝"乃召公孙臣,拜为博士,与诸生草改历服色事"。⑥ 文帝还下诏打算郊祀上帝诸神,曰:"有异物之神见于成纪,无害于民,岁以有年。朕祈郊上帝诸神,礼官议,无讳以劳朕!"⑦不久,文帝亲至雍,郊祀五帝。面对文帝有意改德运为"土德"的倾向,丞相张苍无力反驳,只得辞官自绌。

① (汉)班固:《汉书》卷48《贾谊传》,北京:中华书局,1962年,第2222、2265页。
② (汉)司马迁:《史记》卷84《贾生列传》,北京:中华书局,1959年,第2492页。
③ (汉)司马迁:《史记》卷84《贾生列传》,北京:中华书局,1959年,第2492页。
④ (汉)司马迁:《史记》卷26《历书》,北京:中华书局,1959年,第1260页。
⑤ (汉)司马迁:《史记》卷28《封禅书》,北京:中华书局,1959年,第1381页。
⑥ (汉)司马迁:《史记》卷28《封禅书》,北京:中华书局,1959年,第1381页。
⑦ (汉)司马迁:《史记》卷28《封禅书》,北京:中华书局,1959年,第1381页。

　　若是不出意外,汉家"土德"之制在文帝时便当确立下来。然而,这一改制行动受到"新垣平事件"的拖累,使汉文帝再次产生疑虑,最终未作改变,不再谈论德运之事。相传赵人新垣平"以望气见上,言'长安东北有神气,成五采,若人冠冕焉。或曰东北神明之舍,西方神明之墓也。天瑞下,宜立祠上帝,以合符应。'于是作渭阳五帝庙,同宇,帝一殿,面各五门,各如其帝色。祠所用及仪亦如雍五畤"。新垣平因之贵幸,官至"上大夫,赐累千金",并且"使博士诸生刺《六经》中作《王制》,谋议巡狩封禅事"。后来,新垣平又行投机之举,"使人持玉杯,上书阙下献之。平言上曰'阙下有宝玉气来者'。已视之,果有献玉杯者,刻曰'人主延寿'。平又言'臣候日再中'。居顷之,日却复中"。新垣平这些活动,实际都是些方术士的惯用伎俩,并无多少神秘可言。之后新垣平又言:"周鼎亡在泗水中,今河溢通泗,臣望东北汾阴直有金宝气,意周鼎其出乎? 兆见不迎则不至。"新垣平这次投机活动终于招致朝臣的普遍非议,"人有上书告新垣平所言气神事皆诈也。下平吏治,诛夷新垣平"。[①] 本来新垣平也是主张汉家"土德"之说的,但其政治投机行为,使文帝产生怀疑,于是"怠于改正朔服色神明之事",此后不再讨论什么"德运"问题。

第二节　董仲舒的"天命观"建构

　　秦汉时代的政治体制,为中国政治史开启了崭新的一页。中央集权取代殷周时代的封建制度,国家权力集中于皇帝一身。一人专制的君主,[②]权势提高到前所未有的程度。为了维护国家的长治久安,顺应当前的政治形势,思想界自然需要构建新的合法统治的理论。同时,一人专制的政治制度又造成新的弊端,即君权的滥用。君主权力的扩张,使知识分子感受到沉重的压力。为此,如何限制君权成为思想家们着力思索的问题。这两种思想倾向的发展,在武帝朝汇集于董仲舒的"新儒学"。

　　汉武帝时期,思想领域的诸子融合出现新格局。战国末年以来,《吕氏春秋》为代表的诸子"杂家式"的合流中,以"肿大"某一家以吸收百家之学为突出特点。[③] 具体而言,这种合流呈现出以黄老道家为主和以儒家为主两

---

①　(汉)司马迁:《史记》卷28《封禅书》,北京:中华书局,1959年,第1382—1383页。

②　徐复观:《两汉思想史》卷一,台北:学生书局,1978年,第134页。

③　关于《吕氏春秋》糅合诸子的体系,有儒家为主说,如《四库全书总目提要》;有道家为主说,如东汉的高诱;有墨家为主说,如清代卢文弨。李泽厚认为是儒家"占了优势和主导",或曰"采儒家学说为主干"。(参见李泽厚:《秦汉思想简议》,《中国社会科学》1984年第2期,第115—137页)

种倾向。① 前者以《论六家要指》与《淮南子》为代表,后者以董仲舒的《天人三策》与《春秋繁露》为代表。董仲舒改造后的"新儒学",已然大不同于先秦孔孟儒学:以《公羊》学为主纲,以天人关系的疏通、改造为主旨,吸收了阴阳家、道家、法家的思想因素。就此而言,将董仲舒目之为"杂家"人物,亦有几分道理。② 他精心构建的"天人感应说",为秦汉时代"天命"与正统观念的发展提供了更为严密的理论支持。正如任继愈所言:"西汉统治者为寻求巩固中央集权的思想工具,经历了七十年的探索,最后找到了以董仲舒为代表的儒家神学体系。"③可以说,董仲舒的"天命观",阶段性地完成了西汉政权合法性、正当性的论证问题,也深刻影响到整个汉代"天命"理论的发展演变。

一、董仲舒对汉家"天命"理论的架构

汉代的整个学术发展中,最引人瞩目者,莫过于"天人感应"与"天人关系"之类的观念。现实世界的"人"追求最完美的永恒真理,往往求助于"天",视"天"的规律或法则为完美境界。在这个理想中,最关键处不在于"天"本身,而在于"人"在现实中的制度模仿以及实践"天"的规律或法则时,如何知天之道、循天之则,进而以人配天,达到最为和谐、完美的状态。汉儒所采择者,便是循着"阴阳五行"之说的理路,进一步改造成的董仲舒

---

① 葛兆光曾总结战国末期至汉初的思想融合现象,指出有三种重要意义值得关注:其一,知识真正地互相综合成一个大体系;其二,秦汉思想世界是一个庞大复杂而又有系统的思想体系;其三,其间的思想整合是"温和"的。(葛兆光:《中国思想史》第一卷,上海:复旦大学出版社,2001年,第210—211页)葛氏所言乃是提醒学人注意战国至汉初的学术发展情状,虽注意到学术融合,但未细究学术融合的两种倾向。

② 亦有视董仲舒为"醇(纯)儒"者,如班固称董仲舒"为世纯儒"(《汉书》卷100《叙论》,北京:中华书局,1962年,第4225页);朱熹赞同班固所言,说:"班固所谓'纯儒',极是。"(黎靖德编:《朱子语类》,北京:中华书局,1999年,第3260页)皮锡瑞说:"朱子称仲舒为醇儒。"(皮锡瑞:《经学通论》,北京:中华书局,2003年,第4页)周桂钿说:"朱熹称董仲舒为'醇儒'。"(周桂钿:《董学探微》,北京:北京师范大学出版社,2008年,第386页)此说是班固基于汉儒学术立场而发,将董仲舒视为汉代儒学之宗。但若将之与先秦儒学相比较,以孔孟儒家为"醇儒",则董仲舒自当为"非醇儒"的角色。况且,秦汉之际的儒者,如陆贾、叔孙通、贾谊等皆颇有"非醇儒"的特质,董仲舒吸收其他诸子思想因素以"肿大"儒学,则董氏亦为"非醇儒"而颇具杂家色彩。如冯友兰说:"至秦汉,阴阳家之言,几乎完全混入儒家。西汉经师,皆采阴阳之言以说经。所谓今文家之经学,此其特色也。当时阴阳家之空气,弥漫于一般人之思想中。"(冯友兰:《中国哲学史》,台北:商务印书馆,1993年,第498页)又如钱穆说:"中国古代思想真实的衰象,应该从汉武帝时代的董仲舒开始。仲舒在当时,见称为醇儒,由其专据儒家古经典立说。当时的学风,显然重在左右采获,调和折衷,仲舒亦未能自外。他一面是左右采获,一方面又专据古经典,不能有更高更新的创辟与发挥,于是遂成为附会。其实仲舒思想的主要渊源,只是战国晚期的阴阳家邹衍,更使仲舒思想,由附会而转为怪异,遂使此后的思想界中毒更深。"(钱穆:《中国思想史》,台北:兰台出版社,2001年,第83—84页)

③ 任继愈:《中国哲学发展史》(秦汉),北京:人民出版社,1998年,第321页。

"新儒学"。

董仲舒的学说,在学理与思想实质上承袭了《吕氏春秋》开拓的方向,努力将"天道"与"人事"相附会,以"天人感应论"为轴心,以阴阳五行为架构。所谓"感应",是指天人之间存在着某种互动关系。西周的天命观中,"以德配天"已经为"天"与"人"的互动奠定了思想基础;西周后期由于君主"失德"所生发的"天谴论"与"上天不惠"说,也成为董仲舒思想体系中"灾异谴告说"的理论来源。董仲舒在继承、吸收先秦以来的阴阳五行、天人学说的基础上,将之杂入到儒家思想之中,完成对"新儒学"的建构。这种"新儒学"与先秦孔孟儒学相比已然呈现明显的差异色彩,这主要导因于"在大一统的专制体制下,儒家面临了必须解决的新课题:第一是儒家在这个体制下如何生存、如何适应的问题;第二是如何在这个体制下仍能延续儒家的理想,并对朝政发挥批判的作用。前者是时代的要求,后者是儒家的要求,这两个要求基本上是互相冲突的,因此,如何协调这两个因素,并发展出一套足以满足这双重要求的理论,就成为仲舒发展儒学最重要的工作之一。"①这是新的历史时代、新的社会现实对知识分子群体提出的新课题。战国末期以来诸子融合的趋势与黄老道家在汉初的成功经历,促使董仲舒为代表的儒家必须主动地"改变自己"以适应时代。② 面对迥异于春秋战国时期的诸子并举局面,大一统的汉家统治提出了政权合法性问题的论证要求,相应地,儒生们亦必须围绕汉家统治的现实需要而服务于政治权威,帮助汉家君主解决社会现实问题。其间所关涉的便是儒生价值取向由"道高于势"向"道附于势"转变的历程。

董仲舒首先将传统天人关系中的"天"作为改造的重点。"董仲舒之学是天学,天是贯穿董仲舒哲学体系的一根从未断绝的主线,是董仲舒思想的一以贯之之道,也应该是研究和描述董仲舒哲学的起点所在。"③金春峰总结董仲舒的天有三种意义,即"宗教之天""自然之天""道德之天",认为董仲舒试图将先秦诸子所言的道德、人性、阴阳、五行、天道、宇宙等思想因素加

---

① 韦政通:《董仲舒》,台北:东大图书有限公司,1986年,第233—234页。

② 如黄朴民认为:"董仲舒在创建新儒学时,是不可能超越当时的历史条件的。当时的历史条件是,任何新学说的诞生与发展,都很难像先秦时期那样天马行空,独来独往,而必须借鉴与采纳他家学说之长,丰富自己,进而与对立学说相抗衡。学说思想的兴衰除了社会现实的决定因素外,与思想的开放或封闭也有很大的关系。新道家与新儒家的先后成功在于它们的开放,而法、墨的衰落则与它们体系的封闭性有关。"(黄朴民:《董仲舒与新儒家》,台北:文津出版社,1992年,第37页)笔者赞同黄氏观点,董仲舒当然有效地兼综诸家之长,而以儒学为核心,创立了"新儒学"。

③ 余治平:《唯天为大——建基于信念本体的董仲舒哲学研究》,北京:商务印书馆,2003年,第85页。

以整合、统一,从而为大一统政权构筑起理论基础。① "唯天为大"是董仲舒思想体系的核心内容,其目的在于"伸天"。他明确指出"天者,百神之大君也。事天不备,虽百神犹无益也",② 确立"天"为万物主宰的"至上神"地位。他对"春王正月"作了主观且神秘的阐释:

> 臣谨案,《春秋》之文,求王道之端,得之于"正"。"正"次"王","王"次"春"。"春"者,天之所为也。"正"者,王之所为也。其意曰:上承天之所为,而下以正其所为,正王道之端云尔。然则王者欲有所为,宜求其端于天。③

董仲舒认为,春、王、正、月四个字的次序具有"大义":"春"是天的意旨,所以"春"字在"王"字前面;"正"是"王之所为",故"正"字放在"王"的后面。依此次序,便是符合天意。于是,"天"高悬于上,而"王"代天行政。

在《春秋繁露·五行之义》中,董仲舒还将"天"的观念与阴阳五行思想紧密结合起来,曰:

> 天有五行:一曰木,二曰火,三曰土,四曰金,五曰水。④ 木,五行之始也;水,五行之终也;土,五行之中也。此其天次之序也。木生火,火生土,土生金,金生水,水生木,此其父子也。木居左,金居右,火居前,水居后,土居中央,此其父子之序,相受而布。是故木受水,而火受木,土受火,金受土,水受金也。⑤

又如《五行对》曰:

> 天有五行,木火土金水是也。木生火,火生土,土生金,金生水。水

---

① 金春峰曰:"天,有三个方面的意义,即神灵之天、道德之天和自然之天。这三个方面,他力图把它们加以统一,构造成为一个体系,但事实上他并没有做到这一点,而是存在着内在的混乱和矛盾。"(金春峰:《汉代思想史》(增补第三版),北京:中国社会科学出版社,2006 年,第 122 页)

② 苏舆撰,钟哲点校:《春秋繁露义证》,"新编诸子集成本",北京:中华书局,1992 年,第398 页。

③ (汉)班固:《汉书》卷 56《董仲舒传》,北京:中华书局,1962 年,第 2501—2502 页。

④ 《春秋繁露》所录之五行次序,大抵是以四时更迭休王为序,与《洪范》不同,《洪范》所列次序为:一水,二火,三木,四金,五土。郑玄以为这是有本于阴阳所生的次序而作。《素问》《淮南子·原道训》《白虎通》用《洪范》说。

⑤ 苏舆撰,钟哲点校:《春秋繁露义证》,"新编诸子集成本",北京:中华书局,1992 年,第 321 页。

为冬,金为秋,土为季夏,火为夏,木为春。春主生,夏主长,季夏主养,秋主收,冬主藏。藏,冬之所成也。是故父之所生,其子长之;父子所长,其子养之;父之所养,其子成之。诸父所为,其子皆奉承而续行之,不敢不致如父之意,尽为人之道也。故五行者,五行也。由此观之,父授之,子受之,乃天之道也。故曰:夫孝者,天之经也。此之谓也。①

"天道"难知,但它可以通过阴阳五行运行所呈现出来的情状来间接观测,推阴阳之义以窥"天志"。如《天地阴阳》曰:"天、地、阴、阳、木、火、土、金、水、九,与人而十者,天之数毕也……夫王者不可以不知天。知天,诗人之所难也。天意难见也,其道难理。是故明阳阴、入出、实虚之处,所以观天之志。辨五行之本末顺逆、小大广狭,所以观天道也。天志仁,其道也义。为人主者,予夺生杀,各当其义,若四时;列官置吏,必以其能,若五行;好仁恶戾,任德远刑,若阴阳。此之谓能配天。"②"天意难见"但可见,通过"明阴阳、入出、实虚之处",便可知晓"天志";通过推演五行顺逆、小大、广狭,便可窥见"天道"。

在树立"天"的崇高性之后,董仲舒极力宣扬天与人有共同之性,即"人副天数"。在生理上,"人之身,首坌而员,象天容也;发,象星辰也;耳目戾戾,象日月也;鼻口呼吸,象风气也;胸中达知,象神明也;腹饱实虚,象百物也","天地之符,阴阳之副,常设于身,身犹天也,数与之相参,故命与之相连也。天以终岁之数,成人之身,故小节三百六十六,副日数也;大节十二分,副月数也;内有五脏,副五行数也;外有四肢,副四时数也……此皆暗肤着身,与人俱生,比而偶之弇合,于其可数也,副数;不可数者,副类,皆当同而副天,一也"。在精神上,"(人)乍视乍瞑,副昼夜也;乍刚乍柔,副冬夏也;乍哀乍乐,副阴阳也;心有计虑,副度数也;行有伦理,副天地也……皆当同而副天,一也";"人之形体,化天数而成;人之血气,化天志而仁;人之德行,化天理而义;人之好恶,化天子暖清;人之喜怒,化天之寒暑;人之受命,化天之四时。人生有喜怒哀乐之答,春夏秋冬之类也";"天亦有喜怒之气、哀乐之心,与人相副。以类和之,天人一也"。③"人"无论在身体,还是在精神领域,都"副天数"。换言之,这与其说是董仲舒在论述"人副天数",毋宁说是他

---

① 苏舆撰,钟哲点校:《春秋繁露义证》,"新编诸子集成本",北京:中华书局,1992年,第315页。

② 苏舆撰,钟哲点校:《春秋繁露义证》,"新编诸子集成本",北京:中华书局,1992年,第465—468页。

③ 苏舆撰,钟哲点校:《春秋繁露义证》,"新编诸子集成本",北京:中华书局,1992年,第355—357、318、341页。

在构建"天副人数",把"天"的属性、特征比附到"人"的构造上,创造性地将"天"推演成一个有血有肉、有情感意志的"人格化"的"至上神"。这相比西周以来那种不可测的"天",已经有了质的变化。毫无疑问,这种"人格神"意义上的"天",经过形象化的改造,极大促进了人们对这种"天"的绝对崇拜。

在完成了天人关系的重构以后,董仲舒还须寻找到"天"与"人"之间沟通的媒介。这个媒介不可能是任意的人,而只能是一个特指的角色,即君主。只有君主能够通过"以类相召"的方式与"天意"相沟通,秉承"天"的意志治理天下。由此,"天—君—民"三位一体的等级秩序便被塑造起来。所谓"屈民而伸君,屈君而伸天"[①],即此谓也。"天"与"人"之间的关系,便在现实世界表现为"上与下""尊与卑""主与从""统治与服从"的等级秩序关系。董氏在《同类相动》篇中曾详细阐述"以类相召"的原理,曰:"今平地注水,去燥就湿;均薪施火,去湿就燥。百物去其所与异,而从其所与同。故气同则会,声比则应,其验皦然也。试调琴瑟而错之,鼓其宫则他宫应之,鼓其商而他商应之。五音比而自鸣,非有神,其数然也。"又曰:"故琴瑟报弹其宫,他宫自鸣而应之,此物之以类动者也。其动以声而无形,人不见其动之形,则谓之自鸣也。又相动无形,则谓之自然也,其实非自然也,有使之然者矣。物固有实使之,其使之无形。"[②]这种"以类相召"的模式,在先秦诸子学说中已有所体现,如《管子·白心》曰:"同则相从,反者相距也。"[③]《荀子·劝学》曰:"施薪若一,火就燥也;平地若一,水就湿也。草木畴生,禽兽群焉,物各从其类也。"[④]董仲舒承袭并总结这种原理,提出"美事召美类,恶事召恶类,类之相应而起也。如马鸣而马应之,牛鸣则牛应之。帝王之将兴也,其美祥亦先见;其将亡也,妖孽亦先见,物故以类相召也。"[⑤]如此,便为符瑞

---

① 苏舆撰,钟哲点校:《春秋繁露义证》,"新编诸子集成本",北京:中华书局,1992 年,第 32 页。徐复观认为,"屈民而伸君"是虚,"屈君而伸天"是实,为的是要专制体制之君主限制在儒家的政治理想之下。他说:"盖欲把君压抑(屈)于天之下,亦即是压抑于他所传承的儒家政治理想之下,使君能奉承以仁为心的天心,而行爱民之实。在他所承认的大一统专制皇帝之下,为了要使他的'屈君而伸天'的主张得到皇帝的承认,便先说出'屈民而伸君'依据……所以站在仲舒的立场,'屈民而伸君'一句是虚;而'屈君而伸天'一句才是实,使主体。"(徐复观:《两汉思想史》第二卷,上海:华东师范大学出版社,2001 年,第 212 页。)笔者按:董仲舒这种思维逻辑,显示出鲜明的"学者"色彩,是欲以学术干预政治的传统"志于道"思维的"余绪"。

② 苏舆撰,钟哲点校:《春秋繁露义证》,"新编诸子集成本",北京:中华书局,1992 年,第 358、360—361 页。

③ 黎翔凤撰,梁运华整理:《管子校注》,"新编诸子集成本",北京:中华书局,2004 年,第 811 页。

④ (清)王先谦撰,沈啸寰、王星贤点校:《荀子集解》,"新编诸子集成本",北京:中华书局,1988 年,第 7 页。

⑤ 苏舆撰,钟哲点校:《春秋繁露义证》,"新编诸子集成本",北京:中华书局,1992 年,第 358—359 页。

或者灾异提供了发挥的空间,而以灾异、符瑞为天意征兆的天人感应说也得到了一个更具说服力的理论依据。

在这种天人感应说体系之下,为使"天命"长久绵延,统治者必须推行"德政"以召来符瑞。董仲舒在对策中曾反复申述其德治要求,如"臣谨案《春秋》之中,视前世已行之事,以观天人相与之际,甚可畏也。国家将有失道之败,而天乃先出灾害以谴告之,不知自省,又出怪异以警惧之,尚不知变,而伤败乃至。以此见天心之仁爱人君而欲止其乱也……臣闻天之所大奉使之王者,必有非人力所能致而自至者,此受命之符也。天下之人同心归之,若归父母,故天瑞应诚而至。《书》曰'白鱼入于王舟,有火复于王屋,流为乌',此盖受命之符也。周公曰'复哉复哉',孔子曰'德不孤,必有邻',皆积善累德之效也。"又如:"《春秋》深探其本,而反自贵者始。故为人君者,正心以正朝廷,正朝廷以正百官,正百官以正万民,正万民以正四方。四方正,远近莫敢不一于正,而亡有邪气奸其间者。是以阴阳调而风雨时,群生和而万民殖,五谷孰而草木茂,天地之间被润泽而大丰美,四海之内闻盛德而皆来臣,诸福之物,可致之祥,莫不毕至,而王道终矣。"①为了让君主接受"德政"主张,董仲舒不厌其烦地列举上古圣王时代的太平之世,借前世的治平之政来规谏现世君主。《春秋繁露·王道》曰:"王正则元气和顺、风雨时、景星见、黄龙下。王不正则上变天,贼气并见。五帝三王之治天下,不敢有君民之心。什一而税。教以爱,使以忠,敬长老,亲亲而尊尊,不夺民时,使民不过岁三日。民家给人足,无怨望忿怒之患,强弱之难,无谗贼妒疾之人。民修德而美好,被发衔哺而游,不慕富贵,耻恶不犯。父不哭子;兄不哭弟。毒虫不螫,猛兽不搏,抵虫不触。故天为之下甘露,朱草生,醴泉出,风雨时,嘉禾兴,凤凰麒麟游于郊……德恩不报,奉先之应也。"②可见,董仲舒的思想体系是以儒家德政为基底的,其对"天"的阐释,正如对理想帝王的寄托,而由"天道"所导出的"天道观",无疑隐含着董氏心目中的理想政治。"董仲舒所说的天道的运行和变化,主要是为了建立人道。"③他所创造的君权神授、天人感应学说,是要为汉家天下提供合法性的理论依据,但他思想的最终落脚点仍然是提出"政治更化"的要求,希望汉武帝推行儒家的"理想政治"。

---

① (汉)班固:《汉书》卷 56《董仲舒传》,北京:中华书局,1962 年,第 2498—2500、3502—3503 页。

② 苏舆撰,钟哲点校:《春秋繁露义证》,"新编诸子集成本",北京:中华书局,1992 年,第 101—105 页。

③ 赖炎元注译:《春秋繁露今注今译》,台北:商务印书馆,1984 年,第 14 页。

二、"灾异谴告说"对汉家天下的潜在威胁

凡言两汉阴阳灾异之说,必稽于董仲舒。[①] 董氏诸篇籍论"灾异"最著者,在《天人三策》。近世学者多责其虚妄、妖言,[②]然将之放诸于古代政治哲学而言,却有着颇为谨严、明晰的时代意义和现实价值。董氏所开启的灾异论,较之孔子"不语怪力乱神"、荀子"天行有常"而言,思想的理性固然稍有削弱,但若以现实政权统治需要而言,董氏的思想创造又极具现实性,代表着儒生价值取向的外显。董仲舒将之前的灾异、祥瑞思想进行了系统的整理,并将其上升到理论的高度,提倡"灾异谴告说"。他将"天人感应"等神秘主义的思想与灾异祥瑞思想相糅合,大肆宣扬灾异与人事行为、政治得失之间存在因果关系,其最终目的是要为儒学开辟一条以学术限制王权的途径。"在董仲舒的神学体系里,符命和灾异的思想是相反相成,合为一体的","如果说关于符命的思想是为君权的绝对性提供神学依据,那么关于灾异的思想则是假借天意赋予臣下以一定的批评朝政的权力"。[③] 董仲舒鼓吹灾异论,一方面是出于个人的坚定信仰,另一方面则是基于"一人专制"政治背景的考量。在汉儒心中,"灾异"的神秘色彩,较之"民意"对君权的限制作用更具威慑力和恫吓作用。

董仲舒的"天人感应说"为"灾异谴告说"提供了理论来源。他以"灾异"和"符瑞"为媒介,在至上的人格神"天"与现世的"人"之间的感应过程中,添加了一些非常规的自然现象、物候怪变。在董氏的"天人感应说"中,"灾异"和"符瑞"是"天人感应"的两个基本观点,但其落脚点和归属则在于论证"君权神授"。正是基于这种理论实质,学者往往将董仲舒的思想视为颇具宗教神学意味的、神秘主义的政治哲学体系。侯外庐认为,董仲舒的思想是"中世纪神学正宗思想",而董仲舒是"中世纪神学体系的创造人"[④];徐复观总

① 近世学者多见讥刺董仲舒者,如章太炎称其为"神人大巫";冯友兰称其思想为"宗教化";侯外庐视其思想为"神学"。(分见章太炎:《检论·学变》,自《章太炎全集·三》,上海:上海人民出版社,1984年,第444页;冯友兰:《中国哲学史新编》,北京:人民出版社,1992年;侯外庐等著:《中国思想史》,北京:人民出版社,1992年)

② 如胡适曰:"汉代的大病就是虚妄,汉代是一个骗子的时代";劳思光曰:"自西汉初至东汉,支配知识分子之思想,非孔孟之儒学,而为混杂阴阳五行之妖言","阴阳家之幽灵,附经书之躯壳而横行中国……而妖言与儒学竟不可分。此中国哲学之大劫也"。(分见胡适:《王充的论衡》,自《论衡校释》附编四,北京:中华书局,1990年,第1287页;劳思光:《中国哲学史》卷二,香港:崇基书局,1980年,第10、11页)

③ 任继愈:《中国哲学发展史》(秦汉卷),北京:人民出版社,1985年,第418—419页。

④ 侯外庐、赵纪彬、杜国庠、邱汉生:《中国思想通史》(第二卷),北京:人民出版社,1957年,第84—90页。

结董仲舒《春秋》学的特色,曰:"一定要把立足于历史,立足于具体的人事的《春秋》及《公羊传》,拉入到他的天的哲学系统中去,在笃实明白的文字中,赋予以一份神秘的色采(彩)"[①];于首奎认为董仲舒的天人理论是"神学唯心主义哲学体系""天人感应的神学目的论"[②];金春峰认为董仲舒思想存在"神学和非神论的矛盾""一方面是神学的十分荒诞的灾异谴告;一方面是虽也十分荒诞然而却是非神的以气为中介的道德的机械化感应,这种矛盾两重性的存在,是董仲舒天人感应思想的基本特征"[③];王永祥认为董仲舒理论"接近于欧洲近代启蒙时期所见的自然神论和泛神论"[④]。诸说对董仲舒的政治哲学皆有所评述,视角各异,但皆指向了董氏学说的学术属性。但是,中国古代思想,皆"安住于社会现实",以政治和伦理为核心,以治国理民为根本目的。不论董氏思想向纯粹的神学迈进得有多近,它仍未脱离于现实与政治,其大一统说、天人感应论如此,其三统论、灾异谴告说亦是如此。

董仲舒的天人感应论,通过"灾异谴告说"的疏通,在一定意义上可以对皇帝有"警悟"作用。南宋儒者赵彦卫曾评价董仲舒、刘向的灾异说,曰:"董仲舒、刘向于无形灾异,凡一虫一木之异,皆推其事以著验。二子汉之大儒,惓惓爱君之心,以为人主无所畏,唯畏天畏祖宗,故委曲推类而言之,庶可警悟。"[⑤]现世的怪象物候,是灾异还是瑞应,其话语权操于儒者之口,从而为儒者言政、干政提供一条理论路径。"中国之大,年年有灾异,官员可以经常利用灾异向皇帝进谏,随时提醒皇帝要省事节欲,尊贤安民。这对于稳定社会、发展生产是有利的。"[⑥]《春秋繁露·必仁且智》详细论述"灾异谴告"的内容,曰:

> 天地之物,有不常之变者,谓之异,小者谓之灾。灾常先至而异乃随之。灾者,天之谴也;异者,天之威也。谴之而不知,乃畏之以威。《诗》云:"畏天之威。"殆此谓也。凡灾异之本,尽生于国家之失,国家之失乃始萌芽,而天出灾害以谴告之;谴告之而不知变,乃见怪异以惊骇之;惊骇之尚不知畏恐,其殃咎乃至。以此见天意之仁而不欲陷人也。谨案:灾异以见天意,天意有欲也,有不欲也。所欲所不欲者,人内以自

① 徐复观:《先秦儒家思想的转折及天的哲学的完成》,《两汉思想史》卷二,台北:学生书局,1976年,第351页。
② 于首奎:《董仲舒评传》,《两汉哲学新探》,成都:四川人民出版社,1988年,第113页。
③ 金春峰:《汉代思想史》,北京:中国社会科学,1987年,第167、170页。
④ 王永祥:《董仲舒评传》,南京:南京大学出版社,1995年,第123页。
⑤ (南宋)赵彦卫:《云麓漫钞》,北京:中华书局,1996年,第249页。
⑥ 王子今:《权力的黑光——中国封建政治迷信批判》,北京:中共中央党校出版社,1994年,第40页。

省,宜有惩于心,外以观其事,宜有验于国,故见天意者之于灾异也,畏之而不恶也,以为天欲振吾过,救吾失,故以此报我也。《春秋》之法,上变古易常,应是而有天灾者,谓幸国。孔子曰:"天之所幸,有为不善,而屡极。"楚庄王以天不见灾,地不见孽,则祷之于山川,曰:"天其将亡予邪! 不说吾过,极吾罪也。"以此观之,天灾之应过而至也,异之显明可畏也。此乃天之所欲救也,《春秋》之所独幸也,庄王所以祷而请也,圣主贤君尚乐受忠臣之谏,而况受天谴也。①

又《汉书·董仲舒传》引《天人三策》曰:

春者天之所以生也,仁者君之所以爱也;夏者天之所以长也,德者君之所以养也;霜者天之所以杀也,刑者君之所以罚也。繇此言之,天人之征,古今之道也。孔子作《春秋》,上揆之天道,下质诸人情,参之于古,考之于今。故《春秋》之所讥,灾害之所加也;《春秋》之所恶,怪异之所施也。书邦家之过,兼灾异之变,以此见人之所为,其美恶之极,乃与天地流通而往来相应,此亦言天之一端也。②

两则史料所反映的思想大体相同,都是着意于揭示:"灾异",是"天"谴告地上君主的"手段"和"途径"。不仅如此,董仲舒还将"天"说成是有仁爱之心的存在。当君主失道时,并不会马上改命,而是要一而再地降下灾、异来"警示"君主。"国家将有失道之败,而天乃先出灾害以谴告之,不知自省,又出怪异以警惧之,尚不知变,而伤败乃至。以此见天心之仁爱人君而欲止其乱也。自非大亡道之世者,天尽欲扶持而全安之,事在强勉而已矣。"③通过这种思维,董仲舒巧妙地高举"天"的名义,将君权置于儒家政治理想、道德观念的影响之下,借以约束君主的欲求。这说明董仲舒在改造儒学的同时,试图保留先秦以来"道高于势"的价值观念,希冀统治者实现儒家的王道理想。

为了显示这种天与天子之间的感应,上天会通过某些自然现象或者物候怪奇来表达自己的意志。当君主将兴之时,必有祥瑞的征兆,即"受命之符"。《汉书·董仲舒传》曰:

①　苏舆撰,钟哲点校:《春秋繁露义证》,"新编诸子集成本",北京:中华书局,1992 年,第259—261 页。
②　(汉)班固:《汉书》卷 56《董仲舒传》,北京:中华书局,1962 年,第 2515 页。
③　(汉)班固:《汉书》卷 56《董仲舒传》,北京:中华书局,1962 年,第 2498 页。

臣闻天之所大奉使之王者,必有非人力所能致而自至者,此受命之符也。天下之人同心归之,若归父母,故天瑞应诚而至。《书》曰:"白鱼入于王舟,有火复于王屋,流为乌,此盖受命之符也。"①

同时,当君主治平有道时,上天也会降"符瑞",以示肯定、褒奖,如:

王正则元气和顺,风雨时,景星见,黄龙下。

木者春,生之性,农之本也。劝农事,无夺民时,使民,岁不过三日,行什一之税,进经术之士,挺群禁,出轻系,去稽留,除桎梏,开门阖,通障塞,恩及草木,则树木华美,而朱草生;恩及麟虫,则鱼大为,鳣鲸不见,群龙下。

火者夏,成长,本朝也。举贤良,进茂才,官得其能,任得其力,赏有功,封有德,出货财,振困乏,正封疆,使四方。恩及于火,则火顺人,而甘露降。恩及羽虫,则飞鸟大为,黄鹄出见,凤凰翔。②

当君主失德时,不仅会造成社会动乱,同时也会导致整个自然界秩序的失常。于是,天便会降下"灾异",警告统治者改变统治策略,践行德政仁治。这种观念,无疑是对君主权力的一种约束和谴责,但是,在阵阵谴告声中却又夸大了君主的作用和影响力。所谓"灾异"与"符瑞",实际是一事之两面,皆是学者用以限制王权、实践其政治理想的一种手段、工具。汉武帝关注"天命"与正统问题,曾策问"三代受命,其符安在?灾异之变,何缘而起?"董仲舒答曰:"国家将有失道之败,而天乃先出灾害以谴告之,不知自省,又出怪异以警惧之,尚不知变,而伤败乃至。以此见天心之仁爱人君而欲止其乱也。"③董仲舒在"天命"理论的架构中,首次将"天"降下的灾异与君主的施政行为及其效果相结合,建立起一种天人相感、顺天应人的"灾异谴告"论。这一方面通过"天"的权威将君主集权神圣化,另一方面也使得君主统治随时受到"上天"的监视与警告,从而给现世的君主戴上一

① (汉)班固:《汉书》卷56《董仲舒传》,北京:中华书局,1962年,第2500页。

② 苏舆撰,钟哲点校:《春秋繁露义证》,"新编诸子集成本",北京:中华书局,1992年,第101、371—373页。

③ (汉)班固:《汉书》卷56《董仲舒传》,北京:中华书局,1962年,第2496、2498页。

套"紧箍"。

　　然而,董仲舒所宣传的灾异谴告说,在当时并不能完全推布于政治实践之中。他曾经拿着灾异之说推演"求雨""止雨"之事,"以《春秋》灾异之变推阴阳所以错行,故求雨,闭诸阳,纵诸阴,其止雨反是;行之一国,未尝不得所欲"[①],似乎证明这套理论是可行且可靠的。但是,当董仲舒以"灾异"说讨论事关最高皇权的时候,得到的却是严厉的惩处。《汉书·董仲舒传》记其事曰:"先是辽东高庙、长陵高园殿灾,仲舒居家推说其意,草稿未上,主父偃候仲舒,私见,嫉之,窃其书而奏焉。上召视诸儒,仲舒弟子吕步舒不知其师书,以为大愚。于是下仲舒吏,当死,诏赦之。仲舒遂不敢复言灾异。"[②]即便是董仲舒的弟子吕步舒,都言之凿凿地将董氏灾异之书斥为"大愚",可见当时"灾异谴告说"并无多少社会基础。董仲舒"不敢复言灾异",更展示出皇权的至上性与绝对性给予学士的政治压力。此后,董氏后学仍不乏倡导"灾异说"者,在西汉后期尤为兴盛。《汉书·眭两夏侯京翼李传》赞曰:"汉兴推阴阳言灾异者,孝武时有董仲舒、夏侯始昌,昭、宣则眭孟、夏侯胜,元、成则京房、翼奉、刘向、谷永,哀、平则李寻、田终术。"[③]但正如董仲舒的命运,言灾异谴告者大多以悲剧结局,"仲舒下吏,夏侯囚执,眭孟诛戮,李寻流放,此学者之大戒也。京房区区,不量浅深,危言刺讥,构怨强臣,罪辜不旋踵,亦不密以失身,悲夫!"[④]灾异论活跃于西汉后期,虽使君主不得不重视其说,在诏令中屡屡表示"恐惧一二,修省一二",但就君主的主观意志和社会客观现实而言,灾异论并不能帮助汉家摆脱日益严峻的统治危机。灾异的频繁出现、议论,反而在社会心理层面动摇了汉家的"天命",最终走向了刘氏皇权专制的"反面"。

　　董仲舒在继承阴阳五行学说的同时,还发展了五德终始说,或者说是"截取"了五德终始说的历史谱系,系统地论述他的"三统三正"说,即黑统、白统、赤统三统依次循环的历史循环理论。"三统说"[⑤]的成熟形态,出于董仲舒之

---

① (汉)班固:《汉书》卷56《董仲舒传》,北京:中华书局,1962年,第2524页。
② (汉)班固:《汉书》卷56《董仲舒传》,北京:中华书局,1962年,第2524页。
③ (汉)班固:《汉书》卷75《眭两夏侯京翼李传》,北京:中华书局,1962年,第3194—3195页。
④ (汉)班固:《汉书》卷75《眭两夏侯京翼李传》,北京:中华书局,1962年,第3195页。
⑤ 关于"三统说",除董仲舒之说外,尚有另外四种说法:其一,刘歆在《太初历》基础上修订的《三统历》,如《汉书·律令志》曰:"刘向总六历,列是非,作《五纪论》。向子歆究其微眇,作三统历及谱以说《春秋》,推法密要,故述焉。"(《汉书·律历志》,中华书局,1962年,第979页)其二,以"三统"为"三才之道",黄钟为天统、林钟为地统、太族为人统,如《后汉书·律历志》曰:"三统者,天施,地化,人事之纪也。……此律之谓矣,是为三统。"(《后汉书·律历志》,中华书局,1965年,第3027页)其三,以"三统"为"三纲"的别称,如《白虎通·三纲六纪》曰:"三纲法天、地、人,六纪法六合。君臣法天,取象日月屈信归功于天也。父子法地,取象五行转相生也。夫妇法人,取象人合阴（转下页）

手,但将颜色与朝代相搭配的作法早在《礼记》与《尚书大传》就有体现。礼记·明堂位》①曰:"夏后氏牲尚黑,殷白牡,周骍刚。"②《尚书大传》③曰:"夏以十三月为正,色尚黑""殷以十二月为正,色尚白""周以十一月为正,色尚赤"。④ "尚色"与"三代"一一对应,说明"三统论"的思想因素早已成形,只是两书尚未以"三统"命名。

《春秋繁露》对"三统论"的系统阐述,集中于《三代改制质文》⑤篇,兹胪列部分内容:

> 《春秋》曰,"王正月"……何以谓之"王正月"?曰:王者必受命而后王。王者必改正朔,易服色,制礼乐,一统于天下,所以明易姓,非继人,通以己受之于天也。王者受命而王,制此月以应变,故作科以奉天地,故谓之"王正月"也。

> 王者改制作科奈何?曰:当十二色,历各法而正色,逆数三而复。绌三之前曰五帝,帝迭首一色,顺数五而相复。礼乐各以其法象其宜。顺数四而相复。咸作国号,迁官邑,易官名,制礼作乐。

> 故汤受命而王,应天变夏作殷号,时正白统,亲夏故虞,绌唐谓之帝尧,以神农为赤帝,作宫邑于下洛之阳,名相官曰尹,作《濩乐》,制质礼

(接上页)阳有施化端也。"(《白虎通·三纲六纪》,北京:中华书局,1994 年,第 375 页)其四,以"三统"为三正、三微,即"夏正建寅,殷正建丑,周正建子",如《白虎通·三正》曰:"正统有三何? 本天有三统,谓三微之月也。明王者当奉顺而成之,故受各统一正也,敬始重本也。朔者,苏也,革也,言万物革更于是,故统焉。"(《白虎通·三正》,北京:中华书局,1994 年,第 362 页)上述四说,或言天文历法,或言伦理道德,而第四种为三代制度之总结。但是,董仲舒所言之"三统",是言德运、天命之运转,又关涉历史系统的梳理,故笔者采"黑统、赤统、白统"说。

① 《礼记·明堂位》的主要内容,成书于战国晚期。(参见王锷:《〈礼记〉成书考》,北京:中华书局,2007 年,第 274—281)。

② (清)阮元校刻:《十三经注疏》,北京:中华书局,1980 年影印版,第 1490 页。

③ 《尚书大传》为西汉伏生所撰,因其将尚色与历法相配,故有学者认为《尚书大传》是最早论述"三统说"的著作。(参见黄朴民:《公羊"三统"说与何休〈春秋〉王鲁'论》,《管子学刊》1998 年第 4 期;侯金满:《〈尚书大传〉源流考》,南京大学硕士学位论文,2013 年,第 227—228 页)

④ (清)陈立撰,吴则虞点校:《白虎通疏证》引《尚书大传》,北京:中华书局,1994 年,第 363 页。

⑤ 有学者质疑《三代改制质文》并非董仲舒所作,如桂思卓《从编年史到经典:董仲舒的春秋诠释学》(北京:中国政法大学出版社,2009 年,第 93 页)。但是,司马迁学《春秋》于董仲舒,《史记·历书》中有关"三正"的内容明显受到董仲舒的影响,故《三代改制质文》即便不是董氏亲作,基本观点却应是承于董仲舒。(参见顾颉刚:《五德终始说下的政治和历史》,《清华大学》1930 年第 1 期,第 81—95 页;汪高鑫:《司马迁的"通古今之变"》,《董仲舒与汉代思想研究》,北京:商务印书馆,2012 年,第 181—188 页)

以奉天。①

> 故《春秋》应天作新王之事，时正黑统。王鲁，尚黑，②纴夏，亲周，故宋，乐宜亲《招武》，故以虞录亲，乐制宜商，合伯子男为一等。③

由上文可推知：其一，王朝更替的次序为"黑统→白统→赤统"；其二，君主获得哪一"统"的顺次，就要按照这一"统"去推展相应的礼乐制度，改正朔、易服色；其三，三统与三正相应，三代以后的三统轮次，必须参考相应的"三正"；其四，新王必须"通三统"，存二王后。董仲舒的"三统论"，吸收了《尚书大传》的思想④，但其政治目的在于宣明汉家是承袭三代的"新王"，从而证明汉家政治的正当性。

董仲舒认为"易姓受命"而得天下，必须在制度上改正朔、易服色、更音律等，因为新王并不是继嗣前王的德、统，而是重新"受命而王"，其所受的"天命"是新的。因此，一旦新王获取现世的统治地位，必须通过"受命改制"来报答"上天"：

> 今所谓新王必改制者，非改其道，非变其理，受命于天，异姓更王，非继前王而王也。若一因前制，修故业，而无有所改，是与继前王而王者无以别。受命之君，天之所大显也。事父者承意，事君者仪志。事天亦然。今天大显已，物袭所代而率与同，则不显不明，非天志。故必徙居处、更称号、改正朔、易服色者，无他焉，不敢不顺天志而明白显也。⑤

在此理论基础上，董仲舒又将历代帝王与三统一一对应起来，再加上五

---

① 苏舆撰，钟哲点校：《春秋繁露义证》，"新编诸子集成本"，北京：中华书局，1992年，第185—187页。

② 此为《春秋》为汉制法说的由来。又曰："鲁为侯国，汉承帝统，以侯拟帝，嫌于不恭，故有讬王之说。云黑统则讬秦尤显。盖汉承秦制，学者耻言，故夺黑统归《春秋》，以为继《春秋》，非继秦也。《易通卦验》云：'秦为赤驱，非命王。'《汉书·王莽传》赞：'昔秦燔《诗》《书》，以立私议。莽诵六艺，以文奸言。皆亢龙绝气，非命之运，圣王之驱除云尔。'此亦汉世不以秦为受命之王之证。不以秦为受命之王，斯不得不归之《春秋》以当一代。尊《春秋》即所以尊汉也。晋尊二王之后，只及周、汉，不数秦，正用汉儒义。"（苏舆撰，钟哲点校：《春秋繁露义证》，"新编诸子集成本"，北京：中华书局，1992年，第187—188页）董仲舒即是以此为基础，以《春秋》推定汉为黑统。

③ 苏舆撰，钟哲点校：《春秋繁露义证》，"新编诸子集成本"，北京：中华书局，1992年，第187—191页。

④ 参见饶宗颐：《中国史学上之正统论》，北京：中华书局，2015年，第7页。

⑤ 苏舆撰，钟哲点校：《春秋繁露义证》，"新编诸子集成本"，北京：中华书局，1992年，第17—18页。

德说,便形成以下逻辑:

世代	五德说	三统说	
黄帝(按五德说)	土德(尚黄)	赤统	法商
帝喾(按三统说)			
夏	木德(尚青)	黑统	法夏
商	金德(尚白)	白统	法质
周	火德(尚赤)	赤统	法文
秦(按五德说)	水德(尚黑)	黑统	法商
春秋(按三统说)			
汉(按文帝以后的五德说)	土德(尚黄)	白统	法夏

据上表分析,"五德说"与"三统说"的相同点在于商、周、秦(春秋)三个世代,所尚的颜色完全相同,分别是白、赤、黑。由此而言,"三统说"似乎是从"五德说"中割取了一部分内容,又在这些内容上加以拓展而形成。

董仲舒还阐释了与"三统说"相关的"三道论",认为"夏上忠,殷上敬,周上文者,所继之捄,当用此也。孔子曰:'殷因于夏礼,所损益可知也;周因于殷礼,所损益可知也。其或继周者,虽百世可知也。'此言百王之用,以此三者也矣"。[①] 这里,董仲舒实际上肯定了孔子的"损益说",将"夏忠""商敬""周文"共三种"治道"对应到"三统说"之中,也即黑统——忠、白统——敬,赤统——文。基于"三统"的周而复始,"三道"也必然随之循环罔替。"三道"之外还有"四法",即舜法商、禹法夏、汤法质、周法文。由此,将"四法""三统""三道"的小循环,相互配合后构成十二代的大循环系统。这就比邹衍"五德终始说"的单一循环要复杂得多,大、小循环相配合,"故王者有不易者,有再而复者,有三而复者,有四而复者,有五而复者,有九而复者"[②]。在这个大、小循环系统运作中,董仲舒所创的"三统说"远比前代的"五德终始说"所呈现的历史系统要更长、更系统。"五德终始说"所追溯的最远帝王是黄帝,而在"三统说"中最远已经追溯到了包羲氏。

就价值取向而言,董仲舒还提出了一条"义不讪上,智不危身"的原则。他在《春秋繁露》首篇《楚庄王》中提出这一原则,并将之作为《春秋》所蕴涵

---

① (汉)班固:《汉书》卷56《董仲舒传》,北京:中华书局,1962年,第2518页。

② 苏舆撰,钟哲点校:《春秋繁露义证》,"新编诸子集成本",北京:中华书局,1992年,第200—201页。

的大义和孔子修《春秋》的原则。文中,董仲舒将鲁国十二君划分为三种层次,分别是"有见""有闻""有传闻"。孔子生活的鲁哀公、鲁定公、鲁昭公三世为"有见"之世,即能够亲身见识之世;鲁襄公、鲁成公、鲁文公、鲁宣公四世为"有闻"之世,是距离孔子稍近而能闻知的时代;鲁僖公、鲁闵公、鲁庄公、鲁桓公、鲁隐公五世为"传闻之世",是距离孔子更远的时代。按照时代的远近不同,对于孔子的影响也有所差异,因此孔子对待三者的态度也表现出不同,即"于所见,微其辞;于所闻,痛其祸;于传闻,杀其恩,与情俱也"①。其隐含的意义是:"对那些距离较远的人和事就把自己的好恶褒贬表达得直接一些;对那些相距较近的人和事则把自己的好恶善否表达得隐晦些;至于自己经历过的人和事,因直接牵涉到自己的身家命运就只有'微其辞'了。"②董仲舒对这种原则进一步概括,曰:

> 然则《春秋》义之大者也,得一端而博达之,观其是非,可以得其正洁,视其温辞,可以知其塞怨。是故于外,道而不显,于内,讳而不隐。于尊亦然,于贤亦然。此其别内外、差贤不肖而等尊卑也。义不讪上,智不危身。故远者以义讳,近者以智畏,畏与义兼,则世逾近而言逾谨矣。此定、哀之所以微其辞。以故用则天下平,不用则安其身,《春秋》之道也。③

如此,董仲舒便将"远者以义讳,近者以智畏,畏与义兼"视作孔子明哲保身的体现,将"义不讪上,智不危身"视作《春秋》大义。这反映在汉儒处理自身的政治理想与政治权势需要的矛盾上,便是要根据政治权威的需要,在理论上修正先秦以来的学术传统,重新定位儒生的社会角色和价值取向。董仲舒创造君权神授、天人感应、大一统等理论的政治目的,便在于此。同时,当他高举着"灾异谴告说"谈论辽东高祖庙和长陵高园的灾异,反而差点丧命时,只能断然地"不敢复言灾异"。这种态度正是他"义不讪上,智不危身"原

---

① 苏舆撰,钟哲点校:《春秋繁露义证》,"新编诸子集成本",北京:中华书局,1992年,第10页。
② 臧知非:《"义不讪上,智不危身"发微——董仲舒春秋公羊学与汉代儒生的人格蜕变》,《苏州大学学报》2000年第4期,第76页。
③ 苏舆撰,钟哲点校:《春秋繁露义证》,"新编诸子集成本",北京:中华书局,1992年,第12—13页。关于"《春秋》,义之大者也",程子释曰:"后世以史视《春秋》,谓褒贬善恶而已。至于经世之大法,则未之知也。《春秋》大义数十,炳如日星,乃易见也。惟其微词奥义,时措咸宜者,为难知也。或抑或纵,或予或夺,或进或退,或微或显。而得于义理之安,文质之中,宽猛之宜,是非之公,乃制事之权衡,揆道之模范也。"(苏舆撰,钟哲点校:《春秋繁露义证》,"新编诸子集成本",北京:中华书局,1992年,第12页)颇可见董氏之论《春秋》之义对后世之影响。

则的体现。"董仲舒提出'义不讪上,智不危身'的原则,是要在政治权势和学术道义之间建立一个支点,既能以儒学匡救时弊而又不违忤人君,是希望在君权不可侵犯的条件下为学术的独立性保留一点空间,希望知识分子在'道'的范围内能有那么一点人格尊养。因为'义不讪上'是针对传统儒生的'是古非今'的行为而言的,欲把'是古非今'改造为符合'春秋之道奉天而法古',即在'奉天'的名义之下实现'法古'的目的,达到自己的政治理想。"①

尽管西汉中后期的儒生,竭力地借用"灾异"的出现,提出自己的政治主张,干预汉家政治及其运行,兴起一股"灾异论"的高潮,但理论与现实之间的距离始终存在。"董仲舒苦心孤诣地建构了这么一套既尊君,又抑君的宇宙论思想,反映了汉代知识分子在一人专制体制下的困境。"②先秦时期儒生那种"道高于势"的价值追求,受到秦汉之际的历史变迁影响,逐渐走向了"现实主义"倾向。叔孙通、陆贾、贾谊等诸生在阐述自己的思想时,皆是从社会现实出发,基于社会生活存在的具体问题,提出解决问题的制度、主张。"董仲舒'义不讪上,智不危身'的提出无疑加速了儒生的这一蜕变过程,标志着儒生人格臣仆化的自觉,同时也标志着儒生学术创新的萎缩。这既是政治统一的客观条件使然,也是以董仲舒为代表的儒生自我选择的结果。"③董仲舒被汉儒视作"儒宗",其思想明显受到燕齐怪迂之术的影响。他主张的大一统、灾异论、三统说、天人感应说等,率先将天、人塑造成"相副"的形象,形成了系统且完备的天人感应论的神学化创造。他秉持先秦以来儒生"志于道"的传统而阐释的"灾异谴告"说,开启了汉代谶纬神学比附经学、学术渐趋虚妄的先河,深刻影响着西汉以后的政治文化形态。

第三节　汉武帝的"改制"与"封禅"

有关汉家德运的争论,在景帝朝的状况,缺乏史料记载,不能臆测。但

---

①　臧知非:《"义不讪上,智不危身"发微——董仲舒春秋公羊学与汉代儒生的人格蜕变》,《苏州大学学报》2000 年第 4 期,第 77 页。

②　张端穗:《天与人归——中国思想中政治权威合法性的观念》,自黄俊杰主编:《理想与现实》,台北:联经出版事业公司,1982 年,第 130 页。张氏还认为董仲舒"从未像孟子一样明言'惟仁者宜在高位'。他提到'受命之符'的问题,但并未多所发挥。他强调的是'抑君'的灾异思想,希望借此警告人主实行善政。在此前提下,董仲舒思想呈现了许多退缩的现象。理想君王的形象不如先秦儒家思想那么动人,儒家心性论的探讨因而中斩"。

③　臧知非:《"义不讪上,智不危身"发微——董仲舒春秋公羊学与汉代儒生的人格蜕变》,《苏州大学学报》2000 年第 4 期,第 75 页。

是,文帝时既有贾谊、公孙臣、新垣平等一批人的公开宣传,又有"黄龙见成纪"降临的事实,儒生与方士之中必然有人持续不断地鼓吹着。这场德运之争的"阶段性"成果,是在汉武帝朝达成的,其标志是"太初改制"。改制的内容,实际是杂用"土德说"与"三统论",以"封禅"形式宣告"受命于天"。武帝的封禅活动,促使一批"方士化"儒生的兴起。这又深刻影响到西汉中后期经学朝着"谶纬神学"方向的发展,导致西汉末期神秘主义思想因素的盛行。可以说,方士化儒生是将"谶纬"纳入到汉代政权合法性理论建构体系中的主导者。

一、《五帝本纪》与"王圣"观念

我们可由黄帝形象从"神"到"人"的转变,看待汉人关于"天命神权"的重新阐释:春秋以降,神仙家与论道之人将黄帝涂饰成神仙形象;战国以降,儒家将黄帝推崇为古代的帝王,为塑造黄帝的历史形象预设下铺垫;汉武帝独尊儒术后,"黄帝竟成为历史"——黄帝成了社会民众公认的人文初祖形象,实际上具备了某种祖先神的意味。既然是祖先神,便不仅具有神圣的色彩,且因董仲舒新儒学的构建,有了较为清晰的传承谱系,也具有正统色彩。

早期的黄帝崇拜,大抵是从春秋战国时期开始的。郭沫若、刘蔚华、胡家聪、刘毓璜等学者主张黄帝崇拜产生于田齐政权时期,认为田齐自认为是黄帝的后裔,从而促使稷下学派积极创造性地阐释黄帝之学,形成黄老学派。[①] 当时的慎到、环渊、接子、田骈等人"皆学黄老道德之术,因发明序其旨意"。[②] 然而,我们并不能据此认为黄帝崇拜在战国是齐侯独享,实际上当时的各个诸侯国大都在推崇黄帝,如秦灵公曾"作吴阳上畤,祭黄帝"[③]。又如魏国史书《竹书纪年》的记事时间起始于黄帝,[④]说明三晋地区亦十分推崇黄帝,且当有更早的黄帝史迹存在。《礼记·祭法》说"黄帝正名百物以明民共财",说明此时黄帝的主要功业是"能成命百物"。孔颖达注曰:"'法

---

① 参见郭沫若:《稷下黄老学派的批判》,《十批判书》,郭沫若著作编辑委员会编:《郭沫若全集·历史编》第 2 卷,北京:人民出版社,1982 年,第 155—162 页;刘蔚华、苗润田:《黄老思想源流》,《中国哲学史》1986 年第 2 期;胡家聪:《管子新探》,北京:中国社会科学出版社,1995 年,第 77—78 页;刘毓璜:《先秦诸子初探》,南京:江苏人民出版社,1984 年,第 193—194 页。

② (汉)司马迁:《史记》卷 74《孟子荀卿列传》,北京:中华书局,1959 年,第 2347 页。

③ (汉)司马迁:《史记》卷 28《封禅书》,北京:中华书局,1959 年,第 1364 页。

④ 按照杜预《春秋经传集解》说:"《纪年》篇起自夏、殷、周",但《史记·魏世家》集解记载汲冢竹书的最早整理者荀勖、和峤说《纪年》起自黄帝。相较而言,后者当更可信。另郝懿行、范祥雍、方诗铭、王修龄也赞同后者,分见郝懿行笺疏,范祥雍校:《山海经笺疏补校》,上海:上海古籍出版社,2013 年,第 388 页;方诗铭、王修龄撰:《古本竹书纪年辑证》,上海:上海古籍出版社,2005 年,第 2 页。

施于民则祀之'者,若神农及后土,帝喾与尧,及皇帝、颛顼与契之属是也。"①这说明黄帝之所以能够被祭祀的主要原因即是"成命百物",颇有神学色彩。战国时期的文献中,有关"黄帝伐四帝""黄帝百战""黄帝三百年"等传说经常出现,如《尸子》《尉缭子》《鹖冠子》《孙子兵法》等。诸子所阐释的黄帝形象多是关于黄帝的德行。以《大戴礼记·五帝德》为例,宰我问孔子"黄帝三百年"的原因,孔子回答:

> 黄帝,少典之子也,曰轩辕。生而神灵,弱而能言,幼而慧齐,长而敦敏,成而聪明。治五气,设五量,抚万民,度四方;教熊罴貔豹虎,以与赤帝战于阪泉之野,三战,然后得行其志。黄帝黼黻衣,大带,黼裳,乘龙扆云,以顺天地之纪,幽明之故,死生之说,存亡之难。时播百谷草木,故教化淳鸟兽昆虫,历离日月星辰;极畋土石金玉,劳心力耳目,节用水火材物。生而民得其利百年,死而民畏其神百年,亡而民用其教百年,故曰三百年。②

孔子对宰我的解答明显是强调黄帝之德:治理有方、顺应天地、教化万民等。孔子这种儒家色彩的阐释,颇可代表诸子心目中的黄帝形象,即由春秋时期"成命百物"的神人过渡为德行高尚的先圣帝王。

顾颉刚曾将早期黄帝形象的演变过程归纳为六个阶段,即:

> 1. 黄帝是秦国崇奉的上帝之一。
>
> 2. 战国神仙家涂饰过的黄帝形象。
>
> 3. 经过庄子等道家学者附加"道"的黄帝。
>
> 4. 被儒家推为古代帝王角色的黄帝形象,如《易系辞》与《五帝德》中的记载。
>
> 5. 被汉代道家批评的儒家心目中的"人间化"黄帝形象。
>
> 6. "独尊儒术"后,儒家经典如《易》《礼》《国语》中成为"历史"角色的黄帝。③

---

① 阮元校刻:《十三经注疏·礼记正义》,北京:中华书局,1980 年影印本,第 1590 页。

② (清)王聘珍撰,王文锦点校:《大戴礼记解诂》,"新编诸子集成本",北京:中华书局,1983 年,第 118—119 页。

③ 顾颉刚:《顾颉刚读书笔记》卷 1《纂史随笔三》"黄帝故事的演变次序"条,《顾颉刚全集》,北京:中华书局,2011 年,第 431 页。

按顾颉刚的说法,黄帝形象经历了一个动态的演变过程:由春秋战国时期的"神仙",中经儒家塑造的"古代帝王"角色,至汉武帝以后变成"历史"角色。按顾氏的说法,太史公成为促使"黄帝竟成为历史"的始作俑者:"当战国后期,其时黄帝传说流传至中原已久,为学者所共述,群奉为最古之人王,故(邹)衍由此而推远之也。自此以来,黄帝之说遂为言古史者所不能废,司马迁冠《五帝本纪》于《史记》全书者以此。"①

顾氏所依据的史料,是《史记·五帝本纪》。在这篇本纪中,黄帝为首列的远古帝王:

> 学者多称五帝,尚矣。然《尚书》独载尧以来;而百家言黄帝,其文不雅驯,荐绅先生难言之。孔子所传《宰予问》《五帝德》及《帝系姓》,儒者或不传。余尝西至空桐,北过涿鹿,东渐于海,南浮江淮矣。至长老皆各往往称黄帝、尧、舜之处,风教固殊焉,总之不离古文者近是。予观《春秋》、《国语》,其发明《五帝德》、《帝系姓》章矣,顾弟弗深考,其所表见皆不虚。《书》缺有间矣,其轶乃时时见于他说。非好学深思,心知其意,固难为浅见寡闻道也。余并论次,择其言尤雅者,故著为本纪书首。②

尽管太史公也明言有关五帝的事迹过于久远而"缙绅先生难言之",以致"儒者或不传",甚至在《尚书》中"缺有间",但仍然宣称"其所表见皆不虚",认为五帝传说是可信的历史。因此,太史公采取了一种"择其优雅者"③的态度,作了《五帝本纪》。所谓"百家言黄帝",是说太史公认为黄帝形象在先秦诸子之说中多有谈及,言论繁而不同,令人莫衷一是。《淮南子·修务训》也曾批评这种乱象,说:"世俗之人,多尊古而贱今,故为道者必托之神农、黄帝而后能入说。乱世暗主,高远其所从来,因而贵之。为学者,蔽于论而尊其所闻,相与危坐而称之,正领而诵之。此见是非之分不明。"④相较而言,《淮南子·修务训》的作者从实践的角度,重在指斥世人"贵古贱今"而导致的"诋

---

① 顾颉刚:《顾颉刚读书笔记》卷16《史林杂识初编》"黄帝"条,《顾颉刚全集》,北京:中华书局,2011年,第407—408页。

② (汉)司马迁:《史记》卷1《五帝本纪》,北京:中华书局,1959年,第46页。

③ 关于"择其优雅者",乃俞樾之言:"《五帝纪》云,择其优雅者,故《唐》《虞》二纪,悉本《尚书》,高辛以上,无稽则略。《禹本纪》《山海经》所有怪物,不以入史。至《高祖纪》,乃有刘媪梦神、白帝化蛇之事。盖当时方以为受命之符,不可得而削也。世以史公为好奇,过矣。"(参见(日)水泽利忠:《史记会注考证校补》,上海:广文书局,1972年,第232页引)

④ 刘文典撰,冯逸、乔华点校:《淮南鸿烈集解》,北京:中华书局,1989年,第653—654页。

古言事"的风气,而太史公则从论说的逻辑性角度,批评人们在价值判断、论说形式等方面的不一致性。二者角度虽不同,但都说明了"百家言黄帝"的普遍性。《汉书·艺文志》著录有大量有关黄帝的典籍,据田旭东统计,"以'黄帝'名、'黄帝臣'名、'黄帝相'名、'黄帝之史'名为书名或作者的典籍,共有三十一家,589 篇(卷)。应该说这在《汉志》所著录的典籍总数中占有相当大的比例,如此众多的依托黄帝或黄帝臣下的著作,与战国以后兴起的黄帝崇拜不无关系"。[1] 太史公对于当时流传的五帝事迹"有所简择",简择的标准便是"优雅"。所谓"优雅",自然不是行文上的文辞优美那么简单,因为即便是粗鄙的传说,也可凭借作者的文学素养来作艺术化的精深加工。此处的"优雅",应当是五帝故事中更具"神形"与传奇色彩,因为太史公作《史记》并非纯粹地记录史事与言行,他有着强烈的政治意图,即"究天人之际,通古今之变"。他是史学家兼政治家、思想家的角色,是要为现实政治服务并阐释自家政治理想的。尽管《史记·五帝本纪》的内容有将身具神话色彩的五帝,从神坛拉回到历史人物的倾向,但这种"历史"角色,在对上古以迄汉代的历史系统的阐释中,仍然具有鲜明的神秘主义色彩。黄帝作为上古帝王,一方面被赋予"圣王"的神性,另一方面也在血缘政治的传承上获得正统性,进而成为身具"神学权威"与"血缘正统"的"治世典范"。

历代学者就《五帝本纪》的史料有所质疑,认为太史公作为汉代人追溯到五帝,时代过于久远。尤其是 20 世纪初以来,多有学者批判乃至否定《五帝本纪》中的历史,其中黄帝更是被质疑的焦点。宋人黄震曾指斥《五帝本纪》,认为:

> 迁之纪五帝,自谓择言之尤雅者著于篇,其存古之意厚矣。然黄帝杀蚩尤与以云纪官,才一二事,若封禅事已不经,至颛顼、帝喾纪,皆称颂语,非有行事可考。唐、虞事虽颇详,皆不过二典所已载。[2]

黄氏认为太史公撰作《五帝本纪》是基于"存古之意",认为《五帝本纪》关于黄帝等人事迹的记载过于简略,且多为"称颂语",没有"行事可考"。此种质疑,略显牵强。

---

① 田旭东:《从〈汉志〉著录及出土文献看战国秦汉间的黄帝之学》,文化遗产研究与保护技术教育部重点实验室、西北大学遗产与考古学研究中心编著:《西部考古》第 3 辑,西安:三秦出版社,2008 年,第 175 页。

② 黄震:《黄氏日钞》卷 46《读史》"史记·武帝纪"条,钟肇鹏选编:《宋明读书记四种》第 16 册,北京:北京图书馆出版社,1998 年影印本,第 1—2 页。

陆懋德由史源学的视角,否定《五帝本纪》,他说:

> 吾人试取《史记》首篇《五帝本纪》为例如下:此篇是真本,作者是司马迁,作成于汉时,写定于汉京,已无问题。但此篇之材料不是得之观察,而是得之传闻,且其传闻是取之于《五帝德》《帝系姓》,及《尧典》《舜典》等书。前二章已言史料须用同时代的记载。今考《五帝德》、《帝系姓》,今在《大戴礼》内,是汉初作品,而《尧典》、《舜典》,今在《尚书》内,是周末作品,皆非五帝时的同时代的史料。如此,则《五帝本纪》之价值自见。价值如此,则此篇之不足为信史,不问可知。①

陆氏认定《五帝本纪》"不足为信史",其理据是说五帝的史料并非"得之观察",而是"得之传闻";且这些传闻所依据的《尧典》《舜典》是周代末期的作品。他似乎从史料来源的根本上颠覆了《五帝本纪》的可信性,但其史源学的一般原理本身就过分强调"亲见"与"观察"的地位。太史公自然不能亲自观察五帝时代的社会情境,他所能得到的"传闻"也确实相对模糊,但他对五帝事迹的记载并非是无源之水、无本之木。他是有文献资料和在汉代仍流传的传说作为立论基础的。可以说,太史公"转述"了他所能见到的历史文献。文献的阙疑,并不等于没有历史。况且,人类历史长河中,没有文献的历史远较有文献记载的历史要漫长得多。陆氏的观点颇值得商榷。

梁启超批判《五帝本纪》更为直接,他认为:

> 带有神话性的,纵然伟大,不应作传。譬如黄帝很伟大,但不见得真有其人。太史公作《五帝本纪》,亦作得恍惚迷离。不过说他"生而神明,弱而能言,幼而徇齐,长而敦敏,成而聪明"。这些话,很像词章家的点缀堆砌,一点不踏实,其余的传说,资料尽管丰富,但绝对靠不住。纵不抹杀,亦应怀疑。②

梁氏认为《五帝本纪》中那种"生而神明"、"弱而能言"、"幼而徇齐"之类的词语是不科学的,给人一种"一点不踏实"的感觉。但就古人而言,这不过是对

---

① 陆懋德:《史学方法大纲》,《民国丛书》第 61 册,上海:上海书店出版社,1989 年影印本,第 55 页。

② 梁启超:《中国历史研究法(补编)》,自《饮冰室合集》,北京:中华书局,1989 年,第 49—50 页。

五帝的夸赞之辞,是古人在描写历史人物时候惯用的手法,我们不能因为这些词句便将有关五帝事迹的所有资料皆断定为"绝对靠不住"。

顾颉刚相较于陆懋德与梁启超要温和一些,他颇能理解太史公的难处,认为:

> 《六艺》中的《尚书》是始于尧舜的;还有礼家杂记的《五帝德》和《帝系姓》,虽然"儒者或不传",究竟还为一部分的儒者所信,这两篇中的历史系统是从黄帝开始的。司马迁在他自己所立的标准之下,根据了这些材料来写史,所以他的书也起于黄帝。黄帝以前,他已在传说中知道有神农氏(《五帝本纪》),伏羲(《自序》),无怀氏和泰帝(《封禅书》),但他毅然以黄帝为断限,黄帝以前的一切付之不闻不问。这件事看似容易,其实甚难;我们只要看唐司马贞忍不住替他作《三皇本纪》,就可知道他在方士和阴阳家极活动的空气之中排斥许多古帝王是怎样的有眼光与有勇气了。①

顾氏以一种历史传承的视角来考察,认为《五帝本纪》的编排次序所呈现的是太史公的历史系统,这个历史系统以黄帝为向上的"断限"。换言之,在太史公看来,上古可信的历史系统以黄帝为界,黄帝之前的都属于传说人物,黄帝之后的则归入历史人物。由此,顾氏实际提出了一个"黄帝竟成为历史"的论断。

需要指出的是,顾氏尽管赞成太史公以"黄帝"为"断限"的作法,但对黄帝事迹的具体记载却也存疑。他认为:

> (司马迁)虽然承认有黄帝,而好些黄帝的记载他都不信。所以他说:"予读《谍记》,黄帝以来皆有年数。"似乎可以在他自己书中排出一个综合的年表来,然而他决绝地说:"稽其历谱谍,终始五德之传……咸不同乖异。夫子之弗论次其年月,岂虚哉!"他因为把各种年表比较的结果没有一种相同,觉得与其任意选取一种,不如干脆缺着,所以共和以前但记世数。我们只要看《史》以后讲古史的书有哪几种是没有共和以前的年数的,就可以知道他的裁断精神是怎样的严厉和确定了。②

---

① 顾颉刚:《战国秦汉间人的造伪与辨伪》,自《古史辨》第7册上编,上海:开明书店,1941年,第47页。

② (清)李郙嗣:《呆堂文钞》卷4《五帝本纪论》,"丛书集成续编"第124册,上海:上海书店,1994年影印本,第141页。

在顾氏看来,太史公本身对黄帝事迹便存有矛盾的心态:一方面承认黄帝,另一方面对"好些黄帝的记载""都不信"。然而,"好些"二字已然表明了顾氏认为太史公并非"全部"不信有关"黄帝的记载"。顾氏"无法否定司马迁'承认有黄帝'这样的大前提,因为《五帝本纪》分明地摆在《史记》的最前列"。① 对此,王仲孚曾肯定太史公作《五帝本纪》首列"黄帝"的做法,他说:"在旧史传说的远古帝王中,黄帝是一位事迹特多的人物,古代文献如《易系辞传》《左传》《国语》《管子》《庄子》《吕氏春秋》《山海经》《淮南子》等书,皆有关于黄帝之记载,战国秦汉间的许多著作,如《竹书纪年》,邹衍《五德终始说》《世本》《史记》等,也都始于黄帝。特别是《史记》的撰述,司马迁舍弃传说中的伏羲、神农,依然以黄帝为中国历史的开端,乃是经过了广泛采访和严格考证之后的结论。"②

实际上,且不论《史记·五帝本纪》所载之"五帝事迹"是否为历史真实,但就太史公记述黄帝形象的文辞,完全可以反映出太史公的政治目的:他是要将"黄帝"由一个传说中的神王,塑造成一个"人文初祖"的"历史人物"形象。只不过在《五帝本纪》"虚实之间"的记述中,黄帝的形象演生成一种兼具"圣王"神性与血缘政治之传承正统性的角色。这实际是汉代前期知识分子在论证汉家天下合法性地位时,所亟需的理论构建思路,即同时以"天命"与"正统"两种思路,将现世君主说成是身兼"天命"与"正统"的合法统治者。

不仅如此,太史公还将黄帝塑造成一个"帝王典范"。这一点的意义不仅仅意味着自古以来的历史系统是由黄帝开始的,而且还具有更为现实的政治目的,即为汉廷提供一尊可资模仿的偶像。在这一点上,《五帝本纪》更像是一篇劝谏书。明末清初学者李邺嗣称:

> 太史公作《史记》,虽传述古今,而尝自以其意见于叙次中。至为帝王诸本纪,质叙而已。唯诸篇似无所致意,可无深考。余独三复之,谓史公称《尚书》载尧以来,而今自黄帝始。盖"黄帝本纪",实太史公之谏书也! 当与《封禅书》并读,即可见矣。③

① 李凭:《黄帝历史形象的塑造》,《中国社会科学》2012年第3期,第153页。
② 王仲孚:《黄帝制器传说试释》,《台湾师范大学历史学报》1976年第4期,第73页。
③ (清)李邺嗣:《杲堂文钞》卷4《五帝本纪论》,"丛书集成续编"第124册,上海:上海书店,1994年影印本,第141页

李氏将《五帝本纪》视作"太史公之谏书",而黄帝本身便具有"天子而圣人者"①的双重形象。据此逻辑,上古帝王为"圣王",则刘氏君主亦可为"王圣"。刘氏皇权也因之具备了可以被神圣化的可能性与必要性。

二、武帝封禅及其对学术的态度

汉武帝初即位,"尤敬鬼神之事",加之"汉兴已六十余岁矣,天下艾安,缙绅之属皆望天子封禅改制度",于是征召贤良,任命赵绾、王臧等为公卿,"欲议古立明堂城南,以朝诸侯,草巡狩,封禅,改历服色事"②。正当改制运动即将推行之际,却遭到窦太后为首的黄老学者们的反对。当御史大夫赵绾"请毋奏事太皇太后"③,引发轩然大波。结果,赵绾、王臧被下狱,不久自杀。武帝不得不搁置改制运动,"诸所兴为皆废"④。直到建元六年(前 135 年)五月,窦太后崩,武帝始专躬政事。元光元年(前 134 年)冬十一月,大规模的改制运动方才拉开帷幕。武帝令郡国举孝廉,夏五月诏试贤良文学,董仲舒、公孙弘等一批儒生步入朝堂,为改制运动提供了知识与士人基础。

(一) 封禅与改历

《史记·封禅书》曰:"天子既闻公孙卿及方士之言,黄帝以上封禅,皆致怪物与神通,欲放黄帝以尝接神仙人蓬莱士,高世比德于九皇,而颇采儒术以文之。"⑤按照前述董仲舒的十二代大循环理论,"三统"对应夏、商、周三代,三代之上又有所谓"五帝"与"九皇",《春秋繁露·三代改制文》曰:

> 文王受命而王,应天变殷作周号,时正赤统。亲殷故夏,绌虞谓之帝舜,以轩辕为黄帝,推神农以为九皇。

> 故同时称帝者五,称王者三,所以昭五端,通三统也。是故周人之王,尚推神农为九皇,而改号轩辕谓之黄帝。⑥

---

① 薛士学:《书小司马补三皇纪后》,陈继聪等编:《蛟川先正文存》,中山大学图书馆藏光绪八年(1882)刊本,第 33 页。

② (汉)班固:《汉书》卷 25《郊祀志》,北京:中华书局,1962 年,第 1215 页。

③ (汉)班固:《汉书》卷 6《武帝纪》,北京:中华书局,1962 年,第 157 页。应劭注曰:"礼,妇人不预政事,时帝已自躬省万机。王臧儒者,欲立明堂辟雍。太后素好黄老术,菲薄五经。因欲角奏太后事,太后怒,故杀之。"(《汉书》卷 6《武帝纪》,北京:中华书局,1962 年,第 157 页)

④ (汉)班固:《汉书》卷 25《郊祀志》,北京:中华书局,1962 年,第 1215 页。

⑤ (汉)司马迁:《史记》卷 28《封禅书》,北京:中华书局,1959 年,第 1397 页。

⑥ 苏舆撰,钟哲点校:《春秋繁露义证》,"新编诸子集成本",北京:中华书局,1992 年,第 187、198—199 页。

在"德运"上，汉武帝依照"五德终始说"的逻辑，宣称汉为"土德"，并且上推黄帝为九皇之一，但在历法制度中所颁布的"太初历"，并未使用"土德"的岁首，而是采用了董仲舒的"三统说"，以黑统的夏正为首。这其中的矛盾之处，表明至少在武帝时期，汉代的德运问题仍没有最终固定下来。对汉武帝而言，他虽然采纳了董仲舒所构建的"新儒学"思想体系，运用"君权神授""天人感应""大一统""三统说"等理论，来论证汉家天下的合理性、正统性；但是他不希望在君权之上生成一套限制君权的思想体系。他并不希望这种"新儒学"对汉家政治造成"威胁""震慑"。基于此，汉武帝对于董仲舒的"新儒学"理论体系的采纳"非常有限度"，他不接受、也不允许学者借"灾异谴告说"影响汉代统治者的统治地位。

汉代学者在接受董仲舒的"三统三正"说之后，仍旧继续发挥"五德终始说"，并试图将二者完美地结合起来。比如太史公，他是第一个运用历史循环理论考察上起黄帝下迄武帝时代历史的史学家。他一方面运用"五德终始说"来解释朝代的更替，认为："黄帝得土德，黄龙地螾见。夏得木德，青龙止于郊，草木畅茂。殷得金德，银自山溢。周得火德，有赤乌之符。今秦变周，水德之时。昔秦文公出猎，获黑龙，此其水德之瑞"[1]；另一方面又赞成董仲舒的"四法""三正""三统"理论，认为"夏正以正月，殷正以十二月，周正以十一月。盖三王之正若循环，穷则反本。天下有道，则不失纪序；无道，则正朔不行于诸侯"。[2] 至于西汉末期的刘向、刘歆父子，更是更改五行运转的思维理路，由五行相胜转到五行相生，从而将"汉为土德"说重新包装成"汉为火德"说。直到东汉光武帝完全接受汉家"火德"说之后，汉代的德运问题才真正被固定下来。

汉武帝为宣示自己"受命于天"的正统地位，曾六次登临泰山封禅，分别是元封五年（前106年）、太初元年（前104年）、太初三年（前102年）、天汉三年（前98年）、太始四年（前93年）、征和四年（前89年）。实际上，早在元封元年（前110年），朝臣即建议汉武帝封禅。《汉书·郊祀志》曰："望气王朔言：候独见填星出如瓜，食顷，复入。有司皆曰：'陛下建汉家封禅，天其报德星云。'"[3]所谓"填星"，也即《淮南子》所言的"镇星"，与五行中的"土"相对应，因此"填星出"便是"天报德星"的符应。循此说，汉武帝自然应当顺应符应而行封禅之事。又有齐人孙卿，遇有周鼎被挖出，于是上疏谎称："申

① （汉）司马迁：《史记》卷28《封禅书》，北京：中华书局，1959年，第1366页。
② （汉）司马迁：《史记》卷26《历书》，北京：中华书局，1959年，第1258页。
③ （汉）班固：《汉书》卷25《郊祀志》，北京：中华书局，1962年，第1236页。

公,齐人。与安期生通,受黄帝言,无书,独有此鼎书。曰'汉兴复当黄帝之时'"①,鼓励汉武帝赴泰山行封禅之事。

《史记·封禅书》曰:

> 自古受命帝王,曷尝不封禅? 盖有无其应而用事者矣,未有睹符瑞见而不臻乎泰山者也。虽受命而功不至,至梁父矣而德不洽,洽矣而日有不暇给,是以即事用希。《传》曰:"三年不为礼,礼必废;三年不为乐,乐必坏。"每世之隆,则封禅答焉,及衰而息。②

太史公将封禅活动与礼乐制度相关联,认为封禅是神圣的。当时的方士们也同样鼓吹封禅,言称黄帝。李邺嗣曾言:"自汉初学者多治黄老言,至孝武皇帝时始乡儒术,而帝更好言神仙。神仙者,道家之外乘也,其言亦本诸黄老,然李聃一守藏室史,避世而去,时称为隐君子,凡方士所造荒怪不经,不能与之附益,足以动人主。至轩辕古帝大圣人,又世绝远,可以极言附会,竦人主之听,于是诸方士竞进其说"。③ 李氏认为,武帝时期方士们非常活跃,尤其是武帝中年以后,醉心于神仙之术时。方士们迎合上意,大搞邪术蛊惑武帝。他们看到黄帝远比老子时代久远,且地位更为崇高,于是"极言附会"黄帝传说,以"诸方竞进",争邀武帝的宠信。方士们将黄帝封为得道的神仙,为武帝求仙预设了一套说辞。以齐人公孙卿为例,他曾借用申公之口④为汉武帝讲述黄帝成仙的经过:

> 中国华山、首山、太室、太山、东莱,此五山黄帝之所常游,与神会。黄帝且战且学仙,患百姓非其道者,乃断斩非鬼神者。百余岁然后得与神通。黄帝郊雍上帝,宿三月。鬼臾区号大鸿,死葬雍,故鸿冢是也。其后黄帝接万灵明廷。明廷者,甘泉也。所谓寒门者,谷口也。黄帝采首山铜,铸鼎于荆山下。鼎既成,有龙垂胡髯下迎黄帝。黄帝上骑,群臣后宫从上者七十余人,龙乃上去。余小臣不得上,乃悉持龙髯。龙髯拔,坠。⑤

---

① (汉)司马迁:《史记》卷28《封禅书》,北京:中华书局,1959年,第1393页。
② (汉)司马迁:《史记》卷28《封禅书》,北京:中华书局,1959年,第1355页。
③ (清)李邺嗣:《杲堂文钞》卷4《五帝本纪论》,"丛书集成续编"第124册,上海:上海书店,1994年影印本,第141—142页。
④ 由方士公孙卿借用"申公"之口可知,方士的思想实际是杂糅阴阳五行、神仙、儒家学说等,是一种"杂糅"之术。申公为儒学大师,治学纯谨,为汉代经学之鲁学代表人物之一。
⑤ (汉)司马迁:《史记》卷28《封禅书》,北京:中华书局,1959年,第1393—1394页。

这段讲述极具蛊惑力,以致武帝听完不禁感叹曰:"嗟乎! 吾诚得如黄帝,吾视去妻子如脱屣耳!"①且不论汉武帝是否因之笃信方士之说,但就方士而言,已然明了武帝的喜好。他们竭尽所能地逢迎上意,甚至将武帝吹捧成汉世的"活黄帝",因而有所谓改元"元鼎"之事。顾颉刚对此指出:

> 观《封禅书》,汾阴得鼎,则有司云泰帝兴神鼎一,黄帝作宝鼎三。公孙卿遂有受自申公之礼书,云黄帝得宝鼎而迎日推策,遂仙登于天;又谓宝鼎出而后可以封禅,封禅则能仙登天。至元封三年(前108年),旱,公孙卿曰:"黄帝时封则天旱,乾封三年。"元封二年(前107年),武帝欲治明堂奉高旁,未晓其制度,公玉带即上《黄帝时明堂图》,于是如其图作之。柏梁灾,受计甘泉,公孙卿又曰:"黄帝就青灵台,十二日烧。黄帝乃治明廷,明廷,甘泉也。"凡此可见当时人直把武帝捧成了活黄帝,而以公孙卿为尤其甚。此即司马迁所云"百家言黄帝,其文不雅驯,搢绅难言之"者也。"百家",指方士也。②

方士们的阿谀逢迎,武帝似乎是受用的,自以为真的是可以登仙为"活黄帝"了。他"作宝鼎""迎日推策""治明堂"等事,大抵遵循了方士们的一套说辞。但这种求仙问药的行为,实在粗鄙且低下,与秦始皇之时的方士并无两样。太史公也明言这种方士之辞实在是"不雅驯",他作《封禅书》的目的之一便是要质疑、批判这种行径。清儒崔述在评述《论衡·道虚篇》时,认为:

> 黄帝升天之说本不足辨。司马氏载之,正以见其荒谬耳! 王氏以为非实,是矣;然言黄帝好方术,则犹惑于世之邪说而未之察也。上古原无方术,而黄帝垂衣裳而天下治,亦岂至为方士之所欺哉! 世之言神仙者,多托之于黄帝、老子,类此者非一,而文学之士亦有采之入书者。③

崔氏实际揭示出太史公作《封禅书》的目的在于"正以见其荒谬耳"。在太史

---

① (汉)司马迁:《史记》卷28《封禅书》,北京:中华书局,1959年,第1394页。
② 顾颉刚:《顾颉刚读书笔记》卷7《缓斋杂记一》"汉武帝被捧成活黄帝"条,《顾颉刚全集》,北京:中华书局,2011年,第142—143页。
③ 崔述:《补上古考信录》,自《丛书集成新编》第5册,台北:新文丰出版公司,1985年,第726页。

公的眼中,黄帝不是他否定和讽刺的对象,方士们所宣称的"黄帝升仙"之类的怪诞之辞才是他讽刺的对象。太史公赞同封禅行为,但他反对将封禅的意义降低到方士们所言的神仙之术。因而,他对方士们造作封禅仪式的活动并不感兴趣,他曾表态称:

> 余从巡祭天地诸神名山川而封禅焉。入寿宫侍祠神语,究观方士祠官之意,于是退而论次自古以来用事于鬼神者,具见其表里。后有君子,得以览焉。若至俎豆珪币之详,献酬之礼,则有司存。①

在《封禅书》中,太史公并不详备所谓"俎豆珪币之详,献酬之礼"(多为方士的主张),而是追溯"自古以来用事于鬼神者",目的是"具见其表里"。所谓"表里",乃是封禅之事的外在活动与内在机理。追索这些"表里"的落脚点,乃是集中破解方士们所宣扬的神仙、鬼神之类的邪说,反对那种将封禅降低为求仙活动的作法。对此,张强曾撰文称:

> 在燕齐方士的蛊惑之下,汉武帝把封禅降低到追求仙人仙药、长生不死的水平上,不但取消了报答天地之功的神圣性,而且还因将个人追求长生的"侈心"糅合到神圣的封禅活动之中而显得荒唐。也就是说,司马迁是有微辞的。因为在司马迁看来,封禅乃是报答天地之功之举,是十分神圣的,天命深微而崇高的特性必须维护。②

可见,太史公所维护的乃是董仲舒所创立的那套"天人感应论"所呈现的皇权神圣性。在太史公看来,方士的那套怪诞邪妄之说、求仙问药之举,实质是把刘氏皇权的"天命"拉回到现实的长生之术。"封禅"是标示"受命于天"的表征,而神圣且深微的"受命"理论必须得到维护。

除封禅外,汉武帝在文化领域最困难的事务还包括正历法。太初元年(前104年),经过长期的理论研究和准备,汉武帝正式宣布改制。因为此次改制发生在太初元年(前104年),故被称为"太初改制"。改制事宜,由儿宽、司马迁主持。《汉书·艺文志》记载儿宽有书九篇,现已亡佚。司马迁则留有《史记》,其中《高祖本纪》中用了"三统说",而《五帝本纪》中用了"五德说"。又《史记·封禅书》曰:"夏,汉改历,以正月为岁首,而色上黄,官名更

---

①　(汉)司马迁:《史记》卷28《封禅书》,北京:中华书局,1959年,第1404页。

②　张强:《司马迁学术思想探源》,北京:人民出版社,2004年,第460页。

印章以五字,为太初元年(前104年)。"①《汉书·武帝纪》曰:"夏五月,正历,以正月为岁首。色上黄,数用五,定官名,协音律。"②《史记·历书》记此事最详,曰:

> 至今上即位,招致方士唐都,分其天部;而巴落下闳运算转历,然后日辰之度与夏正同。乃改元,更官号,封泰山。因诏御史曰:"乃者,有司言星度之未定也,广延宣问,以理星度,未能詹也。盖闻昔者黄帝合而不死,名察度验,定清浊,起五部,建气物分数。然盖尚矣。书缺乐弛,朕甚闵焉。朕唯未能循明也,紬绩日分,率应水德之胜。今日顺夏至,黄钟为宫,林钟为徵,太蔟为商,南吕为羽,姑洗为角。"自是以后,气复正,羽声复清,名复正变,以至子日当冬至,则阴阳离合之道行焉。十一月甲子朔旦冬至已詹,其更以七年为太初元年(前104年)。年名"焉逢摄提格",月名"毕聚",日得甲子,夜半朔旦冬至'。③

自贾谊、公孙臣等起心向往之的"改正朔""易服色",至此终得实现。《汉书·郊祀志》详论西汉前期改制历程,曰:"汉兴之初,庶事草创,唯一叔孙生略定朝廷之仪。若乃正朔、服色、郊望之事,数世犹未章焉。至于孝文,始以夏郊,而张苍据水德,公孙臣、贾谊更以为土德,卒不能明。孝武之世,文章最盛,太初改制,而儿宽、司马迁等犹从臣、谊之言,服色数度,遂顺黄德。彼以五德之传从所不胜,秦在水德,故谓汉据土而克之。"④改制运动由高祖至武帝太初元年(前104年),经历近百年时间,可见改制之困难。

相较而言,历法上的改动在民众心目中的影响更为直观,心理上的影响也更巨大。封禅,所宣示的是刘氏皇权统治的"天命"正统,借神学权威来证明刘氏在现实世界中治国理民的合理性、正当性。另一方面,封禅也是汉武帝向"天"宣告高祖以来汉家治国功绩的绝佳途径。就封禅的实质而言,它虽然在仪式上表现出明显的神秘主义因素,但其所围绕的核心议题始终是现实的皇权权威性问题。改正朔、易服色之类的历法改革、礼制运动,则是现实政权向民众宣告自己秉承"天意"、代秦而立后的新气象。从这一层面来说,封禅、正历诸事也是基于"过秦"思潮而自然会发生的运动。

---

① (汉)司马迁:《史记》卷28《封禅书》,北京:中华书局,1959年,第1402页。
② (汉)班固:《汉书》卷6《武帝纪》,北京:中华书局,1962年,第199页。
③ (汉)司马迁:《史记》卷26《历书》,北京:中华书局,1959年,第1260—1261页。
④ (汉)班固:《汉书》卷25《郊祀志》,北京:中华书局,1962年,第1270页。

(二）罢黜百家,表彰六经

汉武帝即位后,改变汉初以来的"黄老政治"传统,而以"罢黜百家,表彰六经"为政纲,开创了新的政治文化格局。众所周知,学界多以汉武帝朝为"独尊儒术"的开始时期,但也不乏质疑之论,如金春峰、杨生民、娄劲、孙景坛、庄春波、余治平等①。尽管武帝朝儒学确然兴盛起来,"儒术始独盛,而百家之学微矣"②,但就"独尊儒术"四字而言,仍有可资商榷之处。"大一统"的政治格局,天然地要求思想领域同样"定于一",但这"一"并非专指儒学,而是"六艺"。这由武帝所置五经博士的性质与董仲舒"罢黜百家"之议的内容可以尝试推知。

考诸《史记》、《汉书》等汉代典籍,未见"独尊儒术"四字,《汉书·武帝纪》以"罢黜百家,表彰六经"作为武帝政治文化的概括。"独尊儒术"四字,始见于南宋史浩的《谢得旨就禁中排当札子》,曰:"下陋释老,独尊儒术。"③但史浩之文既非针对董仲舒,也不是对武帝政治特色的直接总结。直到近代学者在批判传统专制制度的背景下,才出现将"独尊儒术"概论于武帝之政的观点。最早者是易白沙在《孔子平议》所言:"汉武当国,扩充高祖之用心,改良始皇之法术,欲蔽塞天下之聪明才智,不如专崇一说,以灭他说。于是罢黜百家,独尊儒术","闭户时代之董仲舒,用强权手段,罢黜百家,独尊儒术"。④案《史记·魏其武安侯列传》:"魏其、武安、赵绾、王臧等务隆推儒术,贬道家言"⑤;《汉书·董仲舒传》:"自武帝初立,魏其、武安侯为相而隆儒矣,及仲舒对册,推明孔氏,抑黜百家"。所谓"隆推儒术"、"推明孔氏"诸语,似乎隐含"独尊儒术"之意。若由秦汉之际诸子学术发展历程以及武帝前后儒学发展现状分析,武帝此举主要是针对官方意识形态领域,但"民间

① 参见金春峰:《汉代思想史》,北京:中国社会科学出版社,2006 年,第 170—171 页;林剑鸣:《秦汉史》,上海:上海人民出版社,1989 年,第 330—331 页;刘桂生:《论近代学人对"罢黜百家,独尊儒术"的曲解》,《北大史学》第 2 辑,北京:北京大学出版社,1994 年 11 月,第 116—132 页;杨生民:《汉武帝"罢黜百家,独尊儒术"新探——兼论汉武帝"尊儒术"与"悉延(引)百端之学"》,《首都师范大学学报》2000 年第 5 期;娄劲:《魏晋子学的传播与流行及相关问题》,《中国社会科学院历史研究所学刊》第八集,北京:商务印书馆,2013 年,第 183—219 页;孙景坛:《汉武帝"罢黜百家,独尊儒术"子虚乌有——一个近现代儒学反思的一个基点性错误》,《南京社会科学》1993 年第 6 期;庄春波:《汉武帝"罢黜百家,独尊儒术"考辨》,《孔子研究》2000 年第 4 期;余治平:《汉武帝独尊儒术的虚与实——论汉帝国主导意识形态的最初确立》,《中国社会科学院研究生学报》2004 年第 5 期;郭炳洁:《近三十年"罢黜百家,独尊儒术"研究综述》,《史学月刊》2015 年第 8 期。
② 谢无量:《中国哲学史》第 2 编,北京:中华书局,1940 年,第 3 页。
③ (宋)史浩:《鄮峰真隐漫录》,《文渊阁四库全书》第 1141 册,台北:商务印书馆,1985 年,第 765 页。
④ 易白沙:《孔子平议》,《新青年》1916 年第 1 卷第 6 号。
⑤ (汉)司马迁:《史记》卷 107《魏其武安侯列传》,北京:中华书局,1959 年,第 2843 页。

不禁讲习"。① 现实政治实践中,武帝"多欲政治"实际并未禁绝诸子百家学者,故《史记·龟策列传》曰:"至今上(武帝)即位,博开艺能之路,悉延百端之学,通一伎之士咸得自效,绝伦超奇者为右。"②班固也有"汉之得人,于兹为盛"③的感慨。

我们可以从武帝朝选士制度的一系列举措来考察。其一,完善察举制。汉代察举,最早可追溯至高帝二年(前 205 年)二月,"举民年五十以上,有修行,能帅众为善,置以为三老,乡一人。择乡三老一人为县三老,与县令、丞、尉以事相教,复勿徭戍。以十月赐酒肉"④。至汉惠帝四年(前 201 年)正月,"举民孝弟力田者复其身";高后元年(前 187 年)二月,"初置孝弟力田二千石者一人"⑤。此时的察举,尚未形成固定的制度,察举的程序、时间也缺乏稳定性。尤其是汉景帝在位的十六年间,未见一次察举的诏令。建元元年(前 140),武帝诏举贤良方正能直言极谏之士。丞相卫绾奏请"所举贤良,或治申、商、韩非、苏秦、张仪之言,乱国政,请皆罢"⑥。卫绾要求罢黜者,实际是"申、商、韩非"为代表的"刑名之学"和以"苏秦、张仪"为代表的"纵横家言",不涉其他诸子之学。王葆玹《中国学术从百家争鸣时期向独尊儒术时期的转变》一文将"申、商、韩非、苏秦、张仪之言"视为秦代的官方学术,并据此断言武帝此举旨在反对秦官方文化⑦。但汉初所谓的"汉承秦制",并非完全地、彻底地因袭秦制,其所因袭的主要是"自天子称号下至佐僚及宫室官名"⑧一类。《汉书·百官公卿表》曰:"秦兼天下,建皇帝之号,立百官之职。汉因循而不革,明简易,随时宜也"⑨;《汉书·外戚传》曰:"汉兴,因秦之称号,帝母称皇太后"⑩,皆为证明。至于秦所奉行的严酷刑罚、不许挟书等政治文化制度,汉朝不仅没有因袭,还多有变更。众所周知,汉初崇尚黄老政治。从黄老之学所主张的"因循"论来说,汉承秦制似乎颇为符合黄老之学的宗旨。但黄老家所言的"因循",是要求现实政治文化合于自然之道,而非沿用秦制。班固所谓"明简易,随时宜",即是这一含义。简

---

①　萧公权:《中国政治思想史》,台北:"中国文化学院"出版部,1980 年,第 308 页。

②　(汉)司马迁:《史记》卷 128《龟策列传》,北京:中华书局,1959 年,第 3224 页。

③　(汉)班固:《汉书》卷 58《公孙弘卜式兒宽传赞》,北京:中华书局,1962 年,第 2634 页。

④　(汉)班固:《汉书》卷 1《高帝纪》,北京:中华书局,1962 年,第 33—34 页。

⑤　(宋)徐天麟:《西汉会要》,上海:上海人民出版社,1978 年,第 523 页。

⑥　(汉)班固:《汉书》卷 6《武帝纪》,北京:中华书局,1962 年,第 156 页。

⑦　王葆玹:《中国学术从百家争鸣时期向独尊儒术时期的转变》,《哲学研究》1990 年第 1 期,第 108—115 页。

⑧　(汉)司马迁:《史记》卷 23《礼书》,北京:中华书局,1959 年,第 1159—1160 页。

⑨　(汉)班固:《汉书》卷 19《百官公卿表》,北京:中华书局,1962 年,第 722 页。

⑩　(汉)班固:《汉书》卷 97《外戚传》,北京:中华书局,1962 年,第 3935 页。

言之,在汉初黄老政治的氛围之下,"汉承秦制"绝不是简单地沿袭秦制,而是根据汉代社会现实作出"有选择""有限度""随时宜"的更改。在这种意义上,王葆玹之文将汉武帝"罢黜"之举视作反对秦国官方文化,是值得商榷的。至于"申、商、韩非、苏秦、张仪之言",由于汉初崇尚黄老的同时,也容许诸子百家之学并存,遂有"诸子复兴"之象,故在武帝时,罢黜之议的生发,有其独特的学术背景。

《史记·儒林列传》曰:"及今上即位,赵绾、王臧之属明儒学,而上亦乡(向)之。"①建元元年(前140年)七月,赵绾、王臧等人迎鲁申公欲兴明堂。武帝朝"议明堂"时,赵绾、王臧之徒甚至联合了墨家、阴阳家与道家,比如在后来立明堂时曾采用方士公玉带之说。至建元六年(前135)五月,窦太后崩。武帝改制活动失去了最强大的阻力。田蚡为丞相,"绌黄老、刑名、百家之言,延文学、儒者数百人"②。此为西汉朝廷罢黜"黄老之学"之始。此处"文学"与"儒者"并举,说明二者并非一事。这里的"文学"所指为何,不得确知,但显然是不同于"儒者"的一种知识群体。由朝廷延用"文学、儒者数百人"可知,所罢黜的"百家之言"并非罢黜"儒者"以外的所有诸子之学,至少并未罢黜"文学"一类。至元光元年(前134年)冬十一月,"初令郡国举孝廉各一人"③,察举制自此有了成型的制度化规定,岁举孝廉始成为汉代定制④。就"孝"、"廉"二科的要求而言,尽管与儒家所提倡的伦理道德观念相近,但它们在汉代以前并非儒家"独有"的"专属品"。黄老、墨家、杨朱、名家等也同样强调这种道德观念。因此,不能简单地将"孝廉察举"指认为汉代朝廷专为尊儒所开设的仕进途径。

其二,完善博士官制度。建元五年(前136)春,置五经博士,包括专治《诗》、《书》、《礼》、《易》、《春秋》五种经典的博士官。元朔五年(前124),公孙弘请置博士弟子员。此后儒学大兴,史称"公卿大夫士吏彬彬多文学之士"⑤。这一系列建置发生在武帝建元至元朔年间(前140—前124),故有学者称"独尊儒术始于建元元年(前140年),完成于元朔年间(前128—前

---

① (汉)司马迁:《史记》卷121《儒林列传》,北京:中华书局,1959年,第3118页。
② (汉)司马迁:《史记》卷121《儒林列传》,北京:中华书局,1959年,第3118页。
③ (汉)班固:《汉书》卷6《武帝纪》,北京:中华书局,1962年,第160页。
④ 唐杜佑《通典》卷13《选举·历代制上》详细记载了武帝时察举的内容:"郡国口二十万以上,岁察一人;四十万以上,二人;六十万,三人;八十万,四人,限以四科,一曰德行高洁,志节清白;二曰学通行修,经中博士;三曰明习法令,足以决疑,能案章覆问,文中御史;四曰刚毅多略,遭事不惑,明足决断,才任三辅令",可见武帝时察举制的概况。
⑤ (汉)班固:《汉书》卷88《儒林列传》,北京:中华书局,1962年,第3596页。

123 年）"①；亦有学者称"公孙弘上奏增加博士弟子后，儒教政策便销声匿迹，武帝推行的儒教政策仅存在于即位初的十余年间"②。然而，上述观点仅仅是由武帝朝诸政治举措来推断"独尊儒术"的完成，这似乎过于简单。应当如何理解和评价武帝的上述举措？是否意味着"独尊儒术"在武帝朝就已达成？察举制与博士官制度又在其间发挥了怎样的作用？笔者认为，我们应当从更为"长时段"的历史视野去考察，从武帝朝"六艺之科"与"孔子之术"的区分来考察。这种"历史视野"，即钱穆先生所言"历史之变以渐不以骤"③。科林伍德也强调："历史学家研究的不是单纯的事件，而是行动。而一个行动则是一个事件的外部和内部的统一体……他的主要任务就是要把自己放到这个行动中去思想……历史学家要单纯地超越于发现历史事件之外。"④历史研究，既要杜绝主观意志上的刻意贬低，也要抵制对历史事物所作的自觉或不自觉的"抬高"，而应当在客观、合理的时空内，综合考量各种影响因素，厘清历史史实的发展脉络，"究天人之际，通古今之变"。

值得注意的是，王葆玹在《中国学术从百家争鸣时期向独尊儒术时期的转变》⑤一文中，提出"独尊儒术"并不在武帝时，而是在成帝建始二年（公元前 31 年）完成。王氏所根据的材料是《汉书·郊祀志》的一段记载：

> 是岁衡、谭复条奏："长安厨官县官给祠郡国候神方士使者所祠，凡六百八十三所，其二百八所应礼，及疑无明文，可奉祠如故。其余四百七十五所不应礼，或复重，请皆罢。"奏可。本雍旧祠二百三所，唯山川诸星十五所谓应礼云。若诸布、诸严、诸逐，皆罢。杜主有五祠，置其一。又罢高祖所立梁、晋、秦、荆巫、九天、南山、莱中之属，及孝文渭阳、武帝薄忌泰一、三一、黄帝、冥羊、马行、泰一、皋山山君、武夷、夏后启母石、万里沙、八神、延年之属，及孝宣参三、蓬山、支眯、成山、莱山、四时、蚩尤、劳谷、五床、仙人、玉女、径路、黄帝、天神、原水之属，皆罢。候神方士使者副佐、本草待诏七十余人皆归家。⑥

---

① 陈苏镇：《〈春秋〉与汉道——两汉政治与政治文化研究》，北京：中华书局，2011 年，第267 页。

② 参见（日）渡边义浩：《论东汉"儒教国家化"的形成》，朱耀辉译，《文史哲》2015 年第 4 期。

③ 钱穆：《国史大纲》，北京：商务印书馆，1996 年，第 147 页。

④ （英）科林伍德：《历史的观念》，何兆武、张文杰译，北京：商务印书馆，1996 年，第 301 页。

⑤ 王葆玹：《中国学术从百家争鸣时期向独尊儒术时期的转变》，《哲学研究》1990 年第 1 期，第 108—115 页。

⑥ （汉）班固：《汉书》卷 25《郊祀志》，北京：中华书局，1962 年，第 1257—1258 页。

这关涉到关于"候神方士使者副佐、本草待诏七十余人"的合理解释。王葆玹认为这"七十余人"即是诸子"传记博士",并据此断定迟至成帝时才完成"独尊儒术"的工作。但这"七十余人"的身份颇可商榷。汉成帝时期罢废郡国诸祠的作法,是元帝以来儒生改革礼制活动的继续。《汉书·祭祀志》曰:"元帝好儒,贡禹、韦玄成、匡衡等相继为公卿。禹建言汉家宗庙祭祀多不应古礼,上是其言。后韦玄成为丞相,议罢郡国庙,自太上皇、孝惠帝诸园寝庙皆罢。"①至于议罢诸庙祠的具体经过,在《汉书·韦玄成传》中有详细记录。《汉书·韦玄成传》曾记载武帝淫祀之繁密,曰:

> 凡祖宗庙在郡国六十八,合百六十七所。而京师自高祖下至宣帝,与太上皇、悼皇考各自居陵旁立庙,并为百七十六。又园中有寝、便殿。日祭于寝,月祭于庙,时祭于便殿。寝,日四上食;庙,岁二十五祠;便殿,岁四祠。又月一游衣冠。而昭灵后、武哀王、昭哀后、孝文太后、孝昭太后、卫思后、戾太子、戾后各有陵园,与诸帝合,凡三十所。一岁祠,上食二万四千四百五十五,用卫士四万五千一百二十九人,祝宰乐人万二千一百四十七人,养牺牲卒不在数中。②

如此繁密的祭祀制度,耗费大量人力、物力、财力,必然带来社会财富的匮乏、人民困窘。这也成为贡禹、韦玄成、匡衡等人议罢诸祠的动因之一。元帝末,匡衡继韦玄成为丞相,继续主张罢废诸祠。成帝即位后,匡衡曾奏言自汉武帝以来"甘泉祭天""后土祭地"的活动,不合于"六艺"中京城"南、北郊"祭祀天地的旧制,要求成帝改定祭祀天地场所为长安的南、北郊。次年,遂有上引罢废诸祠的奏请。武帝颇崇信鬼神之说,其繁密之淫祀离不开方士们的支持。匡衡等人罢废诸祠所打击的对象,必然以方士为主。据此,成帝罢"归家"的"七十余人",当为方士或其助手,而非儒生、博士。

再就文献学角度分析,"待诏"指称人物时,泛指皇帝身边负责侍奉的各色人等。如文帝时,有以颜容待诏的邓通;成帝时,有以文学待诏的扬雄。匡衡因淫祀繁密而奏罢的"待诏",当为成帝朝官方的神职管理人员。另外,王葆玹还认为匡衡奏请的罢祠数目与"七十余人"的数目不对应。他的理据

---

① (汉)班固:《汉书》卷25《郊祀志》,北京:中华书局,1962年,第1253页。

② (汉)班固:《汉书》卷73《韦玄成传》,北京:中华书局,1962年,第3115—3116页。

是《史记·封禅书》所言:"方士所兴祠,各自主"①,即方士所兴立的庙祠由兴立者本人主管。按此记载,方士数目应当与庙祠数目大体一致。但"方士使者"作为官方任命的神职人员,与一般方士有所不同。"归家"的"七十余人"是"方士使者"及其"副佐"等,他们作为政府人员,一人负责管理数座神祠是有可能的。综上,王葆玹认为《汉书·郊祀志》所载"七十余人"为诸子"传记博士"七十余人,从而断定至成帝建昭二年(前37年)才完成"独尊儒术"的观点是不成立的。

若非要给汉代"独尊儒术"划定一个时间节点的话,毋宁说是在宣帝黄龙元年(前49年)。这是由博士官制度演生历程的视角来考察而得出的结论。战国以迄汉武帝建元五年(前136年)"置五经博士"时期,为诸子"传记博士"阶段。武帝所立"五经博士"的性质为"六艺博士",是专为"六艺之科"而设的博士官,仍不限于儒家一系。至宣帝黄龙元年(前49年),立十二家经学博士之后,博士官始为"孔子之术"所"独占",成为儒家的"专利品"。经学博士各以其"师法"教授,博士官制度进入"师法博士"阶段。②

汉武、宣帝时期,学术领域内存在着"六艺之科"与"孔子之术"两条主线③。董仲舒以贤良上《天人三策》④,奏言"臣愚以为诸不在六艺之科、孔子之术者,皆绝其道,勿使并进。邪辟之说灭息,然后统纪可一而法度可明,民

---

① (汉)司马迁:《史记》卷28《封禅书》,北京:中华书局,1959年,第1403页。

② 关于西汉学术分期,诸说纷纭,如:王葆玹分为三期:汉初至武帝建元年间为第一期,为崇尚黄老、兼容百家时期;武帝建元年间至成帝建始二年为第二期,为儒学为主、兼容百家时期;建始二年开始,进入第三期,即罢黜百家、独尊儒术时期。黄开国也分为三期,其中第一期赞同王葆玹,第二期是从武帝至成帝,为独尊儒术时期,第三期从成帝至西汉末年,是谶纬神学兴起、发展时期。(参见:王葆玹:《中国学术从百家争鸣时期向独尊儒术时期的转变》,《哲学研究》1990年第1期;黄开国:《独尊儒术与西汉学术大势——与王葆玹先生商榷》,《哲学研究》1990年第4期)。笔者以为,以博士官制度为视角考察,可分为三个阶段:第一阶段为汉高祖至武帝建元五年,是"传记博士"阶段;第二阶段为武帝建元五年至宣帝黄龙元年,为"六艺博士"阶段;第三阶段为元帝以后,是"师法博士"阶段。

③ 参见杨勇:《"罢黜百家,独尊儒术"的历史考察——以"六艺之科"与"孔子之术"的分合为中心》,《文史哲》2019年第6期。杨勇认为"六艺之科"是"历史的","孔子之术"是"思想的",二者在武帝朝出现分离以至对立;指出"六艺之科"更有与法家合流之势,产生了"新秦政";认为元帝、王莽时"六艺之科"与"孔子之术"不断试图融合,但始终没有能很好地合二为一。杨勇意识到"六艺之科"与"孔子之术"的分立,是值得肯定的,但他将"六艺之科"视为与法家合流的倾向以及对二者合流的论断还有许多值得重新思考的内容。

④ 董仲舒上《天人三策》的时间有争议,有建元元年(前140)、元光元年(前134)等说。近年成祖明提出《天人三策》的出炉应持续数年。第一策在建元三年(前138)九月日食后,第二策在建元四年(前137)夏"有风赤如血"及六月旱灾后四年底五年(前136),第三策则可能到建元六年(前135)。此处采成祖明说(成祖明:《诏策贤良文学制度背景下的"天人三策"》,《历史研究》2012年第4期)

知所从矣",请"立学校之官,州郡举茂材孝廉"①。这一奏议历来被认为是武帝"罢黜百家,独尊儒术"的指导思想,"确立了汉代儒学转变的思路,甚至奠定了中国两千年国家意识形态的基础"②。但由"六艺之科"与"孔子之术"并举,说明在董仲舒看来,"六艺之科"与"孔子之术"代表两种不同的治学流派,二者并非一物。林聪舜在《儒学与汉帝国意识形态》一书中,曾从《公羊春秋》的视野分析"六艺之科"与"孔子之术",这是值得肯定的,但林氏区分"六艺之科"与"孔子之术"的目的在于"把孔子和《春秋》神化,至少是神圣化了,如此孔子就类似有德有位的帝王,具有受命改制的正当性"③,尚未究明"六艺之科"与"孔子之术"各自的深层次内涵,更未深入分析二者分合关系所反映的汉代学术分野与武帝朝文化政策的实质。

所谓"孔子之术",显然指称先秦以来的儒学,尤以孔孟思想为主。孔子之学源出于先王之教,而这"先王之教"又备载于"六艺"之中。"孔子之术"自孔子之后,便有分化。《韩非子·显学》记曰:

> 自孔子之死也,有子张之儒,有子思之儒,有颜氏之儒,有孟氏之儒,有漆雕氏之儒,有仲良氏之儒,有孙氏之儒,有乐正氏之儒。④

孔子之后,有"儒分为八"之说。实际上,儒家分化,并非仅有八家,《荀子·非十二子》还曾批评过"子夏氏之贱儒""子游氏之贱儒"⑤。故柳诒徵说:"若合荀卿之言计之,当曰'儒分为十'。"⑥读郭店楚简,可窥知孟子之前,儒

---

① (汉)班固:《汉书》卷56《董仲舒传》,北京:中华书局,1962年,第2525页。

② 葛兆光:《中国思想史》第1卷,上海:复旦大学出版社,1998年,第385—386页。有学者认为董仲舒"罢黜百家"倡议是要以儒学消灭其他诸家学说,甚至有法家思想的色彩,如池田知久说:"这就是认为为确保西汉帝国政治统一,将儒教确定为唯一正统,而将其以外的'百家'全都看成邪说而应该根绝的极为明确的主张。"(池田知久著:《道家思想的新研究:以〈庄子〉为中心》,王启发、曹峰译,郑州:中州古籍出版社,2009年,第675页)林聪舜说:"把'六艺之科''孔子之术'以外的学问当作'邪辟之说',想透过仕宦之路的控制加以打击,使其'灭绝',借以达到'统纪可一''法度可明'的结果。这种统制思想的标准虽是儒术,但统制思想的作为与目的却不异于法家,只不过是以儒术取代法令的某些功能罢了。"(林聪舜:《西汉前期思想与法家的关系》,台北:大安出版社,1991年,第168—170页)笔者认为池田氏、林氏之说,乃基于"独尊儒术"的概念而发,实有将"罢黜"对象扩大化的倾向,也未注意到"六艺之科""孔子之术"的差异。

③ 林聪舜:《儒学与汉帝国意识形态》,上海:上海人民出版社,2017年,第171—173页。

④ (清)王先慎撰,钟哲点校:《韩非子集解》,"新编诸子集成本",北京:中华书局,2003年重印本,第456页。

⑤ (清)王先谦撰,沈啸寰、王星贤点校:《荀子集解》,"新编诸子集成本",北京:中华书局,1988年,第105页。

⑥ 柳诒徵:《中国文化史》,北京:中国大百科全书出版社,1988年,第249页。

学已经日渐吸收、融合其他学派的思想因素。出于相同文化氛围、地域的儒家派系，其思想与主张往往比较接近，如鲁地的"子思之儒"与"孟氏之儒"，即被合称为"思孟学派"。入汉以后，儒学又有"齐学"与"鲁学"两大流派的分别。《汉书·儒林传》曰："宣帝即位，闻卫太子好《谷梁春秋》，以问丞相韦贤、长信少府夏侯胜及侍中乐陵侯史高，皆鲁人也，言谷梁子本鲁学，公羊氏乃齐学也"①。此为齐学、鲁学之谓的出处。事实上，"齐、鲁学之分"可远溯至战国时代。《史记·儒林列传序》谓："后陵迟以至于始皇，天下并争于战国，儒术既绌焉，然齐鲁之间，学者独不废也。……夫齐鲁之间于文学，自古以来，其天性也。故汉兴，然后诸儒始得修其经艺，讲习大射乡饮之礼"②。至秦汉之际，齐学与鲁学的分歧愈演愈大。马宗霍《中国经学史》曾论述曰：

> 汉代传经之儒，不出于齐，则出于鲁。刘师培曰：《易经》一书有田氏学，为田何所传，乃齐人之治《易》者也。有孟氏学，为孟喜所传，乃鲁人之治《易》者也。是《易》学有齐鲁之分。济南伏生传《尚书》二十八篇于晁错，乃齐人之治《尚书》者也；孔安国得古文《尚书》，以今文《尚书》校之，乃鲁人之治《尚书》者也。是《书》学之有齐鲁之分。齐《诗》为辕固所传，匡衡诸人传之，乃齐人之治《诗》者也；鲁《诗》为申公所传，楚元王等受之，刘向诸人述之，乃鲁人之治《诗》者也。是《诗》学亦有齐鲁之分。《公羊》为齐学，董仲舒传之，著有《春秋繁露》诸书；《谷梁》为鲁学，刘向传之，时与子歆相辩难。是《春秋》学亦有齐鲁之分。传《礼》学者，以孟卿为最，此齐学也；而孔壁兼得逸《礼》，古《礼》复得之淹中，则鲁学也。是礼学亦有齐鲁之分。齐《论》多《问王》、《知道》二篇，而音读亦与鲁《论》大异，若萧望之诸人，则皆传鲁《论》，至张禹删《问王》《知道》二篇，合鲁《论》与齐《论》为一，而齐《论》以亡。是《论语》学亦有齐鲁之分。③

马氏之论颇得汉初儒学分化之概略。齐学与鲁学，是基于地域差异而产生的儒学内部不同的学术流派。齐学受战国齐地阴阳五行家、神仙方术之士的影响比较大，喜欢谈论天人、阴阳、灾异、神仙、方术；鲁学则谨守孔子之传统，谨固地提倡礼乐文化。齐学治学恢奇而虚诞，鲁学治学严谨而保守。至董仲舒时，将先秦儒家思想传统与汉代社会现实相结合，吸收诸子百家之学

---

①　(汉)班固：《汉书》卷88《儒林传》，北京：中华书局，1962年，第3618页。
②　(汉)司马迁：《史记》卷121《儒林列传》，北京：中华书局，1959年，第3116—3117页。
③　马宗霍：《中国经学史》，上海：商务印书馆，1937年，第37—38页。

的诸多思想因素,创建了一个以"天人感应""大一统"、三纲五常、三统论等为主要内容的新的思想文化体系,即学界所称的"新儒家"。总之,儒学自孔子创立之后,始终处于不断分化、演生的发展历程。在某种程度上看,董仲舒的"新儒学"已然与先秦以来的"孔子之术"有了很大差异。董仲舒之学相较于"孔子之术"而言,也颇具"诸子百家之术"的性质。毋宁说董氏"新儒学"属于"六艺之科"的范畴。武帝接纳董仲舒的"新儒学",与其说是要"尊儒",不如说是"尊六艺"。

所谓"六艺之科",泛指以商周以来所传的六种经典为主要治学依凭,传承、援引、研习、引申、增益、发挥六艺之思想大义而形成的学术体系。"六艺"①,即《诗》、《书》、《礼》、《乐》、《易》、《春秋》六种先秦政治文化的遗存。《新书·六术》曰:"以兴《书》《诗》《易》《春秋》《礼》《乐》六者之术以为大义,谓之'六艺'。"②贾谊将"六艺"看作知识分子关于六种经典所生发的"大义"。又《汉书·儒林传》曰:"'六艺'者,王教之典籍,先圣所以明天道、正人伦,致至治之成法也。"③章学诚曰:"六艺非孔氏之书,乃周官之旧典也。"④所谓"王教之典籍""周官之旧典",已然证明了"六艺"与商周文化之间的传承关系。盐铁会议上,贤良文学们常赞誉管子之言,如《管子·山权数》记载管子论"五官技"曰:

> 《诗》者,所以记物也。时者,所以记岁也。《春秋》者,所以记成败也。行者,道民之利害也。《易》者,所以守吉凶成败也。卜者,卜凶吉利害也。民之能此者,皆一马之田,一金之衣。此使君不迷妄之数也。六家者,即见其时,使豫先蚤闲之日受之。故君无失时,无失笑,万物兴丰无失利。远占得失以为末教,《诗》记人无失辞,行殚道无失义,《易》守祸福吉凶不相乱。此谓君柄。⑤

管子所言的《诗》、"时"、《春秋》、"行"、《易》、卜皆为"使君不迷妄之术",是"君柄",即治国理民之术。这六术,或与"六艺之科"有着某种契合之处。《诗》、《春秋》、《易》本就为"六艺"的内容,而"时"、"行"、"卜"亦与这"六艺"

---

① "六艺",另一说指代礼、乐、射、御、书、数六种技能。但此处,并非这一含义。
② (汉)贾谊撰,阎振益、钟夏校注:《新书校注》,"新编诸子集成本",北京:中华书局,2000 年,第 316 页。
③ (汉)班固:《汉书》卷 88《儒林传》,北京:中华书局,1962 年,第 3589 页。
④ (清)章学诚著,王重民通解:《校雠通义通解》,上海:上海古籍出版社,1987 年,第 2 页。
⑤ 黎翔凤撰,梁运华整理:《管子校注》,"新编诸子集成本",北京:中华书局,2004 年,第 1310 页。

内容联系密切。所谓"卜",与《易》关系密切,自不待言。所谓"行",与《礼》相关,《庄子·天下》曰:"《礼》以道行"①,《荀子·儒效》曰:"《礼》言是,其行也"②。所谓"时",本指历法、农时,如《书·尧典》曰:"历象日月星辰,敬授人时"③;《论语》所谓"行夏之时";《管子·山权数》所载民之七能有曰:"民之知时,曰'岁且厄',曰'某谷不登',曰'某谷丰'者,置之黄金一斤,直食八石"④。此处之"知时",即指知农时。古人农时观念,与历法相关,而《春秋》作为古代编年史,同样关涉历法纪年。杜预《春秋左传序》曰:"《春秋》者,鲁史记之名也。记事者,以事系日,以日系月,以月系时,以时系年""是故因其历数,附其行事,采周之旧,以会成王义,垂法将来……所用之历,即周正也"⑤,显然标示出《春秋》除纪年功能外,在某种程度上也具有历法的作用。《史记·三代世表》曰"孔子因史文次《春秋》,纪元年,正时日月"⑥,《史记·十二诸侯年表》称孔子作《春秋》,"历人取其年月"⑦,是孔子"次春秋"也有正历法时日的目的。《汉书·艺文志》"春秋类"更明言《春秋》可以"假日月以定历数"⑧。《汉书·律历志》也载有"春秋历"。后世所谓"春秋"历学,属于研究《春秋》历时纪年的历法学范畴,是《春秋》学的重要内容之一。如此,《管子·山权数》所言的"六术"便与"六艺之科"有所关涉,联系密切,"此谓君柄"则意味着这"六术"与儒家经学化的"六经"之学有着某种距离和差异。

汉初诸儒多具有"非醇儒"的特点,与谨守"孔子之术"的学者相比,更类似"六艺之科"的学者。如张苍身具儒、律历、五德之术,"推五德之运,以为汉当水德之时,上黑如故,吹律调乐,人之音声,及以比定律令。若百工,天下作程品……故汉家言律师历者本张苍"⑨;陆贾被誉为"汉儒自董仲舒外,未有如是之醇正也"⑩,但他一生的事迹主要是两次出使南越,而司马迁视之为"辩士",实际是一位兼综儒、法、道、纵横等思想的人物;贾山"所言涉猎

---

① (清)郭庆藩撰,王孝鱼点校:《庄子集释》,"新编诸子集成本",北京:中华书局,1961年,第1067页。

② (清)王先谦撰,沈啸寰、王星贤点校:《荀子集解》,"新编诸子集成本",北京:中华书局,1988年,第133页。

③ (清)阮元校刻:《十三经注疏·尚书正义》,北京:中华书局,1980年影印版,第119页。

④ 黎翔凤撰,梁运华整理:《管子校注》,"新编诸子集成本",北京:中华书局,2004年,第1309页。

⑤ (清)阮元校刻:《十三经注疏》,北京:中华书局,1980年影印版,第1703、1708页。

⑥ (汉)司马迁:《史记》卷13《三代世表》,北京:中华书局,1959年,第487页。

⑦ (汉)司马迁:《史记》卷14《十二诸侯年表》,北京:中华书局,1959年,第511页。

⑧ (汉)班固:《汉书》卷30《艺文志》,北京:中华书局,1962年,第1715页。

⑨ (汉)班固:《汉书》卷42《张苍传》,北京:中华书局,1962年,第2098年。

⑩ 王利器撰:《新语校注》,"新编诸子集成本",北京:中华书局,1986年,第206页。

书记,不能为醇儒"①;贾谊被刘歆称作文帝时唯一在朝的儒生,但其为学"以能诵诗书属文称于郡中……颇通诸家之书,文帝召以为博士"②。叔孙通初见高祖,因刘邦不喜儒生,于是改穿楚服,投其所好举荐"群盗壮士",甚至讽刺鲁地不应征之儒为"鄙儒"。叔孙通所定朝仪,也并非全采儒家礼制,而是"采古礼与秦仪杂就之"③。由这一系列行径来看,很难说这位被视为"汉家儒宗"的大儒,是一位纯粹的"孔门"弟子。这种"非醇儒"的现象,正可反映汉初以来朝野存在着不同于"孔子之术"的"六艺之科"学者。

需要指出的是,我们不能否认"孔子之术"与"六艺之科"存在某些重合或一致之处。孔子本人便是整理"六经"的能手。《史记·孔子世家》记载孔子"以《诗》《书》《礼》《乐》教,弟子盖三千焉,身通六艺者七十有二人"④。《汉书·儒林传》也记载孔子学术活动,曰:"叙《书》则断《尧典》,称《乐》法《韶舞》,论《诗》则首《周南》。缀周之礼,因鲁《春秋》,举十二公行事,绳之以文武之道,成一王法,至获麟而止。盖晚而好《易》,读之韦编三绝,而为之传。皆因近圣之事,以立先王之教,故曰:'述而不作,信而好古'。"⑤"六艺"本为"先王之教"的载体,是三代以来礼乐文明传统的大汇集。它本身的规模、体量非常庞杂且广博,以致孔子对"六艺"进行"叙""删""序""论""称""断""缀"等工作。换言之,孔子所删定的"六经",是先秦"六艺"文化的"简省版"。"孔子之术"本于"先王之教",而"先王之教"尽在"六艺"之中,故儒学也确然立于"六艺"之中。《论语·泰伯》曰"兴于《诗》,立于《礼》,成于《乐》";《论语·述而》曰"游于艺"⑥;《庄子·天下》曰"其在于《诗》《书》《礼》《乐》者,邹鲁之士、搢绅先生多能明之。《诗》以道志,《书》以道事,《礼》以道行,《乐》以道和,《易》以道阴阳,《春秋》以道名分。其数散于天下而设于中国者,百家之学时或称而道之"⑦;司马谈《论六家要旨》亦曰"夫儒者以'六艺'为法"⑧;《汉书·艺文志》曰"儒家者流,盖出于司徒之官,明人君顺阴阳明教化者也。游文于六经之中,留意于仁义之际,祖述尧舜,宪章文武,宗师

---

① (汉)班固:《汉书》卷51《贾山传》,北京:中华书局,1962年,第2327页。

② (汉)班固:《汉书》卷48《贾谊传》,北京:中华书局,1962年,第2221页。

③ (汉)司马迁:《史记》卷99《叔孙通列传》,北京:中华书局,1959年,第2722页。

④ (汉)司马迁:《史记》卷47《孔子世家》,北京:中华书局,1959年,第1938页。

⑤ (汉)班固:《汉书》卷88《儒林传》,北京:中华书局,1962年,第3589页。

⑥ (清)阮元校刻:《十三经注疏·论语注疏》,北京:中华书局,1980年影印版,第2487、2481页。

⑦ (清)郭庆藩撰,王孝鱼点校:《庄子集释》,北京:中华书局,1961年,第1067页。

⑧ (汉)司马迁:《史记》卷130《太史公自序》,北京:中华书局,1959年,第3290页。

仲尼,以重其言"①,都准确揭示了"六艺"与"儒学"不可分割的联系。所谓"游文于六艺之中,留意于仁义之际"的概括相当精辟,是"历史"与"思想"的结合②。《史记·孔子世家》曰"中国言'六艺'者折中于夫子"③,一方面反映了"孔子之术"与"六艺"的联系,另一方面,"折中"二字也可证"孔子之术"并不能涵盖所有"六艺"内容。"孔子之术"与"六艺"之间确实不可判然分割,但至少在汉武帝以前,"孔子之术"还不能与"六艺"直接地、简单地"划等号"。"六艺"是先秦以迄汉代诸子百家之学共同遵循、引据的"王教之典籍"。从历史的观念来看,"六艺"曾经是上古三王以至春秋战国时代的礼乐文明的文化遗存,尽管孔子及其后学在"六经"的文本接受、整理、定型、传承上发挥过重要作用,但不能将"六艺"视作儒家的"专利"。故章学诚认为"六经皆史"④,李学勤也认为"当时所有人所受的教育,都是来自六艺,来自《诗》《书》《礼》《乐》,不管他赞成还是不赞成。这属于他们的传统文化"⑤。当时研习六经的学派,在汉代以前并非只有儒家,墨家、黄老、道家、名家甚至法家皆时时称引六经文字。章学诚说"道体无所不该,六艺足以尽之。诸子之为书,其持之有故而言之成理者,必有得于道体之一端"⑥,此言甚得其实。如墨家论学经常引用《诗》、《书》;庄子"其学无所不窥"⑦,当包括六艺。清儒论道家则言"合于尧之克让,《易》之嗛嗛"⑧,论法家则言"先王以明罚饬法",认为九流十家"合其要归,亦六经之支与流裔"⑨。再以《汉书·艺文

---

① (汉)班固:《汉书》卷30《艺文志》,北京:中华书局,1962年,第1728页。

② 徐复观说孔子"把立基于人类历史实践所取得的经验教训,和他由个人的实践发现出生命的道德主体,两相结合。这便使来自历史实践中的知识,不停留在浅薄无根的经验主义之上;同时又使法治道德主体的智慧,不会成为某种'一超绝待'的精神的光景,或顺着逻辑推演而来的与具体人生社会愈离愈远的思辨哲学"(《两汉思想史》卷三,上海:华东师范大学出版社,2011年,第157页);朱汉民说"将儒家的六艺之学与诸子之学结合起来才构成完整的儒学","'子'是思想主体,而'经'则不过是思想资源。经学主要表达儒家对三代文明体系与思想传统的继承,子学则主要表达儒家因社会政治关切而追求思想创新"(《儒学的六经、诸子与传记》,《北京大学学报》2016年第5期,第26—34页)。这些观点都可与本处相互佐助。

③ (汉)司马迁:《史记》卷47《孔子世家》,北京:中华书局,1959年,第1947页。

④ 章学诚:《文史通义校注》卷一《易教上》,北京:中华书局,2004年,第1页。章学诚又说:"六艺非孔氏之书,乃周官之旧典也。"姜广辉说:"《尚书》从尧舜讲起,而《春秋》已写到孔子晚年,因此六经即是从尧舜到孔子的约1700年的历史。儒家传承六经,寻绎这1700年间的兴衰治乱之迹,总结其中历史的经验和教训。"(姜广辉:《传统之源——兼谈"六经"的价值》,《湖南大学学报》2013年第4期,第8页)

⑤ 李学勤:《国学的主流是儒学,儒学的核心是经学》,《中华读书报》2010年8月4日,第15版。

⑥ (清)章学诚著,叶瑛校注:《文史通义校注》,北京:中华书局,1985年,第60页。

⑦ (元)马端临:《文献通考》,北京:中华书局,1986年,第1733页。

⑧ (清)阮元校刻:《十三经注疏·春秋谷梁传注疏序》,北京:中华书局,1980年,第2360页。

⑨ (汉)班固:《汉书》卷30《艺文志》,北京:中华书局,1962年,第1736、1746页。

志》为例,班固分述"六艺"与"诸子",而将"儒家"列入"诸子"之中,是把"儒家"同样视为"支与流裔"的所在。故钱穆称"儒亦百家之一,不得上侪于六艺"①,而"六艺之科"与"孔子之术"不尽同②;马一浮称"墨家统于《礼》,名、法亦统于《礼》,道家统于《易》"③;熊十力称"诸子之学,其根底皆在经也"④。董仲舒此处将"孔子之术"与"六艺之科"相并举,既反映汉初以来儒学逐渐兴盛的社会现实,也反映出汉初"诸子复兴"背景下,儒家以外的诸子学同样并存于世的局面。当然,董氏所言的"六艺之科"应当是不包含前述罢黜之列的"刑名之术"与"纵横家言"。

当然,"六艺之科"与"孔子之术"的分立,并不意味着二者在汉代始终分离而未合一。实际上,至宣帝于黄龙元年(前49年)立"五经十二博士"之制后,博士官由"六艺博士"发展至"师法博士"阶段。博士官学由"某经博士"转变为"某氏某经博士",博士各有"师法",而这十二家"师法"皆为儒家的"专利"。至此,诸子学才真正被排斥在博士官学之外。博士官学的这一转变历程,并非一蹴而就,而是经历了一个渐进的演变过程,究其时间,当在建元年间(前140—前135年)武帝立"五经博士"至宣帝黄龙元年(前49年)之间。以《孝经》《论语》为例,二书属儒家所专有,与儒家关系最为密切,且在汉代普遍传习,经生与其他学子都需要诵习。二者并非"五经"之书,却被列于《艺文志·六艺略》,揭示了西汉中后期"孔子之术"与"六艺之科"相混同的一面。这种"混同",反映了"孔子之术"与"六艺之科"正处于合一为儒学"经学化"的"中间过渡"阶段。在这合流的基础上,"六艺"逐渐被宣帝以后的儒生视为儒家的"专属","凡是在五经中获得知识并以五经的解释阐发

---

① 钱穆:《秦汉史》,北京:生活·读书·新知三联书店,2004年,第94页。值得注意的是,《论语》《孝经》在汉代较为普及,"受经与不受经者皆诵习之"(王国维:《汉魏博士考》,《观堂集林》第一册,北京:中华书局,1959年,第178页)。这两本与孔子关系密切并非五经的书被列于《汉书·艺文志·六艺略》,又启示汉人对"六艺"与"儒家"混同的一面。二者正处在"六艺"与"儒家"的中间过渡。陈少明解释道:"《论语》虽然不是原始的经,但也不是一般的子书,因为它有传经的意义。由子而传、从传至经。"(陈少明:《〈论语〉的历史世界》,《中国社会科学》2010年第3期,第47页)何俊指出"六经在知识体系上虽结构自足,但他并没有使它成为封闭系统,通过附上了《论语》与《孝经》,从言说与践履两方面对六经加以补充"(何俊:《中国传统知识谱系中的知识观念》,《中国社会科学》2016年第9期,第72页)。

② 参见黄开国、黄子鉴:《"经学是研究儒家经典的学说"质疑》,《哲学研究》2017年第2期,第27—31页。

③ 马一浮则云"墨家统于《礼》,名、法亦统于《礼》,道家统于《易》。"(马一浮:《泰和宜山会语》,沈阳:辽宁教育出版社,1998年,第10页)

④ 熊十力:《读经示要》,北京:中国人民大学出版社,2006年,第3页。

为业的就是'儒'"①。

　　既明"六艺之科"与"孔子之术"之别,则可考见汉武帝时更为重视"六艺之科",而非"孔子之术"。文献可见的武帝时博士,除董仲舒、公孙弘二人外,未见致力于儒学"思想性"建构的学者。当时的知识分子也并未见锐意推尊孔子。甚至于,董仲舒的诸多思想主张并不被汉武帝采用。相对于"尊儒"而言,汉武帝对文辞、神仙方术等显得更有偏好。汲黯曾批评武帝之政,曰:"陛下内多欲而外施仁义。"②在统治者眼中,儒术不过是"缘饰"其文吏政治的工具罢了。武帝对"'孔子之术'的态度是表面化的"③,他所举行的修郊祀、定历数、作诗乐、改正朔、协音律、礼百神、绍周后诸事,"都是所谓儒术的缘饰"④。梁启超尝评论董仲舒请举贤良策,省去"孔子之术"四字,而只言"六艺之科",⑤显然是看到了武帝朝"尊六艺"的现实。与其说汉武帝"尊儒",毋宁说是"尊六艺"。

　　钱穆评述曰:

　　　　汉武立五经博士,谓其尊六艺则可,然谓其尊儒术,似亦未尽然也。特六艺多传于儒者,故后人遂混而勿辨之耳……汉武罢斥百家,表彰六艺,夫而后博士所掌,重为古者王官之旧,乃所以求稽古考文之美。⑥

钱氏清晰地指出了"尊儒"与"尊六艺"的区别。考武帝朝的执政特色、政治举措,大都与先秦以来儒家的"政治理想"差距深远。昭帝时,召开"盐铁会议",其间主张"孔子之术"的贤良文学们严苛地揭露武帝政治的弊端,如《盐铁论·刺复》曰:

　　　　人主方设谋垂意于四夷,故权谲之谋进,荆、楚之士用,将帅或至封侯食邑,而克获者咸蒙厚赏,是以奋击之士由此兴。其后,干戈不休,军

①　葛兆光:《中国思想史》第1卷《七世纪前中国的知识、思想与信仰世界》,上海:复旦大学出版社,2001年,第371页。

②　(汉)司马迁:《史记》卷120《汲郑列传》,北京:中华书局,第3106页。

③　杨勇:《"罢黜百家,独尊儒术"的历史考察——以"六艺之科"与"孔子之术"的分合为中心》,《文史哲》2019年第6期,第83页。

④　杨向奎:《汉武帝与董仲舒》,《绎史斋学术文集》,上海:上海人民出版社,2001年,第104页。

⑤　梁启超:《论中国与欧洲国体异同》,《梁启超全集》第一册,北京:北京出版社,1999年,第312—315页。

⑥　钱穆:《秦汉史》,北京:生活·读书·新知三联书店,2005年,第94—95页。

旅相望,甲士糜弊,县官用不足,故设险兴利之臣起,磻溪熊罴之士隐。……憯急之臣进,而见知、废格之法起。杜周、咸宣之属,以峻文决理贵,而王温舒之徒以鹰隼击杀显。其欲据仁义以道事君者寡,偷合取容者众。[①]

在贤良文学们看来,武帝朝的对外征伐、聚敛财富、酷吏政治等,都与儒家所主张的"道之以德,齐之以礼"的思想相悖。学界多注意到这种现象,如吕思勉直言武帝"无一不与儒家之道相背"[②];金春峰认为"儒生,在残酷的战争面前,则黯然失色,被历史扫进了无权的角落"[③];韦政通认为"儒家在武帝朝并没有受到真正尊重"[④];西嶋定生认为"假如酷吏是当时官僚的代表这一论点成立的话,那么,儒学在当时被国教化的观点就有必要被重新考虑"[⑤]。

又如《史记·匈奴列传》太初四年(前101),汉武帝援引《春秋》以为"困胡"的理据:

> 汉既诛大宛,威震外国。天子意欲遂困胡,乃下诏曰:"高皇帝遗朕平城之忧,高后时单于书绝悖逆。昔齐襄公复九世之仇,《春秋》大之。"[⑥]

此事中,汉武帝只是在《春秋》中寻找兴兵的依据,通过比附"六艺"来说服上下。至于这种比附是否与孔孟之学相符合,往往不在汉武帝的考虑范围之内。他根本不在乎"困胡"对于民生疾苦的影响,也不在乎这种"建不世之功"的军事行动与儒家理念的根本冲突。对此,朱熹曾切中要害地指出"非为祖宗雪积年之忿,但假此名而用兵耳"[⑦]。换言之,武帝的这种政治活动只是"游文于六艺之中",但绝不是"留意于仁义之际"。班固也曾有过类似的评价,即:"积思于六经,留神于王事,驰骛于唐虞,折节于三代。"[⑧]这种心

① 王利器校注:《盐铁论校注》,"新编诸子集成本",北京:中华书局,1992年,第132页。
② 吕思勉:《秦汉史》,上海:上海古籍出版社,2005年,第73页。
③ 金春峰:《汉代思想史》(修订增补第四版),北京:中国社会科学出版社,2018年,第257页;
④ 韦政通:《董仲舒》,台北:东大图书有限公司,1986年,第205页。
⑤ (日)西嶋定生:《秦汉帝国:中国古代帝国之兴亡》,顾姗姗译,北京:社会科学文献出版社,2017年,第257页。
⑥ (汉)司马迁:《史记》卷110《匈奴列传》,北京:中华书局,1959年,第2917页。
⑦ 黎靖德编,王星贤点校:《朱子语类》,北京:中华书局,1986年,第3277页。
⑧ (汉)班固:《汉书》卷65《东方朔传》,北京:中华书局,1962年,第2856页。

态,正如后世"六经注我"的思维方式,也正生动地展现出武帝时"孔子之术"与"六艺之科"的区隔。

武帝朝的臣僚也往往抱着这种"尊六艺"而非"尊儒"的观念。如武帝议封禅,曾因儒生草拟的封禅礼仪不合其意,"尽罢诸儒不用"①。又如元鼎年间(前116—前111年),博士徐偃曾巡使风俗,至胶东、鲁国,矫制私作盐铁事。结果被张汤告发,按律当处死。徐偃辩解称"以为《春秋》之义,大夫出疆,有可以安社稷,存万民,颛之可也"。博士弟子终军却不以为然,驳难徐偃曰:"古者诸侯国异俗分,百里不通,时有聘会之事,安危之势,呼吸成变,故有不受辞造命颛己之宜;今天下为一,万里同风,故《春秋》'王者无外'。偃巡封域之中,称以出疆何也?"②二人都把所谓"孔子之术"的道德伦理观念抛在一旁,只以"六艺之科"为理论依据。虽都援引《春秋》,但论证的结果却是截然相反。终军善辩,徐偃无力辩解,应当服罪处死,后为武帝赦免③。与此事相应,"经义决狱"之事兴起。廷尉张汤裁决刑狱之事常"傅古义",还延请研习《尚书》《春秋》的博士弟子"补廷尉史,亭疑法"④。"儒宗"董仲舒甚至作《公羊董仲舒治狱》十六篇,作为治理刑狱的参考书。"经义决狱"逐渐制度化,赵翼称之为"皆无成例可援,而引经义以断事"⑤。这些做法,与先秦孔孟之学动辄以"王道理想"言政事的做派有相当的距离,皆是武帝君臣尊"六艺之科"的证明。

汉武帝"尊六艺"活动的策划、实施及其成败过程,大致如下:

> 建元元年(前140年)秋七月,"议立明堂。遣使者安车蒲轮,束帛加璧,征鲁申公"。

> 建元元年(前140年)冬十月,"丞相绾奏:'所举贤良,或治申、商、韩非、苏秦、张仪之言,乱国政,请皆罢之。'奏可"。

> 建元二年(前139年)冬十月,"御史大夫赵绾坐请毋奏事太皇太后,及郎中令王臧皆下狱,自杀。丞相婴、太尉蚡免"。

---

① (汉)司马迁:《史记》卷28《封禅书》,北京:中华书局,1959年,第1397页。
② (汉)班固:《汉书》卷64《终军传》,北京:中华书局,1962年,第2818页。
③ 王先谦云:"《郊祀志》载'徐偃云太常诸生行礼不如鲁善',事在元封元年,是偃即罪后仍得赦免也。"(清)王先谦:《汉书补注》,北京:中华书局,1983年,第1268页。
④ (汉)司马迁:《史记》卷122《张汤传》,北京:中华书局,1962年,第3139页。
⑤ 赵翼著,王树民校证:《廿二史札记校证》卷二《汉时以经义断事》,北京:中华书局,1984年,第43页。引经决狱参见张涛:《经学与汉代社会》,石家庄:河北人民出版社,2001年,第190—204页。

建元五年(前 136 年)春,"置五经博士"。

元光元年(前 134 年)夏五月,"诏贤良曰:'⋯⋯贤良明于古今王事之体,受策察问,咸以书对,著之于篇,朕亲览焉。'于是董仲舒、公孙弘等出焉"。①

元朔五年(前 124 年),"为博士官置弟子五十人,复其身。太常择民年十八以上仪状端正者,补博士弟子。郡国县道邑有好文学、敬长上、肃政教、顺乡里、出入不悖所闻者,令相长丞上属所二千石,二千石谨察可者,常与计偕,诣太常,得受业如弟子"。

经历"儒道互绌",至窦太后崩,黄老之术受武帝君臣之"绌"而渐衰,"六艺之科""孔子之术"顺势兴起。《汉书·儒林传》载:"及窦太后崩,武安君田蚡为丞相,绌黄老、刑名百家之言,延文学儒者以百数。"②

武帝立"五经博士"后,博士制度确实发生了巨大变化。其一,博士官的构成由文景时期的"一经博士"与"传记博士"并举,转变为专以"六经"学者为博士官。其二,博士官的职责由"掌通古今""备顾问"增加了"教育官"的职任。汉武帝所立"五经博士",究其性质而言,乃是"六艺博士"。也即是说,武帝所立的"五经博士",是为《诗》、《书》、《礼》、《易》、《春秋》五种经典所立的"专经博士",是在废除了"黄老、刑名、纵横"之学的基础上,对文帝时"一经博士"的"扩大"。这不同于宣帝黄龙元年(前 49 年)以后的"经学师法博士"。此时的"专经博士",仍然具有某些"传记博士"的印记。它是以五种经典为立博士官的标准,所有研习这"五经"的学者,不论是儒家,还是其他诸子学者,都可以凭借自身的学识,获得居博士官的资格。换言之,此时的"五经博士"还只是"六艺"的范畴,而非"儒家五经"的范畴。

有学者因景帝时曾有《诗》之齐、鲁、韩三派学者居博士官,认为景帝时已经立有三家《诗》博士,而汉武帝置"五经博士"应当是五经七家,且每家均为一人。这是没有道理的。首先,景帝时的《诗》博士,并非常置,甚至还具有诸子"传记博士"的影子。故景帝时的博士制度,仅仅是沿袭文帝时"一经博士"与"传记博士"并存的做法,其员额也大抵为七十人。其次,如前述,汉

---

① (汉)班固:《汉书》卷 6《武帝纪》,北京:中华书局,1962 年,第 157—161 页。
② (汉)班固:《汉书》卷 88《儒林传》,北京:中华书局,1962 年,第 3593 页。

武帝之"五经博士"的性质是"六艺博士",是专为《诗》《书》《礼》《易》《春秋》五种经典专置了博士官,不治"六艺"者被排除在外。此时的博士员额也未固定为每一经一人,故在武帝、宣帝时期还存在某一经有多名博士并立的现象。否则,博士官人数从景帝时的七十人骤减为五人,岂非表明武帝时博士官体系的萎缩,又何以称之为"表彰六经"呢? 实际上,汉武帝初置五经博士时,并未要求每一经只任命一名博士。刘歆《移让太常博士书》曰:"至孝武皇帝,然后邹、鲁、梁、赵颇有《诗》《礼》《春秋》先师,皆起于建元之间。当此之时,一人不能独尽其经,或为《雅》,或为《颂》,相合而成。《泰誓》后得,博士集而读之。"①所谓"一人不能独尽其经",已然隐见一经可以有多名博士的事实。再者,汉宣帝时,鲁《诗》博士就有江公与王式两人同时并为博士的记载。《儒林传·王式传》曰:

> 既至,止舍中,会诸大夫博士,共持酒肉劳式,皆注意高仰之。博士江公世为鲁《诗》宗,至江公著《孝经说》,心嫉式。谓歌吹诸生曰:"歌《骊驹》"。式曰:"闻之于师:客歌《骊驹》,主人歌《客毋庸归》。今日诸君为主人,日尚早,未可也。"江翁曰:"经何以言之?"式曰:"在《曲礼》。"江翁曰:"何狗曲也。"②

现任鲁《诗》博士江公之所以不顾身份地羞辱王式,原因即在于王式同样被征选为《诗》博士后,会对他的地位造成巨大威胁。

汉昭帝继承了武帝"尊六艺"的文化特色。在盐铁会议中,以桑弘羊为代表的"文吏"与"贤良文学"们,都援引"六艺"以证明自身学说的合理性、正当性。双方都拥有丰富的"六艺学识",在辩难、论证中都从"六艺"文字中寻找理论依据。学界多以御史大夫桑弘羊为文法吏的代表,但桑弘羊一方同样精于"六艺",如丞相史谓:"故谋及下者无失策,举及众者无顿功。《诗》云:'询于刍荛。'故布衣皆得风议,何况公卿之史乎?《春秋》士不载文,而书咺者,以为宰士也。孔子曰:'虽不吾以,吾其与闻诸。'仆虽不敏,亦尝倾耳下风,摄齐句指,受业径于君子之途矣。"③寥寥数句,已然援引《诗》《春秋》《论语》之文。这说明,昭帝时除了"孔子之术"外,仍然存在"六艺之科",且势力庞大,影响深远。桑弘羊也正是基于这种学术氛围,而将孔孟斥为"愚儒",责"贤

---

① （汉）班固:《汉书》卷36《楚元王传》,北京:中华书局,1962年,第1969页。
② （汉）班固:《汉书》卷88《儒林传》,北京:中华书局,1962年,第3610页。
③ 王利器校注:《盐铁论校注》,"新编诸子集成本",北京:中华书局,1992年,第318页。

良文学"们为"拘儒"。贤良文学们则将桑弘羊之徒视为"公卿面从之儒":

> 今子处宰士之列,无忠正之心,枉不能正,邪不能匡,顺流以容身,从风以说上。上所言则苟听,上所行则曲从,若影之随形,乡之于声,终无所是非。衣儒衣,冠儒冠,而不能行其道,非其儒也。譬若土龙,文章首目具而非龙也。蓂历似菜而味殊,玉石相似而异类。子非孔氏执经守道之儒,乃公卿面从之儒,非吾徒也。①

此处的"孔氏执经守道之儒"也即秉持"孔子之术"的儒生,他们所斥责的对象则是表面上"衣儒衣,冠儒冠",实际上却不具备儒家之"道"的"公卿面从之儒"。这些"面从之儒",不事"孔子之术",却又具有儒生相类似的做派,实际就是所谓"六艺之科"的学者。

霍光秉政,沿袭武帝"尊六艺"的传统。在用人上,霍光多用门人、亲信,而不任儒生,文化上重视"六艺之科"的传统。尽管在隽不疑援引《春秋》义而逮捕假冒卫太子、夏侯胜引《洪范》言昌邑王刘贺当废等诸事中,霍光曾提到过"重经术士"的想法,但后来霍山却直言霍光鄙弃儒生的态度,曰:"诸儒生多窭人子,远客饥寒,喜妄说狂言,不避忌讳""常仇之"②。

这种状况至汉宣帝亲政后继续保持了下去。史载汉宣帝"不甚从儒术,任用法律,而中书宦官用事"③,又曾与太子论"俗儒不达时宜,好是古非今,使人眩于名实,不知所守,何足委任",并明言"汉家自有制度,本以霸王道杂之"④。王吉曾以"建万世之长策,举明主于三代之隆"⑤为主旨,向汉宣帝建言:

> 孔子曰"安上治民,莫善于礼",非空言也。王者未制礼之时,引先王礼宜于今者而用之。臣愿陛下承天心,发大业,与公卿大臣延及儒生,述旧礼,明王制,驱一世之民济之仁寿之域,则俗何以不若成康,寿何以不若高宗?⑥

王吉所谓"旧礼""王制"来源于"六艺",但宣帝却以王吉"言迂阔,不甚宠异

---

① 王利器校注:《盐铁论校注》,"新编诸子集成本",北京:中华书局,1992年,第318—319页。
② (汉)班固:《汉书》卷68《霍光传》,北京:中华书局,1962年,第2954页。
③ (汉)班固:《汉书》卷78《萧望之传》,北京:中华书局,1962年,第3284页。
④ (汉)班固:《汉书》卷9《元帝纪》,北京:中华书局,1962年,第277页。
⑤ (汉)班固:《汉书》卷22《礼乐志》,北京:中华书局,1962年,第1033页。
⑥ (汉)班固:《汉书》卷72《王吉传》,北京:中华书局,1962年,第3063—3064页。

也"①,对于这套"孔子之术"表现出漠视的态度。众所周知,孟子以"迂阔"著称于世,"迂远而阔于事情"正是孔孟儒学理想主义的特征。这种"迂阔",也正是贤良文学们的特质。《盐铁论》中,丞相史刺讥贤良文学为"道迂而难遵",御史也批评他们是"迂而不经"②。宣帝执政特色颇具理性且现实,宣帝对王吉的"不甚宠异",反映了他对"孔子之术"的怀疑与警惕。盖宽饶批评说"方今圣道浸废,儒术不行"③,大抵反映了宣帝朝儒生的政治际遇。

综言之,武帝以"尊六艺"为尚,虽曰"罢黜百家",实以罢黜黄老、刑名、纵横三家为主;虽置五经博士,实为"六艺博士"性质。"尊六艺"确然带来了儒学在学术领域的兴盛,但就博士属性而言,尚未成为儒学一家"独占"的"私有物""专属品"。研习六经(艺)者,皆可为博士,故各依经典而自为其说,以别于他家的精粹经解为获取博士官位的资本。这势必造成武、宣时期经学的迅速分异,继而导致"石渠阁会议"的召开,欲以统一经学。黄龙元年(前49年),设置十二师法博士,儒家方真正将博士官纳入自己的"专柜"。武帝时代,言博士者,往往以"某经(艺)博士"为号,而宣帝以后,则以"某氏某经博士"为称。这反映了武宣之际博士官属性的转变。当然,武帝朝"尊六艺",主观上虽不以"独尊儒术"为目的,但在客观效果和既定现实上使儒学成为学术领域的主流。儒生们所主张的政治哲学遂成为左右汉代中后期以迄东汉时代天命与正统思想的核心理论。笔者并非着意于推翻儒学在事实上逐渐"独尊"的观点,只在于揭示武帝时期"尊六艺"的主观意图与制度设计。这是需要表明的立场。

---

① (汉)班固:《汉书》卷72《王吉传》,北京:中华书局,1962年,第3065页。

② 王利器校注:《盐铁论校注》,"新编诸子集成本",北京:中华书局,1992年,第578页。

③ (汉)班固:《汉书》卷77《盖宽饶传》,北京:中华书局,1962年,第3247页。

第三章　西汉后期刘氏"天命"的动摇:"汉运将终"

自汉武帝表彰六经后,儒学逐渐获得官方学术地位,儒生也逐渐进入朝堂,参政议政。但他们的"德治仁政"理想与武、宣时期"霸王道杂之"的政治文化存在着巨大差异。当西汉末年社会危机日趋激化之时,儒生群体(包括方士化儒生在内)开始通过"灾异论""异姓禅代说""更受命说"等,探讨汉家政治的合理性问题,激起所谓"汉运将终"思潮。这种思潮,形成了对刘氏"天命"观念的极大冲击,"厌汉"成为西汉末期士人价值取向的主流。尽管这种思潮并未直接达成汉儒们的政治诉求,但却为"革汉立新"的政治活动提供了舆论与思想基础。

第一节　儒生价值取向与汉家政治的疏离

儒术虽在武帝时获得官学地位,但就政治实践来说,是"霸王道杂之"。儒生对于仕途的追逐和理想政治的追求并未得到制度和事实的满足。儒生们不满现状,对现实政治又不能直接批评,遂通过不断神化孔子与五经、"代圣人言"的方式,间接地批评现实的不合理,最终因为社会危机的不断加重而对汉家统治失望、绝望,激荡起所谓"汉运将终"的思潮,促成新莽代汉。然儒生对王莽的"希望"伴随着改制的失败迅速破灭,他们抚今追昔,遂又有"思汉"的产生,构成光武重建汉家统治的舆论支持。这要从西汉后期儒学与政治的关系说起。

一、汉家制度与儒生政治诉求的矛盾

儒生在西汉时期的政治地位是渐次提升的。汉初"布衣将相之局"①,

---

① 赵翼:《廿二史札记》,北京:中华书局,1984年,第36—37页。

朝廷又以"黄老之学"为指导思想,儒生境遇虽然改善,但政治地位并没有多少提升。刘邦出身基层小吏,熟悉的是文法吏事,对儒生根本瞧不起。在逐鹿天下的过程中,他对"诸客冠儒冠来者""解其冠,溺其中,与人言,常大骂"①。然此时的儒生面对刘邦的轻慢,内心是充满着自信的,因为他们抓住刘邦要成就大事的心理:主观上尽管排斥,客观上总要接受自己的建议。他们所关心的只是如何抓住时机,让刘邦接纳自己的建议而已。他们竭力争取机会出谋划策。高祖时郦食其游说齐王、陆贾作《新语》、叔孙通定朝仪②,改变了刘邦的态度,奠定了汉初思想解放的基础。惠帝时"除挟书律",文、景时以韩婴、辕固生、胡毋生为博士,都是以汉初儒生的政治作用为基础的。儒学也因此获得了公开传播的政治环境,由民间一步一步地走向官方。汉初传经者,《易》有田何,《书》有伏生,《诗》有辕固生、申公、韩婴,《礼》有高堂生,《公羊春秋》有胡毋生,《谷梁春秋》有瑕丘江公。至建元元年(前140年),武帝"举贤良方正,直言极谏之士"③。丞相卫绾奏请"所举贤良,或治申、商、韩非、苏秦、张仪之言,乱国政,请皆罢"④,可视为"罢黜百家"之动议。建元二年(前139年),赵绾、王臧"请毋奏事太皇太后"⑤。窦太后好黄老,而将绾、臧下狱,自杀。武帝诸所欲兴作之事皆罢。建元六年(前135年),窦太后崩。次年,董仲舒上"天人三策",请"诸不在六艺之科孔子之术者,皆绝其道,勿使并进"⑥,从此逐渐确立起儒术在意识形态领域的主导地位。

　　汉武帝时代黜黄老刑名等百家之言,起用文学儒者至数百人⑦,推行

---

　　①　司马迁:《史记》卷97《郦食其传》,北京:中华书局,1959年,第2692页。

　　②　《汉书·叔孙通传》载其"定朝仪"事,曰:"高帝悉去秦仪法,为简易。群臣饮争功,醉或妄呼,拔剑击柱,上患之。"后叔孙通令弟子百余名,又征鲁儒生三十人,据儒家经典之古礼与秦仪结合,制定一套朝仪制度,并对皇帝与群臣的相互关系作了严格、详细的规定,朝会时"殿下郎中挟陛,陛数百人。功臣列侯诸将军吏以次陈西方,东乡(向,下同);文官丞相以下陈东方,西乡。大行设九宾,胪句传。于是皇帝辇出房,百官执戟传警,引诸侯王以下至吏六百石以次奉贺。自诸侯王以下莫不震恐肃敬。至礼毕,尽伏,置法酒。诸侍坐殿上皆伏抑首,以尊卑次起上寿。觞九行,谒者言'罢酒'。御史执法举不如仪者辄引去。竟朝置酒,无敢欢哗失礼者。于是高帝曰:'吾乃今日知为皇帝之贵也。'"(《汉书》卷43《叔孙通传》,北京:中华书局,1962年,第2126页)可以说,儒家在汉初礼制建置之功厥大,故司马谈《论六家要旨》评价儒家时称:"若夫列君臣父子之礼,序夫妇长幼之别,虽百家弗能易也。"(《史记》卷130《太史公自序》,北京:中华书局,1959年,第3290页)

　　③　(汉)班固:《汉书》卷6《武帝纪》,北京:中华书局,1962年,第155—156页。

　　④　(汉)班固:《汉书》卷6《武帝纪》,北京:中华书局,1962年,第156页。此处所言之"申、商、韩非"为先秦法家,"苏秦、张仪"为纵横家,虽但举此两家,但实际还包括"黄老之学"。

　　⑤　(汉)班固:《汉书》卷6《武帝纪》,北京:中华书局,1962年,第157页。

　　⑥　(汉)班固:《汉书》卷56《董仲舒传》,北京:中华书局,1962年,第2523页。

　　⑦　(汉)司马迁:《史记》卷121《儒林列传》,北京:中华书局,1959年,第3118页。

"罢黜百家,表彰六经"①的文化政策,结束了"师异道,人异论,百家殊方"的局面,以求"今后学者有所统一"②。建元五年(前 136 年),武帝立五经博士。元朔五年(前 124 年),又接纳董仲舒"兴太学,置明师,以养天下之士"③的建议,兴立太学。公孙弘请为博士置弟子员:

> 为博士官置弟子五十人,复其身,太常择民年十八以上仪状端正者,补博士弟子。郡国县官有好文学,敬长上,肃政教,顺乡里,出入不悖,所闻,令长丞上属所二千石。二千石谨察可者,常与计偕,诣太常,得受业如弟子。一岁皆辄科,能通一艺以上,补文学掌故缺;其高第可以为郎中,太常籍奏。既有秀才异等,辄以名闻。其不事学若下材,及不能通一艺,辄罢之,而请诸能称者。④

至此,儒术与选官制度相结合。汉家为儒生建置了一套"通经入仕"的制度化途径,也为儒生带来了明显的现实利禄,"天下学士靡然向风""自此以来,公卿大夫士吏彬彬多文学之士矣"⑤。博士弟子员的规模在西汉不断扩大,武帝初置五十人,昭帝时满百人,宣帝末二百人,元帝时千人,成帝末增至三千人,平帝时王莽秉政,增博士至三十人,弟子万八百人。地方郡国亦置学官,史载"武帝时,乃令天下郡国皆立学校官"⑥。平帝时"立官稷及学官。郡国曰学,县、道、邑、侯国曰校。校、学置经师一人"⑦。郡国有"五经百石卒史"之职,州有《孝经》师之职。"学官"或称"文学",其属又有文学师、文学史、文学掾等。一郡之学徒多至数百、千人,教职员至数十人⑧。儒生群体的规模不断扩张,也逐渐参与到帝国大政方针的决策中,如昭帝时"贤良文学"为盐铁会议中与御史大夫桑弘羊对立的一方。宣帝时有夏侯胜反对为武帝立庙乐。元帝时一度亲任萧望之、周堪、刘向等。此可见西汉时代,儒术既尊,而儒生群体势力及其政治地位亦渐次提升。

---

① (汉)班固:《汉书》卷 6《武帝纪》,北京:中华书局,1962 年,第 212 页。
② (汉)班固:《汉书》卷 56《董仲舒传》,北京:中华书局,1962 年,第 2523、2526 页。
③ (汉)班固:《汉书》卷 56《董仲舒传》,北京:中华书局,1962 年,第 2512 页。
④ (汉)班固:《汉书》卷 88《儒林传》,北京:中华书局,1962 年,第 3594 页。
⑤ (汉)班固:《汉书》卷 88《儒林传》,北京:中华书局,1962 年,第 3593、3596 页。
⑥ (汉)班固:《汉书》卷 89《循吏传》,北京:中华书局,1962 年,第 3626 页。
⑦ (汉)班固:《汉书》卷 12《平帝纪》,北京:中华书局,1962 年,第 355 页。
⑧ 如《蜀学师宋恩等题名碑》共记录文学掾、师共四十三人。《后汉书·刘梁传》:"除北新城长……乃更大作讲舍,延聚生徒数百人。"(《后汉书》卷 80《文苑列传》,北京:中华书局,1965 年,第 2639 页)

然儒家虽得"官学"地位,汉家政治却实际奉行"霸王道杂之"的方针。武帝虽在学术领域极力"尊经",但却并不委以政务。汉政表现出明显的"阳儒阴法"特征:其一,儒家就现实政治多有理论提出,但政治实践上却以"法治"为尚,委政于文史;其二,儒家掌教化,法家掌"吏治";其三,意识形态领域,宣扬儒家理想,现实政治上却推行法家的制度。① 这种政治文化,实际上是兼综儒、法,朝政委于文史,而儒术徒事"缘饰"。汉家政治之所以将政务与儒生在相当程度上剥离,并非没有原因。儒生自先秦以来的"志于道"的价值取向与"不达时宜"的特质,使他们在参政之初主要以通古今、备顾问、讲经授徒和制礼作乐之事来显示自己的存在。至于国家具体行政事务的处理方面,许多儒生是缺乏深入参与和深刻理解的。如刘邦举兵围鲁时,"鲁中诸儒尚讲诵习礼乐,弦歌之音不绝"②。他们只知背诵先圣的经典,于现实政治置若罔闻,既不懂,也不关心。当叔孙通主持"定朝仪"之事,奉命征召鲁地诸儒时,有两人拒绝合作,说:"礼乐所由起,积德百年而后可兴也。"③这二人竟然直接否定了"人事"的作用,认为西汉初建,还不具备制礼作乐的条件,需要"积德百年"才能有所作为。这种"不达时变"的做派,过于迂阔,自然被叔孙通嘲讽。二人因之被斥为"鄙儒"。又如汉武帝召诸儒草拟封禅的礼仪,结果"群儒既已不能辩明封禅事,又牵拘于《诗》《书》古文而不能骋",争论累年不决。武帝索性"尽罢诸儒弗用"④。再如武帝时博士官狄山在汉匈关系上主张维持"和亲"政策,被张汤斥为"愚儒无知"。武帝也责问狄山说"吾使生居一郡,能无使虏入盗乎?"强行派遣狄山赴边戍守,结果"至月余,匈奴斩(狄)山头而去"⑤。宋儒苏辙曾评价西汉治道的特点,曰:"西汉自孝武之后崇尚儒术,至于哀、平,百余年间,士之以儒术进用,功业志节可纪于世者,不过三、四。而武夫、文史,皆著节当世,其业与儒者远甚。"⑥此论确然揭示了西汉现实政治"阳儒阴法"的实质。当然,所谓"阳儒阴法"并非否定汉儒群体中亦有兼习文法,进而向文吏角色趋近的人物。如"学《春秋》、杂说"的公孙弘,在治学上"恢奇多闻",行为上"外宽内深""习文法吏事,而又缘饰以儒术"⑦。公孙弘所治《春秋》为《公羊春秋》,所习"杂

---

① 就礼、法、王、霸关系的论述,可参见张纯、汪晓波:《韩非思想的历史研究》,北京:中华书局,1986年,第249页。
② (汉)司马迁:《史记》卷121《儒林列传》,北京:中华书局,1959年,第3117页。
③ (汉)司马迁:《史记》卷99《刘敬叔孙通列传》,北京:中华书局,1959年,第2722页。
④ (汉)班固:《汉书》卷25《郊祀志》,北京:中华书局,1962年,第1233页。
⑤ (汉)班固:《汉书》卷59《张汤传》,北京:中华书局,1962年,第2642页。
⑥ (宋)苏辙著,曾枣庄、马德富校点:《栾城集》,上海:上海古籍出版社,2009年,第451页。
⑦ (汉)司马迁:《史记》卷112《平津侯主父列传》,北京:中华书局,1959年,第2950页。

说"是指"杂家之说"①。《汉书·艺文志》有公孙弘十篇,可见公孙弘是一位儒法兼通的"官僚化"的儒生。又如郑弘、郑昌兄弟"明经,通法律政事"②;孔光"孔子十四世之孙……观故事品式,数岁明习汉制及法令"③;翟方进"经博士受《春秋》,积十余年,经学明习,徒众日广",后为丞相,"持法深刻""峻文深诋""兼通文法吏事,以儒雅缘饰法律,号为通明相"④。可见,西汉时期亦有一批儒生在参政居官后,便留心于文法律令、行政技能,兼综儒法之术。汉政"霸王道杂之",兼用儒生与文吏,开启了政治权威改造儒生与文吏角色的"序幕"。只不过此时的"改造",大多是居官儒生的"自发"行为,在国家制度层面,还未形成如东汉"吏化"儒生那般成熟且影响深远的政治方针(下文详述)。

武帝在治政思想上"儒法结合",在具体的行政机构设置上,开创了"内外朝"⑤。原本以丞相掌机枢的局面遭受冲击,"到了汉武帝时期,为了强化皇帝的权力,裁抑以丞相为首的公卿们的权力,重用自大将军下至于尚书、侍中、常侍、给事中等文物侍从之臣,这样便形成了中外朝,并由中朝控制外朝"⑥。武帝时政治实权掌于御史大夫及廷尉之手,曾居此任的赵禹、张汤、杜周、桑弘羊等皆为文法之吏。元光五年(前130年),武帝令赵禹、张汤共定律令,务求深刻。时儒汲黯曾讥讽武帝云:"陛下内多欲而外施仁义,奈何欲效唐、虞之治乎!"⑦宣帝更直接申明"汉家自有制度,本以霸王道杂之"的原则,⑧"任用能吏"。班固赞曰:"孝宣之治,信赏必罚,综核名实,政事、文学、法理之士咸精其能。"⑨时儒萧望之称"宣帝不甚从儒术,任用法律,而中书宦官用事。中书令弘恭、石显久典机枢,明习文法,亦与车骑将军高为表里,论议常独持故事"⑩。盖宽饶亦云:"方今圣道寖废,儒术不行,以刑余为

① (清)何焯著,崔高维点校:《义门读书记》,北京:中华书局,1987年,第295页。
② (汉)班固:《汉书》卷66《郑弘转》,北京:中华书局,1962年,第2902页。
③ (汉)班固:《汉书》卷81《孔光传》,北京:中华书局,1962年,第3352—3353页。
④ (汉)班固:《汉书》卷84《翟方进传》,北京:中华书局,1962年,第3421页。
⑤ 其中"中朝"往往由"将军"(大将军、骠骑将军、卫将军、前、后、左、右将军等)、近臣(皇帝的宾客和幕僚,包含侍中、左曹、右曹、诸使、散骑、常侍、给事中等)、尚书。
⑥ 安作璋、熊铁基:《秦汉官制史稿》,济南:齐鲁书社,2007年,第3页。
⑦ (汉)司马迁:《史记》卷120《汲郑列传》,北京:中华书局,1962年,第3106页。
⑧ 事见《汉书·元帝纪》:"(元帝)柔仁好儒,见宣帝所用多文法吏,以刑名绳下,……尝侍燕从容曰:'陛下持刑太深,宜用儒生',宣帝作色曰:'汉家自有制度,本以霸王道杂之,奈何纯任德教,用周政乎! 且俗儒不达时宜,好是古非今,使人眩于名实,不知所守,何足委任'"(《汉书》卷9《元帝纪》,北京:中华书局,1962年,第277页)。
⑨ (汉)班固:《汉书》卷8《宣帝纪》,北京:中华书局,1962年,第275页。
⑩ (汉)班固:《汉书》卷78《萧望之传》,北京:中华书局,1962年,第3284页。

周召,以法律为《诗》《书》。"①可见,宣帝时,儒生颇不受重用。

元帝好儒,初以帝师萧望之、周堪领尚书事,又以宗师刘向、侍中金敞拾遗左右。史称"宣帝崩,元帝初即位,乐陵侯史高以外属为大司马车骑将军,领尚书事,前将军萧望之为副。望之名儒,有师傅旧恩,天子任之,多所贡荐。高充位而已"。② 然不久在与外戚史家、宦官弘恭、石显的斗争中,"望之自杀,(周)堪、更生(刘向)废锢,不得复进用"。③ 其后虽又有儒者张猛、京房、陈咸、贾捐之等攻讦石显,结果"(石)显求索其罪,房、捐之弃市,猛自杀于公车,咸抵罪,髡为城旦……自是公卿以下畏显,重足一迹"。④ 儒生在朝堂之势力为之一减,虽仍有贡禹、薛广德、韦玄成、匡衡等,但皆非耿亮之士,碌碌琐屑,保禄容身而已。哀帝"长好文辞法律","欲强主威,以则武、宣",⑤初即位便重用法吏朱博。朱博"尤不爱诸生,所至郡辄罢去议曹,曰:'岂可复置谋曹邪!'文学儒吏时有奏记称说云云,博见谓曰:'如太守汉吏,奉三尺律令以从事耳,亡奈生所言圣人道何也!且持此道归,尧舜君出,为陈说之'"。⑥ 扬雄、李寻等以"天变"为名请罢朱博,李寻甚至请令不能通一艺者"皆使就南亩"。⑦ 又如何武"疾朋党,问文吏必于儒者,问儒者必于文吏,以相参验"。⑧ 以上诸例,说明至汉末成、哀时期,儒生与文吏两大群体仍然分立于朝堂。傅乐成先生将成帝以后朝廷所存在的两个冲突派别,分为"儒生派"和"现实派"。后者以陈咸、陈汤、萧育、朱博、朱云、王章、孙闳、逢信等为代表,"他们均极能干,思想属于法家一类","他们多半是极好的吏材,敢作敢为,成帝一代的吏治,颇赖此辈维持"。⑨ 英国汉学家鲁惟一则将之划分为"现实派"(Modernist)和"革新派"(Reformist),认为前者致力于现世的问题,通过控制和利用人力、物力达到富国强兵的目的,并强调君权的至高无上以及官吏的守职行令;后者追溯周代的道德传统,崇拜"天"并笃信"灾异",反对过度控制人力、物力,主张皇帝应为道德表率,把君主看成利民的工具。傅、鲁二氏之说颇具新意,儒生与文吏两大群体在汉世始终并立

① (汉)班固:《汉书》卷77《盖宽饶传》,北京:中华书局,1962年,第3247页。
② (汉)班固:《汉书》卷81《匡衡传》,北京:中华书局,1962年,第3332页。
③ (汉)班固:《汉书》卷93《佞幸传》,北京:中华书局,1962年,第3727页。
④ (汉)班固:《汉书》卷93《佞幸传》,北京:中华书局,1962年,第3727页。
⑤ (汉)班固:《汉书》卷11《哀帝纪》,北京:中华书局,1962年,第345页。
⑥ (汉)班固:《汉书》卷83《朱博传》,北京:中华书局,1962年,第3400页。
⑦ (汉)班固:《汉书》卷75《李寻传》,北京:中华书局,1962年,第3191页。
⑧ (汉)班固:《汉书》卷86《何武传》,北京:中华书局,1962年,第3485页。
⑨ 傅乐成:《西汉的几个政治集团》,自《汉唐史论集》,台北:联经出版事业公司,1987年,第29—35页。

于朝堂。王吉尝批评文吏云："今俗吏所以牧民者，非有礼义科指可世世通行者也，独设刑法以守之。其欲治者，不知所緣，以意穿凿，各取一切。"①匡衡亦云："今俗吏之治，皆不本礼让，而上克暴，或忮害好陷人于罪，贪财而慕势，故犯法者众，奸邪不止，虽严刑峻法，犹不为变，此非其天性，有由然也。"②谷永尝请曰："夫违天害德，为上取怨于下，莫甚乎残贼之吏。诚放退残贼酷暴之吏锢废勿用，益选温良上德之士以亲万姓。"③《盐铁论·申韩》云："今之所谓良吏者，文察则以祸其民，强力则以厉其下，不本法之所由生，而专己之残心。"④儒生们斥责"文吏"为"俗吏"，表达对汉廷以"文法吏"操持国家具体行政事务的不满，规劝朝廷重用儒生。这从反面印证儒生阶层虽在西汉时期渐次递升，但"在汉家'杂霸'的方针下，儒生终汉世并未使'文法吏'在国家体制和结构中的主导地位发生实质性变化"。⑤ 西汉时代，儒生的努力，使当时的政治文化由纯任文法的"秦政"转为并用"儒生"与"文吏"而兼综儒法的"汉政"，但是这一变迁并未完全合于汉儒心目中的"王道"理想政治。西汉一代的政治文化传统，总体上是所谓"霸王道杂之"的理性行政体制，这是西汉君主所直接申明的。

再就汉代仕进制度的设计及其运作过程来分析，可知汉廷并未满足儒生的入仕需求。汉廷的官僚员额总数相对固定，据《汉书·百官公卿表》载："自佐史至丞相十二万二百八十五人。"选拔的途径主要有纳訾、任子、军功、察举、征辟、太学课试等，其中儒生可凭籍之途径为察举、征辟、太学课试。然即便此三途亦不为儒生所独占。察举中，儒生与文吏皆为对象，如贤良方正、明经诸科专举儒生，而孝廉科所举之现任官吏便不局限于儒生身份，文吏亦可，至于明法、尤异、治剧等科明显不以儒生为主要对象。如太学课试一途，采用"设科射策"的方式。所谓"射策者，谓为难问疑义书之于策，量其大小署为甲乙之科，列而置之，不使彰显。有欲射者，随其所取得而释之，以知优劣。射之，言投射也"⑥。又《前书音义》曰："作简策难问，列置案上，任试者意投射，取而答之，谓之射策。上者为甲，次者为乙。若录政化得失，显而问之，谓之对策也。"⑦这种形式颇类后世抽签考试。对于通经入仕的规

① （汉）班固：《汉书》卷 72《王吉传》，北京：中华书局，1962 年，第 3063 页。
② （汉）班固：《汉书》卷 81《匡衡传》，北京：中华书局，1962 年，第 3334 页。
③ （汉）班固：《汉书》卷 85《谷永传》，北京：中华书局，1962 年，第 3449 页。
④ 王利器校注：《盐铁论校注》，"新编诸子集成本"，北京：中华书局，1992 年，第 580 页。
⑤ 高海云：《两汉之际儒生价值观念分析——以王莽改制为中心》，苏州大学硕士学位论文，2011 年，第 19 页。
⑥ （汉）班固：《汉书》卷 78《萧望之传》，北京：中华书局，1962 年，第 3272 页。
⑦ （南朝宋）范晔：《后汉书》卷 6《顺帝纪》，北京：中华书局，1965 年，第 260 页。

定,汉武帝时,"能通一艺以上,补文学掌故缺;其高第可以为郎中,太常籍奏。即有秀才异等,辄以名闻。其不事学若下材,及不能通一艺,辄罢之,而请诸能称者"。① 至王莽时增加录取人数,改为甲乙丙三科,即"岁课甲科四十人为郎中;乙科二十人为太子舍人;丙科四十人补文学掌故"。② 东汉光武帝又改为甲乙二科。和帝永元十四年(102年)司空徐防上疏请《五经》各取上第六人"。③ 太学生由课试取官的途径相对而言非常狭窄。太学生想要考中高第,相当困难,如翟方进,"读经博士,受《春秋》,积十余年……以射策甲科为郎"。④ 另一方面,自汉武帝时,太学生岁考不及格者"辄罢之",直到桓帝永寿二年(156年)才改为每次考试不及格者两年后再考。太学生课试不及格者的政治出路更加困难,他们只能返乡居民间以教书为业,或转投权门势家之门,冀以孝廉、征辟等察举方式步入仕途。另据尹湾汉简第三、四号木牍所载之汉成帝时期东海郡所辖140余名时任长吏中,由郡文学或太守卒史、郎中、中郎等属吏及秀才、孝廉、方正升迁者可断为儒生,而亭长、郡吏、游徼则基本不是儒生出身了。此140人中,儒生出身者至多不过一半。这并非东海郡的特例,而应为各郡的普遍情况。换言之,西汉时代各郡县的长吏最多有一半是儒生出身,绝大多数都是由少吏做起,积累功次而迁擢为朝廷命官⑤。不仅如此,仕进制度的运作过程中,由于西汉后期的吏治腐败,更缩窄了儒生的入仕途径。汉末称"极乱"⑥,"天下俗贪财贱义,好声色,上侈靡,廉耻之节薄,淫辟之意纵,纲纪失序,疏者逾内,亲戚之恩薄,婚姻之党隆,苟合徼幸,以身设利"。⑦ 元帝时,石显与中书仆射牢梁、少府五鹿充宗勾结,显官要职均被其操纵,民歌之曰:"牢邪石邪,五鹿客邪!印何累累,绶若若邪。"⑧成帝时,王氏外戚自王凤始专权,五侯当朝,"王氏子弟皆卿大夫侍中诸曹,分据势官满朝廷"⑨,"王氏一姓乘朱轮华毂者二十三人,青紫貂蝉充盈幄内,鱼鳞左右。大将军秉事用权,五侯骄奢僭盛,并作威福,击断自恣,行污而寄治,身私而讬公,依东宫之尊,假甥舅之亲,以为威重。尚书、九卿、州牧、郡守皆出其门,管执枢机,朋党比周,称誉者登进,忤

① (汉)班固:《汉书》卷88《儒林传》,北京:中华书局,1962年,第3594页。
② (汉)班固:《汉书》卷88《儒林传》,北京:中华书局,1962年,第3596页。
③ (南朝宋)范晔:《后汉书》卷44《徐防传》,北京:中华书局,1965年,第1501页。
④ (汉)班固:《汉书》卷84《翟方进传》,北京:中华书局,1962年,第3411页。
⑤ 参见连云港博物馆整理:《尹湾汉墓简牍》,北京:中华书局,1997年;亦可参见臧知非:《两汉之际儒生价值取向探微》,《史学集刊》2003年第2期,第70—76+112页。
⑥ (汉)班固:《汉书》卷75《京房传》,北京:中华书局,1962年,第3162页。
⑦ (汉)班固:《汉书》卷81《匡衡传》,北京:中华书局,1962年,第3333—3334页。
⑧ (汉)班固:《汉书》卷93《佞幸传》,北京:中华书局,1962年,第3727页。
⑨ (汉)班固:《汉书》卷98《元后传》,北京:中华书局,1962年,第4018页。

恨者诔伤,游谈者助之说,执政者为之言"①。哀帝时丁、傅两家得势,丁氏侯者二人,大司马一人,将军、九卿、二千石六人,傅氏一门候者六人。设若在政治清明时,儒生尚能凭藉国家既定的仕进制度正常踏入仕途,那么在西汉末期政治黑暗,外戚宦官专权,朋党比类,更阻滞了儒生进入仕途的正常途径。西汉仕进制度提供给儒生的官位是有限的,而儒生"通经入仕"的愿望却愈来愈强烈,儒生群体的规模也愈来愈庞大。西汉末期的腐朽政治,导致儒生"入仕"的制度途径都难以得到保障,入仕之途为利益集团所垄断,即便"明经大儒"也难以获得高位。

汉家确实为儒生提供了通经入仕的途径,然汉制及其运作过程中的问题却导致儒生的入仕途径并不通畅。随着儒家群体数量的日益庞大,他们一方面不满于自身的政治地位,批评时政,讽谏统治者任用儒生;另一方面他们所信从的"王道"理想政治在"杂霸"方针下也难以实现。儒生们孜孜追求仕途,又期望统治者实现其"儒家理想"。他们提出各种改制措施,甚至不惜借助于神学因素来影响汉家政治。最终的结局是儒生群体与刘氏皇权渐行渐远,而将希望寄托于王莽身上,促成了新莽代汉。

二、汉儒神化孔子与五经

汉家政治文化以"霸王道杂之"为特色,虽将儒学置于官学地位,但在实际政务中却仍委政于文吏阶层,而"缘饰以儒术"。儒生群体不满于现状,一方面追逐更为通畅的仕途,另一方面又要实践其"王道政治"理想。儒生两方面的诉求,都依赖于皇权来实现。故儒生为实现其政治诉求,极力谋求统治者的支持、信从。就其思维理路上,是要抬高五经及孔子的神学权威,促使统治者遵从儒术。

孔子死后,孔门子弟逐代把其神化,推向高峰。《左传·昭公七年》记孟僖子将死时,召其大夫云:"吾闻将有达者,曰孔丘,圣人之后,……臧孙纥有言曰:'圣人有明德者,若不当世,其后必有达人。'今其将在孔丘乎?"②可知,当时民间已有传说称孔丘为"圣人之后"。《孟子·尽心下》亦云:

> 五百年必有王者兴,其间必有名世者。

---

① (汉)班固:《汉书》卷36《楚元王传》,北京:中华书局,1962年,第1960页。
② (清)阮元校刻:《十三经注疏·春秋左传正义》,北京:中华书局,1980年影印版,第2051页。

> 由尧舜至于汤,五百有余岁。……由汤至于文王,五百有余
> 岁。……由文王至于孔子,五百有余岁。……由孔子而来至于今,百有
> 余岁。去圣人之世,若此其未远也,近圣人之居,若此其甚也,然而无有
> 乎尔,则以无有乎尔!①

认为孔子正应验所谓"五百年"之时,是为"圣人"。

汉儒将孔子纳入"王"的行列,视孔子为"圣"与"王"的结合体,称孔子为
"素王"。《淮南子·主术训》最早记述此事曰:孔子"专行教道,以成'素
王'"②。在纬书中,孔子及其弟子甚至被描绘成一个"朝廷"体制:

> 仲尼为素王,颜渊为司徒。(《论语·摘辅象》)

> 麟出周亡,故立《春秋》,制素王授当兴也。③(《春秋·纬演孔图》)

古人认为三皇五帝都是感天而生的。汉儒们认为孔子"祖述尧舜,宪
章文武,上律天时,下袭水土,譬如四时之错行,如日月之代明,万物并肩
而不相害,道并行而不相悖"④。儒生们还神化孔子的出生,说是"感天之灵
而生":

> 叔梁纥与徵在祷尼丘山,感黑龙之精,以生仲尼。(《论语·撰考
> 谶》)

> 孔子母徵在,游于大泽之陂,睡梦黑龙使,请己已往梦交,语曰:"汝
> 乳必于空桑之中。"觉则若感,生丘于空桑。⑤(《春秋纬·演孔图》)

这在现代看来极为荒诞,但在汉时却是非常严肃、神圣的事情。终汉世,敢
于对孔子提出质疑的学者,寥寥无几。即便是以"疾虚妄"著称的王充,在
《问孔》篇中的批评也非常"收敛",《论衡》全书更是依然肯定孔子高于其他

①　(清)阮元校刻:《十三经注疏·孟子注疏》,北京:中华书局,1980 年影印版,第 2699、2780 页。
②　何宁撰:《淮南子集释》,"新编诸子集成本",北京:中华书局,1998 年,第 697 页。
③　(日)安居香山、中村璋八辑:《纬书集成》,石家庄:河北人民出版社,1994 年,第 1071、580 页。
④　(宋)朱熹:《四书章句集注》,北京:中华书局,1983 年,第 37 页。
⑤　(日)安居香山、中村璋八辑:《纬书集成》,石家庄:河北人民出版社,1994 年,第 1069、
576 页。

人的"圣人"地位。①

汉儒为博得刘氏皇权的进一步重视,生生造出所谓"孔子为汉家制度说"。《春秋纬·演孔图》说:"圣人不空出,必有所制,以显天心。丘为木铎,制天下法。"②孔子既为天下"制法",按理当为一代之王,只不过孔子生不逢时,未能做真的"王"。于是汉儒又称:"孔子仰推天命,俯察时变,却观未来,豫解无穷,知汉当继大乱之后,故作拨乱之法以授之。"③他们认为孔子为汉家"制法"。《春秋纬·演孔图》:"玄丘制命,帝卯行也。"卯,卯金,为繁写"刘"字之别字或隐语。《春秋纬·汉含孳》则直称:"丘览史记,援引古图,推集天变,为汉帝制法,陈叙图录。"《春秋纬·感精符》又云:"墨孔生,为赤制。"④知汉儒认为孔子为汉家所制之"法"为"赤制",即"汉为火德"之制。考汉家德运,高祖自任汉为水德,文帝时贾谊、公孙臣主汉为土德,武帝定汉家土德之制,直至西汉末年刘向、歆父子始主"汉家火德"之说。可知所谓"孔子为汉家制度说"当为西汉后期之说。西汉末期至东汉时代,一些著名经师力倡孔子为汉家制度说,如郅恽说"汉历久长,孔为赤制",李贤注:"言孔丘作纬,著历运之期,为汉家之制。汉火德尚赤,故云为赤制。"⑤苏竟说:"夫孔丘秘经,为汉赤制,玄包幽室,文隐事明。"⑥班固说:"孔猷先命,圣孚也",李贤注:"猷,图也。孚,信也。言孔丘之图,先命汉家当须封禅,此圣人之信也。"⑦王充不信谶纬,但对孔子为汉家制度这一点,却尾随谶纬而称是:"夫五经亦汉家之所立,儒生善政,大义皆出其中。董仲舒表《春秋》之义,稽合于律,无乖异者。然则《春秋》,汉之经。孔子制作,垂遗于汉。"⑧所谓"孔子为汉家制度说",不仅表明汉儒对刘氏皇权的认同,同时也表明儒生们变成了汉家的工具。既然孔子是为汉家制度的,那么作为孔子的信徒们便只有为汉家效力、尽忠这一途。

五经由来已久,可上溯至商周时代⑨,是商周历史文化的遗存。《庄

① 参见高海云:《东汉政治与学术演变》,北京:中国社会科学出版社,2023年,第190—195页;亦可见高海云:《光武"重儒"与东汉学术演变》,苏州大学博士学位论文,2019年,第157—176页。

② (日)安居香山、中村璋八:《纬书集成》,石家庄:河北人民出版社,1994年,第580页。

③ 李学勤:《春秋公羊传注疏》,北京:北京大学出版社,1999年,第627页。

④ (日)安居香山、中村璋八:《纬书集成》,石家庄:河北人民出版社,1994年,第581、815、743页。

⑤ (南朝宋)范晔:《后汉书》卷29《郅恽传》,北京:中华书局,1965年,第1025页。

⑥ (南朝宋)范晔:《后汉书》卷30《苏竟传》,北京:中华书局,1965年,第1043页。

⑦ (南朝宋)范晔:《后汉书》卷40《班固传》,北京:中华书局,1965年,第1384页。

⑧ 黄晖撰:《论衡校释》,北京:中华书局,1990年,第542—543页。

⑨ "经"字在战国时期被用作指代典籍,是"提纲或主旨"的意思。《墨子》中有"经"与(转下页)

子·天运》称引老子之言："夫六经,先王之陈迹也。"孔子曾对这些古文献作删定工作。汉代尊经以后,儒生们更加强调孔子的删定、纂修的功业,如司马迁称"中国言六艺者折中于夫子"[①],徐防称"臣闻《诗》《书》《礼》《乐》,定自孔子"。[②] 然孔子定五经虽足可称圣典,但却少了些"神话"气息,于是汉儒们又着力制作出了五经神话。

　　在汉儒眼中,《诗》不仅是言志、道情的途径,还是包罗天人之际的神秘之物。《春秋纬·说题辞》云:"诗者,天地之精,星辰之度,在事为诗,未发为谋,恬淡为心,思虑为志,故诗之为言志也。"[③]《春秋纬·演孔图》云:"《诗》含五际、六情。"[④]《诗》具有了"天地之精",又包含"五际、六情"。《诗》不再是人之情、志,而是"天地之心"的表现,是万物出入的门户。《诗》与《易》相参合,使《诗》具有了宣扬经师宇宙图式的作用,"六情"被融入于"天人合一"的神秘思想之中。《书》本是商周历史文献的汇编,但《孝经纬·援神契》却称"《书》考命符授河"。"河"即《河图》、《洛书》,则《书》不仅仅是"先王之陈迹",还成了传授天命的载体。又《尚书纬·璇玑钤》云"尚者,上也。上天垂文象,布节度;《书》也,如天行也","《书》务以天言之,因而谓之《书》,加'尚'以尊之"[⑤]。《春秋纬·说题辞》云"《尚书》者,二帝之迹,三王之义,所推期运,明命授之际。书之言,信而明,天地之精,帝王之功"[⑥]。可见,《尚书》亦被汉儒赋予了"神性"。《易》按传统看法,源于伏羲,成于周文王,但汉儒还嫌不够神秘,于是有《春秋纬·说题辞》云:"《易》者气之节,含精宣律历,《上经》象天,《下经》计历,《文言》立符,《象》出期节,《象》言变化,《系》设类迹。"[⑦]此外,汉儒将《礼》视为"所以设容,明天地之体"的著作。《春秋》也被看作是孔子接受"天命"所作,在制作过程中充满了神话气息。

　　汉儒神化五经,将之看成是"天命"的体现,亦或者将五经视为"天授"之物。这种将五经神秘化的直接结果,就是至高无上的"神圣性"。五经不再是人们获取知识的阶梯,而演变为只能崇拜、不容置疑的最终真理。

(接上页)"说";《管子》中有"经"与"解";《韩非子》中有"经"与"传"。所谓"说""解""传"都是用来训解或发挥"经义"的。马王堆出土黄老学派的著作中有《经法》《十大经》。儒家典籍称"经"的现象更多,如《荀子·劝学》称"始乎诵经,终乎读礼"。至汉武帝"罢黜百家,表彰六经"后,因五经被立为博士官,"经"有了"法"的含义,即不容置疑、不容反对的权威性,故汉代称为"经学时代"。

① （汉）司马迁:《史记》卷47《孔子世家》,北京:中华书局,1959年,第1947页。
② （南朝宋）范晔:《后汉书》卷44《徐防传》,北京:中华书局,1965年,第1500页。
③ （日）安居香山、中村璋八:《纬书集成》,石家庄:河北人民出版社,1994年,第856页。
④ （日）安居香山、中村璋八:《纬书集成》,石家庄:河北人民出版社,1994年,第583页。
⑤ （日）安居香山、中村璋八:《纬书集成》,石家庄:河北人民出版社,1994年,第378页。
⑥ （日）安居香山、中村璋八:《纬书集成》,石家庄:河北人民出版社,1994年,第856页。
⑦ （日）安居香山、中村璋八:《纬书集成》,石家庄:河北人民出版社,1994年,第856页。

皮锡瑞在其《经学历史》中评述孔子删定六经：

> 读孔子所作之经，当知孔子作六经之旨。孔子有帝王之德而无帝王之位，晚年知道不行，退而删定六经，以教万世。其微言大义实可为万世之准则。后之为人君者，必尊孔子之教，乃足以治一国；所谓"循之则治，违之则乱"。后之为士大夫者，亦必遵孔子之教，乃足以治一身；所谓"君子修之吉，小人悖之凶"。此万世之公言，非一人之私论也。孔子之教何在？即在所作六经之内。故孔子为万世师表，六经即万世教科书。①

从皮氏之论，颇可见汉儒对六经的膜拜之情。早在荀子时，即总论五经，将五经视为集圣人之道德与"天下之道"的经典，如《荀子·儒效篇》云："圣人也者，道之管也。天下之道管事矣，百王之道一是矣，故《诗》《书》《礼》《乐》之归是矣。"②《劝学篇》云："《礼》之敬文也，《乐》之中和也，《诗》《书》之博也，《春秋》之微也，在天地之间者毕矣。"③至汉代，儒生们对六经的认知更是由理性推向神性，如贾谊《新语》将五经抬高到体悟"天道"的境界，曰："后圣乃定五经，明六艺，承天统地，穷事察微，原情立本，以续人伦，宗绪天地，纂修篇章，垂诸来世，被诸鸟兽，以匡衰乱，天人合策，原道悉备，智者达其心，百工穷其巧，乃调之以管弦丝竹之音，设钟鼓歌舞之乐，以节奢侈，正风俗，通文雅。"他认为五经"乃天道之所立，大义之所行也"④。董仲舒认为五经皆为"圣人所发天意"⑤。匡衡亦云："臣闻六经者，圣人所以统天地之心，著善恶之归，明吉凶之分，通人道之正，使不悖于其本性者也。故审六艺之指，则人天之理可得而和，草木昆虫可得而育，此永永不易之道也。及《论语》《孝经》，圣人言行之要，宜究其意。"⑥贡禹说："孔子，匹夫之人耳，以乐道正身不解之故，四海之内，天下之君，徵孔子之言亡所折中。"⑦班固说："六艺者，王教之典籍，先圣所以明天道，正人伦，致至治之成法也。"⑧经

---

① 皮锡瑞著，周予同注：《经学历史》，北京：中华书局，1959年，第26页。

② （清）王先谦撰，沈啸寰、王星贤点校：《荀子集解》卷8《儒效篇》，"新编诸子集成本"，北京：中华书局，1988年，第133页。

③ （清）王先谦撰，沈啸寰、王星贤点校：《荀子集解》卷8《劝学篇》，"新编诸子集成本"，北京：中华书局，1988年，第12页。

④ 王利器撰：《新语校注》，北京：中华书局，1986年，第18、143页.

⑤ 苏舆撰，钟哲点校：《春秋繁露义证》，"新编诸子集成本"，北京：中华书局，1992年，第285页。

⑥ （汉）班固：《汉书》卷81《匡衡传》，北京：中华书局，1962年，第3343页。

⑦ （汉）班固：《汉书》卷72《贡禹传》，北京：中华书局，1962年，第3077页。

⑧ （汉）班固：《汉书》卷88《儒林传》，北京：中华书局，1962年，第3589页。

学的"神学化",使儒生们在经学的诵读、解释、灌输、推广、传播过程中,形成一种经学化的"学术权威崇拜",并进一步影响儒生们的思维方式与价值取向。儒家经典不再是人们的"认识对象",而变成必须"崇拜"的权威。人们对于五经及其蕴含的思想只能接受,以五经作为认识世界万物的指导,并在社会实践中极力促使经籍记载之"王道"政治付诸现实。五经一旦被"神化",便成了只能崇拜而不能质疑的至圣之物。

西汉儒生神化"儒学"的目的在于打着"天命"的旗号提出改制意见,实现其"王道理想"。五经在汉儒眼中,不仅仅是学术研究的教科书,而且成为人们必须遵守、崇拜的"至高真理"。儒生们甚至要求皇帝也要尊崇,故西汉后期"灾异说"兴起。儒生们敢于提出所谓"禅让说""更受命说",敢于自任"帝王师"的身份。他们论证的焦点直指皇权的正统、更迭问题。这是导致王莽能够代汉的思想基础。

第二节　"汉运将终"思潮

班固曾经说:"汉世衰于元、成,坏于哀、平。哀、平之际,国多衅矣。主疾无嗣,弄臣为辅,鼎足不强,栋干微挠。一朝帝崩,奸臣擅命,董贤缢死,丁、傅流放,辜及母后,夺位幽废,咎在亲便嬖,所任非仁贤。"[1]西汉后期社会危机日趋严重,政治腐败,土地兼并。与这种社会危机日益加深的社会现实相应,意识形态领域鼓荡出所谓"汉运将终"的思潮。儒家虽也曾提出过一些挽救社会危机的举措,但大都不切实际、脱离社会现实。儒生们找不到解决现实危机的出路,就认为"汉运将终",从而走向汉家永续统治的"对立面"。

就理论层面而言,邹衍以来的"五德终始说",给世人两种暗示:其一是没有获得"德运"便绝做不成天子;其二是每一德所昭示的"天命"并不永存,一德衰则下一德兴。董仲舒的"三统论",也是同样的逻辑。既然没有永续的德运、天命,那么,当社会发展遭遇严重危机时,便极易滋生质疑甚或反对现有"德运"的思潮。

一、汉家末世信仰危机

西汉中期以后,社会危机日益严重。统治阶层"泰奢亡度,穷困百

---

① (汉)班固:《汉书》卷93《佞幸传》,北京:中华书局,1962年,第3741页。

姓"①,"为奸猾,乱吏治,郡中苦之"②,"上干王法,并兼役使,侵渔小民,为百姓豺狼"。③ 农民阶层遭受土地兼并的迫害,破产而成为流民,"百姓饥馑,流散道路"④,"元元骚动,穷困亡聊,犯法抵罪"⑤,"百姓财竭力尽,仇恨感天,灾异屡降,饥馑仍臻。流散冗食,委死于道,以百万数"⑥,以至于鲍宣揭露"七亡七死"之说。⑦ 流民暴动事件因之此起彼伏,不胜枚举。如下表:

时间	起义地点	起义情状
河平三年 (前 26 年)	东郡	东郡茌平男子侯母辟兄弟五人群党为盗,攻官署,盗取印绶,自称将军。
阳朔三年 (前 22 年)	颍川	铁官徒申屠圣等百八十人杀长吏,自称将军,经历九郡。
鸿嘉三年 (前 18 年)	广汉	郑躬等六十余人攻官署,放囚徒,盗库兵,自称"山君"。
永始三年 (前 14 年)	陈留	尉氏男子樊并等谋反,杀太守,劫掠吏民,自称将军。
	山阳	铁官徒苏令等二百二十八人攻杀长吏,盗库兵,自称将军。经历郡国十九,杀东郡太守、汝南都尉。
元寿二年 (前 1 年)	三辅	起义军攻茂陵,大火映红未央宫。

在日益尖锐的社会危机下,西汉后期出现了众多的自然灾异现象,与政治生活中的腐朽、经济上的土地高度集中等社会问题交织在一起,造成了严重的社会危机。尤其是成、哀、平时期,灾异频发,从成帝建始元年(前 32)到平帝元始五年(5 年)的 36 年内,文献可考的自然灾异便有 60 多种。如下表:

---

① (汉)班固:《汉书》卷 72《鲍宣传》,北京:中华书局,1962 年,第 3087 页。
② (汉)班固:《汉书》卷 76《尹翁归传》,北京:中华书局,1962 年,第 3208 页。
③ (汉)班固:《汉书》卷 76《王尊传》,北京:中华书局,1962 年,第 3234 页。
④ (汉)班固:《汉书》卷 83《薛宣传》,北京:中华书局,1962 年,第 3393 页。
⑤ (汉)班固:《汉书》卷 9《元帝纪》,北京:中华书局,1962 年,第 291 页。
⑥ (汉)班固:《汉书》卷 85《谷永传》,北京:中华书局,1962 年,第 3462 页。
⑦ (汉)班固:《汉书》卷 72《鲍宣传》,北京:中华书局,1962 年,第 3088 页。其文曰:"凡民有七亡:阴阳不和,水旱为灾,一亡也;县官重责更赋租税,二亡也;贪吏并公,受取不已,三亡也;豪强大姓蚕食亡厌,四亡也;苛吏繇役,失农桑时,五亡也;部落鼓鸣,男女遮迣,六亡也;盗贼劫掠,取民财物,七亡也。七亡尚可,又有七死:酷吏殴杀,一死也;治狱深刻,二死也;冤陷亡辜,三死也;盗贼横发,四死也;冤仇相残,五死也;岁恶饥饿,六死也;时气疾疫,七死也。民有七亡而无一得,欲望国安,诚难;民有七死而无一生,欲望刑措,诚难。"

表　成、哀、平时期自然灾异

时代	文献记载	类别
建始元年 （前 32 年）	正月乙丑,皇考庙灾。	庙灾
	（十二月）是日大风,拔甘泉畤中大木十韦以上。	风灾
	夏四月,黄雾四塞,博问公卿大夫,无有所讳。	大雾
	六月,有青蝇万数集未央宫殿中朝者坐。	青蝇
	四月辛丑夜,西北有如火光。壬寅晨,大风从西北起,云气赤黄,四塞天下,终日夜下著地者黄土尘也。	火光 大风
	八月,有两月相承,晨见东方。晨漏未尽三刻,有两月重见。	两月相承 两月重见
	九月戊子,流星光烛地,长四五丈,委曲蛇形,贯紫宫。	流星
	九月戊子,有流星出文昌,色白,光烛地,长可四丈,大一围,地摇如龙蛇形。有顷,长可五六丈,大四围所,诎折委曲,贯紫宫西,在斗西北子亥间,后诎如环,北方不合,留一刻所。	流星 地摇
建始三年 （前 30 年）	夏,大水,三辅霖雨三十余日,郡国十九雨,山谷水出,凡杀四千余人,坏官寺民舍八万三千余所。	大水
	冬十二月戊申朔,日有蚀之。夜,地震未央宫殿中。	日蚀 地震
	十月丁未,京师相惊,言大水至。渭水厥上小女陈持弓年九岁,走入横城门,入未央宫尚方掖门,殿门门卫户者莫见,至句盾禁中而觉得。	大水
建始四年 （前 29 年）	七月,荧惑逾岁星,居其东北半寸所如连李。时岁星在关星西四尺所,荧惑初从毕口大星东北往,数日至,往疾去迟。	荧惑
	九月,长安城南有鼠衔黄蒿、柏叶,上民冢柏及榆树上为巢,桐柏尤多。巢中无子,皆有干鼠矢数十。	鼠妖
河平元年 （前 28 年）	夏四月己亥晦,日有蚀之。	日蚀
	正月壬寅朔,日月俱在营室,时日出赤。	日赤
	二月癸未,日朝赤,且入又赤,夜月赤。甲申,日出赤如血,亡光,漏上四刻半,乃颇有光,烛地赤黄,食后乃复。	日赤 日食
	长安男子石良、刘音相与同居,有如人状在其室中,击之,为狗,走出。去后,有数人被甲持兵弩至良家,良等格击,或死或伤,皆狗也。自二月至六月乃止。	人化为狗
河平二年 （前 27 年）	四月,楚国雨雹,大如斧,蜚鸟死。	冰雹

时代	文 献 记 载	类别
河平三年 （前26年）	三年春二月丙戌,犍为地震、山崩、雍江水,水逆流。	地震 山崩 水逆
	秋八月乙卯晦,日有蚀之。	日蚀
	二月丙戌,犍为柏江山崩,捐江山崩,皆雍江水,江水逆流坏城,杀十三人,地震积二十一日,百二十四动。	山崩 水逆 地震
阳朔元年 （前24年）	春二月丁未晦,日有蚀之。	日蚀
	二月癸未夜,星陨如雨。乙酉晦,日有蚀之。	星陨 日蚀
	七月壬子,月犯心星。	月犯心星
阳朔四年 （前21年）	闰月庚午,飞星大如缶,出西南,入斗下。	飞星入斗
鸿嘉元年 （前20年）	冬,黄龙见真定。鸿嘉中,够与虫尾交。	黄龙 狗虫尾
鸿嘉三年 （前18年）	五月乙亥,天水冀南山大石鸣,声隆隆如雷,有顷止,闻平襄二百四十里,野鸡皆鸣。	大石鸣 野鸡鸣
	秋八月乙卯,孝景庙阙灾。	庙灾
鸿嘉四年 （前17年）	秋,雨鱼于信都,长五寸以下。	鱼异
永始元年 （前16年）	春正月癸丑,太官凌室火。戊午,戾后园阙火。 春,北海出大鱼,长六丈,高一丈,四枚。	火灾 鱼异
永始二年 （前15年）	二月癸未夜,星陨如雨。乙酉晦,日有蚀之。夜过中,星陨如雨,长一二丈,绎绎未至地灭,至鸡鸣止。	星陨 日蚀
	二月癸未夜,东方有赤色,大三四围,长二三丈,索索如树,南方有大四五围,下行十余丈,皆至地灭。	赤色
永始四年 （前13年）	夏四月癸未,长乐临华殿、未央宫东司马门皆灾。	门灾
	六月甲午,霸陵园门阙灾。	门灾
元延元年 （前12年）	夏四月丁酉,无云有雷,声光耀耀,四面下至地,昏止。赦天下。丁酉日餔时,天暒晏,殷殷如雷声,有流星头大如缶,长十余丈,皎然赤白色,从日下东南去。	雷灾 流星
	七月辛未,有星孛于东井,践五诸侯,出河成北率行轩辕、太微,后日六度有余,晨出东方。	彗星
	正月,长安章城门门牡自亡,函谷关次门牡亦自亡。	门灾

（续表）

时代	文　献　记　载	类别
元延三年（前10年）	正月丙寅,蜀郡岷山崩,壅江,江水逆流,三日乃通。	山崩水逆
绥和元年（前8年）	正月辛未,有流星从东南入北斗,长数十丈,二刻所息。	流星
绥和二年（前7年）	二月,大厩马生角,在左耳前,围长各二寸。	马异
	三月,天水平襄有燕生爵,哺食至大,俱飞去。	鸟异
建平元年（前6年）	正月丁未日出时,有著天白气,广如一匹布,长十余丈,西南行,謹如雷,西南行一刻而止,名曰天狗。	天狗
建平二年（前5年）	定襄牡马生驹,三足,随君饮食。	马异
	豫章有男子化为女子,嫁为人妇,生一子。	男化女
建平三年（前4年）	三月,树卒自立故处。东莱平度出大鱼,长八丈,高丈一尺,七枚,皆死。	鱼异
	十月,汝南西平遂阳乡柱仆地,生支如人形,身青黄色,面白,头有须发,稍长大,凡长六寸一分。	树异
	零陵有树僵地,围丈六尺,长十丈七尺。民断其本,长九尺余,皆枯。	树异
建平四年（前3年）	四月,山阳湖陵雨血,广三尺。长五尺,大者如钱,小者如麻子。	雨血
	四月,山阳方与女子田无啬生子。先未生二月,儿啼腹中,乃生,不举,葬之陌上。三日,人过闻啼声,母掘收养。	死婴复生
元寿元年（前2年）	春正月辛丑朔,日有蚀之。	日蚀
元始元年（1年）	二月,朔方广牧女子赵春病死,敛棺积六日,出在棺外,自言见失死父,曰："年二十七,不当死。"太守谭以闻。	死者复生
	六月,长安女子有生儿,两头异颈面相乡,四臂共匈俱前乡,尻上有目长二寸所。	怪婴
元始二年（2年）	郡国大旱,蝗,青州尤甚,民流亡。	旱灾蝗灾
元始四年（4年）	冬,大风吹长安城东门屋瓦且尽。	大风
元始五年（5年）	七月己亥,高皇帝原庙殿门灾尽。	门灾

如上灾异事件，既有自然地理灾害，如大风、水逆、日蚀、地震、冰雹、流星、门灾、蝗虫、旱灾、荧惑、天狗等；也有各种动植物灾异，如青蝇、鼠妖、树异、鱼异、黄龙等；还有各种人身怪异与病变，如死者复生，男化女、人化为狗等。《汉书·五行志》按照儒家的天人感应说与灾异论，将大部分灾异事件以"五行"观念划分为金灾、木灾、水灾、火灾、土灾等五种类型，并分别以经学比附解释之。见下表：

《汉书·五行志》所见灾异分类与解说

类别	出现原因	细分表现
金灾	"若乃贪欲恣睢，务立威胜，不重民命，则金失其性。盖工冶铸金铁，金铁冰滞涸坚，不成者众，及为变怪，是为金不从革。"①	西方肃杀之气，如： "金不从革"； "铜铁变怪"。
木灾	"若乃田猎驰骋不反宫室，饮食沉湎不顾法度，妄兴繇役以夺民时，作为奸诈以伤民财，则木失其性矣"。②	一是树木花草中的灾变，如铁树开花、树呈人形、树生异象等；二是各种风、雷之灾。
水灾	"若乃不敬鬼神，政令逆时，则水失其性。雾水暴出，百川逆溢，坏乡邑，溺人民，及淫雨伤稼穑，是为水不润下"。③	洪水、冰雹、暴雨、水逆、血雨等。
火灾	"若乃信道不笃，或耀虚伪，谗夫昌，邪胜正，则火失其性矣。自上而降，及滥炎妄起。灾宗庙，烧宫馆，虽兴师众，弗能救也，是为火不炎上"。④	如：建始元年（前32年）太庙火灾、鸿嘉三年（前18年）景庙北阙火灾、永始元年（前16年）大官凌室火灾、永始四年（前13年）长乐宫临华殿与未央宫东司马门火灾等。
土灾	"若乃奢淫骄慢，则土失其性。亡水旱之灾而草木百谷不孰，是为稼穑不成。"⑤	一是地震、山崩等； 二是旱灾、蝗灾所致的农业歉收。

董仲舒所创立的灾异谴告说，在昭宣以后成为汉儒在思想领域的主要讨论话题。这些频发的灾异，为方士、儒生们提供了借之以宣扬自身的政治理想、要求汉家改制甚至"更命"的可操作性空间。他们往往以经典、图谶的知识来比附灾异事件，继而挟"天"的权威以自重，谋求汉家统治者对于他们

---

① （汉）班固：《汉书》卷27《五行志》，北京：中华书局，1962年，第1340页。
② （汉）班固：《汉书》卷27《五行志》，北京：中华书局，1962年，第1319页。
③ （汉）班固：《汉书》卷27《五行志》，北京：中华书局，1962年，第1342页。
④ （汉）班固：《汉书》卷27《五行志》，北京：中华书局，1962年，第1320页。
⑤ （汉）班固：《汉书》卷27《五行志》，北京：中华书局，1962年，第1338页。

价值追求的满足。天人感应学,在继续为刘氏提供君权神授的理论依据的同时,又转而成为高悬于统治者头上的利剑,渐渐走向了刘氏皇权统治的"反面"。

西汉末世危机还表现在西王母信仰的兴起。这种信仰,从成帝至哀帝时一直未停歇,而且对汉初以来所逐渐确立起来的五帝信仰、太一神崇拜造成极大冲击,甚至成为下层民众反抗西汉统治的思想武器。哀帝建平四年(前3年)正月,"民惊走,持稿或椷一枚,传相付与,曰行诏筹。道中相过逢多至千数,或被发徒践,或夜折关,或逾墙入,或乘车骑奔驰,以置驿传行,经历郡国二十六,至京师。其夏,京师郡国民聚会里巷阡陌,设张博具,歌舞祠西王母。又传书曰:'母告百姓,佩此书者不死。不信我言,视门枢下,当有白发。'"①"四年(前2年)春,大旱。关东民传行西王母筹,经历郡国,西入关至京师。民又会聚祠西王母,或夜持火上屋,击鼓好呼相惊恐。"②这是一次京师、郡国百姓争相在里巷陈设六博戏器具、唱歌跳舞祭祀西王母的事件。当时社会上流行着类似于"周穆王西见西王母"的传说,认为西王母掌管着"天降诏书",污蔑"天子有阴病",并以配此书可长生的号召拉拢信徒。这种"西王母信仰",极具蛊惑性,且易于传播,成为民众对抗官方传统五帝信仰的一种途径。

西汉末期社会危机日益加深,"汉运将终"思潮日甚一日。当时社会上流传着所谓"三七之厄""九世火德之厄""百六阳九之厄"之类的末世信仰危机。这些有关西汉运衰之"厄",史籍多见,如:谷永言"陛下承八世之功业,当阳数之标季,涉三七之节纪,遭《无妄》之卦运,直百六之灾厄"③;王莽称"陛下至圣,遭家不造,遇汉十二世三七之厄",④"予遭阳九之厄,百六之会,国用不足,民人骚动",⑤"予受命遭阳九之厄,百六之会,府帑空虚,百姓匮乏,宗庙未修","惟阳九之厄,与害气会,究于去年。枯旱霜蝗,饥馑荐臻,百姓困乏,流离道路,于春尤甚,予甚悼之"⑥等。所谓"三七之纪",指从汉高祖登基(前202年)至孺子婴退位时(8年)计二百一十年,合三七为二百一之说。路温舒最早提出汉朝具有"三七之厄",史载"温舒从祖父受历数天文,以为汉厄三七之间,上封事以豫戒"。⑦ 所谓"阳九之季",洪迈在《容斋

---

① (汉)班固:《汉书》卷27《五行志》,北京:中华书局,1962年,第1476页
② (汉)班固:《汉书》卷11《哀帝纪》,北京:中华书局,1962年,第342页。
③ (汉)班固:《汉书》卷85《谷永传》,北京:中华书局,1962年,第3468页。
④ (汉)班固:《汉书》卷99上《王莽传上》,北京:中华书局,1962年,第4093页。
⑤ (汉)班固:《汉书》卷99中《王莽传中》,北京:中华书局,1962年,第4142页。
⑥ (汉)班固:《汉书》卷99下《王莽传下》,北京:中华书局,1962年,第4161、4175页。
⑦ (汉)班固:《汉书》卷51《路温舒传》,北京:中华书局,1962年,第2372页。

随笔·续笔卷》中解释曰:

> 史传称百六阳九为厄会,以历志考之,其名有八。初入元百六日阳
> 九,次日阴九。又有阴七、阳七、阴五、阳五、阴三、阳三,皆谓之灾岁。
> 大率经岁四千五百六十,而灾岁五十七。以数计之,每及八十岁,则值
> 其一。今人但知阳九之厄。云经岁者,常岁也。①

按照古典解释,计四千六百一十七年为一元,初入元为一百零六年,其外又
有九年灾岁。关于"百六阳九",顾颉刚提出两种解释:其一,从高祖元年(前
206 年)到武帝太初四年(前 101 年),共 106 年,汉人认为这一年发生的灾
厄,到汉成帝时仍未消弭;其二,指成帝为汉代第九代皇帝,从"九"联想"阳
九",又从"阳九"联想到"百六之厄"。② 杨向奎反对顾氏观点,认为灾厄不
一定指当下,应从武帝太初元年(前 104 年)改历开始,由此后推 106 年,到
元延元年(前 12 年)已是第 94 年。③ 铮甫曾利用象数学的方法,详细推论
出一元的水旱灾年会依据九、七、五、三等阳数递减的逻辑规律,每 80 年为
一周期,周而复始。④ 王亦鹏认为"'百六之会'恐怕是'阴六之会'的讹误,
这样'阴六'和'阳九'的交感运行,就象征着'阴阳争、私生分'的恶月恶日,
这才是真正的《无妄》之卦运',无妄即无望也,暗示着汉家尧后的再受命只
能是无望而终"。⑤ 相较而言,顾氏第一种说法缺乏相关证据说明武帝太初
四年(前 101 年)的灾厄持续到了汉成帝时期;第二种说法以"联想"的方式
推论,又很难寻出"阳九"与"百六"的关联性,故顾氏之说不可从。铮甫的说
法受到洪迈的影响颇深,恐过于复杂;王氏就"无妄"的解读又稍显直白。故
笔者采杨氏之说。

这些"汉厄"之说的鼓吹与宣传,迅速造成巨大的社会效应。谈论西汉
王朝正处于所谓灾厄之际的说法,实际是对刘汉王朝政权合法性的直接冲
击。"汉厄"之论所带来的挑战甚至质疑,使统治者不得不直面问题。但刘

---

① (宋)洪迈撰,孔凡礼点校:《容斋随笔》卷 6《百六阳九》,北京:中华书局,2005 年,第 292 页。
② 顾颉刚:《五德终始说下的政治和历史》,《清华大学学报》1930 年第 1 期,第 132—133 页。
另有张文虎认为平帝元始三年至新朝始建国三年为"阳九"。
③ 杨向奎:《西汉经学与政治》,上海:独立出版社,2000 年,第 80 页。钱穆持类似观点,但未说
明原因(钱穆:《刘向歆父子年谱》,《两汉经学今古文平议》,北京:商务印书馆,2001 年,第 55 页)。
④ 铮甫:《"三七之厄""百六阳九"与谷永的直谏》,《中华文化论坛》2000 年第 2 期,第 137—
140 页。
⑤ 王亦鹏:《天命与正统:两汉之际的谶纬与再受命研究》,华中师范大学硕士学位论文,2017
年,第 44 页。

氏皇权又不愿自动让出皇权。顾颉刚称"那时人都承认汉运已衰,灭亡在即,但实际上却没有新受命的天子起来,灭亡不了,这又使许多人心焦了"①。于是,各种试图挽救社会危机的主张渐次滋生。

二、儒生挽救危机的尝试

　　面对西汉末期日趋严重的社会危机,部分儒生曾提出过一系列欲以挽救危机的举措。这些举措,或针对社会现实问题而发,或推阴阳灾异以规谏君主,或从儒家经典中找寻救世理论,但汉儒们的政治理想过于脱离现实,且与汉家政治之间渐行渐远,并未真正解决危机。

（一）限田、限奴婢议

　　西汉后期社会危机的焦点在于土地与奴婢问题。土地兼并直接导致农民破产,流民四起。如成帝时,匡衡曾经在临淮郡僮县"专地盗土以自益",一次多占四百顷田②;红阳侯王立侵占南阳草田数百顷。③ 陈汤因之斥责"关东富人益众,多规良田,役使贫民"。④ 哀帝时,曾一次性赐田给董贤"二千余顷",⑤诸侯、列侯、公主更是"田宅亡限,与民争利",导致"百姓失职,重困不足"。⑥ 富商巨贾也加入到土地兼并的大军,他们将商业所得财富投入土地购置之事,"以末致财,用本守之",如"杜陵樊嘉,茂陵挚网,平陵如氏、苴氏,长安丹王君房,豉樊少翁、王孙大卿"⑦并称"天下高訾",其中除樊嘉资产五千万,"其余皆巨万矣"。⑧ 按照汉末的土地价格,京畿良田每亩约万钱,边郡约百钱,可知这些富商们可吞并的田产数量应相当庞大。

　　土地高度集中的另一面,是广大小农的破产。哀帝时,鲍宣曾言农民有"七亡"、"七死",其中便有"豪强大姓,蚕食无厌"条。⑨ 小农破产后,或沦为地主的"附庸",或转为"流民"。宣帝后,"流民"数量日渐增多,除偶发的自然灾害原因外,其根源在于土地兼并所导致的小农破产。如:元帝朝,"今天下独有关东,关东大者独有齐楚,民众久困,连年流离,离其城郭,相枕席于道路"⑩;成帝鸿嘉四年(前17年)春正月,诏曰"水旱为灾,关东流冗者众,

① 顾颉刚:《五德终始说下的政治和历史》,《清华大学学报》1930年第1期,第134页。
② (汉)班固:《汉书》卷81《匡衡传》,北京:中华书局,1962年,第3346页。
③ (汉)班固:《汉书》卷77《王立传》,北京:中华书局,1962年,第3258页。
④ (汉)班固:《汉书》卷70《陈汤传》,北京:中华书局,1962年,第3024页。
⑤ (汉)班固:《汉书》卷86《董贤传》,北京:中华书局,1962年,第3496页。
⑥ (汉)班固:《汉书》卷11《哀帝纪》,北京:中华书局,1962年,第336页。
⑦ (汉)班固:《汉书》卷91《货殖传》,北京:中华书局,1962年,第3694页。
⑧ (汉)班固:《汉书》卷91《货殖传》,北京:中华书局,1962年,第3694页。
⑨ (汉)班固:《汉书》卷72《鲍宣传》,北京:中华书局,1962年,第3088页。
⑩ (汉)班固:《汉书》卷64《贾捐之传》,北京:中华书局,1962年,第2833页。

青、幽、冀部尤剧"①。谷永也称："百姓财竭力尽，愁恨感天，灾异屡降，饥馑仍臻。流散冗食，馁死于道，以百万数。"②

小农破产的另一种结果是沦为奴婢。富家贵仕往往"多畜奴婢，田宅亡限"，③以"牛马繁，奴婢旺"为财富的表现。王公大臣蓄奴多者，如张安世有家僮七百人，④王商"合赀巨亿计，私奴以千数"。⑤ 甚至天子也畜私奴，如"成帝鸿嘉、永始之间，好为微行出游，选从期门郎有材力者，及私奴客，多至十余，少五六人"。⑥ 官奴婢甚至达到"一岁功十万人以上"。⑦ 西汉中后期奴婢数量的激增，主要是出于"鬻卖"，即"数年岁比不登，民待卖爵赘子以接衣食"。⑧ 奴婢的地位非常低，他们"所司者大率家中琐事，出则扈从主人，或从战役，其女奴则有从事于歌舞者。奴婢之近幸者则称傅奴或傅婢，富家于牛马耕种之事则以年长谨信者主之"。⑨ 他们受到严重的剥削与压迫，颇类于奴隶。

小农经济的破产，课税之民户的大量流失，直接影响到政府财政。为此，统治者曾试图补救，如：成帝阳朔二年（前23年）下诏，要求流民与入关者"勿苛留"⑩；后又"遣使者循行郡国"并宣布"被灾害什四以上，民赀不满三万，勿出租赋。逋贷未入，皆勿收。流民欲入关，辄籍内。所之郡国，谨遇以理，务有以全活之"。⑪ 哀帝时，取代王莽为大司马辅政的师丹曾曰："今累世承平，豪富吏民訾数巨万，而贫弱愈困"，⑫并提出限田、限奴婢议。⑬ 哀帝令丞相孔光、大司空何武等提出具体限田、限奴婢的数额："诸王、列侯得

---

① （汉）班固：《汉书》卷10《成帝纪》，北京：中华书局，1962年，第318页。
② （汉）班固：《汉书》卷85《谷永传》，北京：中华书局，1962年，第3462页。
③ （汉）班固：《汉书》卷11《哀帝纪》，北京：中华书局，1962年，第336页。
④ （汉）班固：《汉书》卷59《张汤传》，北京：中华书局，1962年，第2652页。
⑤ （汉）班固：《汉书》卷82《王商传》，北京：中华书局，1962年，第3372页。
⑥ （汉）班固：《汉书》卷27《五行志》，北京：中华书局，1962年，第1368页。
⑦ （汉）班固：《汉书》卷72《贡禹传》，北京：中华书局，1962年，第3075页。
⑧ （汉）班固：《汉书》卷64《严助传》，北京：中华书局，1962年，第2779页。
⑨ 关于汉代奴隶制度的考证，可参见劳干：《汉代奴隶制度辑略》，《史语所集刊》第5册，上海：商务印书馆，1935年。
⑩ （汉）班固：《汉书》卷10《成帝纪》，北京：中华书局，1962年，第313页。
⑪ （汉）班固：《汉书》卷10《成帝纪》，北京：中华书局，1962年，第318—319页。
⑫ （汉）班固：《汉书》卷24《食货志》，北京：中华书局，1962年，第1124页。
⑬ 汉代的限奴之议始于董仲舒，《汉书·食货志》曰："古者税民不过什一，其求易共；使民不过三日，其力易足。民财内足以养老尽孝，外足以事上共税，下足畜养妻子极爱，故民说从上。至秦则不然，用商鞅之法，改帝王之制，除井田，民得卖买。富者田连阡陌，贫者亡立锥之地。……邑有人君之尊，里有公侯之富，小民安得不困！……古井田法虽难卒行，宜少近古，限民名田，以澹不足，塞并兼之路。盐铁皆归于民。去奴婢，除专杀之威，薄赋敛，省繇役，以宽民力。然后可善治也。"（《汉书》卷24《食货志》，北京：中华书局，1962年，第1137页）

名田国中,列侯在长安及公主名田县道,关内侯、吏民名田,皆无得过三十顷。诸侯王奴婢二百人,列侯、公主百人,关内侯、吏民三十人。年六十以上,十岁以下,不在数中。贾人皆不得名田、为吏,犯者以律论。诸名田畜奴婢过品,皆没入县官。"①这种制度设计的想法是好的,但却不可能贯彻执行,因为占有大量土地与奴婢的豪强地主不可能自愿放弃超出限额的田产与奴婢。当时的外戚丁氏、傅氏两家便不遵行此诏令。哀帝本人就曾一次性赐给宠臣董贤"二千余顷",带头违反自己的诏令。于是,所谓"限田、限奴婢"议,自开始不久便"寝不行"。

（二）推阴阳灾异

自董仲舒构筑"灾异谴告说",为汉儒制造了一条通过"言灾异"来劝谏君王,甚至影响汉家政治制度改革的途径。董氏认为"国家将有失道之败,而天乃先出灾害以谴告之,不知自省,又出怪异以警惧之,尚不知变,而伤败乃至",②通过"阴阳""灾异"来解释天道的运行。尽管迫于武帝的政治压力,董仲舒晚年对"灾异谴告说"寝而不言,但此说在西汉中后期却成为汉代政治生活最为活跃的思想因素。

翼奉在元帝时,借关东大水、疾疫频发、地震等自然灾祸现象,认为这是后宫擅权之兆,谏言元帝夺外戚之权。据《汉书·翼奉传》载:"今左右亡同姓,独以舅后之家为亲,异姓之臣又疏。二后之党满朝,非特处位,势尤奢僭过度,吕、霍、上官足以卜之,甚非爱人之道,又非后嗣之长策也。阴气之盛,不亦宜乎。"③翼奉还建议减少后宫人数,节约用度,提倡"躬行节俭,外省徭役"。

宗室刘向针对宦官、外戚权势日盛的现象,上封事,推阴阳灾异,劝谏元帝去小人奸臣,转用儒生贤者,书曰:"并在交戟之内,合党共谋,伪善依恶,歙歙訿訿,数设危险之言,欲以倾移主上……省灾异之祸,以揆当世之变,放远佞邪之党,坏散险波之聚,杜闭群枉之门,广开众正之路,决断狐疑,分别犹豫,使是非炳然可知,则百异消灭,而众祥并至,太平之基,万世之利也。"④刘向曾集合上古至秦汉的灾异记录,编成《洪范五行传论》十一篇,可谓"灾异说"最系统的记载。此书虽散亡,但在《汉书·五行志》中尚能窥见一二。刘向看到成帝起昌陵,用度过奢,于是谏言说:"王者必通三统,明天

---

① （汉）班固:《汉书》卷11《哀帝纪》,北京:中华书局,1962年,第336页。
② （汉）班固:《汉书》卷56《董仲舒列传》,北京:中华书局,1962年,第2498页。
③ （汉）班固:《汉书》卷75《翼奉传》,北京:中华书局,1962年,第3174页。
④ （汉）班固:《汉书》卷36《楚元王传》,北京:中华书局,1962年,第1945—1946页。

命所授者博,非独一姓也……自古及今,未有不亡之国也。"①作为刘氏宗室成员,刘向竟然公开表达刘氏不能永享天命的想法,认为刘汉王朝终有"失天下"之日。刘向还意识到王氏外戚势力的抬头,会直接影响到皇权的权威。尽管刘向屡次上书要求抑制外戚,但成帝"心知向忠精,故为凤兄弟起此论也,然终不能夺王氏权"。② 成帝后的王氏集团,最终成为刘汉天下的"掘墓人"。

京房以灾异为尚,"所言屡中"。他曾上书曰:"陛下即位以来,日月失明,星辰逆行,山崩泉涌,地震石陨,夏霜冬雷,春凋秋容,陨霜不杀,水旱螟虫,民人疾疫,盗贼不禁,刑人满市,《春秋》所记灾异尽备。陛下视今为治邪,乱邪?"③京房罗列当时各种自然灾异现象,质问当世是治世还是乱世。这实际是为了映射元帝不用儒生而专任宦官的现象。元帝亦不得不承认当朝"亦极乱耳,尚何道",并一度"令(京)房上弟子晓知考功课吏事者,欲试用之。房上中郎任良、姚平,'愿以为刺史,试考功法,臣得通籍殿中,为奏事,以防壅塞'。"④结果,京房为石显等权宦所不容,被诬"非谤政治"之罪而被弃市。

谷永曾借雨雪不时之灾异,谏止后宫干政、去奢尚俭、重用忠臣、勿用小人,曰:"愿陛下正君臣之义,无复与群媵黩燕饮;中黄门后庭素骄慢不谨尝以醉酒失臣礼者,悉出勿留。勤三纲之严,修后宫之政,抑远骄妒之宠,崇近婉顺之行,加惠失志之人,怀柔怨恨之心。保至尊之重,秉帝王之威,朝觐法出而后驾,陈兵清道而后行,无复轻身独出,饮食臣妾之家。"⑤谷永谏言的政治目的在于"正君臣之义""勤三纲之严""保至尊之重",实际是要维护"帝王之威"。在这一点上,谷永是站在拥护刘氏皇权的立场,并不质疑皇权权威。谷永还"愿陛下勿许加赋之奏,益减大官、导官、中御府、均官、掌畜、廪牺用度,止尚方、织室、京师郡国工服官发输造作,以助大司农"。⑥ 这些轻奢节俭的主张,对于社会危机的解决而言,只能是些细枝末叶的补救之举,并不是挽救危机的根本措施。元延元年(前 12),有"星孛东井",谷永阐释曰:

臣闻天生蒸民,不能相治,为立王者以统理之。方制海内,非为天

---

① (汉)班固:《汉书》卷 36《楚元王传》,北京:中华书局,1962 年,第 1950—1951 页。

② (汉)班固:《汉书》卷 36《楚元王传》,北京:中华书局,1962 年,第 1950 页。

③ (汉)班固:《汉书》卷 75《京房传》,北京:中华书局,1962 年,第 3162 页。

④ (汉)班固:《汉书》卷 75《京房传》,北京:中华书局,1962 年,第 3163 页。

⑤ (汉)班固:《汉书》卷 85《谷永传》,北京:中华书局,1962 年,第 3470 页。

⑥ (汉)班固:《汉书》卷 85《谷永传》,北京:中华书局,1962 年,第 3471 页。

子;列土封疆,非为诸侯,皆以为民。垂三统,列三正,去无道,开有德,不私一姓。明天下之天下非一人之天下也。

王者躬行道德,承顺天地,博爱仁恕,恩及行苇,籍税取民不过常法,宫室车服不逾制度,事节财足,黎庶和睦,则卦气理效,五徵时序,百姓寿考,庶草蕃滋,符瑞并降,以昭保佑。失道妄行,逆天暴物,穷奢极欲,湛湎荒淫,妇言是从,诛逐仁贤,离逖骨肉,群小用事,峻刑重赋,百姓愁怨,则卦气孛乱,咎徵著邮,上天震怒,灾异屡降,日月薄食,五星失行,山崩川溃,水泉涌出,妖孽并现,孛星耀光,饥馑荐臻,百姓短折,万物夭伤。终不改寤,恶洽变备,不复遣告,更名有德。①

谷永实际是强调君主的权力来源于"天",但天下非一人之天下,而是所有臣民的天下。这实际上可以看出,谷永开始思考君权的归属问题,并明确提出"天命"可以转移的思想,声称:"陛下承八世之功业,当阳数之标季,涉三七之节纪,遭《无妄》之卦运,直百六之灾厄。三难异科,杂焉同会。"②另外,谷永还以《尚书》言日蚀、地震之灾,联结王事纲纪五事,即正自身、治闺门、正左右、尊贤考功、以温良尚德之士为吏,劝谏成帝,但都没有被采纳。当成帝有一次下诏书令贤良方正上书对策时,谷永毫不留情地批评汉成帝曰:"臣前幸得条对灾异之效,祸乱所极,言关于圣聪。书陈于前,陛下委弃不纳,而更使方正对策,背可惧之大异,问不急之常论,废承天之至言,角无用之虚文,欲末杀灾异,满谰诬天,是故皇天勃然发怒,甲乙之间暴风三溱,拔树折木,此天至明不可欺之效也。"③可见谷永对成帝的不满。

李寻"独好《洪范》灾异,又学天文月令阴阳……见汉家有中衰厄会之象",以日月、五星等的运行变化比附现实政治,抨击后宫干政,曰:"唯陛下执乾刚(纲)之德,强志守度,毋听女谒邪臣之态""唯陛下亲求贤士,无强所恶,以崇社稷,尊强本朝""唯陛下留意诗人之言,少抑外亲大臣"④等。

上述主张,皆出于"灾异遣告说"的理论,形式上颇显荒诞,但在主观意志上却是以挽救西汉王朝所面临的社会危机为目的,最终落脚点仍然是维护刘氏皇权的政治统治。只是这些主张,不为当朝权宦、外戚势力所容,结果"夏侯因执,眭孟诛戮,李寻流放""京房区区,不量浅深,危言刺讥,构怨强

① (汉)班固:《汉书》卷85《谷永传》,北京:中华书局,1962年,第3466—3467页。
② (汉)班固:《汉书》卷85《谷永传》,北京:中华书局,1962年,第3468页。
③ (汉)班固:《汉书》卷85《谷永传》,北京:中华书局,1962年,第3450—3451页。
④ (汉)班固:《汉书》卷75《李寻传》,北京:中华书局,1962年,第3179、3184、3185、3189页。

臣,罪辜不旋踵,亦不密以失身,悲夫!"①尽管统治者也经常以诏令的方式强调"阴阳"与天意的沟通,但这些思想仅仅存在于诏令中,极少影响现实的施政法则。

推阴阳灾异以规谏君主的主张,虽然并未如前述之"汉运将终"般直接挑战刘氏皇权统治的合法性、正统性问题,但就"灾异"的宣传而言,却达到了"质疑""动摇"刘氏皇权政治"合理性"的效果。既然西汉王朝灾异频发,社会动荡不堪,士人及民众的不满必然诉诸于当朝执政者。在这个意义上,"阴阳灾异说"也起到了和"汉运将终"思潮相类似的影响。

(三)"再受命"说

自武帝罢黜百家以来,西汉统治阶层"权力意识方面的主流是排斥革命,尊崇天命和追求永命",②但到了西汉末期,面对日益严峻的社会统治危机,士人们循着董仲舒以来的"天命"理论,为汉家统治寻求新的理论解释。鉴于昭宣时期眭孟借"汉运将终"说,提出"异姓禅代"而被诛的政治压力,儒生们改变策略,制造出所谓"更受命"的主张。"再受命"说,最早源出于昭宣时期的眭孟,至汉成帝时继续发展,在汉哀帝时达到了鼎峰。

早在昭帝时期,眭孟即主张"汉运将终",应求索贤人,禅让帝位。据《汉书·眭孟传》载:

> 孝昭元凤三年(前78)正月,泰山、莱芜山南匈匈有数千人声,民视之,有大石自立,高丈五尺,大四十八围,入地深八尺,三尺为足。……孟推《春秋》之意,以为"石柳皆阴类,下民之象,而泰山者岱宗之岳,王者易姓告代之处。今大石自立,僵柳复起,非人力所为,此当有匹夫为天子者。枯社木复生,故废之家公孙氏当复兴者也"。孟意亦不知其所在,即说曰:"先师董仲舒有言,虽有继体守文之君,不害圣人之受命。汉家尧后,有传国之运。汉帝宜谁差天下,求索贤人,禅以帝位,而退自封百里,如殷周二王后,以承顺天命。"③

《汉书·五行志》记其事曰:

> 昭帝时,上林苑中大柳树断仆地,一朝起立,生枝叶,有虫食其叶,

---

① (汉)班固:《汉书》卷75《眭两夏侯京翼李传》,北京:中华书局,1962年,第3194—3195页。
② 刘泽华:《中国政治思想史》(秦汉魏晋南北朝卷),杭州:浙江人民出版社,1996年,第270页。
③ (汉)班固:《汉书》卷75《眭孟传》,北京:中华书局,1962年,第3153—3154页。

成文字,曰"公孙病已立"。又昌邑王国社有枯树复生枝叶。眭孟以为,木阴类,下民象,当有故废之家公孙氏从民间受命为天子者。[①]

眭孟是董仲舒的后学弟子、春秋公羊学派的代表人物,他借枯木复生、大石自立、僵柳复起等异象,推"天命",认为"汉家尧后,有传国之运"。他要求汉帝"求索贤人,禅以帝位,而退自封百里"[②]。关于眭孟上疏的原因,顾颉刚认为是出于"厌汉"而要求"禅让"[③]。这里的"厌汉",应与汉武帝后期的统治危机有密切关系,甚至可能与戾太子残余势力的舆论有关。[④] 然不论其初衷为何,"承顺天命"一语表明,眭孟在思想意识上深信"天命"与"灾异",在价值取向上代表了儒生"道高于势"的传统观念。但是,当时汉家王朝尚处于稳定上升阶段,提出这等异论,显然不合时宜。况且,眭孟虽言"故废之家公孙氏当复兴",但这复兴之主指代为谁,眭孟自己也"不知其所在"。结果,"大将军霍光秉政,恶之,下其书廷尉。奏赐,孟妄设祅言惑众,大逆不道,皆伏诛"[⑤]。后盖宽饶又引《韩氏易传》曰"五帝官天下,三王家天下,家以传子,官以传贤,若四时之运,功成者去。不得其人则不居其位"[⑥],再次强调"天命"转移、禅让贤人的思想。眭、盖二说,皆是要求"异姓嬗代",即通过汉家皇帝"求索贤人",并禅位之。这套理论,实际上是对刘氏皇权统治的直接挑战,以"异姓"贤人取代刘氏皇帝意味着西汉王朝的覆灭。眭孟身死,却也开了挑战刘汉统治合法性的先河。

成帝时,"齐人甘忠可诈造《天官历》、《包元太平经》十二卷[⑦],以言'汉家逢天地之大终,但更受命于天,天地使真人赤精子,下教我此道'"。甘忠可是燕齐方士的代表,假借赤精子的名义,言汉运将终,只有重新受命才能获得上天的垂青。这里的"赤精子",指高祖刘邦。结果,刘向"奏忠可假鬼神罔上惑众",将甘忠可下狱,病死狱中。甘忠可的学说传给了重平夏贺良、容丘丁广世、东郡郭昌等几个弟子。甘忠可虽死,但"贺良等坐挟学忠可书

---

①　(汉)班固:《汉书》卷 27《五行志》,北京:中华书局,1962 年,第 1412 页。

②　(汉)班固:《汉书》卷 75《眭孟传》,北京:中华书局,1962 年,第 3154 页。

③　参见顾颉刚:《五德终始说下的政治和历史》,《古史辨》第 4 册,第 470—481 页。持类似观点者,还有王健文:《奉天承运——古代中国的"国家"概念及其正当性基础》,台北:东大图书有限公司,1995 年,第 247—250 页;王葆玹:《今古文经学新论》,北京:中国社会科学出版社,1997 年,第 448—449 页;陈苏镇:《〈春秋〉与"汉道":两汉政治与政治文化研究》,北京:中华书局,2011 年,第 311—313 页。

④　参见张小峰:《西汉中后期政局演变探微》,天津:天津古籍出版社,2007 年,第 51—63 页。

⑤　(汉)班固:《汉书》卷 75《眭孟传》,北京:中华书局,1962 年,第 3154 页。

⑥　(汉)班固:《汉书》卷 77《盖宽饶传》,北京:中华书局,1962 年,第 3247 页。

⑦　此《包元太平经》在东汉末年被方士于吉改编为道教主要经典《太平清领书》。

以不敬论,后贺良等复私以相教"①,并未因此获罪禁锢。

哀帝即位后,夏贺良再次鼓吹"汉历中衰,当更受命。成帝不应天命,故绝嗣。今陛下久疾,变异屡数,天所以谴告人也。宜急改元易号,乃得延年益寿,皇子生,灾异息矣。得道不得行,咎殃且亡,不有洪水将出,灾火且起,涤荡民心"。在李寻等人半利诱、半威胁的怂恿下,哀帝竟真的宣布"再受命",曰:"惟汉兴至今二百载,历纪开元,皇天降非材之右,汉国再获受命之符,朕之不德,曷敢不通夫受天之元命,必与天下自新。其大赦天下,以建平二年(前5年)为太初元年(前5年),号曰陈圣刘太平皇帝。漏刻以百二十为度。"②这种"再受命",是调和人民心中"汉运已衰,当有新天子"的观念与刘氏"汉运虽衰,但天命未改"观念而形成的"怪胎"。新受命的天子就要出现,这在世人看来是即将可见的事实,但这新受命的天子却仍然是刘姓宗室,当真是滑稽至极!

夏贺良的"更受命"之所以会被哀帝采纳,一方面是因为当时自然灾异频繁,另一方面是因为哀帝身体抱恙、无子嗣。《汉书·夏贺良传》称"哀帝久寝疾,几其有益,遂从贺良等议"③。夏贺良等人正是抓住了哀帝求子求福的心理。所谓"陈圣刘",有三种注解,如李斐注曰:"陈,道也。言得神道圣者刘也";韦昭曰:"敷陈圣刘之德也";如淳注曰:"陈,舜后。王莽,陈之后。谬语以明莽当篡立而不知。"④三说中,如淳所言明显是以王莽代汉的既定事实来前推哀帝时事,不足信;韦昭所言"敷陈"之解,过于简单;反而李斐以"道"训"陈",表明刘氏为"神道圣者"的说法,最接近哀帝自号的本意。至于所谓"太平皇帝"四字的出处,当受甘忠可《天官历》的影响。哀帝想要建立一个公羊家三世说的"太平世",所以称"太平皇帝"。

"更命"月余后,哀帝病未愈,社会危机却更加严重。此时的夏贺良、解光、李寻等人为谋取更大的政治权位,试图罢免三公:"贺良等复欲变政事,大臣争以为不可许。贺良等奏言大臣皆不知天命,宜退丞相、御史,以解光、李寻辅政。"这种明显的政治投机活动,最终导致朝臣们的反对,他们纷纷攻击夏贺良"执左道,乱朝政,倾覆国家,诬安主上,不道"。结果,哀帝下诏曰:

---

① (汉)班固:《汉书》卷75《李寻传》,北京:中华书局,1962年,第3192页。
② (汉)班固:《汉书》卷75《李寻传》,北京:中华书局,1962年,第3192—3193页。《汉书·哀帝纪》记此事曰:"待诏夏贺良等言赤精子之谶,汉家历运中衰,当再受命,宜改元、易号。诏曰:'汉兴二百载,历数开元。皇天降非材之佑,汉国再获受命之符,朕之不德,曷敢不通!夫基事之元命,必与天下自新,其大赦天下。以建平二年为太初元年,号曰陈圣刘太平皇帝。漏刻以百二十为度。'"(《汉书》卷11《哀帝纪》,北京:中华书局,1962年,第340页)
③ (汉)班固:《汉书》卷75《李寻传》,北京:中华书局,1962年,第3192页。
④ (汉)班固:《汉书》卷11《哀帝纪》,北京:中华书局,1962年,第340页。

"待诏夏贺良等建言改元、易号,增益漏刻,可以永安国家。朕过听贺良等言,冀为海内获福,卒亡嘉应,皆违经背古,不合时宜。六月甲子制书,非赦令也皆蠲除之。贺良等反道惑众,下有司。皆伏辜。"①"更受命"的闹剧就此收场。如果说眭孟的"异姓嬗代"尚可能通过最高统治者的更张而带来朝政的些许变化的话,夏贺良的这套"更受命"则不过是自欺欺人的投机之举罢了。

"再受命"虽以闹剧收场,但在社会上无疑宣传了"汉运将终",以及"天命"将有所改变的观念。"更受命"阐释以"尧舜禅让"的故事为中心,而不以"革命"的形式出现,显示"更命"思维是一种对改变现状的期待。② 谁受了新"天命",就应当代汉而治。西汉后期诸帝的年号,如"永光"、"建昭"、"建始"、"永始"、"太初"、"元始",以及王莽的国号"新",都在很大程度上表达了社会革新的意味。"再受命"闹剧后,儒生及士人对汉家逐渐失去挽救危机的信心,他们转而继续寻找新的"代理人",最终将目标锁定在身兼儒生与外戚双重身份的当权者王莽身上,为王莽"歌功颂德",一步步将之推上皇位。王莽之所以能够代汉建新,实得益于"汉运将终"思想的辅翼。

(四) 复古思潮

儒家所治者乃儒家经籍所载的文本,在思想逻辑上是"法先王",故崇尚古籍和占礼。汉儒尊经、读经、代圣人言,实际有着将"学统"置于"政统"之上的倾向。在汉儒们看来,先王之道是至高、至圣的,应当作为汉家政治的指导。在当时的历史条件下,儒生们提出这一理论,既是希望汉家能够采纳自己的政治主张,更是为了仕进的需求。当现实不能满足仕途需求,又与儒学的"王道政治"理想不相合时,儒生们便批评汉家现实政治,在西汉末期激起"复古改制"的思潮。这一思潮中的儒生"可分两派,一好言灾异,一好言礼制。虽不尽然,然大较如是"③。汉代"灾异说"如前所析,始自董仲舒,以阴阳五行、"天人感应"为核心,以"天"为宇宙主宰,按五德终始与三统说周而复始。灾异说与谶纬的兴起,一方面强化了"天命"思想的权威,另一方面也影响到刘氏的政治权威。西汉末期甚嚣尘上的"汉运将终"思潮已然挑战了汉家政治的正当性,儒生尝试挽救危机的主张又无法贯彻执行,这促使人

① (汉)班固:《汉书》卷75《李寻传》,北京:中华书局,1962 年,第 3193 页。
② 王健文认为经过景帝时期黄生与辕固生的"汤武革命"论,"后学者莫敢明受命放杀者",正说明"皇帝在削减对政权的威胁的考虑下,革命说受到压抑的事实"。(王健文:《奉天承运——古代中国的"国家"概念及其正当性基础》,台北:三民书局股份有限公司,1995 年,第 55 页)这或许解释了西汉后期学者盛行"更命说"而不言革命论的原因。
③ 钱穆:《刘向歆父子年谱》,收录于《古史辨》(第五册),上海:上海古籍出版社,1982 年,第152 页。

们转移视角,寻找新的"天命者"。但灾异一途,走的是借神权以影响、左右皇权的路子,希望达到的是获得入仕机会,以及实现其"政治理想"的目的。至于儒家"政治理想"的来源,皆存于儒家经典文献的记载之中。

汉儒阐发三代政治文化传统,崇古复古,批判汉家政治实践中不合"儒法""古礼"之处。早在宣帝时,王吉即上书"愿与大臣延及儒生,述旧礼,明王制,驱一世之民,济之仁寿之域,则俗何以不若成康? 寿何以不若高宗?"[1]元帝时有贡禹"建言汉家宗庙祭祀多不合古礼"[2]"宜少放(仿)古以自节焉"[3],明确以"仿古"作为改善政治的举措。后王商、师丹、翟方进等五十人主张"复古、循圣制",而大司马许嘉等八人却"以为所从来久远,宜如故",引发了有关长安南北郊制度的争论,并罢雍五畤、陈宝祠以及 638 所各种神祠中"不应礼"的 475 所。同时,围绕刘氏宗室先帝的 170 余所宗庙和 30 余所皇后、太子的陵寝,也发生过激烈争论。据《汉书·韦玄成传》载:"至元帝时,贡禹奏言:'古者天子之庙,今孝惠、孝景庙皆亲尽,宜毁,及郡国庙不应古礼,宜正定'。"[4]在成、哀之际,先后参与礼制讨论的学者有韦玄成、郑弘、严彭祖、欧阳地余、尹更始、许嘉、匡衡、孔光、何武、彭宣、满昌、左咸、王舜、刘歆等人,古礼、新制屡易屡变,纷繁不定。另外,在官制不合古礼之处,成帝时何武、张禹也曾主张废秦汉以来的丞相制度,而恢复先秦的三公制。何武、翟方进还以"古选诸侯贤者以为州伯""请罢刺史,更置州牧,以应古制"。[5] 赋税制度上,贡禹认为"古民亡赋算口钱",而汉武帝征口钱由满 3 岁之儿童始,造成人民的负担,于是请求改口钱起征年龄为 7 岁,满 12 岁出算赋。币制制度上,贡禹上书曰:"古者不以金钱为币,专意于农……宜罢采

---

① (汉)班固:《汉书》卷 22《礼乐志》,北京:中华书局,1962 年,第 1033 页。
② (汉)班固:《汉书》卷 25《郊祀志》,北京:中华书局,1962 年,第 1253 页。
③ (汉)班固:《汉书》卷 72《贡禹传》,北京:中华书局,1962 年,第 3070 页。
④ (汉)班固:《汉书》卷 73《韦玄成传》,北京:中华书局,1962 年,第 3116 页。
⑤ (汉)班固:《汉书》卷 83《朱博传》,北京:中华书局,1962 年,第 3406 页。关于何武改三公制的目的,史家存有争议,如王夫之认为是"冀以分王氏之权";安作璋、曾资生、李俊认为是为分割相权;祝总斌认为"成帝改制之时并不存在相权威胁君权问题",故何武目的是为了"保证统治质量,摆脱统治危机";徐复观认为何武是要在三公名义之下,可以"分职授政";阎步克认为西汉后期出现了政制变动,其原因就包括摆脱统治危机的目的,许多变动具有浓厚的意识形态色彩。(分见王夫之:《读通鉴论》,北京:中华书局,1975 年,第 122 页;安作璋:《秦汉官制史稿》,济南:齐鲁书社,1984年,第 8 页;曾资生:《中国政治制度史》第 2 册,重庆:南方印书馆,1994 年,第 14 页;李俊:《中国宰相制度史》,上海:商务印书馆,1947 年,第 47 页;祝总斌:《两汉魏晋南北朝宰相制度研究》,北京:中国社会科学出版社,1990 年,第 56—61 页;徐复观:《汉代一人专制政治下的官制演变》,《两汉思想史》第一卷,台北:学生书局,1980 年,第 259 页;阎步克:《士大夫政治演生史稿》(3 版),北京:北京大学出版社,2015 年,第 346 页)笔者认为,何武提出三公之义,既出于西汉后期社会危机之时代背景,为了摆脱危机而发,又援引之"古制",具有复古色彩。

珠玉金银铸钱之官,亡复以为币。市井勿得贩卖,除其租铢之律,租税禄赐皆以布帛及穀。使百姓一归于农,复古道便。"①贡禹之请固然不符合经济发展规律,但却反映出其"拟古""复古"的思维意味。

汉儒的政治理想寄之于儒家文献记载。与汉代另一个政治势力"文法吏"阶层相比,他们"学士"的角色使之往往脱离现实政治的运作,很难就具体社会现实问题提出自己的创见。既然要追溯秦汉以前的制度,便兴起"复古"思潮。这种"复古"思潮之下,除了借重于今文博士官所掌的五经以外,古文经学的兴起更为儒生展示了一幅理想的政治制度蓝图。"刘歆之创立古学,发端于《左氏》,归重于《周官》"。② 另据《汉书·楚元王传》曰:"初《左氏传》多古字古言,学者传训诂而已,及歆治《左氏》,引传文以解经,转相发明,由是章句义理备焉",后"及歆亲近,欲建立《左氏春秋》及《毛诗》、《逸礼》、《古文尚书》,皆列于学官"。③ 古文经学因之得到统治者,尤其是王莽的推重而迅速发展。可以说,王莽正是"采取'周公式'的篡位法,要学周公'制礼作乐与太平'",④毕竟"把古代制度充分理想化,以为现实政治提供一个说教模式,此乃儒家经学的本质所在"。⑤

第三节　刘向、刘歆父子的"火德尧后"说

伴随着西汉末期频繁发生的自然灾异现象、声势浩大的流民运动以及"汉运将终"思潮的传播,汉家的"天命"与正统观念受到严重的冲击。汉武帝时期确立的以"汉为土德"为核心的五德三统观也遭遇到理论上的矛盾。自邹衍,历董仲舒所主的"五德终始说",皆以"五行相胜"为理路,如《吕氏春秋·有始览》所言:

> 黄帝之时,天先见大螾大蝼。黄帝曰:"土气胜。"土气胜,故其色尚黄,其事则土。及禹之时,天先见草木秋冬不杀。禹曰:"木气胜。"木气胜,故其色尚青,其事则木。及汤之时,天先见金刃生于水。汤

---

① (汉)班固:《汉书》卷72《贡禹传》,北京:中华书局,1962年,第3075—3076页。
② 蒙文通:《经史抉原》,成都:巴蜀书社,1995年,第78页。
③ (汉)班固:《汉书》卷36《楚元王传》,北京:中华书局,1962年,第1967页。
④ 范文澜:《中国经学史的演变》,自《范文澜全集》,石家庄:河北教育出版社,2002年,第59页。
⑤ 葛志毅:《王莽改制的经学文化基础》,《求是学刊》1993年第2期,第92—97页。

日："金气胜。"金气胜，故其色尚白，其事则金。及文王之时，天先见火赤乌衔丹书集于周社。文王曰："火气胜。"火气胜，故其色尚赤，其事则火。代火者必将水，天且先见水气胜。水气胜，故其色尚黑，其事则水。①

这种理论，德运的思想源头是黄帝，此后按照木克土、金克木、火克金、水克火的"相胜"次序，相应地排列出黄帝土气胜、夏禹木气胜、商汤金气胜、文王火气胜的历史系统，而代周者当应水德之运。当邹衍提出此说时，五德运转的第一个循环尚未走完，故秦始皇自任水德，祀黑帝，色上黑，数用六。至此完成了第一个历史系统的循环。

邹衍的"五德相胜"理路，不仅为商周之际的"汤武革命"作了理论解释，同时也为秦代周作了合法性论证。但是这种"相胜"说，更强调"暴力革命"性质的朝代更替，在思维逻辑上难以适用尧舜式"温和"的禅让体制。到了西汉末年，按照董仲舒的"三统说"，历史上相配的德运应为黑统—水德、白统—金德、赤统—火德，根本就没有所谓的黄统—土德。这在理论上形成阐释思路的漏洞。对此，刘向、歆父子巧妙地改变五行运转的机理，重新阐释汉家的"德运"问题，定汉家为"尧后火德。"②顾颉刚认为刘歆提倡五行相生的理论，创造汉家"火德"说的目的是要为王莽代汉做伏笔。③这种说法预设了刘歆站在王莽阵营的立场，但即便是王莽本人在初期也不曾有代汉的志向。王莽滋生出取代汉廷的意愿，应当是在"遣就国"的政治挫折之后。刘歆自然也并非一开始就在积极支持王莽的政治野心。笔者认为刘歆创作此说，乃是为刘氏皇权的继续存续和挽救社会危机提供一套理论体系，希望从信仰世界否定"汉运将终"的思潮。至于王莽代汉过程中，将这套学说拿

---

① 许维遹撰，梁运华整理：《吕氏春秋集释》，"新编诸子集成本"，北京：中华书局，2009 年，第284 页。

② 关于"尧后火德说"产生的原因，很多学者都曾研究过，在两个问题上存在争议。一，是否为王莽篡汉的产物。顾颉刚认为刘歆构建"汉为火德说"的目的是为王莽篡汉做政治上的铺垫和宣传。详见《五德终始说下的政治和历史》，载顾颉刚主编《古史辨》（第五册），上海：上海古籍出版社，1982 年，第 554—612 页。但杨权认为"尧后火德说"在昭帝时期就已经出现，并且最初为刘向所创，意在复兴西汉王朝，就其思想渊源来看，来自汉初尚赤的传统，详见《新五德理论与西汉政治——"尧后火德说"考论》，北京：中华书局，2006 年，第 139—145 页。二，是否为刘歆所创。顾颉刚认为"刘歆通过对五德终始说的改造，进而构建了尧后火德说"。详见《五德终始说下的政治和历史》，《清华大学学报》1930 年第 1 期，第 148—163 页。杨权则认为："刘向在成帝建始元年（前 32）至绥和二年（前 7）之间开始创建'尧后火德说'。"详见《新五德理论与西汉政治——"尧后火德说"考论》，北京：中华书局，2006 年，第 126—138 页。笔者认为杨权的说法更为准确，故从杨权。

③ 顾颉刚：《五德终始说下的政治和历史》，《清华大学》1930 年第 1 期，第 148—163 页。

来为自己服务,恐怕是历史的偶然。况且,刘歆虽在王莽"新"朝做了国师,却又在后期密谋反抗王莽,为王莽所害。这截然相反的做法,正说明刘歆身兼"刘氏宗室"与"儒生"双重身份所导致的心理纠结、扭曲。

一般认为,"五行相胜"的五德终始论始于邹衍,"五行相生"的五德终始论始于刘向。如沈约《宋书》曰:"五德更王,唯有二家之说,邹衍以相胜为体,刘向以相生为义。"[①]实际上,在构建"五行相生"的五德终始说过程中,刘向之子刘歆也起到重要作用。他们父子二人生活在西汉末年至新莽时期,相继负责皇家中秘藏书的校读工作,是文化领域的领袖人物。有汉以来的历史发展和学术演生,产生了重新厘定汉家德运的客观要求。其一,汉人对古史系统的认知不断扩大,旧有"相胜说"难以解释"肿大"了的古史系统。邹衍的古史系统比较简单:黄帝→颛顼→帝喾→帝尧→夏→商→周。汉儒与方士不断增益,先是在"三代"之前增加了"五帝",后又增衍出了"三皇"。于是,西汉后期的人们对古史系统的认识已经非常庞杂:三皇→无怀氏→燧人→伏牺→神农→炎帝→黄帝→颛顼→帝喾→帝尧→帝舜→夏→商→周→秦→汉。古史系统愈来愈长,而"五德"系统却谨固未变。这就产生了一个时代性的理论要求:如何整合肿大了的古史系统与"五德终始说"的逻辑结构。其二,西汉中期以后,社会危机日益加重,政治渐趋动荡,甚至出现"汉运将终"的思潮。按照当时儒家与方士的理论,或者出现新的受命天子,或者汉家再次"受命于天"。这种形势下,原来的"五行相胜说"难以处理"天命"与刘氏及其他异姓的关系。基于上述两种原因,改造"五德终始说"的内在逻辑,便被提上议事日程。

政权的更迭,无外乎两种方式:一为"革命",如汤武革命;二为"禅让",如虞夏禅让。"五行相胜"的逻辑,自可与商周"革命"的方式相适用,但并不能完美解释虞夏"禅让"的方式。刘向、刘歆父子有鉴于此,寻出另一种"五行相生"的逻辑,试图重新建构古史系统的"五德运转"体系。早在董仲舒《春秋繁露》中,便有第 58 篇《五行相胜》、第 59 篇《五行相生》。其中关于"五行相生"的路径,董仲舒说:

> 天地之气,合而为一,分为阴阳,判为四时,列为五行。行者行也,其行不同,故谓之五行。五行者,五官也,比相生而间相胜也。

> 东方者木……木生火。南方者火……火生土。中央者土……土生

---

①　(梁)沈约:《宋书》卷 12《历中》,北京:中华书局,1974 年,第 259 页。

金。西方者金……金生水。北方者水……水生木。①

董氏此篇,只谈论了"五行相生"的逻辑次序,但却没有说明"五行"之所以能够"相生"的内在机理。这一点,在《五行大义》引《白虎通》有详细的论述:

> 木生火者,木性温暖,火伏其中,钻灼而出,故木生火。火生土者,火热故能焚木,木焚而成灰,灰即土也,故火生土。土生金者,金居石,依山津润而生,聚土成山,山必生石,故土生金。金生水者,少阴之气,温润流泽,销金亦为水,所以山云而从润,故金生水。水生木者,因水润而能生,故水生木。②

如此,"五行相生"的理论便透彻得多了。尽管《白虎通》撰集的时间是在东汉章帝时,晚于刘向、刘歆父子,但就理论内容而言,实际并无二致。故胪列于此。

刘向、歆父子"以为帝出于震,故包羲氏始受木德,其后以母传子,终而复始,自神农、黄帝下历唐、虞三代而汉得火焉。故高祖始起,神母夜号,著赤帝之符,旗章遂赤,自得天统矣。昔共工氏以水德间于木、火,与秦同运,非其次序,故皆不永。由是言之,祖宗之制盖有自然之应,顺时宜矣"。③ 顾颉刚注意到"火德""赤制"之说,认为:"汉之为火德,非确有赤帝子之符,乃是因为伏羲始出于震,为木德,从此排下去,到汉便是火了。在新的五德终始系统中,汉之不得不为火,正如在旧的系统中,汉之不得不为土一样。黄龙见于成纪的符瑞,是公孙臣主张汉为土德之后才出现的。那么神母夜哭的符瑞,自然应当待刘向父子发明了汉为火德的主张之后才出现,可以无疑了。"④刘向、歆父子追溯"共工氏以水德间于木、火",认为秦朝与共工氏"同运",故秦为水德。水德在木德与火德之间,而"木生火",那么,循着"五行相生"的理路,汉应当为"火德"之运。不仅如此,按照《周易》所言"帝出乎震,齐乎巽"的说法,"震"为雷,居东、为木,故五帝中的第一位包羲氏出自木德。此后自神农、黄帝至三代皆行禅让之举,而非"暴力革命"那种"相胜"的行径,故木生火、火生土、土生金、金生水、水生木的"五行相生说"便有了理据。

---

① 苏舆撰,钟哲点校:《春秋繁露义证》,"新编诸子集成本",北京:中华书局,1992 年,第 361、362—365 页。

② (隋)萧吉著,钱杭点校:《五行大义》,上海:上海书店出版社,2001 年,第 31 页。

③ (汉)班固:《汉书》卷 25《郊祀志》,北京:中华书局,1962 年,第 1270—1271 页。

④ 顾颉刚主编:《古史辨》(第五册),上海:上海古籍出版社,1982 年,第 492—493 页。

依此说推衍,神农居火德、黄帝居土德、少昊居金德、颛顼居水德、帝喾居木德、唐尧居火德、虞舜居土德、夏禹居金德、商汤居水德、周文王居木德,而秦为闰德(水德),汉代则承自周代,依照木生火,汉为火德。自此,刘向、歆父子重新梳理、创造了新的五德正统模式(见下表)①。

刘歆所构建的五德终始表

五德	第一次终始循环序列	第二次终始循环序列	第三次终始循环序列
木	太昊伏羲氏 (《易经》)	帝喾高辛氏 (《春秋外传》)	周 (《尚书·牧誓》)
闰水	共工 (《礼经》)	帝挚	秦
火	炎帝神农氏 (《易经》)	唐尧陶唐氏 (《帝系》)	汉
土	黄帝轩辕氏 (《易经》)	虞帝有虞氏 (《帝系》)	
金	少昊金天氏	夏后氏 (《帝系》)	
水	颛顼高阳氏 (《春秋外传》)	殷商 (《尚书·汤誓》)	

由上表可见,刘向、歆父子按照"五行相生"的运转次序重新编定了上古历史系统,将刘汉王朝的德运定为"火德"之运。需要指出的是,"实际上,西汉后期的社会需要,特别是王莽代汉的政治需要,促成了刘氏父子完成这项工作的更重要、更深刻的原因。"②此后的新莽与东汉王朝,都依循了刘向、歆父子的德运理论,宣布各自的"天命"与符应。

为证明汉家"火德"之说,刘向、歆父子又追溯汉高祖"著赤帝之符""旗章遂赤"的历史,提出汉高祖正应了"赤制",为"赤帝子"。《汉书·郊祀志》曰:

　　　以为帝出于震,故包羲氏始受木德,其后以母传子,终而复始,自

---

①　需要指出的是,"五行相生"并非刘向、歆父子首创,董仲舒时已经提出了"五行相生"的理论。董氏认为:"天地之气,合而为一,分为阴阳,判为四时,列为五行。行者,行也,其行不同,故谓之五行。五行者,五官也,比相生而间相胜也。故为治,逆之则乱,顺之则治。"只不过董仲舒的理论中虽然有"五行相生"说,但在论证汉家政权合法性时,仍然取了"相胜"说的理路。

②　张岂之:《中国思想学说史·秦汉卷》,桂林:广西人民出版社,2006年,第53页。

> 神农、黄帝下历唐、虞、三代而汉得火焉。故高祖始起，神母夜号，著
> 赤帝之符，旗章遂赤，自得天统矣。昔共工氏以水德间于木、火，与秦
> 同运，非其次序，故皆不永。由是言之，祖宗之制盖有自然之应，顺时
> 宜矣。①

此处，刘向、刘歆父子是从《易经》中的"帝出乎震，齐乎巽"一句寻找依据。
震为雷、居东、应木，故包羲氏受木德之运，然后神农、黄帝以至三代皆循五
行相生的逻辑，推类得出秦为闰德，而汉为火德。

　　杨权认为在西汉早期，"作为特殊的存在，曾经有过一个短暂的尚赤阶
段"，"汉初实行的火德制与汉朝后来实行的火德制的性质是不同的"，②是
一种"准火德制"。陈启云、李培健则提出了西汉早期实行"内德火德，外德
水德"的看法，③所依据的史料是：

> 　　汉兴，高祖之微时，尝杀大蛇。有物曰："蛇，白帝子也，而杀者赤帝
> 子。"高祖初起，祷丰枌榆社。徇沛，为沛公，则祠蚩尤，衅鼓旗。遂以十
> 月至霸上，与诸侯平咸阳，立为汉王。因以十月为岁首，而色上赤。

> 　　是时丞相张苍好律历，以为汉乃水德之始，故河决金隄，其符也。
> 年始冬十月，色外黑内赤，与德相应。④

所谓"色黑内赤，与德相应"，看似尚赤与火德相配，则火德之说应当在汉初
即已存在，但汉高祖明明宣称的是汉为"水德"之制。所以，高祖"赤帝子"之
说应当与刘向、歆所言的被神学化的"火德"说并非一事，只不过被刘向、歆
父子拿来作为他们"火德"说的证据罢了。

　　至于汉家"尧后"说，前述眭孟言"异姓禅代"时，便宣称刘氏为"帝尧之
后"。这种学说在历史逻辑上有其思想基因。三代以迄秦朝，从未见平民做
天子的案例。但这种思想却在战国时期流行起来，如《尧典》记载舜帝起于

---

　　① （汉）班固：《汉书》卷25《郊祀志》，北京：中华书局，1962年，第1270—1271页。
　　② 杨权：《新五德理论与两汉政治——"尧后火德"说考论》，北京：中华书局，2006年，第103、
105页。
　　③ "我们认为，其原因盖在于汉室仍存火德观念，只因朝廷已颁行水德，故采用这个折中的办
法。'外黑内赤'的深层政治意蕴可能是对外颁行水德，此属朝廷对外公布之法定德属，可称作'外
德'，汉室遵火德，此为汉室内部所奉行，可称作'内德'，二德兼用并行。"引自杨权：《西汉火德疑案
新解》，《理论学刊》2012年第10期，第90页。
　　④ （汉）司马迁：《史记》卷28《封禅书》，北京：中华书局，1962年，第1378、1381页。

民间之鳏夫,后来由于四方的举荐取得统治地位。孟子也说:"匹夫而有天下者,德必若舜禹。"①在儒、墨诸生看,有崇高的德行,便当享有最高的地位。这种理想化的想象,在秦末果真实现了,汉高祖以匹夫之身越登皇帝之位。虽然他的德行是否高于当时所有人还是问题,但他开创的亘古未有的局面却是不争的事实。前述汉高祖竭力美化、神化自己,来佐证自己取得天下的正当性,其中便有夸大其祖先的做法。对于祖德的追索,至西汉中后期,发展到新的阶段,即刘氏逐渐被美化成"先圣"的后裔。眭孟上书昭帝,请求"易代禅让"时,开始把"刘汉"直称为"汉家,尧后"。这种说法是破天荒的。此前并没有刘氏尧后的世系说法,②而眭孟为了达到刘汉主动"传国"的目的,将传说中的尧舜禅位故事比附到刘氏皇权之上。既然"刘汉"的祖先"尧"有过"禅让"之举,那么到了昭帝时便当学习其先祖的做法,"求索贤人,禅以帝位"。眭孟,是嬴公的弟子,嬴公是董仲舒的弟子。他主张汉帝应效法先祖尧的举动,似乎也能在《春秋》学中找到理论根据。但《公羊传》《春秋繁露》等书,丝毫未见"尧后"说的痕迹,只在古文经一系的《左传》中,③有较为详细的脉络,其文曰:

> （文公十三年）晋人患秦人之用士会也,……乃使魏寿余伪为魏叛者,以诱士会。执其帑于晋,使夜逸,请自归于秦。秦伯许之。履士会之足于朝。秦伯师于河西;魏人在东。寿余曰:"请东人之能与夫二三有司言者,吾与之先。"使士会。士会辞曰:"晋人,虎狼也;若背其信,臣死,妻子为戮,无益于君,不可悔也!"秦伯曰:"若背其言,所不归尔帑

---

①　(清)阮元校刻:《十三经注疏·孟子注疏》,北京:中华书局,1980年影印版,第2738页。

②　关于汉家"尧后说"的起源,学界大抵有三种意见:(1)源于董仲舒,如杨权、施之勉、鲁惟一等;(2)源于眭孟说,如雷家骥、杨天宇;(3)认为"尧后"说乃为当时的通说,如曾德雄、陈侃理。(分见:杨权:《新五德理论与两汉政治——"尧后火德"说考论》,北京:中华书局,2006年,第77—80页;施之勉:《汉书补注辩证·尧后火德》,《大陆杂志》1954年第8卷第4期;Michael Loewe,"The Cosmological Context of Sovereignty in Han Times," Bulletin of the School of Oriental and African Studies, vol.65, no.2, 2002, p.347;雷家骥:《中古史学观念史》,台北:学生书局,1990年,第85—86页;杨天宇:《论王莽与今古文经学》,《经学探研录》,上海:上海古籍出版社,2004年,第121页;曾德雄:《寻求合法性——从经学到纬学》,《人文杂志》2008年第1期;陈侃理:《刘向、刘歆的灾异说》,《中国史研究》2014年第4期,第71—97页)侯旭东分别对前三说进行考证,断言"一、三两说不可据,最有可能的是眭弘自己创造而巧妙用当时书写特点,伪装称先师言论,以抬高身价"。(参见侯旭东:《逐鹿或天命:汉人眼中的秦亡汉兴》,《中国社会科学》2015年第4期,第177—203页)笔者从侯说。

③　贾逵曾说:"五经家皆无以证图谶明刘氏为尧后者,而《左氏》独有明文。"(《后汉书》卷36《贾逵传》,北京:中华书局,1965年,第1237页)

者,有如河!"乃行。……既济,魏人噪而还。秦人归其帑。其处者为刘氏。①

这是有关"士会"的记载:士会在仕于秦国时,招致了晋国的忌惮;晋人将他骗回晋国,秦国则送还士会的主要家眷。所谓"其处者为刘氏",指的是留在秦地的士会宗族,舍弃"士"氏,而改为"刘"氏。后来,士会的孙子范宣子综述自己的宗族世系,曰:"昔匄之祖,自虞以上为陶唐氏,在夏为御龙氏,在商为豕韦氏,在周为唐杜氏,晋主夏盟为范氏。"②范宣子自称其家在虞舜之前为"陶唐氏",后来屡次改姓氏为夏代"御龙氏"、商代"豕韦氏"、周代"唐杜氏"③、晋国"范氏"。《左传》还记载有"孔甲食龙"事,曰:"有夏孔甲扰于有帝,帝赐之乘龙,河、汉各二,各有雌雄,孔甲不能食而未获豢龙氏。有陶唐氏既衰,其后有刘累,学扰龙于豢龙氏,以事孔甲,能饮食之。夏后嘉之,赐氏曰御龙,以更豕韦之后。龙一雌死,潜醢以食夏后,夏后飨之。既而使求之,惧而迁于鲁县。范氏其后也。"④这里说陶唐氏有后裔"刘累",以"刘"为氏。这与范宣子之言相对照,可互为理证。根据上述几则史料,颇可梳理出"刘"氏的演变脉络:

时代	尧	夏代	商代	周代	春秋		
姓氏	陶唐氏	御龙氏(刘累)	豕韦氏	唐氏			
				杜氏	隰叔	士会	范氏(晋国)
							刘氏(秦国)

在这个脉络中,其最前端是唐尧,⑤最后端是刘氏。于是,"唐尧"与"刘汉"的血缘世系便被构建起来。仅剩的理论漏洞是,刘邦明明是起自楚地沛县,与秦国之"刘氏"有何关系呢? 于是,刘向解释说:"战国时,刘氏自秦获于

---

① (清)阮元校刻:《十三经注疏·春秋左传正义》,北京:中华书局,1980年影印版,第1852页。

② (清)阮元校刻:《十三经注疏·春秋左传正义》,北京:中华书局,1980年影印版,第1979页。

③ 杜预注"在周为唐杜氏",曰:"唐、杜,二国名。殷末,豕韦国于唐。周成王灭唐,迁之于杜,为杜伯。杜伯之子隰叔奔晋,四世及士会,食邑于范氏。"杜预将"唐""杜"释为国名,应当是根据贾逵"武王封尧后为唐、杜二国"而来。

④ (清)阮元校刻:《十三经注疏·春秋左传正义》,北京:中华书局,1980年影印版,第2122—2123页。

⑤ 汉儒还在纬书中将唐尧的长子"造"了出来,如《尚书·中候握》曰:"尧之长子监明早逝,不得立,监明之子式封于刘,朱又不肖而弗获嗣。"(上海古籍出版社编:《纬书集成》,上海:上海古籍出版社,1994年,第423页。)

魏。秦灭魏,迁大梁,都于丰。故周市说雍齿曰,'丰,故梁徙也'。"①《汉书·高帝纪》也说:"是以颂高祖云:'汉帝本系,出自唐帝。降及于周,在秦作刘。涉魏而东,遂为丰公。'丰公,盖太上皇父,其迁日浅,坟墓在丰鲜焉。"②经过刘向等人的一番梳理,《左传》中的三段记事史料被巧妙地融合在一起。通过汉家"尧后"说的论证,刘氏与上古圣王唐尧之间确立了血缘政治上的传承。刘氏既为圣王之后,便在五德转移的序列之内,具有思想与法理上的正统性。这与"火德"说赋予刘氏的"天命"观念相结合,成为维护刘氏皇权权威的思想武器。尽管它一度为新莽所利用,代汉而居,但至东汉建立时,仍被光武帝引以为统治合法性的思想基础。

经过刘向、歆父子的重新建构,汉家"尧后火德说"被逐渐固定下来。后世记载多承袭此说,如《汉书·高帝纪》曰:"由是推之,汉承尧运,德祚已盛,断蛇著符,旗帜上赤,协于火德,自然之应,得天统矣"③;《论衡·奇怪篇》曰:"谶书又言:'尧母庆都野出,赤龙感己,遂生尧。'"④;《后汉书·荀爽传》曰:"臣闻之于师曰:'汉为火德,火生于木,木盛于火,故其德为孝,其象在《周易》之离'。"⑤成帝、哀帝时一度采纳了刘向、刘歆父子的建议,改称汉家"火德",有百六阳九之厄。至此,自汉初以来争论不休的汉家"德运"问题最终确定下来,原来官方曾宣称的"水德""土德"之说都被推翻,汉家"尧后火德说"成为正统。刘向、刘歆父子修订"尧后火德"说的初衷,乃在于维护汉家天下的永续,但此说却转而被王莽利用为代汉立新的理论依据。至东汉,班彪、班固父子才将此说进一步改造成证明汉家中兴、受命于天的首要理论。

---

① (汉)班固:《汉书》卷1《高帝纪》,北京:中华书局,1962年,第81页。
② (汉)班固:《汉书》卷1《高帝纪》,北京:中华书局,1962年,第81页。
③ (汉)班固:《汉书》卷1《高帝纪》,北京:中华书局,1962年,第81—82页。
④ 黄晖撰:《论衡校释》,"新编诸子集成本",北京:中华书局,1990年,第158页。
⑤ (南朝宋)范晔:《后汉书》卷62《荀爽传》,北京:中华书局,1965年,第2051页。

第四章　新莽"天命"的塑造与崩解

当一个政权面临政治腐败、行政失能、灾异频仍、经济近乎崩溃的危机时,解决的办法,若非由统治者主动改革,便只能通过暴力方式建立新政权,并在残垣破壁中另起炉灶。王莽取得政权的方式,却不属于两者中的任一种,他是凭借王氏外戚长久积累下来的政治实力,以及儒生群体在社会舆论上的鼓吹,而越登高位。自汉元帝始,王氏外戚开始登上政治舞台。王莽在篡汉过程中,一方面竭力宣扬"汉运将终",另一方面则积极改造王氏家族世系,自任"舜后土德"。前期的王莽被儒生群体视作"理想政治"的代理人、践行者,他们为王莽"颂德献符",一步步利用符命、祥瑞、礼制、德运等将王莽送上皇位。后来因为汉儒价值取向与改制内容的背离,儒生与新莽方才渐行渐远。

第一节　西汉后期的王氏外戚及其世系改造

魏郡王氏,原本只是地方上稍有权势但在全国范围内并不重要的家族,其发迹始于元帝皇后王政君。王莽出身于王氏外戚,同时也是儒生代表,因而很容易被朝野士人当作追捧对象。王莽的发迹,实赖于他对王氏世系的改造,以及扶进儒学所换来的儒生支持。

一、王氏外戚的兴起

王氏外戚的发迹,始于汉元帝的皇后王政君。相传,王政君的祖父曾为武帝时绣衣御史,其父王禁曾为廷御史。王禁好酒色,多娶妻姜,生四女八男,其中次女王政君为元帝皇后。成帝时,"湛于酒色",朝政委于其母王政君的王氏外戚,王氏一门开始步入西汉政治的中枢。王政君有兄弟八人,分别是王凤、王曼、王谭、王崇、王商、王立、王根、王逢时。王曼早死,留有一子名莽。前54年,王政君被选入汉宣帝的后宫。不久,她被转至太子刘奭(即后来的汉元帝)的后宫。前51年,王政君生下刘骜(即后来的汉成帝),并于前48年立为皇后。在元帝朝,王氏外戚还没有凌驾于其他家族的特权。如果不是有赖于王政君的长寿,她的侄子王莽可能永远没有攫取帝位的机会。正是在王政君居"后"位的61年间,王氏家族控制汉廷与王莽的崛起才成为现实。

前33年7月,元帝去世,刘骜即位,时年18岁。大概是受了其母的影响,成帝即位不久,便以王凤为阳平侯,王崇为安成侯,取代许嘉的辅政地位。河平二年(前27),王氏一门五人,即王谭、王商、王立、王根、王逢时同日封侯,"世谓之'五侯'"。自此,王凤专政,五侯当朝,"王氏子弟皆卿大夫侍中诸曹,分据势官满朝廷",[①]满朝之政皆为王氏一门操纵,偶有对其专权不满者,即被处死,如京兆尹王章曾上书曰:"凤不可令久居典事,宜退使就第,选忠贤以代之",[②]结果被王凤诬以"大逆罪""死狱中"。此后在朝公卿见王凤则"侧目而视",王氏威权鼎兴。阳朔三年(前22年),王凤死后,王音、王商又相继辅政。王商死后,又以王根为大司马、骠骑将军,辅政四年,至绥和元年(前8年)乞骸骨,推荐其侄王莽自代。王莽因之步入朝政运作的核心。[③]

王莽深知儒生群体的社会与政治影响力,其儒生身份也使其对儒家"理想政治"的价值追求与现实利禄的"功利性"追逐甚为明晰,故在政治活动中极力争取儒生群体的支持。王莽在日常生活中恪守德行、折节谦恭,时儒称其"贤""孝"。《汉书·王莽传》载:"莽独孤贫,因折节为恭俭。受《礼经》,师事沛郡陈参,勤身博学,被服如儒生。事母及寡嫂,养孤兄子,行甚敕备。又外交英俊,内事诸父,曲有礼意。"王莽在侍疾其伯、大司马王凤时,"亲尝药,乱首垢面,不解衣带连月"。这与王氏同族子弟"乘时侈靡,以舆马声色佚游相高"的做派形成鲜明对比,因而受到叔父王商的赞赏。王商上书"愿分户邑以封莽"。"当时名士,咸为莽言,上由是贤莽。"王莽"爵位益尊,节操愈谦,散舆马衣裘,振施宾客,家无所余。收赡名士,交结将相、卿、大夫甚众。故在位更推荐之,游者为之谈说,虚誉隆洽,倾其诸父"。成帝时,王莽位居大司马,仍"克己不倦,聘诸贤良以为掾吏,赏赐邑钱悉以享士,愈为俭约"。

①　(汉)班固:《汉书》卷98《元后传》,北京:中华书局,1962年,第4018页。

②　(汉)班固:《汉书》卷98《元后传》,北京:中华书局,1962年,第4020—4021页。

③　王莽早在前22年王凤病危时,便已有官职,但史料并未具体说明是何职。后在王凤临终请求下,王莽调任射声校尉,兼任黄门郎。居射声校尉,说明他已经成了驻京之北军将领之一;黄门郎则说明他被授予皇帝顾问的编外官衔。此后不久,王莽还历任骑都尉、光禄大夫、侍中等,于前16年受封信都侯。此为王莽早期任职的经历。

王莽之妻同样节俭，"衣不曳地，布蔽膝"。哀帝时，王莽之子杀奴，"莽切责获，令自杀"①。这一系列行为所呈现的王莽形象颇合于儒家心目中的"理想人格"，得到儒生群体的心心向往。

在悉心经营自己的完美形象的同时，王莽还极力礼贤儒生。王莽遣其侄王光学于博士门下，他还常常亲自"休沐出，振车骑，奉羊酒，劳遗其师，恩施下竟同学。诸生纵观，长老叹息"②。在制度上，王莽"增元士之子得受业如弟子，勿以为员，岁课甲科四十人为郎中，乙科二十人为太子舍人，丙科四十人补文学掌故"③。既增加了太学课试一途获得仕途的名额，又使受业太学的元士弟子不再受博士弟子员额的限制。这在事实上扩大了博士弟子的数量。在地方郡县，王莽奏请"立官稷及学官。郡国曰学，县、道、邑、侯国曰校。校、学置经师一人。乡曰庠，聚曰序。序、庠置《孝经》师一人"④。元始四年（4 年）王莽又"奏起明堂、辟雍、灵台，为学者筑舍万区，作市、常满仓，制度甚盛。立《乐经》，益博士员，经各五人。征天下通一艺，教授十一人以上，及有《逸礼》、古《书》、《毛诗》、《周官》、《尔雅》、天文、图谶、钟律、月令、兵法、《史篇》文字，通知其意者，皆诣公车。网罗天下异能之士，至者前后千数，皆令记说廷中，将令正乖缪，壹异说云"⑤。由此，王莽提高了博士弟子的待遇，增加博士员由"五经十二家"至"六经三十人"，又广征天下能通一艺者。这些被征用者不限于今文经家，还有古文经家，甚至诸子百家的学者。王莽秉政，"又立《左氏春秋》、《毛诗》、《逸礼》、古文《尚书》，所以罔罗遗失，兼而存之"⑥。这打破西汉以来今文经独断仕途的局面，为民间学者带来了希望和鼓舞。王莽还称颂先王，祖述尧舜、孔子，曰："四代古宗，宗祀于明堂，以配皇始祖考虞帝。周公后褒鲁子姬就，宣尼公后褒成子孔钧"。又"为太子置师友各四人，秩以大夫……又置师友祭酒及侍中、谏议、《六经》祭酒各一人，凡九祭酒，秩上卿"⑦。这一系列举措，不仅使儒学受到莫大尊崇，而且在一定程度上给儒生群体带来了现实的、理想的实惠。儒生们切切实实地体会到了被皇家承认的成就感，也必然相应地积极回应，将王莽视为自己政治理想的"代理人"。吕思勉云："先秦之世，仁人志士，以其时之社会组织为不完善，而思改正者甚多……此等见解，磅礴郁积，汇为洪流，至汉而其

① （汉）班固：《汉书》卷 99 上《王莽传上》，北京：中华书局，1962 年，第 4039—4043 页。
② （汉）班固：《汉书》卷 99 上《王莽传上》，北京：中华书局，1962 年，第 4040 页。
③ （汉）班固：《汉书》卷 88《儒林传》，北京：中华书局，1962 年，第 3596 页。
④ （汉）班固：《汉书》卷 12《平帝纪》，北京：中华书局，1962 年，第 355 页。
⑤ （汉）班固：《汉书》卷 99 上《王莽传上》，北京：中华书局，1962 年，第 4069 页。
⑥ （汉）班固：《汉书》卷 88《儒林传》，北京：中华书局，1962 年，第 3621 页。
⑦ （汉）班固：《汉书》卷 99 中《王莽传中》，北京：中华书局，1962 年，第 4105、4126 页。

势尤盛……此等思想虽因种种阻碍,未之能行,然既磅礴郁积如此,终必有起行之者,则新莽其人也。新莽之所行,盖先秦以来志士仁人之公意。"①余英时也认为:"从行事及所推行的政策看,则他又代表了汉代士人的共同政治理想。"②蒙文通亦云:"卒至王莽代汉,一世士大夫翕然归美,故自有故。殆数百年来,师师所口授面命者,皆以抑于汉家不得伸,亦所以积怨而发愤者也……近世每称王莽所为为社会改革,岂知王莽所为,一一皆数百年之间之经说哉。"③吕、余、蒙三氏所言的"理想",既包含儒家心目中的"王道"政治文化,也体现着儒生对于功名利禄的"功利性"价值追求。王莽似乎给了儒生群体能够入仕参政并实现"理想政治"的希望,激发了儒生们的热忱。

二、王氏谱系的重构:《自本》

除以上述活动争取儒生群体的支持和拥护外,王莽欲"代汉自立"还面临着一个棘手的问题:寻找王氏的"天命"与正统理论。为此,王莽首先从自己的家族世系入手,通过重新整理上古历史系统的方式,编组《自本》,"述其本系",来增强自己在血缘政治上的传承正统性与理应"受命"的观念。王莽通过伪造的《自本》,将王氏塑造成通过"田齐"传下来的舜帝与黄帝的后裔,其目的不过是宣传新的王朝合法性。

《汉书·元后传》曰:

> 莽自谓黄帝之后,其《自本》曰:"黄帝姓姚氏,八世生虞舜。舜起妫汭,以妫为姓。至周武王封舜后妫满于陈,是为胡公。十三世生完,完字敬仲,奔齐,齐桓公以为卿,姓田氏。十一世,田和有齐国。三世,称王。至王建为秦所灭。项羽起,封建孙安为济北王。至汉兴,安失国,齐人谓之'王家',因以为氏。"

> 文景间,安孙遂字伯纪,处东平陵。生贺,字翁孺。为武帝绣衣使者,逐捕魏郡群盗坚卢等党与,及吏畏懦逗留当坐者,翁孺皆纵不诛。它部御史暴胜之等奏杀二千石,诛二千石以下,及通行饮食坐连及者,大部至斩万余人……翁孺以奉使不称免,叹曰:"吾闻活千人者有封子孙,吾所活者万余人,后世其兴乎!"翁孺既免,而与东平陵终氏为怨,乃

---

① 吕思勉:《秦汉史》,上海:上海古籍出版社,1983年,第197页。
② 余英时:《士与中国文化》,上海:上海人民出版社,2003年,第199页。
③ 蒙文通:《论经学三篇》,《中国文化》1991年第1册,第59—60页。

徙魏郡元城委粟里,为三老,魏郡人德之。元城建公曰:"昔春秋沙麓崩,晋史卜之,曰:阴为阳雄,土火相乘,故有沙麓崩。后六百四十五年,宜有圣女兴。"其齐田乎!今王翁孺徙,正真其地,日月当之。元城郭东有五鹿之虚,即沙鹿地也。后八十年,当有贵女兴天下云。[①]

由这段文字,王莽编制了自己家族的传承谱系,成为王莽表明自己血缘出身高贵以及宣扬当受"天命"的工具。其一,王莽将自己在血缘上与远古帝王相连接,自以为"祖黄帝""述舜帝";其二,通过对武帝时王贺捕盗之事的详述,表明王氏家族久为道德之家,有兴起之兆;其三,借晋史"阴为阳雄""沙麓崩"之事,鼓吹"当有贵女行天下"。所谓"后六百四十五年",从鲁僖公十四年(前646年)至汉哀帝末年(前1年),正当六百四十六年之数,而这"贵女"正应在了当时临朝称制的太后王政君身上。于是,王氏代汉便有了理据。

通过《自本》的编纂,王莽所要达到的真实目的便呈现出来。其一,既然王氏为黄帝之后,则黄帝的"土德"之运便应在了新莽政权,再加上西汉末年刘歆所鼓吹的"汉家火德"之说正可循着"五行相生"推演出新政权当为"土德",于是,王莽自认"土德"之运。其二,王莽又以舜为黄帝八世孙,认舜为先祖,而舜得天下的方式是尧的禅让,故到了汉末则应当是汉家同样以"禅让"方式将政权过渡给王莽。其三,所谓"阴为阳雄",是王莽要借助其姑母王政君的力量而获得政权;所谓"土火相乘",则是要证明新莽的土德将代替汉家的火德。由此,王莽"受命"的"德运"理论具备了,五德相生的次序也具备了,他不代汉都不成了。

第二节 "颂德献符遍天下"

王莽的崇儒活动,给了儒生群体实现其"理想政治"、追逐政治利禄的希望。儒生们将王莽视作自己的"代理人",极力为王莽"歌功颂德",为王莽谋求更多的政治权力,并最终将其送上最高统治者地位。相应地,王莽在代汉过程中的每一步,都在不停地利用符应、歌谣、祥瑞等宣传自己的"天命"与正统。

王莽"遣就国"期间,"在国三岁,吏上书冤讼莽者以百数。元寿元年(前

---

① (汉)班固:《汉书》卷98《元后传》,北京:中华书局,1962年,第4013—4014页。

2 年),日食,贤良周护、宋崇等对策深颂莽功德"。王莽重新掌权后,回护儒家,以"大司徒孔光名儒,相三主,太后所敬,天下信之"。① 元始元年(公元 1年),"风益州令塞外蛮夷献白雉……莽白太后下诏,以白雉荐宗庙。群臣因奏言太后:'委任大司马莽定策定宗庙。故大司马霍光有安宗庙之功,益封三万户,畴其爵邑,比萧相国。莽宜如光故事'",鼓吹"莽功德致周成白雉之瑞,千载同符。圣王之法,臣有大功则生有美号,故周公及身在而讬号于周。莽有定国安汉家之大功,宜赐号曰安汉公,益户,畴爵邑,上应古制,下准行事,以顺天心"。② "白雉"之瑞来源于周公居摄时越裳氏重译献白雉的故事,"交趾之南有越裳国,周公居摄六年,越裳以三象重九译而献白雉"。③王莽此举是为了将自己比附周公居摄的传说,比德周公,抬高自己。太后本来想要听从朝臣意见,封赏王莽,但王莽又假意推脱,直到太后赐王莽为"安汉公"时,王莽才接受称号。《汉书·王莽传》记其事曰:"于是莽为惶恐,不得已而起受策。策曰:'汉危无嗣,而公定之;四辅之职,三公之任,而公干之;群僚众位,而公宰之;功德茂著,宗庙以安,盖白雉之瑞,周成象焉。故赐嘉号曰安汉公,辅翼于帝,期于致平,毋违朕意。'莽受太傅安汉公号,让还益封畴爵邑事,云愿须百姓家给,然后加赏。"④

王莽想要以自己的女儿为汉平帝皇后,于是有"庶民、诸生、郎吏以上守阙上书者日千余人,公卿大夫或诣廷中,或伏省户下,咸言:'明诏圣德巍巍如彼,安汉公盛勋堂堂若此,今当立后,独奈何废公女? 天下安所归命! 愿得公女为天下母。'莽遣长史以下分部晓止公卿及诸生,而上书者愈甚"。⑤

大儒扬雄,曾作名文《剧秦美新》盛赞王莽,曰:

> (秦)盛从鞅、仪、韦、斯之邪政,驰骛起罔、恬、贲之用兵,划灭古文,刮语烧书,驰礼崩乐,涂民耳目,遂欲流唐漂虞,涤殷荡周,爇(燃)除仲尼之篇籍,自勤功业,改制度轨量,咸稽之于《秦纪》。⑥ 是以耆儒硕老,抱其书而远逊。礼官博士,卷其舌而不谈。

---

① (汉)班固:《汉书》卷 99 上《王莽传上》,北京:中华书局,1962 年,第 4043、4044 页。
② (汉)班固:《汉书》卷 99 上《王莽传上》,北京:中华书局,1962 年,第 4046 页。
③ (清)陈寿祺:《尚书大传辑校》,自(清)王先谦编:《皇清经解续编》,台北:艺文印书馆,1965 年,第 4138 页。
④ (汉)班固:《汉书》卷 99 上《王莽传上》,北京:中华书局,1962 年,第 4048 页。
⑤ (汉)班固:《汉书》卷 99 上《王莽传上》,北京:中华书局,1962 年,第 4051—4052 页。
⑥ "爇"通"燃",李善注:"爇,古然字。"五臣注:"爇,烧也。""功业"《六臣注文选》作"公业",注曰:"五臣本作功字。"(见《文选》,北京:中华书局,1977 年影印版,第 679、912 页)

　　会汉祖龙腾丰、沛,奋迅宛叶。自武关与项羽戮力咸阳,创业蜀汉,发迹三秦,克项山东,而帝天下。挞秦政惨酷尤烦者,应时而蠲。如儒林刑辟历纪图典之用稍增焉。秦余制度、项氏爵号,虽违古而犹袭之,是以帝典阙而不补,王纲弛而未张。道极数殚,暗乎不还。

　　逮自大新受命,上帝还资,后土顾怀,玄符灵契,黄瑞涌出。……于是乃奉若天命,穷宠极崇,与天剖神符,地合灵契,创亿兆,规万世,奇伟倜傥诡谲,天祭地事。其异物殊怪,存乎五威将帅,班乎天下者,四十有八章。……是以发秘府,览书林,遥集乎文雅之囿,翱翔乎礼乐之场。胤殷周之失业,绍唐虞之绝风。懿律嘉量,金科玉条,神卦灵兆,古文毕发。焕炳照曜,靡不宣臻。……郁郁乎焕哉,天人之事盛矣……帝典阙者已补,王纲弛者已张,炳炳麟麟,岂不懿哉!……巡四民,迄四岳,增封泰山,禅梁父,斯受命者之典业也。①

扬雄这篇溢美之文,往往为后人所不齿,但它为我们展示了当时儒生群体的社会思想动态。儒生们"颂德献符"已成社会风尚,唯恐王莽不得政。

　　群儒为王莽请"九锡之法",认为:"昔周公奉继体之嗣,据上公之尊,然犹七年制度乃定。夫明堂、辟雍,②堕废千载莫能兴,今安汉公起于第家,辅翼陛下,四年于兹,功德烂然。公以八月载生魄庚子奉使,朝用书临赋营筑,越若翊辛丑,诸生、庶民大和会,十万众并集,平作二旬,大功毕成。唐、虞发举,成周造业,诚亡以加。宰衡位宜在诸侯王上,赐以束帛加璧,大国乘车、安车各一,骊马二驷。"③儒生们在此将王莽比于贤圣周公,地位超然。当时"吏民以莽不受新野田而上书者前后四十八万七千五百七十二人,及诸侯、王公、列侯、宗室见者皆叩头言,宜亟加赏于安汉公""公卿大夫、博士、议郎、列侯(富民侯)、张纯等九百二人皆曰:'圣帝明王招贤劝能,德盛者位高,功大者赏厚。故宗臣有九命上公之尊,则有九锡登等之宠。今九族亲睦,百姓

　　① 扬雄:《剧秦美新》早佚,参见(清)严可均辑:《全上古三代秦汉三国六朝文》,北京:商务印书馆,1999 年,第 543—544 页。

　　② 1956 年,西安西郊出土的西汉末年至新莽遗址,其中大土门村一处的建筑,学者以为与明堂、辟雍有关,观点有三:(1)认为此处遗址为西汉王莽秉政时所筑的辟雍,如唐金裕、黄展岳;(2)认为是西汉王莽所筑的明堂,如许道龄;(3)以为明堂与辟雍实为一体之建筑,如杨鸿勋。(分见唐金裕:《西安西郊汉代建筑遗址发掘报告》,《考古学报》1959 年第 2 期,第 45—55 页;黄展岳:《汉长安城南郊礼制建筑的位置及其有关问题》,《考古学报》1960 年第 9 期,第 52—53 页;许道龄:《关于西安西郊发现的汉代建筑遗址是明堂或辟雍的讨论》,《考古》1959 年第 4 期,第 195 页;杨鸿勋:《从遗址看西汉长安明堂(辟雍)形制》,《建筑考古学论文集》,北京:文物出版社,1987 年,第 169—173 页)

　　③ (汉)班固:《汉书》卷 99 上《王莽传上》,北京:中华书局,1962 年,第 4069 页。

既章,万国和协,黎民时雍,圣瑞毕溱,太平已洽。帝者之盛莫隆于唐、虞,而陛下任之;忠臣茂功莫著于伊、周,而宰衡配之。所谓异时而兴,如合符者也。谨以《六艺》通义,经文所见,《周官》、《礼记》宜于今者,为九命之锡'"。① 于是,王莽辞了封地,受了"宰衡""九锡"。颜师古注引《礼含文嘉》所载,"九锡"即"车马、衣服、乐悬、朱户、纳陛、武贲、鈇钺、弓矢、秬鬯"。② 这一操作,又把古代的佳话重演了一遍。王舜奏书曰:"天下闻公不受千乘之土,辞万金之币,散财施予千万数,莫不乡化。蜀郡男子路建等辍讼惭怍而退,虽文王却虞芮何以加! 宜报告天下。"③所谓"受命之年称王而断虞芮之讼"④,是新王受命的征兆。此时王莽禀受天命而践行君权的时间已经不远。

鉴于各地颂声鼎沸的现象,王莽曾派遣"风俗使者"至各地搜集歌谣、谶记、符瑞等,"风俗使者八人还,言天下风俗齐同,诈为郡国造歌谣,颂功德,凡三万言"。⑤ 甚至在刘氏宗室内部也出现为王莽请命之人,如泉陵侯刘庆曾曰:"周成王幼少,称孺子,周公居摄。今帝富于春秋,宜令安汉公行天子事,如周公。"⑥刘庆作为刘氏宗亲,不以维护刘氏皇权的传承为己任,却心甘情愿地为王莽谋权势,这实在值得深思。

汉平帝死后不久,前辉光谢嚣奏"武功长孟通浚井得白石,上圆下方,有丹书著石,文曰'告安汉公莽为皇帝'",将王莽进一步推向皇权的核心。群臣以为"周公权而居摄,则周道成,王室安;不居摄,则恐周坠失天命",为王莽请求"摄皇帝"的称号,并要求"益安汉公宫及家吏,置率更令,庙、厩、厨长丞,中庶子,虎贲以下百余人,又置卫士三百人。安汉公庐为摄省,府为摄殿,第为摄宫"。太后只能退让,下诏:"安汉公莽辅政三世,比遭际会,安光汉室,遂同殊风,至于制作,与周公异世同符。今前辉光嚣、武功长通上言丹

---

① (汉)班固:《汉书》卷 99 上《王莽传上》,北京:中华书局,1962 年,第 4070、4072 页。关于"九命"与"九锡",郑玄认为二者是不同的概念:"九命谓八命作牧、九命作伯之后,始加九锡。"郑众与许慎则认为二者概念相同。钱玄认为郑玄是从九命、九锡两种制度的本质来看,而郑众、许慎是从九命与九锡配合施行的实践来看,因此各有所宜。从上述奏议"九命上公之尊,则有九锡登等之宠"看,应是九命与九锡配合施行之义。(钱玄:《三礼通论》,南京:南京师范大学出版社,1996 年,第 351 页)

② (汉)班固:《汉书》卷 99 上《王莽传上》注引师古曰,北京:中华书局,1962 年,第 4073 页。

③ (汉)班固:《汉书》卷 99 上《王莽传上》,北京:中华书局,1962 年,第 4068 页。

④ (汉)司马迁:《史记》卷 4《周本纪》,北京:中华书局,1959 年,第 119 页。案《史记正义》又曰:"二国相让后,诸侯归西伯者四十余国,咸尊西伯为王。盖此年受命之年称王也。《帝王世纪》云:'文王即位四十二年,岁在鹑火,文王更为受命之元年,始称王矣。'《毛诗疏》云:'文王九十七而终,终时受命九年,则受命之元年年八十九。'"(《史记》卷 4《周本纪》,北京:中华书局,1959 年,第 119 页)

⑤ (汉)班固:《汉书》卷 99 上《王莽传上》,北京:中华书局,1962 年,第 4076 页。

⑥ (汉)班固:《汉书》卷 99 上《王莽传上》,北京:中华书局,1962 年,第 4078 页。

石之符,朕深思厥意,云'为皇帝'者,乃摄行皇帝之事也。夫有法成易,非圣人者亡法。其令安汉公居摄践祚,如周公故事。"①"从'安汉公'兼'宰衡'到'摄皇帝',王莽篡汉实现了质的飞跃。在此之前,王莽不管位如何高,权怎么重,都未脱臣子身份;'摄皇帝'之帽一戴,是臣是君,谁还说得清楚?"②

王莽取得"摄皇帝"称号的下一步,便是要做"真皇帝"。于是又有新一轮的去"摄"符应。《汉书·王莽传上》曰:

> 宗室广饶侯刘京上书言:"七月中,齐郡临淄县昌兴亭长辛当一暮数梦,曰:'吾,天公使也。天公使我告亭长曰:摄皇帝当为真。'即不信我,此亭中当有新井。亭长晨起视亭中,诚有新井,入地且百尺。十一月壬子,直建冬至,巴郡石牛,戊午,雍石文,皆到于未央宫之前殿。臣与太保安阳侯舜等视,天风起,尘冥,风止,得铜符帛图于石前,文曰:"天告帝符,献者封侯。承天命,用神令。"骑都尉崔发等视说。③

这三次符应的政治意义在于要推王莽接受"天命","去摄行真"。随着代汉形势愈加成熟的现实,这次王莽不再像此前再三推脱"安汉公"称号那般矫情,而是直接向太皇太后请求去"摄":"臣(王莽)请共事神祇宗庙,奏言太皇太后、孝平皇后,皆称假皇帝。其号令天下,天下奏言事,毋言'摄'。以居摄三年为初始元年(8年),漏刻以百二十为度,用应天命。"④这使得王莽走上了到达权力巅峰的最后一环,就差最后也是最重要的一步——"受命之符"。于是,"匮图策书"应时而出:

> 梓潼人哀章……见莽居摄,即作铜匮,为两检,署其一曰"天帝行玺金匮图",其一署曰"赤帝行玺某传予黄帝金策书"。某高,高皇帝名也。

① (汉)班固:《汉书》卷99上《王莽传上》,北京:中华书局,1962年,第4078—4079、4080、4086、4079页。关于周公"践祚称王"的问题,近世学者主要持两种意见:(1)认为周公践祚并且称王,如徐复观、杜正胜;(2)认为周公践祚但不称王,如屈万里、杨向奎、(日)林泰辅。(分见徐复观:《与陈梦家屈万里两先生商讨周公旦曾否践祚成王的问题》《两汉思想史》(卷一),上海:华东师范大学出版社,2001年,第248—269页;黄彰健、杜正胜:《论〈尚书中的周公〉》,《周代城邦》,台北:联经出版事业公司,1979年,第157—220页;屈万里:《西周史事概述》,《屈万里全集》,台北:联经出版事业公司,1995年;杨向奎:《论〈周诰〉中周公的政治地位问题》,《社会科学辑刊》1991年第1期;(日)林泰辅著:《周公》,钱穆译,《钱宾四先生全集》,台北:联经出版事业公司,1995年,第26册)此处,王莽行"摄皇帝"事,实际是效法周公"践祚称王"之事。
② 杨权:《新五德论与两汉政治:"尧后火德"说考论》,北京:中华书局,2006年,第187页。
③ (汉)班固:《汉书》卷99上《王莽传上》,北京:中华书局,1962年,第4093—4094页。
④ (汉)班固:《汉书》卷99上《王莽传上》,北京:中华书局,1962年,第4094页。

书言王莽为真天子,皇太后如天命。……戊辰,莽至高庙拜受金匮神嬗。御王冠,谒太后,还坐未央宫前殿,下书曰:予以不德,讬于皇初祖考黄帝之后,皇始祖考虞帝之苗裔,而太皇太后之末属。皇天上帝隆显大佑,成命统序,符契图文,金匮策书,神明诏告,属予以天下兆民。赤帝汉氏高皇帝之灵,承天命,传国金策之书,予甚祗畏,敢不钦受!以戊辰直定,御王冠,即真天子位,定有天下之号曰新。其改正朔,易服色,变牺牲,殊徽帜,异器制。以十二月朔癸酉为建国元年(9年)正月之朔,以鸡鸣为时。服色配德上黄,牺牲应正用白,使节之旄幡皆纯黄,其署曰"新使五威节",以承皇天上帝威命也。①

这一"受命之符"的出现,标示着王莽有了自己的"天命",应命而治天下。在这场易代禅让的操作中,王莽及其追随者为了显示"禅让"的权威性,不惜将刘汉的在世君主孺子婴排除在外,而让王莽从汉高祖手中直接接受天命的转移——"至高庙拜受金匮神嬗"。后来,王莽为了使民众相信其为天命所归,还刻意炮制出许多神秘色彩的事件,如:"又侍郎王盱见人衣白布单衣,赤绩方领,冠小冠,立于王路殿前,谓盱曰:'今日天同色,以天下人民属皇帝。'盱怪之,行十余步,人忽不见。至丙寅暮,汉氏高庙有金匮图策:'高帝承天命,以国传新皇帝。'明旦,宗伯忠孝侯刘宏以闻,乃召公卿议,未决,而大神石人谈曰:'趣新皇帝之高庙受命,毋留!'于是新皇帝立登车,之汉氏高庙受命。"②此番神异之事,明显是王莽君臣杜撰出来的。侍郎王盱先是诈称自己见到了天帝降下的天使,一副"白布单衣,赤绩方领,冠小冠"的装扮,来为王莽宣布天命。之后又说高庙出现了"金匮图策",还有大神石人催促王莽赴高庙受命。故事愈来愈完满、齐备,舆论宣传的效果也愈来愈深入。此后,王莽还曾利用厌胜之术,压抑高祖之灵。"莽梦长乐宫铜人五枚起立,莽恶之,念铜人铭有'皇帝初兼天下'之文,即使尚方工镌灭所梦铜人膺文。"王莽又"感汉高庙神灵,遣虎贲武士入高庙,拔剑四面提击,斧坏户牖,桃汤赭鞭洒屋壁,令轻车校尉居其中,又令中军北垒居高寝"。③王莽受禅让于高祖,却在代汉之后极尽厌胜刘氏之能事,真可谓机关算尽。

　　由上可见,王莽从大司马到皇帝的历程是很有"秩序"的。他的地位抬升了六次,用了八年的时间,费尽心思地制定了许多制度,遍寻了许多符应,

①　(汉)班固:《汉书》卷99上《王莽传上》,北京:中华书局,1962年,第4095—4096页。
②　(汉)班固:《汉书》卷99中《王莽传中》,北京:中华书局,1962年,第4113页。
③　(汉)班固:《汉书》卷99中《王莽传中》,北京:中华书局,1962年,第4169页。

用了极富艺术性的手段,把各种社会矛盾交织的"危国"说成歌舞升平的"新朝"。儒生群体在王莽代汉过程中,则极尽"颂德献符"之能事。我们不否认儒生中有部分人的确是为了他们心目中的"王道""德政"理想而将希望寄托在王莽身上,但其中更多的人是倾向于"功利性"的政治目的。无论是出于"理想",还是出于"仕途利禄",王莽的政治地位都不容有失。这由刘歆作《功显君丧服议》可窥一斑。居摄三年(8年),王莽之母功显君身死,按照儒家思想王莽应辞官守孝三年。此时正是王莽权势正隆,准备代汉的紧要关头,自然不甘心辞官归乡。于是刘歆与博士诸儒七十八人讨论"丧服问题",硬生生地给造出理由来。据《汉书·王莽传》载:

> 居摄之义,所以统立天功,兴崇帝道,成就法度,安辑海内也。昔殷成汤既没,而太子蚤夭,其子太甲幼少不明,伊尹放诸桐官而居摄,以兴殷道。周武王既没,周道未成,成王幼少,周公屏成王而居摄,以成周道。是以殷有翼翼之化,周有刑错之功。今太皇太后比遭家之不造,委任安汉公宰尹群僚,衡平天下。遭孺子幼少,未能共上下,皇天降瑞,出丹石子符,是以太皇太后则天明命,诏安汉公居摄践祚,将以成圣汉之业,与唐虞三代比隆也。摄皇帝遂开秘府,会群儒,制礼作乐,卒定庶官,茂成天功。圣心周悉,卓尔独见,发得《周礼》,以明因监,则天稽古,而损益焉,犹仲尼之闻《韶》,日月之不可阶,非圣哲之至,孰能若兹!纲纪咸张,成在一匮,此其所以保佑圣汉,安靖元元之效也。今功显君薨,《礼》:"庶子为后,为其母缌。"传曰:"与尊者为体,不敢服其私亲也。"摄皇帝以圣德承皇天之命,受太后之诏居摄践祚,奉汉大宗之后,上有天地社稷之重,下有元元万机之忧,不得顾其私亲。故太皇太后建厥元孙,俾侯新都,为哀侯后。明摄皇帝与尊者为体,承宗庙之祭,奉共养太皇太后,不得服其私亲也。《周礼》曰:"王为诸侯缌缞","弁而加环绖",同姓则麻,异姓则葛。摄皇帝当为功显君缌缞,弁而加麻环绖,如天子吊诸侯服,以应圣制。莽遂行焉,凡一吊再会,而令新都侯宗为主,服丧三年云。[①]

在这套说辞中,首先表明王莽居摄的重要性,其次以汉家振兴大业未竟为由,将王莽与刘氏皇族结为一体,以为王莽承刘氏"宗庙之祭",自然不需要为王氏的功显君守孝了。刘歆为当世大儒,博士诸儒七十八人又皆为熟悉

---

① (汉)班固:《汉书》卷 99 上《王莽传上》,北京:中华书局,1962 年,第 4090—4091 页。

经术之辈,却公然替王莽不为母守孝三年创造理论依据,可知当时儒生群体已然将王莽的政治前途视作儒家整体的政治命运。

综言之,王莽从安汉公至居摄,八年之间与群臣互动频繁。王莽得以完成"周公形象"的建构、由"摄"转"真"的举措,实在是有赖于群臣的一再"颂美"所形成的叠加效应。他们行事必依据经书,所求者无外乎希望王莽能够改善现实政治,带来太平盛世,同时满足儒生群体参政议政的要求。

附表　王莽称号与经典对照表

时间	王莽称号	经典出处
元始元年 （1年）	安汉公	《尚书大传》《尚书·洪范》《尚书·金滕》
元始四年 （4年）	宰衡	《诗·大雅·灵台》《孝经·圣治章》 《尚书大传》《周礼》《礼含文嘉》
元始五年 （5年）	居摄 对元后称"臣"	《尚书·金滕》《尚书·君奭》 《礼·明堂位》《尚书·嘉禾》
居摄元年 （6年）	居摄 对元后称"假皇帝"号令用"摄"	《尚书·大诰》《春秋》《周礼》
居摄三年 （8年）	居摄 对元后称"假皇帝" 号令不用"摄"	《尚书·康诰》《春秋》《尚书·洛诰》

附表　士人与王莽合作者简表

姓名	主要史迹	史料来源
王舜	王莽时,居太师,安新公。	《后汉书·王莽传》
平晏	王莽时,居太傅,就新公。	《后汉书·王莽传》
刘歆	王莽时,居国师,嘉新公。	《后汉书·王莽传》
哀章	王莽时,居国将,美新公。	《后汉书·王莽传》
甄丰	王莽时,居更始将军,广新公。	《后汉书·王莽传》
王兴	王莽时,居卫将军,奉新公。	《后汉书·王莽传》
孙建	王莽时,居立国将军,成新公。	《后汉书·王莽传》
王盛	王莽时,居前将军,崇新公。	《后汉书·王莽传》
甄邯	王莽时,居大司马,承新公。	《后汉书·王莽传》
王寻	王莽时,居大司徒,章新侯。	《后汉书·王莽传》

姓名	主要史迹	史料来源
王邑	王莽时,居大司徒,隆新公。	《后汉书·王莽传》
张竦	京兆史,迁丹阳太守,封淑德侯。	《后汉书·王莽传》
戴崇 金涉 箕闳 阳并 陈汤	长乐少府戴崇、侍中金涉、胡骑校尉箕闳、上谷都尉阳并、中郎陈汤,皆当世名士。	《后汉书·王莽传》
陈崇	为大司徒司直,与张敞孙竦相善。	《后汉书·王莽传》
刘京 扈云 臧鸿	广饶侯刘京。 车骑将军扈云。 太保属臧鸿。	《后汉书·王莽传》
廉丹	莽遣更始将军廉丹讨伐山东……为大司马庸部牧。	《后汉书·王莽传》
谢嚣	前辉光谢嚣奏武功长孟通浚井得白石。	《后汉书·王莽传》
冯异	汉兵起,异以郡掾监五县。	《后汉书·王莽传》
邳吉 邳彤	彤父吉,为辽西太守。……彤举城降,复以为太守。	《后汉书·邳彤传》
李忠	新博属长。	《后汉书·李忠传》
景丹	王莽时举四科,丹以言语为固德侯相,有干事称,迁朔调连率副贰。	《后汉书·景丹传》
马况 马余 马员 林广 马援	援三兄况、余、员……王莽时皆为二千石……辟援及同县原涉为掾……援为新成大尹。	《后汉书·马援传》
窦融	为强弩将军司马,东击翟义……以军功封建武男。	《后汉书·窦融传》
伏湛	王莽时为绣衣执法,使督大奸,迁后队属正。	《后汉书·伏湛传》
候霸	陈崇举霸德行,迁随宰……再迁为执法刺奸。后为淮平大尹。	《后汉书·候霸传》
桓谭	王莽时,居掌乐大夫。	《后汉书·桓谭传》
郭伋	王莽时为上谷大尹,迁并州牧。	《后汉书·郭伋传》
梁让	王莽时为城门校尉,封脩远伯。	《后汉书·梁让传》
崔发	王莽时,位至大司空。曾为王莽制作图谶。	《后汉书·崔发传》
扬雄	校读书籍,作《剧秦美新》。	《后汉书·扬雄传》

第三节　王莽在意识形态领域的"改造"及其命运

王莽秉政后,兴起一场大规模的"奉天法古"的变法改制运动。在王莽君臣看来,"天命"已然发生转移,现实政治秩序与行政举措便应进行相应的调整。改制的内容打着"法古"的旗号,从儒家经典中寻找理论依据,但其政治目的却是围绕现实,是要"革汉立新"。新的政权当有新的气象。为此,王莽在意识形态领域推行一系列的"改造"活动,尤其是他对郊天礼的改革。改革的核心是树立王氏的崇高地位,而厌胜刘氏。"王莽大规模的'奉天法古'变法改制的失败,使得中国古代政治文化的变迁与演进,一个方向的尝试趋于低落消沉而再次发生转向,开始了另一个阶段。从纯用'霸道'、独倚文吏的'秦政',经由'霸王道杂之'、兼用文吏与儒生的汉政,一直到充分贯彻儒家'王道'理想的王莽'新政',其间各家学说此起彼伏,王朝的'治道'也显示了颇大幅度的动荡摇摆。"①王莽孜孜于"制定而天下平"的观念,却换来社会的更加混乱和儒生群体的疏离,其间的思想变化、价值转向颇值得深究。

一、王莽"托古改制"与"郊天"活动

中国古代的开国之君及其支持者,颇具"实用心理学大师"的特质。他们往往在政治理论的斗争中,对古代典籍和不足凭信的谶纬作有利于自己的解释,并虚构政治预言,制作符瑞吉兆来宣扬自己统治的正当性。王莽及其追随者无疑是精通此道的群体。②王莽代汉前后,在意识形态领域竭力美化自己,其利用的思想因素、理论依据与他在西汉末年政治斗争中打击异己的路子是一致的,也是运用符应、谣谶、祥瑞等。只不过此前的重心是要揭示"汉运将终"而王氏应"天命"而兴,现在的重心则在于广泛宣传并维护

---

①　阎步克:《士大夫政治演生史稿》(3 版),北京:北京大学出版社,2015 年,第 332—333 页。
②　案:王莽制之志,并非其本人或王氏一族的发展要求,实际代表着先秦以来儒生群体之"政治理想"的价值追求,如吕思勉说:"先秦之世,仁人志士,以其时之社会组织为不善,而思改正之者甚多……此等见解,旁礴郁积,汇为洪流,至汉而其势犹盛……此等思想,虽因种种阻碍,未之能行,然既旁礴郁积如此,终必有起行之者,则新莽其人也。新莽之所行,盖先秦以来志士仁人之公意";蒙文通说:"凡莽政之可言者,皆今文家之师说也,儒者亦安得愤而归颂之";徐复观说王莽制度"乃儒家'天下为公'的理想之实现"。(分见吕思勉:《秦汉史》,上海:上海古籍出版社,1983 年,第197 页;蒙文通:《论经学三篇》,《中国文化》1991 年第 4 期;徐复观:《两汉思想史》卷 2,台北:学生书局,1979 年,第 458 页)诸说由先秦以来儒家就其政治理想的追求出发,讨论王莽改制之原因,颇具道理,胪列于此。需要注意的是,王莽改制内容与儒生理想制度的"相悖"同样存在,见下文详述。

新莽政权。

代汉之前，为宣扬自己承受新的"天命"，王莽一方面竭力宣传汉家"尧后火德说"，另一方面鼓吹"火德销尽，土德当代"的禅位理论。他借用刘向、歆父子所主张的"尧后火德说"，目的是要为自己的"王氏舜后说"作衬托：

> 予以不德，托于皇初祖考黄帝之后，皇始祖考虞帝之苗裔，而太皇太后之末属。①

> 惟王氏，虞帝之后也，出自帝喾；刘氏，尧之后也，出自颛顼。②

需要指出的是，在刘向创立的历史系统中，汉家虽然居"火德"，但尧为木德，这显然不符合王莽的要求。于是，王莽以刘歆重新编定了从伏羲至汉代的帝王谱系及德运属性。他不惜"直诬古帝"，将尧、舜的身份对换先后位置。原本按照《史记·五帝本纪》和《大戴礼记·帝系》的记载，唐尧为帝喾之子，而虞舜为颛顼之六世孙，如：

《史记·五帝本纪》：

> 黄帝者，少典之子，姓公孙，名曰轩辕。生而神灵，弱而能言，幼而徇齐，长而敦敏，成而聪明。

> 黄帝居于轩辕之丘，而娶于西陵之女，是为嫘祖。嫘祖为黄帝正妃，生二子，其后皆有天下：其一曰玄嚣，是为青阳，青阳降居江水；其二曰昌意，降居若水。昌意娶蜀山氏女，曰昌仆，生高阳，高阳有圣德焉。

> 帝颛顼高阳者，黄帝之孙而昌意之子也。

> 帝颛顼生子曰穷蝉。颛顼崩，而玄嚣之孙高辛立，是为帝喾。

> 帝喾高辛者，黄帝之曾孙也。高辛父曰蟜极，蟜极父曰玄嚣，玄嚣父曰黄帝。自玄嚣与蛟极皆不得在位，至高辛即帝位。

---

① (汉)班固：《汉书》卷99上《王莽传上》，北京：中华书局，1962年，第4095页。
② (汉)班固：《汉书》卷99中《王莽传中》，北京：中华书局，1962年，第4105页。

帝喾娶陈锋氏女,生放勋。娶娵訾氏女,生挚。

帝尧者,放勋。

虞舜者,名曰重华。重华父曰瞽叟,瞽叟父曰桥牛,桥牛父曰句望,句望父曰敬康,敬康父曰穷蝉,穷蝉父曰帝颛顼,颛顼父曰昌意:以至舜七世矣。[①]

又《大戴礼记·帝系》曰:

孔子曰:"黄帝,少典之子也,曰轩辕。"

孔子曰:"颛顼,黄帝之孙,昌意之子也,曰高阳。"

宰我曰:"请问帝喾。"孔子曰:"玄嚣之孙,蟜极之子也,曰高辛。"

宰我曰:"请问帝尧。"孔子曰:"高辛之子也,曰放勋。"

宰我曰:"请问帝舜。"孔子曰:"蟜牛之孙,瞽叟之子也,曰重华。"

宰我曰:"请问禹。"孔子曰:"高阳之孙,鲧之子也,曰文命。"[②]

王莽将唐尧改说成是颛顼的后代,而虞舜则成了帝喾后裔,颛顼与帝喾成了"叔侄"关系。既然新政权即将代汉而立,则必然按照这种新排定的次序——舜祖在尧祖之后,尧居火德,而舜当土德。

前述王莽作《自本》,详述了王氏世系的流传谱系。王氏与舜帝的关系已然讲明,但虞舜后裔又有五姓,这五姓自然被王莽视作王氏的亲族。为此,他阐明自己与舜后五姓的关系,说:"虞帝之先,受姓曰姚,其在陶唐曰妫,在周曰陈,在齐曰田,在济南曰王。予伏念皇初祖考黄帝,皇始祖考虞帝,以宗祀于明堂,宜序于祖宗之亲庙。其立祖庙五,亲庙四,后夫人皆配食。郊祀黄帝以配天,黄后以配地。以新都侯东弟为大祑,岁时以祀。家之

---

① (汉)司马迁:《史记》卷1《五帝本纪》,北京:中华书局,1959年,第1—31页。
② (清)王聘珍撰,王文锦点校:《大戴礼记解诂》,北京:中华书局,1983年,第117—124页

所尚,种祀天下。姚、妫、陈、田、王氏凡五姓者,皆黄、虞苗裔,予之同族也。"于是,"舜后五姓"都成了新朝的宗室基础,"其令天下上此五姓名籍于秩宗,皆以为宗室"①。此后,王莽封陈崇为"统睦侯",尊奉陈胡公;封田丰为"世睦侯",尊奉陈敬仲。以"五姓"为宗法世系,自然扩大了王莽新朝的"宗室"规模,并在血缘政治上拓展了统治基础。地皇元年(20年),为"著黄、虞之烈",王莽修建起九庙:

> 莽乃博征天下工匠诸图画,以望法度算,及吏民以义入钱谷助作者,骆驿道路。坏彻城西苑中建章、承光、包阳、大台、储元宫及平乐、当路、阳禄馆,凡十余所,取其材瓦以起九庙。……九庙:一曰黄帝太初祖庙,二曰帝虞始祖昭庙,三曰陈胡王统祖穆庙,四曰齐敬王世祖昭庙,五曰济北愍王王祖穆庙,五庙不坠云。六曰济南伯王尊祢昭庙,七曰元城孺王尊祢穆庙,八曰阳平顷王戚祢昭庙,九曰新都显王戚穆庙。殿皆重屋。太初祖庙东西南北各四十丈,高十七丈;余庙半之。②

通过尊奉五姓宗室与"九庙"的建置,王莽在制度实践上补充了《自本》的不足:宗室与宗庙都齐备了。

在重新阐释历史系统的同时,王莽还不断宣扬"汉九世火德之厄",以"汉运将终"的鼓吹,来为"王氏贵盛代汉之象"作注脚。《汉书·五行志》曰:"元帝初元四年(前45年),皇后曾祖父济南东平陵王伯墓门梓柱卒生枝叶,上出屋。刘向以为王氏贵盛将代汉家之象也。后王莽篡位,自说之曰:'初元四年(前45年),莽生之岁也,当汉九世火德之厄,而有此祥兴于高祖考之门。门为开通,梓犹子也,言王氏当有贤子开通祖统,起于柱石大臣之位,受命而王之符也。'"③王莽以其祖墓门梓柱生枝叶为自己的"受命之符",这与前述"土火相乘"之说相结合,成了王莽代汉立新的"天命"象征。

始建国元年(9年)秋,王莽"遣五威将王奇等十二人班《符命》四十二篇于天下。德祥五事,符命二十五,福应十二,凡四十二篇。其德祥言文、宣之世黄龙见于成纪、新都,高祖考王伯墓前梓柱生枝叶之属。符命言井石、金匮之属。福应言雌鸡化为雄之属。其文尔雅依托,皆为作说,大归

---

① (汉)班固:《汉书》卷99中《王莽传中》,北京:中华书局,1962年,第4106页。
② (汉)班固:《汉书》卷99下《王莽传下》,北京:中华书局,1962年,第4161—4162页。
③ (汉)班固:《汉书》卷27《五行志》,北京:中华书局,1962年,第1412—1413页。

言莽当代汉有天下云。"①这四十二篇符命②自然是王莽之所以取得天下的理论依据,而"班符命"的目的正在于让民众广泛认识、信从这些符命,以接受新政权的统治。这些五威将军的阵仗非常隆重:"五威将奉符命,斋印绶……乘乾文车,驾坤六马,背负鸑鸟之毛,服饰甚伟。每一将各置左、右、前、后、中帅,凡五帅。衣冠、车服、驾马,各如其方面色数。将持节,称太一之使。帅持幢,称五帝之使。莽策命曰:'普天之下,迄于四表,靡所不至。'其东出者,至玄菟、乐浪、高句丽、夫余;南出者,逾徼外,历益州……西出者,至西域……北出者,至匈奴庭。"③这样大规模的宣传,使"新式"的五德终始说散播于全国,成为全国人民共同的信仰。王莽还详细论述"三以铁契,四以石龟,五以虞符,六以文圭,七以玄印,八以茂陵石书,九以玄龙石,十以神井,十一以大神石,十二以铜符帛图"等,以昭示所谓"火德销尽,土德当代,皇天眷然,去汉与新"④的正当性。为拉拢血缘政治上的同盟力量,王莽还分封三皇五帝的后裔,如王莽曾经下诏说:"帝王之道,相因而通。盛德之祚,百世享祀。予惟黄帝、帝少昊、帝颛顼、帝喾、帝尧、帝舜、帝夏禹、皋陶、伊尹咸有圣德,假于皇天,功烈巍巍,光施于远。予甚嘉之,营求其后,将作厥祀。惟王氏,虞帝之后也,出自帝喾。刘氏,尧之后也,出自颛顼。"⑤

值得注意的是,王莽在代汉过程中,广泛收集有利于自己的符应、祥瑞,但当他真的建立新政权后,却不希望儒生、方士们继续私作符命或争上祥瑞。"是时,争为符命封侯,其不为者相戏曰:'独无天帝除书乎?'司命陈崇白莽曰:此开奸臣作福之路而乱天命,宜绝其原。莽亦厌之,遂使尚书大夫

① (汉)班固:《汉书》卷99中《王莽传中》,北京:中华书局,1962年,第4112页。
② 王莽所颁行的四十二篇符命,分别是:(1)贵女兴天下;(2)梦月入怀;(3)黄龙见成纪;(4)黄龙见新都;(5)雌鸡化为雄;(6)凤凰来仪;(7)祖墓梓柱生枝叶;(8)井水谣;(9)黄爵谣;(10)西王母传筹;(11)南蛮献雉;(12)神爵降集;(13)黄支献犀牛;(14)风雨时;(15)甘露降;(16)神芝生;(17)蒉荚之瑞;(18)醴泉自地出;(19)朱草之瑞;(20)嘉禾之瑞;(21)铜璧文;(22)路建辄讼;(23)禾不种自生;(24)茧不蚕自成;(25)东夷王奉国珍;(26)匈奴单于去二名;(27)武功丹石;(28)三台文马;(29)铁契;(30)石龟;(31)虞符;(32)文圭;(33)玄印;(34)茂陵石书;(35)玄龙石;(36)神井;(37)大神石;(38)铜符帛图;(39)巴郡石牛;(40)扶风雍石;(41)金匮图;(42)金策书。(参见沈展如:《新莽全史》,台北:正中书局,1977年,第155页)此四十二篇符命并非全为王莽时所作,其中第一、二项是言占卜者预言元后"贵女兴天下"之事,王莽引以为王氏兴盛的开端;第三、四项是文帝与宣帝时出现,王莽追述的目的在于展示早在文帝、宣帝时便已有了"土德(新朝)"将兴的预言;第五项是指王政君为皇后,而王凤专权开始的事件,代表着王氏擅权之端。不管其出现之早晚,皆为了证明王莽代汉的合理性。
③ (汉)班固:《汉书》卷99中《王莽传中》,北京:中华书局,1962年,第4114—4115页。
④ (汉)班固:《汉书》卷99中《王莽传中》,北京:中华书局,1962年,第4113页。
⑤ (汉)班固:《汉书》卷99中《王莽传中》,北京:中华书局,1962年,第4105页。

赵并验治,非五威将率所班,皆下狱。"①在王莽眼中,只有经过他确认并由五威将颁行的那四十二篇才是正统的,其他都被视为"奸臣作福之路",是"乱天命"之举。新出现的符应、祥瑞,都不再被官方认可。

王莽虽然代汉而兴,但西汉后期以来的社会危机并不会因王莽建立"新朝"便即刻消失。西汉末年甚嚣尘上的自然"灾异"在新莽朝仍然经常发生。如何解决新政权中出现的"灾异"问题呢?王莽采取"厌胜"的方法。如:

> (天凤)三年(16年)二月乙酉,地震,大雨雪,关东尤甚,深者一丈,竹柏或枯。大司空王邑上书言:"视事八年,功业不效,司空之职尤独废顿,至乃有地震之变。愿乞骸骨。"莽曰:"夫地有动有震,震者有害,动者不害。《春秋》记地震,《易·系》坤动,动静辟胁,万物生焉。灾异之变,各有云尔。天地动威,以戒予躬,公何辜焉,而乞骸骨,非所以助予者也。使诸吏散骑司禄大卫脩宁男遵谕予意焉。"②

面对地震、大雨雪、竹柏枯之类的"灾异",王莽竟从《周易》出发,将地震分类为"地动"与"地震",说"震者有害,动者不害",认为关东的灾害是"地动",不是"地震","地动"的出现是为了"天动地威,以皆予躬"。如此解释,硬生生地将"灾异"穿凿附会成了祥瑞之兆。这套变灾为祥的伎俩,很快被大司空王邑学会,在同年五月"戊辰,长平馆西岸崩,邕泾水不流,毁而北行。遣大司空王邑行视,还奏状,群臣上寿,以为《河图》所谓'以土填水',匈奴灭亡之祥也。乃遣并州牧宋弘、游击都尉任萌等将兵击匈奴,至边止屯"③此前面对关东地震还自请"乞骸骨"的王邑,在这次长平馆事件中,不仅没有引咎乞骸骨,还利用《河图》将水灾解释成"以土填水",认为这是匈奴将要灭亡的预兆。

在币制改革中,王莽同样采用"厌胜"之法。他废除五铢钱,改行货泉、白水真人的原因即在于它讨厌"卯金刀"之谶。《汉书·王莽传》曰:"予前在大麓,至于摄假,深惟汉氏三七之厄,赤德气尽,思索广求,所以辅刘延期之术,靡所不用,以故作金刀之利,几以济之……皇天明威,黄德当兴,隆显大命,属予以天下。今百姓咸言皇天革汉而立新,废刘而兴王。夫'刘'之为字'卯、金、刀'也,正月刚卯,金刀之利,皆不得行。博谋卿士,金曰天人同应,昭然著明。其去刚卯莫以为佩,除刀钱勿以为利,承顺天心,快百姓意。"④

---

① (汉)班固:《汉书》卷99中《王莽传中》,北京:中华书局,1962年,第4122页。
② (汉)班固:《汉书》卷99中《王莽传中》,北京:中华书局,1962年,第4141—4142页。
③ (汉)班固:《汉书》卷99中《王莽传中》,北京:中华书局,1962年,第4144页。
④ (汉)班固:《汉书》卷99中《王莽传中》,北京:中华书局,1962年,第4108—4109页。

在王莽看来,不仅汉代的货币要废除,就连"卯、金、刀"三个字都不能再使用,"及王莽篡位,忌恶刘氏,以钱文有金刀,故改为货泉。或以货泉字文为白水真人"。[①] 这种"厌胜"之举,完全脱离社会现实,食古不化,不仅不利于社会危机的解决,还加剧了举国的不满。

再以"郊祀"活动为例,"郊祀"一直伴随着王莽代汉建新的历程。这一"郊祀"改革活动可以上溯到平帝元始元年(公元1年)。当时,王莽与太师孔光、长乐少府平晏、大司农左咸、中垒校尉刘歆、太中大夫朱阳、博士薛顺、议郎国由等六十七人上书,建议遵循成帝建始元年(前32年)丞相匡衡等人所议定的"长安南北郊制度"。元始四年(公元4年)二月,王莽又上书奏起明堂、辟雍、灵台。元始五年,王莽要求改革"五帝"祭祀,认为雍城五畤祭祀五帝的方法与上古礼制不合,要求根据《周礼》"兆五帝于四郊"的原则,分祭五帝于长安城四郊。这一改制,实际是把秦汉之际作为至上神的"五帝"之神,进行了"降格"处理,将"五帝"降为四时之祭的地位。"五帝"也便由"祖先神"转换成了"功能神",其职责变成以"四时迎气"的方式来祈求自然天道的正常运转。

王莽"郊祀"改制的理论依据来源于儒家经典记载,以周代制度为范本。他所强调的"王者父事天,故爵称天子",正是董仲舒所主张的"父者,子之天也;天者,父之天也"[②]"人之为人本于天,天亦人之曾祖父也"[③]的思维模式。在礼制改革中,王莽引用了孔子所言的"人之行莫大于孝,孝莫大于严父,严父莫大于配天",以及"周公郊祀后稷以配天,宗祀文王于明堂,以配上帝"[④]等思想;还援引了《礼记》"天子祭天地及山川,岁遍",《春秋谷梁传》"以十二月下辛,卜正月上辛";[⑤]《周官》"天地之祀,乐有别有合。其合乐曰'以六律、六钟、五声、八音、六舞大合乐',祀天神、祭地祇、祀四望,祭山川,享先妣先祖。凡六乐,奏六歌,而天地神祇之舞皆至"。颜师古注曰:"此《周礼》春官大司乐之职也。六律,合阳声者。六钟,以六律六钟之均也。五声,宫、商、角、徵、羽。八音,金、石、丝、竹、匏、土、革、木。六舞,云门、咸池、大韶、大夏、大护、大武也。"[⑥]可见,这六律、六钟、五声、八音、六舞同样被说成是来自于周代礼制。

王莽依周制所改造的郊祀格局主要表现在对于天地、五帝、明堂的祭祀

---

① (南朝宋)范晔:《后汉书》卷1《光武帝纪》,北京:中华书局,1965年,第86页。

② 苏舆撰,钟哲点校:《春秋繁露义证》,"新编诸子集成本",北京:中华书局,1992年,第410页。

③ 苏舆撰,钟哲点校:《春秋繁露义证》,"新编诸子集成本",北京:中华书局,1992年,第318页。

④ (清)阮元校刻:《十三经注疏·孝经注疏》,北京:中华书局,1980年影印版,第2553页。

⑤ (清)阮元校刻:《十三经注疏·春秋谷梁传注疏》,北京:中华书局,1980年影印版,第2448页。

⑥ (汉)班固:《汉书》卷25《郊祀志》,北京:中华书局,1962年,第1265、1267页。

方面。在天地祭祀上,王莽按照《周官》记载,将祭祀分为每年正月上辛在长安城南郊进行的"合祭"与每年冬至、夏至举行的"分祭"两种形式。其中"合祭"时,皇帝必须亲自参加。"合祭"的规制,以先祖配天、先妣配地,南郊郊天、以地配祭。这就将关于"天"的"至上神"信仰与血缘政治中的"祖先神"信仰巧妙地结合在一起。在明堂祭祀上,王莽认为"夫明堂、辟雍,堕废千载莫能兴。今安汉公起于第家,辅翼陛下,四年于兹,功德烂然。公以八月载生魄庚子奉使,朝用书临赋营筑,越若翊辛丑,诸生、庶民大和会,十万众并集,平作二旬,大功毕成"。①《水经注·渭水》记王莽立明堂事曰:"渭水东合昆明故渠,……又东迳长安县南,东迳明堂南,旧引水为辟雍出,在鼎路门东南七里。其制上圆下方,九宫十二堂,四向五室。堂北三百步有灵台。是汉平帝元始四年(4 年)立。"②明堂建立后,王莽曾率群臣于元始五年(公元 5 年)举行袷祭之礼;始建国元年(9 年),王莽又至明堂祭祀自己的"祖先"——黄帝与虞舜。可见,明堂制度不过是王莽用来宣传自己"天命"与正统的一种手段。

王莽依据儒家经典中有关官制的记载,进行了大规模的"改(或新设)官名"的活动。其改官名的初衷,在于消除汉制的影响,标示新朝的新气象。王莽在始建国元年(9 年)即位之时,便至少新设或更改了 25 个官位制度,意在强调皇权至上的集权观念。兹胪列表格于下。

时间	新莽官名	依据经典名称	名称变动情况
始建国元年 (9 年)③	大司马	《尚书大传》 《韩诗外传》	西汉旧官名
	大司徒		
	大司空		
	大司马司允	《周礼·天官》	新设官名
	大司徒司直		西汉旧官名

---

① (汉)班固:《汉书》卷 99 上《王莽传上》,北京:中华书局,1962 年,第 4069 页。

② (北魏)郦道元:《水经注》卷 19《渭水》,《四部丛刊》版,上海涵芬楼影印本。

③ 始建国元年所置官制,包括三公(大司马、大司徒、大司空)、九卿(大司马司允、大司徒司直、大司司若、羲和、作士、秩宗、典乐、共工、予虞)、四辅(太师、太傅、国师、国将)。其中关于汉代"九卿"的数目问题,学界有所争议,如卜宪群参照刘熙《释名》、韦昭《辨释名》,认为西汉时有"十二"种官职可称作"九卿";徐复观认为西汉九卿的"九"是虚数词,到王莽时才将"九"用作实数;劳干认为"九卿"之名承袭自秦朝,因为各官职在不同时期有所革、增减,所以其官职不局限于固定数目。(参见卜宪群:《秦汉九卿源流及其性质问题》,《南都学坛》,2002 年第 6 期,第 1—8 页;徐复观:《两汉思想史》(第一卷),台北:学生书局,1978 年,第 215—216 页;劳干:《秦汉九卿考》,《劳干学术论文集》甲编下册,台北:艺文印书馆,1976 年,第 864—865 页)笔者采劳干之说。

（续表）

时间	新莽官名	依据经典名称	名称变动情况
	大司空司若		新设官名
	羲和、纳言		原名大司农
	作士		原名大理
	秩宗	《尚书·尧典》	原名太常
	典乐		原名大鸿胪
	共工		原名少府
	予虞		原名水衡都尉
	太师	《大戴礼记·保傅》	西汉旧官名
	太傅	《礼记·文王世子》	
	国师		
	国将		
	司恭大夫		
	司从大夫		
	司明大夫	《尚书·洪范》	
	司聪大夫		新设官名
	司中大夫①		
	大赘官	《尚书·尧典》	
	诵诗工	《大戴礼记·保傅》	
	徹膳宰		
	州牧②	《尚书·尧典》	西汉旧官名

---

　　①　关于"司中大夫"，清儒李慈铭提出质疑，认为光禄勋已经改名为司中，则此处"五司大夫"之一的"司中大夫"应为"司容大夫"。李伟泰据《汉书·五行志》所言"人君貌、言、视、听、思心五事，皆失不得其中，则不能立万事"，认为貌、言、视、听，以心为主，君王贵能得中，所以不说"司睿大夫"或"司容大夫"，而用"司中大夫"。同时，"司中大夫"也符合王莽策命所言"予闻上圣欲昭厥德，罔不慎修厥身，用绥于远，是用建尔司于五事。毋隐尤，毋将虚，好恶不愆，立于厥中"。"用建尔司于五事"即指"五司大夫"，"立于厥中"则是通过设置五司大夫之事，让王莽能够行"中道"。（参见杨树达：《汉书管窥》引李慈铭语，上海：上海古籍出版社，1984年，第817页；李伟泰：《两汉尚书学及其对当时政治的影响》，台湾大学硕士学位论文，1976年，第160—161页）

　　②　据《汉书·王莽传》，王莽在天凤元年(14年)四月设置州牧。但他在天凤元年正月大赦天下时曾说："群公、群牧、群司……"，这里的"群牧"当为"州牧"，也即在天凤元年之前就已经存在"州牧"。只是在天凤元年，王莽改革地方行政，重新确定州牧为地方首长的地位等级。

（续表）

时间	新莽官名	依据经典名称	名称变动情况
始建国二年（10 年）	左右伯	《书序》《春秋公羊传》	
	五均司市	《周礼·春官·司市》	
始建国三年（11 年）	师疑	《尚书大传》《礼记·文王世子》	新设官名
	傅丞		
	阿辅		
	阿拂		
	胥附	《诗·大雅·冕》	
	犇走		
	先后		
	御侮		
始建国四年（12 年）	部监（牧）①	《周礼·天官·冢宰》《周礼·夏官·大司马》	
天凤元年（14 年）	太师羲仲	《尚书·尧典》	
	太傅羲叔		
	国师和仲		
	国将和叔		
	卒正	《礼记·王制》	
	连率		
	属长		

　　王莽的"符命运动"以及利用公众的手法，与后来儒生用于支持"刘氏复兴"的思维路径是一致的。精明的从政者都善于利用群众心理学。他们的不同在于：王莽最后相信了自己的宣传，而光武帝却始终保持着清醒的政治理性。就传统历史学的表达而言，光武帝重建刘氏皇权的胜利使它的所有"宣传"都合法化，并使东汉朝廷成为新的国家正统。虚构的预言、迷信的神学因素，最终都变成了证明新王朝缔造者价值的、来自于上天的启示。相

---

　　① 关于"部监（牧）"，王国维据出土简牍说："牧、监皆莽官，莽《传》天凤元年七月置州牧部监二十五人，今始建国四年诏书已有牧、监，莽《传》系之天凤殆失之矣。"王人聪根据官印"魏部牧"与史书记载的"庸部牧"相参照，认为王莽在"部"这个行政层级设立的官，除部监外，还有部牧。（参见罗振玉、王国维编：《流沙坠简》，北京：中华书局，1993 年，第 105 页；王人聪、叶其峰：《秦汉魏晋南北朝官印研究》，香港：香港中文大学文物馆，1990 年，第 113 页）

反,王莽则成为一个"篡权者"角色,他的宣传都被扣上"虚伪"的帽子,是被上天鄙弃的行为。这种目的论的价值评判,尽管有失偏颇,但却反映了操纵舆论话语权的儒生群体在新莽败亡后的价值取向。儒生与新莽之间的"合"与"离",成为窥见两汉之际儒生群体价值取向变迁的线索。

二、新莽与儒生群体关系的疏离

两汉之际的学术,有今、古文经学之分。王莽"奉天法古"的改制内容皆源出于儒家经典。蒙文通曾论新莽前后今、古经学发展态势,曰:

> 自儒者不得竟其用于汉,而王莽依之以改革,凡莽政之可言者,皆今文家之师说也,儒者亦发愤而归颂之,逮莽之纷更烦扰而天下不安,新室倾覆,儒者亦嗒焉丧其所主,宏义高论不为世重,而古文家因之以兴。①

蒙氏所言揭示了儒生不能"竟其用于汉"的现实,而将王莽与儒生视为一体,认为王莽所推行的制度设计与政治举措,都是今文经学的内容。这一论断,有其合理之处。西汉以来的今文诸生,确然将自己的政治理想寄托于王莽,一步步将王莽送上皇帝宝座,在改制运动中也积极活跃,"发愤而归颂之"。但是,过分强调今、古文经学在两汉之际的对立,恐怕也有失拘泥。如英国学者鲁惟一断言"现世派(modernist)"主张今文经,以《公羊传》为尚,"革新派(reformist)"主张古文经,以《左传》与《穀梁传》为尚。② 这种说法未可深信。如史籍明言贾谊曾研习《左传》,但是他主张的"改正朔、易服色"在主旨上却与今文家几无差异。实际上,王莽改制的内容,多以属于古文经《周礼》为蓝本,而刘歆更是曾经为古文经《左传》《毛诗》《逸礼》《古文尚书》争取过官学地位。对于王莽君臣来说,今文经也好,古文经也罢,都是改制运动的理论来源。③ 就思想上的改革意图而言,此时的今、古文经学家的主张是一

---

① 蒙文通:《论经学遗稿三篇·乙篇》,《经学抉原》,上海:上海人民出版社,2006年,第208页。

② 阎步克:《士大夫政治演生史稿》(第3版),北京:北京大学出版社,2015年,第332页。关于"modernist"和"reformist",《剑桥中国史》翻译为"时新派"与"改造派",参见:(英)崔瑞德、鲁惟一:《剑桥中国秦汉史》,北京:中国社会科学出版社,1992年,第121—129页。阎步克认为将"modernist"和"refromist"翻译成"时新派"和"改造派"是"不达本意"的,应当翻译成"现世派"和"革新派"。本文采阎氏之观点。

③ 关于王莽与今、古文经学的关系,近世学者讨论者颇多,观点大致可分三类:(1)以王莽为古文经学家,如王葆玹说:"刘歆的兴趣主要集中在《左传》上,王莽的依据则主要来自《周官》;刘歆所注重的'礼'主要是仪式,王莽所注重的'礼'却是制度;刘歆不支持王莽'即真',对那些应合王莽篡位要求的'符命'或图谶可能持冷漠态度,而王莽则热衷于符命,使古文经学与图谶发生(转下页)

致的,都是服务于新莽政权,并不存在学理上的敌对关系。① 儒生与新莽政权的渐行渐远,并非出于儒家内部的今文经与古文经的派系争斗,而是因为改制的内容与儒生群体价值取向的疏离。

王莽所施行的制度革新确实在表象上与儒生所追求的价值相合。他打着经学的旗号谋求权势,一面利用今文经的"天命"说取代刘氏执政,一面又拿着古文经的"蓝图"推行改制。儒生们以为这是实现他们"王道"理想的机会,他们从儒家经典中寻找改制内容及其理论依据。王莽的"王田制",显然是以儒家经典所载的"井田制"为蓝本。"五均赊贷"出自《周礼》《乐语》。币制改革中的"宝货",追溯于周景王时代。祭礼援引《礼记·祭法》。四时巡狩援引《尚书·尧典》。"州从《禹贡》为九,爵从周氏有五"②。官名颇用《周官》,地名缘之《尚书·尧典》,等等③。此诸例似乎可见王莽改制想要实现儒家"理想政治"文化。但在另一端,王莽所行的一系列制度,实际也包含诸多与儒生"王道理想"不相符合的内容。

其一,所谓"王田"与儒家理想之"井田"并不完全切合。《汉书·王莽传》记"王田私属"曰:"今更名天下田曰'王田',奴婢曰'私属',皆不得买卖。其男口不盈八,而田过一井者,分余田予九族邻里乡党。故无田,今当受田

(接上页)了联系。"他将两汉之交的古文经学分为刘歆与王莽两系,但他同时认为二者并未主张废黜或偏废今文经学;(2)认为王莽改制以古文经为主,兼用今文经,如周予同认为王莽即位前,依附古文经、托古改制,即位后则进用今、古文经;(3)认为王莽多用今文经或王莽为今文经学家,如杨向奎说:"王莽利用当时的学术潮流,利用着当时的民间迷信,以欺骗汉家的孤儿寡母,并欲以一掩尽天下人的耳目。这种便利,是西汉经今文学派赐给他的",又如傅佩琍引用《尚书》,认为王莽是"彻头彻尾的今文家。"(分见王葆玹:《今古文经学新论》(增订版),北京:中国社会科学出版社,2004年,第112—113页;周予同:《王莽改制与经学中的今古文学问题》,《周予同经学史论著选集》,上海:上海人民出版社,1996年,第682—691页;杨向奎:《西汉经学与政治》,独立出版社,2000年,第94页;傅佩琍:《王莽之尚书学与行政》,台北:花木兰文化出版社,2008年,第221页)笔者认为,王莽虽是儒生,更是政治家,他在学术上或有以某家为主的倾向,但在施政中却是有助于其统治的理论"兼而用之"的态度,故笔者大体从周予同说。

① 持类似观点者,如周予同所言:"王莽依附古文经典,但也援用今文经典;王莽提倡古文经学,但并不排斥今文经学";金春峰所言:"汉代没有一个统一的经学,它是由今文经学所代表的,汉代所有经学家都具有这统一经学的共同学风与特点""今古文的几次斗争,主要是围绕应否立学官这一点,并非基于学术上的分歧与对立。"(分见周予同:《王莽改制与经学中的今古文学问题》,《周予同经学史论选集》,上海:上海人民出版社,1983年;金春峰:《〈周官〉故书之谜与汉今古文新探》,《中国文化》1991年第4期)这种意见是值得关注的。学界所言的汉代四次今古文之争,前两次皆围绕古文经立博士官的问题,后两次虽在学理上相互攻讦,但却为了攻击对方而不断兼习对方的学说,最终促成了今古文经学的融合。我们并非是否定今古文经之争的事实,而是力图揭示西汉及新莽时期今古文经学之间并非判然敌对的关系。

② (汉)班固:《汉书》卷99中《王莽传中》,北京:中华书局,1962年,第4128页。

③ 关于王莽改制由儒家经典中寻找理论依据之事的分析,可参见高海云:《东汉政治与学术演变》,北京:中国社会科学出版社,2023年,第52—59页。

者,如制度。"①这种"王田制"与儒家所言的"井田制"颇为相似,如:"古者三百步为里,名曰井田,井田者九百亩,公田居一"②;"方里而井,井九百亩。其中为公田,八家皆私百亩,同养公田。公事毕然后敢治私事,所以别野人也"③。但是,"井田"有公、私田之分,统治阶级贡赋以"公田"为来源,而"私田"供劳动者及其家庭生活所需,即《诗·小雅》所言"有渰萋萋,兴雨祁祁,雨我公田,遂及我私"。新莽的"王田"却不分公、私田,而宣布天下为"公田"。可知,王莽并不是要恢复或践行儒家"理想"中的井田制,更不是废除土地私有,他只是想要通过诏令形式将全国土地纳入朝廷控制之下,以期禁止土地兼并。这"王田制"既不合于儒家典籍所记,又根本违背经济发展规律,故中郎区博称:"井田虽圣王法,其废久矣。周道既衰,而民不从。秦知顺民之心,可以获大利也,故灭庐井而置阡陌,遂王诸夏。讫今海内未厌其敝。今欲违民心,追复千载绝迹,虽尧舜复起,而无百年之渐,弗能行也。"④儒者区博给予秦废井田以肯定,意识到恢复"井田"是"违民心"之举。这当代表一部分儒者的心声。这部分儒生对于经籍中所载的制度与社会现实之间的差异有着较为清醒的认识,实际并不一味地追求"古制"的恢复。

王田制还明确规定按家庭劳动力和人口多少统一调配土地占有情况:(1)男子不满八口的家庭,若占田超过一井(九百亩),需将超出部分调配给占地不足的乡邻;(2)无地者,一夫一妻得占田百亩;(3)违者或处以死刑,或流放边地。这种规定占田规模的方案,并非王莽首创,西汉武帝时,董仲舒就曾经提出过"限民名田,以澹不足,塞并兼之路"⑤的建议。但董氏没有提出具体的方案和实施举措。至汉哀帝时,丞相孔光、御史大夫何武提出过类似建议,办法是:"诸王、列侯得名田国中,列侯在长安及公主名田县、道,关内侯、吏、民名田,皆无得过三十顷。诸侯王奴婢二百人,列侯、公主百人,关内侯、吏、民三十人。年六十以上、十岁以下,不在数中。贾人皆不得名田、为吏。犯者以律论。诸名田、畜奴婢过品,皆没入县官。"⑥这一建议是预先

①　(汉)班固:《汉书》卷99中《王莽传中》,北京:中华书局,1962年,第4111页。
②　(清)阮元校刻:《十三经注疏·春秋左传正义》,北京:中华书局,1980年影印版,第1887页。
③　周予同认为王莽推行"王田制"时主要援引《周礼》为依据,其援引有三:(1)因为"托名"《周礼》为周公所作,"周公摄政"可为王莽代汉提供借口;(2)《周礼》中有很多典章制度可以作为王莽改制的"借镜";(3)"托古改制"可以迎合当时一些人的复古心理。(周予同原著,朱维铮编校:《经学和经学史》,上海:上海人民出版社,2012年,第117—119页)周氏之说相当准确,然需要注意的是,"王田制"所援用的经典不仅限于《周礼》,还有《孟子·滕文公》等。
④　(汉)班固:《汉书》卷99中《王莽传中》,北京:中华书局,1962年,第4129—4130页。
⑤　(汉)班固:《汉书》卷24《食货志》,北京:中华书局,1962年,第1137页。
⑥　(汉)班固:《汉书》卷11《哀帝纪》,北京:中华书局,1962年,第336页。

设想应当限制诸侯王、侯有权拥有土地的面积和奴婢的数量。结果,诏令刚下,土地和奴婢的价钱暴跌。身居高位的既得利益者,如肆无忌惮的巨富丁氏、傅氏、董贤等,率先反抗、突破诏令的规定。甚至作为限田令颁行者的汉哀帝,也带头打破限田的数额规定,一次性赐给董贤二千顷土地,完全违背了"限田"的精神。西汉时代被证明不可行的"限田"政策,现在被王莽再次颁行。尽管王莽的限田政策略有更改,但实际上不过是将限制土地所有制的法律与井田制的特征相结合,宣布完全禁止买卖土地、奴婢。借了井田制的"外壳",想要达到土地国有的目的。这当然证明是难以推展的,最终在短短三年之后便予以废止。① 不惟如此,王田私属制不仅招致豪强地主势力的反对,也引起农民阶层的不满,使王莽逐渐失去了稳定新朝统治的群众基础。这是王莽败亡的根本原因之一。

其二,"五均赊贷"、"专卖"之法,②虽在儒家经典中有类似记载,但与武帝时期的均输平准、盐铁专卖之政无甚差异。以酒的专卖为例,武帝时即禁酤酿、行榷沽法,由政府统一经营,推行酒的专卖。酒榷在前81年被取消,但盐铁专卖除在前44年至前41年间短暂废止外,并未中绝。王莽下诏"令官作酒,以二千五百石为一均,率开一卢以卖,糵五十酿为准。一酿用粗米二斛,曲一斛,得成酒六斛六斗。各以其市月朔米曲三斛,并计其贾而参分之,以其一为酒一斛之平。除米曲本贾,计其利而什分之,以其七入官,其三及糟载灰炭,给工器薪樵之费"③。这同样是由国家专卖经营。值得注意的是,这种"专卖"之法早在"盐铁会议"期间即为贤良文学们极力攻讦,认为官商"攘公法,申私利,跨山泽,擅官市"④,会导致农民"木耕手耨,土耰啖食"⑤,是民生疾苦的根源。然这种被儒生所抨击的制度,却公然为王莽竭力推行了。这自然与群儒的"理想性"价值观念不全贴合。

其三,就少数民族政策而言,儒家历来主张"去武行文,废力尚德"。盐铁会议时,贤良文学们即指责武帝连年对匈奴的战争,批评"往者兵革驱动,

---

① 毕汉斯认为王莽的"王田制"是均田制的前身;均田制后来在485年被北魏所采用,唐朝继续推行到8世纪。他认为王莽的土地改革"用意良好,但不可行,它在公元12年也被取消"。(参见(英)崔瑞德、鲁惟一:《剑桥中国秦汉史》,北京:中国社会科学出版社,1992年,第249页)

② 关于汉代"专卖"之法,汉武帝于前119年设立国家盐铁专卖,又于前98年一直维持到西汉灭亡。东汉建立后,恢复盐铁专卖。关于政府平抑物价的政策,从前110年开始,一直持续到西汉结束。东汉在62年重新恢复。相较而言,除了新莽重新推行酒类的专卖是不同于宣帝以后的西汉时代与东汉一朝外,王莽的专卖之法实际与两汉的举措几无差异。

③ (汉)班固:《汉书》卷24《食货志》,北京:中华书局,1962年,第1182页。

④ 王利器校注:《盐铁论校注》,北京:中华书局,1992年,第121页。

⑤ 马非百:《管子轻重篇新铨》,北京:中华书局,1979年,第579页。

师旅数起"①。然而王莽对待少数民族的态度却与儒家价值相悖。严尤曾上书力陈出兵匈奴有"五难",但王莽不听,结果未战而天下骚动。

其四,儒家是反对严刑苛法的,但王莽却颇行严酷之制。元狩五年(前118年),初置大司徒司直,负责检举中央百官不法。又设"六监"即司中、太卫、太御、奋武、军正在赘官,主监盗贼、奸佞与百官。更名"廷尉"为"士",掌狱讼;更"御史"为"执法","纠案势位者,无所疑惮"②。设五威司命、中城四关将军,分掌监察上公以下百官、京师十二城门。在地方,设州牧、部监二十五人,分督五郡,并分派绣衣执法、中郎将各五十五人,"分填缘边大郡,督大奸猾擅弄兵者"③。王莽还增加了许多新"罪名",如杀奴婢、误朝不道、为言误朝、威侮五行、背叛四条、悖德、悖逆无道、什器储偫、不膳治室宅、非井田圣制、挟铜炭、挟五铢钱、挟弩铠、挟边民、非沮宝货等十六种。增加新"刑名",如"投四裔、殛、掘墓鞭尸、一切之法、炮烙之刑、污池、京观、灌以醇醯裂以五毒、剬剥、猪突豨勇、焚如等"④。如此烦苛的法制建设,较之西汉制度有过之而无不及。新莽既以苛法为事,自然与儒家"仁政"理想渐行渐远。

其五,两汉之际的学术领域内,存在着今、古文经学之争,尤其是刘歆争立古文经后,两派争论纷纭。王莽改制中对于今、古文经学的态度是"兼而用之",其裁量的标准在于是否对新莽政权的统治有利。尽管新莽置"六经三十博士",不再刻意于官学体系中区别对待今、古文家,今、古文两派也似乎在新莽朝未见明显的攻讦之举,但两派之间的矛盾始终存在。施政过程中,采取某一方的主张及其经典依据,必然会引发另一方的质疑、不满甚至反对。就这一层面而言,王莽很难满足儒生群体中所有人员、派系的要求。王莽大量援用古文经中的《周礼》内容,但却并非"照单全收"。对于那些不合于《周礼》的制度,他也有所取用。如爵制问题,王莽推行"爵五等""地四等",但《周礼》所载者却为"封地五等",即"凡邦国,千里封公,以方五百里则四公,方四百里则六侯,方三百里则七伯,方二百里则二十五子,方百里则男"。⑤ 再如宰衡之印,王莽引《穀梁传》曰:"天子之宰,通于四海。臣愚以为宰衡官以正百僚平海内为职,而无印信,名实不副……臣请御史刻宰衡印章曰'宰衡太傅大司马印',成,授臣莽,上太傅与大司马之印。"⑥实际是用

---

①　王利器校注:《盐铁论校注》,北京:中华书局,1992年,第489页。
②　(南朝宋)范晔:《后汉书》卷26《侯霸传》,北京:中华书局,1965年,第901页。
③　(汉)班固:《汉书》卷99中《王莽传中》,北京:中华书局,1962年,第4125页。
④　华友根:《略论王莽的法制活动及其历史地位》,《史林》1996年第2期,第25—31页。
⑤　(清)阮元校刻:《十三经注疏》,北京:中华书局,1962年,第1323页。
⑥　(汉)班固:《汉书》卷99上《王莽传上》,北京:中华书局,1962年,第4068页。

了今文经为自己受"宰衡"印作论证。可见,王莽改制,既依附古文经,亦援用今文经;既拉拢古文经家,也不排斥今文经家。"他以'经典'作为其政治欺骗的工具,从而'取其所需',并'托古改制',企图解决土地的无限制的集中和农民的大量转化为奴隶以挽救当时的社会危机,在政治上收揽统治阶级的各部分势力,从而达到夺取西汉政权并巩固王氏政权的目的。'经学'只是他利用来作为政治斗争和思想斗争的一种工具而已。"[1]这种态度,实际上已然标识出王莽"政治家"身份凌驾于"学者"角色之上的特质。

儒家对于仕途的追求,同样未能在新莽时期得到满足。尽管王莽掌权后,一度兴太学、扩充博士弟子员、广征儒生,造成王朝优抚儒家的氛围,但其征用者不限于儒家,天文、钟律、月令、兵法、《史篇》等皆在被征用之列。所征选的广大儒生,实际并未委以实务。所谓"网罗天下异能之士,至者前后千数",其所从事的工作却是"皆令记说廷中,将令正乖缪,壹异说"[2],即从事文书、校书之类的文化事务,而不涉朝堂议政,亦绝少参与具体行政实务的执行。太学中,虽扩博士弟子员至万八百人,但每岁课试之甲、乙、丙三科却不过百人。至于儒生其他可凭籍的入仕途径,一仍西汉旧制,甚少更张。再加上王莽用人以私,"但以世姓""或遣亲属子孙"[3],"附顺者拔擢,忤恨者诛灭"[4],"抑夺下权,朝臣有言其过失者,辄拔擢"[5]。儒生群体踏入仕途的门径仍然非常狭窄,故群儒愈来愈不满,甚至失望而疏离新莽政权。

再以新莽时的吏禄为例,"自公卿以下,一月之禄十缫布二匹,或帛一匹"[6],远不能满足官员日常生活所需。至天凤三年(16年),王莽"下吏禄制度",曰:"四辅公卿大夫士,下至舆僚,凡十五等。僚禄一岁六十六斛,稍以差增,上至四辅而为万斛。"又曰:"《周礼》膳羞百有二十品,今诸侯各食其同、国、则;辟、任、附城食其邑;公、卿、大夫、元士食其采。多少之差,咸有条品。岁丰穰则充其礼,有灾害则有所损,与百姓同忧喜也。其用上计时通计,天下幸无灾害者,太官膳羞备其品矣;即有灾害,以什率多少而损膳焉。"[7]王莽试图将官员的俸禄与地方年景收入的多少相关联,但此举却大开了官僚弄权敲诈的方便之门,且新莽朝廷财政并不足以维持此制度所规定的吏禄数额,结果"课计不可理,吏终不得禄,各因官职为奸,受取赇赂以

---

① 周予同编著,朱维铮编校:《经学和经学史》,上海:上海人民出版社,2012年,第122页。
② (汉)班固:《汉书》卷99上《王莽传上》,北京:中华书局,1962年,第4069页。
③ (汉)桓谭:《新论》,上海:上海人民出版社1977年,第12页。
④ (汉)班固:《汉书》卷99上《王莽传上》,北京:中华书局,1962年,第4045页。
⑤ (汉)班固:《汉书》卷99中《王莽传中》,北京:中华书局,1962年,第4135页。
⑥ (汉)班固:《汉书》卷99中《王莽传中》,北京:中华书局,1962年,第4142页。
⑦ (汉)班固:《汉书》卷99中《王莽传中》,北京:中华书局,1962年,第4142页。

自共给"①。现任官吏的俸禄尚且不能满足,更何况广大儒生群体了。

通观西汉儒生命运,自武帝立五经博士、置博士弟子员、开察举诸科,朝廷为儒生群体踏入仕途提供了可行的制度途径,但这种"制度设计"与制度运作过程之间存在着巨大的差异。儒生群体并未占据察举的主导地位。西汉末期,政治黑暗,外戚、宦官专权,朋党比类,儒生入仕门径更为狭窄。儒家本欲以"帝王师"的身份,通过神化五经、孔子的方式,树立经学的学术权威,进而影响汉家政治。然汉家政治文化的特色是"霸王道杂之",政治实务操于文吏阶层而以儒术缘饰之,不可能去践行儒家的"理想政治"。儒生的价值取向与汉家现实政治渐行渐远,他们最终将希望寄托于王莽身上。但是,王莽实在称不上彻底的"创新者"。他所推行的各项改制措施,虽皆依据儒家先贤之典籍,但除了在土地与奴婢问题上进行了短暂的尝试外,其他重大政治举措基本是西汉制度及其制度实践的直接承继或变相沿袭。这意味着,王莽的"复古改制"同样与儒家的"王道理想"相疏离,也未能真正满足儒生的仕途要求。随着新莽政权的败亡,儒生群体或因理想之破灭而陷入迷茫,隐遁山林,或自我反思,转投新兴之政权。"刘氏复兴"遂成为新莽后期的主流观念。

附表　士人与王莽不合作者简表

姓名	主要史迹	史料来源
邴汉	以清行征用,至京兆尹,后为太中大夫。王莽秉政,俱乞骸骨。	《汉书·邴汉传》
郭钦	哀帝时为丞相司直。王莽居摄,以病免官,归乡里,卧不出户,卒于家。	《汉书·郭钦传》
蒋诩	兖州刺史。王莽居摄,以病免官,归乡里,卧不出户,卒于家。	《汉书·蒋诩传》
禽庆	北海人,儒生。去官不仕于莽。	《汉书·禽庆传》
粟融	齐人,儒生。去官不仕于莽。	《汉书·粟融传》
苏章	北海人,儒生。去官不仕于莽。	《汉书·苏竟传》
鲍宣	好学,明经,为县乡啬夫……复为州从事……为谏大夫,迁豫州牧。不仕王莽。	《汉书·鲍宣传》
孔休	守新都令。后王莽秉权,休去官归家。及莽篡位,请为国师,遂呕血托病,杜门自绝。	《后汉书·卓茂传》

---

① (汉)班固:《汉书》卷99中《王莽传中》,北京:中华书局,1962年,第4143页。

姓名	主要史迹	史料来源
陈咸	成、哀间以律令为尚书。王莽辅政，多改汉制，咸心非之，即乞骸骨去职，父子相与归乡里，闭门不出入。	《后汉书·陈宠传》
蔡勋	好黄老，平帝时为哪令。王莽初，授以厌戎连率。勋对印勋仰天叹曰："吾策名汉室，死归其正。昔曾子不受季孙之赐，况可事二姓哉？"遂携将家属，逃入深山，不仕新室。	《后汉书·蔡邕传》
逢萌	时尉行过亭，萌候迎拜谒，既而掷楯叹曰："大丈夫安能为人役哉！"……时王莽杀其子宇，萌谓友人曰："三纲绝矣！不去，祸将及人。"即解冠挂东都城门，归，将家属浮海，客于辽东。	《后汉书·逢萌传》
戴遵	王莽篡位，称病归乡里。	《后汉书·逸民列传》
章明	王莽篡位，叹曰："不以一身事二王。"遂自杀。	《华阳国志·先贤士女总赞》
谯玄	王莽居摄，玄于是纵使者车，变易姓名，间窜归家，因以隐遁。	《后汉书·谯玄传》
李业	会王莽居摄，业以病去官，杜门不应州郡之命……遂隐藏山谷，绝匿名迹，终莽之世。	《后汉书·李业传》
王皓 王嘉	王皓为美阳令，王嘉为郎。王莽篡位，并弃官西归。	《后汉书·逸民列传》
崔篆	自以宗门受莽伪宠，渐愧汉朝，遂辞归不仕。客居荥阳，闭门潜思，著《周易林》六十四篇	《后汉书·崔骃传》
包咸	会稽曲阿人。少为诸生，受业长安，师事博士右师细君，习《鲁诗》《论语》。王莽末，去归乡里。	《后汉书·包咸传》
薛方	齐人，莽以安车迎，因使者辞谢曰："尧、舜在上，下有巢由，今明主方隆唐、虞之德，小臣欲守箕山之节也。"莽说其言，不强致。	《后汉书·薛方传》
郭游君	并修清节，不仕王莽。	《后汉书·郭贺传》
孔子建	时曰："吾有布衣之心，子有衮冕之志，各从所好，不亦善乎！道既乖失，请从此辞。"遂归，终于家。	《后汉书·孔僖传》
郭宪	王莽篡位，拜宪以郎中。赐以衣服，宪受衣焚之，逃于东海之滨，莽深忿之，讨逐不知所在。	《后汉书·郭宪传》
向长	隐居不仕，性尚中和，好通《老》、《易》，王莽大司空王邑辟之，连年乃至，欲荐之于莽，固辞乃止，潜隐。	《后汉书·逸民列传》
周党	及王莽窃位，托疾杜门。	《后汉书·逸民列传》

姓名	主要史迹	史料来源
刘茂	及王莽篡位,弃官,避世弘农山中教授。	《后汉书·独行列传》
侯刚	言"汉祚无穷,吾宁死之,不忍事非主也",后被王莽所杀。	《华阳国志·先贤士女总赞》

第五章 "刘氏复兴"与天命归属

新莽改制并未解决西汉末年以来的社会危机，甚至加深了人民的苦难。儒生群体的"理想政治"与"利禄仕途"要求同样没能得到完美解决。士人们开始与新莽政权渐行渐远，转而怀念汉家制度，激起"思汉"思潮。在此背景下，"刘氏复兴"之谶广泛传播，成为各家反莽势力所依凭的主要理据。新莽末年，刘氏宗室以及其他割据势力并起。他们在逐鹿天下的过程中，竭力寻求有关"天命"归属的理据。最终，一套齐备且成熟的"受命"之符归于光武帝刘秀。

第一节 "人心思汉"

两汉之际"思汉"思潮的出现，一方面基于对西汉王朝曾出现过的盛世与明主的追慕之情，一方面则因为新莽朝严重的末世危机。刘氏宗室势力的复起及其对各种政治思想的援引、改造，使"思汉"有了现实的群众基础。

一、新莽朝的末世危机

新莽改制与儒生群体价值取向的疏离，使王莽代汉立新时最重要的依傍力量日渐衰微。改制措施繁复无常，脱离社会现实，引起众多士人与民众的反抗。在新莽十五年的统治中，自然灾异现象频繁发生。尽管王莽以"变灾为祥"的方式力图辩解，但如此多的灾异最终导致了新莽朝的末世危机。

新莽十五年内，可考之自然灾异有 30 多种，平均每年有 2 种以上。参见下表：

新莽朝灾异表

时间	表　　现	种类
始建国三年 （11年）	池阳县有小人景，长尺余，或乘车马，或步行，操持万物，小大各相称，三日止。	小人景
	滨河郡蝗生。	蝗灾
	河决魏郡，泛清河以东数郡。	河决
始建国四年 （12年）	夏，赤气出东南，竟天。	赤气
	十一月，彗星出，二十余日，不见。	彗星
天凤元年 （14年）	三月壬申晦，日有食之。	日食
	四月，陨霜，杀草木，海濒尤甚。	陨霜
	六月，黄雾四塞。	黄雾
	七月，大风拔树，飞北阙直城门屋瓦。雨雹，杀牛羊。	大风、雨雹
天凤二年 （15年）	日中见星。讹言黄龙坠死黄山宫中，百姓奔走往观者以万数。	日中见星、黄龙坠死
	邯郸以北大雨雾，水出，深者数丈，流杀数千人。	大雨雾
天凤三年 （16年）	是月戊辰，长平馆西岸崩，邕泾水不流，毁而北行。	水灾
	七月辛酉，霸城门灾，民间所谓青门也。	门灾
	戊子晦，日有食之。	日食
	十月戊辰，王路硃鸟门鸣，昼夜不绝。	鸟鸣
天凤五年 （18年）	正月朔，北军南门灾。	门灾
地皇元年 （20年）	二月壬申，日正黑。	日正黑
	七月，大风毁王路堂。	风灾
地皇二年 （21年）	秋，陨霜杀菽，关东大饥，蝗。	陨霜、蝗灾
地皇三年 （22年）	二月，霸桥灾，数千人以水沃救，不灭。	火灾
	十一月有星孛于张，东南行五日不见。	彗星
	夏，蝗从东方来，蜚蔽天，至长安，入未央宫，缘殿阁。	蝗灾
地皇四年 （23年）	六月昼有云气如坏山，堕军上，军人皆厌，所谓营头之星也。	云气
	秋，太白在太微中，烛地如月光。	金星犯太微

如上之灾异事件大抵可分为：(1)天文奇观，如流星、赤气、日食、金星犯

太微等;(2)五行灾变,如蝗灾、陨霜、风灾、水灾等;(3)物候怪变,如小人景、黄龙坠死、鸟鸣不息等。如此繁复的自然灾异,必然导致社会局势的不安定,民众怨声载道。西汉末年,"颂德献符遍天下"的局面,竟迅速演变为新莽日趋严重的统治危机。新莽末年,有好事者"讹言黄龙堕死黄山宫中,百姓奔走往观者有万数。莽恶之,捕系问语所从起,不能得"。① "黄龙"为"土德"之瑞,而新莽自任"土德",故王莽将所谓"黄龙坠死"之事视作颠覆新莽政权之辞,下令搜捕造作者。地皇二年(21年),"南郡秦丰众且万人。平原女子迟昭平能说博经以八投,亦聚数千人在河阻中。莽召问群臣禽贼方略,皆曰:'此天囚行尸,命在漏刻。'"②当南郡秦丰起兵反莽之时,平原郡女子迟昭平也利用"博弈经"聚众千人起事。服虔注"博弈经,以八箭投之",当为秦汉时期一种称为"博戏"的棋类游戏,在两汉之际也被用来附会谶纬神秘学说。王莽面对秦丰、迟昭平的反抗运动,只能说他们是"天囚行尸,命在漏刻",即污蔑他们是获罪于天的囚犯、行尸,不足为惧。

新朝建立以后,统治集团内部的矛盾也日益激化。原本支持、帮助王莽获得天下的功臣,甚至王氏宗室子弟,纷纷与王莽决裂,或被王莽诛杀。王莽次子王获早年间失手杀奴,因王莽正欲争得"仁德"的好名声,而被逼自杀。长子王宇因为不满王莽诛杀卫氏外戚,害怕将来不得善终,于是"与师吴章及妇兄吕宽议其故,章以为莽不可谏,而好鬼神,可为变怪以惊惧之,章因推类说令归政于卫氏。宇即使宽夜持血酒莽第,门吏发觉之,莽执宇送狱,饮药死。宇妻焉怀子,系狱,须产子已,杀之。"③王宇本意利用王莽喜好鬼神淫祀的特点,将狗血涂门以示天谴。结果,王莽得知后,丝毫不手软,赐毒酒诛杀王宇。王获、王宇死后,王莽幼子王临被立为太子,但王临与王莽侍妾原碧有染,密谋弑父。"莽妻旁侍者原碧,莽幸之。后临亦通焉,恐事泄,谋共杀莽。临妻愔,国师公女,能为星,语临宫中且有白衣会。临喜,以为所谋且成。……赐临药,临不肯饮,自刺死。……又诏国师公:'临本不知星,事从愔起。'愔亦自杀。"王临之妻刘愔为国师刘歆之女,她深谙所谓星兆谶记之术,观星时认为"宫中有白衣会",预示着王莽近期会有丧事。王临将这一星兆引为起事的借口,可惜密谋失败。王临、原碧、刘愔皆被赐死。为此,王莽还作了一番符命解释,曰:"符命文立临为统义阳王,此言新室即位三万六千岁后,为临之后者乃当龙阳而起。前过听议者,以临为太子,有烈

---

① (汉)班固:《汉书》卷99中《王莽传中》,北京:中华书局,1962年,第4139页。

② (汉)班固:《汉书》卷99下《王莽传下》,北京:中华书局,1962年,第4170页。

③ (汉)班固:《汉书》卷99上《王莽传上》,北京:中华书局,1962年,第4065页。

风之变,辄顺符命,立为统义阳王。在此之前,自此之后,不作信顺,弗蒙厥佑,夭年殒命,呜呼哀哉! 迹行赐谥,谥曰:'缪王'。"①王莽声称按照符命之文,应当立王临为统义阳王,而不应该是太子,现在王临身死,便谥号"缪王"。王莽这番解释全然不顾此前自己把王临立为太子的事实,反而将诛杀王临的原因归咎于符命之文,宣称只有这样,新朝才能享国三万六千岁,王临之后才能飞黄腾达。王莽诛杀三子后,仍未停歇,接下来便是诛杀皇孙功崇公王宗。据说,"皇孙功崇公宗坐自画容貌,被服天子衣冠,刻印三:一曰'维祉冠存己夏处南山臧薄冰',二曰'肃圣宝继',三曰'德封昌图'。又宗舅吕宽家前徙合浦,私与宗通,发觉按验,宗自杀。……宗姊妨为卫将军王兴夫人,祝诅姑,杀婢以绝口。事发觉,莽使中常侍䜣恽责问妨,并以责兴,皆自杀。事连及司命孔仁妻,亦自杀。"②或许在王莽三子死后,皇孙王宗觉得自己必然继承大统,于是有了"自画容貌,被服天子衣冠"之举。这当然是王莽所不能容忍的,于是皇孙王宗被逼自杀,王宗之姐王妨等亦自杀身亡。王莽对此事发表评论称"宗属为皇孙,爵为上公,知宽等叛逆族类,而与交通。刻铜印三,文意甚害,不知厌足,窥欲非望",③即称责任完全在皇孙。同时,此案中被株连的司命孔仁,被王莽认为有大不敬之罪。史载:"仁见莽免冠谢,莽使尚书劾仁:'乘'乾'车,驾'神'马,左苍龙,右白虎,前朱雀,后玄武,右杖威节,左负威斗,号曰赤星,非以骄仁,乃以尊新室之威命也。仁擅免天文冠,大不敬。'"④至此,王莽一门中,三子一孙皆被诛杀,可见王莽对皇权的独占欲,以及宗室内部矛盾之剧。

王莽在诛杀子孙之外,与在朝大臣之间的矛盾也不断激化,具体表现为甄丰、甄寻父子与刘歆的反抗。甄丰是王莽代汉过程中的鼎柱之臣,其子甄寻在新莽时为侍中、京兆大君、茂德侯。甄丰为攫取更大的政治利益,"即作符命,言新室当分陕,立二伯,以丰为右伯,太傅平晏为左伯,如周、召故事"。⑤ 不久,甄丰感觉身为"右伯"还不够尊贵,于是"复作符命",想要娶"故汉氏平帝后黄皇室主"为妻。这引起王莽的极大不满,发怒曰:"黄皇室主天下母,此何谓也",发兵搜捕甄氏父子。在王莽看来,"符命"只能为自己的权势服务,决不能成为臣民获取利益的依据。另有人称甄寻手纹有异,显示"天子"字样,王莽深以为惧,命"解其臂入视之,曰:'此一大子也,或曰一

① (汉)班固:《汉书》卷99下《王莽传下》,北京:中华书局,1962年,第4165页。
② (汉)班固:《汉书》卷99下《王莽传下》,北京:中华书局,1962年,第4152—4253页。
③ (汉)班固:《汉书》卷99下《王莽传下》,北京:中华书局,1962年,第4153页。
④ (汉)班固:《汉书》卷99下《王莽传下》,北京:中华书局,1962年,第4153页。
⑤ (汉)班固:《汉书》卷99中《王莽传中》,北京:中华书局,1962年,第4123页。

六子也。六者，戮也。明寻父子当戮死也。'"①硬生生地将"天子"，拆分为
"一大子"或"一六子"，其目的是显而易见的。在此次甄丰、甄寻父子的事件
中，刘歆的三个儿子隆威侯刘棻、伐虏侯刘泳、掌威侯刘奇受株连，均被杀。
刘歆因之与王莽日渐疏远：

> 先是，卫将军王涉素养道士西门君惠。君惠好天文谶记，为涉言：
> "星孛扫宫室，刘氏当复兴，国师公姓名是也。"涉信其言，以语大司马董
> 忠，数俱至国师殿中庐道语星宿，国师不应。后涉特往，对歆涕泣言：
> "诚欲与公共安宗族，奈何不信涉也！"歆因为言天文人事，东方必
> 成。……歆怨莽杀其三子，又畏大祸至，遂与涉、忠谋，欲发。歆曰："当
> 待太白星出，乃可。"……更始将军史谌行诸署，告郎吏曰："大司马有狂
> 病，发，已诛。"……刘歆、王涉皆自杀。莽以二人骨肉旧臣，恶其内溃，
> 故隐其诛。②

刘歆乃楚元王刘交之后，属刘汉宗室，但在西汉末年助力王莽获取政权，并
与王莽联姻。随着刘歆之女刘愔身死，姻亲联盟不复存在；而三子被杀的事
实，则直接导致刘歆的强烈不满。刘歆密谋反莽也便成了必然。可惜刘歆
一介学士，又过分迷信谶记作用，贻误时机，最终被逼自杀。刘歆死后，新朝
还曾出现过所谓国师公显灵事件："后日殿中钩盾土山仙人掌旁有白头公青
衣，郎吏见者私谓之国师公。衍功侯喜素善卦，莽使筮之，曰：'忧兵火。'莽
曰：'小儿安得此左道？是乃予之皇祖叔父子侨欲来迎我也。'"③王莽将这
次刘歆显灵事件，解释成王莽的"皇祖叔父子侨来迎"，并命衍功侯王喜占
卜，得"火灾"之兆。于是，所谓国师公显灵事件，便被偷换成火灾预警的征
召。由甄氏父子与国师公刘歆的密谋可知，新莽统治集团内部的矛盾日趋
尖锐，原本以王莽为核心的"创业团体"，在新莽政权建立后却出于对政治利
益的争夺而分崩离析。

在这种天灾人祸与内部纷争并起的背景下，反抗新莽政权的农民起义
事件此起彼伏，"西域将钦上言，九月辛已，戊己校尉中陈良、终带共贼杀校
尉刁护，劫略吏士，自称废汉大将军，亡入匈奴"。④"时宗室刘茂自号'厌新

---

① (汉)班固：《汉书》卷99中《王莽传中》，北京：中华书局，1962年，第4123页。
② (汉)班固：《汉书》卷99下《王莽传下》，北京：中华书局，1962年，第4184页。
③ (汉)班固：《汉书》卷99下《王莽传下》，北京：中华书局，1962年，第4185页。
④ (汉)班固：《汉书》卷99中《王莽传中》，北京：中华书局，1962年，第4119页。

将军',率众降,封为中山王。"①又如"不知何一男子遮臣建车前,自称'汉氏刘子舆,成帝下妻子也。刘氏当复,趣空宫。'收系男子,即常安姓武字仲。皆逆天违命,大逆无道。请论仲及陈良等亲属当坐者。奏可。……改定安太后号曰'黄皇室主',绝之于汉也。"②这"废汉"、"厌新"的称号,要么反映了"思汉"的倾向,要么是出于厌胜新朝的目的。此外,还有琅琊吕母起义、临淮瓜田仪起义、迟昭平起义、巨鹿人马适求起义、析人邓晔、于匡起义、赤眉力子都、樊崇起义、绿林王凤、王匡起义等。新莽政权在统治十五年后,最终在绿林、赤眉起义军的打击下,迅速分崩瓦解,开启了新一轮的割据征战局面。

二、"思汉"思潮

新莽末年至东汉初期的社会动乱中,反抗新莽虐政和重建刘氏正统,是当时的时代主题。这一主题在思想与舆论领域内以"人心思汉"的形式呈现出来。"人心思汉"思潮以反莽为动因,以重建汉统为方向,以曾经强盛、统一、富强的西汉王朝为理想。可以说,"人心思汉"思潮本身就已经预示了两汉之际的历史发展走向。

赵翼《廿二史札记》有"王莽时起兵者皆称汉后"条,认为"汉自高、惠以后,贤圣之君六七作,深仁厚泽,被于人者深……故虽时代改易,而民心未去,加以莽政愈虐,则思汉之心益坚"③。赵氏将"人心思汉"产生的原因归结为汉家贤君之"遗"与王莽施政之"虐"。此论仅涉及当时民众的一般心理,就"人心思汉"发生的理论机制、具体内涵、思想根源却未言明,况且当时不同阶层对于"思汉"的诉求与表现也有所不同。

西汉末期产生的"更受命"说,虽一度成为动摇刘氏皇权统治的工具,但在新莽末年却又演为刘氏复兴的理论依据。面对新莽复古改制所造成的社会混乱,一些士人出于个人仕途与社会命运的担忧,又回归刘氏宗室的旧有正统性寻求"帮助"。于是汉家"再受命"的论调重新抬头,滋生出所谓"复兴汉室"的舆论,并与流行于世的谶纬符命相结合,迅速传播。地皇元年(20年),郅恽称"方今镇、岁、荧惑并在汉分翼、轸之域,去而复来,汉必再受命",并上言王莽曰"汉历久长,孔为赤制",要求王莽"取之以天,还之以天"④。在郅恽看来,王莽是应"天命"而代汉的。现在按"天象"所示,"天命"又复归

① (南朝宋)范晔:《后汉书》卷1《光武帝纪》,北京:中华书局,1965年,第23页。
② (汉)班固:《汉书》卷99中《王莽传中》,北京:中华书局,1962年,第4119—3120页。
③ (清)赵翼著,王树民校证:《廿二史札记校证》,北京:中华书局,1984年,第72页。
④ (南朝宋)范晔:《后汉书》卷29《郅恽传》,北京:中华书局,1965年,第1024—1025页。

到了刘汉手里,故新莽当重新让政于汉。次年,又有卜者王况与魏成大尹李焉共同制作谶书十万言,称"汉家当复兴",而"李音徵,徵火也,当为汉辅"①。他们积极准备举事反莽,结果事泄被杀。李焉自言为"汉辅",或有政治投机之嫌,但他对"汉家当复兴"的宣传作用却不容忽视。此后不久,王莽的佐臣李守竟也援引王匡语,谓其子李通:"刘氏当兴,李氏为辅"。地皇三年(22年),李通与从弟李轶挟此谶言,奔宛,鼓动刘縯、刘秀兄弟起兵反莽。同年,冯衍曾规劝奉诏镇压赤眉军的廉丹曰:"新室之兴,英俊不附。今海内溃乱,人怀汉德,甚于诗人思召公也。"②冯衍此处将所谓"刘氏当复兴"之类的谶言,通俗化为"人怀汉德",更容易被世人所认同和接受。又如王常称:新莽"政令可酷,积失天下民心。民之讴吟思汉,非一日也,故使吾属因此得起"③。郑兴曾说刘玄曰:"天下同苦王氏虐政,而思高祖之旧德"④。冯异也曾说刘秀曰:"天下同苦王氏,思汉久矣"⑤。

隗嚣反莽之时,曾移檄文、告郡国,指斥王莽妄引经典、下三万六千岁之历是"逆天"之行。文曰:

> (莽)分裂郡国,断截地络。田为王田,卖买不得。规锢山泽,夺民本业。造起九庙,穷极土作。发冢河东,攻劫丘垄。此其逆地之大罪也。尊任残贼,信用奸佞,诛戮忠正,覆按口语,赤车奔驰,法冠晨夜,冤系无辜,妄族众庶。行炮格之刑,除顺时之法,灌以醇醯,裂以五毒,政令日变,官名月易,货币岁改,吏民昏乱,不知所从,商旅穷窘,号泣市道。设为六管,增重赋敛,刻剥百姓,厚自奉养,苟苴流行,财入公辅,上下贪贿,莫敢检考。民坐挟铜炭,没入钟官,徒隶殷积,数十万人,工匠饥死,长安皆臭。既乱诸夏,狂心益悖,北攻强胡,南扰劲越,西侵羌戎,东摘灭貊。使四境之外,并入为害,缘边之郡,江海之濒,涤地无类。故攻战之所败,苛法之所陷,饥馑之所天,疾疫之所及,以万万计。其死者则露尸不掩,生者则奔亡流散,幼孤妇女,流离系虏。此其逆人之大罪也。⑥

---

① (汉)班固:《汉书》卷99下《王莽传下》,北京:中华书局,1962年,第4166页。
② (南朝宋)范晔:《后汉书》卷28《冯衍传》,北京:中华书局,1965年,第963页。
③ (南朝宋)范晔:《后汉书》卷15《王常传》,北京:中华书局,1965年,第579页。
④ (南朝宋)范晔:《后汉书》卷36《郑兴传》,北京:中华书局,1965年,第1217页。
⑤ (南朝宋)范晔:《后汉书》卷17《冯异传》,北京:中华书局,1965年,第640页。
⑥ (南朝宋)范晔:《后汉书》卷13《隗嚣传》,北京:中华书局,1965年,第516—517页。

此檄文历数王莽改制的不当与混乱所导致的社会危机,同时也为自己的反莽树立起安定民众的名义。其间虽不免有夸张的可能,但在很大程度上仍能反映出新莽末年的社会状况。王莽自西汉末年尽心竭力树立起来的"王者"形象,此时却愈来愈被冠以"篡汉""窃位""鸩杀平帝"的称名,如更始元年(23 年)假托为成帝之子的王昌说:"王莽窃位,获罪于天"①;王常说:"王莽篡弑"②;隗嚣说:"(莽)鸩杀孝平皇帝,篡夺其位"③。

新莽末年,各地起兵反莽,或以"辅汉"为名,如隗嚣宣称"允承天道,兴辅刘宗"④。或为宗室起兵者,前有刘崇、刘信,后有刘快、刘都、刘曾、刘贵、刘缤、刘秀等。或拥立刘氏宗族为领袖,如绿林平林军立刘玄为天子,号更始;赤眉军樊崇立刘盆子为帝,号建世;王郎诈称成帝子子舆,于邯郸称帝;卢芳诈称武帝曾孙刘文伯,豪强以之为上将军,后被匈奴立为帝,再后被更始帝封为梁王。赵翼称之曰:"历观诸起事者,非自称刘氏子孙,即以复汉为名,可见是时人心思汉,举天下不谋而同。"⑤刘氏子嗣自西汉初建以迄新莽时期,已"十有余万人"。当时刘氏宗族、豪强地主,包括社会民众,在"复汉"的舆论之下,结成各股强大的反莽力量。王常曾有"百姓思汉,故豪杰并起。今刘氏复兴,即真主也"⑥。士民追慕、憧憬过往西汉王朝曾经营造的统一安定局面,因而才会发出"文帝发忿,居地下趣军"⑦的呐喊,才会有民众"咸称刘氏,不谋同辞"⑧,才会将"遵高祖之旧制,修孝文之遗德"⑨视为政治方向。《汉书·王莽传》曰:"新室即位以来,民田奴婢不得卖买,数改钱货,徵发烦数,军旅骚动,四夷并侵,百姓怨恨,盗贼并起,汉家当复兴。"⑩"观更始之际,刘氏之遗恩余烈,英雄岂能抗之哉!然则知高祖、孝文之宽仁,结于人心深矣。周人之思邵公,爱其甘棠,又况其子孙哉!刘氏之再受命,盖以此乎!"⑪这些舆论号召具有极强的权威性,又符合当时社会民众革除王莽弊政、恢复社会安定的要求,具有很强的现实性、鼓动性,在两汉之际的政治变革中发挥着不可磨灭的政治作用。在"思汉"思潮的舆论导向下,"海内豪杰

---

① (南朝宋)范晔:《后汉书》卷 12《王昌传》,北京:中华书局,1965 年,第 492 页。
② (南朝宋)范晔:《后汉书》卷 15《王常传》,北京:中华书局,1965 年,第 579 页。
③ (南朝宋)范晔:《后汉书》卷 13《隗嚣传》,北京:中华书局,1965 年,第 515 页。
④ (南朝宋)范晔:《后汉书》卷 13《隗嚣传》,北京:中华书局,1965 年,第 514 页。
⑤ (清)赵翼著,王树民校证:《廿二史札记校证》,北京:中华书局,1984 年,第 73 页。
⑥ (南朝宋)范晔:《后汉书》卷 15《王常传》,北京:中华书局,1965 年,第 579 页。
⑦ (汉)班固:《汉书》卷 99 下《王莽传下》,北京:中华书局,1962 年,第 4166 页。
⑧ (南朝宋)范晔:《后汉书》卷 40《班彪传》,北京:中华书局,1965 年,第 1323 页。
⑨ (南朝宋)范晔:《后汉书》卷 13《隗嚣传》,北京:中华书局,1965 年,第 519 页。
⑩ (汉)班固:《汉书》卷 99 下《王莽传下》,北京:中华书局,1962 年,第 4166 页。
⑪ (南朝宋)范晔:《后汉书》卷 12《王刘张李彭卢列传》赞,北京:中华书局,1965 年,第 509 页。

翕然响应,皆杀其牧守,自称将军,用汉年号,以待诏命,旬月之间,遍于天下"①。反莽势力兴起的迅速程度,可谓惊人。"人心思汉"在社会上不断蔓延,《后汉书·光武帝纪》曾记其情状,曰:"更始将北都洛阳,以光武行司隶校尉,使前整修宫府。于是置僚属,作文移,从事司察,一如旧章。时三辅吏士东迎更始,见诸将过,皆冠帻,而服妇人衣,诸于绣镼,莫不笑之,或有畏而走者。及见司隶僚属,皆欢喜不胜。老吏或垂涕曰:'不图今日复见汉官威仪',由是识者皆属心焉。……考察黜陟,如州牧行部事。辄平遣囚徒,除王莽苛政,复汉官名。吏人喜悦,争持牛、酒迎劳。"②此则史料,虽不免有贬抑更始之意,但光武帝"一如旧章"的做法,确实收到"复见汉家威仪"的效果。民众"思汉"之心,可见一斑。

新莽间,士人多有"逃逸"者,他们不仕王莽政权,隐居山林。如曾为新都相的孔休拒绝新莽"国师"之请,呕血、杜门谢绝;卓茂"与同县孔林、陈留蔡勋、安众刘宣、楚国龚胜、上党鲍宣六人同志,不仕王莽时,并名重当时"③;龚胜称"吾受汉家厚恩,亡以报,今年老矣,旦暮入地,谊岂以一身事二姓,下见故主哉"④;大司空彭宣、王崇,太中大夫邴汉等均在王莽专权时主动乞骸骨;南昌尉梅福更是弃官抛家,隐居会稽;朝野七十余人先后隐亡,不仕王莽。史载:"汉室中微,王莽篡位,士之蕴籍义愤甚矣。是时裂冠毁冕,相携持而去之者,盖不可胜数。"⑤另有士人投身于各地割据势力,如《后汉书·王隆传》曰:"王隆字文山,冯翊云阳人也。王莽时,以父任为郎,后避难河西,为窦融左护军"⑥;《后汉书·蔡茂传》曰"会天下扰乱,茂素与窦融善,因避难归之。融欲以为张掖太守,故辞不就;每所饷给,计口取足而已"⑦;《后汉书·儒林传》曰"(欧阳)歙既传业,而恭谦好礼让。王莽时,为长社宰。更始立,为原武令"⑧。这些士人对新莽政权采取"不合作"的态度,或因早已看清王莽沽名钓誉、篡汉自立的本质,或因秉持着对刘汉皇室的忠诚。当新莽败亡时,他们成为"思汉"思潮的主要鼓吹者。

新莽灭亡后,各地自称"复汉"或"辅汉"的割据势力之间,又激起了孰为刘氏正统的争斗。斗争的结果是:"人心思汉"的指归涌向刘秀。刘秀,为高

① (南朝宋)范晔:《后汉书》卷11《刘玄传》,北京:中华书局,1965年,第469页。
② (南朝宋)范晔:《后汉书》卷1《光武帝纪》,北京:中华书局,1965年,第9—10页。
③ (南朝宋)范晔:《后汉书》卷25《卓茂传》,北京:中华书局,1965年,第872页。
④ (汉)班固:《汉书》卷72《龚胜传》,北京:中华书局,1962年,第3085页。
⑤ (南朝宋)范晔:《后汉书》卷83《逸民列传》,北京:中华书局,1965年,第2756页。
⑥ (南朝宋)范晔:《后汉书》卷80《王隆传》,北京:中华书局,1965年,第2609页。
⑦ (南朝宋)范晔:《后汉书》卷26《蔡茂传》,北京:中华书局,1965年,第907页。
⑧ (南朝宋)范晔:《后汉书》卷79《欧阳歙传》,北京:中华书局,1965年,第2555页。

祖九世孙①。刘秀自经略河北时期,即以"立高祖之业,救万民之命"②为使命。建武元年(25年),有强华自关中奉《赤伏符》献于刘秀,谶文曰:"刘秀发兵捕不道,四夷云集龙斗野,四七之际火为主。"③此谶言刘秀当为帝。刘秀采用之,乃于鄗县南千秋亭五城陌,宣布即位,号"建武",建立东汉政权。天下民心渐趋刘秀,以其为"刘氏复兴"的应谶之人。故当隗嚣劝窦融割据河西时,有识者曰:"汉承尧运,历数延长。今皇帝姓号见于图书……观符命而察人事,它姓殆未能当也"④,窦融遂降。时班彪曾作《王命论》,劝隗嚣放弃割据。申屠刚亦屡次劝隗嚣"上应天心,下酬人望","推诚奉顺,与朝并力"⑤。但隗嚣逆势而为,决意抗光武,"于是游士长者,稍稍去之",如郑兴、杜林、马援、王尊、申屠刚等皆由陇奔汉。后来王尊曾以一纸书信就招降牛邯大军,"于是嚣大将十三人,属县十六,众十余万,皆降"⑥。可见天下归心于光武政权的趋势已不可遏止。

王莽称帝以后,其专权残暴、色厉内荏的本质逐渐暴露。那些本来抱有济世理想的儒生已经逐步离心,追逐功名利禄者也逐渐脱出新莽政权。在绿林、赤眉军起,反莽浪潮风起云涌之时,特别是刘秀异军突起、众望所归时,无论是归隐山林还是死心塌地追随王莽的人,面对东汉政权,都不得不重新思考自身的命运。他们或积极迎合,或被动接纳,或继续观望,最终皆委身于东汉王朝之下。

第二节 关于刘氏正统的争夺

新莽末年,"刘氏复兴"成为政治思想的主流。但这应当"复兴"的"受命"之主到底是谁,最初却没有特定的指向。于是,关于孰为刘氏正统的论战便成为各家政治势力争论的焦点。争论的结局是刘秀集团的异军突起,其间既与刘秀政治出身的正统性有关,又是由刘秀君臣较为"理性"且"现实"的政治特色所决定的。光武帝亲历两汉之际的历史巨变,对于意识形态领域内的各种思想学说皆保持比较清醒的认识,站在高度的政治理性基础

① 刘秀"高祖九世之孙也,出自景帝生长沙定王发,发生春陵节侯买,买生郁林太守外,外生巨鹿都尉回,回生南顿令钦,钦生光武"。(《后汉书》卷1《光武帝纪》,北京:中华书局,1965年,第1页)
② (南朝宋)范晔:《后汉书》卷16《邓禹传》,北京:中华书局,1965年,第599页。
③ (南朝宋)范晔:《后汉书》卷1《光武帝纪》,北京:中华书局,1965年,第21页。
④ (南朝宋)范晔:《后汉书》卷23《窦融传》,北京:中华书局,1965年,第798页。
⑤ (南朝宋)范晔:《后汉书》卷29《申屠刚传》,北京:中华书局,1965年,第1015页。
⑥ (南朝宋)范晔:《后汉书》卷13《隗嚣传》,北京:中华书局,1965年,第525、529页。

之上处理学术问题。他不像王莽君臣那般笃信图谶之学，而是以一个"政治家"的立场，在"奖崇儒术"的同时，竭力地"规范化"儒学、"吏化"儒生，将儒学与儒生纳入到刘氏政权体系之内。

一、"刘氏复兴"之谶

早在王莽称帝不久，社会上便出现"刘氏复兴"之说。王莽始建国二年（10年），有男子"自称'刘氏刘子舆，成帝下妻子也。刘氏当复，趣空宫'。"[①]此"刘子舆"，自称汉成帝曾宠幸过的女子所出，不知真假，但此谶言的造作者很快被王莽捕获，处死。地皇二年（21年），卜者王况说李焉云："汉家当复兴。君姓李，李者徵，徵，火也，当为汉辅。"[②]此为之后"刘氏复兴，李氏为辅"之谶言的起源。地皇三年（22年）正月，方望等人依"刘氏真人，当更受命"的传言，立前孺子刘婴为帝。地皇三年（22年）十月，李通等以此谶"刘氏复兴，李氏为辅"劝说刘秀兄弟起义。地皇四年（23年）二月，绿林军首领王匡、王凤等人拥立刘玄为更始帝。赤眉军首领方阳、刘茂、樊崇、徐宣等议"今迫近长安，而鬼神如此，当求刘氏共尊立之"，于是立刘盆子，建建世政权。此外还有真定王刘扬"复造作谶记云：'赤九之后，瘿杨为主'"。为了与"瘿"疾相合，刘扬不惜装病，"欲以惑众，与绵曼贼交通"[③]，一度得到真定"绵曼贼"的支持。又有王郎"素为卜相工，明星历，常以为河北有天子气。时赵缪王子林好奇数，任侠于赵、魏间，多通豪猾，而郎与之亲善。"因旧时武仲自称为真正的汉家宗室刘子舆，并称"母故成帝讴者，尝下殿卒僵，须臾有黄气从上下，半日乃解，遂妊身就馆。赵后欲害之，伪易他人子，以故得全。"[④]这些谶言，实际是"人心思汉"的另一种注脚，但"刘氏复兴"的"刘氏"到底指向何人，却是一个存在争议的话题。实际上，刘氏宗室中任何一个人登基为帝，都可以宣称自己是名应图谶的正主。所以，当刘縯、刘秀兄弟在地皇三年（22年）十月起兵时，尽管李通"具言谶文事"，但刘秀"初殊不意，未敢当之"。[⑤]

与"刘氏复兴"之谶相类，还有一则"刘秀当为天子"之谶，似乎明言了南阳刘秀应当享有"天命"，代新而立。但这"刘秀"二字，也有另指他人的可能。刘歆早在哀帝建平元年（前6年）便改名"刘秀"。故有人认为"刘秀"即

---

① （汉）班固：《汉书》卷99中《王莽传中》，北京：中华书局，1962年，第4119页。
② （汉）班固：《汉书》卷99下《王莽传下》，北京：中华书局，1962年，第4166页。
③ （南朝宋）范晔：《后汉书》卷21《耿纯传》，北京：中华书局，1965年，第763页。
④ （南朝宋）范晔：《后汉书》卷12《王郎传》，北京：中华书局，1965年，第491页。
⑤ （南朝宋）范晔：《后汉书》卷15《李通传》，北京：中华书局，1965年，第574页。

"是国师刘子骏也",如《后汉书·窦融传》所载"故刘子骏改易名字,冀应其占"①。又有道士西门君惠言卫将军王涉曰:"星孛扫宫室,刘氏当复兴,国师公姓名是也。"王涉信其言,与大司马董贤"数俱至国师殿中庐道语星宿"。刘歆"遂与涉、忠谋,欲发"②,结果事觉,谋叛者被诛。临刑时,仍有人大喊:"刘秀真汝主也!"③与刘歆改名应谶相对,也有人视光武名应图谶者,如窦融即因"今皇帝姓号见于图书"④归附于光武。就"刘秀"所指为何,光武曾"戏曰:'何用知非仆邪?'坐者皆大笑"⑤。此一个"戏"字,足可见光武对于自己是否应谶不置可否。故当邓晨谓光武"王莽悖暴,盛夏斩人,此天亡之时也。往者会宛,独当应耶"时,光武的态度仍是"笑而不答"⑥,既不反对,也不承认自己名应谶文。

由此可见,"刘氏复兴"之谶,是刘氏宗室甚至各地方势力起兵反莽的理论工具。在推翻新莽政权的过程中,起到了极大的社会舆论效应。但随着新莽的败亡,诸刘之间不得不重新考量"刘氏复兴"的指向问题。于是便有了两汉之际关于"天命所归"的争夺。

二、刘秀争夺"天命"的论战

新莽与更始时期,在长安、南阳、天水、青州、徐州等地出现了一系列谣谶。如"东方为之语曰:'宁逢赤眉,不逢太师! 太师尚可,更始杀我'",⑦是在农民起义军中流传的一则童谣。其中的"太师"即新莽政权的太师王匡,"更始"则指代更始将军廉丹。民众宣称宁可欢迎赤眉起义军,也不愿接纳鱼肉百姓、肆意掠夺的王匡、廉丹之徒。这则谣谶,显然是赤眉军编造的。又如"谐不谐,在赤眉。得不得,在河北",⑧流传在南阳地区,主要是宣扬更始政权能否成功,关键在与赤眉军的对战结果;而天下是否能够安定,则取决于河北地区的刘秀。这则谣谶,恐怕是刘秀势力编造的。再如"灶下养,中郎将。烂羊胃,骑都尉。烂羊头,关内侯",⑨流传于长安附近,是为了影射更始政权的君臣为宵小之徒、任人唯亲,最终必然崩溃。还有"出吴门,望

① (南朝宋)范晔:《后汉书》卷23《窦融传》,北京:中华书局,1965年,第798页。
② (汉)班固:《汉书》卷99下《王莽传下》,北京:中华书局,1962年,第4184页。
③ (南朝宋)范晔:《后汉书》卷23《窦融传》,北京:中华书局,1965年,第798页。
④ (南朝宋)范晔:《后汉书》卷23《窦融传》,北京:中华书局,1965年,第798页。
⑤ (南朝宋)范晔:《后汉书》15《邓晨传》,北京:中华书局,1965年,第582页。
⑥ (南朝宋)范晔:《后汉书》15《邓晨传》,北京:中华书局,1965年,第582页。
⑦ (汉)班固:《汉书》卷99下《王莽传下》,北京:中华书局,1962年,第4175页。
⑧ (南朝宋)范晔:《后汉书》志13《五行志》,北京:中华书局,1965年,第3280页。
⑨ (南朝宋)范晔:《后汉书》卷11《刘玄传》,北京:中华书局,1965年,第471页。

缇群。见一蹇人,言欲上天;令天可上,地上安得民",①流传在天水地区,是天水民众反抗军阀隗嚣的谣谶。因为隗嚣年轻时跛腿,所以他经常自称"蹇人"。这些谣谶,所反映的都是政治势力之间的争斗。谣谶在普通民众中极易传播,也颇具鼓动性,是积聚实力、谋取政治利益的有力工具,但却不足以成为宣扬"天命所归"的理据。

随着谶纬之学在两汉之际的迅速崛起,谶纬神学成为论证政权合法性、宣示"天命在我"的最好理论依据。各家势力皆竭力搜集甚至造作自家的图谶,并力图驳斥、批判甚至推翻别家的图谶之文。如平陵人方望为天水王隗嚣提出"神道设教"的学说,即"足下欲承天顺民,辅汉而起,今立者乃在南阳,王莽尚据长安,虽欲以汉为名,其实无所受命,将何以见信于众乎? 宜急立高庙,称臣奉祠,所谓'神道设教',求助人神者也。且礼有损益,质文无常。削地开兆,茅茨土阶,以致其肃敬。虽未备物,神明其舍诸。"②隗嚣果然设宗庙、祀高祖、太宗、世宗,"称臣执事,奉璧而告"。所谓"神道设教",最早的理论来源是《周易·观卦》所言的"观天之神道,而四时不忒,圣人以神道设教,而天下服矣"。③ 君王想要承受"天意",必须时常祭祀天神、祖先。只有这样,才能获得"天命"的眷顾。再如建世政权也据有自己的图谶之文,曰:"军中常有齐巫鼓舞祠城阳景王,以求福助。巫狂言景王大怒,曰:'当为县官,何故为贼?'有笑巫者辄病,军中惊动。时方望弟阳怨更始杀其兄,乃逆说崇等曰:'更始荒乱,政令不行,故使将军得至于此。今将军拥百万之众,西向帝城,而无称号,名为群贼,不可以久。不如立宗室,挟义诛伐。以此号令,谁敢不服?'崇等以为然,而巫言益甚。前及郑,乃相与议曰:今迫近长安,而鬼神如此,当求刘氏共尊立之。"④所谓城阳景王刘章,是刘盆子的祖先。赤眉军中以齐巫祭祀城阳景王,实际是想求天命于"祖先神"。所谓"当为县官,何故为贼",是说赤眉军不应该"为贼",而应当具有官方正统的执政地位。这官方地位的最高者,当然是天子。故这些齐巫一番鼓吹,实际是要为赤眉军刘盆子的政权张目,并要求其他刘氏势力"共尊立"刘盆子。

关于两汉之际的"天命"论战,以刘秀与公孙述之间的争论最为典型。他们的争论范围,包括语言、图谶、五德终始说和讽刺文。建武元年(25 年)四月,公孙述在成都称帝,认为"孔子作《春秋》,为赤制而断十二公,明汉至平帝十二代,历数尽也,一姓不得再受命",刘氏汉家气运已尽。公孙述又引

① (南朝宋)范晔:《后汉书》志 13《五行志》,北京:中华书局,1965 年,第 3281 页。
② (南朝宋)范晔:《后汉书》卷 13《隗嚣传》,北京:中华书局,1965 年,第 514 页。
③ (宋)朱熹:《周易本义·象上传》,北京:北京大学出版社,1992 年,第 94 页。
④ (南朝宋)范晔:《后汉书》卷 11《刘盆子列传》,北京:中华书局,1965 年,第 479—480 页。

"《录运法》曰:'废昌帝,立公孙。'《括地象》曰:'帝轩辕受命,公孙氏握。'《援神契》曰:'西太守,乙卯金。'谓西方太守而乙绝卯金也。五德之运,黄承赤而白继黄,金据西方为白德,而代王氏,得其正序"①。公孙述以此来论证自己取代新莽政权是应五德运转之序。同时,他还不惜声称自己"手文有奇",有"得龙兴之瑞"。为使这一套神化自我的理论体系得到民众的接受与信从,他"数移书中国,冀以感动众心"②。这对刚刚凭借《赤伏符》登基仅仅四个月的光武帝而言,是一个极大的冲击。他不得不对公孙述所利用的图谶进行逐一批驳。首先,申明"废昌帝、立公孙"之"公孙"乃指汉宣帝。史载昭帝元凤三年(前78年)正月,上林苑有僵柳复生,虫吃树叶成文曰"公孙病已立"③。"病已"乃汉宣帝之名,当时尚在民间,后来果然被霍光拥立为帝。光武帝为宣帝之后,故自称"公孙皇帝",从而认定公孙述自称"公孙"的不正当。其次,"西太守,乙卯金"是承认汉为火德,火生土,王莽为土德,而土生金,故公孙述自任金德代新莽而立。"金"对应的方位是西方,而公孙述的政权正位于西部。若依此谶文,五德终始说便成了公孙述否认刘秀称帝的理据,从而给刘秀贴上"骗子"的标签。光武帝担心这种宣传的威胁,于是针锋相对地宣称自己是"刘氏复兴"的应谶之人。既然"刘氏"要复兴、重建,那就意味着汉家固有的德运尚未断绝。当时社会上广为流传的"汉为火德尧后"说被光武帝拿来作自己的"应敌"之说。这不仅直接否定了王莽自居一德的说法,同时也巧妙地将公孙述自居金德之说一并否定了。五德运转的下一个"德运"尚未来临,所以王莽与公孙述都成了"篡位者"角色。"建武元年(25年),光武既位于鄗,为坛营于鄗之阳。祭告天地,采用元始中郊祭故事。六宗群神皆从,未以祖配。天地共犊,余牲尚约。"④《东观汉记》记光武帝即位事更详,曰:

> 自汉草创德运,正朔服色未有所定,高祖因秦,以十月为正,以汉水德,立北畤而祠黑帝。至孝文,贾谊、公孙臣以为秦水德,汉当为土德。至孝武,兒宽、司马迁犹从土德。自上(光武)即位,案图谶,推五运,汉为火德。周苍汉赤,水生火,赤代苍,故上都雒阳。制郊兆于城南七里,北郊四里,为圆坛,天地位其上,皆南面西上。行夏之时,时以平旦,服色、牺牲尚黑,明火德之运,徽炽尚赤,四时随色,季夏黄色。议者曰:

---

① (南朝宋)范晔:《后汉书》卷13《公孙述传》,北京:中华书局,1965年,第538页。
② (南朝宋)范晔:《后汉书》卷13《公孙述传》,北京:中华书局,1965年,第538页。
③ (汉)班固:《汉书》卷27《五行志》,北京:中华书局,1962年,第1412页。
④ (南朝宋)范晔:《后汉书》志7《祭祀志》,北京:中华书局,1965年,第3157页。

"昔周公郊祀后稷以配天，宗祀文王以配上帝。图谶著伊尧赤帝之子，俱与后稷并受命而为王。汉刘祖尧，宜令郊祀帝尧以配天，宗祀高祖以配上帝。"有司奏议曰："追迹先代，无郊其五运之祖者。故禹不郊帝喾。汉虽唐之苗，尧以历数命舜，高祖自感赤龙火德，承运而起，当以高祖配尧之后，还复于汉，宜修奉济阳成阳县尧冢，云台致敬祭祀礼亦宜之。"①

一番详备的"火德尧后"建置，自建武初便树立起来。后虽略有修正，然未变其大旨。光武自承"火德"之运，既向天下民众宣示了自己为"刘氏中兴"之主，又直接推翻了王莽与公孙述的德运制度，一举两得。

再者，公孙述还曾以"代汉者当涂高"之谶来神化自己，认为"述"字有"路途"之意，与"涂"相应。光武帝与之相对，反问公孙述："君岂高之身邪？"讥讽公孙述并非什么高人。同时光武又将"当涂高"视作人名，认为"承赤者，黄也；姓当涂，其名高也"②。既然"当涂高"指代姓名，那么公孙述所宣称的"述"对应"涂"之说也就站不住脚了③。值得注意的是，公孙述一方面以"乙卯金"之谶代王莽土德而兴，另一方面又以"代汉者当涂高"言代汉而兴，这实际上已经在逻辑理路上陷入矛盾。既然承认王莽居一德，便不能再称自己是直接"代汉"。可惜光武帝并未抓住这一理路进行批判。最后，光武帝将公孙述"以掌文为瑞"，视为王莽之流的做法，不足效仿，认为这只不过是"时人欲为君事耳"④，不足信。光武帝这一系列针锋相对的批驳，颇为详备，结果公孙述"不答"。二者在天命问题上的争论某种程度上影响到了陇右、河西势力的政治选择。陇右隗嚣倾向于公孙述，曾派辩士张玄游说河西窦融曰："更始事业已成，寻复亡灭，此一姓不再兴之效。"张玄声称经更始政权后"刘氏复兴"已经实现，现在更始败亡，刘氏当不能再复兴。窦融对此说法不甚认同，"召豪杰及诸太守计议""各郡太守各有宾客，或同或异"，意见不一。最终窦融因光武姓名见于图谶，"决策东向"⑤，成为光武政权一大

---

① （汉）刘珍等撰：《东观汉记》，北京：中华书局，2008年，第8页。
② （南朝宋）范晔：《后汉书》卷13《公孙述传》，北京：中华书局，1965年，第538页。
③ 光武帝所宣称的"当涂高"为人名的说法，虽然用心良苦，但却并未得到普遍的社会认同。将"涂"理解为道路者，仍然存在，如：东汉末年，袁术"少见谶书，言代汉者当涂高，自云名字应之"。（范晔：《后汉书》卷75《袁术传》，北京：中华书局，1965年，第2439页）曹丕代汉时，太史丞许芝所奏图谶中既有"当涂高者，魏也；象魏者，两观阙是也；当道而高大者魏。魏当代汉"。（陈寿：《三国志》卷2《魏书·文帝纪》裴注，北京：中华书局，1971年，第64页）
④ （南朝宋）范晔：《后汉书》卷13《公孙述传》，北京：中华书局，1965年，第538页。
⑤ （南朝宋）范晔：《后汉书》卷23《窦融传》，北京：中华书局，1965年，第798页。

助力。

光武帝与公孙述不仅相互攻击对方所据的图谶、预言,甚至发生同一谶文为对立双方共同利用的状况。公孙述曾断言自己梦见仙人对他说"八厶子系,十二为期"①,于是解释"十二"是西汉十一任皇帝加上吕后的合数。十二之数既然已经达成,注定汉朝必然灭亡,而公孙述自然是代汉自立之人。这里,公孙述同样避开了王莽的历史地位问题,只言自己与西汉朝廷的继承关系。公孙述败亡后,光武君臣对此谶文作了重新解释:因为公孙述是在执政的第十二年被灭的,于是"八厶子系"是指"公孙"二字,而"十二"是指第十二年。"八厶子系,十二为期"也就成了对公孙述命运的先验性的"政治预言"。光武与公孙述争论权力正统,居然都以图谶作为思想武器。他们所引之谶或有不同,就同一图谶的解释亦有差异,其最终的政治目的不外宣传自己为"天命"正统,从而在争雄天下过程中取得政治权威。

光武帝对于东汉天命理论的构筑活动,基本贯穿了整个光武朝。建武十一年(35 年),"陇蜀平后,乃增广郊祀,高帝配食,位在中坛上,西面北上。天、地、高帝、黄帝各用犊一头,青帝、赤帝共享犊一头,白帝、黑帝共享犊一头,凡用犊六头。日、月、北斗共享牛一头,四营群神共享牛四头,凡用五头。……既送神,燔俎实于坛南已地。"②此次郊祀仪制,最后奠定了东汉初期的国家最高祭祀体制。至建武三十二年(56 年),光武帝举行封禅,向"天"回复刘氏复兴后的治绩,向民众宣示"中兴"的合理性。《后汉书·祭祀志》记此事曰:

> 维建武三十有二年(56 年)二月,皇帝东巡狩,至于岱宗,柴,望秩于山川,班于群神,遂觐东后。从臣太尉熹、行司徒特进高密侯禹等。汉宾二王之后在位。孔子之后褒成侯,序在东后,蕃王十二,咸来助祭。《河图会昌符》曰:"赤帝九世,巡省得中,治平则封,诚合帝道孔钜,则天文灵出,地祇瑞兴。帝刘之九,会命岱宗,诚善用之,奸伪不萌。赤汉德兴,九世会昌,巡岱皆当。天地扶九,崇经之常。汉大兴之,道在九世之王。封于泰山,刻石著纪,禅于梁父,退省考五。"《河图合古篇》曰:"帝刘之秀,九名之世,帝行德,封刻政。"《河图提刘予》曰:"九世之帝,方明圣,持衡拒,九州平,天下予。"《洛书甄耀度》曰:"赤三德,昌九世,会修符,合帝际,勉刻封。"《孝经钩命决》:"予谁行,赤刘用帝,三建孝,九会

---

① （南朝宋）范晔:《后汉书》卷 13《公孙述传》,北京:中华书局,1965 年,第 535 页。

② （南朝宋）范晔:《后汉书》志 7《祭祀志》,北京:中华书局,1965 年,第 3161 页。

修，专兹竭行封岱青。"《河》《洛》命后，经谶所传。……王莽以舅后之家，三司鼎足冢宰制权势……遂以篡叛，僭号自立。宗庙坠坏，社稷丧亡，不得血食，十有八年。……皇天眷顾皇帝，以匹庶受命中兴，年二十八载兴兵，以次诛讨，十有余年，罪人斯得。黎庶得居尔田，安尔宅……皇帝唯慎《河图》《洛书》正文，是月帝卯，柴，等封泰山甲午，禅于梁阴。以承灵瑞，以为兆民，用兹一宇，垂于后昆。百僚从臣，郡守师尹，咸蒙祉福，永永无极。①

这是班固对光武封禅事的官方化的系统阐述。文旨大抵可分为四端：(1)文首说明封禅时年、助祭臣民；(2)引《河图赤伏符》等诸种谶纬，说明此次封禅乃遵谶言而行，强调此行的正当性；(3)斥责王莽之乱；(4)宣示刘氏中兴之后的功业、德行，以应于天。此次封禅，相较于此前的秦皇、汉武，②不论是祭祀过程的详备，还是封禅仪式的规整，都是盛大辉煌的。甚至在封禅之余，还要刻石纪事，刻碑颂业，以达到昭告太平、沟通天人的目的。中元元年(56年)，"初起明堂、灵台、辟雍，及北郊兆域，宣布图谶于天下"③。至光武帝时基本完成了东汉政权合法性理论的基本构架(详见第六章)。

---

① （南朝宋）范晔：《后汉书》志7《祭祀志》，北京：中华书局，1965年，第3165—3166页。

② 光武封禅与西汉武帝相比，颇有差异：其一，倡议者不同，武帝时为方士，光武时为臣工；其二，封禅起因，武帝因得宝鼎而欲封禅，光武因谶文所载而封禅；其三，就君主宣扬之态度而言，武帝时缙绅先生之议封禅，多与巡狩改制相关，光武帝封禅则告成报天，为民祈福。

③ （南朝宋）范晔：《后汉书》卷1《光武帝纪》，北京：中华书局，1965年，第84页。

第六章　东汉政权合法性理论的改造与定型

经历了两汉之际"天命"争论的光武帝刘秀,在重建刘氏皇权统治后,便开始重新改造"天命"理论体系,并力图将这种刘家的"天命观"确立为规范的、不可更改的至高真理。这场"天命"理论的改造,在理论建构上虽袭用王莽时代的"模式",但却在形式之内灌注了更为丰富、充分的内容,充分体现了光武帝经术与"吏化"并重的政治理性。秦朝以来的政治文化变迁,经历了一个曲折的演生历程:从纯用霸道、独倚文吏的"秦政",经由"霸王道杂之"、并用儒生与文吏的西汉政治,到标榜贯彻"王道"的王莽"新政",其间各家学说此起彼伏,①就政权合法性理论的论述也纷繁复杂。王莽大规模变法改制的失败,使得中国古代政治文化的演进,进入新的发展阶段。两汉之际激烈的"天命"争夺,使光武帝清醒地认识到重新建构刘汉政权合法性理论的重要性。他力图蠲除新莽、更始、公孙述等政权的图谶,利用今、古文经学及谶纬神学中符合刘氏意志的内容,构建起一套成熟的、规范的"天命"理论体系。《白虎通》的颁行,标志着这套理论体系的最终完成。

第一节　光武"重儒"与"吏化"

作为东汉王朝缔造者,光武帝对于儒生群体的政治力量有着清醒的认识,故极力奖崇儒术、征用儒生。同时,他对西汉末年儒生激荡出的"汉运将终"思潮也保持着谨慎的态度。西汉以来的那套"天命"、"灾异"、"谶纬"等思想,决不可再次成为质疑甚或否定刘氏王权合法性的工具。光武之喜好儒学、重用儒生,与王莽有着显著不同:重视儒学,是为控制儒学;重用儒生,

---

① 阎步克先生曾以"士"角色的演变为线索,通过儒生与文吏相互关系的考察,综论秦至东汉的政治文化变迁与演进。参见阎步克:《士大夫政治演生史稿》(第3版),北京:北京大学出版社,2015年。

是要儒生切实为汉家服务,即把儒生"吏化",以吏职课儒生,促使儒生由纯粹的"学士"角色转为亦儒亦吏式的"儒吏"角色,成为国家的"职业官僚"。这对整个东汉一代的儒生与儒术的发展都造成巨大影响,也是东汉学术演变的根本政治因素。

一、"奖崇儒术"

赵翼《廿二史札记》有"东汉功臣多近儒"条云:"西汉开国,功臣多出于亡命无赖,至东汉中兴,则诸将帅皆有儒者气象,亦一时风会不同也。"①这确然道明了刘秀君臣的一大特色。刘秀本人即研习儒学,曾于"王莽天凤中,乃至长安,受《尚书》,略通大义"②。手下诸将领也大多学习过儒家经典,如邓禹"年十三,能诵《诗》,受业长安。时光武亦游学京师,禹虽年幼,而见光武知非常人,遂相亲附"③。贾复"少好学,习《尚书》"④。冯异"好读书,通《左氏春秋》、《孙子兵法》"⑤。耿弇"少学《诗》、《礼》,明锐有权谋"⑥。朱祐"为人质直,尚儒学"⑦。祭遵"少好经书",从军后,"取士皆用儒术"⑧。寇恂任颍川太守时,"乃修乡校,教生徒,聘能为《左氏春秋》者,亲受学焉"⑨。李忠任丹阳太守时,"以丹阳越俗不好学,嫁娶礼仪,衰于中国,乃为起学校,习礼容,春秋乡饮,选用明经,郡中向慕之"⑩。此外如景丹、耿纯、王霸等人均好儒学。这与西汉初年的"布衣将相之局"形成鲜明对比。光武君臣的"儒者"气质,使他们在面对朝廷初建的现实问题,以及历史经验教训的总结上,具有相类的思维逻辑,从而在礼敬士人、推行"柔道"政治方面达成共识。

光武之"重儒",主要表现在"奖崇儒术"与征用儒生两个方面。在他看来,兴学教化、进用儒生,除了表明对有汉以来察举制度的延续,还具有为"刘氏中兴"制造舆论的作用。这在价值取向上表现出鲜明的功利性。史载光武帝"爱好经术,未及下车,而先访儒雅,采求阙文,补缀漏逸。先是四方学士多怀协图书,遁逃林薮。自是莫不抱负坟策,云会京师,范升、陈元、郑

① (清)赵翼著,王树民校证:《廿二史札记校正》,北京:中华书局,1984年,第90页。
② (南朝宋)范晔:《后汉书》卷1《光武帝纪》,北京:中华书局,1965年,第1页。
③ (南朝宋)范晔:《后汉书》卷16《邓禹传》,北京:中华书局,1965年,第599页。
④ (南朝宋)范晔:《后汉书》卷17《贾复传》,北京:中华书局,1965年,第664页。
⑤ (南朝宋)范晔:《后汉书》卷17《冯异传》,北京:中华书局,1965年,第639页。
⑥ (南朝宋)范晔:《后汉书》卷19《耿弇传》注引,北京:中华书局,1965年,第703页。
⑦ (南朝宋)范晔:《后汉书》卷22《朱祐传》,北京:中华书局,1965年,第770页。
⑧ (南朝宋)范晔:《后汉书》卷20《祭遵传》,北京:中华书局,1965年,第738、742页。
⑨ (南朝宋)范晔:《后汉书》卷16《寇恂传》,北京:中华书局,1965年,第624页。
⑩ (南朝宋)范晔:《后汉书》卷21《李忠传》,北京:中华书局,1965年,第756页。

兴、杜林、卫宏、刘昆、桓荣之徒,继踵而至"①。即便天下未定之时,光武"东西诛战,不遑启处,然犹投戈讲艺,息马论道"②。他"立五经博士,各以家法教授,《易》有施、孟、梁丘、京氏,《尚书》欧阳、大小夏侯,《诗》齐、鲁、韩,《礼》大、小戴,《春秋》严、颜,凡十四博士,太常差次总领焉"。建武五年(29 年),"乃修起太学,稽式古典,笾豆干戚之容,备之于列,服方领习矩步者,委它乎其中"。中元元年(56 年),"初建三雍"③。为改善博士及其弟子的学习生活待遇,"起太学博士舍、内外讲堂,诸生横巷,为海内所集"④。光武帝还亲往太学,"会诸博士论难于前","又诏诸生雅吹击磬,尽日乃罢"⑤。他亲执讲筵,"数引公卿、郎、将讲论经理,夜分乃寐"⑥,"旦听朝,至日晏,夜讲经听诵,坐则功臣特进在侧,论时政毕,道古行事,此说在家所识乡里能吏,次第比类。又道忠臣孝子义夫节士,坐者莫不激扬凄怆,欣然和悦"⑦。为表明对儒学的尊崇,光武还极力礼敬孔子及其后人。建武五年(29 年),"封殷后孔安为殷绍嘉公","使大司空祠孔子","封孔子后志为褒成侯"⑧。光武还以儒学教授皇室子弟,以经师张湛、桓荣为太子太傅,并要求诸王"结发学问,修习礼乐"⑨。对兴起于成、哀之际的谶纬学说,光武亦甚为重视。《后汉书·方术列传》:"光武尤信谶书,士之赴趣时宜者,皆驰骋穿凿,争谈之也。故王梁、孙咸名应图录,越登鼎槐之任;郑兴、贾逵以附同称显;桓谭、尹敏以乖忤沦败。"赵翼亦称:"光武尤笃信其术,甚至用人行政亦以谶书从事。"⑩光武还命薛汉、尹敏整理图谶,"宣布图谶于天下"。《后汉书·儒林列传》称:"自光武中年以后,干戈稍戢,专事经学,自是其风世笃焉。其服儒衣,称先王,游庠序,聚横塾者,盖布之于邦域矣。"⑪南宋陈亮亦称"自古中兴之盛,无出于光武矣"⑫。赵翼盛赞光武君臣:"光武诸功臣,大半多习儒术,与光武义气相孚合。盖一时之兴,其君与晨皆一气所钟,故性情嗜好之

① (南朝宋)范晔:《后汉书》卷 79《儒林列传》,北京:中华书局,1965 年,第 2545 页。
② (南朝宋)范晔:《后汉书》卷 32《樊准传》,北京:中华书局,1965 年,第 1125 页。
③ (南朝宋)范晔:《后汉书》卷 79《儒林列传》,北京:中华书局,1965 年,第 2545 页。
④ (南朝宋)范晔:《后汉书》卷 48《翟酺传》,北京:中华书局,1965 年,第 1606 页。
⑤ (南朝宋)范晔:《后汉书》卷 37《桓荣传》,北京:中华书局,1965 年,第 1250 页。
⑥ (南朝宋)范晔:《后汉书》卷 1《光武帝纪》,北京:中华书局,1965 年,第 85 页。
⑦ (汉)刘珍等撰,吴树平校注:《东观汉记校注》,北京:中华书局,1978 年,第 12 页。
⑧ (南朝宋)范晔:《后汉书》卷 1《光武帝纪》,北京:中华书局,1965 年,第 38、40、63 页。
⑨ (南朝宋)范晔:《后汉书》卷 40《班彪传》,北京:中华书局,1965 年,第 1328 页。
⑩ (清)赵翼著,王树民校证:《廿二史札记校证》,北京:中华书局 1984 年,第 88 页。
⑪ (南朝宋)范晔:《后汉书》卷 79《儒林列传》,北京:中华书局,1965 年,第 3588 页。
⑫ (宋)陈亮:《龙川文集》,上海:商务印书馆,1937 年,第 49 页。

相近,有不期然而然者,所谓有是君即有是臣也。"①顾炎武也曾赞曰:"至东京而风俗稍复乎古,吾以是知光武、明、章,果有变齐至鲁之功。"②

光武帝宣称"吾理天下,亦欲以柔道行之"③,"柔者德也"④。他曾援引《黄石公记》⑤阐释"柔道":"'柔能制刚,弱能制强'。柔者德也,刚者贼也。弱者仁之助也,强者怨之归也。故曰有德之君,以所乐乐人;无德之君,以所乐乐身。乐人者其乐长,乐身者不久而亡。……逸政多忠臣,劳政多乱人。故曰务广地者荒,务广德者强。有其有者安,贪人有者残。残灭之政,虽成必败。"⑥所谓"柔弱胜刚强"是道家《老子》之论。所以,刘秀所标榜的"柔道"并非纯粹的儒者之道,而是以儒家王道理想、德治仁政为主,兼采道家思想,"以柔保身""以柔驭臣"⑦。"柔道"的实质即是奖崇儒术与儒生,以儒治国。这在具体施政措施上表现为:"不欲功臣拥众京师"⑧"退功臣而进文吏"⑨。此处的"文吏"乃指知识分子阶层,主要是儒生群体,是与"军功之臣"相对的概念,并非指代专事帝国政务的"文法吏"。"进文吏"即以文人为吏,所进者既有隐逸民间的儒生,也有新莽旧臣,而不是纯用军功之臣。光武帝对军功之臣"恩遇甚厚"⑩。《后汉书·光武帝纪》云:"惟诸将业远功大,诚欲传于无穷……其显效未计,名籍未立者,大鸿胪趣上,朕将差而录之。"由是"功臣增邑更封,凡三百六十五人。其外戚恩泽封者四十五人。"⑪

---

① （清）赵翼著,王树民校证:《廿二史札记校证》,北京:中华书局,1984年,第91页。

② （清）顾炎武:《日知录集释》,石家庄:花山文艺出版社,1991年,第585页。

③ （南朝宋）范晔:《后汉书》卷1《光武帝纪》,北京:中华书局,1965年,第68—69页。

④ （南朝宋）范晔:《后汉书》卷18《臧宫传》,北京:中华书局,1965年,第695页。

⑤ 《黄石公记》即"张良于下邳圯所见老父出一编书者"。

⑥ （南朝宋）范晔:《后汉书》卷18《臧宫传》,北京:中华书局,1965年,第696页。

⑦ 刘泽华:《中国政治思想史》,杭州:浙江人民出版社,1996年,第284页

⑧ （南朝宋）范晔:《后汉书》卷17《贾复传》,北京:中华书局,1965年,第667页。廖伯源在《试析光武帝用人政策之若干问题》中,不赞同"光武不任功臣以职事"的观点,他统计光武前后期三公、九卿及郡国守相中功臣之百分比,最少为21.7%,而高者达60%;又以云台功臣为例,32名云台功臣,至建武十三年初尚存19人,其中不任官职者仅5人,而任职者的比例高达73.7%。然廖文是要论证光武朝并非不用功臣为职事,但就廖氏说考证可知,光武前后两期已呈现出功臣侯居官为职事的比例有所下降的现象,这也便是"退功臣而进文吏"的影响;况且东汉虽然以三公九卿为尊荣,但实权却操于尚书台手中,故所谓"尊养"功臣,恐非虚言矣。劳干看到廖文中的问题,指出"功臣"二字需要界说,认为"一般问沉,反思赶不上开国时期的,如其受封列侯,只能算作恩泽侯,不在功臣之列",故廖文所列之三公中的卓茂、伏湛、侯霸、宋弘四人只能算作是"恩泽侯",不在功臣之列,即便卓茂列为云台画像,也不能算是"云台功臣"。劳干还认为,"光武时的三公只是执行机关而非决策机关。决策机关是权在尚书""虽置三公,事归台阁",故尚书令在名位上不在公卿之列,但实质上已同于公卿。

⑨ （南朝宋）范晔:《后汉书》卷1《光武帝纪》,北京:中华书局,1965年,第85页。

⑩ （南朝宋）范晔:《后汉书》卷17《贾复传》,北京:中华书局,1965年,第667页。

⑪ （南朝宋）范晔:《后汉书》卷1《光武帝纪》,北京:中华书局,1965年,第26、62页。

功臣地位虽尊显,但往往不任职事。考光武时期所"进"之"文吏",居太傅者如卓茂,居大司徒者如伏湛、候霸、欧阳歙、蔡茂,居大司空者如杜林,居大司农者如高诩,居太常者如桓荣,居光禄勋者如伏黯、刘昆、席广,居大鸿胪者如洼丹,居少府者如丁恭,居司隶校尉者如鲍永等,皆经学大家。早在建武三年(27 年),光武即以经师伏湛接替在回溪之战失利的邓禹,任大司徒。此后至建武三十一年,共有 7 人出任大司徒,其中除韩歆以军功外,其余 6 人皆为"文吏"(儒士)。同期的九卿中,"文吏"占据多数席位,其可考者 17 人①。在地方察举中,光武帝重申"丞相故事"②,下诏"四科取士",其前二科曰:"德行高妙,志节清白"、"学通行修,经中博士"③。这显然与儒生群体紧密相关,表明察举以儒生为选官择吏的群体之一,并申明用人的标准。在这种"奖崇儒术"的方针下,包括太学课试在内的儒生入仕途径皆可得到政治保障。由"退功臣"所让渡出来的大量行政职位,也能吸收大批知识分子充任。这在一定程度上满足了儒生对于仕途的需求。不仅如此,光武帝还对"不事王侯,高尚其事"的隐士极力征召,史载"光武侧席幽人,求之若不及,旌帛蒲车之所征贲,相望于岩中矣"④。建武三年(27 年),光武下诏求天下义士,量才授职,杨宝、薛方等人皆被公车特征。对于不愿仕宦者,如"薛方、逢萌聘而不肯至,严光、周党、王霸至而不能屈"⑤,光武也表现出相当的宽容与礼遇,曾下诏云:"自古明王圣主必有不宾之士,伯夷、叔齐不食周粟,太原周党不受朕禄,亦各有志焉。其赐帛四十匹。"⑥光武这种重用儒生的举措,颇收"举逸民天下归心"⑦之效。明帝沿袭光武作法,亦尝"正坐自讲,诸儒执经问难于前,冠带缙绅之人,圜桥门而观听者盖亿万计"。他还为"功臣子孙、四姓末属别立校舍,搜选高能以受其业,自期门羽林之士,悉令通《孝经》章句,匈奴亦遣子入学"⑧。范晔赞曰:"济济乎,洋洋乎,盛于永平矣!"⑨

---

① 依万斯同的《东汉九卿年表》统计,计有桓荣、伏湛、张湛、杜林、刘昆、席广、张纯、洼丹、高诩、冯勤、丁恭、宣秉、鲍永、欧阳歙、郭伋、候霸、申屠刚等 17 人。(参见熊方等撰,刘祐仁点校:《后汉书三国志补表三十种》,北京:中华书局 1984 年版,第 643—684 页)。

② 所谓"丞相故事",据卫宏《汉旧仪》是指西汉武帝元狩六年事。

③ (南朝宋)范晔:《后汉书》志 24《百官一》注引应劭《汉官仪》,北京:中华书局,1965 年,第 3559 页。

④ (南朝宋)范晔:《后汉书》卷 83《逸民列传》,北京:中华书局,1965 年,第 2756—2757 页。

⑤ (南朝宋)范晔:《后汉书》卷 83《逸民列传》,北京:中华书局,1965 年,第 2757 页。

⑥ (南朝宋)范晔:《后汉书》卷 83《逸民列传》,北京:中华书局,1965 年,第 2762 页。

⑦ (南朝宋)范晔:《后汉书》卷 83《逸民列传》,北京:中华书局,1965 年,第 2757 页。

⑧ (南朝宋)范晔:《后汉书》卷 79《儒林列传》,北京:中华书局,1965 年,第 2545—2546 页。匈奴遣子入学亦见于《后汉书·樊准传》:"博士徒侣,一人开门,徒众百数。化自圣躬,流及蛮荒,匈奴遣伊秩訾王大车且渠来入就学"(《后汉书》卷 32《樊准传》,北京:中华书局,1965 年,第 1126 页)。

⑨ (南朝宋)范晔:《后汉书》卷 79《儒林列传》,北京:中华书局,1965 年,第 2546 页。

章帝建初四年（79 年），召集博士、议郎和诸生于白虎观论五经异同，钦定出一部《白虎通义》，是为经学史上一件盛事。这一系列举措，确实使儒术呈现出一派繁荣景象。

东汉王朝的"奖崇儒术"、重用儒生，大致如是。但是，人们在盛赞刘秀重视儒学、重用儒生的时候，往往忽视对"重儒"的"目的论"思考：是出于对儒家思想的爱好、实现儒学中的仁政德治，还是为了控制儒生、控制学术，把儒学真正地变成皇权的治国工具？这关系到对汉代学术与政治关系的认识。事实上，刘秀的"重儒"只是手段，目的是巩固汉家天下，把儒学真正地变为统治工具。不仅要使各级官吏有"文"，而且要把儒生变成"吏"。所谓"退功臣而进文吏"的内涵是非常丰富的，"柔道"的背后是对儒生的"吏化"，是对学术思想的严密控制。

光、明、章帝奖崇儒术、重用儒生的目的并非追求学术造诣，他们根本上是出于政治家的身份希望达到控制儒术与儒生的目的。在争夺天下的过程中，光武帝奖用儒生的作法带有鲜明的"功利性"。除了表明对武帝以来儒家思想尊崇地位的认可，以及延续西汉"通经入仕"的旧制外，还兼具制造东汉政权取代新莽之舆论的功效。以卓茂为例，卓茂曾在王莽居摄时称病还乡。光武则对这位不仕新莽的当世通儒大加赞赏，初即位，便访求卓茂，拜为太傅，封褒德侯，食邑二千户，赐几杖车马，衣一袭，絮五百斤。光武在诏令中称："前密令卓茂，束身自修，执节淳固，诚能为人所不能为。夫名冠天下，当受天下重赏，故武王诛纣，封比干之墓，表商容之闾。"[1]他将卓茂比作"比干"、"商容"之类的贤臣。王莽沦为"桀纣"，而光武帝自己成了"武王"之类的圣王。这实际上表明了东汉政权统治的合理性，合乎"圣王革命"的古训，同时也为光武帝争得天下儒士归心创造了条件。再就所谓"亲执讲筵"、"正坐自讲"而言，由于皇帝的参与，经学讨论并不能自由选择讨论的内容，而是由皇帝规定主题，儒者围绕此主题进行讨论。如光武帝参与学术讨论，列席讨论者，首"论时政"、"道古行事"，"次说在家所识乡里能吏，次第比类"，再次"道忠臣孝子义夫节士"。这种划定范围的讨论，实际体现着皇权意志向儒术渗透的政治目的。在讲经过程中遇到"群臣能说经者更相难诘，义有不同"时，"辄夺其席以益通者"[2]。这也体现出皇帝对于不合己意者的专制。至于《白虎通义》，更是由"帝亲称制临决"[3]而出，附和皇权意志。经

---

① （南朝宋）范晔：《后汉书》卷 25《卓茂传》，北京：中华书局，1965 年，第 871 页。
② （南朝宋）范晔：《后汉书》卷 79《儒林列传》，北京：中华书局，1965 年，第 2554 页。
③ （南朝宋）范晔：《后汉书》卷 37《丁鸿传》，北京：中华书局，1965 年，第 1264 页。

学版本及其解释标准一经官定,儒生们治经便被限定在官方意志所能容许的范围之内。经学日益僵化而失去活力。官方经术既逐渐衰落,则太学博士及其弟子们对于"经明行修"的追求也便随之式微。

二、政尚严猛

光武"重儒",历来为学者褒扬,但若将视野扩展到官僚政治层面,我们还是能够发现具体行政中的"严猛"特色。刘秀的"柔道"是有特指的,是对于功臣优待而言。若就那些在职官僚来说,却谈不上什么"柔",而是以"苛刻""严猛"见称。史载"建武、永平之间,吏事刻深"[①]"颇以严猛为政"[②]"内外群官,多帝自选举,加以法理严察,职事过苦,尚书近臣,至乃捶扑牵曳于前,群臣莫敢正言"[③]。《后汉纪·光武帝纪》载:"是时宰相多以功举,官人率由旧恩。天子勤吏治,俗颇苛刻。"[④]朱浮曾上谏书指陈光武"以二千石长吏多不胜任,时有纤微之过者,必见斥罢",又言"以课劾三公,其人或失而其礼稍薄,至有诛斥诘辱之累"[⑤]。钟离意也曾指责明帝"性褊察,好以耳目隐发为明,故公卿大臣数被诋毁,近臣尚书以下至见提拽,尝以事怒郎药崧,以杖撞之"[⑥]。郑兴曾请"陛下留神宽恕,以崇柔克之德"[⑦]。然此类言论终不为统治者所用。所谓"捶扑牵曳""提拽"之举,丝毫不见征用儒生时的礼遇奖崇。不论出身于儒生还是文法吏,一旦居官为吏都要严格秉承统治者意志,按照律令制度办事。建武十五年(39 年),光武下诏度田,令各州郡"检核垦田顷亩及户口年纪",同时又诏令"考实二千石长吏阿枉不平者"。次年以"度田不实"逮捕"河南尹张伋及诸郡守十余人,坐度田不实,皆下狱死"[⑧]。范晔责刘秀"峻文深宪,责成吏职""观其治平临政,课职责咎,将所谓'导之以政,齐之以刑'者乎"[⑨],光武帝执政之"刻深",可见一斑。

这种"严猛"之风为明帝、章帝所继承。《太平御览》卷九一引华峤《后汉书》称明帝"尤任文法,总揽威柄,权不借下。值天下初定,四民乐业,户口衣

① (南朝宋)范晔:《后汉书》卷 76《循吏列传》,北京:中华书局,1965 年,第 2457 页。
② (南朝宋)范晔:《后汉书》卷 41《第五伦传》,北京:中华书局,1965 年,第 1400 页。
③ (南朝宋)范晔:《后汉书》卷 29《郑兴传》,北京:中华书局,1965 年,第 1017 页。
④ (晋)袁宏撰,周天游校注:《后汉纪校注》,天津:天津古籍出版社,1987 年,第 146 页。
⑤ (南朝宋)范晔:《后汉书》卷 33《朱浮传》,北京:中华书局,1965 年,第 1141、1146 页。
⑥ (南朝宋)范晔:《后汉书》卷 41《钟离意传》,北京:中华书局,1965 年,第 1409 页。
⑦ (晋)袁宏撰,周天游校注:《后汉纪校注》,天津:天津古籍出版社,1987 年,第 147 页。
⑧ (南朝宋)范晔:《后汉书》卷 1《光武帝纪》,北京:中华书局,1965 年,第 66 页。
⑨ (南朝宋)范晔:《后汉书》卷 22《马武传》,北京:中华书局,1965 年,第 785 页。

食滋殖,断狱号居前世之十二……夫以钟离意之廉法,谏诤恳切以宽和为首,以此推之,斯亦难以德言者也"①。《后汉书·明帝纪》亦称"明帝善刑理,法令分明。日晏坐朝,幽枉必达,内外无幸曲之私,在上无矜大之色。断狱得情……故后之言事者,莫不先建武、永平之政。而钟离意、宋均之徒,常以察慧为言,夫其弘人之度未优乎?"周天游甚至称范晔"弘人之度未优"之说"未免有避重就轻之嫌"②。但范晔毕竟并未全然为光武、明帝回护,甚至以为明帝"断狱得情",故后世言事者多称赞"建武、永平之政"。陈登原尝谓"明帝之政,实为沿承光武,故范书以建武、永平并称,吏治深刻,二代皆然。由此言之,光武所谓柔道,自是英雄欺人"③,直斥光武所谓"柔道"是"欺人"之举。章帝治政同样严苛,史载其"承永平故事,吏政尚严切,尚书决事率近于重"④。这种"严猛"政风,成为东汉前期行政特色之一,对其时学术发展倾向与知识群体价值取向都造成极大的影响。

众所周知,在制度建设中,刘秀强化皇权,削弱三公权力,"虽置三公,事归台阁"⑤,尚书台成为朝廷政务枢机。韦彪曾因章帝"世承二帝吏化之后,多以苛刻为能",指斥尚书之选"多从郎官超升此位,虽晓习文法,长于应对,然察察小慧,类无大能",又批评"置令史以助郎职,而类多小人,好为奸利"⑥。这从侧面反映出郎官、令史多为"文法吏"出身,而尚书机要委以文吏的现实情状。叶适称"所谓尚书枢机,人主躬听断者。及光武、明帝,真若一吏,乃代有司行事,所以与群臣日斗其聪明也。自是之后,三公顿为虚器,而尚书遂成朝廷,不可复还矣!"⑦安帝时陈忠也曾言尚书"诸郎多文俗吏,鲜有雅才"⑧。"文俗吏"即"文法吏"。东汉尚书郎是由三署郎官选任,三署郎又出自郡国察举⑨,而"郡国所举,类多辨职俗吏"⑩。可知,由郡国举荐而

① (宋)李昉等撰:《太平御览》卷91《皇王部》,北京:中华书局,1960年,第436页。
② 周天游:《八家后汉书辑注》,上海:上海古籍出版社,1986年,第512页。
③ 陈登原:《国史旧闻》,上海:三联书店,1958年,第381页。
④ (南朝宋)范晔:《后汉书》卷46《陈宠传》,北京:中华书局,1965年,第1549页。
⑤ (南朝宋)范晔:《后汉书》卷49《仲长统传》,北京:中华书局,1965年,第1657页。
⑥ (南朝宋)范晔:《后汉书》卷26《韦彪传》,北京:中华书局,1965年,第918—919页。
⑦ (宋)叶适:《习学记言》,上海:上海古籍出版社,1992年,第213页。
⑧ (南朝宋)范晔:《后汉书》卷45《周荣传》,北京:中华书局,1965年,第1537页。
⑨ 《续汉书·百官志》注引《决录注》云:"故事,尚书郎以令史久缺者补之,世祖始改为孝廉为郎",此处"孝廉"即郡国所举而居三署为郎官的孝廉郎中。《初学记》卷一一引《汉官》即曰:"尚书郎初从三署郎选,诣尚书台试。每一郎缺则试五人,先试笺奏",是东汉三署郎超迁为尚书郎有详细的仕进规程。
⑩ (南朝宋)范晔:《后汉书》卷41《第五伦传》,北京:中华书局,1965年,第1400页。第五伦于建武时曾任京兆尹主簿,永平年间历任蜀郡太守、司空,于元和三年逊位,故其言行可反映光、明、章时期的史实。

至中央者,也多为文法吏。复考东汉前期居尚书令者多以"吏才"著称,如候霸"明习故事,收录遗文,条奏前世善政法度有益于时者,皆施行之"①;郭贺"能明法,累官,建武中为尚书令,在职六年,晓习故事,多所匡益"②;冯勤更因"八岁善计"、"有高能称"、"在事精勤"而被光武赞曰"佳乎吏也"③。这"故事"即"宣帝故事"。

三、"追踪宣帝"与"吏化"儒生

传统史家认为刘秀治国效法宣帝,现代学者进一步认为这是刘秀对于"宣帝故事"的回复,反映的是东汉前期政治中"经术"与"文法"并重的路线:既在意识形态领域奖崇"儒术",又在实际政务中委政于文法吏,努力使"儒术"与"文法"达成协调。较之"新莽","光武帝、明帝统治下的东汉王朝,重新恢复了为王莽'新政'所遗弃,破坏了的专制官僚体制的理性行政传统"④。

光武、明、章帝的"尤任文法""任职责过",意味着文吏政治因素再度被强化。朝臣中也出现用法的呼声,如建武十四年(38 年),"群臣上言:古者肉刑严重,则人畏法令;今宪律轻薄,故奸轨不胜。宜增科禁,以防其源"⑤;大司马江冯上言"宜令司隶校尉督察三公"⑥;梁统"性刚毅而好法律""以为法令既轻,下奸不胜",遂上疏倡言"宜重刑罚,以遵旧典"⑦。所谓"旧典",即"高帝以后,至乎孝宣,其所施行"⑧者。显然,此"旧典",即是"宣帝故事",而元、成以下的制度则不属其中了。桓谭曾作《新论》比较汉政与新政,曰:

> 高帝怀大智略,能自揆度,群臣制事定法。常谓曰:"卑而勿高也,度吾所能行为之。"宪度内疏,政合于时,故民臣乐悦,为世所思。此知大体也。

> 王翁嘉慕前圣之治,而简薄汉家法令,故多所变更,欲事事效古,美先圣制度,而不知己之不能行其事。释近趋远,所尚非务,故以高义退

---

① （南朝宋）范晔:《后汉书》卷 26《候霸传》,北京:中华书局,1965 年,第 902 页。
② （南朝宋）范晔:《后汉书》卷 26《郭贺传》,北京:中华书局,1965 年,第 908 页。
③ （南朝宋）范晔:《后汉书》卷 26《冯勤传》,北京:中华书局,1965 年,第 909—910 页。
④ 阎步克:《士大夫政治演生史稿》,北京:北京大学出版社,1996 年,第 417 页。
⑤ （南朝宋）范晔:《后汉书》卷 27《杜林传》,北京:中华书局,1965 年,第 937 页。
⑥ （南朝宋）范晔:《后汉书》卷 36《陈元传》,北京:中华书局,1965 年,第 1233 页。
⑦ （南朝宋）范晔:《后汉书》卷 34《梁统传》,北京:中华书局,1965 年,第 1165—1166 页。
⑧ （南朝宋）范晔:《后汉书》卷 34《梁统传》,北京:中华书局,1965 年,第 1168 页。

致废乱。此不知大体者也。①

在桓谭看来，王莽"不知大体"的表现是"简薄汉家法令""事事效古"却"不知己之所不能行其事"，而汉高祖"知大体"的表现则在于"卑而勿高"。裴骃《史记集解》释"卑卑"曰："自勉励之意也。"然司马迁曾曰："老子所贵道，虚无，因应变化于无为，故著书辞称微妙难识。庄子散道德，放论，要亦归之自然。申子卑卑，施之于名实。韩子引绳墨，切事情，明是非。"②这里所言的"卑卑"，明显是与老子的"虚无"和庄子的"放论"相对，而与韩非的"切事情"相近的语词，也即"务实"之义。司马迁还曾评论秦取天下，曰："秦取天下多暴，然世异变，成功大。传曰'法后王'，何也？以其近己而俗变相类，议卑而易行也。"③将"议卑而易行"与"法后王"相对举，正可证明所谓"卑而勿高"的"知大体"就是汉家政治的实质，也即"霸王道杂之"。

光武朝臣谈论"政卑易行"之类言辞的学者，并不止桓谭一人。杜林曾参与光武帝举行的礼制讨论，说："当今政卑易行，礼简易从，人无愚智，思仰汉德。基业特起，不因缘尧。尧远于汉，人不晓信，言提其耳，终不说谕。后稷近周，人户知之，又据以兴，基由其祚。《诗》曰：'不愆不忘，率由旧章。'宜如旧制，以解天下之惑。"④在杜林看来，尧帝虽圣，但太过久远，人们对尧帝之政并不全知，还不如恢复汉家旧制。这种"卑而勿高"的"务实"态度，与桓谭不谋而合。所谓"法后王"的历史观，"思仰汉德"的民意，都指向了一个目的——恢复西汉理性政治传统。东汉君臣因此发出"宣帝故事"的呼声，如华峤《后汉书》曰"中兴以来，追踪宣帝"，⑤《东观汉记》曰"汉家中兴，唯宣帝取法"⑥，皆明言宣帝与光武在执政特色上的承袭关系。东汉朝臣多有颂扬汉宣帝者，如崔寔曰："孝宣皇帝明于君人之道，审于为政之理，故严刑峻法，破奸宄之胆，海内清素，天下密如。"⑦侯外庐总结汉末思想倾向时，也曾说："汉末学者稍敢说话的人，多不侈谈三代，而以取法文宣为已足，左雄、王符、

① （汉）桓谭撰，朱谦之校辑：《新辑本桓谭新论》，"新编诸子集成本"，北京：中华书局，2009年，第13页。

② （汉）司马迁：《史记》卷63《老子韩非列传》，北京：中华书局，1959年，第2156页。

③ （汉）司马迁：《史记》卷15《六国年表》，北京：中华书局，1959年，第686页。

④ （南朝宋）范晔：《后汉书》卷27《杜林传》注引《东观汉记》，北京：中华书局，1965年，第937页。

⑤ 《太平御览》卷91注引华峤《后汉书》（宋）李昉：《太平御览》卷12《帝王部》，北京：中华书局，1960年，第435页。

⑥ （汉）刘珍等撰，吴树平校注：《东观汉记校注》，北京：中华书局，2008年，第57页。

⑦ （南朝宋）范晔：《后汉书》卷52《崔骃列传》，北京：中华书局，1965年，第1727页。

崔寔都是如此。"①这些"取法文宣"的学者,正是光武以来"追踪宣帝"观念在东汉的"余绪"。

就此而言,东汉君臣"追踪宣帝"确有事实依据,但若进一步深入分析,又不尽然。光武治政虽以"宣帝故事"为参考,却不是"霸王道杂之"的简单回复,而是将其发展到了更加成熟的新阶段。史载汉元帝"柔仁好儒,见宣帝所用多文法吏,以刑名绳下",故建言宣帝"宜用儒生"。宣帝则明言"汉家自有制度,本以霸王道杂之"②。所谓"霸王道杂之",是指"并用"儒生与文吏两大群体,但儒生与文吏仍然保留着各自的相对独立性,二者并未融合一体。宣帝认为儒生"不达时宜,好是古非今,使人眩于名实,不知所守"③,故政务委以文吏,而杂用儒生。因为儒学逐渐意识形态化,使文法吏出身的官僚把自己打扮成儒生的一份子,援引儒学缘饰吏事,由文法入儒。光武帝却不同,他是要将儒生官僚化,使儒生变为职业官僚。考东汉前期诸帝实际奉行一条"经术"与"吏化"相结合的路线。就经术与文法相结合的方式而言,东汉不同于宣帝时期,它并不浅止于对"儒生"与"文吏"两大群体的"并用",而是极力促成儒生与文吏两种政治角色的融合。这主要表现在光武帝所推行的"吏化"儒生的方针。"吏化"的目的是促使儒生与文吏两种角色的融合,最终改塑成一种"亦儒亦吏式"的兼具"经术"与"文法"两种能力的新型角色。正因为儒生所长在于经术,文吏所长在于文法吏事,才使得儒生在东汉的政治机遇不如文吏。《论衡·程材篇》叙述东汉前期风气曰:"世俗共短儒生""将以官课材,材以官为验,是故世俗常高文吏,贱下儒生""守古循志,案理修义,辄为将相所不任,文吏所毗(卑)戏""科用累能,故文吏在前,儒生在后,是从朝廷为之也"④。这些批评的背后,正反映了"儒生"吏化的必要与现实。

上节为说明光武对儒学的重视,曾从儒学角度对"四科取士"制度作出简要说明。为了从制度层面说明"吏事"在选官中的重要性,现将四科取士再次征引如下,依次分析。据《后汉书·百官志》注引应劭《汉官仪》曰:

> 四科取士,一曰德行高妙,志节清白;二曰学通行修,经中博士;三
> 曰明达法令,足以决疑,能按章覆问,文中御史;四曰刚毅多略,遭事不

---

① 侯外庐:《中国思想通史》(第二卷),北京:人民出版社,1957 年,第 419 页。
② (汉)班固:《汉书》卷 9《元帝纪》,北京:中华书局,1962 年,第 277 页。
③ (汉)班固:《汉书》卷 9《元帝纪》,北京:中华书局,1962 年,第 277 页。
④ 黄晖撰:《论衡校释》,北京:中华书局,1990 年,第 533、534、537、539 页。

惑,明足以决,才任三辅令;皆有孝悌廉公之行。①

此"四科"的标准,概言之,即是"德行、经术、法律、政事"。四者所针对的对象,明显是儒生与文吏两大群体:儒生擅长经术,提倡"德治",主张"以德取人";文吏擅长文法律令,提倡"法治",主张"以能取人"。所谓"明达法令,足以决疑",要求应举者熟悉文法律令知识,能够应对法令疑难。"能案章覆问,文中御史"则要求应举者严格按照行政规程办事,文法尤异,可任御史。所谓"才任三辅令"是以"三辅令"的标准课责官吏。"三辅"为京畿重地,多勋贵子弟。能为"三辅令"者,必当"刚毅多略,遭事不惑,明足以决",②具备良好的行政事务处理能力。此二科,显然对士人提出"吏事"的要求。③ 有学者指出,所谓"四科"是丞相从九卿属吏中的同秩级人员中选拔丞相府属员的标准,④这从"四科"源起层面而言,无疑是准确的。但是,西汉武帝曾明确诏令察举运作中"如丞相故事",无论在引申的意义上,还是在现实制度上,皆可将"四科"视作汉代朝廷的总体选官标准。⑤

值得注意的是,新莽期间曾着意于另一种"四科",即始建国三年(11年)诏令之"四行"⑥:"令公卿大夫诸侯二千石举吏民有德行、通政事、能言语、明文学者,各一人,诣王路四门。"⑦天凤三年(16年)再次重申,曰:"复令公卿大夫诸侯二千石举四行,各一人。"⑧这里的"四行",虽亦名之曰"四科",但与汉家之"丞相故事"截然不同。所谓"四行",源自于《论语·先进》。先秦儒家将孔子弟子划分为四类,即:"德行:颜渊、闵子骞、冉伯牛、仲弓;言

---

① (南朝宋)范晔:《后汉书》志24《百官一》,北京:中华书局,1965年,第3559页。《北堂书钞·设官部》引文开始作"中兴甲寅诏书"。《后汉书·和帝纪》注引《汉官仪》文作:"建初八年十二月己未,诏书辟士四科:一曰德行高妙,志节清白;二曰经明行修,能任博士;三曰明晓法律,足以决疑,能案章覆问,文任御史;四曰刚毅多略,遭事不惑,明足照奸,勇足决断,才任三辅令。皆存孝悌清公之行。"(范晔:《后汉书》卷4《和帝纪》,北京:中华书局,1965年,第176页)

② (南朝宋)范晔:《后汉书》志24《百官一》注引应劭《汉官仪》,北京:中华书局,1965年,第3559页。

③ 卫宏《汉旧仪》曾评论说:"以为有权衡之量,不可欺以轻重,有丈尺之度,不可欺以长短,官事至重,古法虽圣犹试。故令丞相设四科之辟,以博选异德名士,称才量能,不宜者还故官。"这里的"权衡之量""丈尺之度""官事至重""称才量能",皆可见朝廷对官僚理性行政的要求。

④ 方北辰:《两汉的"四行"与"四科"考》,《文史》第23辑,第303—305页。

⑤ 阎步克:《汉代选官之"四科"标准的性质》,《社会科学研究》1990年第5期,第51—56页。

⑥ 颜师古注解"四行",曰:"依汉光禄之四科。"参见阎步克:《察举制度变迁史稿》,北京:中国人民大学出版社,2009年,第50页。

⑦ (汉)班固:《汉书》卷99中《王莽传中》,北京:中华书局,1962年,第4125页。

⑧ (汉)班固:《汉书》卷99中《王莽传中》,北京:中华书局,1962年,第4144页。

语：宰我、子贡；政事：冉有、季路；文学：子游、子夏。"①这里的"德行、言语、政事、文学"，即"孔门四科"。《后汉书·郑玄传》曰"仲尼之门，考以四科"②，即是此义。相较于"丞相故事"，"孔门四科"明显缺少了"法律"的内容，只言及儒学体系内部，不涉文吏。王莽强调"四行"，是对秦汉以来文吏政治的"逆反"，而光武帝重拾"四科取士"，则是将政治文化重新拉回到兼用儒生与文吏的路线上来。

不惟如此，光武还在此"四科之法"上，附加了"务授试以职"的规定。不论文吏或儒生出身，一旦踏入仕途，首先便要面临"试职"的要求。光武帝明言：

> 自今以后，审四科辟召，及刺史、二千石察茂才、尤异、孝廉之吏③，务尽实核，选择英俊、贤行、廉洁、平端于县邑，务授试以职④。

所谓"务授试以职"，即州郡长官对将要参加察举之士，先授以某一吏职，并以居吏职期间的能力与功次来作为是否举至中央的参考。律令文法、政事技能本为文法吏所长，现在同样要求儒生们也必须兼备。这些文法技能显然是儒家经师们所不能传授的。博士所操者乃经术，且固守自身师法家说。学子们不能从博士处习得文法技能，只能寻求其他的途径获取此种入仕之资。为保证"试职"的有效运行，光武帝还下诏规定"有非其人，临计过署，不便习官事，书疏不端正，不如诏书，有司奏罪名，并正举者"⑤。如果被举者达不到其担任吏职所要求的行政实务能力，被举者与举者都要受罚。这种"试职"的规定，章帝、和帝曾一再重申。章帝建初五年(80 年)诏曰"建武诏书又曰：尧试臣以职，不直以言语笔札"⑥，即不能徒以诵经著文来选任官吏，必须以职事来检验官吏的能力。殇帝永元五年(93 年)诏曰："故先帝(和帝)名讳在所，令试之以职，乃得充选。"⑦只有经过"试职"合格，才能充

① （清）阮元校刻：《十三经注疏》，北京：中华书局，1980 年影印版，第 2498 页。
② （南朝宋）范晔：《后汉书》卷 35《郑玄传》，北京：中华书局，1965 年，第 1211 页。
③ 此"孝廉之吏"，在《后汉书·和帝纪》注引《汉官仪》作"孝廉吏"；《太平御览》卷 628《汉官仪》作"孝廉、廉吏"。
④ （南朝宋）范晔：《后汉书》志 24《百官一》注引应劭《汉官仪》，北京：中华书局，1965 年，第 3559 页。
⑤ （南朝宋）范晔：《后汉书》志 24《百官一》注引应劭《汉官仪》，北京：中华书局，1965 年，第 3559 页。
⑥ （南朝宋）范晔：《后汉书》卷 3《章帝纪》，北京：中华书局，1965 年，第 140 页。
⑦ （南朝宋）范晔：《后汉书》卷 4《殇帝纪》，北京：中华书局，1965 年，第 176 页。

选为官。此后东汉诸帝还对"试职"的时限作出具体规定,如顺帝时左雄奏请:"乡部亲民之吏,……吏职满岁,宰府州郡乃得辟举。"①以一年为试职期限。桓帝时又将"试职"时限增至十年,即"孝廉、廉吏,皆当典城牧民,……其令秩满百石,十岁以上,有殊才异行,乃得选举"。②这些虽为安帝以后之事,但可反映东汉一代对于"职事"能力的特别重视。甚至在去汉不久的曹魏时期,王朗仍坚定地强调"试之以事"。《北堂书钞》记此事曰:"王朗论考试孝廉云:臣闻'试可乃已',谓试之以事,非谓试之以诵而已。"③王朗以"事"为"试职"的内容,明显承自光武帝"务授试以职"的规定。"试职"既为入仕之必经阶段,则所谓"便习官事"、"书疏端正"必然对儒生提出学习律令文书技能的要求,从而对儒生通过"经明行修"踏入仕途的方式提出挑战。

"试职"之法的目的在于通过任职期间的功绩来检验为吏者的行政能力,而官吏欲升迁,则"必累功次",以功劳为标准进行察举。《后汉书·章帝纪》载:

> 夫乡举里选,必累功劳。今刺史、守相不明真伪,茂才、孝廉岁以百数,既非能显,而当授之政事,甚无谓也。每寻前世举人贡士,或起圳亩,不系阀阅。敷奏以言,则文章可采;明试以功,则政有异迹。文质斌斌,朕甚嘉之。④

察举以"功劳"为检核内容,是因为被察举者须"授之政事""明试以功"。只有在政事处理过程中达到"政有异迹",才可凭借"能(力)显(著)"获得举荐。"功次"成为官吏升迁的重要标准。这种对"功次"的强调,在朝堂之上亦有相当的呼声,如韦彪称"是时陈事者,多言郡国贡举率非功次,故守职益懈而吏事寝疏,咎在州郡"⑤。韦彪指责州郡长吏不以"功次"为贡举标准的现象。又如安帝时儒生鲁丕指责朝政"吏多不良,在于贱德而贵功,欲速,莫能修长久之道,……政多欲速,又州官秩卑而任重,竞为小功,以求进取,生凋敝之俗"⑥。这也从反面印证当时国家贡举重视"功次"的现实。事实上,西汉时代虽然也以"功劳"作为官吏选拔升迁的重要条件,而且有着相对严密

① (南朝宋)范晔:《后汉书》卷 61《左雄传》,北京:中华书局,1965 年,第 2018 页。

② (南朝宋)范晔:《后汉书》卷 7《桓帝纪》,北京:中华书局,1965 年,第 288 页。

③ (唐)虞世南:《北堂书钞》卷 79《设官部·孝廉》,北京:中国书店,1989 年,第 289 页。

④ (南朝宋)范晔:《后汉书》卷 3《章帝纪》,北京:中华书局,1965 年,第 133 页。

⑤ (南朝宋)范晔:《后汉书》卷 26《韦彪传》,北京:中华书局,1965 年,第 917 页。

⑥ (晋)袁宏撰,周天游校注:《后汉纪校注》,天津:天津古籍出版社,1987 年,第 442—444 页。

的考核方法①，但从孝廉察举科目开始强调"功劳"，无疑是始于东汉初年。这种"功次"的积累是文法吏所擅长的，他们深谙文法律令、文书处理等行政技能，从而在升迁过程中更具优势。如果说西汉时期，儒生尚能专凭"明经"而立于朝堂，那么东汉统治者对于"吏能""功次"的强调，则使儒生面临艰难的境遇：师博士受经术，固守家法师说，则无益于吏能之通达，亦无助于仕途之通畅。

徐天麟尝评东汉仕途：

> 东京入仕之途虽不一，然由儒科而进者，其选亦甚难。故才智之士，多由郡吏而入仕。以胡广之贤，而不免事郡为散吏；袁安世传《易》学，而不免为县功曹；应奉读《书》《五行》并下，而为郡决曹吏；王充之始进也，刺史辟为从事；徐稺之初筮也，太守请补功曹，盖当时仕进之路如此，初不以为屈也。②

徐氏为我们揭示了两种现象：其一，由儒科而进甚难；其二，儒生欲入仕途往往从事"郡吏"之类的吏职，继而积功而升迁。这种状况的形成，与光武帝始所推行的"吏化"方针直接相关。所谓"吏化"，即"官吏化""官僚化"③，是要求儒生们在读经的同时熟悉政令法律，从而将儒生改造成为职业行政官僚。这一政治意图，贯穿于儒生仕进的整个过程：选官以"四科取士"，任官必"授试以职"，升迁则"必累功次"。

光武帝推行"退功臣而进文吏"，其"退功臣"是以利禄交易的方式收回功臣权力；其"进文吏"，则是在委政于文士的同时，以"吏"的职责去钳制儒生，用"吏"的岗位、义务去限制儒生。前述儒生为"功名利禄"而孜孜追求于

---

① 参看大庭脩：《论汉代的论功升进》，自《简牍研究译丛》（第二辑），北京：中国社会科学出版社，1987年；大庭脩：《汉代的因功次晋升》，自《秦汉法制史研究》，林剑鸣等译，上海：上海人民出版社，1991年。

② （宋）徐天麟：《东汉会要》，上海：上海古籍出版社，1978年，第405页。

③ 阎步克提出东汉"吏化"即"文吏化""官僚化"，并认为"酷吏之儒生化"也不妨说是"儒生的酷吏化"。（参见阎步克：《士大夫政治演生史稿》，北京：北京大学出版社，1997年，第412—463页）另，于迎春认为"汉代的士大夫化，相当程度上就是被体制化（institutionalized（参见于迎春：《秦汉士史》，北京：北京大学出版社，2000年，第2页）；余英时在《反智论与中国政治传统：论儒、道、法三家政治思想的分野与汇流》中，以"反智论"视角提出"儒家主智""道家反智""法家更反智"，进而推出汉代重用知识分子（儒生）的结果是"儒生法吏化"（收入余英时：《历史与思想》，台北：联经出版社，1976年）；陈启云反对余英时观点，针锋相对地提出"法吏儒生化"（参见陈启云：《荀悦与中世儒学》，沈阳：辽宁大学出版社，2000年）。笔者以为，无论是"儒生法吏化"，还是"法吏儒生化"，所反映的都是汉代"经术"与"文法"的渐趋融合，但其主流是儒生的"吏化"，故《后汉书·韦彪传》有"世承二帝吏化"之言。

仕途,他们追随光武帝亦是为了仕途。刘秀招徕儒生,委以吏职,在一定程度上满足了儒生的入仕需求。只不过统治者不愿儒生们继续批评现实政治的合理性,而是将儒生限制在"吏职"责任上。儒生们自踏入东汉仕途后,便不再是纯粹的文化角色,也不再能够随意讲学、自由发挥己说。他们作为"学士"角色的政治批判力和文化创造力被压抑了,正如吕思勉所言,光武以下的东汉士人对社会政治竭力攻击者,"渐不复闻"[①]。儒生们应试做官后,便不能不懂政令法律。儒生参政后的职业官僚责任,对其纯粹的学人资质,形成了有力的钳制和重塑。如果说西汉儒生尚能保持一些针对社会现实的批判精神,至东汉"吏化"之后这种精神便彻底地烟消云散了。儒生们逐渐淡化对先秦以来之"王道政治理想"的追求,孜孜于利禄仕途。这正是东汉时代"经术"与"吏化"并重的政治路线之下,政治力量对于学术与学者的巨大影响所致。

第二节 "吏化"方针下的儒学与儒生

"光武帝奉行了一条'经术'与'吏化'相结合的政治路线,它承袭于西汉的'霸王道杂之',但又具有更为精巧、成熟的形态;而学士方面对'霸道'和'王道'的阐说,也显示法术与儒术已开始了进一步的交融汇合"[②]。儒生"吏化"后,其价值取向逐渐单一化为对"利禄之途"的追逐,西汉之为"理想政治"奋斗的价值观念淡化。政府对儒术自由发展的种种限制,使儒生在学术领域的创造、发展陷入阻滞,东汉是经学发达的时代,恰恰也是思想萎缩的时代。儒生们转习"文吏"之业,其价值观念也更具功利性了。当儒生取得官僚身份之后,便成为统治阶级的成员而参与政治利益和特权的分割。他们所操作的也都是文吏之事,而非单纯的文化创作。就入仕来说,熟悉文法更为有效,所以众多读书人不再以儒学是尚,转而学习文吏知识技能。他们不再像西汉儒者在《盐铁论·能言》中那样强调"能言而不能行者,国之宝也;能行而不能言者,国之用也"[③],转而以实务、利禄为尚。东汉学术、学风因之发生转变。政治理性的复归与"天命"理论的构建相互表里,成为东汉政权合法性论证的突出特征。

---

① 吕思勉:《秦汉史》,上海:上海古籍出版社,1983 年,第 197 页。
② 阎步克:《士大夫政治演生史稿》,北京:北京大学出版社,1996 年,第 412—413 页。
③ (汉)桓宽著,王利器校注:《盐铁论校注》(新编诸子集成本),北京:中华书局,1992 年,第459 页。

一、"兼习经、律"之风

光武重建汉家统治后,政治理性精神重新主导了国家政务。这必然深刻影响到仍在意识形态领域处于尊崇地位的儒家本身。东汉王朝"吏化"儒生的方针,天然地促使儒生群体不得不在研读经术之余,兼习文法吏事,并凭借对于行政技能的熟谙争得入仕的资本。这在东汉演生为兼习经、律之风,较之西汉时期崇尚"经明行修"的风气,已然有了很大的差别。

(一)由经术入律令

光武帝"重儒"之举,确然稳固了儒学与儒生的地位,但同时也不难发现当时出现了诸如"儒者寂于空室,文吏哗于朝堂""俗吏繁炽、儒生寡少"的记载。在东汉"吏化"方针下,国家政治理性精神重新主导了政治实务。儒生的"文吏化""官僚化",使文法律令、行政规程、文书处理等不再是"文吏"的专擅技能。这必然深刻影响到依然处于官学地位的儒家意识形态。儒生们在研习经术的同时,必须兼习文法律令、行政技能。他们日益演变成一种身兼经术与文法两种素质的亦儒亦吏式的角色。

苏辙尝曰:"西汉自孝武之后崇尚儒术,至于哀、平,百余年间,士之以儒术进用,功业志气可纪于世者,不过二、三、而武夫、文吏皆著节当世,其业比儒者远甚。"[①]陈亮亦曾指陈"前汉以军吏立国,而用儒辄败人事!"[②]此论大抵概述了西汉儒生与文吏地位之大势,同时也指出了儒生群体与行政官僚制度及其运作过程的疏离。

儒生在西汉时期逐渐获得了参与国家政治实务的机会,也必然有部分儒生由于对行政事务的直接参与,开始自觉或不自觉地致力于儒术与官僚政治的结合。他们需要懂得律令文法,熟悉行政文书的撰写、传递、处理等具体政务,甚至在司法审判等活动中也要秉承律令规定办事。这些参政后的行政岗位责任,必然对儒生此前纯粹的"学人"角色,产生强有力的牵制和改塑,从而形成了第一批充分官僚化的儒生。

西汉时期能够兼习文法的事例已不断出现。如宣帝时淮阳宪王刘钦"

①　(宋)苏辙著,曾枣庄、马德富校点:《栾城集》,上海:上海古籍出版社,1987年,第451页。

②　(宋)陈亮著,邓广铭点校:《陈亮集》卷1《奏疏·上孝宗皇帝第三书》,北京:中华书局,1987年,第14页。按,自明朝成化以来所刊刻《陈龙川文集》,均将"辄败人事"四字更为"以致太平",与陈亮原文不同。邓广铭据宋刊《龙川水心二先生文粹》与明永乐中黄淮杨士奇所编《历代名臣奏议》加以改正,见邓广铭:《陈亮反儒问题辨析》,自《燕园论学集》,北京:北京大学出版社,1984年。

好经书、法律,聪达有材"①。定陶王刘欣"长好文辞、法律"②。公孙弘"少时为狱吏……年四十余,乃学《春秋》杂说"③。丙吉"治律令,为鲁御史","(吉)本起狱法小吏,后学《诗》、《礼》,皆通大义"④。于定国"少学法于父……为狱史,补廷尉史,以选与御史中丞从事治反者狱,以材高举侍御史……超为廷尉。定国乃迎师学《春秋》,身执经,北面备弟子礼,为人谦恭,尤重经术士,虽卑贱徒步往过,定国皆与钧礼,恩敬甚备,学士咸称焉"⑤。黄霸"少学律令,喜为吏",后"系狱当死,霸因从(夏侯)胜受《尚书》狱中"⑥。薛宣"其法律任廷尉有余,经术文雅足以谋王体,断国论;身兼数器,有'退食自公'之节"⑦。郑弘"字稚卿,泰山刚人也。兄昌字次卿,亦好学,皆明经,通法律政事。次卿为太原、涿郡太守,弘为南阳太守,皆著治迹,条教法度,为后所述。次卿用刑罚深,不如弘平。迁淮阳相,以高第入为右扶风,京师称之"⑧。值得注意的是,西汉居右扶风者多为有政事能力者⑨。又如孔光"字子夏,孔子十四世之孙也。……以高第为尚书,观故事品式,数岁明习汉制及法令"⑩。孔子后裔,也因居官就职而不得不明习"汉制""法令"。翟方进"经博士受《春秋》,积十余年,经学明习,徒众日广",后为丞相,"持法刻深,举奏牧守九卿,峻文深诋,中伤者尤多""知能有余,兼通文法吏事,以儒雅缘饰法律,号为通明相,天子甚器重之,奏事亡不当意"⑪。这与公孙弘之"习文法吏事,而又缘饰以儒术"⑫,如出一辙。何比干"学《尚书》于朝错,武帝时为廷尉正,与张汤同时,汤持法深而比干务仁恕",注引《何氏家传》:"比干字少卿,经明行修,兼通法律。为汝阴县狱吏决曹掾,平活数千人。"⑬何

① (汉)班固:《汉书》卷80《宣元六王传》,北京:中华书局,1962年,第3311页。

② (汉)班固:《汉书》卷11《哀帝纪》,北京:中华书局,1962年,第333页。刘欣为元帝庶孙,定陶恭王子;年三岁嗣立为定陶王;绥和二年成帝崩,刘欣继为汉哀帝。

③ (汉)班固:《汉书》卷58《公孙弘传》,北京:中华书局,1962年,第2613页。

④ (汉)班固:《汉书》卷74《丙吉传》,北京:中华书局,1962年,第3142、3145页。

⑤ (汉)班固:《汉书》卷71《于定国传》,北京:中华书局,1962年,第3042—3043页。

⑥ (汉)班固:《汉书》卷89《黄霸传》,北京:中华书局,1962年,第3627、3629页。

⑦ (汉)班固:《汉书》卷83《薛宣传》,北京:中华书局,1962年,第3392页。

⑧ (汉)班固:《汉书》卷66《郑弘传》,北京:中华书局,1962年,第2902—2903页。

⑨ 右扶风为西汉"三辅"之一,《汉旧仪》汉武帝所定之丞相辟士"四科",其四即为"刚毅多略,遭事不惑,明足以照奸,勇足以决断,才任三辅令"。如安作璋所说:"所谓高第就是经过考核而成绩优异者。成绩优异的郡守才能入守为三辅长官。"(安作璋、熊铁基:《秦汉官制史稿》,济南:齐鲁书社,1985年,下册,第42页)

⑩ (汉)班固:《汉书》卷81《孔光传》,北京:中华书局,1962年,第3352—3353页。

⑪ (汉)班固:《汉书》卷84《翟方进传》,北京:中华书局,1962年,第3411、3417、3421页。

⑫ (汉)班固:《汉书》卷58《公孙弘传》,北京:中华书局,1962年,第2618页。

⑬ (南朝宋)范晔:《后汉书》卷41《何敞传》注引《何氏家传》,北京:中华书局,1965年,第1480页。

比干以儒生出身,担任本为文吏群体所主的廷尉正,虽较酷吏张汤"仁恕",却也深知文法了。《急就篇》尝谓:"宦学讽《诗》、《孝经》、《论》、《春秋》、《尚书》、律令文,治礼掌故底厉身。智能通达多见闻,名显殊绝异等伦。超擢推举黑白分,积行上究为牧人。"①可见"儒经"与"律令文"共同构成"宦学"者应当学习之业,兼习二者方能"超擢推举"。再如,一些明习经术的大儒,同时也能号称"能吏"而显于朝堂。如儒者张敞"本治《春秋》,以经术自辅",萧望之却"以为敞能吏,任治烦乱"。当时张敞之弟张武"意欲以刑法治梁",有官吏转告张敞,张敞答曰:"审如掾言,武必辨治梁矣。"②张敞认为自己的弟弟如果真的能够凭借"刑法"治理梁国,必然收到大效。就连被史家称为"所用多文法吏"的汉宣帝,也已开始积极擢用儒生,在其麒麟阁十一功臣中,就列有魏相、丙吉、梁丘贺、萧望之四位大儒。

西汉之政"霸王道杂之",实际是并用儒生与文吏两大群体。儒生与文吏群体在西汉朝堂并立、并用,虽已有部分儒生为博取更高的政治利禄而学习文法之事,但并非儒生群体的主流。至东汉光武帝时,推行"吏化"儒生的方针,儒生与文吏两大群体的交融才变得更为普遍、深入、发达。前已就"吏化"作详细分析(见第六章第一节)。"吏化"即儒生的文吏化或官僚化。当儒生进入帝国政府之后,就必须承担起官僚职责,而不再是单纯的学士了。

以博士官为例。汉代的博士职任并非终身制,它与其他行政性职官互相迁转。如《汉书·萧望之传》曰:"是时选博士、谏大夫通政事者,补郡国守相。"③这是汉代的常例。博士官的政治出路,还有"三科"之选,即:"博士选三科,高(第)为尚书,次为刺史,其不通政事,以久次补诸侯太傅。"④博士通过朝廷考核,可以出任不同等级的职官,其中尚书为国家权力的中枢,刺史为中央派遣至地方的监督官员。在这博士迁转的"三科"之中,竟有两科是职业官僚角色,要求必须"通政事"。作为全国学术权威的博士,在职官迁转时尚以行政职事为基本要求,其他经师、学子的政治出路可想而知。上述两条史料虽出于西汉,但博士迁转的制度与路径却是终汉世皆如此。阎步克曾总结汉代博士可考者,西汉为 109 人,其中 49 人明确记载迁转为其他官职,约占 44.9%。这些官职中除前述之尚书、刺史外,还包括丞相、大司空、

---

① 按《急就篇》之不同版本互有异文,此据王国维:《校松江本急就篇》,《王国维遗书》第六册,上海:上海古籍书店,1983 年。
② (汉)班固:《汉书》卷 76《张敞传》,北京:中华书局,1962 年,第 3226 页。
③ (汉)班固:《汉书》卷 78《萧望之传》,北京:中华书局,1962 年,第 3274 页。
④ (汉)班固:《汉书》卷 81《孔光传》,北京:中华书局,1962 年,第 3353 页。

御史大夫、太常、大鸿胪、少府、光禄勋、诸侯国相、郡守、内史等。东汉博士可考者约 64 人,其中迁转为诸侯王傅、太子少傅者 6 人,约占 9.4%;迁转后曾任其他官职者 31 人,约占 48.4%,这些官职包括司空、司徒、尚书令、尚书、太常、大鸿胪、少府、光禄勋、中郎将、太守等。① 在统治者看来,博士官中接近半数被认定为"通政事"。可以说,他们不仅仅是"学士"角色,还是治国理民的"官僚""干吏"。这也从侧面反映出汉代政治是促使儒生不断"官僚化"的强大"驱动力"。

律令是汉代仕宦的一个条件,到东汉也成为儒生必须研习、践行的内容。"在现实政治中,经术与律令亦一体并用。如此,官吏除了明经,与不能不明律令。"②两汉择官,"明晓法令"一直是一个主要的条件。光武帝重申"四科之法"之中,第一科"德行高妙,志节贞白"与第二科"学通行修,经中博士",明显关乎"学行";第三科"明晓法令,足以决疑,能案章覆问,文中御史",实际直指"律令";第四科"刚毅多略,遭事不惑,明足以照奸,勇足以决断,才任三辅令",实则非由法律以决断不可。故此四科实际可分为两类:一曰学行,二曰律令。二者相较,明习律令显然是为官者更为基本的要求。汉吏考核中,只问是否"颇知律令",不问是否颇通经学,即是明证。在一个依据律令法制运作的官僚体系内,任何职位都必然有一套相关的法令规章。要担任这些职位,就不能不熟习这套律令规章。不仅如此,汉代甚至有明文规定一些特定职位必须由明律令者出任,如治书侍御史③,廷尉正、监、平④,尚符玺郎中⑤,洛阳市长、丞。⑥ 邢义田还考证廷尉、御史大夫、御史中丞、侍御史、御史、丞相、尚书、中书等也都常以明习文法律令为条件。⑦ 总之,汉代为吏须知律令,如果只通经而不明律,则是宣帝所说的不通世务、"不达时宜"的"俗儒"。

---

① 参见阎步克:《士大夫政治演生史稿》(第 3 版),北京:北京大学出版社,2015 年,第 405 页。
② 邢义田:《秦汉的律令学——兼论曹魏律博士的出现》,自《中研院历史语言研究所集刊论文类编》(历史编·秦汉卷),北京:中华书局,2009 年,第 1934 页。
③ 《后汉书·百官志》曰:"治书侍御史二人,六百石。本注曰:掌选明法律者为之。凡天下诸狱疑事,掌以法律当其是非"(《后汉书》志 26《百官三》,北京:中华书局,1965 年,第 3599 页)。
④ 《汉官旧仪》曰:"刺史举民有茂材,移名丞相。……选廷尉正、监、平,案章取明律令"(见孙星衍等辑,周天游点校:《汉官六种》,北京:中华书局,1990 年,第 37 页。)。
⑤ 《后汉书·百官志》曰:"尚符玺郎中四人",王先谦《补注》引《汉官》曰:"当得明法律郎"(《后汉书》志 26《百官三》,北京:中华书局,1965 年,第 3599 页)。
⑥ 《后汉书·百官志》注引《汉官》曰:"(洛阳)市长一人,秩四百石;丞一人,二百石,明法补"(《后汉书》志 26《百官三》,北京:中华书局,1965 年,第 3591 页)。
⑦ 邢义田:《秦汉的律令学——兼论曹魏律博士的出现》,自《中研院历史语言研究所集刊论文类编》(历史编·秦汉卷),北京:中华书局 2009 年,第 1936—1938 页。

《论衡·程材》记东汉风气曰:"世俗学问者,不肯竟经明学,深知古今,急欲成一家章句。义理略具,同趋学史书,读律讽令,治作情奏,习对向,滑习跪拜,家成室就,召署辄能。"①"成一家章句、义理略具"仍是入仕的基本要求,但同时求仕者必须努力掌握文法律令。所谓"史书""读律讽令""治作情奏",都是居吏职所必备的"吏能"。因此儒生们不肯深习经术,而转相趋学文吏之业。张敏尝指陈"法圣人,从经、律"②,认为兼习经、律并不违背圣人之道。樊准尝上言"复召郡国书佐,使读律令。如此,则延颈者日有所见,倾耳者月有所闻,伏愿陛下推述先帝进业之道"③。樊准是和帝时人,其所谓"先帝进业之道",明显是光武、明、章帝时期所奉行的"经术"与"律令"并重的政治路线。考东汉兼具经术与文法律令者,如陈球"少涉儒学,善律令"④;王涣"敦儒学,习《尚书》,读律令,略举大义"⑤;黄昌"居近学官,数见诸生修庠序之礼,因好之,遂就经学,又晓习文法,仕郡为决曹"⑥;郭躬"家世掌法,务在宽平,及典理官,决狱断刑,多依矜恕"⑦,决狱时引《诗经》、《论语》之文;郭禧"少明习家业,兼好儒学,有名誉"⑧;酷吏董宣号"强项令",下狱后却能"晨夜讽诵"⑨;陈宠"虽传法律,而兼通经书,奏议温粹,号为任职相"⑩。所谓"大杜"乃是杜周,"小杜"即其子杜延年。杜周乃西汉著名酷吏,然而他对法律的诠释,居然成为治经术者兼习的学问,可知东汉儒生对于文法史事的崇尚之情。东汉还有兼以经术、法律收徒教授者,如董昆"字文通,余姚人也。少游学,师事颍川荀季卿,受《春秋》,治律令,明达法理,又才能拨烦。……(刺史卢孟)问昆:'本学律令,所师为谁?'昆对:'事荀季卿。'孟曰:'史与刺史同师'"⑪。董昆与庐孟一同受业于荀季卿,而荀季卿兼授《春秋》与律令于二人,实可为东汉儒生兼授兼习经、律的最佳例证。这种兼授经、律者的门徒甚至达到数千、百人,如钟皓

①　黄晖撰:《论衡校释》,北京:中华书局,1990年,第538页。
②　(南朝宋)范晔:《后汉书》卷44《张敏传》,北京:中华书局,1965年,第1503页。
③　(南朝宋)范晔:《后汉书》卷32《樊准传》,北京:中华书局,1965年,第1127页。
④　(南朝宋)范晔:《后汉书》卷56《陈球传》,北京:中华书局,1965年,第1831页。
⑤　(南朝宋)范晔:《后汉书》卷76《循吏列传》,北京:中华书局,1965年,第2468页。
⑥　(南朝宋)范晔:《后汉书》卷77《酷吏列传》,北京:中华书局,1965年,第2496页。
⑦　(南朝宋)范晔:《后汉书》卷46《郭躬传》,北京:中华书局,1965年,第1544页。
⑧　(南朝宋)范晔:《后汉书》卷46《郭躬传》,北京:中华书局,1965年,第1545页。案:郭禧为郭躬之孙,郭氏一门以律令为家学,故此处所谓"家业"即指律令。
⑨　(南朝宋)范晔:《后汉书》卷77《董宣传》,北京:中华书局,1965年,第2490、2489页。
⑩　(南朝宋)范晔:《后汉书》卷46《陈宠传》,北京:中华书局,1965年,第1555页。
⑪　(宋)李昉撰:《太平御览》卷683《刑法部四》,北京:中华书局,1960年,第2858页。

"为郡著姓,世善刑律。……避隐密山,以《诗》、《律》教授,门徒千余人"。① 颖川荀氏、钟氏皆为东汉名士家族,他们尚且兼习或授经、律,则社会风气可知。

东汉儒生还追溯律令的渊源,认为法律造于皋陶氏②,甚至将皋陶与孔子并列,如张敏称"孔子垂经典,皋陶造法律"③。汉代廷尉、系狱者往往祭祀皋陶,如《后汉书·党锢列传》载:"滂坐系黄门北寺狱。狱吏谓曰:'凡坐系皆祭皋陶滂',滂曰:'皋陶贤者,古之直臣,知滂无罪,将理之于帝;如其有罪,祭之何益!'"④又如《博陵太守孔彪碑》曰"膺皋陶之廉恕",《荆州从事范镇碑》曰"综皋陶遗风"等语,足可见汉儒对于皋陶氏的崇敬。在儒生看来,经术与法律并重,习经的同时亦习律,律令在儒生心中的地位相当重要。

在东汉"吏化"方针的促动下,"试职"及"功次"的制度规定,近乎强制性地要求儒生修习文法吏事,以便"书疏端正""便习官事",从而历"吏职"而升迁为官。在这一点上,可以明确地说,东汉"吏化"之后,"儒生"与"文吏"的融合更加具有"广度""深度"和"速度"。儒生群体既要以身具经术作为入仕的前提,又要懂得吏职所需的岗位技能和责任。他们既要依靠研习经学来抬高身价,扩大影响力,又要深习律令,在研习经术与律令之间找到一个适宜的"平衡点"。儒生兼习"经"、"律",日益成为身具"经术"与"文法吏事"于一体的"亦儒亦吏式"的角色,即"儒吏"。⑤ 这与西汉时期并用儒生与文吏两大群体的"宣帝故事"已然有了很大差异。东汉的"吏化"使儒生日益"职业官僚化"了。儒生与文吏的界限被打破,逐渐融合为"一体两具"的"儒吏"角色。

南朝沈约尝评论"吏化"对于东汉士人的影响,曰:

> 顷自汉代,本无士庶之别,自非仕宦,不至京师,罢公卿牧守,并还乡里,小人瞻仰,以成风俗。且黉校棋布,传经授业,学优而仕。始自乡邑,本于小吏干佐,方至文学功曹。积以岁月,乃得察举;人才秀异,始

---

① (南朝宋)范晔:《后汉书》卷 62《钟皓传》,北京:中华书局,1965 年,第 2064 页。

② 汉儒此说有本于诸籍,如《左传》昭公二十四年:《夏书》曰:'昏墨贼杀,皋陶之刑'";《竹书纪年》:"帝舜三年命咎陶作刑";《风俗通义》引《皋陶谟》曰:"虞始造律"。史游《急就篇》采之,曰:"皋陶造狱,法律存也"(《后汉书》卷 46《张敏传》注引,北京:中华书局,1965 年,第 1504 页)。

③ (南朝宋)范晔:《后汉书》卷 46《张敏传》,北京:中华书局,1965 年,第 1503 页

④ (南朝宋)范晔:《后汉书》卷 67《范滂传》,北京:中华书局,1965 年,第 2205 页。

⑤ 参见阎步克:《士大夫政治演生史稿》(第 3 版),北京:北京大学出版社,2015 年,第 395 页。

为公府所辟。迁为牧守，入作台司。汉之得人，于斯为盛！①

沈氏所言的"汉之得人"，实际是东汉以来的情况。在西汉时代，儒生群体对于行政事务的关注度虽然在日益提高，甚或有些儒者兼习文法的现象，但终西汉一代，实际是并用儒生与文吏，二者之间的界限仍十分鲜明，相互之间的融通也仅限于部分儒者的兼习之举。但到东汉以后，则有了很大不同。首先，不论儒生还是文吏出身，皆须"试职"，由郡县"小吏"做起。其次，既然身具吏职，便必须具备其担任岗位所要求必须具备的行政技能，文吏出身者自不必说，儒生们同样也要身兼文法史事，"便习官事"。可以说，参政之后的政务和职责压力，不能不使儒生被迫或主动地"官僚化"。再次，欲由吏职获取公府征辟，则需在本职工作中作出成绩，积累功劳，方能"人才秀异"，继而博取察举。按此"吏化""试职"之法，则国家所选之人皆是极具行政实务能力的优异之辈，而就经学对于居官者的作用而言，也不再是士人们谋取仕途升迁的必备品；"经明行修"或许能够给士人们带来经术名家的声望，但却对仕途升迁没有多大助益。

宋代刘攽亦评论曰：

> 夫东西汉之时，贤士长者未尝不仕郡县也。自曹掾、书史、驱吏、亭长、门干、街卒、游徼、啬夫，尽儒生学士为之。才试于事，情见于物，则贤不肖较然。故遭事不惑，则知其智；犯难不避，则知其节；临财不私，则知其廉；应对不疑，则知其辩。如此，故察举易，而贤公卿大夫自此出矣！②

西汉虽也有儒生出于郡吏，但使之进一步严密化、制度化的，则是东汉的"授试以职"的方法。值得注意的是，西汉博士弟子见于文献记载的约八十余人，通过太学课试合格后入仕者颇有数人可考。东汉太学生可考者一百余人，竟未见一人由学校直接入仕③。按此东汉"授试以职"的理路，大抵东汉

---

① 沈约语，转引自(唐)杜佑撰，王文锦等点校：《通典》卷16《选举四》，北京：中华书局，1988年，第388页。

② (宋)刘攽：《送焦千之序》，自《彭城集》，"丛书集成初编"本，第1907种，第458—459页。

③ 参见冷鹏飞：《两汉太学述论》，北京大学硕士学位论文，1985年，藏北京大学图书馆。西汉之由太学射策入仕者，有倪宽、终军、萧望之、匡衡、何武、褚少孙等人。而至东汉，"我们从文献记载中收集到103名东汉时期的太学生，其中没有发现哪位学士是经由太学考试入仕的。这说明东汉时期太学生考试制度虽然存在，但经由考试入仕的太学生是很少的。据文献所示，许多太学生毕业后的出路是'归为郡吏'"。

太学生们亦须先为"郡县吏",经"试职""积功"而后方能察举征辟。可以说，这种"才试于事，情见于物"的选官之法，有力地推动了大量"儒生学士"通过从事吏职而"便习官事"，变成了谙悉政务的"贤公卿大夫"。此时的儒生群体形象与角色素质，已然与西汉初期所谓的"拘儒""鄙儒"有了鲜明不同。东汉儒生对于自我的评价也发生变化。西汉儒生在其官僚化程度尚浅之时，面对文吏"儒者口能言治乱，而无能以行之"的讥刺，尚能强调其优越性，曰："能言而不能行者，国之宝也；能行而不能言者，国之用也。"[1]东汉儒生则自我申说曰："儒者，区也，言其区别古今，居则玩圣哲之辞，动则行典籍之道，稽先王之制，立当时之事，纲纪国体，原本要化，此通儒也。若能纳而不能出，能言而不能行，讲诵而已，无能往来，此俗儒也!"[2]在东汉儒家看来，"能言而不能行"的儒生只能是徒事讲诵的"俗儒"了。这从侧面反映了东汉儒生对于其自身素养中"通政事"的诉求。

历东汉前期诸帝"吏化"之后，以"轨德立化"自任的儒生，兼习经、律，同时承担起"优事理乱"的行政职责。儒生"文吏化"的深入发展，造就了一批"亦儒亦吏式"的"儒吏"角色。到东汉末期，已经很难将这种"儒吏"角色区分为纯粹的"文吏"或"儒生"。故在魏明帝太和二年(228年)，即下诏"尊儒贵学，王教之本也。……申敕郡国，贡士以经学为先"[3]。自此以后，孝廉之选惟以"儒生"为对象。只不过此时的"儒生"已非纯粹的"学者"角色，而是已经充分"文吏化""官僚化"的"儒生"。自此以后，孝廉之举遂唯以儒生为对象。[4]

汉魏之际名士王粲尝作《儒吏论》，曰：

> 士同风于朝，农同业于野。虽官职务殊，地气异宜，然其致功成利，未有相害而不通者也。至乎末世，则不然矣。执法之吏，不窥先王之典；缙绅之儒，不通律令之要。彼刀笔之吏，岂生而察刻哉？起于几案之下，长于官曹之间，无温裕文雅以自润，虽欲无察刻，弗能得矣。竹帛之儒，岂生而迂缓也？起于讲堂之上，游于乡校之中，无严猛断割以自裁，虽欲不迂缓，弗能得矣。先王见其如此也，是以博陈其教，辅和民

---

① 王利器校注：《盐铁论校注》，北京：中华书局，1992 年，第 459 页。
② （汉）应劭撰，王利器校注：《风俗通义校注》，北京：中华书局，1981 年，第 619 页。
③ （晋）陈寿：《三国志》卷 3《魏书·明帝纪》，北京：中华书局，1971 年，第 94 页。
④ 关于汉代儒生、文吏之对立、融合与汉代选官制度之发展变迁的关系，亦可参看阎步克：《察举制度变迁史稿》，北京：中国人民大学出版社，2009 年，第 52—57 页。

性,达其所壅,祛其所蔽,吏服训雅,儒通文法,故能宽猛相济,刚柔自克也。①

所谓"吏服训雅,儒通文法",实际便是对儒生与文吏两大群体角色日趋结合的形象表达。马端临亦曾曰:"元、成以来,至东汉之初,流品渐分,儒渐鄙吏。"②所谓"儒渐鄙吏",实为儒生"文吏化"进程的别样阐释。儒生与文吏的融合,"儒吏"角色的出现,使社会上不再存在专门化、纯粹化的学士或文吏角色。经历了"吏化"的儒法合流、以"学者"兼"官僚"为特征的"儒吏"角色真正成为国家政治体制的主体角色。

(二)"博士倚席不讲"

博士官,始于六国之末,③秦因之。④ 文帝始置一经博士,并立传记博士。⑤ 武帝时罢黜百家,置五经博士。⑥ 宣帝黄龙元年(前49年)定员十二人。⑦ 元帝尝立京氏《易》,不久又废。⑧ 平帝时增立《古文尚书》《毛诗》《逸

---

① (唐)欧阳询撰,汪绍楹校:《艺文类聚》,上海:上海古籍出版社,1965年,第939—940页。

② (宋)马端临:《文献通考》,北京:中华书局,1986年,第331页。

③ 史籍可见之"博士",最早在战国后期,如《史记·循吏传》载"公仪休,鲁博士也",公仪休为鲁缪王时相;又《汉书·贾山传》曰:"祖祛,故魏王时博士弟子也。"

④ 有关秦博士的史料,如《汉书·百官公卿表序》:"博士,秦官"。秦之博士有定员,大抵七十人左右;《史记·秦始皇本纪》曰:"始皇置酒咸阳宫,博士七十人前为寿",又"侯生、卢生相与谋曰:博士虽七十人,特备员不用"。秦时博士姓名可考者有周青臣、淳于越、叔孙通、黄疵、正先、鲍白令之,计七人。但当时博士之任,非必儒家,如《史记·秦始皇本纪》曰:"使博士为仙真人诗",又有占梦博士,故知秦时博士者,诸子、诗赋、术数、方伎皆可居任。

⑤ 关于"传记博士",指处于诸子百家的学者皆可居博士官的制度,博士官尚未为儒家所独占,如《汉书·刘歆传》曰:"至孝文皇帝,始使掌故晁错从伏生受《尚书》。《诗》始萌芽,天下众书往往颇出,皆诸子传记,犹广立于学官,为置博士。"

⑥ 汉武帝置五经博士,在建元五年,如《汉书·武帝纪》:"建元五年春,置《五经》博士"。

⑦ 汉宣帝时,置五经十二博士之制,奠定西汉中期以迄东汉之末的博士制度体制,如《汉书·宣帝纪》:"甘露三年,立《梁丘易》、大小《夏侯尚书》、《谷梁春秋》博士"。又《百官公卿表序》:"博士,宣帝黄龙元年,增员至十二人"。又《艺文志》:《易》"讫于宣、元,有施、孟、梁丘、京氏立于学官";《书》"讫孝宣,有欧阳、大、小夏侯氏立于学官";《诗》鲁、齐、韩三家皆立于学官;《礼》"讫孝宣世,后苍最明,戴德、戴圣、庆普皆其弟子,三家皆立于学官";《春秋》"四家之中,《公羊》、《谷梁》立于学官"。又《刘歆传》:"往者博士,《书》有欧阳,《春秋》有公羊,《易》则施、孟,然孝宣皇帝犹复广立《谷梁春秋》、《梁丘易》、大小《夏侯尚书》"。又《儒林传》赞:"初《书》惟有欧阳,《礼》后,《易》杨,《春秋》公羊而已。至孝宣世,复立大小夏侯《尚书》,大小戴《礼》,施孟梁丘《易》、《谷梁春秋》"。《后汉书·章帝纪》:"建初四年十一月壬戌,诏曰:'汉承秦后,褒显儒术,建立五经,为置博士。孝宣皇帝以去圣久远,学不厌博,故遂立大小夏侯《尚书》'"。诸传所记,略有差异。学界普遍采纳的观点是,宣帝黄龙元年最终确立十二博士之制,包括:《易》之施、孟、梁丘氏,《书》之欧阳、大、小夏侯氏,《诗》之齐、鲁、韩三家,《礼》后氏,《春秋》公羊、谷梁二氏,合十二家。

⑧ 《汉书·儒林传》:"至元帝世,复立《京氏易》";又《后汉书·范升传》:"先帝前世有疑于此,故京氏虽立,辄复见废"。

礼《乐经》《左氏春秋》，增员至三十人。① 光武帝确立博士十四家之制，②终汉世未再变化。此为博士之制自先秦至两汉时期的沿革历程。

博士制度在西汉武帝至东汉中叶，颇为兴盛。然至东汉和、安之际，却出现"时贱经学"的局面。王国维《汉魏博士考》称："后汉中叶以后，课试之法密，而教授之事轻。"③究其根源，与光武、明帝以来婴心吏事、重视文法的政治方针直接相关。在他们重视儒学的背后，还隐含着一个"吏化"儒生的方针。"吏化"发展到一定的程度，就会显示出它的深刻影响。"吏化"方针，如前述（见上节）般导致士人们兼习经术与文法律令，并因政治上对于"吏事"的强调以及"试职"过程中对于居官者行政技能的岗位要求，导致世风日益轻经术而重文法，"俗吏繁炽""儒学陵替"。太学是今文官学的最高权威机构，太学之衰实可反映东汉后期今文经学的式微。这表现在：

其一，"博士倚席不讲，朋徒相视怠散"。"博士倚席不讲"，即博士官不施讲席，不事讲学。此自安帝时始。在经学繁盛之时，讲论经义之风大盛。太学是国家的最高学府，博士官选用经师耆儒为事，学子心向往之，甚至皇帝亦亲自赴太学讲经。史载明帝时"博士议郎，一人开门，徒众百数，化自圣躬，流及蛮荒，匈奴遣伊秩訾王大车且渠来入就学"④。可见当时博士于"内外讲堂"讲授经学，生徒众多，甚至吸引少数民族贵族子弟侍师就学。尽管儒生们入仕后就要被课以吏职，但仕进是读书的目的，学而优则仕、仕而求其禄是普遍的价值追求。然至安帝以后，政治日趋腐败，外戚宦官各引党类，普通儒生入仕无门，经学逐渐失去了对学子们的吸引力。许多人对诵读经书、讲论经义失去兴趣，他们奔走权贵之门，行贿赂以取官。延平元年（106 年），尚敏上疏曰："自顷以来，五经颓废，后进之士，趣于文俗，宿儒旧学无与传业。由是俗吏繁炽，儒生寡少。其在京师，不务经学，竞于人事，争于货贿。太学之中，不闻谈论之声；纵横之下，不睹讲说之士。臣恐《五经》《六艺》浸以陵迟，儒林学肆，于是废失。"⑤所谓"趣于文俗"，"文"指文法吏

---

① 《汉书·儒林传》赞："平帝时，又立《左氏春秋》、《毛诗》、《逸礼》、《古文尚书》"；又《王莽传》："元始四年，立《乐经》，益博士员，经各五人"；又《艺文志》："《周官经》六篇，王莽、刘歆置博士"。

② 《后汉书·儒林传》："光武中兴，爱好儒术，立五经博士，各以家法教授。《易》有施、孟、梁丘、京氏，《尚书》欧阳、大、小夏侯，《诗》齐、鲁、韩、毛（此衍字），《礼》大、小戴，《春秋》严、颜，凡十四博士。"案：光武初尝一度立《左氏》博士，如《后汉书·陈元传》："时议欲立《左氏传》博士，范升与元相辨难，凡十余上。帝卒立《左氏》学，太常选博士四人，元为第一。帝以元新忿争，乃用其次司隶从事李封。于是诸儒以《左氏》之立，议论欢哗，自公卿以下数廷争之，会封病卒，《左氏》复废。"

③ 王国维：《汉魏博士考》，自《观堂集林》，石家庄：河北教育出版社，2001 年，第 96 页。

④ （南朝宋）范晔：《后汉书》卷 32《樊准传》，北京：中华书局，1965 年，第 1126 页。

⑤ （晋）袁宏：《后汉纪》卷 4《殇帝纪》，天津：天津古籍出版社，1987 年，第 425 页。

事,也即"吏化"以来,儒生们转习文法吏事,而忽视经术研精;"俗"指东汉后期社会风气中,儒生们为了获取仕途利禄,"竞于人事,争于货贿",投身于权门势家,甚或以贿赂的手段求得举荐。太学之中,已不见学术讨论、辩难之举;讲堂之内,也不闻博士讲说经义之声。太学的正常教学活动业已废弛,不复有汉以来的盛名。樊准亦上疏称:"今学者盖少,远方尤甚。博士倚席不讲,儒者竞论浮丽,忘謇謇之忠,习謏謏之辞。"①所谓"謏謏",即诌言。博士们不事钻研学术,而专务勾心斗角之举。《后汉书·循吏列传》载:"今日太学曳长裾,飞名誉。"②太学生以"名誉声望"为事,不事经学研习。当时仇览受考城令王涣之遣,赴太学受习经术,与同郡生符融比邻而居。符融"有高名",喜交际游谈,而仇览却常自守室内,诵习经传,不与符融交流。符融不解,乃问曰:"与先生同郡壤,邻房牖。今京师英雄四集,志士交结之秋,虽务经学,守之何固?"符融认为当时各地太学生们云会京师,正是相互交流、拉拢关系的好机会。他鄙弃仇览只知诵读经文,固陋不合世风。仇览正色回答:"天子修设太学,岂但使人游谈其中。"③遂高揖而去,不复言。在仇览心目中,太学是天子所设的学术圣地,不应沦为徒事游谈的场所。由这则故事,颇可知东汉后期,如仇览般"固守"经术的学子已属少见,大多数的太学生都以浮华相尚,聚会游谈,而不务经术。太学演变为一个扬名增誉的场所。

其二,太学学舍颓敝。光武"起太学博士舍、内外讲堂,诸生横巷,为海内所集"④,规模颇为壮观。中元元年(56年),"初建三雍。明帝即位,亲行其礼"⑤。当时有人认为,辟雍既已兴建,太学则可取消。"明帝时辟雍始成,欲毁太学,太尉赵熹以为太学、辟雍皆宜兼存,故并传至今。"⑥至安帝时,太学为衰,《后汉书·儒林列传》曰:"自安帝览政,薄于艺文,博士倚席不讲,朋徒相视怠散,学舍颓敝,鞠为园蔬,牧儿荛竖,至于薪刈其下。"⑦

其三,博士官选任多不以实,且地位低下。安帝时樊准、徐防曾上书言"儒职多非其人"⑧。又有杨震因"先是博士选举多不以实",故举荐"明经名士陈留杨伦等,显传学业,诸儒称之"⑨。"诸儒"称颂杨震的原因,无外乎是

① (南朝宋)范晔:《后汉书》卷32《樊准传》,北京:中华书局,1965年,第1126页。
② (南朝宋)范晔:《后汉书》卷76《仇览传》,北京:中华书局,1965年,第2480页。
③ (南朝宋)范晔:《后汉书》卷76《仇览传》,北京:中华书局,1965年,第2481页。
④ (南朝宋)范晔:《后汉书》卷48《翟酺传》,北京:中华书局,1965年,第1606页。
⑤ (南朝宋)范晔:《后汉书》卷99《儒林列传》,北京:中华书局,1965年,第2545页。
⑥ (南朝宋)范晔:《后汉书》卷48《翟酺传》,北京:中华书局,1965年,第1606页。
⑦ (南朝宋)范晔:《后汉书》卷99《儒林列传》,北京:中华书局,1965年,第2546—2547页。
⑧ (南朝宋)范晔:《后汉书》卷99《儒林列传》,北京:中华书局,1965年,第2546页。
⑨ (南朝宋)范晔:《后汉书》卷54《杨震传》,北京:中华书局,1965年,第1760—1761页。

他举荐了"明经名士",使博士官的人选重新归于经师耆儒,从而改变"博士选举不实"的状况。邓太后时,李郃上疏称:"博士著两梁冠,朝会随将、大夫例。时贱经学,博士乃在市长下。公奏以为:'非所以敬儒德、明国体也。'上善公言,正月大朝,引博士公府长史前。"①《续汉书·百官志》:"博士祭酒一人,六百石。本仆射,中兴转为祭酒。博士十四人,比六百石。"②洛阳市长隶属河南尹,"市长一人,秩四百石;丞一人,二百石。明法补"③。就博士与洛阳市长的秩级而言,博士官高于市长,但在朝廷会议时,四百石的洛阳市长竟列于博士官之上,可见当时博士官在朝堂的政治地位"低下"到何种程度。

其四,太学生政治出路狭窄。如所周知,汉武帝建元五年(前136年)置《五经》博士,元朔元年(前128年)置博士弟子员,同时采纳公孙弘建议,以"通经"为课试标准,以"通一艺以上""先用诵多者"④为补官条件,从而为太学生提供了一条通经致仕之途。太学生欲入仕为官,必须经由"设科射策"的课试之法。"通经"既然能够在制度上给儒生们带来入仕之途,经生遂以"经明行修"为尚,所谓"士病不明经术,经术苟明,其取青紫如俯拾地芥耳,学经不明,不如归耕"⑤。在当时人心中,"遗子黄金满籝,不如一经"⑥。然而,制度的设计与制度的运作实践之间往往存在着巨大差异,受到不同时代政治社会环境及各种政治势力角逐的影响。这在东汉前期与和、安之际的政治生态的比较中可窥一斑。如果说光武、明、章帝时期尚能为士人们通过治学精习踏入朝堂提供制度保障,那么,在外戚、宦官日益专权的黑暗政治下,正常的仕途不免受到影响。读经也好,明法也罢,都难以正常入仕。东汉和帝始,外戚、宦官开始交相专权,结党营私,把持仕进之路,这使大多数儒生都被排斥在权力体系之外。部分功利之徒,不惜趋炎附势,阿党于权宦之门,如安帝舅大将军耿宝"更相阿党,互作威服,探刺禁省,更为唱和,皆大不道"⑦,王圣女伯荣"出入宫掖,传通奸赂"⑧。这种专行贿赂、结党而得官的方式,直接威胁到儒生们通过正常察举而入仕的制度途径。当"经明行

① (唐)欧阳询撰,汪绍楹校:《艺文类聚》引《李郃别传》文,上海:上海古籍出版社,1965年,第831页。

② (南朝宋)范晔:《后汉书》志25《百官二》,北京:中华书局,1965年,第3572页。博士祭酒,秩比本四百石,宣帝时始增至六百石。

③ (南朝宋)范晔:《后汉书》志26《百官三》注引《汉官》,北京:中华书局,1965年,第3591页。

④ (汉)班固:《汉书》卷88《儒林传》,北京:中华书局,1962年,第3594页。

⑤ (汉)班固:《汉书》卷75《夏侯胜传》,北京:中华书局,1962年,第3159页。

⑥ (汉)班固:《汉书》卷73《韦贤传》,北京:中华书局,1962年,第3107页。

⑦ (南朝宋)范晔:《后汉书》卷10《皇后纪》,北京:中华书局,1965年,第437页。

⑧ (南朝宋)范晔:《后汉书》卷54《杨震传》,北京:中华书局,1965年,第1761页。

修"无助于仕途通畅时,包括太学生在内的儒生群体若要踏入政治舞台,只能寻求制度设计之外的其他途径。学子们既然不能通过奔赴太学以求得官位利禄,太学之中"学者益少"也就成了必然。儒生们或转而师事民间经学大儒,或投身于权门势家,通过浮华交会赢得名望,以求得举荐或征辟,踏入仕途。"通经入仕"不再是儒生们奉行的铁律,他们奔走于权贵之间,以致"权门贵仕,请谒繁兴"①。所谓"名公巨卿,以能致贤才为高,而英才俊士,以所依秉为重"②,即公卿以能够招致贤才为尚,贤才以能够投身权门为要。再就太学生群体规模的日趋庞大与课试录取名额的差距而言,武帝时有博士弟子员五十人,昭帝时百人,宣帝末两百人,元帝时千人,成帝时三千人,王莽时万八百人。光武重修太学,大抵沿袭太学三千人之制。顺帝时"试明经下第补弟子"。质帝本初元年(146 年),梁太后令"大将军下至六百石,悉遣子就学"③,使博士弟子骤增至三万余。然与太学生群体规模的逐渐扩大不同,太学生的政治出路并不似前者般拓宽,其通过考试入仕的途径终汉世并不甚通畅。这表现在每年通过考试进入仕途的太学生数量非常有限,且录取比率愈来愈低。光武帝恢复甲乙二科。和帝永元十四年(102 年)令"《五经》各取上第六人"④,即岁取八十四人。相对和帝时三千太学生的规模而言,录取比例仅为 2.8%。太学生由课试取官的途径相对而言非常狭窄。

其五,经籍错乱、散落严重。儒生们治章句之学,杂"私意"以解经,欲"代圣人言"。他们治学"转相牵引""穿凿附会"、徒事增益,这就造成"经传之文多不正定"。甚至有经师博士们"私行钱货",更改"兰台漆书经字,以合其私文者"⑤的现象。在儒生们眼中,《五经》之文乃圣人之言,他们甚至神化经传,从而树立起经传崇拜思维,把《五经》经传视为社会运转的至圣真理。但到了东汉后期,竟然为了自己的"私意",不惜行贿赂之举,更改兰台所藏之"漆书经字"。在这些人心中,经传绝不是什么不可更改的神圣之物,只要能达到自己的目的,随意更改《五经》本文也没什么不可以。后来董卓之乱,迁都长安,原在辟雍、兰台、宣明、石室、东观、鸿都等处的典籍文献"竞共剖散,其缣帛图书,大则连为帷盖,小乃制为滕囊。及王允所收而西者,裁

---

① （南朝宋）范晔:《后汉书》卷 61《黄琼传》,北京:中华书局,1965 年,第 2042 页。
② （宋）徐天麟撰:《东汉会要》,上海:上海古籍出版社,1978 年,第 404 页。
③ （南朝宋）范晔:《后汉书》卷 79《儒林列传》,北京:中华书局,1965 年,第 2547 页。
④ （南朝宋）范晔:《后汉书》卷 79《儒林列传》,北京:中华书局,1965 年,第 2547 页。
⑤ （南朝宋）范晔:《后汉书》卷 78《宦者列传》,北京:中华书局,1965 年,第 2533 页。

七十余乘,道路艰远,复弃其半矣。后长安之乱,一时焚荡,莫不泯尽焉"①。此为官藏经典的一次浩劫。

面对经学的日趋衰落,东汉统治者曾试图尽力挽救。和帝永元十四年(102 年),徐防针对太学博士弟子课试中不修家法、不依章句而徒事臆说、妄生穿凿的弊端,重申以《五经》章句课试博士弟子,开五十难以考之;要求考生应试,一律依据自家的家法章句,"解释多者为上第,引文明者为高说",在《五经》中各取六人,"若不依先师,义有相伐,皆正以为非"②。延平元年(106 年),樊准上书建议朝廷选拔官吏,应当录取经术之士,以示宠进儒学,疏曰:"宜下明诏,博求幽隐,发扬岩穴,宠进儒雅,有如孝、宫者,征诣公车,以俟圣上讲习之期。公卿各举明经及旧儒子孙,进其爵位,使缵其业。"邓太后采纳他们的建议,"是后屡举方正、敦朴、仁贤之士"③,下令"公卿、中二千石各举隐逸大儒,硕德高操,以劝后进",希望学子们能够继续趋学经术,以达到"人心专一,风化可淳"④的目的。顺帝时,"更修黉宇,凡所结构二百四十房,千八百五十室。试明经下第补弟子,增甲乙之科员各十人,除郡国耆儒皆补郎、舍人"⑤,扩大太学校舍规模,提高太学生生活待遇,并增加太学生课试录用之名额。本初元年(146 年),梁太后又下诏"大将军下至六百石,悉遣子就学,每岁辄于射月一飨会之,以此为常"⑥。太学生规模迅速扩大到三万余人。这一系列举措,虽然在一定程度上吸引学子奔赴太学,太学一度熙熙攘攘,一片繁荣景象,但世风仍"多以浮华相尚,儒者之风盖衰矣"⑦。经学衰落的总趋势已然不可逆转。

就东汉后期博士官学日趋衰落的原因,范晔归结于最高统治者的喜好,即安帝"薄于艺文"。王夫之尝从皇权的角度分析,认为这缘起于光武"崇三公之位,而削其权,大臣不相亲也;授尚书以政,而卑其秩,近臣不自固",导致皇权"疏贤士大夫"⑧而经学不受重视。皮锡瑞单从经学发展的视角,提出汉代之盛衰,"皆由经学之盛衰为枢纽""汉儒风之衰,由于经术不重",认为东汉衰亡"实自疏章句、尚浮华者启之"⑨。陈寅恪关注到汉代"仕进制

① (南朝宋)范晔:《后汉书》卷 79《儒林列传》,北京:中华书局,1965 年,第 2548 页。
② (南朝宋)范晔:《后汉书》卷 44《徐防传》,北京:中华书局,1965 年,第 1501 页。
③ (南朝宋)范晔:《后汉书》卷 32《樊准传》,北京:中华书局,1965 年,第 1126—1127 页。
④ (晋)袁宏撰,周天游校注:《后汉纪校注》,天津:天津古籍出版社,1987 年,第 425 页。
⑤ (南朝宋)范晔:《后汉书》卷 79《儒林列传》,北京:中华书局,1965 年,第 2547 页。
⑥ (南朝宋)范晔:《后汉书》卷 79《儒林列传》,北京:中华书局,1965 年,第 2547 页。
⑦ (南朝宋)范晔:《后汉书》卷 79《儒林列传》,北京:中华书局,1965 年,第 2547 页。
⑧ (清)王夫之:《读通鉴论》,北京:中华书局,1975 年,第 456 页。
⑨ (清)皮锡瑞著,周予同注释:《经学历史》,北京:中华书局,1959 年,第 114 页。

度"与"乡曲舆论"的关系,认为东汉士人"其为学也,则从师受经,或游学京师,受业于太学之博士。其为人也,则以孝友礼法见称于宗族乡里,然后州郡牧守京师公卿加以征辟,终致通显"①,故士人们必须在"为学"与"为人"二途中做到受习经术、称名乡里,方能仕途通显。"乡论是乡里社会的民间舆论,引起发生地属于广义上的乡里范围,故被称为乡论。"②钱穆一方面认为汉代官学之学术思维"窒塞",只知"既定家法,则重墨守,陈陈相因,无发明,无创辟",致学子心向民间私学;另一方面又指出博士弟子员额日众,博士官难以教授,故"太学至此,逐渐变质,失却了开始重视教育之用意"③。金春峰从朝政的角度,认为和、安之后,皇权逐渐依赖宦官势力,"皇权既然信任宦官而疏远士族,所以官方经学的衰落是必然的"④。以上诸家看法,各立视角,迭有新见,但皆未能揭示出东汉后期"儒生寡少"与"俗吏繁炽"两种现象并兴的根源。这种现象的出现虽在和、安之际以后,但其发生的根源却发端于光、明、章帝时期所极力推行的"吏化"儒生的方针⑤。

如前节所述,光武帝推行"吏化"儒生的方针,必然导致朝廷对官员的纯粹职业行政能力的强调,要求被荐举的儒生先从事一定时限的文吏岗位。儒生居官后,就不再是单纯的学人角色,而必须担负起具体的行政职责,这就要求他们不得不去留心行政规程、行政技能等文法吏事。仕进之途虽将文吏与儒生分而取之,但入仕之后,儒生事实上也承担了"吏"的责任。王充谈论当时社会风气,曰:"将以官课材,材以官为验,是故世俗常高文吏,贱下儒生""守古循志,案礼修义,辄为将相所不任,文吏所毗戏""科用累能,故文吏在前,儒生在后,是从朝廷谓之也"⑥。在此"贱下儒生"的风气下,儒生们

① 陈寅恪:《金明馆丛稿初编》,北京:生活·读书·新知三联书店,2001年,第48页。
② 卜宪群:《乡论与秩序:先秦至汉魏乡里舆论与国家关系的历史考察》,《中国社会科学》2018年第12期。卜氏还认为,乡论起源于先秦,发展于西汉,鼎盛于东汉,转折于汉魏之际。除秦统一后的短暂时期外,乡论与国家秩序的互动关系是先秦至汉魏历史发展的一个特征。相较西汉仕进主要通过通经入仕而言,东汉发生明显变化,即民间舆论在人物仕进支持上的作用十分明显,并体现出国家所倡导的主流意识形态。另:川胜义雄解释"乡论"说:"所谓乡论,当然是各地的舆论,再具体地说,就是在各地进行的人物评论,主要是甄别、支持当地的贤者、有德者。"(参见川胜义雄:《六朝贵族制社会研究》,徐谷芃、李济沧译,上海:上海人民出版社,2007年,第43页)
③ 钱穆:《国史新论》,北京:生活·读书·新知三联书店,2001年,第243—244页。
④ 参见金春峰:《汉代思想史》,北京:中国社会科学出版社,1987年,第559—571页。
⑤ 臧知非先生曾作《两汉之际儒生价值取向探微》(《史学集刊》2003年第2期)一文,从"吏化"儒生的角度,考察"吏化"导致儒生价值取向发生变化:西汉时代还有些"是古非今"的批判精神,至东汉则彻底烟消云散了;"儒生们彻底地放弃了对道的追求,转而一心一意地适应现实,为了利禄而奔忙";研究经术无助于仕进,儒学学而无用,都去学习"吏事"了,故博士只能"倚席不讲"。此文已经涉及到"吏化"与东汉博士官学衰落的关系,惜其未就此话题详细展开讨论。
⑥ 王充著,黄晖校释:《论衡校释》,北京:中华书局1990年,第538—539页。

不得不重新考虑自己的政治出路。文法之吏,是官僚政治体制中的行政人员,他们是一种"技能角色","一般以政治或经济的功利目的为基本取向"①。文吏之"文",指的是法律条例,文吏必备的才能包括熟悉法律条文、善于文书的书写与处理、秉承上意治民等。这些都不是太学中的博士官们所能够教授的。儒生们在东汉王朝"吏化"方针的促使下,不得不深习文吏之业,并以文法律令为资,以官事功次为翼,达到"书疏端正"、"便习官事"的要求,日益演变成深谙政治实务的"儒吏",承担起"优事理乱"的责任。当"经术失去其入仕敲门砖的功能时,儒生们自然地远离经术而另寻当官捷径"②,故"世俗共短儒生",而"好仕学宦,用吏为绳表"成为儒生的价值取向与人生追求。学子们不肯"竟明经学",而经师又长于经术而不专"官事"、"吏能",故"博士倚席不讲"、官学迅速衰落也就成了必然。

二、律章句学的兴起

在"吏化"儒生的方针下,士人兼习经、律的现象日趋普遍。经师们以经学的眼光和章句注疏的方法研究律令制度,或以经注律,或引律注经,使律令逐渐"经学化"。律章句的产生和发展,正是律学专门化、律令经学化的体现。东汉有所谓"律三家""律九家"之说,他们以律令章句为家学,是律章句学兴盛的表现。律章句的繁荣,最终促成"律博士"的设置;同时也意味着"律章句"的授受关系被纳入到官学之内,民间私人"律家"遂衰。

(一) 经律互注

汉儒既然兼习、兼授经、律,则不免在其研习、传授过程中出现"经律互注"的现象。这种"经学"与"律学"的相互渗透、交融,是"律学"得以立为博士官的学术前提。章太炎尝曰:"汉律非专刑书,盖与《周官》《礼经》相邻","周世书籍既广,六典举其凡目,礼与刑书次之,而通号以'周礼'。汉世乃一切著之于律。后世复以官制仪法与律分治。"③章氏所言实际反映汉代"礼"与"律"杂糅的现象,而这种经术与律令的相合是以"经律互注"的方式表现出来的。

汉儒常援引儒家经典来解释律令条文,"以经注律"。程树德《九朝律考》谓:"汉沿秦制,顾其时去古未远,礼与律之别,犹不甚严。《礼乐志》叔孙通所撰礼仪与律同录藏于理官。《说文》引汉律祠宗庙丹书告,《和帝纪》注引汉律春曰朝秋曰请,是可证朝觐宗庙之仪,吉凶丧祭之典,后世以之入礼

---

① 阎步克:《秦政、汉政与文吏、儒生》,《历史研究》1986 年第 3 期,第 143—159 页。
② 臧知非:《两汉之际儒生价值取向探微》,《史学集刊》2003 年第 2 期,第 75 页。
③ 章太炎:《检论》,自《章太炎全集》(三),上海:上海人民出版社,1984 年,第 438 页。

者,而汉时则多属律也。"①这已明言汉代有一个由"礼"入"律"的现象。以王莽所作"焚如之刑"为例,《汉书·匈奴传》载:"莽作焚如之刑,烧杀陈良等,罢诸将率屯兵,但置游击都尉。应劭注曰:'《易》有焚如、死如、弃如之言,莽依此作刑名也'。"②王莽改制,"事事效古",故此"焚如之刑"的概念亦必有其经典为据。应劭援引《易经》所见之"焚如"之文比附、解释之。《易·离卦》曰:"突如其来如,焚如,死如,弃如。"③许慎认为"《易》曰:'突如其来如'。不孝子突出,不容于内也"。如淳又曰"焚如、死如、弃如者,谓不孝子也。不畜于父母,不容于朋友,故烧杀弃之,莽依此作刑名也"④。"焚如"本为刑名,许、如二氏却牵引儒家经典,将之与儒家孝义观念相比附。又以"介胄之士不拜"为例,《汉书·周亚夫传》载:"至中营,将军亚夫揖,曰'介胄之士不拜,请以军礼见'",应劭注曰:"礼,介者不拜。"⑤"介胄之士不拜"本为军事行为规范,这在汉代律令中具有一定的仪式性,实际上是一条赋予军士特权的法律规定。应劭此注乃援引《礼记·少仪》"武车不式,介者不拜"的经文。再以"左官"为例,《汉书·诸侯王表》载:"武有衡山、淮南之谋,作左官之律,设附益之法,诸侯推得衣食税租,不与政事",应劭注曰:"人道上古,今舍天子而仕诸侯,故谓之左官也",服虔进一步解释曰:"仕于诸侯为左官,绝不得仕于王侯也。"⑥所谓诸侯之官为"左官"与天子之官的区别,来源于汉儒人道以右为尊的思想。《白虎通义》曰:"天道左旋,改正者右行,何也?改正者,非改天道也,但改日月耳。日月右行,故改正亦右行也。"⑦汉儒推天道以行人道,以右为尊。《礼记》尝谓"析言破律,乱名改作,执左道以乱政,杀"⑧,卢植解曰:"左道谓邪道,地道尊右,右为贵。"⑨此诸例皆为"以经注律"之证。

儒家在注经过程中,也曾有过援引律令制度来佐证儒家经典相关内容的做法,即"以律注经"。瞿同祖将这种现象称为"中国法律之儒家化"过程。⑩ 案何休曾引汉律之内容注解《公羊传》,郑玄以汉代既有之礼仪制度

①　程树德:《九朝律考》,"汉律考",北京:中华书局,1963 年,第 11 页。
②　(汉)班固:《汉书》卷 94《匈奴传》,北京:中华书局,1962 年,第 3827 页。
③　王弼注,孔颖达疏:《周易正义》,北京:北京大学出版社,1999 年,第 137 页。
④　(汉)班固:《汉书》卷 94《匈奴传》,北京:中华书局,1962 年,第 3828 页。
⑤　(汉)班固:《汉书》卷 40《周亚夫传》,北京:中华书局,1962 年,第 2058 页。
⑥　(汉)班固:《汉书》卷 14《诸侯王表》,北京:中华书局,1962 年,第 395—396 页。
⑦　(清)陈立撰,吴则虞点校:《白虎通疏证》,北京:中华书局,1994 年,第 364 页。
⑧　(汉)郑玄注,孔颖达疏:《礼记正义》,郑玄注,北京:北京大学出版社,1999 年,第 412 页。
⑨　(汉)郑玄注,孔颖达疏:《礼记正义》,卢植注,北京:北京大学出版社,1999 年,第 416 页。
⑩　参见瞿同祖:《中国法律之儒家化》,《中国法律与中国社会》,北京:中华书局,1981 年,第 270—326 页。

注解"三礼"。何休解《僖公元年》"贬必于其重者"曰:"刑人于市,与众弃之,故必于臣子集迎之时贬之。"①他以"弃市"这一法律概念来定义何为"重者"。"弃市"实际源自于秦律,是秦汉时代比较常见的死刑种类,行刑方式极为残酷。张家山汉简中有"贼杀人,及与谋者,皆弃市""贼燔城、官府及县官积聚,弃市""伪写彻侯印,弃市""子牧杀父母,殴詈泰父母、假大母、主母、后母,及父母告子不孝,皆弃市"②等律令规定。又如何休解《闵公元年》"庆父弑君,何以不诛"曰:"论季子当从议亲之辟,犹律亲亲得相首匿,当与叔孙得臣有差。"③所谓"律亲亲得相首匿"即"父子相隐"之义。此义早在汉宣帝时即有诏令曰:"自今子首匿父母,妻匿夫,孙匿大父母,皆勿坐。其父母匿子,夫匿妻,大父母匿孙,罪殊死,皆上请廷尉以闻。"④何休实际是引用此类汉律规定,来解释"庆父不诛"的原因。"以律注经"在某种程度上使儒学由儒家的学说转变为统治者的学说,使儒学变得更具政治性与实用性。

汉儒"以经注律""以律注经",实际所呈现的是经学与律学的相互渗透。"经律互注",一方面使律令规定杂入了儒家经义的价值观念,成为仁义道德的载体;另一方面又使经学具有了鲜明的现实意义和可操作性。儒生们将经义贯注于法律条文之中,"他们企图在形式不变、条文依旧的前提下,改法家之律为儒家之律"。⑤ 程树德曾疏通证明汉代礼与律不分的现象,认为"《礼乐志》叔孙通所撰礼仪与律同录藏于理官。《说文》引汉律祠宗庙丹书告,《和帝纪》注引汉律春曰朝秋曰请,是可证朝觐宗庙之仪,吉凶丧祭之典,后世之入礼者,而汉时则多属律也"。⑥ 程氏认为儒学与律学在汉代有一个相互融合的历程。惟其将这一经、律交融的原因归咎于"其时去古未远,礼与律之别,犹不甚严",值得商榷。由汉儒尤其是东汉时代的儒生,兼习经、律,并杂以经、律互注可知,这实际是汉代儒生迥异于先秦儒生的治学风气和学术倾向。

(二) 律章句学

"律章句学",是指汉代士人借鉴儒家治经之"章句"注疏方式来注释律

---

① (汉)何休解诂,徐彦疏:《春秋公羊传注疏》,北京:北京大学出版社,1999 年,第 204 页。
② 《二年律令·贼律》,见朱红林:《张家山汉简〈二年律令〉集释》,北京:社会科学文献出版社,2005 年,第 28、9、16、39 页。
③ (汉)何休解诂,徐偃疏:《春秋公羊传注疏》,北京:北京大学出版社,1999 年,第 190 页。
④ (汉)班固:《汉书》卷 8《宣帝纪》,北京:中华书局,1962 年,第 251 页。师古注曰:"凡首匿者,言为谋首而藏匿罪人"。
⑤ 马作武:《略论中国传统法律的儒家化》,《中山大学学报》1997 年第 2 期,第 60 页。
⑥ 程树德:《九朝律考》,北京:中华书局,2006 年,第 11 页。

令、著述律章句的学术活动。① 这些"律令章句"既是儒生及文史掌握"吏职"技能的学习内容,也是其任职期间具体行政举措所要依据且具有法律效力的律令解释。经学领域的"章句"之名,虽早见于春秋末期,所谓"发明章句,始于子夏"②,但"章句之学作为一门学术,则产生于西汉宣帝时期"。③故律章句的产生亦当晚于宣帝世。虽然在宣帝以前,也有治律学著称者,如南齐崔祖思所谓"汉来治律有家,子孙并世其业,聚徒讲授,至数百人。故张、于二氏,絜誉文、宣之世"④。"张"即张释之,文帝时为廷尉,以执法严明著称。景帝时张释之又曾任淮南相,素有"治律"之誉。武帝时,又有杜周治律,所传律学被称为"大杜律"。但此期"治律"之家,大抵为传习朝廷律令、文书,与战国以来的刑名法术之学相类,故邢义田云:"姑以'律令'代称秦汉行政遵循的一切法令规章。有关这些规章的学习和传授也就是律令之学。"⑤"追根溯源,刑名法术之学乃律令学之源,律令学又为律章句学之源。"⑥宣帝以前的律家,承袭秦律令学而来,尚不能纳入"律章句学"的范畴。

自宣帝世以后,章句之学始兴,欧阳高、小夏侯建、孟喜、施雠、梁丘氏等一批大儒皆撰作章句著作。在经学章句化的风习下,律令学开始借重经学方法来对成文的律令条文撰作章句。汉代律家以章句形式注疏律令文本,其中以训诂与义理两种方法为主。许慎在《说文解字》中对律令相关的音、形、义进行注释的内容有 101 处。⑦ 又如对汉律中"病免"一词的注释,律家先征引儒家经典,后注释词义,曰:"《易》称:'守位以仁。'《尚书》:'无旷庶官。'《诗》云:'彼君子不素餐兮。'《论语》:'陈力就列,不能者止。'汉典,吏病

---

① 关于"律章句学"的含义,学界观点还有:龙大轩:《汉代律章句学考论》(西南政法大学博士学位论文,2006 年)认为"律章句学"是不同于"刑名学""律令学""律学"的概念,它是借用经学中"章句"注疏的办法来研究、注释律令。张忠炜在《汉代律章句学探源》(《史学月刊》2010 年第 4 期)一文中,认为"律章句学是以自然章句为基础,确定某些律条的分合独立,从而构成一个对完整的单位——'章',与之同时,是进行文字方面的断句,然后是为疏通律文所作的注说"。

② (南朝宋)范晔:《后汉书》卷 44《徐防传》,北京:中华书局,1965 年,第 1500 页。

③ 参见杨权:《论章句与章句之学》,《中山大学学报》2002 年第 4 期,第 81、84 页。

④ (南朝梁)萧子显:《南齐书》卷 28《崔祖思传》,北京:中华书局,1972 年,第 519 页。

⑤ 邢义田:《秦汉的律令学——兼论曹魏律博士的出现》,自黄青莲主编《制度与国家》,北京:中国大百科全书出版社,2005 年,第 86 页。

⑥ 龙大轩:《汉代律章句学考论》,西南政法大学博士学位论文,2006 年,第 8 页。龙氏此文中,将汉代"律章句学"划分为四个阶段:(1)宣帝至新莽(前 74—24 年)为萌芽阶段;(2)一世纪之东汉(25—99 年)为发展阶段;(3)二世纪之东汉(100—199 年)为繁荣阶段;(4)汉末以迄曹魏(200—265 年)为式微阶段。此种划分方式大抵可从。

⑦ 参见龙大轩:《汉代律章句学考论》,西南政法大学博士学位论文,2006 年,第 27—29 页。

百日,应免。所以恤民急病,惩俗逋慝也。"①"'律家'是汉代著述'律章句'的从业者,是'律章句'中的主体,为其寻踪辨迹,可以厘清汉代法学学术史之线索。"②《晋书·刑法志》载汉代著述律章句者"十有余家"。程树德《律家考》钩沉索辑得"七十五人"。③ 张鹏一作《两汉律学考》罗列两汉"治律诸人"凡九十五人。④ 西汉"律家"著名者,如杜延年"明法律",有文字化的律令著作传世,时称"小杜律"。杜延年为宣帝时人,当时经学之"章句"已兴,或可断其所作之"律书"已有律章句的特征。有此"律书",方能名家成学,开门授徒,才能称"小杜律"家。又如于定国"少学法于父""集诸法律,凡九百六十卷,大辟四百九十条,千八百八十二事,死罪决比,凡三千四百七十二条,诸断罪当用者,合二万六千二百七十二条"。⑤ 于定国所作律令著作,当已具有律章句的雏形了。再如陈咸尝谓子孙曰:"为人议法,当依于轻,虽有百金之利,慎无与人重比。"⑥陈咸亦以其律学传家,而所谓"议法""当依于经"意味着他实际是兼综律令与经术,经律互注的士人。案宣帝朝是经学章句的兴起时期,尤其是黄龙元年(前49年)立五经十二博士之后,章句成为治经的主要方式。这与律家开始著文阐释律令的时代正相印证。经学发展的自然延伸,便是律章句学的萌发。杜延年、于定国、陈咸三人与宣帝以前的张释之、杜周已有很大差别,他们皆著录律令书文:杜延年有"律书",于定国集撰法律九百六十卷,陈咸有"律令书文"。这些律令著述,已经开始孕育律章句学的胚胎。

及至东汉,律章句学逐渐兴盛起来。律家效仿经学,各立家学门户,促使律令学者的阵容中也出现所谓"师法""家法"的现象。东汉前期可考者,有"律三家"⑦,即杜林、郭躬、陈宠。史载"汉兴以来,三百二年,宪令稍增,

① (汉)应劭撰,王利器校注:《风俗通义》卷4《过誉》,北京:中华书局,1981年,第178页。
② 龙大轩:《汉代律章句学考论》,西南政法大学博士学位论文,2006年,第14页。
③ 程树德:《九朝律考》,北京:中华书局,2006年,第175—185页。
④ 张鹏一:《两汉律学考》,自何勤华主编:《律学考》,北京:商务印书馆,2004年,第60—75页。
⑤ (北齐)魏收:《魏书》卷111《刑罚志》,北京:中华书局,1974年,第2872页。
⑥ (南朝宋)范晔:《后汉书》卷46《后汉书·陈宠传》,北京:中华书局,1965年,第1548页。
⑦ 关于"律三家"所指,学界有所分歧。邢义田认为"三家之律惟有大小杜可考"。(日)大庭脩仅指出所谓"律有三家"乃是"对律的解释有三个学派(学说)存在",并未明言三家所指为何。(日)中田薰认为"律三家"即东汉明法世家郭氏、吴氏、陈氏。龙大轩认为此"律三家"乃为杜林、郭躬、陈宠(见邢义田:《秦汉的律令学——兼论曹魏律博士的出现》,自黄清连主编《制度与国家》,北京:中国大百科全书出版社,2005年,第118页;大庭脩著,林剑鸣译:《秦汉法制史研究》,上海人民出版社1991年,第6页;中田薰,何勤华译:《论支那律令法系的发达》,自何勤华主编:《律学考》,北京:商务印书馆,2004年第79页;龙大轩:《汉代律章句学考论》,西南政法大学博士学位论文,2006年,第20—27页)。笔者从龙大轩说。

科条无限。又律有三家，其说各异"。① 杜林"正文字过于（杜）邺、（张）竦，故世言小学者由杜公"。② 又"杜林传《古文尚书》，（杜）林同郡贾逵为之作训，马融作传，郑玄注解，由是《古文尚书》遂显于世"。③ 可见杜林善《古文尚书》及小学④，曾作《苍颉训纂》、《苍颉故》各一篇。汉代的小学著作中往往包含律令内容。惜杜林所作注律章句已佚，惟其可考者如注"法度之字皆从寸"曰："耐。或从寸，诸法度字从寸。"段玉裁注《说文》时曰："《汉令》谓完而不髡曰耐。……至杜林以后，乃改从寸作耐。"⑤正可谓杜林为律令中的"耐"所作的注解。又王应麟称："汉来治律有家，子孙并世其业，聚徒讲授，至数百人。故张、于二氏絜誉文宣之世；陈、郭两族流称武明之朝。"⑥这意味着光武、明帝时有郭、陈二氏律家。徐天麟作《东汉会要》时直将郭躬、陈宠列入"律学"之目。⑦ 郭躬"律学通明"，为政宽平，"奏谳法科，多所生全"，范晔赞其曰："郭躬起自佐史，小大之狱必察焉。原其平刑审断，庶于勿喜者乎？若乃推己以议物，舍状以贪情，法家之能延庆于世，盖由此也。"⑧明帝曾诏问孙章误传诏令之事，郭躬对曰"（孙）章应罚金"，认为"法令有故、误，章传命之谬，于事为误，误者其文则轻"，引《诗·小雅》所谓"周道如砥，其直如矢"、《论语》所谓"君子不逆诈"，认为"君王法天，刑不可委曲生意"。⑨ 郭躬援引《诗经》《论语》之文，解释律令中的"故""误"概念，乃为"以经注律"之例。结果，郭躬之议被明帝所采纳。章帝时，郭躬"决狱断刑，多依矜恕，乃条诸重文可从轻者四十一事奏之，事皆施行，著于令"。⑩ 后来郭躬开门授徒，并于郭氏一门世代传习律令章句，蔚为律章句学世家。据《后汉书·郭躬传》载：

（躬父）弘，习小杜律。

躬少传父业，讲授徒众常数百人。……元和三年（86年），拜为廷

① （南朝宋）范晔：《后汉书》卷46《后汉书·陈宠传》，北京：中华书局，1965年，第1554页。
② （汉）班固：《汉书》卷85《杜邺传》，北京：中华书局，1962年，第3479页。
③ （南朝宋）范晔：《后汉书》卷79《儒林传》，北京：中华书局，1965年，第2566页。
④ 案杜林的小学源自于其外曾祖父张敞，《汉书·艺文志》载："《苍颉》多古字，俗师失其读，宣帝时征齐人能正读者，张敞从受之，传至外孙之子杜林，为作训故，并列焉。"（《汉书》卷30《艺文志》，北京：中华书局，1962年，第1721页）
⑤ （汉）许慎撰，（清）段玉裁注：《说文解字注》，上海：上海古籍出版社，1981年，第454页。
⑥ （宋）王应麟：《玉海》卷65《诏令·汉法名家》，扬州：广陵书社，2007年，第738页。
⑦ （宋）徐天麟：《东汉会要》，上海：上海古籍出版社，1978年，第525页。
⑧ （南朝宋）范晔：《后汉书》卷46《郭躬传》，北京：中华书局，1965年，第1547页。
⑨ （南朝宋）范晔：《后汉书》卷46《郭躬传》，北京：中华书局，1965年，第1543—1544页。
⑩ （南朝宋）范晔：《后汉书》卷46《郭躬传》，北京：中华书局，1965年，第1544页。

尉。躬家世掌法,务在宽平。

(躬)中子旺,亦明法律,至南阳太守,政有名迹。

(躬弟子)镇字恒钟,少修家业,辟太尉府,再迁,延光中为尚书……尚书令……拜河南尹,转廷尉。

(镇)长子贺……累迁,复至廷尉。

镇弟祯,亦以能法律至廷尉。

镇弟子禧,少明习家业,兼好儒学,有名誉,延熹中亦为廷尉。建宁二年(169年),代刘宠为太尉。

禧子鸿,至司隶校尉,封城安乡侯。

郭氏自弘后,数世皆传法律,子孙至公者一人,廷尉七人,侯者三人,刺史、二千石、侍中、中郎将者二十余人,侍御史、正、监、平者甚众。①

郭氏一家世传律令,从东汉初以迄灵帝,几乎与东汉一朝相始终。郭氏子孙能凭借律令章句获得公侯、二千石一类的高位,可知律令章句之学与经学皆为博取官职利禄的途径。

陈宠曾祖父为陈咸,"明习家业""虽传法律,而兼通经书",于刑狱之事,"每附经典,务从宽恕"。初为司徒鲍昱辟为吏,"掌天下狱讼",并撰《辞讼比》七卷。章帝初,迁尚书,曾上书请"荡涤烦苛之法"。和帝永元六年(94年),又上疏请"钩校律令条法"②。鉴于所删除超过《甫刑》条文,又上书曰"臣闻礼经三百,威仪三千,故《甫刑》大辟二百,五刑之属三千。礼之所去,刑之所取,失礼即入刑,相为表里也。今律令死刑六百,耐罪千六百九十八,赎罪以下二千六百八十一,溢于《甫刑》者千九百八十九,其四百一十大辟,

---

① (南朝宋)范晔:《后汉书》卷46《郭躬传》,北京:中华书局,1965年,第1543—1546页。
② (南朝宋)范晔:《后汉书》卷46《陈宠传》,北京:中华书局,1965年,第1548、1555、1554、1548—1549页。

千五百耐罪,七十九赎罪。《春秋保乾图》曰:'王者三百年一蠲法。'汉兴以来,三百二年,宪令稍增,科条无限。又律有三家,其说各异。宜令三公、廷尉平定律令,应经合义者,可使大辟二百,而耐罪、赎罪二千八百,并为三千,悉删除其余令,与礼相应。"①此疏可见当时律令章句之学已然呈现如经学章句学那般"繁琐"的弊端,故陈宠提出进行删减、统一律文解释的要求。陈宠明确提出按"应经合义"的原则注解文法律令。所谓"应经合义",是现今所能考见的最早明确提出的律令注释原则。它一方面要求要对国家颁行的律令条文按照"应经合义"的原则进行减省,另一方面也要求律文解释必须符合儒家经义。陈宠曾"撰《辞讼比》七卷,决事科条,皆以事类相从……公府奉以为法"②,可见陈宠所作的律令著作,得到了政府的认可。后来他又以自己的律令章句为家学,传其子陈忠。陈忠"永初中辟司徒府,三迁廷尉正,以才能有声称。司徒刘恺举忠明习法律,宜备机密,于是擢拜尚书,使居三公曹。忠自以世典刑法,用心务在宽详"③。陈忠曾承父志,继续删节汉法益于《甫刑》者,"奏上二十三条,为《决事比》,以省请狱之敝"④。此为陈氏以律令章句为家学之证。

东汉后期,律章句学更为繁盛,有所谓"律九家"之称,即许慎、马融、郑玄、何休、吴雄、钟皓、服虔、文颖、应劭。许慎作《说文解字》中,对汉世律令条文作了大量训诂注解。程树德称:"汉世律学最盛,何休注《公羊》,郑司农注《周礼》,皆以汉律解经。许氏《说文》则并以汉律解字,今其佚文散句,犹可考见,而唐宋以来诸家,卒无从事考订者。宋王应麟所辑《玉海》及《汉制考》,略有征引,他不概见。"⑤吴雄以明法律,断狱平,起自孤宦,致位司徒。其子䜣、孙恭,皆为廷尉,"为法名家"。河南吴氏自顺帝时吴雄始,世传法律。颍川钟氏"为郡著姓,世善刑律。(钟)皓少以笃行称,公府连辟,为二兄未仕,避隐密山,以诗、律教授门徒千余人"。⑥钟氏亦世善刑律,惜其家世不可考。应劭也曾撰作律令章句,《汉书·应劭传》称其"撰具律本章句"。应劭曾在建安元年(196 年)奏上一系列律令学著作,共二百五十篇,其中包括一部《律本章句》,得到了汉献帝的称许,"凡朝廷制度,百官典式,多劭所立"。⑦沈家本称:"《律本》盖谓李悝、萧何、张汤、赵禹诸家之书,乃律之本

---

① (南朝宋)范晔:《后汉书》卷 46《陈宠传》,北京:中华书局,1965 年,第 1554 页。
② (南朝宋)范晔:《后汉书》卷 46《陈宠传》,北京:中华书局,1965 年,第 1549 页。
③ (南朝宋)范晔:《后汉书》卷 46《陈忠传》,北京:中华书局,1965 年,第 1555 页。
④ (南朝宋)范晔:《后汉书》卷 46《陈宠传》,北京:中华书局,1965 年,第 1556 页。
⑤ 程树德:《九朝律考》序,北京:中华书局,1963 年,第 1 页。
⑥ (南朝宋)范晔:《后汉书》卷 62《钟皓传》,北京:中华书局,1965 年,第 2064 页。
⑦ (南朝宋)范晔:《后汉书》卷 48《应劭传》,北京:中华书局,1965 年,第 1613、1614 页。

原，若今之律例根原也，劭撰《章句》，当与诸儒章句不同。《隋志》杜预有《律本》二十一卷，《唐志》作贾充、杜预《刑法律本》，其意可见。"[①]可知诸家各治律章句，以章句为学，而应劭《律本章句》为其一。《隋书·经籍志》也曾著录应劭著《律略论》五卷[②]，或为《律本章句》之别名。这是东汉时代"律章句"兴盛的直接证明。

大儒马融、郑玄等皆曾有律令章句之作传世，《晋书·刑法志》载："《盗律》有贼伤之例，《贼律》有盗章之文，《兴律》有上狱之法，《厩律》有逮捕之事，若此之比，错糅无常。后人生意，各为章句。叔孙宣、郭令卿、马融、郑玄诸儒章句十有余家，家数十万言。凡断罪所当由用者，合二万六千二百七十二条，七百七十三万二千二百余言，言数益繁，览者益难。"[③]可见马融、郑玄等所作律令章句之繁。沈家本作《设律博士议》中也曾曰："然当时法家者流，或父传其子，或师传其弟，习此学者，人尚不少。马、郑经学大儒，犹为律章句。其余诸家章句，各自为书，转相传授，学者遂多矣。"[④]郑玄尝"引律注经"，以汉代律令注《三礼》。如《礼记》有"孟冬之月……是察阿党，则罪无有掩蔽"的经文，郑玄注解曰："阿党，谓治狱吏以私恩曲桡相为也。"[⑤]这是郑玄以汉律内容注解《礼记》"阿党"之例。又如张晏曾引《律郑氏说》曰："封诸侯过限曰附益。或曰阿媚王侯，有重法也。"[⑥]此为张晏以郑玄律章句注解武帝时"附益法"之例。

《晋志》载汉代律令章句，凡 26272 条，7732200 字。然因"自晋改《汉律》之后，张(斐)、杜(预)之书风行于世，习律学者但研究见行之法，不复追求汉、魏名家章句，束诸高阁，其渐即于亡，势固然也"[⑦]。汉魏之后，律令章句逐渐亡佚，致后世难以考见，孰为遗憾。程树德《汉律考》尝考出 8 条"律说"，钱剑夫认为"大抵这些章句，就是所谓《律说》"。[⑧] 大庭脩认为敦煌汉

---

① (清)沈家本撰，邓经元、骈宇骞点校：《历代刑法考》，北京：中华书局，1985 年，第 876 页。

② (唐)魏徵：《隋书》卷 32《经籍志》，北京：中华书局，1973 年，第 1058 页。

③ (唐)房玄龄：《晋书》卷 30《刑法》，北京：中华书局，1974 年，第 923 页。

④ (清)沈家本撰，邓经元、骈宇骞点校：《设律博士议》，载《历代刑法考》卷 4《寄簃文存》，北京：中华书局，1985 年，第 2060 页。

⑤ (汉)郑玄注、孔颖达正义：《礼记正义》卷 17《月令第六》，上海：上海古籍出版社，2008 年，第 328 页。

⑥ (汉)班固：《汉书》卷 14《诸侯王表》注，北京：中华书局，1962 年，第 396 页。

⑦ (清)沈家本撰，邓经元、骈宇骞点校：《汉律摭遗》，自《历代刑法考》，北京：中华书局，1985 年，第 1368 页。

⑧ 钱剑夫：《中国封建社会只有律家律学律治而无法家法学法治说》，《学术月刊》1979 年第 2 期，第 48 页。

简有一条"律说"。① 此 9 条"律说"相较于《晋志》所载之 26272 条而言,只占很小的比例,然此钩辑之功已然甚巨。

(三)"律博士"之设

律令章句学在东汉时期的发展,最终促成"律博士"的初置。此事在汉献帝建安二十一年(216 年),当时曹操已称魏王。《宋书·百官志》曰:"廷尉律博士,一人;魏武初建,魏国置。"②按照这一说法,律博士的设置时间是在汉献帝期间。只不过汉室虽存,但权在曹氏,所以,将"律博士"说成曹魏制度,未尝不可。另有一种看法认为"律博士"是在魏明帝时设立。魏明帝时,卫觊上疏曰:"九章之律,自古所传,断定刑罪,其意微妙。百里长吏,皆宜知律。刑法者,国家之所贵重,而私议之所轻贱;狱吏者,百姓之所县命,而选用者之所卑下。王政之弊,未必不由此也。请置律博士,转相教授。"③文法律令自古为治民之依据,故"百里长吏,皆宜知律"。且不论"律博士"始置于魏武或是魏明帝时,但就"律博士"设置的政治影响而言是巨大的。自西汉武帝以来,立《五经》博士,博士官始终为儒家"专有"。至曹魏时,竟为律家置博士官,并要求律家以其律章句之学"转相教授"。博士官至此不再是儒家的"私有品"。律博士初一人,置于廷尉下;后齐置大理寺下,律博士四人;隋有律博士八人;唐置于国子监下,律博士一人。

曹魏置"律博士"的政治意义不同于西汉武帝置"五经博士"。"五经博士"的设置,代表着儒学在学术上的崇高地位被政治权威所宣示,经学因之迅速兴起,使汉代成为"经学时代"。但是,"律博士"的设置,一方面反映的是汉代律令章句学繁兴的现实,治律有家,章句繁茂,各有异说,最终促使统治者在经学博士之外,别立"律博士";另一方面,置"律博士",意味着律章句的"传授"之权收归官方,相对应地也必然压抑了私家注律及传习律令章句的活动。针对律令章句之家各有异说、不知所从的局面,魏明帝令博士官"但用郑氏章句,不得杂用余家"④,从而将官方律令章句之学定为郑氏一家,而别家学说遂不为统治者所重。故置"律博士",既是东汉律令章句之学兴盛的标志,也是此后律令章句之学转衰的转折点。曹魏以后,虽然仍然有言法之士,律令家学亦多见于史籍,⑤但是,律令之学逐渐沦为寒门子弟的

---

①　(日)大庭脩著:《秦汉法制史研究》,林剑鸣译,上海:上海人民出版社,1991 年,第 73—74 页。

②　(南朝梁)沈约:《宋书》卷 39《百官上》,北京:中华书局,1974 年,第 1231 页。

③　(清)沈家本撰,邓经元、骈宇骞点校:《设律博士议》,载《历代刑法考》卷 4《寄簃文存》,北京:中华书局,1985 年,第 2058 页。

④　(唐)房玄龄:《晋书》卷 30《刑法志》,北京:中华书局,1974 年,第 923 页。

⑤　程树德《九朝律考》辑录曹魏、晋代律家,如曹魏有律家刘劭、庾嶷、荀诜、陈群、卢毓、高柔、钟繇、钟毓、钟会、王朗、阮武、丁仪、刘广等人;晋律家有贾充、郑冲、荀勖、裴楷、成公绥、荀(转下页)

职守,为世家大族所鄙弃。至 263 年,司马昭为晋王,以贾充等人改定新律,不再用郑氏章句。古代律令学的学术形态,遂向"律学"转化。晋代葛洪曾曰:"今在职之人,官无大小,悉不知法令。或有微言难晓,而小吏多顽,而使之决狱,无以死生委之,以轻百姓之命,付无知之人也。作官长不知法,为下吏所欺而不知,又决口其口笔者,愤愤不能知食法";又说:"或有不开律令之篇卷而窃大理之位"。① 晋代居官者"不知法",甚至从未学习过律令,可知当时勋贵官员对于律令章句之学的轻视程度。律博士之职虽仍沿袭,但其生徒多出于寒门,士族不屑于律令,汉代律令章句学遂逐渐泯弃。

第三节　统一经学与谶纬

众所周知,董仲舒将儒学神学化,西汉后期又有谶纬之学的兴起。王莽正是利用符命来制造代汉舆论。两汉之际,经历了一场"篡汉"与"复汉"的小循环,"天命"再次被拉拢入汉家。光武帝"依谶而兴",称帝之后,时常"以谶决事",至晚年索性"宣布图谶于天下"。可以说,光武帝对谶纬非常重视,但这并不意味着他真心笃信谶纬。谶纬是儒学神学化的产物。经师们借神明之口在论证汉家统治神圣性的同时,表达自己的政治愿景和现实利益诉求,间接地透露着对现实的不满与批评。对此,光武帝有着清醒的认识:重视儒学、重用儒生,必须对儒生们的谶纬活动、借鬼神言人事的思维和行为予以控制。因而,我们对光武喜好谶纬、迷信谶纬的问题,不能停留在一般的现象叙述层面,而应作出进一步的科学的历史分析。

一、刘秀"用谶"中的政治理性

《后汉书·方术列传》载:"光武尤信谶书,士之赴趣时宜者,皆骋驰穿凿,争谈之也。"②赵翼《廿二史札记》专列"光武信谶书"条,认为"光武尤笃信其术,甚至用人行政亦以谶书行事",视谶书"几等于圣经贤传,不敢有一字致疑"。③ 此"笃信"说渐为后学所承袭,如顾颉刚认为光武"对谶纬有极

(接上页)辉、羊祜、王业、杜友、杜预、周权、郭顾、柳轨、荣邵、张斐、卫瓘、高光、刘颂、续咸、顾荣、王坦之、李充、徐豁等。(参见程树德:《九朝律考》,北京:中华书局,1963 年,第 221—223、273—276页)

　　① 杨明照撰:《抱朴子外篇校笺》下,"新编诸子集成本",北京:中华书局,1997 年,第 418、149 页。

　　② (南朝宋)范晔:《后汉书》卷 82《方术列传》,北京:中华书局,1965 年,第 2705 页。

　　③ (清)赵翼著,王树民校证:《廿二史札记校证》,北京:中华书局,1984 年,第 88 页。

强的信仰",甚至"依赖"。① 萨孟武称光武"信谶而不疑"②。张岂之言光武"利用图谶兴起,统一天下之后,格外崇信谶纬,在处理政务遇到纷争,犹疑不定时,常常注重借谶纬来帮助决策"。③ 李景明认为光武"喜好图谶,重视图谶,觉得谶纬对东汉朝廷具有性命攸关的作用"。④ 杨权认为光武帝"迷信谶纬,比王莽有过之而无不及"。⑤ 黄留珠认为光武"不能不受时代的影响,笃信谶纬,而且还是真心实意的"。⑥ 诸说论证"笃信"说的依据包括:(1)光武"以图谶兴",用李通所献"刘氏复兴"之谶起兵,奉《赤伏符》称帝;(2)依谶文而用王梁、孙咸;(3)庙祀、封禅等事援用图谶;(4)桓谭、尹敏、郑兴等"不善谶"者不受重用;(5)视"宣布图谶于天下"出于光武"笃信"图谶。如上之论据,颇可得出光武重视图谶的结论,但"重视"是否就意味着"笃信"不疑呢? 此不可轻言结论。吕思勉曾指出"谶文妖妄,岂有以中兴之主而真信之之理",对光武"笃信"图谶提出质疑。他视光武君臣为图谶的"造作者",认为"后汉君臣,造作谶记,更甚于莽"⑦。吕氏所论实际指出了光武帝出于某种政治目的而制作图谶的现实。我们很难想见身为图谶制作者的光武君臣,将自己置身于其所创造的图谶之下,笃定地相信这些图谶完全代表"天意"。但吕氏又称"东京各事,殆无不以谶决之者",似未跳出"笃信"说的藩篱。闫海文结合西汉末年政局的变动,认为刘秀对图谶的态度有一个"不断调整"的过程,即"从起初对谶纬避而不谈转向信仰"。⑧ 此说虽仍认为光武最终"信仰"图谶,但就光武对图谶认知的历程分析,实际也提出了光武初不信谶的命题。以上诸说纷异,为我们提出了进一步探索光武与图谶关系的必要性。

(一) 光武"以图谶兴"

图谶者,谶纬之别称,起于先秦⑨,兴于西汉哀平之际⑩,盛于东汉时代。

---

①　顾颉刚:《秦汉的方士与儒生》,上海:上海古籍出版社,2005 年,第 100 页。

②　萨孟武:《中国政治思想史》,北京:东方出版社,2008 年,第 195 页。

③　张岂之:《中国思想学说史》(秦汉卷),桂林:广西师范大学出版社,2007 年,第 467 页。

④　李景明:《中国儒学史》,广州:广东教育出版社,1998 年,第 309—310 页。

⑤　杨权:《论两汉章句之学的谶纬化》,《现代哲学》2002 年第 4 期,第 72—76 页。

⑥　黄留珠:《刘秀传》,北京:人民出版社,2003 年,第 42 页。

⑦　吕思勉:《秦汉史》,上海:上海古籍出版社,1983 年,第 821 页。

⑧　闫海文:《东汉初帝王的谶纬信仰和经学调整》,《兰州学刊》2009 年第 9 期,第 191 页。

⑨　顾炎武《日知录·图谶》:"谶记之兴而始于先秦"。以思想根源而言,图谶可追溯至战国时的阴阳家说,以邹衍所创"五德终始说"为代表。陈槃曰:"邹衍之术,以验为第一义,故由此而依托之书,如符、录、图、书、侯之属,亦曰验书,旋又转为谶书,谶亦验也。"(参见陈槃:《谶纬释名》,《历史语言研究所集刊》第 1943 年 11 本)

⑩　《后汉书·张衡传》曰:"王莽篡位,汉世大祸,八十篇何为不戒,则知图谶成于哀、平之际也。"(《后汉书》卷 59《张衡传》,北京:中华书局,1965 年,第 1912 页)

光武帝刘秀确然"以图谶兴",在其统一天下过程中利用图谶宣扬"天命",获取政治权威。但他对图谶的作用却有着清醒的认知,对图谶的利用也颇为谨慎,始终保持着相当的"政治理性"。可以说,光武的用谶是随政治局势的变化而适时、有条件地利用,并非一味笃信图谶的作用,也不盲从谶文所言。

两汉之际图谶逐渐兴起,并在王莽代汉过程中发挥了巨大效用。这使社会上形成一种普遍的社会心理,即合于图谶者即为"受命"之天子。光武之兴,实借重于图谶。早在建平元年(前 6 年)十二月光武出生时,即有"嘉禾"之瑞,曰:"县界有嘉禾生,一茎九穗,因名光武曰秀。"①所谓"嘉禾","生景天备火中,三本一茎,九穗,长于禾一二尺"②。"生景天备火中"是言光武受刘氏火德之运,当应符瑞而兴。新莽时,光武同乡李守"好星历谶记",为宗卿师,曾言"刘氏复兴,李氏为辅"③之谶④。其子李通于地皇三年(22 年)挟此谶,往宛城,鼓动刘縯、刘秀兄弟起兵。但就"刘氏复起"而言,刘氏宗室中任一人登基为帝,皆可视为此谶应验,并不明确指向刘秀本人。尽管李通"具言谶文事,光武初殊不意,未敢当之"⑤。这一"初不敢当"⑥的态度,说明刘秀并不深信李通所献之谶,也并未将自己视为"刘氏复起"的代理人。实际上,当时刘縯的名声远在刘秀之上,故而"王莽时,所难独有刘伯升耳"⑦,并未言及刘秀。刘秀自述其志曰:"仕宦当作执金吾,娶妻当得阴丽华"⑧,也丝毫不见称雄天下之志。他之所以起兵反莽,更多是看到"兄伯升素结轻客,必举大事,且王莽败亡已兆,天下方乱"⑨的社会局势,并非因为笃信"刘氏复兴"的谶言。李通言此谶的目的也不过是要以"李氏为辅"博取政治利益,故此后不久便与族弟李轶背弃刘縯、刘秀兄弟,一同投身势力更大的更始政权,转而将刘玄视为"刘氏复兴"的应谶者。此后,为了维护在更

---

① (南朝宋)范晔:《后汉书》卷 1《光武帝纪》,北京:中华书局,1965 年,第 86 页。

② 黄晖撰:《论衡校释》,北京:中华书局,1990 年,第 96 页。

③ (晋)袁宏撰,周天游校注:《后汉纪校注》,北京:中华书局,1987 年,第 3 页。

④ 此谶虽为李守、李通父子所言,但此谶却早见于王莽地皇二年,时卜者王况为魏成大尹李焉谋曰:"新室即位以来,……百姓怨恨,盗贼并起,汉家当复兴。君姓李,李音徵,徵火也,当为汉辅。"(《汉书》卷 99《王莽传》,北京:中华书局,1962 年,第 4166 页)这是汉儒将姓氏与五音相配,进而与五行相联系所作的一个颇为严密的逻辑推断。另,所谓"李氏为辅"或源于《易纬坤灵图》所言"汉之臣李阳也"。(参见安居香山、中村璋八辑:《纬书集成》,石家庄:河北人民出版社,1994 年,第 314 页。)

⑤ (南朝宋)范晔:《后汉书》卷 15《李通传》,北京:中华书局,1965 年,第 574 页。

⑥ (南朝宋)范晔:《后汉书》卷 1《光武帝纪》,北京:中华书局,1965 年,第 2 页。

⑦ (南朝宋)范晔:《后汉书》卷 16《寇恂传》,北京:中华书局,1965 年,第 621 页。

⑧ (南朝宋)范晔:《后汉书》卷 10《皇后纪》,北京:中华书局,1965 年,第 405 页。

⑨ (南朝宋)范晔:《后汉书》卷 1《光武帝纪》,北京:中华书局,1965 年,第 2 页。

始政权的政治地位,他们不惜采取多次上言诛杀刘秀的方式杜绝威胁。

　　光武平定河北,还军中山时,"将军万脩得《赤伏符》,言光武当受命"①。《赤伏符》曰:"刘秀发兵捕不道,四夷云集龙斗野,四七之际火为主。"②所谓"四七之际",据李贤注曰"四七"为"二十八",由高祖灭秦(前206年)至刘秀于地皇三年(22年)起兵,计二百二十八年,合四七之数,当受命于天。然光武对于图谶之言始终非常谨慎,《赤伏符》虽可证其合于谶言"四七之数",但就应谶之"刘秀"二字而言,却也有另指他人的可能。刘歆早在哀帝建平元年(前6年)改名"刘秀"。故有人认为"刘秀"即"是国师刘子骏也",如《后汉书·窦融传》所载"故刘子骏改易名字,冀应其占"③。又有道士西门君惠言卫将军王涉曰:"星孛扫宫室,刘氏当复兴,国师公姓名是也。"王涉信其言,与大司马董贤"数俱至国师殿中庐道语星宿"。刘歆"遂与涉、忠谋,欲发"④,结果事觉,谋叛者被诛。临刑时,仍有人大喊:"刘秀真汝主也!"⑤与刘歆改名应谶相对,也有视光武名应图谶者,如窦融即因"今皇帝姓号见于图书"⑥归附于光武。就"刘秀"所指为何,光武曾"戏曰:'何用知非仆邪?'坐者皆大笑"。⑦此一个"戏"字,足可见光武对于自己是否应谶不置可否。故当邓晨谓光武"王莽悖暴,盛夏斩人,此天亡之时也。往者会宛,独当应耶"时,光武的态度仍是"笑而不答"⑧,既不反对,也不承认自己名应谶文。《赤伏符》的内容是既定的,但对于谶文的理解却可以千差万别。光武对此深达明理,并未完全信任谶文内容,因而当群臣"议上尊号""复固请之"时,刘秀始终"不从"。甚至当"诸将议尊号"时,光武"惊曰'将军出是言可斩也'"。⑨他不惜以杀头来杜绝诸将所请。直到大军行至鄗,光武先在长安时同舍生强华"自关中奉《赤伏符》"入献,与万脩所上《赤伏符》内容相合,"群臣因复奏曰'受命之符,人应为大,万里合信,不议同情,周之白鱼⑩,曷足比焉? 今上无天子,海内淆乱,符瑞之应,昭然著闻,宜答天神,以塞群

　　①　(南朝梁)沈约:《宋书》卷27《符瑞上》,北京:中华书局,1974年,第770页。

　　②　(南朝宋)范晔:《后汉书》卷1《光武帝纪》,北京:中华书局,1965年,第21页。

　　③　(南朝宋)范晔:《后汉书》卷23《窦融传》,北京:中华书局,1965年,第798页。

　　④　(汉)班固:《汉书》卷99下《王莽传下》,北京:中华书局,1962年,第4184页。

　　⑤　(南朝宋)范晔:《后汉书》卷23《窦融传》,北京:中华书局,1965年,第798页。

　　⑥　(南朝宋)范晔:《后汉书》卷23《窦融传》,北京:中华书局,1965年,第798页。

　　⑦　(南朝宋)范晔:《后汉书》卷15《邓晨传》,北京:中华书局,1965年,第582页。

　　⑧　(南朝宋)范晔:《后汉书》卷15《邓晨传》,北京:中华书局,1965年,第582页。

　　⑨　(南朝宋)范晔:《后汉书》卷1《光武帝纪》,北京:中华书局,1965年,第20页。

　　⑩　"周之白鱼",为帝王受命之谶,即"周武王渡于孟津,中流白鱼跃入王舟,王俯取鱼,鱼长三尺,赤文有字,题曰:'姬发遵昌。王燔以告天,有火自天,流为赤乌。'"(参见(日)安居香山、中村璋八辑:《纬书集成》,石家庄:河北人民出版社,1994年,第413页。)

望'"。光武这才下定决心,"命有司设坛场于鄗南千秋亭五成陌",登基称帝。光武一旦决意利用《赤伏符》,便极力渲染此谶的号召力,宣告:"皇天上帝,后土神祇,眷顾降命,属秀黎元",将此谶视为"不可稽留"的"皇天天命"。① 值得注意的是,光武即位谶文并非简单采纳万脩、强华所献之《赤伏符》,而是"有所改作",加上了"卯金修德为天子"②之句,从而在"名应图谶"之外,又增添了"卯金"为"刘"说以及"汉为火德"的五德说,以增强其即位的神圣性。这种"改作"的行为,实际是以一种图谶"造作者"的角色来看待图谶,而非图谶的信从者。从光武最初的犹疑态度,至即位祝文中的大肆宣扬,可知光武利用《赤伏符》时的谨慎、理性。祝文中兼用谶文与五德说,也可证其重视图谶作用但并不一味"笃信"图谶之文。

更始败后,群雄纷争。他们各依图谶,争论"天命"所归,以博取政治优势。除光武外,刘扬、张满、公孙述等也都宣扬应谶当兴。真定王刘扬"复造作谶记云:'赤九之后,瘿杨为主'"。为了与"瘿"疾相合,刘扬不惜装病,"欲以惑众,与绵曼贼交通"③,一度得到真定"绵曼贼"的支持。另有新城张满"祭祀天地,自云当王",与厌新、柏华两地势力合,"屯结险隘"。光武命祭遵攻之,张满被俘后叹曰"谶文误我!"④连社会底层的山贼都可用图谶争天命,可知当时民心不知所归到何种程度! 前文所述,刘秀曾与公孙述进行激烈的"天命"论争。二者皆以图谶为思想武器。他们所引之谶或有不同,就同一图谶的解释亦有差异,但其最终的政治目的都不外宣传自己为"天命"正统,从而在争雄天下过程中取得政治权威。由此可见,光武对当时社会上流传的图谶之学是有所"简择"的,他对图谶的态度显然是采用利于己者,反对不利于己者。他对谶文的解释也附加自己主观意图并服务于刘氏皇权。光武曾读谶致"中风发疾"⑤的原因,并不见得是对于图谶的"笃信",而应是当时"公孙述、隗嚣未平……贼檄日以百数,忧不可胜"。⑥ 他不得不研习并对图谶作出符合自己政治利益的解释,借以消弭敌对势力同样利用图谶神化统治的威胁。

至此,不难明白,图谶在光武统一天下的过程中发挥了巨大的作用,为光武提供了"受命于天"的理论依据,并使光武在与政敌的理论论战中取得

---

① (南朝宋)范晔:《后汉书》卷1《光武帝纪》,北京:中华书局,1965年,第21—22页。
② (南朝宋)范晔:《后汉书》志7《祭祀志》,北京:中华书局,1965年,第3157页。
③ (南朝宋)范晔:《后汉书》卷21《耿纯传》,北京:中华书局,1965年,第763页。
④ (南朝宋)范晔:《后汉书》20《祭遵传》,北京:中华书局,1965年,第739页。
⑤ (南朝宋)范晔:《后汉书》卷1《光武帝纪》李贤注引,北京:中华书局,1965年,第68页。
⑥ (宋)李昉等撰:《太平御览》卷90《皇王部》引《东观汉纪》,北京:中华书局,1960年,第432页。

胜利。但光武并非图谶的忠实"笃信"者,他既利用图谶以自重,又对图谶有所改作,并以自身的政治需要为中心对谶文作利于自己的解释,始终保持着颇为"理性"的用谶态度。

(二)光武以谶决事

光武在施政过程中,曾依谶用人、以谶决事,而"不言谶"者不受重用,这是光武"笃信"图谶说的又一重要依据。就光武用人而言,确曾依谶文所记而擢用王梁、孙咸。史载"(光武)即位,议选大司空,而《赤伏符》曰'王梁主卫作玄武',帝以野王卫之所徙,玄武水神之名,司空水土之官也,于是擢拜(王)梁为大司空,封武强侯。"又因谶文有"孙咸征狄"之语,乃"以谶文用平狄大将军孙咸行大司马"。① 王梁、孙咸分别由区区野王县令、杂牌将军一举超迁居三公之位,这很容易让人产生光武帝笃信图谶之文的假象,但这绝不是光武帝选任官吏的主要途径。考光武统治集团,初以"云台二十八将"为代表的军功贵族为主,后推行"退功臣而进文吏"②的举措,广征儒士为官。居太傅者如卓茂,居大司徒者如伏湛、候霸、欧阳歙、蔡茂,居大司空者如杜林,居大司农者如高诩,居太常者如桓荣,居光禄勋者如伏黯、刘昆、席广,居大鸿胪者如洼丹,居少府者如丁恭,居司隶校尉者如鲍永等,皆为经学耆儒。光武时居九卿可考者有桓荣、伏湛、张湛、杜林、刘昆、席广、张纯、洼丹、高诩、冯勤、丁恭、宣秉、鲍永、欧阳歙、郭伋、候霸、申屠刚等 17 人,亦皆为经师大家,并不见"名应图谶"而被重用之证。值得注意的是,王梁、孙咸虽"名应图箓,越登槐鼎之任"③,但这种"直白之谶"④实在过于"粗鄙""肤浅",二人不久即因群臣反对而被迁黜。孙咸居大司马,但"众咸不悦",光武只得"诏举可为大司马者",结果群臣推举军功之臣吴汉及景丹。光武遂"以吴汉为大司马,而拜丹为骠骑大将军"。⑤ 王梁也在建武二年(26 年)以"不奉诏"的罪名,剥夺了大司空之职,还差点丧命。后来迁转为中郎将,"行执金吾事"。⑥ 至此,由光武"以谶用人"所导致的臣僚矛盾才逐渐得以平息。光武依靠麾下军功集团而得天下,在面对图谶之文与现实政治的矛盾之际,

---

① (南朝宋)范晔:《后汉书》卷 22《王梁传》,北京:中华书局,1965 年,第 774、773 页。
② 此处之"文吏",并非与"儒生"相对的"文法吏"之属,乃指与军功贵族相对应的知识分子群体,以儒生群体为主。
③ (南朝宋)范晔:《后汉书》卷 82《方术列传》,北京:中华书局,1965 年,第 2705 页。
④ 顾颉刚认为,"不假借隐语而直揭其官阶与姓名"的做法,实始于王莽之时。(参见顾颉刚:《中国上古史研究讲义·谶纬》,北京:中华书局,1989 年,第 248 页)当时王莽即根据佞人哀章的谶言,重用哀章、王兴、王盛。
⑤ (南朝宋)范晔:《后汉书》卷 22《景丹传》,北京:中华书局,1965 年,第 773 页。
⑥ (南朝宋)范晔:《后汉书》卷 22《王梁传》,北京:中华书局,1965 年,第 775 页。

他毫不犹豫地选择了现实,而摒弃了图谶之文的记述。尹敏也曾私自作图谶曰:"君无口,为汉辅"①,言"君无口"即"尹",名应图谶。光武对尹敏的意图心知肚明,结果既未相信此谶,也未惩罚尹敏私作图谶之罪。实际上,光武对图谶为投机者利用的可能性有非常清醒的认知,也深知图谶造作的理路,因而在事关国家大政方针的行政要职上,光武帝并不"以谶用人"。

光武也曾"以谶决事",但往往限于庙祀、封禅之类,就帝国重大行政事务而言,极少见"以谶决之"。建武三十年(54 年)二月,群臣上言宜封禅泰山,遭光武严辞拒绝,曰"即位三十年,百姓怨气满腹,吾谁欺,欺天乎?……若郡县远遣吏上寿,盛称虚美,必髡,兼令屯田"。② 群臣不复敢言。可见光武帝以休养生息、恢复民力之实务为要,而就封禅之类的"虚美"行事颇不热心。相较于政治实务,所谓"封禅"不过是粉饰"虚美"而已。两年后,光武夜读《河图会昌图》曰"赤刘之九,会命岱宗。不慎克用,何益于承?诚善用之,奸伪不萌",认为"赤刘之九"即汉九世帝光武。他还在《河图合古篇》找到"帝刘之秀,九名之世,帝行德,封刻政"的谶言,始有感于谶文所记,诏太仆梁松等复言封禅事,"乃许焉"③,于"二月辛卯,上登封于泰山"。④ 封禅乃沟通君主与天帝的仪式,是宣扬"受命于天"的最有力方式。就封禅事的前后迥异的态度,究其原因在于:光武为自己封禅找到图谶神学的理论依据。这既是光武宣扬刘氏皇权正统的契机,又暗合其自起兵以来利用图谶之举的政治意图,故登封泰山也就顺理成章。除封禅、庙祀用谶之外,对于事关国计民生的重大问题上,光武帝始终奉行非常现实的政策,颇为理性,如:"除王莽苛政,复汉官名"⑤、复行五铢钱、连续六次颁布释放奴婢诏令、推行度田、检核田亩和户口、减免赋税徭役、赈济流民、兴修水利、抑制功臣及外戚、裁并四百余县、罢省亭侯吏卒等一系列的行政举措,皆非"以谶决之",而是出于社会现实、国家行政的需要而行事。假若光武确然"笃信"图谶,则必在具体行政举措推行之前寻求图谶依据。事实相反,光武行政始终关切现实问题,讲求行政效率,具体施政中往往雷厉风行,并不囿于寻求图谶之学的理论支持。史载光武之政,"吏事刻深"。⑥ 这种"严切"之政,要求官吏严格按照法律章程、制度规定办事,强调行政效率,往往不涉于图

---

① (南朝宋)范晔:《后汉书》卷 79《儒林列传》,北京:中华书局,1965 年,第 2558 页。
② (南朝宋)范晔:《后汉书》志 7《祭祀志》,北京:中华书局,1965 年,第 3161 页。
③ (南朝宋)范晔:《后汉书》志 7《祭祀志》,北京:中华书局,1965 年,第 3163 页。
④ 张烈点校:《两汉纪》,北京:中华书局,2002 年,第 153 页。
⑤ (南朝宋)范晔:《后汉书》卷 1《光武帝纪》,北京:中华书局,1965 年,第 10 页。
⑥ (南朝宋)范晔:《后汉书》卷 76《循吏列传》,北京:中华书局,1965 年,第 2457 页。

谶之文。

不仅是光武帝对图谶有清醒的认识，大儒桓谭、范升、卫宏、桓荣、陈元、尹敏、郑兴、刘昆、杜林等也曾非议、反对图谶，或对图谶之学保持颇为冷淡的态度，如郑兴"数言政事，依经守义，文章温雅"，且"不善谶"。① 桓谭认为"谶出河图、洛书，但有朕兆而不可知，后人妄复加增依托，称自孔丘，误之甚也"，②故"极言谶之非经"。③ 张衡指出"图谶虚妄，非圣人之法"，不过是"欺世罔俗，以眯执位"的把戏，主张"宜收藏图谶，一禁绝之"。④ 尹敏称"谶非圣人所作，其中多近鄙别字，颇类世俗之辞，恐疑误后生"⑤，对图谶之学提出了自己的担忧。这确实与光武帝利用图谶维护刘氏皇权的做法颇为不合，故光武与他们的关系比较疏离，并不重用，由是"桓谭以不善谶流亡，郑兴以逊辞仅免"⑥，尹敏"亦以此沈滞"。⑦ "不言谶"的学者皆不受重用，然而桓谭等经师非议光武帝以图谶"决定嫌疑"的理由是"谶之非经"。他们是站在经学家的立场，认为图谶之学并非西汉以来经师们一脉相承的"圣人之法"，不过是"巧慧小才伎数之人，增益图书"⑧的结果。既然光武以复兴汉室为己任，就应当继承西汉以来的正统经学思想，而不应该对图谶之学偏信偏从。实际上，桓谭等人将图谶问题视作学术问题予以争论，却不懂得光武帝为什么要提倡图谶之学的政治家心理。光武政权自建立之初便面临着一个政权合法性的问题。为论证"受命于天"，光武帝急需寻找神学思想为之辅翼。西汉末年的今文经学家们所主张的"复古""更受命"以及为新莽"颂歌献符"的闹剧，随着王莽的败亡而很难为世人所信从。为此，光武帝只得寻求图谶之学来为刘氏皇权增添神学色彩。图谶之学在很大程度上成为东汉政权合法性的理论基础。当"不言谶"的桓谭等人非议图谶，指出图谶不过是"巧慧不才伎数之人，增益图书，矫称谶记，以欺惑贪邪，诖误人主"⑨的手段时，实际上是对光武政权欲以图谶为政权辅翼之神学理路的否定。光武因而不得不予以非难。然即便如此，光武对"不言谶"的经师们仍然颇为宽容，使他们得以全身。由此，我们不能简单地将光武帝非难"不言谶"者视

---

① （南朝宋）范晔：《后汉书》卷 36《郑兴传》，北京：中华书局，1965 年，第 1223 页。

② （汉）桓谭撰，朱谦之校辑：《新辑本桓谭新论》，北京：中华书局，2009 年，第 18 页。又《东观记》载桓谭书曰："矫称孔丘为谶记，以误人主也。"

③ （南朝宋）范晔：《后汉书》卷 28《桓谭传》，北京：中华书局，1965 年，第 961 页。

④ （南朝宋）范晔：《后汉书》卷 59《张衡传》，北京：中华书局，1965 年，第 1911—1912 页。

⑤ （南朝宋）范晔：《后汉书》卷 79《儒林列传》，北京：中华书局，1965 年，第 2558 页。

⑥ （南朝宋）范晔：《后汉书》卷 36《张霸传》，北京：中华书局，1965 年，第 1241 页。

⑦ （南朝宋）范晔：《后汉书》卷 79《儒林列传》，北京：中华书局，1965 年，第 2558 页。

⑧ （南朝宋）范晔：《后汉书》卷 28《桓谭传》，北京：中华书局，1965 年，第 960 页。

⑨ （南朝宋）范晔：《后汉书》卷 28《桓谭传》，北京：中华书局，1965 年，第 960 页。

为其"笃信"图谶的证据,而应认识到这是光武出于维护刘氏皇权神学权威的核心意图,不得不为之的无奈。光武帝非难桓谭等人,并非站在学术立场上为图谶鼓噪呐喊,而是为了维护以图谶之学论证刘氏正统的思想理路。桓谭们不受重用的原因正是出于这种"学者"与"帝王"之间政治立场的差异:他们为光武帝出谋划策的思想理路是出于对"圣人之道"的追求和对民生的关怀,却没有看到刘秀"重儒"的真实目的是控制儒学、控制儒生,是要让儒家的"道"服务于刘家的"势"。东汉统治者决不允许以圣贤之名讨论刘家皇权统治的合理性,绝对要避免新莽利用儒学、儒生制造"篡汉"舆论的历史重演。

综言之,光武帝在官吏选任、行政实务及对待"不言谶"者的态度上,同样表现出颇为现实的态度和"理性"的特征。他始终围绕社会现实政治的需要,以论证、维护刘氏皇权统治的合法性为政治诉求,利用图谶但并不盲信、盲从图谶。光武帝曾自言:"天下重器,常恐不任,日复一日,安敢远期十岁乎?"[①]王应麟赞之曰:"真帝王之言哉!"[②]光武帝不是图谶的"信徒",而是要做凌驾于图谶之上,对图谶进行改作、整理的"掌舵者"。这在光武中元元年(56 年)"宣布图谶于天下"表现得最为彻底。

(三)"宣布图谶于天下"

光武"用谶"的目的是要统一、规范图谶,钦定出一套服务于刘氏皇权的官定图谶及其官方解释版本,从而将图谶之学置于刘氏皇权正统的意识形态之下。这是光武帝以政治力量控制学术,使学术成为政治附庸的重要手段。

随着东汉政权的建立及其日益稳定,刘秀对于思想领域的控制便顺理成章地提上日程。在统一天下的角逐中,图谶之学为光武帝重建刘氏统治提供了理论基础和神学支撑。这种成功的"用谶"经历必然使光武极为重视"图谶"的作用。但图谶对于统治者而言,实为一把"双刃剑",我可用,彼亦可用。它既可以为当权者巩固统治秩序服务,又有被反对者利用的可能。在王莽、公孙述、刘秀等分别利用图谶神化自己的过程中,已经显示了图谶之学的巨大社会效应和现实危险性。这种危险性始终作为一个阴影萦绕在光武的脑海中。为了消除这种危险性,必须对图谶之学进行整理,并统一在

---

① (南朝宋)范晔:《后汉书》卷 1《光武帝纪》,北京:中华书局,1965 年,第 71 页。
② (宋)王应麟曰:"秦皇欲以一至万,新莽惟三万六千岁历纪,宋明帝给三百年期,其愚一也。汉世祖曰:日复一日,安敢远期十岁乎? 真帝王之言哉!"(王应麟:《困学纪闻》,上海:商务印书馆,1935 年,下册,第 938 页)。

官方意志所能容许的范围之内。早在建武初年，薛汉"为博士，受诏校定图谶"。① 建武二年(26 年)，光武又令尹敏"校图谶"。② 这实际是对民间流传与官方收藏的谶纬图书的一次大整理。所谓"校定"，是"有所侧重和倾向的。定为主，校为次"。③ 薛、尹受诏"校定"图谶的目的，是要为东汉王朝制定出一部服务于刘氏统治秩序的统一的图谶之学。首先，"校定"过程中是对各家图谶有所取舍的，这要求删除其他政治势力所用之谶，以及不利于刘氏皇权的图谶，如"蠲除崔发所为王莽著录次比"。④ 前述公孙述所引图谶，自然也在尹敏校谶的删损之列。经过对图谶进行一番有意识的简择、删损，只留下了符合刘氏正统权威的图谶，其余皆弃之不用。其次，以"不喜谶"的尹敏负责整理图谶的事业，明显表现出相当现实且理性的学术态度。假若光武真心"笃信"图谶，欲为图谶鼓张，则必选择精于图谶之学的学者从事图谶校定的工作。然光武命尹敏主持校定工作，实际是希望借助独立于图谶之学外部的学者，由外而内地删损图谶，以避免图谶学者妄生穿凿的可能。对图谶的整理工作，繁复而困难，不可能一蹴而就。直至中元元年(56 年)，历三十年时间，始"宣布图谶于天下"，⑤最终完成图谶整理工作。据《续汉书·祭祀志》载，建武十三年(37 年)封禅刻石铭文曰："建武元年(25 年)已前，文书散亡，旧典不具，不能明经文，以章句细微相况八十一卷，明者为验。"⑥此"八十一卷"的规模，正合《隋书·经籍志》所载谶纬总数，大抵即为光武所"宣布图谶"的规模。这实际上划定了图谶之学的内容、规模。这些被宣布的图谶，当然是服务于东汉皇权统治的。它一方面神化皇权，另一方面又封杀了其他不利于东汉皇权的图谶。

图谶自"宣布天下"之后，成为法定经典，获得了崇高的政治思想地位，吸引大批士人研习图谶之学。自中兴之后，"儒者争学图纬，兼复附以妖言"。⑦ 正如朱彝尊所言："终东汉之世，以通七纬者为内学，通五经者为外学。盖自桓谭、张衡而外，鲜不为所惑焉……当时之论，咸以内学为重。"⑧《后汉书》屡见"善图谶""尤善说图谶灾异""亦好图谶""又善风角、星算、

① (南朝宋)范晔:《后汉书》卷 79《儒林列传》，北京:中华书局，1965 年，第 2573 页。
② (南朝宋)范晔:《后汉书》卷 79《儒林列传》，北京:中华书局，1965 年，第 2558 页。
③ 王步贵:《谶纬与汉代政治》，《西北大学学报》1992 年第 1 期，第 82 页。
④ (南朝宋)范晔:《后汉书》卷 79《儒林列传》，北京:中华书局，1965 年，第 2558 页。崔发曾为王莽代汉解释图谶，而被封为"说符侯"。
⑤ (南朝宋)范晔:《后汉书》卷 1《光武帝纪》，北京:中华书局，1965 年，第 84 页。
⑥ (南朝宋)范晔:《后汉书》志 7《祭祀志》，北京:中华书局，1965 年，第 3166 页。
⑦ (南朝宋)范晔:《后汉书》卷 59《张衡传》，北京:中华书局，1965 年，第 1911 页。
⑧ (清)朱彝尊:《曝书亭集》，上海:世界书局，1937 年，第 704—705，704 页。

《河》《洛》、七纬"之类的记载,即便如贾逵、班彪、班固、马融、郑玄之类的经师耆儒,也皆深受图谶之学的影响。东汉一代,某种程度上可以说是一个被图谶固定、模铸着的世界。

　　然而,光武钦定图谶并非浅止于学术领域的传习,而是为了将儒生及儒学置于国家体系之下,强化东汉政权对于思想的控制。"'宣布图谶于天下'固然体现了刘秀之'好谶',但更体现了刘秀对图谶的规范和控制,是为了把图谶当作巩固汉家统治的工具。"①图谶一经"宣布天下",便被贴上了"皇封御印"的标签,拥有了绝对的政治权威,成为官方的"专利品",不再允许自由发挥、"新作""新解"图谶。新的图谶出现从此具有了非法性质,如刘秀之子楚王英"交通方士,作金龟玉鹤,刻文字为符瑞",又"与渔阳王平、颜忠等造作图书,有逆谋"。结果,楚王英以"大逆不道"的罪名被废,不久自杀身亡,"坐死徙者以千数"。② 永平中,"有上书告延与姬兄谢弇及姊馆陶主婿驸马都尉韩光招奸猾,作图谶,祠祭祝诅。事下案验,光、弇被杀,辞所连及,死徙者甚众"。③ 另外,对于官定之图谶进行官方解释版本之外的"新解释",同样也是不被允许的。中元间济南王"招徕州郡奸猾……案图书,谋议不轨",结果被削"祝阿、险阴、东朝阳、安德、西平昌五县"。④ 所谓"案图书",实际是对既有图谶作新的阐释,这同样被视为"不轨"。和帝时又有"扶风人苏朗伪言图谶事,下狱死"。⑤ 所谓"伪言",同样是对图谶予以"新解"。再如张奋上疏言定礼乐之事时,指出"汉既受命,礼乐宜作,图谶明文若是,以先帝圣德远监,每存礼乐,众儒不达,多生骇异"⑥,认为汉之"天命"是图谶明文所言的,而儒生们在定礼乐时对于图谶之学的援引、阐释却甚为"骇异"。汉儒之所以如此"骇异",正是因为图谶已有了既定的官方解释之后,朝议时不敢妄作"新解"。图谶之学由此受到官方意识形态的严密控制,在图谶的规模、内容,以及对图谶的研习、解读过程,都被限定在官方意志所能容许的范围之内,逐渐失去了自由发挥的空间。汉儒既然不能就图谶在学术造诣上有所伸张,便转而以图谶牵合经学,使经学神学化。明、章二帝属意"正五经章句,皆命从谶"。士人"言五经者,皆凭谶为说"。⑦ 至白虎观会

---

① 臧知非:《两汉之际儒生价值取向探微》,《史学集刊》2003 年第 2 期。
② (南朝宋)范晔:《后汉书》卷 42《光武十王列传》,北京:中华书局,1965 年,第 1429—1430 页。
③ (南朝宋)范晔:《后汉书》卷 42《光武十王列传》,北京:中华书局,1965 年,第 1444 页。
④ (南朝宋)范晔:《后汉书》卷 42《光武十王列传》,北京:中华书局,1965 年,第 1431 页。
⑤ (南朝宋)范晔:《后汉书》卷 40《班彪传》,北京:中华书局,1965 年,第 1334 页。
⑥ (晋)袁宏撰,周天游校注:《后汉纪校注》,天津:天津古籍出版社,1987 年,第 400 页。
⑦ (唐)魏徵:《隋书》志 27《经籍志一》,北京:中华书局,1973 年,第 941 页。

议,章帝"亲称制临决"出一部《白虎通》,标志着图谶之学与经学的合流。

(四)光武帝今古文并用的学术方针

古文经,指用战国时六国文字书写的经书,大多是出土或民间所献的先秦古书。古文经的来源大抵有三。一是河间献王求于民间者。"河间献王德以孝景前二年立,修学好古,实事求是。从民得善书,必为好写与之,留其真,加金帛赐以招之。繇是四方道术之人不远千里,或有先祖旧书,多奉以奏献王者,故得书多,与汉朝等。……献王所得书皆古文先秦旧书,《周官》、《尚书》、《礼》、《礼记》、《孟子》、《老子》之属,皆经传说记,七十子之徒所论。其学举六艺,立毛氏《诗》、《左氏春秋》博士"①。二是孔安国家中所藏。"孔氏有《古文尚书》,孔安国以今文字读之,因以起其家逸书,得十余篇,盖《尚书》兹多于是矣。遭巫蛊,未立于学官"②。三是鲁恭王坏孔子宅所得。"恭王初好治宫室,坏孔子旧宅以广其宫,闻钟磬琴瑟之声,遂不敢复坏,于其壁中得古文经传"③,得"《逸礼》有三十九,《书》十六篇。天汉之后,孔安国献之,遭巫蛊仓卒之难,未及施行。及《春秋》左氏丘明所修,皆古文旧书,多者二十余通,藏于秘府,伏而未发"。④

哀帝时,刘歆受诏校定秘书,发现古文《左氏春秋》,大好之。当时丞相尹咸能治《左氏》,刘歆乃"略从(尹)咸及丞相翟方进受,质问大义。初《左氏传》多古字古言,学者传训故而已,及歆治《左氏》,引传文以解经,转相发明,由是章句义理备焉"。刘歆以为"左丘明好恶与圣人同,亲见夫子,而公羊、谷梁在七十子后,传闻之与亲见之,其详略不同",故推崇《左氏》,并与其父刘向辩难。刘向治《穀梁春秋》,对刘歆之论竟"不能非间也,然犹自持其《谷梁》义"。后刘歆请立《左氏春秋》、《毛诗》、《逸礼》、《古文尚书》于官学,哀帝令其与《五经》博士讲论其义,结果"诸博士或不肯置对"。刘歆乃"移书太常博士",指责今文经学家们"专己守残,党同门,妒道真""深闭固陋,而不肯试,猥以不诵绝之,欲以杜塞余道,绝灭微学"。诸儒因之愤恨,大司空师丹斥责刘歆"改乱旧章,非毁先帝所立"。光禄大夫龚胜甚至上疏以"乞骸骨"相威胁,要求哀帝治刘歆之罪。哀帝本来亲近刘歆,辩解称"歆欲广道术,亦何以为非毁哉"。⑤ 面对重儒的诘难,刘歆只得选择求出外地为吏。

---

①　(汉)班固:《汉书》卷53《景十三王传》,北京:中华书局,1962年,第2410页。

②　(汉)班固:《汉书》卷88《儒林传》,北京:中华书局,1962年,第3607页。

③　(汉)班固:《汉书》卷53《景十三王传》,北京:中华书局,1962年,第2414页。

④　(汉)班固:《汉书》卷36《楚元王传》,北京:中华书局,1962年,第1969页。

⑤　(汉)班固:《汉书》卷36《楚元王传》,北京:中华书局,1962年,第1967、1971、1970—1971、1972页。

平帝时,王莽秉政,《左氏》《古文尚书》《毛诗》《逸礼》皆置博士官。后又增立《周官》博士。古文经随之兴盛。然伴随新莽政权的灭亡,东汉王朝建立之初,在学术问题上面临着重整博士官制度的问题。

建武四年(28 年),尚书韩歆欲为《费氏易》《左氏春秋》争立博士。光武帝初有意立古文经,这由后来陈元的上疏中可以探知。陈元疏曰:"陛下拨乱反正,文武并用,深愍经艺谬杂,真伪错乱,每临朝日,辄延群臣讲论圣道。知丘明至贤,亲受孔子,而《公羊》、《谷梁》传闻于后世,故诏立《左氏》,博询可否,示不专已,尽之群下也。"①由此疏可知,光武帝对《左氏》与《公羊》《谷梁》的区别是有所了解的。如果光武帝并无兴立《左氏》之意,陈元在此疏中断然不会作如是表述。光武诏下后,公卿、大夫、博士等在云台议论此事。今文经博士范升认为"《左氏》不祖孔子,而出于丘明,师徒相传,又无其人,且非先帝所存,无因得立"。②他的观点当即遭到韩歆及太中大夫许淑等古文家的反驳,双方争论难下。范升复上疏曰:"《京氏》既立,《费氏》怨望,《左氏春秋》复以比类,亦希置立。《京》、《费》已行,次复《高氏》,《春秋》之家,又有《驺》、《夹》。如令《左氏》、《费氏》得置博士,《高氏》、《驺》、《夹》,《五经》奇异,并复求立,各有所执,乖戾分争。从之则失道,不从则失人,将恐陛下必有厌倦之听。孔子曰:'博学约之,弗叛矣夫'。"③在范升看来,《五经》"奇异"之书甚多,一旦增立《左氏》《费氏》,就会有《高氏》《驺氏》《夹氏》比复争立,如此反复为之的结果必然是博士官愈增愈多,同时也与儒家在博学之后务求简约的传统相违背。范升指斥《费氏》《左氏》"无有本师,而多反异",且鉴于元帝时立《京氏易》而旋废的故事,提出"疑道不可由,疑事不可行"。范升认为当时"陛下草创天下,纪纲未定,虽设学官,无有弟子,《诗》、《书》不讲,礼乐不修,奏立《左》、《费》,非政急务"。④他还列举《左传》的十四条谬误作为理据。古文家们则搬出太史公作《史记》中多引《左氏》之文进行辩解。范升乃复上疏,列举司马迁违背《五经》和孔子以及《左氏》的谬误三十一条,针锋相对。

光武帝下范升之奏,令博士议。古文家陈元指出范升所上四十五事,前后矛盾,并针对范升所谓"先帝不以《左氏》为经,故不置博士,后主所宜因袭"的观点,反驳曰:"若先帝所行而后主必行者,则盘庚不当迁于殷,周公不当营洛邑,陛下不当都山东也。往者,孝武皇帝好《公羊》,卫太子好《谷梁》,

---

① (南朝宋)范晔:《后汉书》卷 36《陈元传》,北京:中华书局,1965 年,第 1230 页。
② (南朝宋)范晔:《后汉书》卷 36《范升传》,北京:中华书局,1965 年,第 1228 页。
③ (南朝宋)范晔:《后汉书》卷 36《范升传》,北京:中华书局,1965 年,第 1228 页。
④ (南朝宋)范晔:《后汉书》卷 36《范升传》,北京:中华书局,1965 年,第 1228 页。

有诏诏太子受《公羊》，不得受《谷梁》。孝宣皇帝在人间时，闻为天子好《谷梁》，于是独学之。及即位，为石渠论而《谷梁》氏兴，至今与《公羊》并存。此先帝后帝各有所立，不必其相因也。"后陈元与范升互相劫难，"凡十余上"。经过几番论难后，光武帝终于下定决心，"卒立《左氏》学，太常选博士四人，(陈)元为第一。帝以元新忿争，乃用其次司隶从事李封，于是诸儒以《左氏》之立，论议欢哗，自公卿以下，数廷争之。会封病卒，《左氏》复废"。[①] 此后，古文经终汉世未得立学官。[②]

　　光武帝一度立《左氏》于官学的政治意图，值得我们深思。建武政权草创，光武帝所面临的"急务"在于：一方面宣扬自身的"天命正统"，论证建武政权的合法性、合理性；一方面极力争取社会各阶层势力的支持。就前者而言，《赤伏符》等谶纬之作起到了不可磨灭的作用，但在所谓汉家德运的论证上却面临缺失。今文诸经中皆不见"汉为尧后"的记载，但《左氏》却能找到理据。"《五经》家皆无以证图谶明刘氏尧后者，而《左氏》独有明文。《五经》家皆言颛顼代黄帝，而尧不得为火德。《左氏》以为少昊代黄帝，即图谶所谓帝宣也。如令尧不得为火，则汉不得为赤。其所发明，补益实多。"[③]所谓"补益"二字，实可见《左氏》对于论证"汉为火德、尧后"的作用。况且"《左氏》义深于君父"，更多体现所谓君父正统观念，对于强调士民百姓忠于刘氏王权大有裨益。这也与光武帝提倡忠孝节义、"移孝作忠"的方针正相切合。再加上，经历哀、平时期刘歆的鼓动及新莽政权的支持，古文经学派日益形成一股举足轻重的政治力量，使光武帝在争取最广泛的政治支持时，不得不将古文经派纳入自己的视野。可以说，光武帝一度兴立《左氏》博士的做法，并不是真心倾向于《左氏》，认为《左氏》之学优于《公羊》《谷梁》，而是出于非常现实且理性的考虑，为着巩固新兴的刘氏王权服务。

　　《左氏》虽在光武朝立而复废，但其社会影响力却日益增广。汉章帝秉承光武以来的执政"理性"，未立古文经博士，却在官学之外极力推崇古文经学。贾逵"传父业[④]，弱冠能诵《左氏传》及《五经》本文，以大夏侯《尚书》教

---

① （南朝宋）范晔：《后汉书》卷 36《陈元传》，北京：中华书局，1965 年，第 1233 页。
② 东汉一代尚有卢植请立古文经之事，曰："古文科斗，近于为实，而厌抑流俗，降在小学。中兴以来，通儒达士，班固、贾逵、郑兴父子，并敦悦之。今《毛诗》、《左氏》、《周礼》各有传记，其与《春秋》共相表里，宜置博士，为立学官，以助后来，以广圣意"，但太学制度自和、安之际已然衰落，"博士倚席不讲"，故汉灵帝时卢植所请，并未引起多大政治影响。
③ （南朝宋）范晔：《后汉书》卷 36《贾逵传》，北京：中华书局，1965 年，第 1237 页。
④ 贾逵之父贾徽治古文经，尝"从刘歆受《左氏春秋》，兼习《国语》、《周官》，又受《古文尚书》于涂恽，学《毛诗》于谢曼卿，作《左氏条例》二十一篇"（《后汉书》卷 36《贾逵传》，北京：中华书局，1965 年，第 1234 页）。贾逵所传"家学"即为贾徽之学。

授,虽为古学,兼通五家《谷梁》之说"。① 贾逵曾作《左氏传》解诂五十一篇,于永平中献于明帝。明帝"重其书,写藏秘馆"。"肃宗立,降意儒术,特好《古文尚书》、《左氏传》",知贾逵古文精习,乃于建初元年(76 年)诏贾逵至北宫白虎观、南宫云台讲学。章帝善贾逵说,令贾逵作《左氏传》大义长于《公羊》与《谷梁》二传者,贾逵乃摘《左氏》优于《公羊》说之三十七事上奏章帝。章帝见之,心善,又"令逵自选《公羊》严、颜诸生高才者二十人,教以《左氏》,与简纸经传各一通"。② 以诏令形式要求学者改变其治学取向,转习他家学说,虽可能有不满情绪,但较之将古文经立于学官所带来的影响而言,可谓微乎其微,这就避免了今文经博士们的极力反抗。贾逵曾向章帝称《古文尚书》与《尔雅》诂训相应,章帝又令贾逵"撰欧阳、大小夏侯《尚书》古文同异。逵集为三卷,帝善之。复令撰齐、鲁、韩《诗》与毛氏异同,并作《周官解故》"。③ 建初八年(83 年),章帝又"诏诸儒各选高才生,受《左氏》、《谷梁春秋》、《古文尚书》、《毛诗》,由是四经遂行于世。皆拜逵所选弟子及门生为千乘王国郎,朝夕受业黄门署,学者皆欣欣羡慕焉"④。至此,章帝不仅在学术领域提倡古文经学,还在仕进方式上为古文经学者提供了路径。章帝对于古文经学的扶掖可谓甚大,对古文经学的进一步流传、发展起到了极大的推动作用。值得注意的是,章帝要求高才生们受习之诸经中,不只是古文经,还有今文《谷梁春秋》。《谷梁春秋》在西汉宣帝时立于博士官,但东汉光武帝所立今文博士十四家中,却舍弃了《谷梁春秋》。章帝曾宣称"求道真""扶微学",实际上当时古文经学在民间已有相当发展,甚或与今文官学在学术领域内分庭抗礼。统治者绝不可能眼睁睁看着一种不受政治控制的学术思想在民间自由流传,故要么以政治力量予以专制镇压,要么将这一民间学术也拉入或拉近政治权威。镇压是不可行的,因为古文经家多为兼通诸家学说的"通儒",他们治学虽有异于今文家,但却皆在经学范畴之内,皆祖述孔子,崇尚《五经》。为此,章帝采取拉近古文经与皇权的方式,希望将古文经家同样纳入刘氏王权统治的体系之内。

　　光武、明、章帝要求学术服务于君臣纲纪,符合刘氏皇权统治的需要。对于统治者而言,一切能为东汉王朝政权合理性作出论证的儒家经典、学术

---

①　(南朝宋)范晔:《后汉书》卷 36《贾逵传》,北京:中华书局,1965 年,第 1235 页。
②　(南朝宋)范晔:《后汉书》卷 36《贾逵传》,北京:中华书局,1965 年,第 1239 页。"简纸"即竹简及纸。
③　(南朝宋)范晔:《后汉书》卷 36《贾逵传》,北京:中华书局,1965 年,第 1239 页。
④　(南朝宋)范晔:《后汉书》卷 36《贾逵传》,北京:中华书局,1965 年,第 1239 页。

主张一概可以利用。无论官方学术,还是民间学术,都只能为刘氏王权统治服务,不能再有什么"代圣人言"、批评现实政治之举。正如明帝永平六年(63 年)诏曰:"先帝(光武)诏书,禁人上事言圣。"①所谓"禁人上事言圣",即禁止知识分子们在对经典的阐释中寄托"理想",也就是说,杜绝士人们言必称圣、"代圣人言"。士人们只能肯定刘氏王权的合理性,只能在政治允许的范围内从事学术研究与创作。

二、经学的"规范化"

汉代经学文献本身存在着分歧,学者对经书的解释更是纷异多样。经师们各执一词,是自然而然的现象。光武帝"宣布图谶于天下"之后,尽管遏制了西汉末年以来妄造谶纬符命的现象,但同时也宣布了谶纬的官方化。这为经师们附会穿凿提供了空间,他们对官方宣布的纬书阐释也出现各种分歧。所有这些矛盾,看上去是学术问题,但站在政治的立场看,它们都是思想混乱的渊源,不利于意识形态的规范和学术的统一。这就有了规范化经学的必要,而规范经学的最佳途径是官定一套经过政治权威整理、改造并服务于政治统治的理论体系,要求士人们学习、遵行这套理论,不允许质疑、批判、反对这套理论体系。

(一) 经学"章句化"与"谶纬化"的合流

古代典籍在形式上是不分章、句,亦无标点的,故学子欲解经义,必先"分章析句"。这在形式上颇类后世所谓"句读"之学,故有学者视"章句即句读",如《礼记·学记》在述学者治学次第时有曰"一年视离经辨志",郑注:"离经,断句绝也。"孔疏:"离经,谓离析经理,使章句断绝也。"②所谓"断句绝"即"分章断句",颇类后世之句读。吕思勉即认为"章句之朔,则今符号之类耳"③。有学者在出土文献中为此说寻找证据,如葛志毅认为《长沙马王堆三号汉墓·帛书》中出现的圆点号和银雀山汉简《孙膑兵法·十问》篇中的圆点符号("●"),位于章首,有着明显的分隔文本层次的作用④。姜哲认为《武威汉简》中的"⌐"符号的用法与"章句"直接相关⑤。分章析句,本为初学者最基本的读书治学之法,但汉代的章句之学远远超出这种"离章辨句"

---

① (南朝宋)范晔:《后汉书》卷 2《明帝纪》,北京:中华书局,1965 年,第 109 页。
② (清)阮元校刻:《十三经注疏·礼记正义》,北京:中华书局,1980 年影印版,第 1521 页。
③ 吕思勉:《章句论》,自《文字学四种》,上海:上海教育出版社,1985 年,第 7 页。
④ 葛志毅:《两汉经学与今文章句》,《学习与探索》1993 年第 5 期,第 131—137 页。
⑤ 姜哲:《汉代"章句之学"的"诠释学处境"》,收入杨乃乔主编《中国经学诠释学与西方诠释学》,上海:中西书局,2016 年,第 238 页。

的基本技能,成为经书解说体系的主要组成部分①。孔颖达谓:"尚未能离经辨句,复何须注述大典?"②这是就"句读"与"注述"关系的最早表述。近世学者往往将"章句"视为一种注释体裁,如吕思勉又称"所谓章句,似即后世之传注"③。张荣明称"'章句'就是义理体系和解释体系,是经义的现代化阐述"④。章句是汉代主要注经体例的观点,为学界所普遍认同,当为确诂。

《后汉书·徐防传》载"诗书礼乐,定自孔子;发明章句,始于子夏"⑤,认为"章句"始于春秋末期。但"章句之学"与"章句"实为二事。章句是一种讽诵、注疏的形式,而章句之学是一门学术,是关于"章句"撰作、增益等学术活动的概称。《后汉书·韩韶传》载韩歆"少能辩理,而不为章句学"⑥,最早提到"章句学"的概念。由"章句"发展到"章句之学",当在汉代经学形成以后。这与"章句"概念的内涵与外延逐渐扩大、义理与训诂的内容逐渐包含在"章句"解说体系之内是有密切关系的。章句是解释经籍的,当然不能不讲义理。⑦ 义理之学欲探求经籍的"微言大义"⑧,也不能不以"分章析句"为前提。只不过,汉代章句著述中所包含的"义理"乃因章句必须拘泥于经本原文且要逐章逐句地解说,从而与早前对经籍作整体性阐释的"义理"著述如

---

① 关于汉代经学注释体例的名目繁多,清人吴翊寅《易汉学考》(清光绪十九年广雅书局刻本)谓,西汉易学凡四派——"训故举大义"、"阴阳灾变"、"章句师说"、"彖象释经";近人马宗霍《中国经学史》(商务印书馆 1998 年)称两汉注书"立名虽繁,而通行之体则不外乎传、注、章句三者";戴君仁《经疏的衍成》(《孔孟学报》总第 19 期)称汉人说经大抵可归并为解故和章句两种;王葆玹《今古文经学新论》(中国社会科学出版社,1997 年)讲"经学著述形式除章句和笺注外,还有传、说、记三种";杨权《白虎通义》是不是章句》(《学术研究》2002 年第 9 期)分为传、说、记、注、故、例、章句七体。各家划分的结果虽不尽相同,但都包括章句,将章句视为两汉以来的一种独立释经形式。

② (清)阮元校刻:《十三经注疏·春秋左传正义》,北京:中华书局,1980 年影印版,第 2079 页。

③ 吕思勉:《章句论》,自《文字学四种》,上海:上海教育出版社,1985 年,第 5 页。

④ 张荣明:《中国的国教——从上古到东汉》,北京:中国社会科学院出版社,2001 年,第236 页。

⑤ (南朝宋)范晔:《后汉书》卷 44《徐防传》,北京:中华书局,1965 年,第 1500 页。

⑥ (南朝宋)范晔:《后汉书》卷 62《韩韶传》,北京:中华书局,1965 年,第 2063 页。

⑦ 学界多认为章句包含义理之学的内容,如张舜徽《汉书艺文志通释》(湖北教育出版社 1990年)评价丁宽"小章句"曰"其为书但训故举大义,则与当时繁琐之辞又异矣。实开后世专以训诂、义理说《易》之风","章句主疏明经旨大义"。张涛《经学与汉代社会》(石家庄:河北人民出版社,2001年)也认为"(从学术角度看)今文经学偏重阐发义理,对许多传统思想观念的形成、发展起过一定作用"。张荣明《中国的国教——从上古到东汉》(北京:中国社会科学出版社,2001 年)甚至直指"'章句'就是义理体系和解释体系"。张荣明另文《政治与学术之间的汉代章句学》中针对杨氏之文作出回应,反对"只有公羊学和宋学讲义理,汉学的特征是考据"的观点,认为汉代章句学同样离不开阐发道理,"章句是训诂和义理之和"。王宝利《再论章句与章句之学》(《社会科学论坛》2007 年第 8期)与张说相类,认为"章句之学"的特征就是探究经典的"微言大义",也即包含义理阐释的内容。

⑧ 也有学者认为"章句"与"义理"是相对举的概念,如杨权《论章句与章句之学》(《中山大学学报》2002 年第 4 期)中提出两汉经学"一直存在着所谓'章句之学'与'义理之学'之争"。

"传"、"记"、"说"、"通"等不同：前者是将"微言大义"寄于经文文字、词句的阐释之中；后者则与经文文字本身的关系比较松散、疏离。《后汉书·桓谭传》李贤注说"章句谓离章辨句，委曲支派也"。① 所谓"离章辨句"，也即将经籍之篇析分为若干章，章下再分若干句，继而逐章逐句地进行解说。《汉书·刘歆传》记刘歆"引传文以解经，转相发明，由是章句义理备焉"。② 可知"义理"的特征在于"引经文以解经""转相发明"。章句阐释五经的目的是为了"通达经旨"，使五经大义彰显出来。

章句不仅包含义理内容，也包含训诂内容。由《汉书·艺文志》将称"故"、"故训"、"解故"的书与称"章句"的书并列著录来看，似乎说明章句与训故是两种不同形式的著述。张舜徽即认为章句与解故相异，"解故重在诠释训诂名物，其辞简略；章句主于疏明经旨大义，文较繁滋"。③ 在这里，我们有必要区分"训故"与"训诂"。段玉裁注"故"曰："故言者，旧言也；十口所识，前言也。训者，说教也……《毛诗》云'故训传'者，'故训'犹'故言'也。谓取故言为转也。"④可知，"故"是对经文本身所蕴涵之"大义"的解释、疏通。通过这种"训故"使学子能够了解"经"本文的"经旨"。《汉书·艺文志》著录"《鲁故》，二十五卷"，颜师古注云："故者，通指其义也。它皆类此。今流俗《毛诗》改'故训传'为'诂'字，失真耳。"⑤颜师古亦认为"故"与"诂"不同，"故"为"通指"经义。既言"通指"，则不涉古字古言的逐次训解。这与训解古字古言的"诂"不同。郜积意认为"训故"为训解大旨，不及古字古言，而后世使用的"训诂"则谓训解古字之义，故作为训释古字古言的章句是包含"训诂"的。⑥ 郜氏此说颇具启发意义。值得注意的是，清人焦循在其《孟子正义》早已明确表达了章句与训诂、义理的关系，即章句"叠诂训于语句之中，绘本义于错综之内"。⑦ 张荣明更直言：其一，章句不是训诂，但可以包含训诂；其二，章句包含义理阐发，义理是章句的基本学术内容。⑧此说可从。《后汉书·文苑传》李注："《韩诗》曰：'振鹭于飞，于彼西雍。'《薛君章句》曰：'鹭，洁白之鸟也'；西雍，文王辟雍也。言文王之时，辟雍学士皆

① （南朝宋）范晔：《后汉书》卷28《桓谭传》，北京：中华书局，1965年，第955页。
② （汉）班固：《汉书》卷36《刘歆传》，北京：中华书局，1962年，第1967页。
③ 张舜徽：《汉书艺文志通释》，武汉：湖北教育出版社，1990年，第25页。
④ （汉）许慎撰，段玉裁注：《说文解字注》，上海：上海古籍出版社，1981年，第92页。
⑤ （汉）班固：《汉书》卷30《艺文志》，北京：中华书局，1962年，第1708页。
⑥ 郜积意：《刘歆与两汉今古文学之争》，复旦大学博士学位论文，2005年。
⑦ （清）焦循：《孟子正义》，上海：上海书店，1986年，第16页。
⑧ 张荣明：《汉代章句与〈白虎通义〉》，《学术研究》，2004年第2期。

洁白之人也"。① 此"章句"不仅就"鹭"、"西雍"训诂词义,同时引申解说出所谓"辟雍学士皆洁白之人"的篇章大义,足证章句包含训诂与义理的内容。

汉代"章句"最初极为简约。汉初申公传鲁《诗》,"独以《诗经》为训故以教,亡传,疑者则缺弗传"。② 可见申公所传鲁《诗》章句训故质朴略易。《汉书·儒林传》称丁宽"作《易说》三万言,训故举大谊而已,今'小章句'是也"。③ 这说明当时有所谓"小章句"之称,而"小章句"的治学特色即是"训故举大谊而已"。丁宽在汉景帝时尝率军抗拒吴楚,可知景帝时章句之学还比较"简约"。然至夏侯建时,章句之学的发展发生巨变,《汉书·夏侯建传》载夏侯建"师事胜及欧阳高,左右采获,又从五经诸儒问与《尚书》相出入者,牵引以次章句,具文饰说"。④ 此"左右采获""牵引"而出的章句内容开始由简而繁。钱穆《两汉博士家法考》论夏侯建之著述曰:

> 建之次章句,意欲求说经之密,以资应敌。应敌者,如石渠议奏,讲五经异同,若不分章逐句为说,但训故举大谊,则易为论敌所乘也。故章句必具文,具文者,备具原文而一一说之。遇有不可说处,则不免于饰说矣。如蜀人赵宾,好小数书,后为《易》,饰《易》文,以为箕子明夷,阴阳气无箕子,箕子者,万物方荄兹也。此亦具文饰说。箕子与阴阳气无关,说之不能通,又不肯略去不说,必具文,则限于饰说也。求为具文饰说,乃不得不左右采获,备问五经,取其相出入者牵引以为说矣。⑤

钱氏所言大抵精辟可从。夏侯建为"应敌"而滋生章句内容,虽在当时为部分学者讥讽,但此后这种增饰新说、繁言碎辞以"求说经之密"的治学方式,却迅速兴起。就连斥责夏侯建为"章句小儒"的夏侯胜,也有《大夏侯章句》二十九卷著录于《汉书·艺文志》。此《大夏侯章句》虽不一定是夏侯胜亲撰,却至少可以说明大夏侯氏的后学们已然从事章句撰述活动。夏侯建《尚书》章句已趋繁富,其弟子秦恭延君"增师法至百万言",可知其繁琐至极。史籍既有"小章句"之谓,则与之相对的繁琐章句,颇具"大章句"特征。最早提出"大章句"概念的是林庆彰。他在《两汉章句之学重探》中阐释"大章

---

① （南朝宋）范晔：《后汉书》卷 80《文苑列传》，北京：中华书局，1965 年，第 2646 页。
② （汉）班固：《汉书》卷 88《儒林传》，北京：中华书局，1962 年，第 3608 页。
③ （汉）班固：《汉书》卷 88《儒林传》，北京：中华书局，1962 年，第 3597—3598 页。
④ （汉）班固：《汉书》卷 75《夏侯建传》，北京：中华书局，1962 年，第 3159 页。
⑤ 钱穆：《两汉博士家法考》，自《两汉经学今古文平议》，北京：商务印书馆，2001 年，第 225—226 页。

句"谓：

> 《易经》的象数论，《尚书》的《洪范》五行说，《齐诗》的五际六情等等理论……看似注解，其实是发挥个人理论的诠释方式，可能被称为"大章句"，原先那种解释文义的"章句"，由于篇幅短小，只好称之为"小章句"了。①

林氏"大章句"的概念，颇具启发之功。汉代"大章句"之兴，大抵在宣帝以后，章句之增繁，动辄数十、百万言，遂滋生章句"繁琐"之弊。

就章句之学迅速兴起的原因，班固尝言："自武帝立五经博士，开弟子员，设科射策，劝以官禄，讫于元始，百有余年，传业者寖盛，支叶蕃滋，一经说至百余万言，大师众至千余人，盖禄利之路然也。"师古注云："言为经学者则受爵禄而获其利，所以益劝。"②可见，班固、颜师古皆认为章句繁琐的原因在于利禄之诱导。皮锡瑞《经学历史》沿袭此说，而为后学所普遍遵从。考自武帝立五经博士，使今文章句之学与太学考试制度相结合，其间师法、章句的增衍确因皇权的鼓励而得到长足发展。统治者的提倡是章句之学兴起的诱因，但章句之学迅速发展到"大章句"的关键时间节点在宣帝时期，与宣帝时十二博士的确立有莫大关系。

自武帝建元五年(前136年)立五经博士，儒学取得官方学术地位，经生为博取政治地位，往往"触类而长，更为章句"，以求"别为一家之学"③，故五经师说分立，章句种类亦愈来愈多，"支叶蕃滋"。如《易》有施、孟、梁丘章句，《书》有欧阳、大、小夏侯章句，《春秋》有公羊、谷梁章句等。再以《诗》为例，鲁《诗》自申公"弟子行虽不备，而至于大夫、郎中、掌故以百数。言《诗》虽殊，多本于申公"。④ 所谓"言《诗》虽殊"，即言申公弟子已经不完全祖述申培之言而有分歧。申公授瑕丘江公、徐公、许生。韦贤师从江公、许生，传子玄成及兄弟赏，于是鲁《诗》有韦氏之学。王式师从徐公与许生，旋授唐长宾、张长安、褚少孙，三人皆居博士，故鲁《诗》又有唐、张、褚氏之学。齐《诗》自辕固生授夏侯始昌，始昌授后苍，后氏又授翼奉、匡衡，匡衡授师丹、伏理，

①　林庆彰：《两汉章句之学重探》，收入氏著《中国经学史论文选集》，台北：文史哲出版社，1992年，第284页。

②　(汉)班固：《汉书》卷88《儒林传》，北京：中华书局，1962年，第3620页

③　(南朝宋)范晔：《后汉书》卷3《章帝纪》，北京：中华书局，1965年，第138页。

④　(汉)班固：《汉书》卷88《儒林传》，北京：中华书局，1962年，第3608页。

故齐《诗》有翼、匡、师、伏四氏之学。① 韩《诗》自韩婴授河内赵子,赵子授蔡谊,蔡谊授食子公、王吉,王吉又授长孙顺,故韩《诗》有王、食、长孙氏之学。② 五经在传习过程中形成不同的学派早已成为不争的事实,各家师说间为争立博士而相互论难,如早在武帝时即有瑕丘江公与董仲舒关于《春秋》"谷梁"与"公羊"优劣之争论,还有徐偃、张汤、终军之间关于"经"的解释与治政之道的争论。就夏侯建所言牵引章句以"应敌"可知,经学分异在宣帝时期已然十分激烈。"石渠阁会议"的召开,实际即是要解决"经学分异"所带来的学术问题。

宣帝在甘露三年(前 51 年)三月"诏诸儒讲五经同异,太子太傅萧望之等平奏其议,上亲称制临决焉"。③ 会议召开的初衷是为了解决"经学分异"所导致的学术纷乱问题。学界普遍认为这是统治者协调和统一经学的重大学术活动。所谓"帝亲称制临决",意味着经学讨论的过程和结果都受到鲜明的皇权意志的影响。至黄龙元年(前 49 年),宣帝始确立十二家博士,包括:施、孟、梁丘氏《易》,欧阳、大小夏侯《书》,齐、鲁、韩《诗》,后氏《礼》,公羊、谷梁《春秋》,共十二家师说。此官定十二家博士的政治意图实际是通过官立十二家博士师法的形式,欲限制、杜绝经学继续分异的现象。经生们原本之"经学分异"的方式至宣帝后不再受官方提倡,治经之途遂只能在官立的十二家博士之学的范围内,以传习十二家博士师说为事。钱穆曾谓:"经之异说益歧,乃不得不谋整齐以归一是。于是有宣帝石渠会诸儒论五经异同之学。其不能归一是者,乃于一经分数家,各立博士。其意实欲永为定制,使此后说者限于此诸家,勿再生歧也。"④此说实明宣帝欲绝"经学分异"之意,精当可从。宣帝所立十二博士,虽然不是法律规定,但在当时的历史条件下,几乎起到制度的功能,后世博士的设置大抵受此约束。此前经生滋生异说以求博士之立的可能几近杜绝⑤。此后经生治学,只能在官立之十二家博士师法之内。后学者不能割舍、改易先师之说,又欲力争名家求官,

① 《汉书·艺文志》载有《齐后氏故》、《齐后氏传》、《齐孙氏故》、《齐孙氏传》,可知后氏、孙氏亦有其学。

② 另有《后汉书·儒林列传》载:薛汉"世习韩《诗》,父子以章句著名";《隋书·经籍志》曰:"韩《诗》二十二卷,汉常山太傅韩婴,薛氏章句",可知薛氏也有其学。

③ (汉)班固:《汉书》卷 8《宣帝纪》,北京:中华书局,1962 年,第 272 页。

④ 钱穆:《两汉博士家法考》,自《两汉经学今古文平议》,北京:商务印书馆,2001 年,第 218 页。

⑤ 宣帝所确立的十二博士,虽并未彻底杜绝经学分异的现象,但大体而言,汉代博士规模未再发生大的变化。光武所立"十四博士"仅争立京氏《易》,大小戴《礼》,废《谷梁》。其中京房受《易》于孟喜弟子焦延寿,孟喜又与施雠、梁丘贺同师齐人田何,故京氏之学与之同源。大、小戴师事后仓,故光武只不过是将宣帝所立后氏《礼》分为大、小戴两家。可见,光武"十四博士之制"仍未脱出宣帝之制。

则只能在继承先师章句的基础上极力扩充、增益五经章句经说的内容。汉代章句学之所以在宣帝时期迅速繁盛而发展到"大章句"阶段,正是由于增益章句几乎是汉儒"通经入仕"的惟一途径。经师们不断"增益"自家章句,是为了保持自己所传之经说与他家经说的不同,进而稳固自家师说在博士官学中的地位。他们守师说、重门户的原因,也在于此。

有鉴于两汉之际的历史巨变中,儒生群体曾经背弃刘氏皇权转相支持新莽的教训,光武帝自建立东汉始,便着意于控制儒生与儒术,不再允许儒生们谈论什么"微言大义",更不允许他们凭借对五经的阐释来表达、夹杂自己的政治理想。光、明、章帝时期,不断"减省"章句,并要求以官定后的图谶之学正定章句之学。这实际是对西汉以来章句之学旧有传统与章句内容的一次整理、改定活动,目的是要使章句之学成为东汉王朝的附庸品、服务者。

光武立国,尤为重视章句之学,曾命钟兴"定《春秋章句》,去其复重,以授皇太子。又使宗室诸侯从兴受章句"。[①] 明帝甚至还亲自撰作、讲授章句著作。史载明帝"自制《五家要说章句》,令郁校定于宣明殿",[②]又曾亲自"制作《五行章句》,每飨射礼毕,正坐自讲,诸儒并听"。[③] 这些章句之作既为皇权所认可,便具有官方属性,成为太学博士讲授的重要内容。考太学博士弟子自武帝置五十人,宣帝增为二百人,元帝时千人,成帝时三千人,至东汉顺帝时增至三万人。这众多学子集中于太学之中,各随某家博士官受习其章句师法。明帝还要求"期门、羽林之士,悉令通《孝经章句》"。[④] 顺帝好章句之学,在阳嘉元年(132 年)诏令"郡国举孝廉,限年四十以上,诸生通章句,文吏能笺奏,乃得应选;其有茂才异行,若颜渊、子奇,不拘年齿"。[⑤] 这开了以章句铨选人才之例。可见,东汉一朝特别重视章句之学,但这种"重视"与西汉今文博士自由阐释、增益章句的状况有所差别。西汉章句之学是学者的个人行为,是为了通过增益章句显示自己的学识广博,也是为了保持自己所传师说有别于他家经说的独特性。东汉前期章句之学的兴盛则是由于帝王的重视。但东汉前期诸帝重视章句之学的目的,并不是为了章句之学更广、更深的学术造诣。他们重视章句之学的政治意图是要重新整理、改定章句。这主要体现在对于章句之学的"减省"与"更定"上。

---

① (南朝宋)范晔:《后汉书》卷 79《儒林列传》,北京:中华书局,1965 年,第 2579 页。
② (南朝宋)范晔:《后汉书》卷 37《桓郁传》,北京:中华书局,1965 年,第 1254—1255 页。
③ (汉)刘珍等撰,吴树平校注:《东观汉记校注》,北京:中华书局,2008 年,第 54 页。
④ (南朝宋)范晔:《后汉书》卷 79《儒林列传》,北京:中华书局,1965 年,第 2546 页。
⑤ (南朝宋)范晔:《后汉书》卷 6《顺帝纪》,北京:中华书局,1965 年,第 261 页。

　　章句本身具有"繁琐"与"破坏大体"的弊端。汉儒在解经过程中的辗转牵引、具文饰说，必然导致经学内容日益"肿大"，从而带来学者习经的困难。自儒学独尊之前，既有学者指陈儒学庞杂所导致的弊端，如司马谈《论六家要旨》即曰儒家"'六艺'经传以千万数，累世不能通其学，当年不能究其礼，故'博而寡要，劳而少功'"。① 司马氏认为儒家经传规模烦杂广博，使学者难以"通学"，累世研习却往往"劳而少功"。《汉书·儒林传》载儒学独尊后的发展趋势曰："自武帝立五经博士，开弟子员，设科射策，劝以官禄，讫于元始，百有余年。传业者寝盛，支叶繁滋。一经说至百余万言，大师众至千余人。"② 所谓"大师众至千人"在西汉时代已然兴盛。但据《后汉书》载：张兴、牟长著录且万人，蔡玄著录万六千人，楼望诸生著录九千余人，宋登、魏应、丁恭、丁鸿教授数千人，姜肱就学者三千余人，曹曾门徒三千人，杨伦、杜抚、张玄、王良、张奂皆弟子千余人，刘昆弟子五百余人，洼丹、杨政、薛汉、周泽、甄宇、甄普、廖扶、唐檀、欧阳歙徒众数百人，较西汉更盛。赵翼《陔余丛考》称："东汉中叶以后，学成而归者，各教授门徒，每一宿儒，门下著录者至千百人，由是学遍天下矣。"③《后汉书·儒林列传》也曾描绘当时学子求学的盛况："精庐暂建，赢粮动有千百。其著名高义开门授徒者，编牒不下万人，皆专相传祖，莫或讹杂。"④ 这既是"章句"繁盛的表现，又是经学"章句化"由盛转衰的原因。经学各家分异，固守师法、家法，而务"肿大"章句规模，不仅导致治经者门户森严，缺乏学术交流，更导致章句"烦杂"，造成学者研习章句困难重重。所谓"儒者竞复比谊会意，为之章句，家有五六，皆析文便辞，弥以驰远；缀文之士，杂袭龙鳞，训注说难，转相陵高，积如丘山"。⑤ 仅秦近君⑥"说《尧典》，篇目两字之说，至十余万言，但说'曰若稽古'，三万言"。⑦ 章句繁琐，学子难以深习，往往"劳而少功，后生疑而莫正"。⑧ 班固言汉代"学者之大患"曰："古之学者，耕且养，三年而通一艺，存其大体，玩经文而已。是故用日少而畜德多，三十而五经立也。后世经传既已乖离；博学者又不思多闻阙疑之义，而务碎义逃难，便辞巧说，破坏形体，说五字之文至于二

---

　　① （汉）司马迁：《史记》卷130《太史公自序》，北京：中华书局，1959年，第3290页。

　　② （汉）班固：《汉书》卷88《儒林传》，北京：中华书局，1962年，第3620页。

　　③ （清）赵翼：《陔余丛考》，北京：中华书局，1963年，第296页。

　　④ （南朝宋）范晔：《后汉书》卷79《儒林列传》，北京：中华书局，1965年，第2588页。

　　⑤ （汉）应劭撰，王利器校注：《风俗通义校注》，北京：中华书局，1981年，第4页。

　　⑥ 此秦近君，即信都秦恭延君。《后汉书》云："信都秦恭延君守小夏侯说文，增师法至百万言。"秦近君之文虽早佚，无从分析，但不难想象，若无旁征博引、驳推新说，岂会有如此多的文字。

　　⑦ （汉）桓谭：《新论》，上海：上海人民出版社，1977年，第35页。

　　⑧ （南朝宋）范晔：《后汉书》卷35《张曹郑列传》，北京：中华书局，1965年，第1213页。

三万言;后进弥以驰逐。故幼童而守一艺,白首而后能言。安其所习,毁所不见,终以自蔽"。① 班固对章句之学繁琐与破坏大体之弊的总结,实际已然切中两汉经学盛衰原因的要害。大凡治学术,烦琐极盛而思简约,门户隔绝而思融通,是故"通人恶烦,羞学章句"。②

章句之学的支漫旁衍,不仅导致繁琐臃肿,还使经学文本之"大义"日益湮没。经生治学以"解释多者为上第,引文明者为高说"③,极易忽视对于五经"本义"的探究,而陷入对经文字句、辞章的解说。故自经学"章句化"之初,便有指斥章句弊端者,如《汉书·艺文志》曰:"章句"之学"务碎义逃难,便辞巧说,破坏形体。"④夏侯胜曰"章句小儒,破碎大道"⑤,认为"章句"之学"离章辨句,委曲支派,而语多傅会,繁而不杀"⑥,与经学"本义"相去甚远。这些都是切中要害的评论。至东汉杨终曰"章句之徒,破坏大体"⑦,蔡邕言"前儒特为章句者,皆用其意傅,非其本旨"⑧,亦皆此义。所谓"破坏大体",是指注解经文不以通篇总体为纲,而以割裂经文、分章析句并逐字逐句地阐释为事,致使经术"大义"随章句之"繁琐"而隐蔽不彰。王充批评经师穿凿附会、荒诞不经,认为其固守经传、信师好古、是古非今的经学思维方式是迂腐的,曰"儒者说五经,多失其实。前儒不见本末,空生虚说;后儒信前师之言,随旧述故,滑习辞语"。又曰"夫平常之事,有怪异之说;径直之文,有曲折之义,非孔子之心"。⑨ 这种"破碎大道"的章句之学,导致其在学术研究上与经学"本义"相疏离,亦引起诸多时儒的不满。汉代明言不为章句者即有费直、高相、马援、扬雄、桓谭、班固、王充、荀淑、韩融、梁鸿等人(俱见其本传)。王充《论衡·定贤》评论称"传者传学,不妄一言,先师古语,到今具存,虽带徒百人以上,位博士、文学、邮人、门者之类也"。⑩ 王充认为章句之徒不过是"邮人""门者"之类而已,毫无学术可言。徐干《中论·治学篇》亦曾曰:"凡学者大义为先,物名为后,大义举而物名从之,然鄙儒之博学也,务于物名,详于器械,矜于训诂,摘其章句,而不能统其大义之所极,以获先王之心,此无异乎女史诵诗内竖传令也。故使学者劳思虑而不知道,费日月而无

① (汉)班固:《汉书》卷30《艺文志》,北京:中华书局,1962年,第1723页。
② (汉)应劭撰,王利器校注:《风俗通义校注》,北京:中华书局,1981年,第5页。
③ (南朝宋)范晔:《后汉书》卷44《徐防传》,北京:中华书局,1965年,第1501页。
④ (汉)班固:《汉书》卷30《艺文志》,北京:中华书局,1962年,第1723页。
⑤ (汉)班固:《汉书》卷75《夏侯建传》,北京:中华书局,1962年,第3159页。
⑥ (汉)应劭撰,王利器校注:《风俗通义校注》,北京:中华书局,1981年,第5页。
⑦ (南朝宋)范晔:《后汉书》卷48《杨终传》,北京:中华书局,1965年,第1599页。
⑧ (汉)应劭撰,王利器校注:《风俗通义校注》,北京:中华书局,1981年,第5页。
⑨ 黄晖:《论衡校释》卷28《正说篇》,北京:中华书局,1990年,第1123、1141页。
⑩ 黄晖:《论衡校释》卷27《定贤篇》,北京:中华书局,1990年,第1114—1115页。

成功,故君子必择师焉。"①徐干认为章句之徒治学不过是"女史诵诗""内竖传令"之流。在此"繁琐"且"僵化"之思维方式的束缚下,很难出现富于创造性的思想家,不过是先师章句内容的"传令兵"罢了。

章句过繁,经义又因之而晦,故光武君臣思改弊,事"减省"之举。只是光武帝减省章句的目的并不止于删繁就简,减省的背后隐含着规范章句之学的目的。光武帝中元元年(56 年)②诏曰"五经章句烦多,议欲减省"③,又诏令钟兴曾命钟兴"定《春秋章句》,去其复重,以授皇太子。又使宗室诸侯从兴受章句"。④ 所谓"减省",本身不仅仅是出于章句"繁琐"的弊端,实际上是对章句之学的一次整理、正定活动,其间必然删除不利于刘氏皇权统治的内容,并将皇权意志渗入"减省"后的章句内容之中。与统治者"减省"章句的政治要求相应,儒生群体也不得不积极适应新兴东汉政权的需要,对西汉以来章句之学的内容作出自我调整。如杜抚受业于薛汉,尝定《韩诗章句》。伏湛"弟黯,明《齐诗》,改定章句。湛兄子恭,传黯学,减省黯章句为二十万言"。桓荣"受朱普学章句四十万言,荣减为二十三万言,(桓)郁又删省成十二万言,由是有桓君大小太常章句"。⑤ 杨终曾"著《春秋外传》十二篇,改定章句十五万言"。⑥ 樊鯈"删定《公羊严氏春秋》章句,世号'樊侯学',教授门徒前后三千余人"。⑦ 张霸师事樊鯈,犹以樊鯈所删严氏《春秋》多繁辞,复减定为二十万言,号"张氏学"。张奂见《牟氏章句》浮辞繁多,有四十五万余言",乃"减为九万言"。⑧ 所谓"减",自然是删节章句内容;所谓"定",则包含改定、正定章句之学的意味。至于正定章句的标准,自然是为迎合刘氏皇权统治的需要。

除直接就"章句"内容的"减省"外,东汉统治者还要求以图谶改定章句。章句之学的谶纬化,是东汉经学的一个显著特点。《后汉书·方术列传》言汉代谶纬之学曰:"王莽矫用符命,及光武尤信谶言,士之赴趣时宜者,皆骋驰穿凿,争谈之也。故王梁、孙咸名应图箓越登槐鼎之任,郑兴、贾逵以附同

① (汉)徐干撰、孙启治解诂:《中论解诂》,北京:中华书局,2014 年,第 14 页。
② 王莽也曾"减省"章句,王充《论衡》称王莽时省《五经》章句,皆为二十万言;博士弟子郭路,夜定旧说,死于烛下。但王莽时期"减省"章句的活动时间较短,并未扩及官学以外的学术领域,其影响有限。东汉光武帝"减省"章句的活动实际是就西汉以来章句之学的重新"减省",并非在王莽"减省"的基础上所做的继续"减省"。这是需要指出的。
③ (南朝宋)范晔:《后汉书》卷 3《章帝纪》,北京:中华书局,1965 年,第 138 页。
④ (南朝宋)范晔:《后汉书》卷 79《儒林列传》,北京:中华书局,1965 年,第 2579 页。
⑤ (清)赵翼著,王树民校证:《廿二史札记校证》,北京:中华书局,1984 年,第 100,101 页。
⑥ (南朝宋)范晔:《后汉书》卷 48《杨终传》,北京:中华书局,1965 年,第 1601 页。
⑦ (南朝宋)范晔:《后汉书》卷 32《樊鯈传》,北京:中华书局,1965 年,第 1125 页。
⑧ (南朝宋)范晔:《后汉书》卷 65《张奂传》,北京:中华书局,1965 年,第 2138 页。

称显,桓谭、尹敏以乖忤沦败,自是习为内学,尚奇文,贵异数,不乏于时矣。"①谶纬之学在东汉被视为"内学",而将传统意义上以章句为主要体例的今文经学视为"外学"。东汉统治者明令以图谶"正定"五经章句,据《隋书·经籍志》载汉明帝"诏东平王苍,正五经章句,皆命从谶"。② 图谶之学由是成为评判五经章句内容正确与否的标准。不论章句解经是否准确,只要不符合图谶之说,就要被删减或改定。这种谶纬化的章句之学,相较于西汉而言,无疑是一种"变异"。《后汉书·儒林传》载景鸾"能理《齐诗》、《费氏易》,兼受《河洛图纬》。作《易说》及《诗解》,文句兼取《河洛》,以类相从"。③此可谓经师牵引谶纬内容来"饰说"章句之证。章句之作本为转相牵引诸经、具文饰说,至东汉时,所"牵引"的内容已经改为谶纬了。需要指出的是,"皆命从谶"之"谶"是早在光武帝时即已被统治者意志所规范化了的内容(详见第五章第二节)。以这套官定的图谶之学来正定章句,不仅是要将谶纬神学与今文章句相融合,更重要的是对今文章句之学同样进行一种规范化活动。换言之,官方确定了一套固化的谶纬理论体系,然后要求章句学者必须符合这套理论体系,并与之结合,那么章句之徒原本所陈陈相因的章句学内容就难免被"替代"或"删减"。至章帝钦定出一部《白虎通》,杂糅经书与谶纬,以"隐括纬候,兼综图书"④的方式,望文附会,曲说六经,从而附和皇帝完成国教的意志。这标志着以图谶正定章句活动的大体完成。

光武、明、章帝屡屡关注章句之学,当然不是出于对章句之学的崇尚。任何政治体系对于纯粹的学术问题都不会抱有多大兴趣。刘氏皇权之所以关注章句"繁琐"的问题,在于这种学术已经不仅仅是学术领域的问题,它已经被纳入了政治的范畴。政治权威对于章句之学的强力介入,目的是要把章句之学改造成为汉家政治的组成部分,是要将西汉以来的章句之学变为政治的附庸品,使它"意识形态化"。章句之学,在不断"减省"的同时,又与谶纬神学相结合,一步步被皇权意志所规范。五经不再是儒生们可以随意阐释、"增益"章句的载体,而只能是按照官方版本来解说的文本。

综言之,东汉"吏化"儒生的政治方针下,经学仍然是入仕的前提,但"试职"所要求的具体行政技能同样是儒生必须具备的能力。儒生获得吏职后,能否获取升迁的机会,取决于其居吏职期间所呈现的行政能力以及其积累的功劳。政治实践对于文法律令与行政能力的提倡,必然要求儒生们在略

①　(南朝宋)范晔:《后汉书》卷82《方术列传》,北京:中华书局,1965年,第2705页。
②　(唐)魏徵:《隋书》卷32《经籍志》,北京:中华书局,1997年,第941页。
③　(晋)常璩撰,任乃强校注:《华阳国志校补图注》,上海:上海古籍出版社,1987年,第369页。
④　(清)陈立撰:《白虎通义疏证》,北京:中华书局,1994年,第609页。

知经术之后,转而钻研文法律令章句。王充曾批评儒生们"滑习义理"[1],认为"世俗学问者……急欲成一家章句,义理略具"[2]。所谓"义理略具"即已体现当时儒生群体不再以经术之专精为尚,能够粗识五经之义即可。所谓"急欲成一家章句",意味着儒生们不会将所有的精力倾注于"繁琐"章句的研习之中,因为章句之"繁"已然是"幼童而守一艺,白首而后能言",不可能在短时期内兼备。况且博士弟子一年辄课,也不可能一年之内便通某家博士所有章句。儒生们"滑习义理"的目的,不过是粗通经学,获取入仕所需的学术条件,而后便投身于文法律令的研习之中。儒生们不再将经学看成是纯粹的学术来研究,而是将经书看作一种规范性文本。律令制度是东汉皇权统治意志的直接体现,而律令入经,意味着西汉以来章句之学的发展出现了新的变化。章句之学不再是儒生们"代圣人言"的工具,它成了儒生只能授习而不能生发新意的、僵化的学术体系。学者授习的内容是经过官方认可、正定的,是固化的,同时也是不允许以己意解经的。章句之学不再是儒生群体"政治理想"的容器,它只不过是儒生群体敲开入仕之门所要具备的条件之一。经学逐渐丧失其学术活力,其治学的自由度、创新性日趋消弭。换言之,西汉以来通过"增益"章句一途来言"微言大义"并干预政治的传统消弭了。章句之学虽仍居官学,但它在学术领域的"思想性"转衰,其间充溢着"虚妄"的成分。这也是一些有识之士如王充批判这种虚妄之学的原因。

(二)白虎观会议与熹平石经

"统治阶级用王权的力量来扶植经学,目的是为了建立一套上层建筑的体系,使经学履行统治思想的职能。"[3]章帝时,校书郎杨终提议召开学术会议,称:"宣帝博征群儒,论定《五经》于石渠阁。方今天下少事,学者得成其业,而章句之徒,破坏大体。宜如石渠故事,永为后世则。"[4]所谓"永为后世则",即是钦定出一套官方的经学思想,要求士人们遵从、研习,从而杜绝经学众说纷异、莫知所从的现象。章帝采纳了他的建议,下诏曰:

> 汉承暴秦,褒显儒术,建立五经,为置博士。其后学者精进,虽曰承师,亦别名家。孝宣皇帝以为去圣久远,学不厌博,故遂立大、小夏侯尚书,后又立京氏易。至建武中,复置颜氏、严氏春秋,大、小戴礼博士。此皆所以扶进微学,尊广道艺也。中元元年(56 年)诏书,五经章句烦

① 黄晖:《论衡校释》,北京:中华书局,1990 年,第 555 页。
② 黄晖:《论衡校释》,北京:中华书局,1990 年,第 538 页。
③ 任继愈主编:《中国哲学发展史》(秦汉卷),北京:人民出版社,1985 年,第 458 页。
④ (南朝宋)范晔:《后汉书》卷 48《杨终传》,北京:中华书局,1965 年,第 1599 页。

多，议欲减省，至永平元年(58 年)，长水校尉樊儵奏言，先帝大业，当以
时施行，欲使诸儒共正经义，颇令学者得以自助。

所谓"共正经义"，①并非是由学者们相互讨论、辩难出一个各家皆能接受的
"经义"。"共正"的主体是皇帝，是要由皇帝"称制临决"。会议由中郎将魏
应主持，根据章帝的意旨"问难"，诸生讨论，侍中淳于恭将讨论结果向章帝
汇报，最后由章帝"称制临决"。其后，章帝命班固根据诸臣的议奏撰成《白
虎通义》。此次会议的动议虽不是章帝所发，但就整个学术讨论的过程看，
自始至终贯彻着政治干预、引导、控制学术讨论的方针。首先，诸生讨论的
主题是由章帝亲自决定的，诸生只能围绕此一"皇命"主题各抒己见，讨论的
过程和各方的观点由专人记录在册。其次，诸生讨论的最终结果由章帝亲
自裁决，各家理解孰是孰非，是取是舍，完全取决于是否符合刘氏王权统治
的需要。最后，班固所作的《白虎通义》，是根据章帝已然裁决后的讨论内容
撰写的，既不可能擅自改动，也不可能自由发挥。《白虎通义》的特点是统一
概念、统一名物制度、今古文并重。"共正经义"不过是在形式上诸生各陈己
见，实质却是由皇帝按其意志所作的"专制独裁"。可以说，《白虎通》完全是
刘氏王权意志的体现，它杂糅经书与谶纬，总结西汉以来的儒学神秘主义思
想因素，以"矃括纬候，兼综图书"②的方式，望文附会，曲说六经，从而"附和
皇帝完成国教的意志"。③ 究其性质而言，是要谋求"谶纬经学国教化"，将
《白虎通》作为"国宪"或"大律"或"专制正法"④来看待。《白虎通》对许多问
题给予了官方标准的解答，从而在某种程度上统一了《五经》经义。由于皇
帝的"亲称制临决"，使这些经学解释具有了绝对的权威性。《白虎通》是刘
氏皇权意志最集中、最直接的反映，是东汉前期统治者力图规范化经学阐释

---

① (南朝宋)范晔：《后汉书》卷 3《章帝纪》，北京：中华书局，1965 年，第 138 页。

② 清代学者庄述祖说："是书之论郊祀、社稷、灵台、明堂、封禅，悉矃栝纬候，兼综图书，附世
主之好，以绳道真，违失六艺之本。"(陈立撰：《白虎通义疏证》附录二，北京：中华书局，1994 年，第
609 页。)

③ 侯外庐认为《白虎通义》是一种谶纬国教化的法典，具有"国宪"的地位；是以杂糅混合的方
式，将《五经》《论语》《孝经》和谶纬混在一起，望文附会、曲解引申而成(参见侯外庐：《中国思想通
史》第二卷，北京：人民出版社，1957 年，第 224—227 页)。任继愈认为白虎观会议的目的是"制定一
整套庸俗经学与宗教神学结合成为统治理论"，使神学经学化，同时经学也神学化(参见任继愈《中
国哲学史》第二册，北京：人民出版社，1963 年，第 103 页)。金春峰认为《白虎通义》基本上是"一部
罗列和综合各家观点的经学名词汇编"，"基本内容都是封建等级制度的阐释和规定，其目的是为强
化'三纲五常'的宗法统治及加强君主的专制统治服务"(参见金春峰：《汉代思想史》，北京：中国社
会科学出版社，2006 年，第 417 页)。此诸说皆对《白虎通义》的性质进行总结，其间虽略有差异，但
皆认为这是东汉政治统一学术的活动。

④ 侯外庐：《中国思想通史》第二卷，北京：人民出版社，1957 年，第 230、232 页。

的重要体现,甚至可以说它是"钦定"的经学教科书。被纳入到皇权意志范畴的经学,完全沦为"诠释皇权专制的工具,儒家经典已经被彻底政治化了"。[①] 经学被规范化以后,不再是可以自由阐释、任意发挥的自由思想,而成为一种皇权意志的载体。

"白虎观会议"不同于宣帝时的"石渠阁会议"。"石渠阁会议"是统一今文,范围只限于官学中的今文经,其讨论的结果是置今文经学十二家博士,以官定此诸家博士的方式来抑绌别诸家经说,以期解决学术争端。"白虎观会议"则是今古文并重,讨论经文的释义,其目的是要"从整体上、从根本上重新建构统治思想,利用董仲舒以来的今文经学、谶纬以及古文经学,重构封建统治思想,牢固树立天人合一宇宙体系中的封建秩序永恒合理观念,以更好地为巩固君权服务"。[②] 简言之,白虎观会议是为了统一思想,从而建立学术规范。二者形式相同,内容有异,影响更不同。"白虎观会议"后,并未增立或改易某家经说的博士官学地位,而是对经学研习中的四十三个专题给予了官方认可的阐释"模板"。经学解释的内容一经"官定",便具有了解经"标准"的性质。此后士人研治经学,皆须遵从这种官方的解释标准,不能违背,也不能随意更改。循着这种"标准"从事经学研究,无疑丧失了学术本该具有的自由性、创新性。

至东汉灵帝熹平四年(175 年),令蔡邕等人将儒家"七经"(即《鲁诗》《尚书》《易》《春秋》《公羊传》《仪礼》《论语》)抄刻成石书,称"熹平石经"。《后汉书·蔡邕传》载:

> 邕以经籍去圣久远,文字多谬,俗儒穿凿,疑误后学,熹平四年(175年)……奏求正定《六经》文字。灵帝许之,邕乃自书丹于碑,使工镌刻立于太学门外。于是后儒晚学,咸取正焉。及碑始立,其观视及摩写者,车乘日千余辆,填塞街陌。[③]

基于范晔所记,王应麟曾以"熹平石经"作为他"两汉崇儒"说的例证。[④] 皮锡瑞论"经学极盛时代"时亦称"熹平石经""尤为一代大典"。[⑤] 与王、皮二氏不同,本田成之则不无讽刺地称"所谓以熹平石经立于大学的汉学隆盛时

① 李振宏:《汉代儒学的经学化进程》,《中国史研究》2013 年第 1 期,第 49 页。
② 边家珍:《汉代经学发展史论》,北京:中国文史出版社,2003 年,第 238 页。
③ (南朝宋)范晔:《后汉书》卷 60《蔡邕传》,北京:中华书局,1965 年,第 1990 页。
④ (宋)王应麟:《困学纪闻》,沈阳:辽宁教育出版社,1998 年,第 319 页。
⑤ (清)皮锡瑞:《经学历史》,北京:中华书局,2004 年,第 77 页。

代仅七十年"。① 许道勋、徐洪兴亦称"企图通过石经以整顿太学经学教育,终究无法收到成效"。② 且不论"熹平石经"的历史地位,但就"熹平石经"的刊刻而言,这意味着《五经》文本内容也被官方"规范化"了。经籍的传习,自先秦至东汉,大抵沿袭师生授受的形式,各家所传之经本或略有差异,这本身也是经学发展过程中出现分歧、论难的话题,古文经家们的训诂之学即是以厘定经文、经解之正误为事的。蔡邕等人刊立"石经"后,士人习经、研经便只能按照此一版本为之。

至此,东汉皇权不仅是要做政治权威,它还要做学术的权威,它以政治手段控制学术、规范学术,就连儒家经典的经本内容、经学问题研习的阐释标准,也被官定化、固定化了。相较于西汉时代言治者多竭力攻击现实政治与制度的现象,光武以后的汉世,已不见对现实皇权的质疑与批判。此后汉儒治经必须依照官定经本而发,不能随意阐发义旨,更不允许伪造经本内容。这种依靠国家行政力量确立政治指导思想和舆论导向,规定学术经本内容和规模的形式,实际体现了很大程度的文化专制。

第四节　汉家天命正统观的定型

汉代思想关注天人之道,而天人之道关乎天道与人事,人事易闻知而天道难探明。从理论层面看,汉代大一统政治需要一套成熟的思想体系为依靠;从思想层面,则是循着董仲舒奠基的"天人感应"思维模式进一步发展。政治统宗问题属于"实然"范畴,而天人性命问题属于"应然"问题。汉儒们不断尝试跨越、沟通这种实然与应然的鸿沟,使二者达到和谐完美的契合境界。这在东汉有两次理论创造的高潮:其一为班彪的《王命论》;其二为章帝时期的《白虎通》。《王命论》既是新莽末年"思汉"思潮的结晶,又是"刘氏复兴"之谶在社会中普遍流传的结果。《白虎通》则完成了对于刘氏汉家政权合法性理论的最成熟的论证形态。

一、刘氏正统的集中论证:《王命论》

随着新莽败亡,"人心思汉"思潮成为主流。郅恽、苏竟、班彪之类的士人阶层开始怀念汉家德运、质疑王莽建新的正统性。他们在批判新莽以及

---

① （日）本田成之著:《中国经学史》,孙俍工译,上海:上海书店出版社,2001 年,第 168 页。
② 许道勋、徐洪兴:《中国经学史》,上海:上海人民出版社,2006 年,第 109 页。

两汉之际的各家割据势力过程中,逐渐形成了"王命论"的思想,即刘氏汉家当再享"天命"。西汉后期儒生们所鼓吹的"异姓禅代"思想被否定了,天下最终回到了刘氏宗室手中。尽管光武帝刘秀与西汉皇家的关系已经非常疏远,但这"天命"毕竟是回到了刘氏一姓,再次成为刘家的"私有品"。

早在新莽时期,便有郅恽要求王莽还政于刘汉的主张。《后汉书·郅恽传》载:

> 臣闻天地重其人,惜其物,故运机衡,垂日月,含元包一,甄陶品类,显表纪世,图录预设。汉历久长,孔为赤制,不使愚惑,残人乱时。智者顺以成德,愚者逆以取害,神器有命,不可虚获。上天垂戒,欲悟陛下,令就臣位,转祸为福。刘氏享天永命,陛下顺节盛衰,取之以天,还之以天,可谓知命矣。若不早图,是不免于窃位也。且尧、舜不以天显自与,故禅天下,陛下(王莽)何贪非天显以自累也? 天为陛下严父,臣为陛下孝子。父教不可废,子谏不可拒,惟陛下留神。[①]

郅恽宣称"神器有命,不可虚获",是指现世的统治地位必待天命所授,而天命不"虚"授,不应天命者不能享有国家机器。"上天"通过"显表纪世,图录预设"之类的方式将"天命"降至人间,臣民则应无条件地顺应天意。在郅恽看来,汉家受命而王历时久长,且圣人孔子为汉家制度,故汉家仍据天命。于是郅恽劝谏王莽退位,将皇位重新还于刘氏。值得注意的是,本来王莽是循着所谓尧舜"禅位"的模式来证明舜后王氏当取代尧后刘氏的,但在这里,所谓尧舜"禅位"竟成了郅恽用来要求王莽禅位于刘汉的理论依据,何其反讽! 王夫之也称此事曰"可不为怪乎"![②] 王莽当然不会轻易放弃已取得的政治权势,于是将郅恽"收系诏狱,劾以大逆"。狱中,郅恽仍"据经谶""瞋目詈曰:'所陈皆天文圣意,非狂人所能造'",[③]认为王莽应禅位于刘氏的主张是符合"天文"与"圣意"的。

所谓"天文",即"上天垂戒"之"天命"。在汉儒与方士看来,天文星象"皆阴阳之精,其本在地,而上发于天者也。政失于此,则变见于彼,犹景之象形,乡之应声",[④]也即天文异象都是"天意"的征兆,蕴涵着上天的意旨。借助天文星象的运转来表达政治主张,本就具有某种神秘主义的色彩,能够

① (南朝宋)范晔:《后汉书》卷29《郅恽传》,北京:中华书局,1965年,第1025页。
② (清)王夫之:《读通鉴论》,北京:中华书局1975年,第122页。
③ (南朝宋)范晔:《后汉书》卷29《郅恽传》,北京:中华书局,1965年,第1025页。
④ (汉)班固:《汉书》卷26《天文志》,北京:中华书局,1962年,第1273页。

增强其思想、理论的合法性。李贤注"上天垂戒"曰："镇、岁、荧惑并在汉分也。"①《汉书·天文志》认为："填星所居，国吉""岁星所在，国不可伐，可以伐人""荧惑为乱为（贼），为疾为丧，为饥为兵，所居之宿国受殃"。② "镇""岁星""荧惑"都被赋予了丰富的现实政治意味。现在"镇"居于汉的分野之处，代表汉家当带来吉运；"岁星"出现在汉的分野则表示汉家可以征伐政敌。在这点上，郅恽给刘汉重新赋予了"天意"的成分。

所谓"圣意"，即贤圣（尤其是孔子）的大义，这里特指"孔为赤制"。这一观念源于《公羊春秋》，董仲舒曾在《春秋繁露》多次提到"以《春秋》当新王"等，如《三代改制质文》篇曰："故《春秋》应天作新王之事，时正黑统。王鲁，尚黑，绌夏，新周，故宋"，"《春秋》上绌夏，下存周，以《春秋》当新王"③等。苏舆认为"作新王事，即《春秋》为汉制作之说所由昉。……盖汉承秦统，学者耻言，故夺黑统归《春秋》"④，将"孔为赤制"的起源定于董仲舒。李贤曾注曰："言孔丘作纬，著历运之期，为汉家之制。汉火德尚赤，故云为赤制，即《春秋感精符》云'墨、孔生为赤制'是也。"⑤王先谦也曾著录："惠栋曰：'《后汉鲁相晨孔子庙碑》云：孔子乾坤所挺，西狩获麟，为汉制作。故《孝经援神契》曰：玄丘制命帝卯行，又《尚书考灵曜》曰：丘生苍际，触期稽度为赤制。《公羊疏》云：《春秋》说云：伏羲作八卦，丘合而演其文，续而出其神，作《春秋》以改乱制。……以此数文言之，《春秋》为汉制明矣'。"⑥董仲舒提出"孔为赤制"的本义是为西汉政治统治合法性提供理论依据，但所谓"以《春秋》当新王"的内在涵义并不仅仅局限于"尊汉"，还具有"为后王立义"⑦的意味。所以，王莽篡汉时，也曾利用过这一命题，认为"自孔子作《春秋》以为后王法，至于哀之十四而一代毕，协之于今，亦哀之十四也。赤世计尽，终不可强济"。⑧ 在王莽看来，"以《春秋》当新王"的"新王"被重新解释为新莽，牵强附会地称汉家失却了天命。但随着时势发展，"人心思汉"，郅恽则引据纬书中的"孔为赤制"，将孔子"以《春秋》当新王"的"新王"拉回到刘氏名下，鼓

①　（南朝宋）范晔：《后汉书》卷29《郅恽传》，北京：中华书局，1965 年，第 1025 页。

②　（汉）班固：《汉书》卷26《天文志》，北京：中华书局，1962 年，第 1285、1280、1281 页。

③　（清）苏舆撰，钟哲点校：《春秋繁露义证》，"新编诸子集成本"，北京：中华书局，1992 年，第187—191 页。

④　（清）苏舆撰，钟哲点校：《春秋繁露义证》，"新编诸子集成本"，北京：中华书局，1992 年，第187—188 页。

⑤　（南朝宋）范晔：《后汉书》卷29《郅恽传》，北京：中华书局，1965 年，第 1025 页。

⑥　（清）王先谦：《后汉书集解》，上海：上海古籍出版社，2006 年，第 538 页。

⑦　（清）苏舆撰，钟哲点校：《春秋繁露义证》，"新编诸子集成本"，北京：中华书局，1992 年，第28 页。

⑧　（汉）班固：《汉书》卷 99 中《王莽传中》，北京：中华书局，1962 年，第 4109 页。

吹汉家应当长久享有"天命"之符。前文所述,孔子在纬书中被汉儒塑造成"素王"角色,甚至具有了"神圣"色彩,于是,作为"圣人"孔子所创作的"汉制"也便具有了"圣意"。

稍晚于郅恽的苏竟也是宣扬刘氏天命的代表人物,他曾作《与刘龚书》,认为"孔丘秘经,为汉赤制,玄包幽室,文隐事明。且火德承尧,虽昧必亮,承积世之祚,握无穷之符,王氏虽乘间偷篡,而终婴大戮,支分体解,宗氏屠灭,非其效与? 皇天所以眷顾踟蹰,忧汉子孙者也。论者若不本之于天,参之于圣……焉可信哉?"①这与郅恽所言的"圣意"正相参合。

光武之初,刘氏皇权统治合法性与正统性的集中论述者,是班彪的《王命论》。《王命论》的撰写时间大抵在建武五年(29 年)之前。② 班彪不仅综合吸收了郅恽、苏竟等人对"天文"与"圣意"的阐释,还将西汉末年兴起的刘氏"尧后火德"说也杂糅到关于刘氏皇权之"王命"的论证中。在班彪看来,刘氏先祖在血缘政治上出身高贵,"刘氏承尧之祚,氏族之世,著乎《春秋》。唐据火德,而汉绍之,始起沛泽,则神母夜号,以章赤帝之符。"刘氏享有"天命",得益于其先祖的荫护,因为"帝王之祚,必有明圣显懿之德,丰功厚利积累之业,然后精诚通于神明,流泽加于生民,故能为鬼神所福飨,天下所归往"。班彪声称,天下君臣的地位,都是天命注定的事情,天下社稷更是"神器有命,不可以智力求之",否则,即便能够趁厄运之机窃取国柄,也终究是"斗筲之子不秉帝王之重","勇如信、布,强如梁、籍,成如王莽,然卒镬伏质,亨醢分裂"。③ 班彪在《王命论》中不厌其烦地叮嘱说:

> 苟昧于权利,越次妄据,外不量力,内不知命,则必丧保家之主,失天年之寿,遇折足之凶,伏铁钺之诛。英雄诚知觉寤,畏若祸戒,超然远览,渊然深识,收陵、婴之明分,绝信、布之觊觎,距逐鹿之瞽说,审神器之有授,毋贪不可几,为二母之所笑,则福祚流于子孙,天禄其永终矣。④

---

① (南朝宋)范晔:《后汉书》卷 30《苏竟传》,北京:中华书局,1965 年,第 1043 页。"包"即臧(藏),言纬书玄秘,藏于幽室,文虽微隐,事甚明验。

② 《王命论》的撰写时间,《汉书·叙传》与《后汉书·班彪传》均未确载,惟《后汉纪》系于建武六年(30 年);《资治通鉴》系于建武五年(29 年)。近世学者多主张《王命论》作于建武五年,如刘汝霖:《汉晋学术编年》,上海:华东师范大学出版社,2010 年,第 205 页;陈其泰:《再建丰碑:班固和〈汉书〉》,北京:生活·读书·新知三联书店,1994 年,第 51 页;陆侃如:《中古文学系年》,北京:人民出版社,1985 年,第 57 页。另有徐复观认为《王命论》作于班彪二十五、六岁之时,但此时班彪尚未投身光武势力,故此说不确(徐复观:《两汉思想史》第 3 册,上海:华东师范大学出版社,2001 年,第286 页)

③ (汉)班固:《汉书》卷 100《叙传》,北京:中华书局,1962 年,第 4208—4209 页。

④ (汉)班固:《汉书》卷 100《叙传》,北京:中华书局,1962 年,第 4212 页。

文中的陈婴、王陵被视为正面人物,而项梁、项羽、英布、韩信、王莽被当作反面典型。前者知天命所归,跟随汉高祖,终成英雄;而后者不信或不知天命,妄图凭借个人智力欲以取天下,终致败亡。如此正反对比,似有以成败论英雄之嫌,但这却在精神领域不断地提醒人们应当敬畏"天命"、安分守己,不应生出觊觎最高权力的非分之想,实际是从理论上否定了政治投机分子妄图据有"天命"的活动。

为神圣化刘氏的正统性地位,班彪还详细论证了汉高祖刘邦"所以成帝业"的优点,即:

> 盖在高祖,其兴也有五:一曰帝尧之苗裔,二曰体貌多奇异,三曰神武有征应,四曰宽明而仁恕,五曰知人善任使。加之以信诚好谋,达于听受,见善如不及,用人如由己,从谏如顺流,趋时如响赴;当食吐哺,纳子房之策;拔足挥洗,揖郦生之说;寤戍卒之言,断怀土之情;高四皓之名,割肌肤之爱;举韩信于行陈,收陈平于亡命,英雄陈力,群策毕举:此高祖之大略,所以成帝业也。①

高祖所具有的五种特质,后两项是指德行,前三项则是指"非人力"所能自致的因素。故班彪又罗列刘邦受命的"灵物符应",曰:"初刘媪任高祖而梦与神遇,震电晦暝,有龙蛇之怪。及其长而多灵,有异于众,是以王、武感物而折券,吕公睹形而进女;秦皇东游以厌其气,吕后望云而知所处;始受命则白蛇分,西入关则五星聚。故淮阴、留侯谓之天授,非人力也。"②既然刘氏统治地位的确立来自于"天授,非人力",那便不是随便什么人可以窃取。"历古今之得失,验行事之成败,稽帝王之世运,考五者之所谓,取舍不厌斯位,符瑞不同斯度。"③班彪深观历代得失,考察帝王世运,征引符命,规诫臣民不得因为权势诱惑而妄动干戈,否则将会受到丧家、夭寿、折足、斧钺之诛。只有杜绝对皇权的觊觎之心,排斥逐鹿争权的学说,才能留福泽于子孙、享永终之天禄。东汉初建,天授神器于刘氏,则他姓只能"毋贪"。

班彪撰作《王命论》的历史意义在于重新树立起"天命兴汉"的意识形态,通过将刘邦建汉的过程描绘成天命使然,来打消异姓觊觎皇权的念头,

---

① （汉）班固：《汉书》卷100《叙传》,北京：中华书局,1962年,第4211页。
② （汉）班固：《汉书》卷100《叙传》,北京：中华书局,1962年,第4211—4212页。
③ （汉）班固：《汉书》卷100《叙传》,北京：中华书局,1962年,第4212页。

进而间接地为东汉王朝统治服务。① 它既是要论证刘氏的"天命"与正统，也是在提倡臣民对于刘氏皇权的"忠诚"。这与光武帝提倡"忠孝节义"等名节观念的初衷是一致的。光武帝出身儒者，对士人群体的特质有着清醒的认识。自先秦以来，儒生们便注重个人的道德修养，强调人格、名节。孔子谓："危邦不入，乱国不居，天下有道则现，无道则隐。"孟子谓："富贵不能淫，贫贱不能移，威武不能屈，是之谓大丈夫。"此皆是儒生追求气节的体现。汉武帝独尊儒术后，统治者倡导"通经致用""经明行修"，这就要求儒生们不仅要治经精习，更要遵行儒家的伦理道德。两汉之际有一批不与王莽、公孙述等合作的士人，无论是出于"一身不事二姓"的忠义，还是出于"亲于其身为不善者，义所不从"的道义，显然都体现了儒生注重名节的特质。光武正是敏锐地捕捉到士人的这一特质，从而极力提倡。

光武帝是以刘氏皇室后裔的身份平定天下的，建立政权后又以汉家中兴相标榜。在宣布即位后，光武帝面临着如何处理西汉皇室后裔及其原有爵位、封地的问题。同为高祖血脉，若能被纳入重建的东汉皇权之内，自然会成为光武帝宣示其"正统"地位的绝佳方式。新莽以来，刘氏宗室的封地多被剥夺，身份上也因被夺爵而降为低等。公元 27 年，光武帝决意寻求并渐次恢复宗室后裔的地位。至 37 年，刘氏宗室为侯者，已达到 137 人。这一数字，虽然包含光武帝近亲子弟在内，且较王莽代汉前的数字少了近 100 人，但光武恢复西汉宗室后裔爵位的事实是可以确知的。不仅如此，光武帝为杜绝西汉初期出现的"王国"问题，还着意于整顿调和皇室内部的正常秩序。最初，光武帝曾恢复了许多同姓旧王国，并为自己的亲族另设了七个新的诸侯国。但不久之后又开始陆续削减这些王国势力。34 年和 35 年，有三个王国的诸侯王去世，光武帝趁机废除三国。至 37 年，光武帝宣布废除所有的王国，将他的叔父刘梁和他的兄长刘縯的儿子刘章、刘兴由诸侯王降为公，其他诸侯王皆降为侯。即便是自己的儿女，光武帝也不封诸侯王。除太子外，光武帝赐所有的儿子为"公"。② 这番操作的背景是东汉政权初建，面临各种政治与社会问题，统治尚未稳固，所以需要审慎地处理宗室内部的权力秩序。直到建武十七年（41 年），光武帝感到政权已然稳定后，才开始恢复诸子为王的制度。

---

① 另有以"正统"一词言帝王受命者，如东汉季傅干的《王命叙》，是读班彪《王命论》之后而作。

② 需要指出的是，西汉皇室近亲成员多被封为王或侯，而不用"公"。公元 9 年，王莽为抬升王氏地位，贬低刘氏，才将诸侯王降为"公"。（参见德效骞：《〈汉书〉译注》第 3 卷，巴尔的摩市：韦弗利出版社，1955 年，第 274 页）

"尚名节"是东汉一代风习。赵翼《廿二史札记》有"东汉尚名节"条,认为:"驯至东汉,其风益盛。盖当时荐举征辟,必采名誉,故凡可以得名者,必全力赴之,好为苟难,遂成风俗。其大概有数端……尽力于所事,以著其忠义者……感知遇之恩,而制服从厚者……以让而得请者……让而不得请者……有轻生报仇者……代人报仇者。"①东汉名节观念的提倡,始自光武帝。东汉初建时,如何处理与士人群体之间的关系,是光武帝面临的又一个紧迫任务。两汉之际的历史进程中,儒生群体已然展示出巨大的政治能量和对社会舆论的影响力。对于不同价值取向的士人,光武帝采取不同的态度,或将他们改造成忠于刘氏的臣民,或极尽君臣礼遇之能事,消弭不合作者的反抗意识。

对于不仕王莽、公孙述等政权的士人,光武帝极力褒奖,将他们塑造成践行"名节"的典范,要求士人、臣民效法。杜林在新莽之乱后,避祸于河西,为军阀隗嚣所拘,但杜林"终不屈节"。建武六年(30 年),光武帝征拜杜林为侍御史,"赐车马衣被"。杜林任东汉王傅时"有召必至",任大司空时"博雅多通,称为任职相",始终忠于光武政权。建武二十二年(46 年),杜林病故后,光武帝"亲自临丧送葬,除子乔为郎。诏曰:'公侯子孙,必复其始,贤者之后,宜宰城邑。其以乔为丹水长'。"②杜林之丧,能得皇帝亲自送葬,可见褒扬之至。又如光禄大夫伏隆,于建武二年(26 年),奉光武之命,出使齐地,劝降张步,为张步所杀。伏隆被拘时,曾偷偷托人转呈上书,请光武"无以臣隆为念",并祈愿"陛下与皇后、太子永享万国,与天无极"。光武观之,乃召其父伏湛曰:"隆可谓有苏武之节。恨不且许而遽求还也",又"诏隆中弟咸收隆丧,赐给棺敛,太中大夫护送丧事,诏告琅邪作冢,以子瑗为郎中"。③ 伏隆不仅成了忠臣的表率,同时也为其家族博得尊荣。又如卓茂,原为密县令,不仕王莽。光武访卓茂,授以太傅职,赐爵褒德侯。范晔评之曰:"卓茂断断小宰,无它庸能,时已七十余矣,而首加聘命,优辞重礼,其与周、燕之君表闾立馆何异哉?"④所谓"表闾立馆"正说明光武征召隐逸之士并不是为了让他们处理实际政务,而是为了在社会上树立并宣传忠君的典型,使天下士人效法之。这也是为什么光武每访此类士人,必重礼征聘,赐予高官厚禄的原因。

光武对已亡故的名节之士,同样给予各种方式的褒扬,如"求(孔)休、

①　(清)赵翼著,王树民校证:《廿二史札记校证》,北京:中华书局,1984 年,第 102—104 页。
②　(南朝宋)范晔:《后汉书》卷 37《杜林传》,北京:中华书局,1965 年,第 936—939 页。
③　(南朝宋)范晔:《后汉书》卷 26《伏隆传》,北京:中华书局,1965 年,第 900 页。
④　(南朝宋)范晔:《后汉书》卷 25《卓茂传》,北京:中华书局,1965 年,第 872 页。

（蔡）勋子孙，赐谷以旌显之""擢龚胜子赐为上谷太守"。① 又如李业在公孙述称帝时，称病不仕。公孙述怒派尹融携毒药，逼迫李业。李业不惧威逼利诱，反问尹融"君子见危授命，何乃诱以高位重饵哉?"，最终饮毒酒而死。汉武帝平定蜀地后，便"下诏表其闾"。② 又如谯玄同样不仕公孙述，认为"唐尧大圣，许由耻仕;周武至德，伯夷守饿。彼独何人，我亦何人，保志全高，死亦奚恨!"后因其子谯瑛泣血叩头才得以放免隐居。光武闻知，诏令本郡长吏"祠以中牢"。③

对于不仕王莽、公孙述，又不仕东汉王朝的士人，光武帝同样给予充分的尊重。这与王莽、公孙述等人武力胁迫士人的作法形成鲜明的对比。如严光与光武帝同学，光武建汉后曾多次征聘严光，皆未至。后齐国上言称"有一男子，披羊裘钓泽中"。光武乃安车玄纁，遣使延聘，往返三次才得见。后光武与严光同榻而卧，抚严光腹曰:"不可相助为理邪?"严光答曰:"士故有志，何至相迫乎。"④光武乃听任严光归耕富春山。又如周党曾被光武征为议郎，但周党身穿布衣见光武，"伏而不谒，自陈愿守所志"。博士范升认为周党"文不能演义，武不能死君"，不过是沽名钓誉之徒，无助于治国之道，应当严惩。光武却下诏称"自古明王圣主必有不宾之士。伯夷、叔齐不食周粟，太原周党不受朕禄，亦各有志焉，其赐帛四十匹"。⑤ 周党遂隐居终生。再如王霸在王莽时"弃冠带，绝交宦"，后被光武征聘至京师，却"拜称名，不称臣"，认为"天子有所不臣，诸侯有所不友"。⑥ 光武帝对此并未怪罪，表现出相当的宽容。

光武之后的东汉统治者，大多继承了这种褒奖名节的作法。和帝为昭显朝廷对"忠君"观念的提倡，曾表彰历代名儒、忠臣之后。永元三年（91年）诏曰:"高祖功臣，萧、曹为首，有传世不绝之义。曹丞相后容城侯无嗣。朕望长陵东门，见二臣之垅，循其远节，每有感焉。忠义获宠，古今所同。可遣使者以中牢祠，大鸿胪求近亲宜为嗣者，须景风绍封，以章厥功。"⑦萧、曹辅佐高祖得天下，远为西汉初年的功臣，至和帝时已然三百年，其后裔却仍能得到刘氏皇权的恩荫。这在朝臣心目中的影响可谓深远。在东汉君臣看来，只要是忠于刘氏汉家天下者，即可世代享有朝廷给予的尊荣。这在思维

① （南朝宋）范晔:《后汉书》卷25《卓茂传》，北京:中华书局，1965年，第872页。
② （南朝宋）范晔:《后汉书》卷81《李业传》，北京:中华书局，1965年，第2670页。
③ （南朝宋）范晔:《后汉书》卷81《谯玄传》，北京:中华书局，1965年，第2668页。
④ （南朝宋）范晔:《后汉书》卷83《严光传》，北京:中华书局，1965年，第2763页。
⑤ （南朝宋）范晔:《后汉书》卷83《周党传》，北京:中华书局，1965年，第2762页。
⑥ （南朝宋）范晔:《后汉书》卷83《王霸传》，北京:中华书局，1965年，第2762页。
⑦ （南朝宋）范晔:《后汉书》卷4《和帝纪》，北京:中华书局，1965年，第172页。

逻辑上,似乎将刘氏皇权与仕宦之臣通过"忠君"观念"捆绑"在一起,一荣俱荣,一损俱损。

提倡名节的同时,光武帝还承袭西汉以来的孝治传统,"移孝作忠"。"孝"作为儒家学派的伦常观念,基本内涵是"父家长制",要求世人绝对遵从父家长,从而表现出一种"服从权威"的基本精神。儒家的政治伦理思想,是要建立一个由下而上"层级"服从的礼制国家。所谓"服从权威"变成了社会上每一个成员的最起码要求。于是,"孝道"就成了所有汉代伦常道德的基石,即所谓"孝悌也者,其为仁之本欤"。西汉统治者将"孝"的精神与汉家统治秩序相契合,将"孝治"作为君主治平天下的一贯方略。这表现在诸多方面。例如,西汉帝王除汉高祖刘邦以外,至惠帝以下皆在其谥号之前冠以"孝"字,是为孝惠、孝文、孝景、孝武、孝昭、孝宣、孝元、孝成、孝哀、孝平。东汉自光武以下,有孝明、孝章、孝和、孝殇、孝安、孝顺、孝冲、孝质、孝桓、孝灵、孝献。甚至追谥刘庆为孝德皇,刘开为孝穆皇,刘翼为孝崇皇,刘淑为孝元皇,刘苌为孝仁皇。其个中原委,或如颜师古所言"孝子善述父之志,故汉家之谥,自惠帝已下皆称孝也"①。汉代君主以此表明天子对于"孝道"的崇尚以及君统传延的谱系。又如,西汉以"孝悌"为乡官之谓。赵翼《廿二史札记》有"三老孝悌力田皆乡官名"条,引汉文帝诏曰:"孝悌,天下之大顺也。力田,为生之本也。三老,众民之师也。其以户口率置常员。"②"孝悌"在先秦本为普通的伦常概念,在汉代却演变成了"乡官"的称谓,这充分表明汉代统治者对于"孝治"的重视。这"为推广'孝治'提供了制度化的保障"。③ 再如,西汉统治者常以表彰孝悌和以孝取士作为施政举措。自汉惠帝始,西汉朝廷大规模地表彰孝悌活动不下数十次。察举制度中也专列"孝廉"之科。自武帝元光元年(前134年)"初令郡国举孝廉各一人"④之后,"孝廉"之选成为定制,并且"孝廉"在汉代的征选范围不断扩大。西汉统治者还极为重视以"孝道"教育士民。武帝立五经博士之外,《孝经》与《论语》同样受到重视。"《孝经》者,孔子为曾子陈孝道也"。西汉治《孝经》者如《汉书·艺文志》所载:"汉兴,长孙氏、博士江翁、少府后仓、谏大夫翼奉、安昌侯张禹传之,各自名家。"⑤匡衡称"孔子著之《孝经》首章,盖至德之本",又曰"《孝

① (汉)班固:《汉书》卷2《惠帝纪》注引师古语,北京:中华书局,1962年,第86页。
② (清)赵翼著,王树民校证:《廿二史札记校证》,北京:中华书局,1984年,第45页。
③ 刘泽华:《中国政治思想史》(秦汉魏晋南北朝卷),杭州:浙江人民出版社,1996年,第334页。
④ (汉)班固:《汉书》卷6《武帝纪》,北京:中华书局,1962年,第160页。
⑤ (汉)班固:《汉书》卷30《艺文志》,北京:中华书局,1962年,第1719页。

经》，圣人言行之要"。① 《孝经》成为汉代官方颁布的教材，不仅以士人、民众为教育对象，还是皇室子弟的必读之书。如景帝时，广川惠王孙刘去，"师受《易》《论语》《孝经》皆通"；②昭帝"通《保傅》、传《孝经》《论语》《尚书》"；③宣帝"师受《诗》《论语》《孝经》"；④元帝"年十二，通《论语》《孝经》"；⑤平帝时，王莽秉政，"立官稷及学官。郡国曰学，县、道、邑、候国曰校。校、学置经师一人；乡曰序，聚曰序。序、庠置《孝经》师一人"。⑥ 在民间学校中还专设《孝经》师一职，负责基层孝道教育。

西汉一代所构建并延祚二百余年的统治秩序、君臣纲纪、礼制伦常，在新莽、更始、建世等几个政权的兴乱后，遭到了巨大的破坏和冲击。《后汉书·孔奋传》载建武之初，"天下未定，士多不修节操"⑦，故光武尤为重视君臣纲纪、礼制规范。他秉承西汉孝治传统，颂扬纲常名教，通过移孝作忠与奖用"孝悌"的政治导向，促使民众认同并自觉践行儒家传统的伦常道德。光武尝对冯勤言："人臣放逐受诛，虽复追加赏赐赙祭，不足以偿不訾之身。忠臣孝子，览照前世，以为镜诫。能尽忠于国，事君无二，则爵赏光乎当世，功名列于不朽，可不勉哉！"⑧在这里，光武帝已经不仅仅是要强调"孝道"，还明确要求臣子必须"尽忠于国，事君无二"。章帝时，大鸿胪韦彪曰："夫国以简贤为务，贤以孝行为首。孔子曰：'事亲孝故忠可移于君，是以求忠臣必于孝子之门。'夫人才行少能相兼……忠孝之人，持心近厚；锻炼之吏，持心近薄……忠孝之人，持心近厚……士宜以才行为先，不可纯以阀阅。"⑨韦彪所言，沟通"忠"与"孝"，以为"事亲孝"者同时也必可"忠君无二"，故"忠臣"必出于"孝子之门"。这实际揭示了"移孝作忠"的内在思想理路。"孝"与"忠"是互通互补的关系。二者在价值结构上具有逻辑同一性。人在家庭中对于父母的"敬养之孝"与在朝堂上的"专一之忠"，构成"忠孝之道"的主干。"夫孝，始于事亲，中于事君，终于立。"⑩忠孝兼备的实际功效，是构筑起皇权政治统治的权力基石。一个满是"忠臣"与"孝子"的社会，最符合皇权政

① （汉）班固：《汉书》卷81《匡衡传》，北京：中华书局，1962年，第3339、3343页。
② （汉）班固：《汉书》卷53《景十三王传》，北京：中华书局，1962年，第2428页。
③ （汉）班固：《汉书》卷7《昭帝纪》，北京：中华书局，1962年，第223页。
④ （汉）班固：《汉书》卷8《宣帝纪》，北京：中华书局，1962年，第238页。
⑤ （汉）班固：《汉书》卷71《疏广传》，北京：中华书局，1962年，第3039页。
⑥ （汉）班固：《汉书》卷12《平帝纪》，北京：中华书局，1962年，第355页。
⑦ （南朝宋）范晔：《后汉书》卷31《孔奋传》，北京：中华书局，1965年，第1098页。
⑧ （南朝宋）范晔：《后汉书》卷26《冯勤传》，北京：中华书局，1965年，第910页。
⑨ （南朝宋）范晔：《后汉书》卷26《韦彪传》，北京：中华书局，1965年，第918页。
⑩ （清）阮元校刻：《十三经注疏》，北京：中华书局，1980年影印版，第2545页。

治的需要。马融作《忠经》①，实际是在光武以来提倡"忠君"观念的氛围下完成的，他将"忠"作为最高的"孝行"来看待，"夫忠兴于身，著于家，成于国，其行一焉"②，"忠"出于"孝"，以"孝"为基础，是"孝"的结果。桓帝本初元年（146 年）诏曰："孝廉、廉吏皆当典城牧民，禁奸举善，兴化之本，恒必由之。"③他认为"孝廉"之吏能够担负起"禁奸"、"兴化"的职责。东汉统治者对"孝廉"之科异常重视，"故汉制使天下诵《孝经》，选吏举孝廉"。④ 光武帝重申西汉丞相"四科之法"，并明言"皆有孝悌、廉公之行"。⑤ 士人应"四科"之中的任一科，都需要具备"孝悌""廉公"之类的德行。换言之，"孝悌""廉公"是东汉选官制度对于士人应具备条件的基本要求。朝廷录用官员的标准对于士人们的政治价值观具有强烈的心理导向作用，也必然对全社会的道德风尚产生巨大影响。刘泽华指出："东汉君臣的着眼点集中于人臣移孝作忠，事君无二和贤臣廉吏兴化举善，可知纲常名教的核心是一种旨在选才任贤以兴化忠臣顺民的忠孝之道，其政治功效在于强化君臣尊卑等级，社会功效则是强化人们服从权威，忠顺长上的社会伦常行为规范，以巩固东汉王朝的统治秩序。"⑥"忠君"观念根植于儒家传统所倡导的"孝道"伦理观念之上，要求士民在朝服从于政治权威即君主，在野服从于父权、夫权的伦理权威，通过所谓纲常伦理观念，塑造"忠臣顺民"的士民角色。可以说，纲常名教仍然是东汉治道的重要组成部分，但其具体的内涵却因时因势而发生调整，"移孝作忠"，更加强调对于君主的"忠诚"，将君统置于父统、夫统之上。只有忠于"君主权威"，才能使父权、夫权得到政治权威的保障。对于"忠君"观念的着意强调，恰恰反映了东汉统治者历两汉历史巨变后，针对新的历史和政治环境所作的调整。

对于社会上的事孝典范，统治者极力褒奖，如江革"少失父，独与母居"，侍奉母亲极为孝顺。他曾在战乱中"负母逃难，备经阻险，常采拾以为养"。母年老不能行，江革则"自在辕中挽车，不用牛马，由是乡里称之曰'江巨孝'"。章帝"思革至行"，乃下诏书表彰曰："谏议大夫江革，前以病归，今起

　　① 　一般认为《忠经》为东汉马融撰，郑玄注，全书仿照《孝经》形式，共 18 章，分别为：《天地神明章》《圣君章》《家臣章》《百工章》《守宰章》《兆人章》《政理章》《武备章》《观风章》《保孝行章》《广为国章》《广至理章》《扬圣章》《辨忠章》《证应章》《报国章》《尽忠章》。
　　② 　（汉）马融著，（汉）郑玄注：《忠经》卷 1《天地神明章》，上海：商务印书馆，1936 年，第 1 页。
　　③ 　（南朝宋）范晔：《后汉书》卷 7《桓帝纪》，北京：中华书局，1965 年，第 288 页。
　　④ 　（南朝宋）范晔：《后汉书》卷 62《荀爽传》，北京：中华书局，1965 年，第 2051 页。
　　⑤ 　（南朝宋）范晔：《后汉书》志 24《百官一》，北京：中华书局，1965 年，第 3559 页。
　　⑥ 　刘泽华：《中国政治思想史》（秦汉魏晋南北朝卷），杭州：浙江人民出版社，1996 年，第 335—336 页。

居何如？夫孝，百行之冠，众善之始也。国家每惟志士，未尝不及革。县以见谷千斛赐'巨孝'，常以八月长吏存问，致羊酒，以终厥身。如有不幸，祠以中牢。"在章帝君臣的表彰与尊荣之下，江革演为"孝道"的楷模，其名望凭借政治权威的肯定而激增，"由是'巨孝'之称，行于天下"。① 又如，安邑尉毛义"家贫，以孝行称"。曾有南阳人张奉慕名访之，见毛义因为朝廷征辟"喜动颜色"，认为毛义徒慕官位利禄，故"心贱之，自恨来，固辞而去"。后毛义母丧，"去官行服"，再"举贤良，公车征"，不至。张奉乃转变对毛义的看法，叹服曰"贤者固不可测。往日之喜，乃为亲屈也。斯盖所谓'家贫亲老，不择官而仕'者也"。章帝闻之，下诏"褒毛义，赐谷千斛，常以八月长吏问起居，加赐羊酒"②。再如，韦彪"孝行纯至，父母卒，哀毁三年，不出庐寝。服竟，羸瘠骨立异形，医疗数年乃起。好学洽闻，雅称儒宗。建武末，举孝廉，……三辅诸儒莫不慕仰之"。③ 韦彪为父母服"三年丧"，竟致骨瘦如柴，疾病数年，可谓至孝。章帝建初元年（76年）诏曰："'五教在宽'，帝《典》所美"，"五教"即"父义、母慈、兄友、弟恭、子孝也"。④元和三年（86年）又诏曰："盖君人者，视民如父母，有憯怛之忧，有忠和之教，匍匐之救。"⑤章帝明确提出以儒家"纲常伦理"道德来教化民众。朝臣也往往采取具体举措，以伦常纲纪教化黎庶。如大司徒伏湛在战乱之时，仍留意教民："虽在仓卒，造次必于文德，以为礼乐政化之首，颠沛犹不可违。"建武三年（27年）又上疏"奏行乡饮酒礼，遂施行之"。⑥《礼记·射义》曰："乡饮酒礼者，所以明长幼之序也。"乡饮酒礼正可为纲常名节在社会实践中的具体表现之一。又如李忠"以丹阳越俗不好学，嫁娶礼仪，衰于中国，乃为起学校，习礼容，春秋乡饮，选用明经，郡中向慕之"。⑦ 应奉"兴学校，举仄陋，政称变俗"。⑧ 宋枭以"凉州寡于学术，故屡致反暴。今欲多写《孝经》，令家家习之，庶或使人知义"。⑨ 不仅

---

① （南朝宋）范晔：《后汉书》卷39《江革传》，北京：中华书局，1965年，第1302—1303页。
② （南朝宋）范晔：《后汉书》卷39《毛义传》，北京：中华书局，1965年，第1294页。
③ （南朝宋）范晔：《后汉书》卷26《韦彪传》，北京：中华书局，1965年，第917页。
④ （南朝宋）范晔：《后汉书》卷3《章帝纪》注，北京：中华书局，1965年，第133页。
⑤ （南朝宋）范晔：《后汉书》卷3《章帝纪》，北京：中华书局，1965年，第154页。本传注引《周礼》曰："大司徒以乡三物教万民，一曰六德，谓智、仁、圣、义、忠、和"；《诗·鄘风》曰："凡民有丧，匍匐救之"。
⑥ （南朝宋）范晔：《后汉书》卷26《伏湛传》，北京：中华书局，1965年，第895页。
⑦ （南朝宋）范晔：《后汉书》卷21《李忠传》，北京：中华书局，1965年，第756页。本传注曰：校亦学也，《礼记》曰："乡饮酒之义，主人拜迎宾于庠门之外，三揖而后至阶，三让而后升，所以致尊让也。六十者坐，五十者立侍，以听政役，所以明尊长也。合诸乡射，教之乡饮酒之礼，而孝悌之行立"。
⑧ （南朝宋）范晔：《后汉书》卷48《应奉传》，北京：中华书局，1965年，第1608页。
⑨ （南朝宋）范晔：《后汉书》卷58《盖勋传》，北京：中华书局，1965年，第1880页。

如此,东汉君主还要求地方长吏能够以身作则,遵行礼制,使治民之吏成为伦常教化的表率。案汉旧制规定"公卿、二千石、刺史不得行三年丧,由是内外众职并废丧礼"。[①] 汉家制度规定他们不行"三年丧"的原因,无外乎公卿行"三年丧"会导致其所任官位的岗位职责难以承续,会影响正常的行政秩序,影响行政效率及效益。这本是汉代统治者出于官僚体系正常运作的需要,所作的理性选择,但当百官群僚"并废丧礼"之时,就与汉家所遵行的"孝道"有所抵牾。司徒刘恺认为,"三年丧"之制"盖崇化厉俗,以弘孝道也。今刺史一州之表,二千石千里之师,职在辩章百姓,宣美风俗,尤宜尊重典礼,以身先之"。[②] 在他看来,刺史也要行"三年丧"制,以彰"孝道",推美民风。荀爽也有过类似建议,认为"今公卿群寮皆政教所瞻,而父母之丧不得奔赴。夫仁义之行,自上而始;敦厚之俗,以应乎下。传曰:'丧祭之礼阙,则人臣之恩薄,背死忘生者众矣'。曾子曰:'人未有自致者,必也亲丧乎!'《春秋传》曰:'上之所为,民之归也'……夫失礼之源,自上而始。古者大丧三年不呼其门,所以崇国厚俗笃化之道也"。[③] 在东汉君臣看来,伦理纲常乃是"所以救世俗,致祯祥,为万姓获福于皇天者也"。[④] 东汉统治者通过表彰孝道典范、忠臣楷模、廉吏表率等方式,为全民树立了效法的榜样。这些活生生的样板,极容易得到社会各阶层民众的认可。他们是三纲(六纪)与五常的人格化表征。如尧、舜、文王、周公、孔孟这样的圣人,自然也是民众学习的榜样,但圣人之所以成圣,往往表现为远离日常生活,变得高不可攀。现世的名教榜样却是真实地出现在人们身边,他们得到表彰的结果是:被保障者名利双收,民众心心向往,而统治者则达到了建立顺民社会的目的。东汉一代,再也听不到质疑刘氏政权合法性的声音,即便是王符、崔寔、仲长统等社会批判思想家,也只是将批判矛头指向外戚与宦官势力,而要求君主推行"贤人政治"。[⑤]

综言之,班彪《王命论》,从"天命""圣意"、血缘等方面,系统论述刘氏政权的合法性、合理性、正当性。这种思想深刻影响了其子班固撰写《汉书》时

① (南朝宋)范晔:《后汉书》卷39《刘恺传》,北京:中华书局,1965年,第1307页。
② (南朝宋)范晔:《后汉书》卷39《刘恺传》,北京:中华书局,1965年,第1307页。
③ (南朝宋)范晔:《后汉书》卷62《荀爽传》,北京:中华书局,1965年,第2051—2052页。
④ (南朝宋)范晔:《后汉书》卷35《曹褒传》,北京:中华书局,1965年,第1202页。
⑤ 东汉前期提倡名节,确实塑造了东汉士人民众的"忠孝节义"观念,但这"名节"观念本身是一个"动态的"概念,它有其发展变化的历程。奖崇名教的结果,促使人们"争厉志节""浮华交会",导致东汉中后期出现"名实相悖"的现象。到东汉后期,名节的评判标准由践行纲常伦理转变为批判权宦势力。党锢后,士人遭受沉重的政治压力,精神上陷入"名教危机"。参见高海云:《光武"重儒"与东汉学术演变》,苏州大学博士学位论文,2019年,第178—189页。

的意识形态。① 故班氏父子为刘氏张目的努力,颇可作为东汉前期儒生价值取向的代表。再加上光武帝在政治伦理上奖崇"名节"的努力,使东汉士人、民众形成了较西汉更为浓厚且成熟的"忠"观念,这深刻影响着东汉士人的价值取向。至东汉中后期,士人"争厉志节""激扬名声""裁量执政",激发起规模宏大的"党人运动",皆是出于士人维护刘氏皇权统治的观念,希望维持士人与皇权之间的微妙平衡关系。

二、汉代"天命"理论的定型:《白虎通》

东汉初年,班彪作《王命论》,解决了两汉之际混乱中关于"天命所归"的问题,完成了刘氏应再受"天命而王"的理论构筑。这为光武帝重建刘氏皇权后的政治稳定起到了重要作用,但这种极具单一指向性的理论并不成熟。直到汉章帝时,社会逐渐稳定,事关国家治理与刘汉等级秩序等意识形态问题的系统理论总结,被提上日程。现实政治需要与学术自然发展的共同作用下,章帝召集博士、诸儒、王公、官僚等,于白虎观召开会议。会后,班彪之子班固根据"白虎议奏",撰集《白虎通》,②才真正使刘氏"天命"正统的理论体系最终"定型",达到成熟形态。

儒术作为汉代的官方指导思想,是君主集权的组成部分。它同君主集权一样,要求"定于一"。就学术发展的规律而言,贵在创新,这意味着学术天然地会发生分化和不断演生。经学内部的不断分化,与政治权威不断地要求统一,形成一种贯穿汉代的矛盾运动。西汉宣帝时期的"石渠

---

① 关于班彪《王命论》与班固《汉书》之间的关系问题,学人颇有论述,如徐复观:《两汉思想史》第 3 卷,上海:华东师范大学出版社,2001 年,第 286—287 页;吕凯:《从班叔皮〈王命论〉与班孟坚〈典引〉看班氏父子的思想》,辅仁大学中文系编:《两汉文学学术研讨会论文集》,台北:华严出版社,1995 年,第 153—177 页;吕世浩:《从〈史记〉到〈汉书〉——转折过程与历史意义》,台北:台湾大学出版中心,2009 年,第 329—334 页;杨权:《新五德理论与两汉政治——"尧后火德"说考论》,北京:中华书局,2006 年,第 243—246 页;曲利丽:《从公天下到"王命论"——论两汉之际儒生政治理念的变迁》,《史学集刊》2010 年第 4 期。

② 《白虎通》又有其他名称,如《白虎议奏》《白虎通德论》《白虎功德论》《白虎通义》等。关于《白虎通》题名,学界曾有争论:唐代李贤和清人朱彝尊皆将《白虎通义》与《白虎议奏》混为一谈;清人庄述祖《白虎通义考》(自陈立:《白虎通疏证》附录二,北京:中华书局,1994 年,第 605 页)首次提出二者是不同的书籍;刘师培《白虎通义源流考》(自陈立:《白虎通疏证》附录七,北京:中华书局,1994 年,第 783 页)进一步认为《白虎通义》是在《白虎议奏》的基础上"撰集"而成;钟肇鹏《〈白虎通义〉的哲学和神学思想》(《中国史研究》1990 年第 4 期)进一步指出《白虎通义》是正式名称,《白虎通》为简称,《白虎通德论》可能是《白虎功德论》之误,《白虎功德论》是班固为白虎观会议所作的颂篇,故《白虎功德论》又作《白虎功德赞》;章权才《两汉经学史》(广州:广东人民出版社,1990 年)以"通"字为焦点,认为《白虎通》《白虎通义》《白虎通德论》都有"通"字,从地位、内容、作用三方面来理解"通"字,认为三书实为一体。本文以《白虎通》名之。

阁会议",是皇权利用行政力量干预学术讨论的一次高潮。它基本结束了武帝立五经博士之后,以至黄龙元年(前49年)以前的"经学纷异"现象,在学术领域确立了十二家经学博士之学。然而,这场统一经学的尝试,远未解决学术的分野问题。经学内部的分野,以及经学与其他学术思想的互动,导致两汉之际出现了三种不同治学倾向的学术派别,即今文经学、古文经学与谶纬神学。若再加上王充为代表的"异端"之学,合为四派。王充的思想与前三者迥然有异,甚至敌对。它以批判为武器,以"疾虚妄"而"立实诚"为主旨,最终目的在于"宣汉"(第七章详论)。此四派皆欲求得皇权的支持,故相互激烈争论。从维护皇权政治秩序的角度来看,他们不过是从不同的角度去适应政治统一罢了。今、古文经在刘歆、光武帝时期两次围绕博士官问题互为攻讦。今文家范升提出"天下之事所以异者,以不一本也"①,要求统治者尊崇今文,贬抑古文。贾逵为代表的古文家们,则要求尊古文。谶纬为统治者重视,甚至被光武帝颁布为官方理论,但桓谭、郑兴、杜林、卫宏、刘昆、桓荣等一众经师却又不同程度地反对或"不言"谶纬。相互"应敌"之余,也有不少学者兼习各家学说,打破门户壁垒,以"通学"为尚。如古文经学家兼通数经者,有陈元、郑兴、郑众、卫宏、孔乔等;今文经学家兼通数经者,有刘宽、郅恽、曹褒、徐稺、夏恭、陈重、廖扶、李昺、唐檀、公沙穆等;学通五经者,有鲁丕、桓谭、梁松、井丹、张霸、刘辅、祖母、胡广、姜肱、张衡、周举、李固、刘淑、魏朗、刘虞、法真、程曾、蔡玄、许慎、李郃、樊英、韩说等;兼通今古文经者,有贾逵、度尚、刘陶、张楷、崔骃、卢植、刘祐、孙期、荀爽、李育、尹敏、郑玄等。上述诸儒虽并不都在章帝以前,但就整个东汉一代的"通学"特质而言,已然蔚然成风。出席白虎观会议的经师,有李育、魏应、杨终、丁鸿、贾逵、班固等,既有今文家,也有古文家,更有兼通者。汉章帝召集"白虎观会议"的政治目的是"共正经义",最后由"帝亲称制临决",并"永为后世则"。② 这既是政治权威规范学术权威的活动,也是对新莽末年以来"刘氏复兴"的"天命"与正统观念的一次"大总结"。会议"考详同异,连月乃罢",③由侍中淳于恭记录,称《白虎议奏》。后章帝命班固"撰集其事",整理为《白虎通》。班固在撰作《白虎通》的过程中,实际是以其父班彪确立的刘氏"王命论"思想为指导,并加以发挥、增广与创造。

---

① (南朝宋)范晔:《后汉书》卷36《范升传》,北京:中华书局,1965年,第1228页。

② (南朝宋)范晔:《后汉书》卷48《杨终传》,北京:中华书局,1965年,第1599页。

③ (南朝宋)范晔:《后汉书》卷79《儒林传》,北京:中华书局,1965年,第2546页。

《白虎通》在思想体系上,具有明显的折中性和综论性。^① 共 44 篇,每篇列一个主题,^②其下又分列若干子命题,共计 314 个子命题。它贯通五经大义,对礼乐制度、谶纬神学、今古文经典以及对历史和现实的"理想化"描绘,集西汉以来儒家政治思想之大成。根据《白虎通》所援引的经传内容来看,"它是尽其杂糅混合的能事的,它把《易》《诗》《书》《春秋》(包括各家的序传)《礼》《乐》《论语》《孝经》以及各种逸文,和图谶纬书混合在一起,望文附会,曲解引申,特别是谶纬,构成《白虎通义》的依据……如果把《白虎通义》的文句和散引于各书中的谶纬文句对照,各篇都是一样的,百分之九十的内容出于谶纬"。侯外庐等还指出《白虎通》"大量地'孁括纬候,兼综图书',以曲说六经,附和皇帝完成国教的意志"。^③ 此论对《白虎通》的总结相当清晰,后学偶有新意,但大体未超出侯外庐等人的论证范畴。《白虎通》的基本思想,实质上与董仲舒的理论相一致,^④都是以封建伦常为核心,以阴阳五

---

① 关于《白虎通》的性质问题,学界争议较大,主要集中于如下几种观点:(1)属于今文经学,如皮锡瑞认为《白虎通》集今学之大成,十四博士所传,赖此一书稍窥崖略,冯友兰认为《白虎通》是"一部今文经学的辞典或百科全书",祝瑞开认为《白虎通》是"一部经学官方答案";(2)属于谶纬神学,如庄述祖认为《白虎通》"悉囊括纬候,兼综图书,附世主之好,以绳道真,违失六艺之本,视石渠为驳矣";(3)属于经学与神学的结合,如任继愈认为白虎观会议召开的目的是"制定一整套的庸俗经学与宗教神学相结合的统治理论"(4)属于封建法典,如侯外庐认为《白虎通》"在经义统一后,它是'永为世则'的统治阶级的支配思想",其性质是"封建法典";(5)属于礼典,如王四达认为白虎观会议是章帝为制作"汉礼"而召开的一个确定礼制框架、甄别诸礼义理的预备性会议,是后来章帝制礼的指导性文件(分见皮锡瑞:《经学历史》,北京:中华书局,2004 年,第 77 页;冯友兰:《中国哲学史新编》,北京:人民出版社,1984 年,第 238 页;祝瑞开:《两汉思想史》,上海:上海古籍出版社,1989 年,第 284 页;陈立:《白虎通疏证》附录,北京:中华书局,1994 年,第 609 页;侯外庐:《中国思想通史》第二卷,北京:人民出版社,1957 年,第 227、225 页;王四达:《是"经学""法典"还是"礼典"?——关于〈白虎通义〉性质的辨析》,《孔子研究》2001 年第 6 期)笔者认为,《白虎通》是一部具有明显折中性和融合性的著作,是当时今文经学、古文经学与谶纬神学三者相互糅合的产物,其体系以礼制内容居多,但简单地将之进行如上五种"定性"评价,皆有失偏颇,而应站在整体性、系统性的视角上来看待《白虎通》的思想体系。《白虎通》并没有过多地聚焦于五经的阐释与直接研讨,而是围绕国家政治制度、社会制度、道德原则、道德责任、道德义务、道德实践以及社会道德规范体系的构建等问题展开系统论证。综言之,《白虎通》是一部性质丰富、内涵广泛、宗旨明确的著作。

② 兹胪列《白虎通》篇名如下:爵、号、谥、五祀、社稷、礼乐、封公侯、京师、五行、三军、诛伐、谏诤、乡射、致仕、辟雍、灾变、耕桑、封禅、巡狩、考黜、王者不臣、蓍龟、圣人、八风、商贾、瑞贽、三正、三教、三纲六纪、情性、寿命、宗族、姓名、天地、日月、四时、衣裳、五刑、五经、嫁娶、绋冕、丧服、崩薨。

③ 侯外庐等:《中国思想通史》(第二卷),北京:人民出版社,1957 年,第 229、230 页。关于"百分之九十"的判断,有学者认为这是"没有对此书进行细致研究,单凭笼统的印象就轻率作出结论","从一定程度上说,纬书是构成汉代经学的一个重要组成部分"。(参见张广保:《〈白虎通义〉制度化经学的主体思想》,自《经学今诠三编》,《中国哲学》,沈阳:辽宁教育出版社,2002 年,第 24 辑)张氏此说是站在经纬融合后的立场来看经学与谶纬的关系,胪列于此,聊备一说。

④ 任继愈认为《白虎通》"大部分都是复述董仲舒的基本观点和学说""只是《白虎通》的观点,更加完整了,系统化了"。(参见任继愈主编:《中国哲学史》(第二册),北京:人民出版社,1963 年,第 107 页)

行为骨架，来论证社会等级秩序的合理性，但在神学思想上比董仲舒要浓厚得多。①《白虎通》的核心思想，是借重神权以强化帝王的至上权威，规范社会等级秩序，并推布维护这种体制的儒家伦理道德观念，其间贯穿着强烈且明确的全面安排国家治理和人伦秩序的意识形态意图。

《白虎通》一经官方颁行，便具有了"皇封御印"的至高地位。侯外庐将之称为"法典化"，②即：

> 白虎观所钦定的奏议，也就是赋予这样的"国宪"以神学的理论根据的谶纬国教化的法典。……所谓"亲制临决"的钦定法典形式，企图使皇帝成为国家的本质，使上帝成为宗教的本质，并使二者的关系固化起来。

> 作为"国宪"的钦定经义是集合了大群儒生的奏议而最后由皇帝裁决的法典，在经义统一之后，它是"永为世则"的统治阶级的支配思想，不能再有异议。③

这种"法典化"，实际是通过"共正经义"的形式，来完成对"天人关系"以及现世"政治秩序"的论证，使这套成熟的"天命"与正统理论服务于大一统政权。就《白虎通》的内容而言，是在构建"天人秩序"的理论架构下，申论现世皇帝的政治权威，并通过所谓"三纲六纪"等人伦观念、"象天法地"的礼乐制度设计，构建出一套成熟且系统的天命与正统理论体系。《白虎通》所规定的内容成了永恒的真理，只允许援引、附会，而不许随意发挥，更不许有任何怀疑、证伪、批判、摒弃。学术内容的官定化，所导致的必然结果是"思想性"的式微。

《白虎通》在哲学思想上，继承董仲舒所提倡的"崇天"观念，对商周以来的至上神"天"给予了更为系统的解读。"天者，何也？天之为言镇也，居高

---

① 需要指出的是，《白虎通》确然比董仲舒的思想更为神学化，但它相对于西汉末期兴起的谶纬神学而言，却又因为今文经、古文经内容的杂入，表现出一定程度的神学色彩的"削减"。如金春峰先生认为《白虎通》中古文经学的观点有相当大的影响，"谶纬的许多简单粗糙的神学说教被清除了"。（参见金春峰：《汉代思想史》，北京：中国社会科学出版社，1987 年）

② 参见方光华、兰良斌：《侯外庐的中国封建社会史研究》，载《长安大学学报》2012 年第 2 期。作者指出"法典化，即体系化的制度形式是侯外庐判断封建制度最终确立的主要依据"。

③ 侯外庐：《中国思想通史》第二卷，北京：人民出版社，1957 年，第 225、256—227 页。边家珍有类似观点，他认为"《白虎通》是统治者一致的最集中、最突出、最直截的反映，是东汉前期统治者力图使儒家经学宗教化的一个重要体现，是钦定的封建教科书"。（参见边家珍：《汉代经学发展史论》，北京：中国文史出版社，2003 年，第 221 页）

理下,为人镇也。地者,元气之所生,万物之所祖也。地者,易也,万物怀任,交易变化。"①"天"是"居高理下"的神学权威,是最高的范畴,也是世间万物的创造者、主宰者。万物"交易变化",宇宙秩序因之生成。《白虎通》将《易纬乾凿度》所言的"太初者,气之始也。太始者,形之始也。太素者,质之始也"②融入到书中的宇宙论中,梳理出"太易→太初→太始→太素"的宇宙生成系统。这种宇宙哲学观,较之董仲舒所提倡"天"的人格神要更为系统、完善。《白虎通》中的"天"是"有意志的、能主宰的,为道德价值的超越绝对标准,能'命有德''革无道',讲善惩恶,好生而行仁。故而有'灾异'、有'祥瑞'、有'谴告'。宇宙中的若干自然现象,如地震、洪水、日月之蚀等等,皆可解释为此宇宙之绝对权力的精神意志之特殊反映,如'天人感应''天命有德'等等"③。

此外,《白虎通》还继承并发展了董仲舒关于"阴阳五行"伦理化的阐释内容,将"阳尊阴卑"的伦理秩序视为宇宙万物运行的根本法则。如《白虎通》解释"天道"曰:

> 天道所以左旋,地道右周何? 以为天地动而不别,行而不离,所以左旋。右周者,犹君臣阴阳,相对之义。

> 天左旋,日月五星右行何? 日月五星,比天为阴,故右行。右行者,犹臣对君也。④

这里的"天道"运行规律,被解释成如同现世"君臣关系"般的政治秩序,实际上是将"自然天道"进行了"伦理化"的改造,从而将董仲舒的"天人感应论"发展到"天道伦理化"的阶段。

在完成对至上神"天"以及"天道"的系统阐释后,《白虎通》将核心内容放在对现世君主权威的论证上。它吸收纬书所谓"天子至尊也,神精与天地通,血气含五帝精""人主含天光,据玑衡,齐七政,操八级"⑤之类的思想,将人间的皇帝"神圣化",把皇帝说成是天地精华与圣人的结晶,是天下的"至

① (清)陈立撰,吴则虞点校:《白虎通疏证》,北京:中华书局,1994年,第420页。
② (清)陈立撰,吴则虞点校:《白虎通疏证》,北京:中华书局,1994年,第421页。
③ 张永儁:《〈白虎通德论〉之思想体系及其伦理价值观》,《汉代文学与思想学术研讨会论文集》,台北:文史哲出版社,1991年,第74页。
④ (清)陈立撰,吴则虞点校:《白虎通疏证》,北京:中华书局,1994年,第422、423页。
⑤ (日)安居香山、中村璋八辑:《纬书集成》,石家庄:河北人民出版社,1994年,第806、737页。

尊"。《白虎通·爵》曰:"天子者,爵称也。爵所以称天子者何? 王者父天母地,为天之子也。故《援神契》曰:天覆地载,谓之天子。上法斗极。《钩命决》曰:天子,爵称也。帝王之德有优劣,所以俱成天子者何? 以其俱命于天,而王治五千里内也。"①"天子"是"上天"赐予君主的爵位,是奉上天之命,代天治国的受命之主。人世间的一切都是"上天"给予君主的,君主对人间的万事万物都有至高无上的治理权,所谓"普天之下,莫非王土;率土之滨,莫非王臣。海内之众,已尽得使。不忍使亲属无短足之居,一人使封之,亲亲之义也"。② 天子拥有对地上世界一切事物的最高占有权和支配权。东汉虽然仍实行分封,但只给予诸王土地,而不给予人口。当最高的皇权与其他任何形式的所有权、支配权、使用权等发生矛盾时,皇权可以随时将它们一并剥夺。皇权高于一切,也可以独占一切。如果说董仲舒是以"天人感应论"将君主塑造成能够代表臣民去沟通"天人之间"的桥梁,那么《白虎通》中的"君主"已经完全成了"上天"的代理人,代天治理天下,拥有"绝对性"与"至上性"。董氏的理论中,臣民还可以凭借"灾异谴告说"限制皇权,而《白虎通》里的皇权却成了不可质疑、不容挑战的"绝对权威"。《白虎通》所建构起来的天人感应模式,已然将天人感应的过程完全托付于"君主"一人,既保留了君权神授的理念,又为现实皇权统治的合法性提供了理论基石,是对君主地位的"神格化""王圣化"。

为维护这种皇权至上观念,《白虎通》进而将"三纲六纪"作为社会秩序的主要内容,竭力将汉儒心目中的"宇宙论儒学"渗透、推布于整个社会结构与人伦关系的实践之中。只要抓住了"纲""纪",便可以纲举目张,统摄一切人事。"三纲"早在《礼记·乐记》《韩非子·忠孝》中就有体现,③到董仲舒进一步论证后,成为一种在朝野普遍流传的政治伦理观念。"纲者,张也;纪者,理也。大者为纲,小者为纪,所以张理上下,整齐人道也。"④三纲,即《礼纬含文嘉》所言的"君为臣纲、父为子纲、夫为妇纲"⑤,指涉君臣、父子、夫妇三大伦。君臣之纲是政治权力关系的核心,父子之纲是血缘伦理关系的核心,夫妇关系是男女姻亲关系的核心。三纲并非"并列"关系,而是以君纲为

---

① (清)陈立撰,吴则虞点校:《白虎通疏证》,北京:中华书局,1994年,第1—3页。

② (清)陈立撰,吴则虞点校:《白虎通疏证》,北京:中华书局,1994年,第142页。

③ 实际上,先秦诸子阐述君臣、父子、夫妇为人伦之纲的内容很多,但尚未形成如汉代这般详备的"三纲"说,如《周易·序卦》《论语·颜渊》《论语·微子》《孟子·公孙丑下》《孟子·万章上》《礼记·哀公问》《荀子·天论》《吕氏春秋·似顺论》《郭店楚墓竹简》之《成之闻之》与《六德》等,应为汉代"三纲"本义的思想来源。

④ (清)陈立撰,吴则虞点校:《白虎通疏证》,北京:中华书局,1994年,第374页。

⑤ (日)安居香山、中村璋八辑:《纬书集成》,石家庄:河北人民出版社,1994年,第499页。

最高、最重。三纲的伦理规则是"君臣法天,取象日月屈信,归功于天也;父子法地,取象五行转相生也;夫妇法人,取象人合阴阳有施化端也"。① 这种三纲说法,实际是对天地自然运转秩序的"模仿",将三纲与天人连为一体,借助"天道"的神权因素来辅翼人间伦理的正当性。对臣民而言,"三纲"既是外在的强制性规范,又是内在的主动性道德观念;对君主而言,它既是要求臣民尽忠的权利,又肩负着对臣民进行教化的义务。所谓"六纪",即诸父、兄弟、族人、诸舅、师长、朋友。"六纪者,为三纲之纪者也。师长,君臣之纪也,以其皆成己也。诸父兄弟,父子之纪也,以其有亲恩连也。诸舅朋友,夫妇之纪也,以其皆有同志为己助也"。② "六纪"实际是对"三纲"人际关系的延伸与拓展,基本上涵盖了一个社会个体的所有社会关系层面。"六纪"以"三纲"为准,由"三纲"作为规范。三纲(包括六纪)是汉代各种社会关系的高度凝结,也是古代中国社会控制体系的核心与枢纽。它的神圣化与绝对化,表现出明显的"拟宗法化",成为皇权政治秩序的可靠保证。

"人"作为社会个体的本性,属"仁""怀五常"。"五常",又作"五性",指仁、义、礼、智、信,源出于天地自然。这在先秦诸子中多有谈及,董仲舒及纬书作了更系统的论述,《白虎通》则进一步将"五常"与五性、六情连结为组合,使五常成为三纲得以实现的道德保障和外在规定。《白虎通》认为"性者阳之施,情者阴之化也。人禀阴阳气而生,故内怀五性、六情。情者静也,性者生也。此人所禀六气所生者也""阳气者仁,阴气者贪。故情有利欲,性有仁也"。③ 人禀阴阳,内怀五性、六情,故有人性有不完善的一面,需要通过教化改造。这就需要强调五经的教化作用,"《乐》仁,《书》义,《礼》礼,《易》智,《诗》信也。人情有五性,怀五常不能自成,是以圣人象天五常之道而明之,以教人成其德也"。④ 这突出了儒家学说的重要性,而就思想逻辑上来说,也是要通过思想教化来维护社会等级秩序的稳定。

为维护皇权统治,《白虎通》又循着"象天法地"的理路,强调"礼乐制度"的重要性,认为"乐以象天,礼以法地"。人性需要儒家伦理道德的教化,也需要礼乐制度的引导,因为:

> 人无不含天地之气,有五常之性者。故乐所以荡涤,反其邪恶,礼

---

① (清)陈立撰,吴则虞点校:《白虎通疏证》,北京:中华书局,1994 年,第 375 页。
② (清)陈立撰,吴则虞点校:《白虎通疏证》,北京:中华书局,1994 年,第 375 页。
③ (清)陈立撰,吴则虞点校:《白虎通疏证》,北京:中华书局,1994 年,第 381 页。
④ (清)陈立撰,吴则虞点校:《白虎通疏证》,北京:中华书局,1994 年,第 447 页。

所防淫泆,节其侈靡也。故《孝经》说:"安上治民,莫善于礼","移风易俗,莫善于乐"。①

这种理念,与《礼记·乐记》所记载的"礼乐"功能是一致的:

> 乐在宗庙之中,君臣上下同听之,则莫不和敬。在族长乡里之中,长幼同听之,则莫不和顺。在闺门之中,父子兄弟同听之,则莫不和亲。故乐者,所以崇和顺,比物饰节,节奏合以成文,所以合父子君臣,附亲万民也。是先王立乐之方也。②

"礼乐"的功能在于和顺万民,从而稳定皇权统治秩序。"夫礼者,阴阳之际也,百事之会也,所以尊天地,傧鬼神,序上下,正人道也。"③在《白虎通》看来,"阴阳之义"是古代礼乐制度设计的根本原则,"乐者,阳也。动作倡始,故言作。礼者,阴也。系制于阳,故言制。乐象阳也,礼法阴也"④;"天下太平"则是礼乐制度确立的前提条件,即"功成作乐,治定制礼"。⑤ 不仅如此,上古圣王所存的礼乐,为现世的制度设计提供了范本,"王者始起,何用正民。以为且用先代之礼乐,天下太平,乃更制作焉"。⑥ 汉儒认为可以参照《礼记》所载的上古圣王礼乐,如"黄帝乐曰《咸池》,颛顼乐曰《六茎》,帝喾乐曰《玉英》,帝尧乐曰《大章》,帝舜乐曰《箫韶》,禹乐曰《大夏》,汤乐曰《大濩》,周乐曰《大武象》,周公之乐曰《酌》,合曰《大武》"。⑦(参见下表)

《白虎通》所见上古乐章

圣贤	礼乐
黄帝	《咸池》
颛顼	《六茎》
帝喾	《玉英》
帝尧	《大章》

① (清)陈立撰,吴则虞点校:《白虎通疏证》,北京:中华书局,1994年,第93—94页。
② (清)陈立撰,吴则虞点校:《白虎通疏证》,北京:中华书局,1994年,第94页。
③ (清)陈立撰,吴则虞点校:《白虎通疏证》,北京:中华书局,1994年,第95页。
④ (清)陈立撰,吴则虞点校:《白虎通疏证》,北京:中华书局,1994年,第98—99页。
⑤ (清)陈立撰,吴则虞点校:《白虎通疏证》,北京:中华书局,1994年,第98页。
⑥ (清)陈立撰,吴则虞点校:《白虎通疏证》,北京:中华书局,1994年,第99页。
⑦ (清)陈立撰,吴则虞点校:《白虎通疏证》,北京:中华书局,1994年,第99页。

（续表）

圣贤	礼乐
舜	《箫韶》
禹	《大夏》
汤	《大濩》
周公	《酌》
周武王	《象》

在《白虎通》的"礼乐"制度中，"皇帝"的名号是"天"的象征，是与五行相称的称号，"帝者，天号，王者五行之称也""皇，君也，美也，大也。天人之总，美大之称也""帝者，谛也。象可承也"。① 因此，汉代君主既是"天子"，也称"皇帝"，前一个对应着"天命之王"，后一个对应着"万民之主"。皇帝成为沟通"天"与"人"之间的关键人物，只有皇帝具有祭天的资格。

《白虎通》详细规定了不同等级的用乐规制。在乐队数量上，"天子八佾，诸侯四佾，所以别尊卑也"。② "八佾"，乐队的人数，以八人为一列（佾），一共八八六十四人。"乐队"还要符合"阴阳之义""乐者，阳也。故以阴数，法八风、六律、四时也。八风、六律者，天气也。助天地成万物者也。亦犹乐所以顺气变化，万民成其性命也"。③ 皇室用乐，堂上行"歌"，堂下作"舞"，因为"歌者象德，舞者表功，君子上德而下功"。④ 关于乐曲的名称，按照汉儒心目中的历史系统列为"六乐"，即《云门》《咸池》《大韶》《大夏》《大濩》《大武》。"受命而六乐，乐先王之乐，明有法也。兴其所自作，明有制。"⑤

汉儒们认为礼乐制度能够沟通神灵，从而将"五声"与"五行""五方"相对应，表现天道运转的特点：

五声	五行	五方	意义
宫	土	中央	宫者，容也。含容四时也。
商	金	西	商者，张也。阴气开张，阳气始降。
角	木	东	角者，跃也。阴气动跃。

---

① （清）陈立撰，吴则虞点校：《白虎通疏证》，北京：中华书局，1994 年，第 44—45 页。
② （清）陈立撰，吴则虞点校：《白虎通疏证》，北京：中华书局，1994 年，第 104 页。
③ （清）陈立撰，吴则虞点校：《白虎通疏证》，北京：中华书局，1994 年，第 104—105 页。
④ （清）陈立撰，吴则虞点校：《白虎通疏证》，北京：中华书局，1994 年，第 115 页。
⑤ （清）陈立撰，吴则虞点校：《白虎通疏证》，北京：中华书局，1994 年，第 107 页。

五声	五行	五方	意义
徵	水	北	徵者,止也。阳气止。
羽	火	南	羽者,纡也。阴气在上,阳气在下。

所谓"八音",指制作乐器的八种材质,包括金、石、土、革、丝、木、匏、竹。《乐记》曰:"土曰埙,竹曰管,皮曰鼓,匏曰笙,丝曰弦,石曰磬,金曰钟,木曰木兄部。"《白虎通》认为这"八音"是效法"八卦",而"八卦"则代表万物生生不息之数,故"八音"即象征万物之声。"天子承继万物,当知其数。既得其数,当知其声,即思其形。如此,裪飞蠕动而不乐其音者,至德之道也。天子乐之,故乐用八音。"[1]于是,"八音"也与节气附会在一起:

八卦	八音	时节
《坎》	埙	冬至
《艮》	管	立春
《震》	鼓	春分
《巽》	笙	立夏
《离》	琴	夏至
《坤》	磬	立秋
《乾》	钟	冬至

现实政治的大一统环境中,意识形态领域的思想内容,皆欲寻出一套包罗天地万事万物的"宇宙全息统一论"[2]。在君主专制体制下,学者们阐释其思想的过程与结论,皆须将学者与思想置于皇权之下,由政治权威统摄一切。《白虎通》的理论体系,在政治理论层面,是由现实的君主出发,分析天子的职分与德性,进而借助于阴阳化的谶纬学说使君主的"受命"合理化、正当化,并肯定现实政权的神圣性。从汉代学术发展的历史脉络观察,《白虎通》是汉代经学发展的产物,而其中的谶纬思想则是汉代经学思想演生历程

---

① （清）陈立撰,吴则虞点校:《白虎通疏证》,北京:中华书局,1994年,第111页。
② 王存臻、严春友:《宇宙全息统一论》,济南:山东人民出版社,1988年,第337—338页。

中的"变形"。它虽源出于讲论五经同异的初衷,但却不以五经为最高指导原则,反而是将儒家五经纳入到阴阳五行与五德运作之中,使五经的神学化倾向愈发繁盛,继而成为接引谶纬思想的媒介。"汉代经学不仅促成《白虎通》,同时亦提供《白虎通》谶纬思想形成与发展之场域。"[①]《白虎通》通过系统论证皇权的"天命之由",规范政治制度、道德原则、社会等级、伦理秩序,并制定出一系列礼乐制度,完成了汉代"天命"与正统思想的最终建构。[②] 它的理论贡献在于,促使中国传统伦理道德体系基本定型,实现了社会道德价值的集体认同。这种成熟化的受命政治神话,主要表现在三个方面:其一,受命神话的功能意识增强了;其二,受命神话较此前的论证理论更为系统,历史观念更强;其三,社会民众受此理论的影响,对于受命理论的文化自觉意识和象征意味增强了。[③] 经过这场始于光武帝"吏化"儒生,终于汉章帝规范化儒学的过程,刘汉皇权"受命于天"的合法性、正统性地位得到充分论证。此后,一直到东汉末年,未再出现像西汉末年那样质疑刘汉统治的思潮。即便是东汉末年以王符、仲长统、崔寔等为代表的"社会批判思潮",仍然是以维护刘氏皇权为中心的。他们斗争的目标是权宦当道所导致的社会危机,而不是质疑刘氏皇权的合法性,更不会提出异姓禅代之类的"天命"转移之说。思想性、学术性的儒学衰落了,"制度化的儒学已经死亡了,它已成为一个'游魂'"。[④]

三、"忠"观念下的社会批判思潮

经过光武、明、章帝时期对于刘氏"天命"与正统观念的改造与规范,刘氏政权的合法性理论完成了系统且成熟的构建。东汉士人群体的政治活动、思想发展皆在刘氏正统的理论架构之下行动。一方面,东汉皇权不再允许知识分子自由发挥、阐释"天命"思想,只能被动接受皇权统治的意志;另一方面,士人群体的价值取向也因外戚与宦官交替专权的政治现实而发生急剧的转变。士人群体在社会上激荡起一股批判思潮。他们将批判的锋芒指向当政的外戚、宦官集团,甚或批评昏君、暗主,力求挽救社会危机;其政

---

① 周德良:《〈白虎通〉谶纬思想之历史研究》,台北:花木兰文化出版社,2008年,第99—100页。

② 向晋卫认为,在政治领域,《白虎通》为东汉提供了一套完整的理论依据和行为准则,很好地完成了它所肩负的历史使命;但在思想领域,《白虎通》却没有多少创新之处,"作为思想者在探讨天人关系时所应表现出来的探索精神和理性气质在此基本没有出现,反而在对天人关系的滥用方面显得相当突出"。(向晋卫:《〈白虎通义〉思想的历史研究》,北京:人民出版社,2007年,第100—101页)

③ 参见冷德熙:《纬书与政治神话研究》,《天津社会科学》1992年第5期,第81—85页。

④ 余英时:《现代儒学论》,上海:上海人民出版社,1998年,第37页。

治主张的核心在于要求君主推行"贤人政治",恢复正常、正统、安定的统治秩序。社会批判思想家们同样具有不慕权势的名节观念,他们忠于刘氏皇权的思想也深受光武以来以"忠君"为核心的名节观念的影响,是名节观念在东汉后期现实生活的另一种表现。

(一) 对昏君与权宦的批判

在汉末社会批判思潮中,外戚、宦官集团是最主要的抨击对象。思想家们认为,外戚与宦官交相掌政,权倾朝野,腐朽黑暗,是社会混乱疲敝的根源。仲长统尝谓:

> 权移外戚之家,宠被近习之竖,亲其党类,用其私人,内充京师,外布列郡,颠倒贤愚,贸易选举,……怨气并作,阴阳失和,三光亏缺,怪异数至,虫螟食稼,水旱为灾,此皆戚宦之臣所致然也。[①]

仲氏将社会祸乱的原因,甚或是自然灾害的频仍,都推到外戚、宦官身上,这不免有失公允,但却反映了他对权宦专政的强烈不满。他总结外戚专权之害,曰:"汉兴以来,皆引母妻之党为上将,谓之辅政,而所赖以治理者甚少,而所坐以危亡者甚众。"他还列举元帝用宦官石显、灵帝用侯览、曹节等例,指出朝政委于宦官会导致"政令多门,权利并作。迷荒帝主,浊乱海内"。[②] 左雄也曾指陈当时官僚机构运作几近瘫痪,认为"选代交互,令长月易,迎新送旧,劳扰无已,或宫寺空旷,无人案事,每选部剧,乃至逃亡"。行政废弛,政令不通,自然会造成全社会政事的混乱。居官者专务腐败贪墨,盘剥百姓,"视民如寇仇,税之如豺虎。监司项背相望,与同疾疢,见非不举,闻恶不察,观政于亭传,责成于期月,言善不称德,论功不据实,虚诞者获誉,拘检者离毁。或因罪而引高,或色斯以求名。州宰不覆,竞共辟召,踊跃升腾,超等逾匹。或考奏捕案,而亡不受罪,会赦行赂,复见洗涤。朱紫同色,清浊不分""损政伤民,和气未洽,灾眚不消,咎皆在此"。[③] 贪官污吏横行,狼狈成奸,整个官僚队伍腐化严重。王符认为东汉末期正逢衰世,大小官吏无不贪残暴虐,侵渔百姓,"刺史、守相,率多怠慢,违背法律,废忽诏令,专情务利,不恤公事。细民冤结,无所控告"。他提出官吏的品级与罪责的大小成正比,认为"衰世群臣诚少贤也,其官益大者罪益重,位益高者罪益深"。[④]

---

① (南朝宋)范晔:《后汉书》卷 49《仲长统传》,北京:中华书局,1965 年,第 1657 页。
② (清)严可均:《全上古三代秦汉三国六朝文》,北京:中华书局,1958 年,第 952 页。
③ (南朝宋)范晔:《后汉书》卷 61《左雄传》,北京:中华书局,1965 年,第 2019、2017 页。
④ (汉)王符著,汪继培笺,彭铎校正:《潜夫论笺校正》,北京:中华书局,1985 年,第 208、92 页。

思想家们还抨击东汉后期朝野奢侈之风,如郎𫖮曰:"方今时俗奢佚,浅恩薄义""宫殿官府,多所构饰""又西苑之设,禽畜是处,离房别观,本不常居,而皆务精土木,营建无已,消功单贿,巨亿为计"。① 统治者大兴土木,耗费靡滥,百姓负担极其沉重,故郎𫖮要求"诸所缮修,事可省减,禀恤贫人,赈赡孤寡",认为"去奢行俭"乃"天之意也,人之庆也,仁之本也,俭之要也"。② 王符曾揭露豪富的奢侈之风,曰:"或刻画好缯,以书祝辞;或虚饰巧言,希致福祚;或糜折金采,令广分寸;或断截众缕,绕带手腕;或裁切绮縠,缝紩成幡。皆单费百缣,用功千倍,破牢为伪,以易就难,坐食嘉穀,消损白日。"他认为这种奢靡的生活会造成社会财富的极大浪费,无益于社会生产,"皆所宜禁者"。③ 王符还从贫富差距的角度分析,一方面提出"贫生于富",抨击奢侈之风,另一方面痛斥不务正业的游闲之人,认为他们败坏世风,不利于社会生产。他说:"今民奢衣服,侈饮食,事口舌,而习㤹欺,以相诈绐,比肩是也。或以谋奸合任为业,或以游敖博弈为事;或曀丁夫世不扶犁锄,怀丸挟弹,携手遨游。"④政治的良莠,是关乎社会安定、人民生计的重要因素。思想家们对于东汉末期弊政的揭露、批判,直指政治统治的权力核心,影响深远。

君臣关系关乎治政之效。思想家们在抨击时政的同时,为恢复君臣纲纪,试图重新设计君臣关系:明君秉政,贤臣为辅,君臣调和。王符曾明确提出:"国之所以治者,君明也;其所以乱者,君暗也",并将"明"作为君主最高美德的体现,认为"人君之称,莫大于明;人臣之誉,莫美于忠"。⑤ 批判思想家们首先肯定君主在政治生活中的主导地位,将君主看成是重整统治秩序的领袖。崔寔认为,君臣关系中,君主是关键,他将国家混乱的根源归咎于君主的昏暗,列举暗主的种种表现,曰:

> 凡天下之所以不治者,常由世主承平日久,俗渐弊而不寤,政寖衰而不改,习乱安危,逸不自睹。或荒耽嗜欲,不恤万机;或耳蔽箴诲,厌伪互真;或犹豫歧路,莫适所从;或见信之佐,括囊守禄;或疏远之臣,言以贱废。是以王纲纵弛于上,智士郁伊于下。悲夫!⑥

① (南朝宋)范晔:《后汉书》卷30《郎𫖮传》,北京:中华书局,1965 年,第 1054、1054—1055、1058 页。
② (南朝宋)范晔:《后汉书》卷30《郎𫖮传》,北京:中华书局,1965 年,第 1055 页。
③ (南朝宋)范晔:《后汉书》卷49《王符传》,北京:中华书局,1965 年,第 1635 页。
④ (汉)王符著,汪继培笺,彭铎校正:《潜夫论笺校正》,北京:中华书局,1985 年,第 123 页。
⑤ (汉)王符著,汪继培笺,彭铎校正:《潜夫论笺校正》,北京:中华书局,1985 年,第 54、356 页。
⑥ (清)严可均:《全上古三代秦汉三国六朝文》,北京:中华书局,1958 年,第 722 页。

仲长统批评昏君暗主曰：

> 彼后嗣之愚主，见天下莫敢与之违，自谓若天地之不可亡也，乃奔其私嗜，骋其邪欲，君臣宣淫，上下同恶。目极角抵之观，耳穷郑卫之声。入则耽于妇人，出则驰于田猎。荒废庶政，弃亡人物，澶漫弥流，无所底极。信任亲爱者，尽佞谄容说之人也；宠贵隆丰者，尽后妃姬妾之家也。使饿狼守庖厨，饥虎牧牢豚，遂至熬天下之脂膏，斫生人之骨髓。怨毒无聊，祸乱并起。①

荀爽批评君主奢靡享乐，曰：

> 臣窃闻后宫采女五六千人，从官侍使复在其外。冬夏衣服，朝夕禀粮，耗费缣帛，空竭府藏，征调增倍，十而税一，空赋不辜之民，以供无用之女，百姓穷困于外，阴阳隔塞于内。②

上述诸人的言论，皆认为昏君暗主必然导致社会动荡和危机，若不采取挽救措施，则帝祚必倾。在他们看来，君主的职责在于为民服务，君主失德，则举国乱亡。君主的明与暗，决定国家的治与乱，君主能"明"，则臣下定当尽忠职守，"是以忠臣必待明君乃能显其节，良吏必得察主乃能成其功。君不明，则大臣隐下而遏忠，又群司舍法而阿贵"。③

荀悦同样肯定君与臣皆为治政的主体，认为"非天地不生物，非君臣不成治。首之者天地也，统之者君臣也"。④ 他把君臣与天地相比类，认为君臣的统治地位是天经地义的事情。他曾划分君臣之品，将君主分为明主、圣王和暗主、凡主，将臣子分为忠臣和邪臣、谄臣。他既反对君主独裁一切，又反对臣下夺主威权，并认为明君忠臣是最理想的君臣关系。荀悦主张为人臣者，在忠君之余，不能一味顺从君主之意，而要对君主过失及时指正，只有这样才算是真正的尽忠。他说：

> 人臣之义，不曰吾君能矣，不我须也，言无补也，而不尽忠；不曰吾

---

① （南朝宋）范晔：《后汉书》卷 49《仲长统传》，北京：中华书局，1965 年，第 1647 页。
② （南朝宋）范晔：《后汉书》卷 62《荀爽传》，北京：中华书局，1965 年，第 2055 页。
③ （汉）王符著，汪继培笺，彭铎校正：《潜夫论笺校正》，北京：中华书局，1985 年，第 362 页。
④ （汉）荀悦：《申鉴》卷 4《杂言》，"丛书集成初编本"，长沙：商务印书馆，1937 年，第 17 页。

君不能矣,不我识也,言无益也,而不尽忠。必竭其诚,明其道,尽其义,斯已而已矣。不已则奉身以退,臣道也。故君臣有异无乖,有怨无憾,有屈无辱。①

忠臣不能仅仅俯首帖耳、惟命是从,还要以匡正君主之过为务。他斥责那些只知服从的臣子,曰:"人臣有三罪,一曰导非,二曰阿失,三曰尸宠。以非引上谓之导,从上之非谓之阿,见非不言谓之尸。导臣诛,阿臣刑,尸臣绌。"此所谓"三罪",归结到一点,就是对君主过失的放任。基于此,荀悦提出所谓"进忠三术":"一曰防,二曰救,三曰戒。先其未然谓之防,发而止之谓之救,行而责之谓之戒。防为上,救次之,戒为下。"②他又提出所谓"从道不从君"的命题,曰:"违上顺道,谓之忠臣;违道顺上,谓之谄臣。忠所以为上也,谄所以自为也。忠臣安于心,谄臣安于身。"③"从道不从君"远承先秦儒家的传统,荀悦重提此义的最终目的不是为了限制王权,而是以巩固王权统治秩序为目的,他所防、所救、所戒的不过是昏君暗主的过失,若当朝者是明君圣王,自不会有什么臣子"违上顺道"的产生。

在维护君统的同时,思想家们又强调治世必须有贤臣辅佐。如崔寔曰:"自尧舜之帝,汤武之王,皆赖明哲之佐,博物之臣。故皋陶陈谟而唐虞以兴,伊、箕作训而殷周用隆。及继体之君,欲立中兴之功者,曷尝不赖贤哲之谋乎。"④如果尧舜、汤武之类的圣王没有皋陶、伊尹、箕子之类的贤臣为辅,很难成就大业。明君必有贤臣方能治世清明。君臣之间应当建立起一种协调一致的关系,故崔寔陈述他心目中理想的君臣模式,曰:"国有常君,君有定臣,上下相安,政如一家。"⑤

王符认为明君必须做到兼听、纳谏、任贤使能,并要求君主加强自身修养。在他看来,兼听还是偏信是区分明君或暗主的主要标准之一。"君之所以明者兼听也,其所以暗者偏信也。是故人君通心兼听,则圣日广矣;庸说偏信,则愚日甚矣。"⑥君主施政时,要能广泛采纳群臣意见,然后作出正确、可行的决策,不可凭借自己的主观臆断,肆意而为。王符把当时朝政中君主"偏信"的原因归咎于权宦的专权。因为权宦把持仕进之路,使贤臣不能进,

① (汉)荀悦:《申鉴》卷4《杂言》,"丛书集成初编本",长沙:商务印书馆,1937年,第18页。
② (汉)荀悦:《申鉴》卷4《杂言》,"丛书集成初编本",长沙:商务印书馆,1937年,第18页。
③ (汉)荀悦:《申鉴》卷4《杂言》,"丛书集成初编本",长沙:商务印书馆,1937年,第19页。
④ (南朝宋)范晔:《后汉书》卷52《崔寔传》,北京:中华书局,1965年,第1725页。
⑤ (清)严可均:《全上古三代秦汉三国六朝文》,北京:中华书局,1958年,第725页。
⑥ (汉)王符著,汪继培笺,彭铎校正:《潜夫论笺校正》,北京:中华书局,1985年,第54页。

而专利之徒显贵于朝,导致"听塞于贵重之臣,明蔽于骄妒之人"。① 他认为"人君常有过",君主要善于纳谏,接受贤臣的批评,广开言路,这样才能减少决策失误。他将"纳谏"奉为"神明之术",如果君主失去此术,就会"令臣钳口结舌而不敢言。此耳目所以蔽塞,聪明所以不得也"。他还要求君主提高个人道德修养,注重个人品行,以起到表率作用,使上行下效,"民固随君之好""人君身修正,赏罚明者,国治而民安"。② 需要指出的是,王符所主张的君主兼听、纳谏,同样不是要削弱君主的政治权威,实际上恰恰相反,他的这些主张是以巩固君主的最高权威为核心的。他所针对的主要是权宦当道、君主失权的现状,强调君主主政的重要性与必要性。他说:"制下之权,日陈君前,而君释之,故令群臣懈弛而背朝。此威德所以不照,而功名所以不建也。"③为了改变这种状况,王符要求君主必须"明操法术""自握权秉"。他说:"夫术之为道也,精微而神,言之不足,而行有余;有余,故能兼四海面照幽冥。权之为势也,健悍以大,不待贵贱,操之者重;重,故能夺主威而顺当世。是以明君未尝示人术而借下权也""所谓术者,使下不得欺也;所谓权者,使势不得乱也。术诚明,则虽万里之外,幽冥之内,不得不求救;权诚用,则远近亲疏,贵贱贤愚,无不归心矣"。④ 在王符看来,"术"具有某种"道"的属性,不能以言语说明,"术"主要是要运用于政治实践中体现其在治道中的作用;"权"为权势,操"权"则能威行当世,所以明君要藏其"术"而深用之,握其"权"而威行之。王符这种对于"权""术""势"的强调,可以说是对法家权术理论的借鉴,实际上也是对东汉自光武帝始所主张的"经术"与"文法"并重的政治路线的另一种阐述。

汉末社会批判的矛头指向权宦当道的社会现实,思想家们期望明君圣主的出现,重整统治秩序,并提出诸多建议、设计。在他们看来,东汉末期的统治秩序是一种"畸形状态",君主的政治权威地位被外戚、宦官所取代,君臣纲纪失序。此批判思潮的兴起,虽就社会现实政治多有批判,但他们对于刘氏皇权统治的合法性、合理性并未产生任何质疑。他们是以维护刘氏皇权统治为核心,其批判现实政治的目的在于使刘氏皇权统治恢复到"正常状态"。他们都是刘氏王朝的"忠君者",要维护刘氏正统的延祚。这种社会批

---

① (汉)王符著,汪继培笺,彭铎校正:《潜夫论笺校正》,北京:中华书局,1985 年,第 55 页。

② (汉)王符著,汪继培笺,彭铎校正:《潜夫论笺校正》,北京:中华书局,1985 年,第 360、23、307 页。

③ (汉)王符著,汪继培笺,彭铎校正:《潜夫论笺校正》,北京:中华书局,1985 年,第 360 页。

④ (汉)王符著,汪继培笺,彭铎校正:《潜夫论笺校正》,北京:中华书局,1985 年,第 364、357 页。

判思潮,与西汉末期儒家们批评现实的思想理路有着截然不同的表征。西汉末期儒家循着"五德终始"、三统论的思路,认为"天命"并不私于一姓,故有眭孟请求"异姓禅代",甘忠可、夏贺良主张"更受命"说的出现。他们鼓荡出一种"汉运将终"的思潮,实际是对西汉刘氏统治的正统性、合法性提出了怀疑、质疑甚或否定,最终促成新莽代汉。有鉴于此,东汉自光武帝始,极力控制儒学与儒生,通过规范经学、"吏化"儒生,使儒学成为刘氏皇权统治的附庸品,儒生成为国家的"职业官僚"。在东汉统治者眼中,现实政治的合理性问题不再允许在学术领域中进行讨论,士人们被绑定在刘氏皇权的马车上。王符、仲长统、崔寔等人的社会批判,始终围绕着维护和巩固刘家天下的政治目的,从未质疑过刘氏皇权的统治是否合理,更未滋生出什么新王代兴的学说。他们的政治主张不过是为了挽救东汉末年政治黑暗、吏治腐败、纲纪沦丧所提出的救世之方。他们所期望的是这些主张能够得到刘氏统治者的采纳、推行。

(二)"贤人政治"的主张

社会批判思想家们抨击昏君暗主、权宦专权的最终落脚点,在于期盼统治者能够任贤使能,推行"贤人政治"。他们首先批判当时吏治腐败的现实,继而集中讨论官吏的选任、考课等问题,表达的是朝野士人对于仕途不畅的不满。

东汉末年,选官的运作为外戚、宦官、豪族所操纵,在仕途上出现"名实不相副,求贡不相称""官无直吏,位无良臣"[①]的局面,王符揭露东汉后期吏治腐败、所用非人的现象,曰:

> 群僚举士者……名实不相副,求贡不相称。富者乘其财力,贵者阻其势要。以钱多为贤,以刚强为上。凡在位所以多非其人,而官听所以数乱荒也。[②]

他发出"今汉土之广博,天子尊明,而曾无一良臣"[③]的感叹,认为国家欲长治久安,士风良美,就必须真正做到"赏贤使能"。他说:"臣者治之材也。工欲善其事,必先利其器。是故将致太平者,……必先安其人;安其人者,必先审择其人。"[④]贤者的重要性,关涉国家兴亡,"国以贤兴,以谄衰"。[⑤] 王符十分

---

① (汉)王符著,汪继培笺,彭铎校正:《潜夫论笺校正》,北京:中华书局,1985年,第68、151页。
② (汉)王符著,汪继培笺,彭铎校正:《潜夫论笺校正》,北京:中华书局,1985年,第68页。
③ (汉)王符著,汪继培笺,彭铎校正:《潜夫论笺校正》,北京:中华书局,1985年,第159页。
④ (汉)王符著,汪继培笺,彭铎校正:《潜夫论笺校正》,北京:中华书局,1985年,第90页。
⑤ (汉)王符著,汪继培笺,彭铎校正:《潜夫论笺校正》,北京:中华书局,1985年,第151页。

注重任用贤能的作用，认为社会混乱出于庸人当道，素餐尸位。他说：

> 夫十步之间，必有茂草；十室之邑，必有俊士。贤材之生，日月相
> 属，未尝乏绝。……以汉之广博，士民之众多，朝廷之清明，上下之修
> 治，而官无直吏，位无良臣。此非今世之无贤也，乃贤者废锢而不得达
> 于圣主之朝尔。①

可见，朝野并非没有贤能，他们不能被任职用事是因为当权官宦结党营私、"壅蔽贤士"。为此，王符等人又对贤才的选用、考课等问题各抒己见。

在朝野士人贤愚难分、假贤猖獗的背景下，王符强调"真贤"的作用，认为贤能与否不在于贫富贵贱，"所谓贤人君子者，非必高位厚禄富贵荣华之谓也，此则君子之所宜有，而非其所以为君子者也。所谓小人者，非必贫贱冻馁困辱厄穷之谓也，此则小人之所宜处，而非其所以为小人者也""故君子未必富贵，小人未必贫贱"。② 基于此，他反对权宦之家世袭官位的现象，提出"苟得其人，不患贫贱；苟得其材，不嫌名迹"③的用人原则。只要是"真贤"，不论出身贵贱，地位高下，皆应委政事而重用之。何谓"真贤"？王符给出标准，曰："不损君以奉佞，不阿众以取容，不堕公以听私，不挠法以吐刚，其明能照奸，而义不比党。"④在他眼中，"真贤"必是刚正不阿、克己奉公、材足治平之人。

仲长统也提出用人原则，曰"官人无私，唯贤是亲"⑤，把"德"与"才"作为选官的基本标准，反对以"阀阅"取士的作法。他说："今反谓薄屋者为高，藿食者为清，既失天地之性，又开虚伪之名，使小智居大位，庶绩不咸熙，未必不由此也。得拘洁而失才能，非立功之实也。以廉举而以贪去，非士君子之志也。夫选用必取善士。"⑥所谓"善士"即德才兼备之士，其特征为"使通治乱之大体者，总纲纪而为辅佐；知稼穑之艰难者，亲民事而布惠利"⑦，能够沟通君主与民众，擅长治世之术。至于那些依靠家族门荫登任大位，尸位素餐者，自然不在仲长统所言的"善士"之列。仲长统同样认为朝野固

---

① （汉）王符著，汪继培笺，彭铎校正：《潜夫论笺校正》，北京：中华书局，1985 年，第 151 页。
② （汉）王符著，汪继培笺，彭铎校正：《潜夫论笺校正》，北京：中华书局，1985 年，第 32、34 页。
③ （汉）王符著，汪继培笺，彭铎校正：《潜夫论笺校正》，北京：中华书局，1985 年，第 91 页。
④ （汉）王符著，汪继培笺，彭铎校正：《潜夫论笺校正》，北京：中华书局，1985 年，第 98 页。
⑤ （汉）王符著，汪继培笺，彭铎校正：《潜夫论笺校正》注引《群书治要》载《昌言》，北京：中华书局，1985 年，第 308 页。
⑥ （南朝宋）范晔：《后汉书》卷 49《仲长统传》，北京：中华书局，1965 年，第 1655 页。
⑦ （清）严可均：《全上古三代秦汉三国六朝文》，北京：中华书局，1958 年，第 948 页。

有贤人：

> 丁壮十人之中，必有堪为其什伍之长，推什长已上，则百万人也。又十取之，则佐史之才已上十万人也。又十取之，则可使在政理之位者万人也。……充此制以用天下之人，犹将有储，何嫌不足也？故物有不求，未有无物之岁也；士有不用，未有少士之世也。①

在他看来，整个社会的民众都在选贤的范围之内，贤才之储备众多，用之不竭，非谓国无贤士也。

王符等人还对官吏的任免、考课提出一系列建议。王符认为统治者用人应当审慎，"为官择人，必得其材，功加于民，德称其位"。② 这关系到国家行政的好坏，"国家存亡之本，治乱之机，在于明选而已矣"。③ 因而，他强调对被选之士进行"考功"，认为"凡南面之大务，莫急于知贤；知贤之近途，莫急于考功。功诚考则治乱暴而明，善恶信则真贤不得见障蔽，而佞巧不得窜其奸矣"。④ 人才被选后，则要"量才授任"，按照其真才实学，授以不同等级的官职，使士人能够才称其位，各为其用。仲长统明确提出人才能力的高下，当与其所任官职的高下相匹配，"一伍之长，才足以长一伍者也；一国之君，才足以君一国者也；天下之王，才足以王天下者也"。⑤ 统治者做到选贤任能，量才任用，则可保障国家行政制度的正常、有效运作，从而使朝野清明，君臣纲纪得序，刘氏皇权稳固。

汉末社会批判思潮，是汉代政治与精神生活领域的重要内容，在中国思想发展史上有着独特的历史价值和理论意义。批判思想家们的矛头直指权宦当道的社会危机，希望昏君消亡、明君降世，希望明主能够重整皇权统治的正常秩序。在他们看来，东汉末期的外戚与宦官交相专权，严重削弱皇帝的政治权威，是一种"畸形"的统治形态。君臣纲纪失序，士人官僚无以推展其政治抱负。思想家们要求统治者选用贤人，并提供有关"贤人"标准、用贤原则、官吏考课等具体建议。这些主张皆出于当时士人群体仕途不畅的不满，而寄希望于刘氏君主能够采用"贤人政治"，摒弃当朝权宦与世家豪族势力对察举制度运作的操纵。他们仍是刘氏皇权的"卫道士"，试图为东汉王

---

① （南朝宋）范晔：《后汉书》卷49《仲长统传》，北京：中华书局，1965年，第1654页。
② （汉）王符著，汪继培笺，彭铎校正：《潜夫论笺校正》，北京：中华书局，1985年，第82页。
③ （汉）王符著，汪继培笺，彭铎校正：《潜夫论笺校正》，北京：中华书局，1985年，第90页。
④ （汉）王符著，汪继培笺，彭铎校正：《潜夫论笺校正》，北京：中华书局，1985年，第62页。
⑤ （南朝宋）范晔：《后汉书》卷49《仲长统传》，北京：中华书局，1965年，第1653页。

朝寻找出一条救世的出路。他们的方案不外乎强化君主集权、抑制外戚与宦官专权。尽管他们也提出过"刑德并举""礼法兼用"的治国之道,却不过是东汉自光武以来所奉行之"经术"与"文法"并重的政治路线的回溯。甚至可以说,在王符等人的心目中,所谓"建武、永平之政"才是他们理想的治世形态,他们批判的最终目的和诉求无外乎将现实政治运作拉回到它本来的"正常秩序"。他们不可能质疑刘氏一统的合理性,也不以寻找新的理想代理人作为除弊革新的途径。在这一层面上而言,东汉末年的批判思想家们早已失却了兴于先秦而在西汉末期尚有"余绪"的"志于道"的理想传统。他们的政治主张,不过是针对东汉末年社会、政治领域内的具体问题所作的应对建议,在思想上没有形成一套完整的、成体系的"理想"政治理论体系,更不存在以某种"理想"政治模式来改造社会现实的思维理路。他们在思想领域内对外戚、宦官专权所带来的黑暗政治展开批判,虽然不像党人的直接反抗那般激烈,但同样表现出士人不慕权势的名节与品格。

第七章　宣汉:东汉政权合法性的"异例"论证

　　光武、明、章帝亲执讲筵、控制儒学,把儒生们思考的内容、对经书的解读,固定在汉家统治实践的范围之内。刘氏皇权仍然通过天人感应、谶纬神学来论证汉家统治的合理性,同时又通过规范化谶纬与经学的方式来消解儒生们"道高于势"的传统。光武帝"吏化"儒生,是要儒生们能够通经致用、担负起行政岗位的职责。通经致用,就要关注现实,就要站在社会实践的角度考量学术问题。但儒生们曲解儒家经典,宣扬神秘主义的天道观,鼓吹经传与圣人崇拜,使学术变得愈来愈"虚妄"。

　　王充亲历光武、明、章、和帝四朝,对于东汉前期的政治实践与学术发展有着较为清醒的认识。他对"虚妄显于真,实诚乱于伪"的局面"疾心伤之",故"心溃涌,笔手扰"以作书,将批判的矛头指向整合社会的意识形态领域,欲"悟迷惑之心,使知虚实之分"。①《论衡·自纪》载王充"既疾俗情,作《讥俗》之书;又闵人君之政,徒欲治人,不得其宜,不晓其务,愁精苦思,不睹所趋,故作《政务》之书。又伤伪书俗文多不实诚,故为《论衡》之书"。② 惜《讥俗》《政务》亡佚,仅余《论衡》之书。《论衡》凡八十五篇,佚一篇,实存八十四篇。王充作《论衡》的宗旨在于"破虚崇实""考论实虚""订其真伪,辩其实虚""使俗务实诚"③,并指出圣人著书是为了"匡济薄俗,驱民使之归实诚也"。④ 概言之,即"疾虚妄"以"立实诚"。王充力图反思官方学术的"虚妄",将学术由神学拉回到学术本来的面目;同时他又肯定光武以来的政治实践,宣扬"汉胜于周""今胜于古"。王充的思想体系立足于东汉现实制度,肯定汉家制度的合理性。思想体系迥异于官方学术,是对官方学术的反思。综言之,他的"宣汉"思想,是对刘氏皇权政权合法性的"异例"论证。

---

① 黄晖:《论衡校释》,北京:中华书局,1990年,第1180页。
② 黄晖:《论衡校释》,北京:中华书局,1990年,第1194页。
③ 黄晖:《论衡校释》,北京:中华书局,1990年,第1190、1181、1页。
④ 黄晖:《论衡校释》,北京:中华书局,1990年,第1177页。

第一节　"疾虚妄"而"立实诚"

汉代思想家吸收阴阳五行、同类相感等思想,把天命论改造成天人感应说,且因为统治者的重视和提倡,逐渐弥漫于社会。由此继续发展,又与谶纬神学相结合,编组成各种神秘主义思想,并将《五经》与孔子神圣化。经学的神学化,意味着与现实世界的疏离。儒生们谈论天命、鬼神、迷信,既无益于具体政治实践,又将学术引入了歧途。王充反思当时学术领域出现的问题,试图破除经学发展中的神秘主义因素,将经学拉回到学术探讨本身,将孔子由"神"还原为原初的学者身份。

一、批判神秘主义的天道观

在当时俗儒眼中,"天"是"百神之君""群物之祖",是政治、社会、自然、人生等一切规范的本源,"道之大原出于天"。[①] 刘泽华总结东汉的统治思想,曰:"以'天'为最高范畴,天人感应为基本逻辑结构,儒家礼仁思想为内核,辅以刑名之说,杂以谶纬符命,建构起驳杂庞大的思想体系。"[②]"天"有意识地创造世间万物,是世界的主宰。君主则秉"天命"统治万民,并设计出一套三纲五常的统治秩序。"天"降下瑞应表示把统治权交给君主,又降下阴阳灾异警告君主,要他们好好进行统治。天人相副,天人相感。这种神秘主义的思想体系是两汉社会君臣民所普遍接纳的思想意识。兴于西汉成、哀之际,盛于东汉一代的谶纬迷信思想更将这种政治哲学中的神秘主义因素发挥到了极致。"天人感应"的哲学,配上谶纬、符命等怪论,几乎没有什么真理可言。

王充为破除对"天"的迷信,提出"天道自然无为"说,认为"天"是"自然"的"天",而不是神性的"天"。《论衡·自然》曰:

> 天地合气,万物自生,犹夫妇合气,子自生矣。万物之生,含血之类,如饥知寒。见五谷可食,取而食之;见丝麻可衣,取而衣之。或说以为天生五谷以食人,生丝麻以衣人。此谓天为人作农夫桑女之徒也,不

---

① (汉)班固:《汉书》卷56《董仲舒传》,北京:中华书局,1962年,第2518—2519页。

② 刘泽华:《中国政治思想史》(秦汉魏晋南北朝卷),杭州:浙江人民出版社,1996年,第314页。

合自然，故其义疑，未可从也。①

他认为天地是由"气"形成的。"气"是一种无形的物质粒子，是天地万物的基本元素。"气"充塞于天地之间，和万物互相转化。"气"凝结而成天地，所以天地本身则是"体"而不是"气"。他说：

> 天地，含气之自然也。

> 如实论之，天、体，非气也。

> 夫天者，体也，与地同。天有列宿，地有宅舍；宅舍附地之体，列宿着天之形。②

又《变虚》曰："夫天，体也，与地无异。"③这种"自然"的"天"是"自生"的，是"无知"的物质实体，没有耳目手足，根本谈不上意志，更不是什么造物主。他说：

> 何以（知）天之自然也？以天无口目也。案有为者，口目之类也。口欲食而目欲视，有嗜欲于内，发之于外，口目求之，得以为利，欲之为也。今无口目之欲，于物无所索，夫何为乎？何以知天无口目也？以地知之。地以土为体，土本无口目。天地，夫妇也，地体无口目，亦知天无口目也。使天体乎？宜与地同。使天气乎？气若云烟，云烟之属，安得口目？

> 观鸟兽之毛羽、毛羽之采色，通可为乎？鸟兽未能尽实。春观万物之生，秋观其成，天地为之乎？物自然也？如谓天地为之，为之宜用手，天地安得万万千千手，并为万万千千物乎？④

所谓"天地合气，人偶自身""天地合气，万物自生"⑤，世间万物皆自生自成，

---

① 黄晖：《论衡校释》，北京：中华书局，1990 年，第 775 页。
② 黄晖：《论衡校释》，北京：中华书局，1990 年，第 473、428、1047 页。
③ 黄晖：《论衡校释》，北京：中华书局，1990 年，第 206 页。
④ 黄晖：《论衡校释》，北京：中华书局，1990 年，第 775—776、779—780 页。
⑤ 黄晖：《论衡校释》，北京：中华书局，1990 年，第 144、775 页。

并非有什么"天意"的安排。人的精神智慧亦来源于"精气"。"夫人所以生者,阴、阳气也。阴气主为骨肉,阳气主为精神。人之生也,阴、阳气具,故骨肉坚、精气盛。精气为知,骨肉为强。故精神言谈,形体固守。骨肉精神,合错相持,故能常见而不灭亡也。"①王充认为天道自然无为,"天动不欲以生物,而物自生,此则自然也。施气不欲为物,而物自为,此则无为也"。② 天并不会干涉万物自生的活动。

王充在宣扬"天道自然无为"的同时,也肯定人的主观能动性,认为人的行动是有目的、有意识的活动,即人的行动是"有为"的。他说:

> 人之行,求有为也。人道有为,故行求。……天之行也,施气自然也。施气则物自生,非故施气以生物也。不动,气不施;气不施,物不生,与人行异。日月五星之行,皆施气焉。③

面对"无为"的自然世界,人并非完全无能为力。人们能够通过"有为"的活动,利用自然界的事物来满足自身的生活所需,而自然界的事物只有通过人的"有为"活动才能成为人们需要的东西。这实际触及到人的主观能动性的命题,在有限的程度上认识到了人的活动改造自然的积极意义。只不过囿于时代局限,王充所说的人对自然的作用仅仅局限于谋取人类日常生活资料这一点上,而且认为归根结底人不能夺自然造化之功。试举王充对农业的看法为例:

> 然虽自然,亦须有为辅助。耒耜耕耘,因春播种者,人为之也。及谷入地,日夜长大,人不能为也。或为之者,败之道也。宋人有闵其苗之不长者,就而揠之,明日枯死。夫欲为自然者,宋人之徒也。④

人们虽然可以用耒耜为辅,但谷物播种后却依赖地力方能收获,揠苗助长只能带来失败。这说明人只能利用自然规律为自己谋福利,却不能制造或改造自然规律。

针对汉儒一贯主张的天以"灾异谴告"君主之说,王充直斥曰:"谴告之

---

① 黄晖:《论衡校释》,北京:中华书局,1990 年,第 946 页。
② 黄晖:《论衡校释》,北京:中华书局,1990 年,第 776 页。
③ 黄晖:《论衡校释》,北京:中华书局,1990 年,第 502 页。
④ 黄晖:《论衡校释》,北京:中华书局,1990 年,第 780 页。

言,衰乱之语也,而谓上天为之,斯盖所以疑也。"[1]所谓"灾异"不过是自然现象,与汉家君主贤暴、政治得失毫无关系。谴告之言,不过是统治阶层的"神道设教",是欲借神学内容愚弄、欺骗民众的手段,故《论衡·谴告》曰:"六经之文,圣人之语,动言'天'者,欲化无道,惧愚者,欲言非独吾心,亦天意也。及其言天,犹以人心,非谓上天苍苍之体也。变复之家,见诬言天,灾异时至,则生谴告之言矣。"所谓"自然无为,天之道也""使应政事,是有为,非自然也"[2],"天道"既然是"自然无为"的,那么"天"就无所谓"感应",更无所谓"谴告"之论。

"符瑞"思想是君权神授思想的表现形式,它将龙、麒麟、凤凰、雨露、嘉禾、芝草等等,视为君主"受命于天"的标识。俗儒们硬生生地将帝王之家描绘成生而有异、与民不同的独特存在。他们编造出尧母感赤龙、禹母吞薏苡、契母食燕卵、后稷母履大人迹、高祖母与神龙遇等神话。王充指出时人深受此类荒诞谎言的影响,曰:"世好奇怪,古今同情,不见奇怪,谓德不异,故因以为姓。世间诚信,因以为然;圣人重疑,因不复定。世士浅论,因不复辩。儒生是古,因生其说。"[3]他认为这种"受命之符"是没有任何事实依据的。"人,物也。虽贵为王侯,性不异于物"[4],王侯与常人都是"物"而非"神"。他还指出"物生自类本种"[5],帝王将相同样是同类本种的"人"所生的。"天"根本不能生人,因为只有同类物种之间才能互相交合。天与人不同类,自然也不能交合生子。人生于天地之间,就如同虱子生于人身上一样,并不是人想要生出虱子,也不是天要故意造出人。他说:

> 天地之间,异类之物相与交接,未之有也。天人同道,好恶均心,人不好异类,则天亦不与通。人虽生于天,犹蚁虱生于人也;人不好蚁虱,天无故欲生于人。何则?异类殊性,情欲不相得也。[6]

这里的"人生于天",指的是人禀受自然之气而生,与"天"有意志地造人并不相同。不仅如此,王充还指出世间一切物种皆同类相合而生,如雄马与雌马、公牛与母牛等,异类的物种之间如马与牛是不能交合产子的。推而衍之,龙与人亦非同类,自然也不能交合。他说:

---

① 黄晖:《论衡校释》,北京:中华书局,1990年,第784页。
② 黄晖:《论衡校释》,北京:中华书局,1990年,第647、128、631页。
③ 黄晖:《论衡校释》,北京:中华书局,1990年,第164页。
④ 黄晖:《论衡校释》,北京:中华书局,1990年,第318页。
⑤ 黄晖:《论衡校释》,北京:中华书局,1990年,第161页。
⑥ 黄晖:《论衡校释》,北京:中华书局,1990年,第162页。

　　且夫含血之类,相与为牝牡。牝牡之会,皆见同类之物,精感欲动,乃能授施。若夫牡马见雌牛,雄雀见牝鸡,不相与合者,异类故也。今龙与人异类,何能感于人而施气?①

这就客观上对所谓龙生刘邦之类的帝王神话提出质疑。王充认为,所谓"符瑞"不过是一些珍禽奇兽、奇花异草罢了,并没有什么神性。只不过由于人们不能常见,才少见多怪,将之奉为神物。所谓"符瑞",不过是牵强附会之谈。故《论衡·初禀》曰:

　　吉人举事,无不利者。人徒不召而至,瑞物不召而来,黯然谐合,若或使之。出门闻告,顾眄见善,自然道也。文王当兴,赤雀适来;鱼跃鸟飞,武王偶见,非天使雀至、白鱼来也,吉物动飞,而圣遇也。白鱼入于王舟,王阳曰:"偶适也"。光禄大夫刘琨,前为弘农太守,虎渡河,光武皇帝曰:"偶适自然,非或使之也。"故夫王阳之言"适",光武之曰"偶",可谓合于自然也。②

所谓符瑞之物,也是"合于自然"而生。这就破除了所谓符应为天命象征的神秘主义宣传。"此皆自然"的论断,实际将谶纬之说对于"天"的崇拜全然地归于虚妄荒诞。

　　侯外庐先生总结王充"天道"哲学思想曰:

　　王充把宗教的"天"还原为物质的"天",也必然同时把目的论的"天"还原为自然天道观的"天",这就斩断了天人之间的感应。这种天人感应,在两汉农民战争起伏之际,正是借"天"的"符瑞"和"谴告"来装饰统治阶级的势力示威和权力再兴,以便用宗教的鸦片烟麻痹人民的政治意识,幻想由"天"的符瑞和谴告等现象引致政治盛世的到来。王充由攻击"天"的目的论而达到对符瑞和谴告的揭露,乃是极自然的逻辑途径。③

侯氏之论,颇得其实。自董仲舒明"天人感应"之说,历代汉儒更相推演、增

---

① 黄晖:《论衡校释》,北京:中华书局,1990 年,第 161 页。
② 黄晖:《论衡校释》,北京:中华书局,1990 年,第 131 页。
③ 侯外庐:《中国思想通史》(第二卷),北京:人民出版社,1957 年,第 280 页。

饰,改变了儒学内部的"质",披上了"巫祝图谶"的神秘外衣,使儒家改塑成了神圣的"儒教"。《论衡》全书就是披露这天人感应说的妄诞。用自然主义为其理论的出发点。"①

二、破除圣人与经传崇拜

通过神化"圣人"来神化经学,是汉代政治思想的另一个特色。《春秋繁露》称"圣人之道,同诸天地"②,圣人能"知天地鬼神"。《白虎通·圣人》曰:"圣人所以能独见前睹,与神通精者,盖皆天所生也。"③汉儒眼中的圣人主要是先王与孔子。孔子被儒生们推为"素王",认为他是能够预言上下古今的圣人,他所作、所定的经书、言论也被视为能够解决一切问题的灵丹妙药。只要能够熟读经籍和孔子的学说,便可以"万物皆备于我",甚或成为"帝王师"了。儒生们神化孔子形象,曰:

> 孔子长十尺,海口尼首,方面,月角日准,河目龙颡,斗唇昌颜,均颐辅喉,骈齿龙形,龟脊虎掌,骈肩修肱,参膺圩顶,山脐林背,翼臂注头,阜胁堤眉,地足谷窍,雷声泽腹,修上趋下,末偻后耳,面如蒙倛,手垂过膝,耳垂珠庭,眉十二采,目六十四理,立如凤峙,坐如龙蹲,手握天文,足履度宇,望之如朴,就之如升,视若营四海,躬履谦让。腰大十围,胸应矩,舌理七重,钩文在掌。胸文曰:"制作定世符运"。孔子母微在,游大泽之陂,梦黑帝使,请己往梦交,语:女乳必于空桑之中。觉而若感,生丘于空桑之中。孔子曰:"某援律吹律,而知有姓也。"④

在这些儒生心目中,孔子已然不是"凡人",而成了"神人"。为破除汉世对于孔子的盲目崇拜,王充在《论衡·问孔篇》中列18例,以证孔子"之言上下多可违,其之前后多相伐"。《知实篇》列18例,以证圣人(孔子)不能先知。王充反对把圣哲偶像化,把圣哲和"神仙"等同起来,并进一步反对所谓"先知"和先验的知识。他批判汉儒所谓"前知千岁,后知万世,有独见之明,独听之聪,事来则名,不学自知,不问自晓,故称圣,(圣)则神矣"的观点,认为"所谓圣者,须学以圣。以圣人学,知其非圣。天地之间,含血之类,无性知者"。⑤

① 黄晖:《论衡校释自序》自序,北京:中华书局,1990年,第1页。
② (清)苏舆撰,钟哲点校:《春秋繁露义证》,北京:中华书局,1992年,第352页。
③ (清)陈立撰,吴则虞点校:《白虎通疏证》,北京:中华书局,1994年,第341页。
④ (日)安居香山、中村璋八:《纬书集成》,石家庄:河北人民出版社,1994年,第577页。
⑤ 黄晖:《论衡校释》,北京:中华书局,1990年,第1069、1082页。

他认为知识的来源在于前人的经验与后天的实践,"故夫可知之事者,思虑所能见也;不可知之事,不学不问不能知也。不学自知,不问自晓,古今行事,未之有也"。① 圣人的知识同样需要"任耳目以定情实"②,不经过感官对外界事物的接触而产生的知识是不存在的,因为"如无闻见,则无所状""不目见口问,不能尽知"。③ 圣人的认知能力同样具有局限性,故"天下之事,世间之物,可思而知,愚夫能开精,不可思而知,上圣不能省"。④ 在这一性质上,圣人与"愚夫"并无不同,因为他们都有同样的感官,并皆须通过感官了解世界、获取知识。王充还举例说:

> 使一人立于墙东,令之出声,使圣人听之墙西,能知其黑白、短长、乡里、姓字、所自从出乎? 沟有流潦,泽有枯骨,发首陋亡,肌肉腐绝,使圣人询之,能知其农商、老少、若所犯而坐死乎? 非圣人无知,其知无以知也。⑤

由此可见,知识来源于感觉和印象,而感觉和印象则是人们的肉体感官和外界事物相接触的产物,不管是直接地或间接地接触外界事物,都必须通过感官,这是确定不移的真理。圣人并没有特殊的感官,更不可能不通过感觉就认识事物,世间不存在先验的知识。因此,所谓圣人"神而先知",是绝对不可能的。圣人之所以能够对一般人所不能了解的事物有自己的认识,不过是由于学问。所谓学问,就是熟悉前人或别人的经验知识。这在前人或别人说来仍是直接的经验,是由他们的感官对外界事物的直接接触而来的东西,不是从天上掉下来的。正如王充所言"因前类古,皆有所状"。所以,有些简单的事物,凭我们的直接经验就可以认识了,而认识一些复杂的、不易了解的事物则必须借助于前人或别人的直接经验,必须靠学问。圣人与众不同之处,就在于掌握了前人和别人积累的知识。《实知篇》曰:

> 以今论之,故夫可知之事者,思虑所能见也;不可知之事,不学不问不能知也。不学自知,不问自晓,古今行事,未之有也。夫可知之事,惟精思之,虽大无难;不可知之事,厉心学问,虽小无易。故智能之士,不

---

① 黄晖:《论衡校释》,北京:中华书局,1990 年,第 1075—1076 页。
② 黄晖:《论衡校释》,北京:中华书局,1990 年,第 1084 页。
③ 黄晖:《论衡校释》,北京:中华书局,1990 年,第 1072、1078 页。
④ 黄晖:《论衡校释》,北京:中华书局,1990 年,第 1084 页。
⑤ 黄晖:《论衡校释》,北京:中华书局,1990 年,第 1077—1078 页。

学不成，不问不知。①

从这个意义上讲，人人皆可成为圣人，只要善于获得学问即可。圣人绝非高不可攀，也不具有神性。人固然有天资不同，但这并非是区别"圣人"与"愚夫"的绝对标准。圣人与愚夫的主要区别在于后天的学问，故王充称："人含五常之性，贤圣未之熟锻炼耳，奚患性之不善哉。"②

汉儒奉《论语》为圣典，尊孔子为最完美的道德楷模。王充则质疑圣贤之书，曰："夫贤圣下笔造文，用意详审，尚未可谓尽得实，况仓卒吐言，安能皆是？不能皆是，时人不知难；或是，而意沉难见，时人不知问。案贤圣之言，上下多相违，其文，前后多相伐者，世之学者，不能知也。"③他认为圣贤也难免犯错，其所作之文也多见"相违""相伐"之处。王充将孔子看作"贪官好仕""言无定趋"之人，在人格上并不完美，认为"孔子不仕，不为行道，徒求食也"。④他说："苟有不晓解之问，追难孔子，何伤于义？诚有传圣业之知，伐孔子之党，何逆于理？"⑤认为追难孔子并不会有损于大义、真理。需要指出的是，王充虽批判"俗儒"将孔子神化的作法，但对孔子本人的成就却也颇为赞许，如《效力篇》称孔子为"圣才""巨木"，《须颂篇》称孔子"篇家""鸿笔"，《逢遇篇》称"周圣师""贤圣之臣"，《感类篇》称"大人"，《艺增篇》称"君子"，《本性篇》称孔子为"道德之祖"，《书序篇》称孔子"功德应天"等。王充所批判的不过是汉代"俗儒"们对孔子的"神化"与盲目崇拜。可以说，王充作《问孔》《刺孟》《实知》《知实》等篇的目的是：剥去"俗儒"对孔子神圣化的鼓吹，还原孔子本来面貌，将孔子由"神"恢复为学者、知识分子的身份。

儒家经典是汉儒政治与学术思想的载体和依据。随着汉代经学与刘氏皇权的结合，儒生以阴阳五行、谶纬符命附会经义，使五经也逐渐被神秘化、法典化。经传崇拜演为当时的迷信。王充对于"世信虚妄之书，以为载于竹帛上者，皆圣贤所传，无不然之事，故信而是之，讽而读之"⑥的现实深为不满，故极力批判。王充认为："儒者说五经，多失其实。前儒不见本末，空生虚说；后儒信前师之言，随旧述故，滑习辞语，苟名一师之学，趋为师教授，及时蚤仕，汲汲竞进，不暇留情用心，考实根核。故虚说传而不绝，实事没而不

---

① 黄晖：《论衡校释》，北京：中华书局，1990年，第1075—1076页。
② 黄晖：《论衡校释》，北京：中华书局，1990年，第75页。
③ 黄晖：《论衡校释》，北京：中华书局，1990年，第295页。
④ 黄晖：《论衡校释》，北京：中华书局，1990年，第428页。
⑤ 黄晖：《论衡校释》，北京：中华书局，1990年，第397页。
⑥ 黄晖：《论衡校释》，北京：中华书局，1990年，第167页。

见,五经并失其实。"①故他在《论衡·艺增篇》逐一陈列《书》《诗》《易》《春秋》的不实之处,并评价曰:"经增非一,略举较著,令恍惑之人,观览采择,得以开心通意,晓解觉悟。"②王充质疑汉儒所传五经的真伪,曰:"今五经遭亡秦之奢侈,触李斯之横议,燔烧禁防。……汉兴,收五经,经书缺灭而不明,篇章弃散而不具。晁错之辈,各以私意分拆文字,师徒相因相授,不知何者为是。"③他认为五经遭秦"焚书"而书缺散佚,儒生们又以"私意"解说,实际已经造成经解繁复、乖谬、不知所从。在他看来,官方经学多荒诞不经,"《公羊》《谷梁》之传,日月不具,辄以意使。夫平常之事,有怪异之说;径直之文,有曲折之义,非孔子之心"。④ 在《书虚》《语增》《儒增》等篇中,王充列举大量事例,揭露传书"多欲立奇造异,作惊目之论,以骇世俗之人;多为谲诡之书,以著殊异之名"⑤,是"虚妄之书"。他批评荒诞的谶纬图书,认为这类预言吉凶祸福、充满神奇鬼怪内容的著作,决非出自圣人之手。它们是任何一个乱谈阴阳符命之说的人都能够完成的,是毫无价值的东西。他说:"谶书秘文,远见未然,空虚暗昧,豫睹未有,达闻暂见,卓谲怪神,若非庸口所能言,放象事类以见祸、推原往验以处来事者,贤者亦能,非独圣也。"⑥

汉儒在尊经的同时,极力贬抑诸子之书。王充则认为诸子之书的价值并不低于五经,称"《易》据事象,《诗》采民以为篇,《乐》须不民欢,《礼》待民平。四经有据,篇章乃成。《尚书》《春秋》,采掇《史记》。《史记》兴,与《书》无异。以民、事一意,六经之作皆有据。由此言之,书亦为本,经亦为末。末失事实,本得道质。折累二者,孰为玉屑?"⑦书是"本",经是"末",书的地位高于经。他说"诸子尺书,文篇具在,可观读以正说,可采掇以示后人"⑧,甚至认为诸子之书能校对经书的错谬,即"知经误者在诸子。诸子尺书,文明实是"。⑨ 王充将经书与诸子书相提并论,实际也是对俗儒盲目崇拜经传的反思。

在王充的心目中,当时经学家所治的经术,早已不是先秦时代的儒术。盲目的经传与圣人崇拜,使经学失却了经世致用的现实性。"说儒太隆"的

① 黄晖:《论衡校释》,北京:中华书局,1990年,第1123页。
② 黄晖:《论衡校释》,北京:中华书局,1990年,第381页。
③ 黄晖:《论衡校释》,北京:中华书局,1990年,第1159页。
④ 黄晖:《论衡校释》,北京:中华书局,1990年,第1141页。
⑤ 黄晖:《论衡校释》,北京:中华书局,1990年,第167页。
⑥ 黄晖:《论衡校释》,北京:中华书局,1990年,第1073页。
⑦ 黄晖:《论衡校释》,北京:中华书局,1990年,第1160页。
⑧ 黄晖:《论衡校释》,北京:中华书局,1990年,第1159页。
⑨ 黄晖:《论衡校释》,北京:中华书局,1990年,第1160页。

结果,使经学陷入教条、僵化。学术权威不容置疑,则学术发展难以求异、创新。王充力图破除这种盲目崇拜,剥去"俗儒"对孔子与经传神圣化的鼓吹,将孔子由"神"还原为学者身份,将经学由神圣化的探讨拉回到学术研究本身。这在当时学术"虚妄"的氛围下,是一股非常理性的清新之风,也是东汉学术发展中一个颇具特色的思想内容。

第二节　王充"宣汉"思想

王充针对东汉前期学术的"虚妄"极力批判,但学术批判并不是最终目的,它的落脚点在现实政治实践。东汉前期政治颇为清明,社会经济恢复,民众安居乐业,故后世史家多称许"建武、永平之政"。但"俗儒"中所盛行的"复古"思想及是古非今的传统,却与东汉社会进步的现实有所牴牾。儒生们自幼诵习的是褒颂三代之制的典籍,"朝夕讲习,不见汉书,是谓汉德不若"。他们识古而不识今。王充正是站在东汉前期政治实践的基础上,立足于现实去反思东汉政治统治的合理性、优越性。

相较于主流思想形态,王充的"宣汉"思想是一个有别于正统学术的"异例"。[①] 它迥异于主流学术的"神学化"倾向,竭力批判社会生活中的各种"虚妄之学"以及对圣人的盲目崇拜。王充著《论衡》的目的在于将学术从神学中解放出来,使学术复归于现实世界。基于此,王充力倡"宣汉"思想,破除俗儒所主张的"今不如昔"的观念,从而肯定东汉时代的现实优越性。"宣汉",代表了东汉前期思想家对于学术"意识形态化"的被动反应。它既是对两汉之际政治与学术互动关系的理性反思,也是对东汉前期政治领域内儒生"文吏化"与儒学"规范化"的理论总结。王充的思想,始终是围绕东汉前期的现实政治而建构的。他不是以经学家的角色去研究学术问题,而是以政治理论家的立场去独立思考刘氏皇权统治的合理性。可以说,"宣汉"是王充思想创造最根本的出发点与落脚点。究其实质,"宣汉"有别于正统学术借重于"神权"宣扬刘氏皇权统治权威的模式,它是通过肯定汉政、宣扬"今胜于古"的方式,从现实的事功角度来论证东汉政权合法性地位的"异例"论证。这也是我们重构王充思想体系的一个"新视角"。

---

① 所谓"正统",从社会伦理学的角度看,是在一个社会里被大多数人所共同接受,并且有着共识的共有文化,或者是大多数人认为应当共同遵守的规范性事物。与之相对,脱离所谓共同遵守或共有文化的规范性之外的事物,便可称为"异例"。另有"异端"一词,也常用作"正统"的对立词,但本文着意论述的是关于统治合法性理论的不同论证途径、方法,使用"异例"一词似更为允当。

一、"宣汉"的政治内涵

所谓"宣汉",是指王充针对汉儒厚古薄今思想,通过古今对比来论证"今胜于古""汉盛于周",从而肯定和颂美东汉现实政治的优越性。厚古薄今是儒学的固有传统之一。儒学发展到"经学"阶段,其思想性上的发展式微了,转而对儒家经典的文字进行"章句化"的解读,成为一种"阐释之学"。五经所记载的制度、史实成了儒生们孜孜奋斗的"政治理想"。在这种思维逻辑下,远古圣王之治是最理想、最美好的时代,而当下则成了落后的时代。这便是儒学"复古"思维的根源。汉世"俗儒"的学术风气是重视经义,轻视现实社会问题,贵古贱今,甚至是古非今。俗儒们对儒家经典深信不疑,却不关注现实问题,只知埋首于故纸堆中,一味虚美古人、古制,从而使儒学失去发展的活力,难以经世致用。可以说,汉代俗儒们的"是古"观念是导致东汉经学僵化、庸俗且固滞不前的重要原因。汉代相较于远古的进步是可见的客观事实,但俗儒却本着"拟古""慕古"的主观偏见,轻视、忽视、漠视甚至刻意贬斥现实世界,使人们对于历史真相的认知隐而未知、虚妄迷乱。正是在这种社会现实背景下,才有了王充"宣汉"的动机。

"宣汉"是王充思想的核心内容,在《论衡》中用了超过一半的篇幅"宣汉"。[①] 其中,直接"宣汉"的有《齐世》《宣汉》《恢国》《须颂》四篇,针对的是汉儒"忽近今之实""汉有实事,儒者不称"的问题;间接"宣汉"的还有"三增""九虚",针对的是汉儒"古有虚美,诚心然之,信久远之伪"[②]的问题。王充用大量事实理据,不厌其烦地比对、考验,以证明汉代居"百代之上",其"宣汉"的路径在于:先由哲学的高度阐释"古有虚美",再例举汉世种种现实来论证"今胜于古""周不如汉"。其间以"疾虚妄"为手段,以"立实诚"为旨归。

"齐世"是王充"宣汉"的理论前提。"齐世"的目的,在于为宣扬汉德的立论寻找根据。在王充看来,"古今气一""上世之天,下世之天也""天之禀气,岂为前世者渥,后世者泊哉?"[③]世间万物的构成是"气",而物质性的"气"是永恒的,古今不变。"元气纯合,古今不异,则禀以为形体者,何故不同? 夫禀气等,则怀性均;怀性均,则形体同;形体同,则丑好齐;丑好齐,则

---

① 除上列诸篇外,又如《验符》《讲瑞》《指瑞》《是应》诸篇是言汉世瑞应之盛,《佚文》言汉家之文盛;如《问孔》《刺孟》《非韩》《正说》《案书》诸篇来看,王充撰作的意图并非考定古史,而是颂美汉世;其思想特征,也不仅是"疾虚妄",还在于贵今贱古;如《实知》《知实》诸篇,以效验方法"立实诚"的内容;如《逢遇》《累害》《命禄》《气寿》《幸偶》《命义》《无形》《吉验》《偶会》《骨相》《初禀》等,是要求人们在颂美之余,安于刘氏皇权统治的合理性论证篇章。

② 黄晖:《论衡校释》,北京:中华书局,1990年,第167页。

③ 黄晖:《论衡校释》,北京:中华书局,1990年,第803、821页。

夭寿适。一天一地,并生万物。万物之生,俱得一气。气之薄渥,万世若一。"①既然古人与今人所秉承的"气"是同样性质的,那么古今之人的美丑、寿夭、善恶等便不以时空为评判标准。

基于此,王充极力批判俗儒们"信师是古"的思想,在"三增""九虚"中,王充以现实且理性的态度指斥汉儒夸大、褒美上古圣贤的做法,认为俗儒"好褒古而毁今,少所见而多所闻""好长古而短今……汉有实事,儒者不称;古有虚美,诚信然之"。他提出:"夫上世治者,圣人也;下世治者,亦圣人也。圣人之德,前后不殊,则其治世,古今不异。"②古有圣王,汉代也并非没有圣主,只不过俗儒过分夸饰古圣而忽视甚或轻视今世明主罢了。这些经学化的儒生,被王充讥刺为"拘儒"。他们循着孔孟先圣们的"法先王"思维,严守师法、家法观念,株守一经,抱残守缺,却不去关注社会现实问题。各代的现实不同,治道亦有所差异,汉人不应以先秦的"遗经"施行于现世。王充具体列陈"复古"思想中所谓古人高尚、美貌、功德优奇而今人低劣、丑陋、卑劣的表现,批评这种"贵古贱今"的观念导致"辩士则谈其久者,文人则贵其远者。近有奇而辨不称,今有异而笔不记"。③他认为,"上世之民饮血茹毛,无五谷之食,后世穿地为井,耕土种谷,饮井食粟,有水火之调""上古岩居穴处,衣禽兽之皮,后世易以宫室,有布帛之饰"。④后世实在优于上古许多。尤其是到了汉代,政治功业远超往古,故"恢论汉国在百代之上,审矣"。⑤

"今胜于古""周不如汉"是王充"宣汉"的核心命题。以开国之君的创业难易程度而言,他认为汉胜于往古。他指出:"五代之起,皆有因缘,力易为也。高祖从亭长提三尺剑取天下,光武由白水奋威武,帝海内,无尺土所因,一位所乘。"⑥王充认为刘邦、刘秀皆由民间而登帝位,致位甚难,功业甚巨。他将高祖诛灭项藉的功绩比喻为"折铁",将武王伐纣形容为"摧木",认为"折铁难于摧木",曰:"纣为至恶,天下叛之。武王举兵,皆愿就战,八百诸侯,不期俱至。项羽恶微,号而用兵,与高祖俱起,威力轻重,未有所定,则项羽力劲",故"汉力胜周多矣"。⑦再如,武王伐纣乃为周、商二家之间的交锋,高祖兴兵却先后面对秦军、项藉两家劲敌,"凡克敌,一则易,二则难",然

①　黄晖:《论衡校释》,北京:中华书局,1990年,第803页。
②　黄晖:《论衡校释》,北京:中华书局,1990年,第812、856、803页。
③　黄晖:《论衡校释》,北京:中华书局,1990年,第809页。
④　黄晖:《论衡校释》,北京:中华书局,1990年,第808页。
⑤　黄晖:《论衡校释》,北京:中华书局,1990年,第824页。
⑥　黄晖:《论衡校释》,北京:中华书局,1990年,第826页。
⑦　黄晖:《论衡校释》,北京:中华书局,1990年,第826、825页。

高祖却能"兼胜二家"。① 此亦可见汉胜于周。

就国力而言，三代统治区域较狭小，"周时仅治五千里内"，而汉家版图却更为开拓，"汉氏廓土，牧荒服之外"②，故"度土境则周狭于汉"。③ 上古五代时多有叛乱，"黄帝有涿鹿之战，尧有丹水之师，舜时有苗不服，夏启有扈叛逆……前代皆然，汉不闻此""西王母国在绝极之外，西汉属之。德孰大？壤孰广？"④往古叛乱事件多见，汉代却少见。汉时有远地西王母国内属中原政权，故汉德、汉壤胜于往古。汉代中原文明还日益播及边地："唐虞国界，吴为荒服，越在九夷，罽衣关头，今皆夏服，褒衣履舄。巴、蜀、越隽、郁林、日南、辽东、乐浪，周时披发椎髻，今戴皮弁；周时重译，今《诗》《书》。"⑤汉代民族相融、四海一统的局面，同样是优于古代的，故王充称颂之曰："古之戎狄，今为中国；古之裸人，今被朝服；古之露首，今冠章甫；古之跣跗，今履商舄。以盘石为沃田，以桀暴为良民，夷坎坷为平均，化不宾为齐民，非太平而何？"⑥综言之，王充认为"大汉之德不劣于唐虞""实商优劣，周不如汉"⑦。

再就汉代的德治威行而言，王充认为，武王伐纣后，周王对待商君极为严酷，曰："武王伐纣，纣赴火死，武王就斩以钺，悬其首于大白之旄。"⑧纣王已经自焚而死，武王却仍不觉解恨，又悬首以辱。相较周武王，汉家帝王却要宽厚得多，如高祖"雍容入秦，不戮二尸（即秦二世与子婴）"，光武"入长安……不刃王莽之死"。相较而言，孰为有德可知矣。故王充感慨曰："夫斩赴火之首，与贳被刃者之身，德虐孰大也？"⑨显然是汉德优于周武。王充还曾以民族关系为例，认为周代少数民族多有侵扰中原之举，"武王伐纣，庸、蜀之夷，佐战牧野""幽、厉衰微，戎狄攻周，平王东走，以避其难"。⑩ 汉代大一统体制下，颇为羁縻少数民族，故有周时之戎狄在汉代内属为治下之民，又有"哀牢、鄯善、姑降附归德"。⑪ 即便强盛的匈奴也向汉代进贡马羊，"北边自宣帝以来，数世不见烟火之警，人民炽盛，牛马布野"。⑫ 民族交流与发

---

① 黄晖：《论衡校释》，北京：中华书局，1990 年，第 825 页。
② 黄晖：《论衡校释》，北京：中华书局，1990 年，第 596 页。
③ 黄晖：《论衡校释》，北京：中华书局，1990 年，第 823 页。
④ 黄晖：《论衡校释》，北京：中华书局，1990 年，第 824—825、832 页。
⑤ 黄晖：《论衡校释》，北京：中华书局，1990 年，第 833 页。
⑥ 黄晖：《论衡校释》，北京：中华书局，1990 年，第 823 页。
⑦ 黄晖：《论衡校释》，北京：中华书局，1990 年，第 813、822 页。
⑧ 黄晖：《论衡校释》，北京：中华书局，1990 年，第 827 页。
⑨ 黄晖：《论衡校释》，北京：中华书局，1990 年，第 828 页。
⑩ 黄晖：《论衡校释》，北京：中华书局，1990 年，第 831 页。
⑪ 黄晖：《论衡校释》，北京：中华书局，1990 年，第 831—832 页。
⑫ （汉）班固：《汉书》卷 94《匈奴传》，北京：中华书局，1962 年，第 3826 页。

展成为主流,而这亦是汉代优于商周之处。

王充将汉代与此前诸代作比较,用以证明俗儒们"是古非今"的错误,曰:

> 世论桀、纣之恶,甚于亡秦,实事者谓亡秦恶甚于桀、纣。秦、汉善恶相反,犹尧、舜、桀、纣相违也。亡秦与汉,皆在后世,亡秦恶甚于桀、纣,则亦知大汉之德不劣于唐、虞也。唐之"万国",固增而非实者也。有虞之"凤皇",宣帝已五致之矣。孝明帝符瑞并至。夫德优故有瑞,瑞钧则功不相下。宣帝、孝明如劣,不及尧、舜,何以能致尧、舜之瑞?光武皇帝龙兴凤举,取天下若拾遗,何以不及殷汤、周武?①

在王充看来,汉代制度不但可以赶上古代,甚至可以说远远超过了古代,他说道:

> 汉之高祖、光武,周之文、武也。文帝、武帝、宣帝、孝明、今上(指章帝),过周之成、康、宣王。②

这就在历史观上驳斥了俗儒所谓"尊古卑今"的谬误,认为"国德溢炽,莫有宣褒,使圣国大汉有庸庸之名,咎在俗儒不实论也"。③ 他将汉家圣德不能彰显的责任归因于俗儒的"不实",即"褒古贬今"。

此类古今对比的事例在《论衡》中还有很多,不需赘列。这正是他撰作《论衡》,"为汉平说"④的基源。

二、"宣汉"的原因分析

所谓"媚汉说""避祸说""反复古说",⑤虽各有理据,但不足以系统论证

---

① 黄晖:《论衡校释》,北京:中华书局,1990年,第813页。
② 黄晖:《论衡校释》,北京:中华书局,1990年,第821页。
③ 黄晖:《论衡校释》,北京:中华书局,1990年,第856页。
④ 黄晖:《论衡校释》,北京:中华书局,1990年,第857页。
⑤ 关于"避祸说",如任继愈认为"(王充)写宣汉等篇的心理是矛盾的,既有真诚赞美的成分,用意之一是为他的思想批判作掩护,用对汉朝空洞而过分的褒扬来预防可能引起的政治灾祸";蒋祖怡认为:"颂汉主要是为了'免罪'。他希望自己用毕生精力来批判'天人感应'和谶纬迷信之说";朱谦之认为:"'宣汉'篇章是为了'免罪'而作。"但诸说并未言明所避为何祸,论说也较抽象空泛。关于"反复古说",如田昌五认为王充宣汉是针对俗儒的复古主义思潮,"王充反对复古主义思想,提出今胜于古的论点,从而打击了历史循环论,具有某些历史进化论的倾向,这在当时是很不容易做到的"。(分见任继愈:《中国哲学发展史》,北京:人民出版社,1985年,第509页;蒋祖怡:(转下页)

王充"宣汉"的根源。王充宣汉的目的一直被后学批评与讨论,对宣汉的价值与意义大都浅止于"贵古贱今"风气的纠正,以及揭露王充动机不纯。仅从功利主义的动机论定宣汉的根本价值,实有见树不见林之嫌。实际上,王充宣汉不应简单视为他谋求仕途的"自荐书",也不应粗暴地视之为谋求自保的"免罪券"。这些理由都不是他宣汉的最终价值与意涵,不应将这些附带的理由、推断,当作后人讨论的焦点,却忽视对宣汉真实意义的考察。王充宣汉的逻辑进路与俗儒相较,实有云泥之别。欲探求这一根源,尚需从两汉之际士人价值取向的变迁、学术分野及其演变、桓谭等人的思想影响以及东汉现实政治特点的角度进行历史逻辑的考察。

士人价值取向的转变是王充"宣汉"思想形成的主体因素,东汉政治权威对学术发展的控制与规范则是王充"宣汉"思想形成的外在政治因素。两汉之际的政治文化,由"霸王道杂之"的"汉政",至贯彻"王道"理想的"新政",再到"经术与吏化相结合"的东汉政治,呈现出剧烈的变动。这种政治变动导致儒生群体的精神世界受到极大冲击。在与现实政治权威的博弈中,学术权威受到再一次的压抑。[①] 儒生的理想被证明失败了,他们所孜孜追求的"帝王师友"角色成了"空想"。面对东汉专制皇权的政治压力,他们不得不重新考量自身的价值取向,改变西汉末期以来的"批判"做派,主动去迎合专制统治的需要。光武、明、章等帝致力于儒学的"意识形态化",通过官定图谶、凭谶解经、统一经学等方式,限制儒学的自由发展,促使儒学"工具化""庸俗化",儒生也随之"文吏化"。士人们的价值取向因此更具"功利主义"倾向:"通经"是博取官位利禄的手段,"仕宦"是"经明行修"的目的。"后汉儒生'以吏为绳表'则是完全的放弃经术、唯史事是上的主动行为,根本原因就在于利禄二字,把前汉儒生的功利主义价值观发展到了一个新的阶段"。[②] 王充撰作《论衡》以求"颂汉"的政治、学术环境,正源于此。当传统的经学只能在统治者允许的范围内谈论皇权意志时,它便成为刘氏政权合法性理论的主流。

王充是东汉前期政治生活的亲历者,他对光武以来改造儒生、规范儒学的做法有着最直观的认知。他是能够站在政治家的视角比较儒生与文吏的

(接上页)《王充卷》,郑州:中州书画社,1983 年,第 4 页;朱谦之:《王充著作考》,转引自蒋祖怡:《王充卷》,郑州:中州书画社,1983 年,第 92 页;田昌五:《王充及其论衡》,北京:生活·读书·新知三联书店,1958 年,第 107 页)

① 先秦以来,学术权威与政治权威的关系演变,经历了先秦时期的"道高于势",至西汉时代的"道附于势",再到东汉沦为"政治附庸品"的演变历程。秦汉之际,学术权威经历过政治权威的一次压抑,故此处称"再一次受到压抑"。

② 臧知非:《两汉之际儒生价值取向探微》,《史学集刊》2003 年第 2 期,第 76 页。

优劣的理论家,也是能够跳脱出学术范畴去重新审视经学与谶纬的学者。他在构筑自己的思想时,正是基于这种政治理性,对现实政治实践不断进行总结、提升、精炼,才有了《论衡》的结集。"现实"是"宣汉"的理论来源,"宣汉"则是"现实"的理论提升。换言之,王充在价值取向上与那些迎合皇权统治的儒生并无二致,但他在服务于东汉政权的路径上却迥异于正统经学之士。他是基于对东汉前期现实政治实践的审慎认知基础之上,通过肯定这一现实政治及其功业,来论证"今胜于昔""汉胜于周"。

王充"宣汉"并非凭空之说,其理论创造实与扬雄、桓谭的思想一脉相承。王充曾对汉儒群体进行分类评价、划分等级:

第一等:"鸿儒",也称"圣人",指能够"精思著文连结篇章者",是贤才的最高典范,强调能著书立说,学以致用,如孔子、董仲舒。

第二等:"文儒",也称"文人"、"通人"、"贤人",指能够采掇经传、上奏书言政事的士人,如贾谊、陆贾。王充认为"文儒"需要"怀先王之道,含百家之言",所谓"先王之道"指先秦儒家经典之本义,"含百家之言"则要求能够兼通"诸子百家"之学,非必专于经术。

第三等:"儒生",能说一经说者,以记诵见长。王充曾对"儒生"与"文吏"作对比,如:

> 论者多谓儒生不及彼文吏,见文吏利便,而儒生陆落,则诋訾儒生以为浅短,称誉文吏谓之深长。是不知儒生,亦不知文吏也。

> 志在修德,务在立化,则夫文吏瓦石,儒生珠玉。夫文吏能破坚理烦,不能守身……儒生不习于职,长于匡救,将相倾侧,谏难不惧。……文吏以事胜,以忠负;儒生以节优,以职劣,二者长短,各有所宜。

> 儒生所学者,道也;文吏所学者,事也。……儒生能为文吏之事,文吏不能立儒生之学。文吏之能,诚劣不及。

> 夫儒生与文吏程材,而儒生侈有经传之学,……儒生不为非,而文吏好为奸者,文吏少道德,而儒生多仁义也。

> 儒生、文吏,俱以长吏为主人者也,儒生受长吏之禄,报长吏以道;

文吏空胸，无仁义之学，居住食禄，终无以效，所谓"尸位素餐"者也。①

由上述引文不难看出，王充仍是站在儒生的立场，认为儒生高于文吏，但他同时也明确承认了"文吏更事，儒生不习"，文吏在"优事理乱"上胜过"轨德立化"的儒生。王充对于文吏与儒生各自优缺点的评论，已大不同于西汉儒生对文吏的一味谴责。王充之所以着力探讨儒生群体与文吏群体的优缺点，实际反映的是东汉"吏化"儒生以来，士人对于自身政治角色的重新思考。讨论儒生与文吏优缺点的本身，就意味着二者相互学习、融合的必要。

第四等："俗儒"，也称"世儒"，是指崇信谶纬迷信的士人。王充认为"儒者，学之所为也。儒者学；学，儒矣。传先师之业，习口说以教，无胸中之造，思定然否之论。邮人之过书、门者之传教也，封完书不遗，教审令不遗误者，则为善矣。儒者传学，不妄一言，先师古语，到今具存，虽带徒百人以上，位博士、文学，邮人、门者之类也"②。在王充眼中，这批"俗儒"不过是鹦鹉学舌式的传教者。

王充在《书解篇》还曾对文儒与世儒作了严格区分，认为文儒高于世儒：

> 著作者为文儒，说经者为世儒，二儒在世，未知何者为优。或曰：文儒不若世儒。世儒说圣人之经，解贤者之传，义理广博，无不实见，故在官常位；位最尊者为博士，门徒聚众，招会千里，身虽死亡，学传于后。文儒为华淫之说，于世无补，故无常官，弟子门徒不见一人，身死之后，莫有绍传。此其所以不知世儒者也。
>
> 答曰：不然。夫世儒说圣情，……共起并验，俱追圣人。事殊而务同，言异而义钧。何以谓之文儒之说无补于世？世儒业易为，故世人学之多，非事可析第，故宫廷设其位。文儒之业，卓绝不循，人寡其书，业虽讲，门虽无人，书文奇伟，世人亦传。彼虚说，此实篇。折累二者，孰者为贤？案古俊乂著作辞说，自用其业，自明于世。世儒当时虽尊，不遭文儒之书，其迹不传。周公制礼乐，名垂而不灭。孔子作《春秋》，闻传而不绝。周公、孔子，难以论言。汉世文章之徒，陆贾、司马迁、刘子政、扬子云，其材能若奇，其称不由人。世传《诗》家鲁申公，《书》家千

---

① 黄晖：《论衡校释》，北京：中华书局，1990 年，第 533、534—535、542—544、546—547、547 页。

② 黄晖：《论衡校释》，北京：中华书局，1990 年，第 1114 页。

乘、欧阳、公孙，不遭太史公，世人不闻。夫以业自显，孰与须人乃显？夫能纪百人，孰与廑能显其名？①

此段引文中的"文儒"指周公、孔子、陆贾、司马迁、扬雄之类的士人，实际包含前文所列儒生分类的前两类，即鸿儒与文人。王充首先概述时人贬抑"文儒"的观点，认为"世儒"不过是以阐释经文为事，"文儒"却以著书立说为务。文儒"材能若奇，其称不由人"，能以其学留名于世。而"诗家鲁申公、书家千乘欧阳、公孙"之类的世儒，如果没有太史公的叙列，早就为世人所遗忘，淹没在历史长河中。世儒事"虚说"，而文儒有"实篇"，故文儒贤于世儒。

王充崇尚文儒，他对扬雄、桓谭的评价很高，认为"汉作书者多，司马子长，扬子云，河、汉也，其余泾、渭也"。② 扬雄曾作《太玄》、造《法言》，桓谭亦有《新论》留世。扬雄曾对谶纬神学的理论基础阴阳学说的真实性表示了极大的怀疑，认为"邹衍迂而不信"③，明确反对"象龙致雨"之类的迷信说法。他还指出，用谶去解释儒家经典，神化经学，不仅严重失实，而且借巫祝之术加以宣扬，更是一种堕落。他说："或曰：甚矣，传书之不果也。曰：不果则不果矣，又以巫鼓""书不经，非书也；言不经，非言也。言、书不经，多多赘矣"。④ 扬雄非常鄙薄当时俗儒的说经，认为他们称颂仲尼，"入其门，升其堂，伏其几，袭其裳"，其实只是"羊质而虎皮，见草而说，见豺而战，忘其皮之虎矣"。⑤ 当时，有张伯松见扬雄所作之书，"不肯一观，与之并兼，故贱其言。使子云在伯松前，伯松以为金匮矣"。⑥ 张伯松不肯观扬雄之文，正可反映当时"俗儒""贵所闻而贱所见"的风气。王充则不同于张伯松之流，他甚至以能够与扬雄比伍为荣，曰："身与草木俱朽，声与日月并彰，行与孔子比穷，文与扬雄为双，吾荣之。"⑦王充还曾称赞桓谭曰："作《新论》，论世间事，辩照然否，虚妄之言，伪饰之辞，莫不证定。彼子长、子云说论之徒，君山为甲。自君山以来，皆为鸿眇之才，故有嘉令之文。笔能著文，则心能谋论，文由胸中而出，心以文为表。观见其文，奇伟倜傥，可谓得论也。由此言之，繁文之人，人之杰也。"⑧王充认为桓谭虽然没有做过丞相，但却有"素丞相"

① 黄晖：《论衡校释》，北京：中华书局，1990年，第1150—1152页。
② 黄晖：《论衡校释》，北京：中华书局，1990年，第1170页。
③ 汪荣宝撰，陈仲夫点校：《法言义疏》，北京：中华书局，1987年，第280页。
④ 汪荣宝撰，陈仲夫点校：《法言义疏》，北京：中华书局，1987年，第508、164页。
⑤ 汪荣宝撰，陈仲夫点校：《法言义疏》，北京：中华书局，1987年，第71页。
⑥ 黄晖：《论衡校释》，北京：中华书局，1990年，第811页。
⑦ 黄晖：《论衡校释》，北京：中华书局，1990年，第1205页。
⑧ 黄晖：《论衡校释》，北京：中华书局，1990年，第609页。

之业，"孔子不王，素王之业，在于《春秋》。然则桓君山不相，素丞相之迹存，存于《新论》者也"。①此处实际是将桓谭视为孔子"素王"之类的人物。桓谭也曾对天命、神仙思想作过批判，认为"盖天道性命，圣人所难言也"。他认为孔子从来不说什么天道天命，而是尽自己的力量为了实现心目中的理想去奔走，这已经用实际行动否定了天道性命的存在，所以"子贡以下，不得而闻，况后世浅儒，能通之乎"。②桓谭认为："夫（当作"灾"）异变怪者，天下所常有，无世而不然。逢明主、贤臣、智士、仁人，则修德善政、省职慎行以应之，故咎殃消亡而祸转为福焉。昔大戊遭桑穀生朝之怪，获中宗之号；武丁有雊雉升鼎之异，身享百年之寿；周成王遇雷风折木之变，而获反风岁熟之报；宋景公有荧惑守心之忧，星徙三舍。由是观之，则莫善于以德义精诚报塞之矣。故《周书》曰：'天子见怪则修德，诸侯见怪则修政，大夫见怪则修职，士庶见怪则修身。'神不能伤道，妖亦不能害德。及衰世薄俗，君臣多淫骄失政，士庶多邪心恶行，是以数有灾异变怪，又不能内自省视，畏天戒，而反外考谤议，求问厥故，惑于佞愚而以自诖误，而令患祸得就，皆违天逆道者也。"③也即是说，桓谭将天变灾异视为自然现象，任何时代都发生过，和世道兴衰、政治好坏没有关系。他还以烛火为例，反对各种鬼神迷信，认为"精神居形体，犹火之然烛矣。如善扶持，随火而侧之，可毋灭而竟烛。烛无，火亦不能独行于虚空，又不能后然其地。地犹人之耆老，齿堕发白，肌肉枯腊，而精神弗为之能润泽。内外周遍，则气索而死，如火烛之俱尽矣。人之遭邪伤病，而不遇供养良医者，或强死，死则肌肉筋骨，常若火之顷剌风而不获救护，亦道灭，则肤余干长焉"。④桓谭甚至不满光武帝以谶决事，"极言谶之非经"，曾上疏力陈谶纬之谬，曰："凡人情忽于见事而贵于异闻，观先王之所记述，咸以仁义正道为本，非有奇怪虚诞之事。盖天道性命，圣人所难言也。自子贡以下，不得而闻，况后世浅儒，能通之乎！今诸巧慧小才伎数之人，增益图书，矫称谶记，以欺惑贪邪，诖误人主，焉可不抑远之哉！臣谭伏闻陛下穷折方士黄白之术，甚为明矣；而乃欲听纳谶记，又何误也！"⑤

可以说，扬雄、桓谭对于灾异、谶纬等"虚妄"之物的批判，与王充的思想理路颇为相合。甚至可以说，王充在某种程度上是继承了扬雄、桓谭的思想因素。他们所针对的皆是当时社会中神秘主义思想盛行、"俗儒"徒事章句

①　黄晖：《论衡校释》，北京：中华书局，1990年，第1122页。
②　（南朝宋）范晔：《后汉书》卷28《桓谭传》，北京：中华书局，1965年，第959—960页。
③　（清）严可均：《全后汉文》，北京：商务印书馆，1999年，第125—126页。
④　（清）严可均：《全后汉文》，北京：商务印书馆，1999年，第129页。
⑤　（南朝宋）范晔：《后汉书》卷28《桓谭传》，北京：中华书局，1965年，第959—960页。

"增饰"而脱离社会现实的现象。他们皆能"作书"以表达自己的思想主张，立足于东汉王朝的现实世界，"疾虚妄"。与"俗儒"们不同，他们虽不免学习经术，但并不迷信于经传崇拜，其所发明多能针对社会现实治政。在这个意义上，"作书"的内容，较之"俗儒"们所传诵的经学而言，具有更强的现实意义。王充对于东汉政治实践相当关注，他将《论衡》的最终落脚点，放在了《宣汉》上，即盛赞汉家帝国的功业，力辨古不如今、"周不如汉"，批判"俗儒"们所谓"汉兴以来，未有太平"的说法，肯定东汉刘氏王权统治秩序的合理性。

两汉之际的学术领域，呈现分野趋势，大抵存在着四种学术倾向，即：以"增益章句"为事的今文经学、尚兼通且不言谶的古文经学、与谶纬相结合的神学化经学以及"异端"学说。先秦儒学是以阐释此一学派的思想为事的，并不像汉代经学般，以逐章逐句地解说儒家经典为事。今文章句因为"破碎大体"的弊端，使先秦儒学的"思想"与"大义"变得隐晦，而层累出繁琐的、对经本文字的"阐释之辞"。章句虽盛，却固守门户，缺乏创新。它作为学术流派的"思想性"式微了，对于所谓"道"的追求也相应减弱。另一面，由于图谶之学在西汉末年兴起，并由方士化儒生主导，逐渐使经学与图谶之学相结合，造作出大量纬书，最终是"凭谶解经"，至章帝《白虎通》完成今文经、谶纬、古文经学的某种融合。这种神学化的经学，使东汉弥漫着神秘主义的色彩。统治者借助于神学的力量，来论证刘氏天下的合法性地位、正统性地位。这种神学化的路径，实际上是先秦即已有之，但在东汉发展到顶峰的。正是基于这种神学色彩的弥漫、今文经学的"章句之弊"，王充才重新思考学术领域内的问题。王充的视角是政治家的立场，而不是经学家的立场。他所思考的问题立足于学术与现实政治之间的关系而进行。王充正是看到了现实生活中的种种"虚妄"现象，深入思考，才形成了自己独特的思想体系。只不过他是跳脱出西汉以来的经学藩篱，以一个政治理论家的立场去思考学术问题。这一点与东汉光武、明、章帝推行文化政策的思维理路是一致的，即他们都是立足于社会现实，以清醒且谨严的政治理性为思维基理。

王充所处的时代，儒学"意识形态化"，"通经入仕"的功利主义价值观成为士人们的政治追求。士人们要取得政治官位，就必须以刘氏皇权统治的需要为转移，而非以纯粹学术思想为中心。对于儒生们来说，从政为官，就需要改变有汉以来经学中所寄托的政治理想和神秘主义的哲学观，而去积极地迎合现实政治的要求。王充并不是要反对"学而优则仕"的传统理路。相反，他自己就是一位习经求禄的践行者。但是王充与俗儒相比有所不同，他仕宦的目的并非一味追逐功名利禄，而是保有一个学人的价值追求。他是要在仕途中关注现实,践行其政治主张。在这一点上,王充与当时迷信经传与孔子的俗儒们相去甚远,他是要以学术理性,破除当时盛行的谶纬神学,恢复孔子与儒学的本来面目。《论衡》的目的是"疾虚妄""立实诚",破除思想意识领域的虚妄之论,重塑理性主义的政治传统,而这与东汉前期统治者"吏化"儒生的做法有着某种程度的契合,即都强调"理性主义"。这造就了王充思想的独特性,同时也注定其不能为当时掌权者所重用的命运。"在统治者看来,对谶纬的批评,不是学术之争,而是关系到国家根基的政治原则,是根本不允许讨论的"。① 王充"宣汉"主要彰显的是他的历史进化论的观点,以及其学术理性态度。田昌五尝曰:"王充反对复古主义思想,提出今胜于古的论点,从而打击了历史循环论,具有某些历史进化论的倾向。"②周桂钿曾赞许王充实事求是的精神,认为他对于汉家统治的态度是:"不卑不亢,有几分成绩,就说几分成绩,既不夸大,也不缩小。"③诸说各有理据,但若从汉代士人价值观念的视域来考察,不难发现东汉儒生追求功利,"仕而求其禄","儒生的理想主义价值观则日渐消弭,势道两分,道高于势逐渐地被道附于势所取代"。④ 王充作《论衡》以"宣汉"的政治与学术环境,正在于此。王充"宣汉"是要维护学术理性,批判俗儒的"虚妄","王充的反对复古主义的思想,包藏在他的歌颂汉朝的言论中"。⑤《论衡》中对于东汉士人"虚妄"之风气的批判,实开启东汉后期社会批判思潮之端绪,至东汉末年被蔡邕等人视为"奇书",大有裨益于当时的思想解放。王充"以'实'为最高标准,来衡量古今各种说法,审视历来所有言论,违背'实'的,即使是儒家经典,圣人言行,也都在问难、讥刺之列"⑥"作为东汉批判思潮的一部分,王充是一个开端,其批判精神影响到整个社会"。⑦ 稍晚于王充的张衡曾力主禁绝谶纬之学,曰:"一卷之中,互异数事……诸言谶者皆不能说。至于王莽篡位,汉世大祸,八十篇何为不戒? 则知图谶成于哀平之际也……此皆欺世罔俗,以昧执位,情伪较然,莫之纠禁……宜收藏图谶,一禁绝之,则朱紫无所眩,典籍无瑕玷矣。"⑧东汉末年,以王符、仲长统、崔寔等人为代表的社会批

---

① 朱大渭主编,孙家洲著:《中国古代思想史》(秦汉卷),桂林:广西人民出版社,2006年,第81页。

② 田昌五:《王充及其论衡》,北京:生活·读书·新知三联书店,1958年,第107页。

③ 周桂钿:《秦汉思想史》,石家庄:河北人民出版社,1999年,第389页。

④ 参见臧知非:《两汉之际儒生价值取向探微》,《史学集刊》2003年第2期,第72页。

⑤ 关锋:《王充哲学思想研究》,上海:上海人民出版社,1957年,第78页。

⑥ 周桂钿:《虚实之辨》,北京:人民出版社,1996年,第3页。

⑦ 任继愈:《中国哲学发展史》,北京:人民出版社,1985年,第542页。

⑧ 范晔:《后汉书》卷59《张衡传》,北京:中华书局,1965年,第1912页。

判思潮,亦或多或少地吸收王充《论衡》的思想内容。钱穆更认为王充思想影响魏晋,曰"两汉思想,董仲舒是正面,王充是反面,只此两人,已足代表。董仲舒上承邹衍,王充则下开魏晋",视王充为"魏晋新思想的陈陟吴广"。①魏晋士人能够抛弃经学,转而崇尚"自然",不能不说与王充思想体系有所关联。

---

① 钱穆:《中国思想史》,台北:学生书局,1988 年,第 118 页。

结　　语

　　政权合法性的观念与理论建构,是东西方政治思想史中的重要命题。任何政权要长久地维持其统治,不能单纯依赖权力的运作和暴力工具,还要在思想领域内构建起论证其合法性的理论、思想,并以这种理论、思想去影响、教化、改造民众,使民众对于政权统治达成一种"向心的认同感",并因为认同而外化为民众的社会行为。统治者寻求政权合法性是普遍的历史现象。本书所考察的主题便是围绕秦汉时代知识分子对于政权合法性理论的建构活动,研究范围上溯于有文献与考古资料支撑的殷商,下止于有了成熟化理论体系的东汉时代。

　　中国古代政权合法性现象,最早产生于殷商时代。商人尊神,以"帝"为自己的至上神,以先公先祖为沟通媒介。商王能够通过占卜推测先祖的意旨,并能通过祈祷、祭祀来影响先祖的意旨,从而合法地将现世的权力集中于商王本身。商人的这种信仰,产生了中国最早的政治文化,其间许多特质对周人的"天命观"产生影响。中国最早的政权合法性理论探讨是《尚书》中的"天命观",其创始者是周公。"天"的信仰,出现于殷商之际,至周公制礼作乐,将"天"塑造为宇宙的主宰,并赋予"天""道德"的属性。秦汉时代,开启了中国政治史崭新的一页。自此,中央集权取代宗法分封,权力集中于天子一身,呈现一人专制的特点①。为了适应新的历史发展趋势,思想界自然需要构建起新的政权合法性理论。这种理论体系大抵分为四个层面:其一,神圣性层面,包括祖灵神话、帝王神话、符命、谶纬等;其二,历史系统层面,主要是五德终始说、三统论;其三,现实理性层面,包括历史人物的功业、人事以及赞颂现实政权的史传文学;其四,儒学政治伦理层面,以三纲六纪为核心,将儒家道德观念推布至政治伦理与社会实践之中。四者相互配合,既可从神学层面假借天命或圣王的权威来论证现实政治权威的至尊、至上,又

---

　　① 　徐复观曾将秦汉时代所确立的中央集权体制称作"一人专制",见徐复观:《两汉思想史》卷1,台北:学生书局,1978 年,第 134 页。

可从过往历史传统的梳理和现世生活的美好中获得相对理性与现实的佐助，其至使这种理论内化为人们的道德与价值，外化为人们的政治活动与社会行为。

秦汉政权合法性理论的建构与演变，伴随着儒学与汉家政治的结合之路，是学术与政治互动的结果。学术与政治，是两种截然不同又不可断然割裂的事物。学术的本质是求真，要求学者探究世间万物的根本，求索人生事理的奥秘。这在汉代表现为"究天人之际，通古今之变"。它所依凭的是儒家经典的整理、"微言大义"的阐发以及学者的独立思考。政治则是社会利益的集中体现，有着明确的价值目标。它以国家权力、社会力量的分配为主要内容，以"治国理民"为核心主题。秦汉时代，学术与政治的结合，往往表现为单向的被控制、被规范和被改造。学术问题被纳入政治范畴，围绕现实的政治目的去发展。学术的本质不再是纯粹地探求真理，而变成政治权力的附属品，只能为政治权威摇旗呐喊，完全丧失其独立品格。

儒学与皇权政治的结合之路，以皇权为主导，以儒学的自然更新与儒生的主动求变为主要内容。它肇端于秦汉之际，兴起于西汉武帝时期，止于东汉章帝时期。汉武帝通过博士制度、仕进制度的设计与实践，诱导儒生群体不断更新自家学说，来适应汉家政治的需要。儒学作为一个不断更新的学术体系，从孔子、孟子、荀子，到西汉前期的陆贾、贾谊、董仲舒，一再达到新的高度，最终取得学术领域内的指导地位。武帝所置"五经博士"尚处于"六艺博士"阶段，至汉宣帝黄龙元年所置的"十二博士"已发展至"师法博士"阶段，从而开启了儒学经学化的高潮。儒学经学化历程中，夹杂着齐学与鲁学之分、今古文经学之争、经学与谶纬合流等演变过程，呈现出活跃景象，但也导致儒学一家独大，失去了学术对立面的互动。如果说先秦诸子时期，儒学的繁荣离不开其他诸子学说对它的质疑、发难、推动，那么汉代儒学的经学化则使其在获得学术神圣性的同时，日益固鄙、僵化。五经的章句化，使学者只能在五经文字既定的范围内不断增益己说，严守师法门户，甚至曲意解说以逢迎统治者的意旨。经学因之失去发展出新思想的契机，而只能是陈词滥调的重复与烦琐，学术的生命、生机与活力从根本上断送了。

从石渠阁会议到白虎观会议，政治权威对于经学的强力干预，最终目的是将经学政治化。"统治阶级用王权的力量来扶植经学，目的是为了建立一套上层建筑的体系，使经学履行统治思想的职能。"①虽然学术与政治结合，可以获得尊崇或独断的地位，但这种尊崇与独断，又会反过来窒息学术的生

---

① 任继愈：《中国哲学发展史》（秦汉卷），北京：人民出版社，1985年，第458页。

命力。学术一旦完全地政治化，便丧失其本身的学术属性，不再是可以自由讨论、演生、更新甚或任意发挥的对象，而演变成一种附庸于政治权威并赋予政治权威神圣性、权威性的体系。汉代政治权威，通过树立儒家官学地位、整顿经学流派、介入经学阐释活动、"宣布图谶于天下""凭谶解经"，甚至官定统一的经本"熹平石经"等方式，一步步将皇权统治的意志渗透到学术领域，不仅以仕途、利禄来诱导儒生适应现实政治需要，还以"吏化"的方式改造儒生角色。这种政治化的学术形态，具有不可质疑与批判的非学术性特征。从这一角度看，学术政治化即学术的意识形态化。

《白虎通》是秦汉时代政权合法性理论建构的成熟形态。它既是白虎观会议的真正成果，也是政治权威介入学术领域并完成经学意识形态化所要实现的真正目的。先秦以来的儒家经典以及附会五经的谶纬之学，都是为了说明现实君主地位的至尊至贵，为了论证君主统治天下的合法性、正当性与合理性。《白虎通》继承了董仲舒所创立的天人感应思维模式，以天人感应说赋予汉家政权合法性，同时将董仲舒的思想向前推进了一大步。从内容上看，《白虎通》打破了西汉以来五经之间的区分和博士官学的师法门户的界限，促成今、古文经学与谶纬神学三者之间的融合。《白虎通》标志着经学被纳入皇权范畴，儒家经典完全沦为诠释皇帝"一人专制"的工具，已经被彻底政治化了。对于统治者而言，经学成为诠释政权合法性、皇权至上性的工具；对于学者而言，经学成为他们攫取政治仕途的工具、手段，由此，经学的政治化又导致了经学的工具化。

儒学的经学化、工具化，以及政治权威对思想发展的蛮横干预，必然导致原创性思想的缺失。汉代自董仲舒之后，基本上没有出现具有很高原创性、思想性的学者。西汉尚章句，严守师法门户；东汉则尚兼通，不治章句。东汉的经学大师从事的大多是对诸家经说的"融合"活动，以"通学"为尚。思想层面，除牵凿附会于经学之外，便是对经学或社会的批判思想。附会经学，不可能跳出经书诠释的范畴，又囿于师法章句的局限，难以产生思想上的创造。以王充、王符、仲长统、崔寔等人为代表的社会批判思潮，则因其具有明确的针对性而被局限于具体细节与当时朝政的裁量、批评之中，不能充分发挥自由开拓的思维创新，没有上升到独立的思想创造。可以说，先秦时代的"百家争鸣"，在西汉初期经历了一场"诸子余绪"之后，便逐渐成为历史的绝唱。经学在东汉后期渐趋衰微，"博士倚席不讲"，至魏晋之际逐渐被玄学取代。

政权合法性理论的生成、演变，基于政权的更迭、巩固及永续的政治需要而发，其理论的创造，是现实政治权威与学术权威之间相互博弈的结果。

在这个过程中，现实政权对于学士群体的要求、规范、改造，以及学术本身的天然发展、更新，不断地塑造着学士群体的价值取向。因此，从价值取向的演变，可以窥见有关秦汉政权合法性理论演生的脉络。伴随着秦汉政治实践与学术演变，儒生群体的价值取向在与现实政治权威的博弈与合作中不断发生变化。这既改变着儒生群体的气质，也改造着他们的角色属性。先秦时代，以儒生为代表的知识分子群体秉持着"道高于势"的信念，以"志于道"为信条，游走于列国，推销其政治理想。在他们心目中，政治理想远高于君主权威，君主不过是实现其理想的凭借。这种价值取向呈现着强烈的"理想主义"特征。随着秦汉大一统体制的相继建立，尤其是经历"焚书坑儒"的打击，儒生群体不得不重新思考他们面对皇权时的自我定位。汉初儒生大都具有"非醇儒"色彩，叔孙通、陆贾、贾谊之流能够得到统治者的任用，并非因为它们儒学素养的精深，而是因为他们能够针对汉初统治者所面临的各种社会现实问题，提出解决问题的具体方案、举措。此时的儒生群体价值观念中，理性与现实性成为他们从事政治活动与学术实践的思维基础。至汉武帝置五经博士，推行察举征辟，儒生获取仕途有了制度化的设计。班固直言："自武帝立五经博士，开弟子员，设科射策，劝以官禄，讫于元始，百有余年，传业者寝盛，支叶蕃滋，一经说至百余万言，大师众至千余人，盖禄利之路然也。"[①]此后，儒生对于"经明行修"的追求逐渐衰弱，而追逐政治利禄成为儒生孜孜以求的价值目标。可见，秦汉时代的儒生价值取向，经历了由"理想主义"，而"现实主义"，最终走向更为"功利主义"的转变。经历新莽时期"王道理想"的尝试与失败，东汉统治者锐意于"吏化"儒生、规范儒学，使"功利主义"价值取向更为浓厚。这种转变既是儒生群体迫于一人专制政治压力的被动选择，某种程度上也是他们主动适应、迎合现实政治需要的自主行为。

附表一　纬书辑佚篇目表

纬书辑本	纬 书 篇 名
《易纬》	《乾凿度》《坤凿度》《周易乾凿度》《易通卦验》《易稽览图》《易是类谋》《易辨终备》《易纬乾元序制记》《易纬坤灵图》
《说郛》	《乾凿度》上下篇、《易通卦验》《易稽览图》《易川灵图》《尚书考灵耀》《尚书璇机钤》《尚书帝命期》《尚书中候》《诗含神雾》《诗纪历枢》《神含雾》《春秋演孔图》《春秋元命包》《春秋文耀钩》《春秋运斗枢》《春秋感精符》《春秋合诚图》《春秋汉含孳》《春秋佐助期》《春秋潜潭巴》《春秋说题辞》《春秋纬》《春秋考异》《春秋符》《礼含文嘉》《礼稽命征》《礼斗威仪》《乐

---

① （汉）班固：《汉书》卷88《儒林传》，北京：中华书局，1962 年，第 3620 页。

（续表）

纬书辑本	纬书篇名
	稽耀嘉《孝经援神契》《孝经左契》《孝经右契》《孝经钩命决》《孝经内事》《孝经纬》《河图括地象》《河图始开图》《河图稽曜钩》《龙鱼河图》《河图稽命征》《洛书甄耀度》
《古微书》	《易通卦验》《易稽览图》《易是类谋》《易辨终备》《易中孚传》《易运期》《易萌气枢》《易坤灵图》《易河图数》《易九厄议》《尚书考灵曜》《尚书璇玑钤》《尚书帝命期》《尚书刑德放》《尚书运期授》《尚书帝验期》《尚书洪范记》《尚书中候》《尚书五行传》《中候握河纪》《中候考河命》《中候洛予命》《中候摘洛贰》《中候仪明》《中候敕省图》《中候稷起》《中候准谶哲》《中候运衡》《诗含神雾》《诗推度灾》《诗泛历枢》《春秋演孔图》《春秋元命包》《春秋文耀钩》《春秋运斗枢》《春秋感精符》《春秋合诚图》《春秋考异邮》《春秋保乾图》《春秋汉含孳》《春秋佐助期》《春秋握诚图》《春秋潜谭巴》《春秋说题辞》《春秋命历序》《春秋内事》《礼含文嘉》《礼稽命征》《礼斗威仪》《乐动声仪》《乐稽耀嘉》《乐协图徵》《孝经援神契》《孝经中契》《孝经左契》《孝经右契》《孝经钩命决》《孝经内事》《孝经威嬉拒》《论语比考》《论语撰考》《论语摘辅象》《论语摘衰圣》《论语阴嬉谶》《河图括地象》《河图始开图》《河图挺佐辅》《河图稽曜钩》《河图帝览禧》《河图握矩起》《河图玉版》《龙鱼河图》《河图帝通纪》《河图真纪钩》《河图秘徵》《河图会昌符》《河图稽命征》《河图要元篇》《河图提刘篇》《河图著命》《河图绛象》《河图考灵耀》《洛书灵准听》《雒书甄曜度》《洛书摘六辟》《洛书录运法》《洛书录运期》《孔子河洛谶》
《集纬》	《易通卦验》《易是类谋》《易辨终备》《易天人应》《易萌气枢》《泛引易纬》《易纬乾元序制记》《易纬坤灵图》《尚书考灵曜》《尚书帝命验》《尚书璇玑钤》《尚书刑德放》《尚书运期授》《泛引尚书纬》《诗含神雾》《诗推度灾》《诗泛历枢》《泛引诗纬》《诗含文候》《春秋演孔图》《春秋元命包》《礼含文嘉》《礼稽命征》《礼斗威仪》《泛引礼纬》《礼元命包》《乐动声仪》《乐稽耀嘉》《乐协图徵》《泛引乐纬》《河图括地象》《河图始开图》《河图挺佐辅》《河图稽曜钩》《河图帝览禧》《河图握矩起》《河图玉版》《河图合古篇》《河图赤伏符》《河图闿苞受》《河图扚光篇》《河图龙文》《河图录运法》《河图帝通纪》《河图真纪钩》《河图考钩》《河图秘徵》《河图会昌符》《河图稽命征》《河图要元篇》《河图提刘篇》《河图皇参待》《河图帝视萌》《泛引河图》《河图绛象》《河图考灵耀》《河图帝系谱》《河图八丈》《河图圣洽》《洛书灵准听》《雒书甄曜度》《洛书摘六辟》《洛书宝号命》《洛书说禾》《洛书录运期》《泛引洛书》《洛书兵钤》
《七纬》	《易乾凿度》《易乾坤凿度》《乾凿度》《坤凿度》《易通卦验》《易稽览图》《易是类谋》《易辨终备》《易纬乾元序制记》《易纬坤灵图》《尚书考灵曜》《尚书帝命验》《尚书璇玑钤》《尚书刑德放》《尚书运期授》《泛引尚书纬》《诗含神雾》《诗推度灾》《诗泛历枢》《泛引诗纬》《春秋演孔图》《春秋元命包》《春秋文耀钩》《春秋运斗枢》《春秋感精符》《春秋合诚图》《春秋考异邮》《春秋保乾图》《春秋汉含孳》《春秋佐助期》《春秋握诚图》《春秋潜谭巴》《春秋说题辞》《泛引春秋纬》《礼含文嘉》《礼稽命征》《礼斗威仪》《泛引礼纬》《乐动声仪》《乐稽耀嘉》《乐协图徵》《孝经援神契》《孝经钩命决》《泛引孝经纬》

纬书辑本	纬书篇名
《诸经纬遗》	《易通卦验》《易川灵图》《尚书考灵曜》《尚书帝命验》《尚书璇玑钤》《尚书中候》《诗含神雾》《诗纪历图》《春秋演孔图》《春秋元命包》《春秋文曜钩》《春秋运斗枢》《春秋感精符》《春秋合诚图》《春秋佐助期》《春秋潜谭巴》《春秋说题辞》《泛引春秋纬》《礼含文嘉》《礼稽命征》《礼斗威仪》《大戴礼逸》《乐稽耀嘉》《孝经援神契》《孝经左契》《孝经右契》《孝经钩命决》《孝经内事》《河图括地象》《河图始开图》《河图稽曜钩》《龙鱼河图》《河图稽命征》《雒书甄曜度》
《七经拾遗》	《易乾凿度》《易通卦验》《易稽览图》《易是类谋》《易辨终备》《易通统图》《易运期》《易萌气枢》《泛引易纬》《易纬坤灵图》《易中备》《易谶》《中候握河纪》《中候我应》《中候考河命》《中候洛予命》《中候洛师谋》《中候摘洛贰》《中候仪明》《中候敕省图》《中候稷起》《中候准谶哲》《中候合符后》《中候运衡》《中候契握》《中候苗兴》《中候题期》《中候立象》《中候霸免》《中候觊期》《诗谶》《春秋命历序》《春秋内事》《春秋录图》《春秋孔录法》《春秋河图揆命篇》《春秋图》《春秋少阳篇》《春秋谶》《孝经中契》《孝经左契》《孝经右契》《孝经内事》《孝经内记》《孝经雌雄图》《孝经古秘》《孝经谶》《论语比考》《论语撰考》《论语摘辅象》《论语摘衰圣》《论语素王受命谶》《论语崇爵谶》《论语纠滑谶》《论语阴嬉谶》《泛引论语谶》《河图括地象》《河图始开图》《河图挺佐辅》《河图稽曜钩》《河图帝览禧》《河图握矩起》《河图玉版》《龙鱼河图》《河图令占篇》《河图赤伏符》《河图阊苞受》《河图抃光篇》《河图龙文》《河图录运法》《河图帝通纪》《河图真纪钩》《河图秘徵》《河图会昌符》《河图要元篇》《河图提刘篇》《河图著命》《河图皇参待》《河图帝视萌》《泛引河图》《河图圣洽符》《洛书灵准听》《雒书甄曜度》《洛书摘六辟》《洛书宝号命》《泛引洛书》《孔子河洛谶》《洛书洛罪级》《洛书说征示》《洛书兵钤势》《附谶语》
《诗纬集证》	《诗含神雾》《诗推度灾》《诗泛历枢》《泛引诗纬》
《玉函山房辑佚书》	《尚书考灵曜》《尚书帝命验》《尚书璇玑钤》《尚书刑德放》《尚书运期授》《泛引尚书纬》《尚书中候》《中候握河纪》《中候我应》《中候考河命》《中候洛予命》《中候洛师谋》《中候摘洛贰》《中候仪明》《中候敕省图》《中候稷起》《中候准谶哲》《中候合符后》《中候运衡》《中候契握》《中候苗兴》《中候题期》《中候立象》《中候霸免》《中候觊期》《诗含神雾》《诗推度灾》《诗泛历枢》《春秋演孔图》《春秋元命包》《春秋文曜钩》《春秋运斗枢》《春秋感精符》《春秋合诚图》《春秋考异邮》《春秋保乾图》《春秋汉含孳》《春秋佐助期》《春秋握诚图》《春秋潜谭巴》《春秋说题辞》《春秋命历序》《礼含文嘉》《礼稽命征》《礼斗威仪》《乐动声仪》《乐稽耀嘉》《乐协图微》《孝经援神契》《孝经中契》《孝经左契》《孝经右契》《孝经钩命决》《孝经内事》《孝经河图》《孝经雌雄图》《孝经古秘》《孝经谶》《孝经章句》《论语比考》《论语撰考》《论语摘辅象》《论语摘衰圣》《论语素王受命议》《论语崇爵谶》《论语纠滑谶》《论语阴嬉谶》
《玉函山房辑佚书续编》	《易坤灵图》《易经备》《尚书考灵曜》《尚书帝命验》《尚书刑德放》《尚书中候》《诗含神雾》《诗推度灾》《诗泛历枢》《泛引诗纬》《春秋演孔图》《春秋元命包》《春秋文曜钩》《春秋运斗枢》《春秋感精符》《春秋合诚图》《春秋考异邮》《春秋保乾图》《春秋佐助期》《春秋潜谭巴》《春秋说题辞》《春秋

纬书辑本	纬 书 篇 名
	命历序》《春秋玉版》《泛引春秋纬》《春秋合诚图》《礼含文嘉》《礼稽命征》《礼斗威仪》《乐动声仪》《乐协图徵》《泛引乐纬》《孝经援神契》《孝经钩命决》《孝经中黄》《泛引论语谶》《河图说命徵》《洛书甄耀度》
《纬捃》	《易乾凿度》《易坤凿度》《易通卦验》《易稽览图》《易是类谋》《易辨终备》《易中孚传》《易天人应》《易通统图》《易运期》《易内传》《易萌气枢》《易内篇》《易传太初篇》《泛引易纬》《尚书考灵曜》《尚书帝命验》《尚书璇玑钤》《尚书刑德放》《尚书运期授》《尚书帝验期》《尚书洪范记》《泛引尚书纬》《尚书中候》《中候握河纪》《中候我应》《中候考河命》《中候洛予命》《中候洛师谋》《中候摘洛贰》《中候仪明》《中候敕省图》《中候稷起》《中候准谶哲》《中候合符后》《中候运衡》《中候契握》《中候苗兴》《赤雀命》《诗含神雾》《诗推度灾》《诗泛历枢》《泛引诗纬》《春秋演孔图》《春秋元命包》《春秋文曜钩》《春秋运斗枢》《春秋感精符》《春秋合诚图》《春秋考异邮》《春秋保乾图》《春秋汉含孳》《春秋佐助期》《春秋握诚图》《春秋潜谭巴》《春秋说题辞》《春秋命历序》《春秋内事》《春秋录图》《春秋录运法》《春秋孔录法》《春秋璇玑枢》《春秋揆命篇》《春秋河图揆命篇》《春秋玉版》《春秋瑞应传》《泛引春秋纬》《礼含文嘉》《礼稽命征》《礼斗威仪》《泛引礼纬》《乐动声仪》《乐稽耀嘉》《乐协图徵》《泛引乐纬》《孝经援神契》《孝经中契》《孝经左契》《孝经右契》《孝经钩命决》《孝经内事》《孝经河图》《孝经中黄》《孝经威嬉拒》《泛引孝经纬》《论语比考》《论语撰考》《论语摘辅象》《论语摘衰圣》《论语素王受命谶》《论语崇爵谶》《论语纠滑谶》《论语阴嬉谶》《泛引论语谶》《河图括地象》《河图始开图》《河图挺佐辅》《河图稽曜钩》《河图帝览禧》《河图握矩起》《河图玉版》《龙鱼河图》《河图合古篇》《河图令占篇》《河图赤伏符》《河图闿苞受》《河图扸光篇》《河图龙文》《河图录运法》《河图帝通纪》《河图真纪钩》《河图考钩》《河图秘徵》《河图说徵》《河图说徵祥》《河图会昌符》《河图稽命征》《河图揆命篇》《河图要元篇》《河图天灵》《河图提刘篇》《图纬绛象》《河图著命》《河图皇参恃》《河图帝视萌》《泛引河图》《洛书灵准听》《雒书甄曜度》《洛书摘六辟》《洛书宝号命》《洛书说禾》《洛书录运法》《洛书录运期》《泛引洛书》
《通纬》	《易乾凿度》《易乾坤凿度》《乾凿度》《坤凿度》《易通卦验》《易是类谋》《易通统图》《易萌气枢》《泛引易纬》《易纬乾元序制记》《易坤灵图》《易九厄谶》《尚书帝命验》《尚书璇玑钤》《尚书刑德放》《尚书运期授》《诗含神雾》《诗推度灾》《泛引诗纬》《春秋演孔图》《春秋元命包》《春秋文曜钩》《春秋运斗枢》《春秋感精符》《春秋合诚图》《春秋考异邮》《春秋保乾图》《春秋佐助期》《春秋握诚图》《春秋潜谭巴》《春秋说题辞》《春秋命历序》《春秋内事》《春秋孔录法》《泛引春秋纬》《礼含文嘉》《礼稽命征》《泛引礼纬》《乐协图徵》《泛引乐纬》《孝经援神契》《孝经中契》《孝经左契》《孝经右契》《孝经钩命决》《孝经内事》《孝经威嬉拒》《泛引孝经纬》《孝经雌雄图》《孝经古秘》《孝经章句》《孝经契》《论语比考》《论语撰考》《论语摘辅象》《论语摘衰圣》《论语素王受命谶》《论语崇爵谶》《论语纠滑谶》《论语阴嬉谶》《泛引论语谶》《河图括地象》《河图始开图》《河图稽曜钩》《河图帝览禧》《龙鱼河图》《河图合古篇》《河图赤伏符》《河图闿苞受》《河图扸光篇》《河图帝通纪》《河图真纪钩》《河图秘徵》《河图说徵》《河图

（续表）

纬书辑本	纬书篇名
	会昌符《河图稽命征》《河图要元篇》《河图天灵》《河图提刘篇》《河图著命》《河图皇参待》《河图绛象》《河图考灵耀》《河图圣洽符》《括地图》《河图谶》《洛书灵准听》《雒书甄曜度》《洛书摘六辟》《泛引洛书》《洛书洛罪级》《附甄曜度谶》
《纬书佚文辑录》	《易乾凿度》《易通卦验》《易是类谋》《易辨终备》《易萌气枢》《泛引易纬》《易坤灵图》《易纬礼观书》《易纬纪》《易纬纪表》《易纬决象》《尚书考灵曜》《尚书帝命验》《泛引尚书纬》《尚书中候》《中候摘洛贰》《中候运衡》《尚书中候杂篇》《诗含神雾》《诗推度灾》《诗泛历枢》《泛引诗纬》《春秋演孔图》《春秋元命包》《春秋文曜钩》《春秋运斗枢》《春秋感精符》《礼含文嘉》《礼稽命征》《礼斗威仪》《泛引礼纬》《乐动声仪》《乐稽耀嘉》《乐协图徵》《泛引乐纬》《孝经援神契》《孝经钩命决》《孝经内事》《泛引孝经纬》《孝经雌雄图》《孝经古秘》《孝经章句》《论语摘辅象》《论语阴嬉谶》《泛引论语谶》《河图括地象》《河图始开图》《河图帝览禧》《龙鱼河图》《河图令占篇》《河图录运法》《河图真纪钩》《河图稽命征》《泛引河图》《河图圣洽符》《河图龙帝纪》《河图龙表》《河图说徵示》《河图灵武帝篇》《河图玉英》《河图稽纪钩》《河图表纪》《洛书灵准听》《洛书甄耀度》《洛书摘六辟》《洛书宝号命》《泛引洛书》《洛书洛罪级》《洛书说征示》《洛书兵钤势》《洛书纪》《洛书三光占》《洛书斗中图》

附表二　两汉博士官统计表 *

时代	经属	姓名	籍贯	史料出处
武帝	鲁《诗》	缪生	东海兰陵	《汉书·儒林传》
		夏宽	无考	《汉书·儒林传》
		徐偃	东海兰陵	《汉书·儒林传》《汉书·终军传》
		鲁赐	梁郡砀县	《汉书·儒林传》《汉书·律历志》
		周霸	鲁地	《史记·儒林列传》《汉书·儒林传》
		阙门庆忌	鲁地驺县	《汉书·儒林传》
	韩《诗》	蔡义	河内温县	《史记·建元以来侯者年表》《汉书·蔡义传》
		韩商	燕地	《史记·儒林列传》

　　* 本表参考王国维《汉魏博士考》、钱穆《两汉博士家法考》、阎步克《察举制度变迁史稿》、安作璋《秦汉官制史稿》、张汉东《秦汉博士表》等编定,并在拙作《东汉政治与学术演变》附表基础上增补、修订。

（续表）

时代	经属	姓名	籍贯	史料出处
	《书》	欧阳高	千乘	《汉书·儒林传》
		孔安国	鲁地曲阜	《汉书·孔光传》
		孔延年	鲁地曲阜	《汉书·孔光传》
	《礼》	高堂生	鲁地	《史记·儒林列传》
	《易》	田王孙	梁郡砀县	《汉书·儒林传》
	公羊《春秋》	公孙弘	菑川薛县	《史记·平津侯列传》《汉书·百官表》
	无考	大江公	山阳瑕丘	《汉书·儒林传》
		褚大	东海兰陵	《史记·平准书》《史记·儒林列传》《汉书·儿宽传》
		孔武	鲁地曲阜	《孔丛子·连从》
		狄山	天水	《史记·酷吏列传》
		平		《汉书·儒林传》
		中		《汉书·武帝纪》
		将行		《史记·三王世家》
昭帝	《书》	夏侯胜	鲁地东平	《汉书·夏侯胜传》
		夏侯建	鲁地东平	《汉书·夏侯建传》
		孔霸	鲁地曲阜	《汉书·孔光传》
	鲁《诗》	韦贤	鲁地驺县	《汉书·韦贤传》《汉书·儒林传》
	《礼》	后苍	东海郯县或兰陵	《汉书·儒林传》《汉书·萧望之传》
	公羊《春秋》	眭孟	鲁地蕃县	《汉书·眭孟传》
	无考	隽舍		《汉书·霍光传》
		虞舍		
		德		
		射		
宣帝	齐《诗》	白奇	无考	《汉书·萧望之传》
	鲁《诗》	江公	山阳瑕丘	《汉书·儒林传》《汉书·艺文志》《后汉书·卓茂传》

时代	经属	姓名	籍贯	史料出处
		薛广德	沛郡相县	《汉书·薛广德传》
		王式	东平新桃	《汉书·儒林传》
		义倩	鲁地驺县	《汉书·韦贤传》
		褚少孙	东海兰陵	《史记·孝武本纪》《汉书·儒林传》
	欧阳《书》	欧阳地余	千乘	《汉书·儒林传》
		林尊	济南	《汉书·儒林传》
	小夏侯《书》	张山拊	扶风平陵	《汉书·儒林传》
	《礼》	戴圣	梁郡	《汉书·儒林传》
	《易》	施雠	沛郡	《汉书·儒林传》
		白子友		《汉书·朱云传》
	公羊《春秋》	贡禹	琅邪	《汉书·贡禹传》《汉书·儒林传》
		严彭祖	东海下邳	《汉书·儒林传》
	不可考	王吉	琅邪皋虞	《汉书·王吉传》
元帝	齐《诗》	匡衡	东海承县	《汉书·匡衡传》
		翼奉	东海下邳	《汉书·翼奉传》
	《诗》	师丹	琅邪东武	《汉书·师丹传》
	小夏侯《书》	郑宽中	扶风平陵	《汉书·张禹传》
	施《易》	张禹	河内轵县	《汉书·张禹传》
	《易》	朱云	鲁地	《汉书·朱云传》
	不可考	赏		《汉书·元帝纪》
成帝	欧阳《书》	平当	扶风平陵	《汉书·平当传》
	大夏侯《书》	许商	长安	《汉书·儒林传》《汉书·沟洫志》《汉书·百官表》
	小夏侯《书》	孔光	鲁地曲阜	《汉书·孔光传》《汉书·儒林传》
	施《易》	彭宣	淮阳阳夏	《汉书·彭宣传》《汉书·儒林传》
	谷梁《春秋》	翟方进	汝南上蔡	《汉书·翟方进传》《汉书·儒林传》

时代	经属	姓名	籍贯	史料出处
	无考	驷胜		《汉书·元后传》
哀帝	鲁《诗》	龚舍	楚地武原	《汉书·龚舍传》
	《书》	吴章	扶风平陵	《汉书·云敞传》
	颜氏《春秋》	左咸	琅邪	《汉书·韦贤传》 《汉书·儒林传》 《汉书·百官表》
	无考	夏侯常		《汉书·龚胜传》
		申咸		《汉书·薛宣传》
		炔钦	东海	《汉书·师丹传》
平帝	无考	王良	东海兰陵	《后汉书·王良传》 《太平御览·汝南先贤传》
		苏竟	扶风平陵	《后汉书·苏竟传》
		薛顺		《汉书·郊祀志》
		金子严		《后汉书·郑兴传》 注引《东观汉记》
无考	鲁《诗》	许晏	陈留	《汉书·儒林传》 《后汉书·独行传》
		张长安	山阳	《汉书·儒林传》
		唐长宾	东平	《汉书·儒林传》
		右师细君		《汉书·儒林传》
	韩《诗》	长孙顺	菑川	《汉书·儒林传》
		食子公	河内	《汉书·儒林传》
	小夏侯《书》	冯宾	鲁地	《汉书·儒林传》
	欧阳《书》	殷崇	琅邪	《汉书·儒林传》
		朱普	九江	《汉书·儒林传》
	大夏侯《书》	牟卿		《汉书·儒林传》
	大戴《礼》	徐良	琅邪	《汉书·儒林传》
	施《易》	邴丹	琅邪	《汉书·儒林传》
	孟《易》	白光	东海兰陵	《汉书·儒林传》
		翟牧	沛郡	《汉书·儒林传》
	梁丘《易》	士孙张	扶风平陵	《汉书·儒林传》

时代	经属	姓名	籍贯	史料出处
	《易》	何武	蜀郡	《汉书·何武传》《汉书·鲍宣传》
		严望	九江	《汉书·朱云传》
		严元	九江	《汉书·朱云传》
	京《易》	姚平	河东	《汉书·儒林传》《汉书·京房传》
		殷嘉	东海	《汉书·儒林传》
		乘弘	河南	《汉书·儒林传》
	公羊《春秋》	疏广	东海兰陵	《汉书·儒林传》《汉书·疏广传》
	谷梁《春秋》	周庆	梁	《汉书·儒林传》
		丁姓	梁	《汉书·儒林传》
		胡常	济河	《汉书·儒林传》《汉书·翟方进传》
		申章昌	楚	《汉书·儒林传》
	无考	孔驩	鲁地曲阜	《孔丛子·连从》《东家杂记》
		孔忠	鲁地曲阜	《史记·孔子世家》《汉书·孔光传》
		贤		《汉书·艺文志》
王莽	无考	袁圣		《汉书·王莽传》
		李充		《汉书·王莽传》
光武帝	齐《诗》	伏恭	琅邪东武	《后汉书·儒林列传》
	鲁《诗》	高诩	平原般县	《后汉书·儒林列传》
	韩《诗》	薛汉	淮阳	《后汉书·儒林列传》
	欧阳《书》	牟长	乐安临济	《后汉书·儒林列传》
		桓荣	沛郡龙亢	《后汉书·桓荣传》
	小夏侯《书》	郭宪	汝南宋	《后汉书·儒林列传》《后汉书·方术列传》
	庆《礼》	曹充	鲁地薛县	《后汉书·曹充传》
	孟《易》	洼丹	南阳育阳	《后汉书·儒林列传》

（续表）

时代	经属	姓名	籍贯	史料出处
	梁丘《易》	范升	代郡	《后汉书·儒林列传》《后汉书·范升传》
		梁恭		《后汉书·范升传》
		张兴	颍川	《后汉书·儒林列传》
	严氏《春秋》	丁恭	山阳东缗	《后汉书·儒林列传》
		甄宇	北海安丘	《后汉书·儒林列传》
		周泽	北海安丘	《后汉书·儒林列传》
	颜氏《春秋》	张玄	河内河阳	《后汉书·儒林列传》
	左氏《春秋》	李封	魏郡	《后汉书·儒林列传》《后汉书·陈元传》
	无考	殷亮		《艺文类聚》卷四六
		张佚		《后汉书·桓荣传》
明帝	鲁《诗》	魏应	任城	《后汉书·儒林列传》
	《礼》	董钧	犍为	《后汉书·儒林列传》
	严氏《春秋》	承宫	琅邪姑幕	《后汉书·承宫传》《后汉书·儒林列传》
章帝	鲁《诗》	蔡朗	陈留	《蔡中郎集》卷三
	《礼》	曹褒	鲁地薛县	《后汉书·曹褒传》
	公羊《春秋》	李育	扶风漆县	《后汉书·儒林列传》
		赵博		《后汉书·杨终传》
和帝	鲁《诗》	鲁恭	扶风平陵	《后汉书·鲁恭传》
	无考	李法	汉中南郑	《后汉书·李法传》
殇帝	无考	鲁丕	扶风平陵	《后汉书·鲁丕传》
		李充	陈留	《后汉书·独行列传》
安帝	无考	周防	汝南南阳	《后汉书·儒林列传》
		杨伦	陈留东昏	《后汉书·儒林列传》
		樊英	南阳鲁阳	《后汉书·方术列传》
		良史		《后汉书·宦者列传》
		黄广		《后汉书·律历志》
桓帝	无考	爰延	陈留外黄	《后汉书·爰延传》
		赵咨	东郡燕县	《后汉书·赵咨传》

(续表)

时代	经属	姓名	籍贯	史料出处
		延笃	南阳	《后汉书·延笃传》
灵帝	公羊《春秋》	刘弘	南阳安众	《后汉书·灵帝纪》
	无考	卢植	涿郡	《后汉书·卢植传》
		蔡邕		《后汉书·律历志》
		左立		《隶释》卷十四"论语碑"
		任敏		《意林》卷四引《风俗通义》
献帝	无考	苏林		《三国志·魏志·文帝纪》
		董巴		《三国志·魏志·文帝纪》
无考	韩《诗》	杜抚	犍为武阳	《后汉书·儒林列传》
		澹台恭	会稽	《通志》卷二九引《风俗通义》《后汉书·儒林列传》
	《书》	公孙晔		《太平御览》卷二一九《北堂书钞》引《谢承书》
	《礼》	王孙骨	陈留	《元和姓纂》卷五引《陈留耆旧传》
	孟《易》	觟阳鸿	中山	《后汉书·儒林列传》
	公羊《春秋》	羊弼		《后汉书·儒林列传》
		仲信		《后汉书·党锢列传》
	无考	韩宗		《三国志·吴志·张纮传》
		许慎	汝南召陵	《后汉书·儒林列传》
		郑玄	北海高密	《后汉书·郑玄传》《后汉书·祭祀志》
		孔志	鲁地曲阜	《后汉书·光武帝纪》《隶释》卷二七
		孔仁	鲁地曲阜	《孔丛子·连丛》
		焦永	会稽会阴	《后汉书·乐恢传》《后汉书·郑弘传》
		郭凤	渤海	《后汉书·方术列传》
		李颉	汉中南郑	《后汉书·方术列传》
		赵畅	东郡燕县	《后汉书·赵咨传》
		罗衍	蜀郡成都	《华阳国志》卷十、卷十二
		朱穆	南阳宛县	《蔡中郎集》卷一

时代	经属	姓名	籍贯	史料出处
		萧周	东海兰陵	《南齐书·高帝纪》 《新唐书·宰相世系表》
		刘熹	北海	《三辅黄图》卷五
		侯瑾	敦煌	《后汉书·文苑列传》 《艺文类聚》卷六二
		杨班	蜀郡成都	《华阳国志》卷十二
		路仲翁		《北堂书钞》卷六七引 《谢承书》

附表三　纬书受命神话统计表

书名	受命之主	内　容	出处
易纬	周文王	文王比隆兴始霸，伐崇，作灵台，受赤雀丹书，称王制命，示天意。	《易纬乾元序制记》
		子乙世配丑子，予姬昌赤雀丹书也。演恢命，著纪元苞。	《易纬是类谋》
尚书纬	秦王政	赵（秦）王政以白璧沈河，有黑龙从河出，谓政曰：祖龙来，天宝开，中有尺二玉牍。	《尚书考灵曜》
	周文王	季秋之月甲子，有赤爵衔丹书入于酆，止于昌户。其书云："敬胜怠者凶吉，怠胜敬者从，欲胜义者凶。凡事不强则枉，不敬则不正，枉者废灭，敬者万世。以仁得之，以仁守之，其量百世。以不仁得之，以仁守之，其量十世。以不仁得之，不仁守之，不及其世。"	《尚书帝命验》
		季秋之月甲子，有赤爵衔丹书入于酆，止昌户，拜稽首，至于磻谿之水。吕尚钓涯，王下趣拜曰："公望七年，乃今见光景于斯。"答曰："望钓得玉璜。刻曰：'姬受命，吕佐道。遂置车左，王躬执驱，号曰师父。'"	
		季秋之月甲子，有赤爵衔丹书止于昌户，民逾山穿穴，老幼相扶，归者八十万户。	
	黄帝	河龙图出，洛龟书威，赤文象字，以授轩辕。	
	伏羲氏	伏羲氏有天下，龙马负图出于河，遂法之画八卦。又龟书，洛出之也。	《尚书中候》
	黄帝	帝轩提像，配永循机，天地休通，五行期化。河龙图出，洛龟书威，赤文象字，以授轩辕。	

书名	受命之主	内　　容	出处
		黄帝巡洛，龟书赤文成字，象轩。	
		河出龙图，赤文绿字，以授轩辕。	
		黄帝东巡至洛，龟书威，赤文绿字，以授轩辕。	
		河龙图出，洛龟书威，赤文象字，以授轩辕。	
	尧	尧时，龙马衔甲，赤文绿色，临坛上。甲似龟背，广袤九尺，园理平上，五色文，有列星之分，斗正之度，帝王录纪，兴亡之数。	
		尧即政七十载，修坛河洛，昧明礼备，荣光出河，休气四塞。	
		帝尧即政七十载，修坛河洛。仲月辛日，礼备至于日稷，荣光出河，龙马衔甲，赤文绿色，临坛吐甲图。	
		尧时，荣光出河，休气四塞。龙御甲，赤文绿字，甲似龟背，五色也。	
		帝尧即政，荣光出河，休气四塞。龙马衔甲，赤文绿色，甲似龟背，五色，有列星之分，斗政之度，帝王录纪，兴亡之数。	
		帝尧即政七十载，景星出翼。凤皇止庭，朱草生郊，嘉禾孳连，甘露润液，醴泉出山，修坛河洛。荣光起河，休气四塞，白云起，回风摇。龙马衔甲，赤文绿色，临坛止霁。	
		尧率群臣，东沈璧于洛，退候至于下稷。赤光起，玄龟负书出，赤文成字。	
		尧沈璧于雒，玄龟负书出，背甲赤文成字，止坛。	
		尧沈璧于洛，玄龟负书出，于背上赤文朱字，止坛。又沈璧于河，黑龟出，赤文题。	
		尧沈璧于洛，赤光启，有灵龟负书出，背甲赤文成字，止坛。	
		唐尧沈璧于洛水，龟负书出，有甲赤文成字，止坛也。	
		尧沈璧于雒，玄龟负书出，背甲赤文成字，止坛。	
		尧沈璧于河，白云起。成王观于河东，云至。	
		尧励德匪懈，万民和欣，则龙马见，其身赤色，龟背麦广九尺，五色，颔下有红，赤文似字。	

书名	受命之主	内　　容	出处
		尧时受河图,龙衔赤文绿色。	
		尧即政七十年,受河图。	
		若尧母曰庆都,游于三河,龙负图而至。其文要曰:"亦受天佑,眉八采,鬓发长七尺二寸,圆兑上丰下,足履翼宿。"既而阴风四合,赤龙感之孕,十四月而生尧于丹陵,其状如图,身长十尺。	《尚书中候握河纪》
		尧即政十七年,仲月甲日,至于稷,沈璧于河。青云起,回风摇落,龙马衔甲,赤文绿字,自河而出,临坛而止,吐甲回遭。甲似龟,广九尺,有文言虞、夏、商、周、秦、汉之事。帝乃写其文,藏之东序。	
		尧即政七十年,凤皇止庭,伯禹拜曰:"昔帝轩提象,凤巢阿阁。"	《尚书中候我应》
		尧沈璧于洛,玄龟负书,背中赤文朱字,止坛。	《尚书中候考河命》
	舜	舜沈璧于河,荣光休至,黄龙负卷舒图,出入坛畔。	《尚书中候》
		舜沈璧,黄龙负卷舒图,出水坛畔,赤文绿字也。	
		舜曰:"朕维不仁,萤莫浮着,百兽凤晨。"若稽古帝舜曰重华,钦翼皇象。帝舜至于下稷,荣光休至。黄龙负卷舒图,出水坛畔,赤文绿错。	《尚书中候考河命》
		帝乃载歌曰:"日月有常,星辰有行,四时从经,万姓允诚。于予论乐,配天之灵,迁于圣贤,莫不咸听。饔乎鼓之,轩乎舞之,精华以竭。"	
	禹	尧使禹治水,禹辞,天地重功,帝钦择人。帝曰:"出尔图,命尔乃天。禹临河观,有白面长人鱼身,出曰:'吾河精也。'表曰:文命治滔水,授臣河图去入渊。'"	《尚书中候》
		伯禹在庶,四岳师,举荐之帝尧。握括命不试,爵授司空,伯禹稽首,让于益、归。帝曰:"何斯若真,出尔命图,示乃天。"	
		伯禹曰:"臣观河百,面长人鱼身,出曰:'吾河精也,授臣河图,带入渊,伯禹拜辞。'"	
		禹理洪水,观于河,见白面长人鱼身,出曰:"吾河精也。"授禹河图,而还于渊。	
		观于河,有长人,白面鱼身,出曰:"吾河精也。"呼禹曰:"文命治淫。"言讫,受禹河图,言治水之事,乃退入于渊。于是以告曰:"臣见河伯,面长人首鱼身,曰吾河精,授臣河图。"	《尚书中候考河命》

书名	受命之主	内　　容	出处
		乃受舜禅,即天子之位。天乃悉禹洪范九畴,洛出龟书五十六字,此谓洛出书者也。	
	汤	天乙在亳,东观乎雒,黄鱼双跃,出跻于坛,化为黑玉。	《尚书中候》
		天乙东观洛,黄鱼双跃出,黑鸟随鱼,化为黑玉也。	
		天乙在亳,诸邻国襁负归德。东观于洛,习礼尧坛,降三分沈璧,退立,荣光不起,黄鱼双跃,出济于坛。黑鸟以雄,随鱼亦止,化为黑玉,赤勒曰:"玄精天乙,受神福,伐桀克。"	
		汤沈璧于河,黑龟出,赤文题。	
		汤牵白狼,握禹录。	
		汤沈璧于洛水,黄鱼双跃,出济于坛。元鸟随鱼出示生,化为玄玉,赤勒:"玄精天乙,受神命代,天下服。"	
		天乙在亳,东观于洛,黄鱼双跃,出济于坛。黑鸟以雏,随鱼亦上,化为黑玉,赤勒曰:"玄精天乙受神复命之,予伐桀命克,予商灭夏,天下服。"	《尚书中候雏予命》
		天乙在亳,夏桀迷惑,诸邻国襁负归德。东观于洛,习礼尧坛,降三分璧,沈于洛水。退立,荣光不起,黄鱼双跃,出济于坛。黑鸟以雄,随鱼亦止,化为黑玉,赤勒曰:"元精天乙受神福,伐桀克,三年天下悉合。"	
		汤观于洛,沈璧,而黑龟与之书,黄鱼双跃。	
	周文王	王即田鸡水畔,至磻溪之水,吕尚钓于涯。王下拜曰:"切望公七年,乃今见光景于斯。"尚立变名答曰:"望钓得玉璜,刻曰:'姬受命,吕佐旌,德合昌,来提撰,尔雒钤,报在齐。'"	《尚书中候》
		周文王为西伯,季秋之月甲子,赤雀衔丹书入丰鄗,止于昌户。乃拜稽首受,取曰:"姬昌仓帝子,亡殷者纣也。"	
		季秋,赤雀衔丹书入鄷,止于昌户。昌拜稽首受,最曰:"姬昌,苍帝子。最,要者也。"	
		季秋之月甲子,赤雀衔丹书,入丰,止于昌户。再拜稽首受,最曰:"姬昌苍帝子。"	《尚书中候我应》

书名	受命之主	内　　容	出处
	周武王	太子发以纣存三仁附,即位不称王,渡于孟津中流,受文,待天谋。白鱼跃入王舟,王俯取,鱼长三尺,赤文有字,题目下名授右。有火自天出于王屋,流为赤鸟,五至以谷俱来。	《尚书中候》
		周武王渡于孟津中流,白鱼跃入于王舟,王附取鱼,鱼长三尺,赤文有字,题曰:"下援右。"曰:"姬发遵昌。"王燔以告天,有火自天,流为赤鸟。	
		武王观于河,沈璧。礼毕,至于日昳,荣光塞河,青云浮洛,青龙临坛,衔元甲之图,吐之而去。	
		武王沈璧于河,礼毕退,至日昳,荣光幕河,青云浮洛。	
	周成王	成王观于河,沈璧,礼毕且退,至于日昳,荣光幕河,青云浮洛,赤龙临坛,衔元甲之图。	
		成王观于洛河,沈璧。礼毕王退,俟至于日昳,荣光并出幕河,青云浮洛,青龙临坛,衔元甲之图,吐之而去。	
		周成王举尧舜礼,沈璧河,白云起,而青云浮至,乃有苍龙负图临河也。	
	周公	周公摄政七年,制礼作乐。成王观于洛,沈璧。礼毕王退,有玄龟,青纯苍光,背甲刻书,上跻于坛,赤文成字,周公写之。	
		周公摄命七年,归政成王,沈璧于河。荣光幕河,青云浮至,青龙衔元甲临坛,吐图而去。	
		周公沈璧,元龟青纯。	
		藩侯陪位,群公皆就,立如舜,周公差应。至于日晨,荣光泪河,青云浮至,青龙仰玄甲,临坛上,济止图滞。周公视三公,视其文,言周世之事,五百之戒,与秦、汉事。	《尚书中候摘雒戒》
		若稽古周公旦,钦维皇天,顺践祚,即摄七年。鸾凤见,冀荚生,青龙衔甲,玄龟背书。	
	秦伯	维天降纪,秦伯出狩,至于咸阳,天振大雷,有火下,化为白雀,衔录集于公车。	《尚书中候》
		维天降纪,秦伯出狩于咸阳,于震大雷,有火流下,化为白雀,衔录丹书,集于公车,曰"秦伯霸也。"秦本在陇西,襄公玄孙德公始徙雍。	《尚书中候颢期》

（续表）

书名	受命之主	内　　容	出处
	秦穆公	秦穆公出狩，至于咸阳，日稷庚午，天震大雷。有火下，化为白雀，衔录丹书，集于公车。公俯取其书，言缪公之霸也，讫胡亥秦家世事。	《尚书中候》
		秦穆公出狩，天震大雷，下有火，化为白雀，衔丹书，集于公车。	
诗纬	周文王周武王	十周参聚，气生神明，戊午革运，辛酉革命，甲子革政。	《诗纬》
礼纬	伏羲氏	伏者，别也；羲者，献也，法也。伏羲德洽上下，天应之以鸟兽文章，地应之龟书，伏羲则而象之，乃作易卦。	《礼含文嘉》
	禹商汤周文王	其天命以黑，故夏有玄珪。天命以白，故殷有白狼衔钩。天命以赤，故周有赤雀衔书。	《礼稽命征》
	周成王	周成王治平，观于河，青云浮于河也。青龙临坛，吐玄甲之图。	《礼斗威仪》
	禹商汤周文王	若尚色，天命以赤尚赤，以白尚白，以黑尚黑。正朔三改，文质再而复。三微者三正之始，万物皆微，物色不同，故王者取法焉。十一月，时阳气始施于黄泉之下，色皆赤。赤者阳气，故周为天正，色尚赤。十二月，万物始牙而色白，白者阴气，故殷为地正，色尚白。十三月，万物孚甲而出，其色皆黑，人得加功展业，故夏为人正，色尚黑。	《礼纬》
乐纬	禹商汤周文王	其天命以黑，故夏有玄珪。天命以赤，故周有赤雀衔书。天命以白，故殷有白狼衔钩。	《乐稽耀嘉》
春秋纬	孔子	得麟之后，天下血书鲁端门曰："趋作法，孔圣没。周姬亡，彗星出。秦政起，胡破术。书纪散，孔不绝。"子夏明日往视之，血书飞为赤鸟，化为白书，署曰《演孔图》，中有作图制法之状。	《春秋演孔图》
		孔子论经，有鸟化为书。孔子奉以告天，赤爵集书上，化为玉，刻曰："孔提命，作应法，为赤制。"	
		鸟化为书，孔子奉以告天，赤雀集书上，化为黄玉，克曰："孔提命，作应法，为制雀集。"将受命制。	
		孔子受端门之命，制春秋大义，使子夏等十四人求周史记，得百二十国宝书，九月经立。	《春秋考异邮》

（续表）

书名	受命之主	内　容	出处
		孔子谓子夏曰："得麟之月，天当有血书鲁端门；孔圣没，周室亡。"子夏往观，逢一郎，云："门有血飞为赤鸟，化而为书云，往孔圣没，周室亡。"	《春秋说题辞》
		血蕟为赤鸟，化为帛，鸟消青出，署曰《演孔图》。	
		孔子坐元扈洛水之上，赤雀衔丹书随至。	《春秋纬》
	仓帝	仓帝史皇氏，名颉姓侯刚。龙颜侈侈，四目灵光。宝有睿德，生而能书。及受河图绿字，于是穷天地之变化。仰观奎星圆曲之势，俯察龟文鸟羽山川，指掌而创文字，天为雨栗，鬼为夜哭，龙乃潜藏。治百有一十载，都于阳武，终葬衙之利乡亭。	《春秋元命包》
	黄帝	凤皇衔图置帝前，黄帝再拜受。	《春秋元命包》
		黄帝与大司马容光观，凤皇衔图置黄帝前。	《春秋运斗枢》
		黄帝与大司马荣光观，凤皇衔图制帝前。	
		黄帝坐玄扈洛水上，与大司马荣光等临观，凤皇衔图置帝前，帝再拜受图。	《春秋合诚图》
		黄帝游玄扈上洛，与大司马荣光、左右辅周昌等百二十人临之，有凤衔图，以置帝前。	
		黄帝坐于扈阁，凤皇衔书致帝前，其中得五始之文。	《春秋保乾图》
		黄帝坐于扈阁，凤皇衔书致帝前，其中得五始之文。	《春秋纬》
		黄帝受图，立五始；以为元者气之始，春者四时之始，王者受命之始，正月者政教之始，公即位者一国之始。	
	尧	尧游于河，赤龙负图，与太尉舜等百二十二人发视之。	《春秋元命包》
		尧游河渚，赤龙负图以出。图赤如绨状，龙没图在。	
		尧坐中舟，与太尉舜临观，凤皇负图授。	
		唐帝游河渚，赤龙负图以出。图赤色如锦状，赤玉为匣，白玉为检，黄珠为泥，元玉为鉴，章曰："天皇上帝，合神制署，天上帝孙，伊尧龙润渭，图在唐典。"右尉舜等百二十臣发视之，藏之大麓。	
		赤龙负图以出河见，尧与太尉舜等百二十臣集发，藏大麓。	《春秋运斗枢》
		尧坐舟中，与太尉舜临观，凤凰负图授尧。图以赤玉为柙，长三尺，广八寸，厚五寸，黄玉检，白玉绳，封两端，其章曰"天赤帝符玺"五字。	《春秋合诚图》

书名	受命之主	内　　容	出处
		尧母庆都,有名于世,盖大帝之女,生于斗维之野,常在三河之南,天大雷电,有血流润大石之中,生庆都。长大形象大帝,当有黄云覆盖之,梦食不饥。及年二十,寄食伊长孺家,出观三河之首,常若有神随之者。有赤龙负图出,庆都读之;赤受天运。下有图,人衣赤光,面八彩,须鬓,长七尺二寸,兑上丰下,足履翼翼,署曰:"赤帝起诚天下宝。"奄然阴风雨,赤龙与庆都合婚,有娠,龙消不见。既乳,视尧貌如图表。及尧有知,庆都以图予尧。	
		赤龙负图以出河见,尧与太尉舜等百十二臣集发,藏之大麓。	
	舜	舜以太尉受号,即位为天子。五年二月东巡狩,至于中月,与三公、诸侯临观,黄龙五采负图出,置舜前。图以黄玉为匣如柜,长三尺,广八寸,厚一寸,四合而连,有户、白玉检、黄金绳,芝为泥封两端。章曰"天黄帝符玺"五字,广袤各三寸,深四分,鸟文。	《春秋运斗枢》
		舜以太尉受号,即位为天子。五年二月东巡狩,至于中川,与三公、诸侯临观于河,黄龙五彩负图出,置舜前,入水而前去。图以黄玉为柙,长三尺,广八寸,有户,白玉为检,黄金为绳,紫芝为泥,封两端。章曰"天皇帝符玺"。舜与大司空禹、临侯望博等三十人集发,图玄色而绨,长三十二尺,中有七十二帝地形之制,天文位度之差,藏之大麓。	
		舜为天子,东巡至河,中月临睹,五采负图,出置舜前。图黄,为匣如柜,长三尺,广八寸,厚一寸四分,而连有户,白玉为检,黄金为匣,黄芝为泥,封两端。章曰"天皇帝符玺"五字,广长各三寸,深四分,鸟文。舜与三公大司空禹等三十人发视,元色而绨状,可卷舒,长四十二尺,广九尺,中有七十二帝地形之制,天文分度之差。	
		舜与诸侯观河洛,有黄龙负图出,置帝前,入水而前去。	
		舜东巡狩至于河,黄龙五彩负图出,置舜前,黄芝为泥,封两端。	
		黄龙从水出,诣虞舜,鳞甲成字。舜令写之,写竟,去。	

书名	受命之主	内　　容	出处
孝经纬	舜	帝舜只德钦象有光，至于稷兴，荣光迭至，黄龙负图卷舒，至水畔，置舜前，舜与三公大司马禹等三十人集发图。	
	孔子	鲁哀公十四年，孔子夜梦三槐之间，沛丰之邦，有赤烟气起。乃呼颜渊、子夏往视之，驱车到楚西北范氏街，见刍儿捕麟，伤其前左足，薪而覆之。孔子曰："儿来，汝姓为谁？"儿曰："吾姓为赤诵，名子乔，字受纪"。孔子曰："汝岂有所见耶？"儿曰："见一兽，巨如羔羊，头上有角，其末有肉。"孔子曰："天下已有主也，为赤刘，陈项为辅。五星入井，从岁星。"儿发薪下麟示孔子，孔子趋而往。麟蒙其耳，吐三卷，图广三寸，长八寸，每卷二十四字，其言赤刘当起，曰"周亡赤气起，火耀兴，玄丘制命，帝卯金。"	《孝经援神契》
		孔丘见《孝经》，文成而天道立，乃斋以白之天。玄霜涌北极紫宫，开北门，召亢星北落司命天使书题，号曰《孝经》，篇目《玄神辰裔》。孔丘知元，命使阳衢乘紫麟，下告地主要道之君，后年麟至，口吐图文，北落郎服，书鲁端门，隐形不见。子夏往观写之，得十七字，余文二十消灭，飞为赤鸟，翔摩青云。	《孝经中契》
		丘作《孝经》，文成道立，齐以白天，则玄云踊北紫宫，开北门，角元星北落司命天使书题，号《孝经》，篇云《神星裔》。孔丘知元，今使阳衢乘紫麟，下告地主要道之君。后年麟至，口吐图文，北落郎服，书鲁端门，隐形不见。子夏往观，写得十七字，余字消灭，文其余，飞为赤鸟，翔摩青云。	
		孔子夜梦沛丰邦，有赤烟气起。颜渊、子夏侣往视之，驱车到楚西北，范氏之庙。见刍儿捶麟，伤其前左足，束薪而覆之。孔子曰："汝岂有所见乎？"曰："吾所见一兽，如麇，羊头，头上有角，其末有肉方，以是西走。"孔子发薪下麟视，孔子趋而往。麟蒙其耳，吐三卷书，孔子精而读之。	《孝经右契》
		孔子夜梦三槐之间，沛丰之邦，有赤烟气起，乃呼颜渊、子夏，侣往视之。驱车到楚西北，有范氏之街，见前刍儿捶麟，伤其前左足，束薪而覆之。孔子曰："儿，汝来，汝姓为谁？"儿曰："吾姓为赤涌，名时乔，名受纪。"孔子曰："汝岂有所见乎？"儿曰："吾有所见，一禽如麇，羊头，上有角，其末有肉方，以是西走。"孔子曰："天下已有主也，为赤刘，陈项为辅，五星入井从岁星。"儿发薪下麟示孔子，孔子趋而往。蒙	

书名	受命之主	内　容	出处
论语谶		其耳,吐书三卷,孔子精而读之。图广三寸,长八寸,每卷二十四字,其言赤刘当起,曰:"周亡赤气起,火耀兴,元丘制命,帝卯金。"	
		制作《孝经》,道备,使七十人弟子,向北辰星而磬折,使曾子抱河洛事北向,孔子衣绛色衣,向星而拜。……告备于天曰:"《孝经》四卷,《春秋》《河洛》凡八十一卷……"孔子跪受而读之曰:"宝文出,刘季握。卯金刀,在轸北。字禾子,天下服。"	
	尧	帝尧率舜等游首山,观河渚。有五老游河渚。一曰:河图将来告帝期。二曰:河图将来告帝谋。三曰:河图将来告帝书。四曰:河图将来告帝图。五曰:河图将来告帝符。有倾赤龙衔玉苞,舒图刻版,题命可卷,金泥玉检,封盛书。威曰:知我者重童也。五老乃为流星,上入昴。黄姚视之,龙没图在。尧等共发曰:"帝当枢百,则禅于虞。"尧喟然曰:"咨汝舜,天之历数在汝躬,允执其中,四海困穷,天禄永终。"	《论语比考》
		乃以禅舜。又尧在位七十年,将以天下禅舜,乃洁斋,修坛场于河洛,率舜等升首山,遵河渚。有五老游焉,盖五星之精,相谓:"河图将浮于是,龙衔玉苞,刻木版,题命可卷,金泥玉检封书,威知我者重瞳黄姚。视五老飞为流星,上入昴。"	
		尧修坛河洛,择良议沈,率舜等升首山,道河渚。有五老游焉,相谓:"河图将来,告帝以期。"	《论语撰考》
		五老曰:"河图将来告帝符。"浮龙御于玉苞,金泥玉检盛书。五老飞为流星,上入昴。	
		仲尼曰:"吾闻尧、舜等游首阳山,观黄河,修气四塞。有五老至帝前,第一老人曰:河图将来告帝期。二老曰:河图持龟告帝谋。三老曰:河图将来告帝图。四老曰:山川鱼鳖俦圣思。五老曰:河图持龙衔玉绳。歌讫,飞为流星如昴。"	《论语谶》
	孔子	叔孙氏之车卒曰子锄商,樵于野,而获麟焉。众莫之识,以为不祥,弃之五父之衢。冉有告天子曰:"有麇而肉角,岂天下之妖乎?"……子曰:"天子布德,将致太平,则麟凤龟龙先为之祥。今周宗将灭,天下无主,孰为来哉?遂泣曰:'予之人,犹麟之于兽也。麟出而死,吾道穷矣。'"	《论语摘衰圣》

书名	受命之主	内　容	出处
河图	黄帝	黄帝修德立义,天下大治,乃召天老而问焉:"余梦见两龙挺日图,即帝以授余于河之都,觉昧素喜,不知其理,敢问于子。"天老曰:"河出龙图,洛出龟书,纪帝录州圣人所纪姓号,典谋治平,然后凤皇处致。今凤皇以下三百六十日矣,合之图纪,天其授帝图乎?"黄帝乃祓斋七日,衣黄衣、黄冠、黄冕,驾黄龙之乘,戴蛟龙之旗。天老五圣,皆从以游河洛之间,求所梦见者之处,弗得。至于翠妫之渊,大卢鱼泝流而至。乃问天老曰:"子见天中河流者乎?"曰:"见之。"顾问五圣,皆曰莫见。乃辞左右,独与天老跪而迎之,五色毕具,天老以受黄帝,帝舒视之,名曰《录图》。	《河图挺佐辅》
		黄帝告天老曰:"荼昔梦两龙以白图授予。"天老曰:"河有河图,洛有龟书,天其授帝图乎?"黄帝乃斋往河洛,有大鱼泝流而泛白图,帝跪受。	
		天授元始建帝号,黄龙负图,鳞甲成字,从河中出,付黄帝,另侍臣写,以示天下。	
		黄龙附图,麟甲成字,从河中出,付黄帝。令侍臣自写,以示天下。	《河图玉版》
		天授元始建帝号,黄龙负图,从河中出,付黄帝。帝令侍臣写以示天下。	
		天授帝号,黄龙负图,鳞甲光耀,从河出。黄帝命侍臣写以示天下。	
		帝伐蚩尤,乃睡梦西王母遣道人,被玄狐之裘,以符授之曰:"太乙在前,天乙备后,河出符信,战则克矣。"……有玄龟衔符出水中,置坛中而去。黄帝再拜稽首,受符视之,乃梦所得符也,广三寸,袤一寸。于是黄帝佩之以征,即日擒蚩尤。	
		黄帝坐玄扈阁上,与大司马荣光、左右辅将周昌等百二十人,观凤皇衔书。	《河图录运法》
		黄帝曰:"余梦见两龙挺白图,即帝以授余于河之都。"……与天老跪而授之,鱼泛白图,兰采朱文,以授黄帝。帝舒视之,名曰《箓图》。	
		黄帝游于洛,见鲤鱼长三尺,青身无麟,赤文成字。	《河图》
		黄龙负鳞甲成字,以授黄帝。	
		黄帝云:余梦见两龙授图。乃齐,往河洛而求,有鱼折溜而止,鱼泛日图,跪而受之。	

（续表）

书名	受命之主	内　　容	出处
河图	仓颉	仓颉为帝，南巡狩，登阳虚之山，临于玄扈洛汭之水，灵龟负书，丹甲青文，以授帝。	《河图玉版》
	伏羲	伏羲氏王天下，有神龙负图出于黄河。法而效之，始画八卦，推阴阳之道，知吉凶所在，谓之《河图》。	
	尧	尧时与群臣贤智到翠妫之川，大龟负图来投尧。尧敕臣下写取，告瑞应。写毕，归还水中。	《河图挺佐辅》
		尧时与群臣贤智，到翠妫之渊，大龟负图，来山授尧。尧敕臣下写取，写毕，龟还水中也。	
	舜	黄龙从洛出，诣虞舜，麟甲成字，舜令写之，写竟去。	《河图玉版》
		舜以太尉则与三公临视，黄龙五彩，负图出于舜前，金绳芝泥，章曰："天皇帝玺"。	
		舜以太尉受号为天子，五年二月东巡狩，至于中州，与三公诸侯临观。黄龙五彩，负图出，置舜前。	《河图录运法》
		黄龙从洛水出，到舜傍，鳞甲成字。令左右写之，竟而龙去。	
		舜以太尉即位，与三公临观。黄龙五彩负图，出置舜前，以黄玉为押，白玉检，黄金绳，黄芝为泥，章曰："黄帝符玺"。	《河图》
	孔子	诡云："赤鸟衔书以授王。"仲尼曰："昔吾游西海之上，闻童谣曰：'吴王出游观震湖，龙威丈人名隐居，北上包山入灵墟，乃造洞庭窃禹书。天帝大文不可舒，此文长传六百初，今强取出丧国庐。'某按谣言，乃龙威丈人洞中得之，赤鸟所衔，非某所知也。'"	《河图绛象》
	秦王政	赵（秦）王政以白璧沈河者，有一黑公从河出，谓政曰："祖龙来，天实开开，中有二玉牒也。"	《河图天灵》
		秦王政以白璧沈河，有黑头公从河出，谓政曰："祖龙来。授天实，开，中有尺二玉牒。"	《河图考灵曜》
	汉高祖	汉高祖观汶水，见一黄釜，惊却反。化为一翁，责言曰："刘季何不受河图？"	《河图》
洛书	黄帝	黄帝坐玄扈阁上，与大司马容光左右辅将周昌二十二人，临观凤图。	《洛书录运法》
	舜	舜以大尉受号为天子，五年二月东巡狩，至于中州，与三公诸侯临观。黄龙五彩负图出，置舜前也。	

书名	受命之主	内　容	出处
	汤	（汤）观帝尧之坛,沈璧退立。黄鱼双踊,黑鸟随鱼止于坛,化为黑玉,又有黑龟,并赤文成字,言:夏桀无道,汤当代之。	《洛书灵准听》
	周文王	有凤皇衔书,游文王之都。书又曰:"殷帝无道,虐乱天下,皇命已移,不得复久,灵祇远离,百神吹去,五星聚房,昭理四海。"	
	周武王	武王伐纣,渡孟津,中流白鱼跃入王舟。王俯取鱼,长三尺,目下有赤文成字,言纣可伐。王写以世字,鱼纹消。燔鱼以告天,有火自天止于王屋,流为赤鸟,鸟衔谷焉。谷者,纪后稷之德;火者,燔鱼以告天,天火流下,庆以吉也。遂东伐纣,胜于牧野,兵不血刃,而天下归之。	

主要参考文献

一、文献资料

（汉）韩婴撰，许纬遹校释：《韩诗外传集释》，北京：中华书局，1980年。

（汉）陆贾：《新语》，北京：中华书局，1980年。

（汉）贾谊撰，阎振益、钟夏校注：《新书校注》，北京：中华书局，2000年。

（汉）司马迁：《史记》，北京：中华书局，1959年。

（汉）刘向：《战国策》，上海：上海古籍出版社，1985年。

（汉）刘向编著，石光瑛校释：《新序校释》，北京：中华书局，2001年。

（汉）班固：《汉书》，北京：中华书局，1962年。

（汉）扬雄撰，汪荣宝疏：《法言义疏》，北京：中华书局，1987年。

（汉）扬雄撰，（宋）司马光集注：《太玄集注》，北京：中华书局，1998年。

（汉）荀悦，（晋）袁宏，张烈点校：《两汉纪》，北京：中华书局，2002年。

（汉）荀悦，（明）黄省曾注：《申鉴》，上海：上海古籍出版社，1990年。

（汉）应劭撰，王利器校注：《风俗通义校注》，北京：中华书局，1981年。

（汉）王符著，（清）汪继培笺、彭铎校正：《潜夫论笺校正》，北京：中华书局，1985年。

（汉）仲长统撰，孙启治校注：《政论校注·昌言校注》，北京：中华书局，2012年。

（汉）许慎著，（清）段玉裁疏：《说文解字注》，上海：上海古籍出版社，1981年。

（汉）刘向撰，向宗鲁校证：《说苑校证》，北京：中华书局，1987年。

（汉）桓谭撰，朱谦之校辑：《新辑本桓谭新论》，北京：中华书局，2009年。

（汉）刘珍等撰，吴树平校注：《东观汉记校注》，北京：中华书局，2008年。

（汉）徐干：《中论》，"丛书集成初编"本，长沙：商务印书馆，1939年。

（晋）陈寿撰：《三国志》，北京：中华书局，1959年。

（晋）袁宏著，周天游校注：《后汉纪校注》，天津：天津古籍出版社，1987年。

（晋）常璩撰，任乃强校注：《华阳国志校补图注》，上海：上海古籍出版社，1987年。

（南朝宋）范晔：《后汉书》，北京：中华书局，1965年。

（南朝宋）刘义庆撰，徐震堮著：《世说新语校笺》，北京：中华书局，2001年。

（唐）欧阳询撰，汪绍楹校：《艺文类聚》，上海：上海古籍出版社，1965年。

（宋）李昉等撰：《太平御览》，北京：中华书局，1960年影印本。

（宋）洪适：《隶释·隶续》，北京：中华书局，1985年影印本。

（宋）徐天麟撰：《西汉会要》，上海：上海人民出版社，1977年。

（宋）徐天麟撰：《东汉会要》，上海：上海古籍出版社，1978年。

（宋）王应麟：《困学纪闻》，上海：上海古籍出版社，2008年。

(宋)朱熹撰:《四书章句集注》,北京:中华书局,1983年。

(元)马端临:《文献通考》,北京:中华书局,1986年。

(清)赵翼,王树民校证:《廿二史札记校证》,北京:中华书局,1984年。

(清)王夫之:《读通鉴论》,北京:中华书局,1975年。

(清)顾炎武著,黄汝成集释,栾保群、吕宗力校点:《日知录集释》,上海:上海古籍出版社,
　　2006年。

(清)蒋清诩:《纬学源流兴废考》,上海:上海古籍出版社,1996年影印本。

(清)张惠言:《易纬略义》,上海:上海古籍出版社,1996年影印本。

(清)章学诚著,叶瑛校注:《文史通义校注》,北京:中华书局,1985年。

(清)孙星衍等辑,周天游点校:《汉官六种》,北京:中华书局,1990年。

(清)严可均辑:《全上古三代秦汉三国六朝文》,北京:中华书局,1958年。

(清)孙诒让撰,孙启治点校:《墨子间诂》,北京:中华书局,2001年。

(清)王先慎,钟哲点校:《韩非子集释》,北京:中华书局,1998年。

(清)王先谦:《汉书补注》,北京:中华书局,1983年。

(清)王先谦:《后汉书集解》,北京:中华书局,1984年。

(清)王先谦,沈啸寰、王星贤点校:《荀子集解》,北京:中华书局,1988年。

(清)陈立撰,吴则虞点校:《白虎通疏证》,北京:中华书局,1994年。

(清)阮元校刻:《十三经注疏》,北京:中华书局,1980年。

(清)阮元编:《皇清经解》第7册,上海:上海书店,1988年。

(清)唐晏:《两汉三国学案》,北京:中华书局,1986年。

(清)沈家本撰,邓经元、骈宇骞点校:《历代刑法志》,北京:中华书局,1985年。

(清)皮锡瑞著,周予同注释:《经学历史》,北京:中华书局,1959年。

(清)赵在翰辑,钟肇鹏、萧文郁点校:《七纬》,北京:中华书局,2012年。

(清)崔适:《史记探源》,北京:中华书局,1986年。

(清)崔述:《考信录》,台北:世界书局,2009年。

(日)安居香山、中村璋八辑:《纬书集成》,石家庄:河北人民出版社,1994年。

北京大学出土文献研究所编纂:《北京大学藏西汉竹书》(两卷本),上海:上海古籍出版
　　社,2012年。

长沙市文物考古研究所编:《长沙尚德街东汉简牍》,长沙:岳麓书社,2016年。

陈鼓应:《老子注译及评介》,北京:中华书局,1984年。

陈伟主编:《里耶秦简牍校释》(第一卷),武汉:武汉大学出版社,2012年。

陈松长:《岳麓书院藏秦简》(伍),上海:上海辞书出版社,2017年。

程树德撰,程俊英、蒋见元点校:《论语集释》,北京:中华书局,1990年。

方诗铭、王修龄:《古本竹书纪年辑证》,台北:华世出版社,1983年。

高亨:《诗经今注》,上海:上海古籍出版社,2009年。

高明:《帛书老子校注》,北京:中华书局,1996年。

高文:《汉碑集释》(修订本),开封:河南大学出版社,1997年。

国家文物局古文献研究室编:《马王堆汉墓帛书》(壹),北京:文物出版社,1980年。

何宁撰:《淮南子集释》,北京:中华书局,1998年。

湖南省文物考古研究所:《里耶秦简》,北京:文物出版社,2012年。

胡平生、张德芳撰:《敦煌悬泉汉简释粹》,上海:上海古籍出版社,2001年。

黄晖撰:《论衡校释》,北京:中华书局,1990年。

蒋礼鸿撰:《商君书锥指》,北京:中华书局,1986年。

荆门市博物馆:《郭店楚墓竹简》,北京:文物出版社,1998 年。

黎翔凤撰,梁运华整理:《管子校注》,北京:中华书局,2004 年。

连云港市博物馆、东海县博物馆、中国社会科学简帛研究中心、中国文物研究所编:《尹湾汉墓简牍》,北京:中华书局,1997 年。

梁启雄:《荀子简释》,北京:中华书局,1983 年。

马承源主编:《上海博物馆藏战国楚竹书》(五),上海:上海古籍出版社,2005 年。

马承源主编:《上海博物馆藏战国楚竹书》(六),上海:上海古籍出版社,2007 年。

内蒙古自治区博物馆文物工作队编:《和林格尔汉墓壁画》,北京:文物出版社,1978 年。

上海古籍出版社编:《纬书集成》,上海:上海古籍出版社,1994 年。

苏舆撰,钟哲点校:《春秋繁露义证》,北京:中华书局,1992 年。

睡虎地秦墓竹简整理小组编:《睡虎地秦墓竹简》,北京:文物出版社,1990 年。

王利器:《盐铁论校注》,北京:中华书局,1992 年。

王子今:《睡虎地秦简〈日书〉甲种疏证》,武汉:湖北教育出版社,2002 年。

许维遹撰,梁运华整理:《吕氏春秋集释》,北京:中华书局,2009 年。

杨树达:《汉书窥管》,上海:上海古籍出版社,2007 年。

朱谦之撰:《老子校释》,北京:中华书局,2000 年。

(日)永田英正编:《汉代石刻集成:图版·释文篇》,京都:同朋舍,1994 年。

张家山二四七号汉墓竹简整理小组:《张家山汉墓竹简(二四七号墓)》,北京:文物出版社,2001 年。

中国社会科学院考古研究所编:《殷周金文集成》(修订增补本),北京:中华书局,2007 年。

二、论著类

(德)阿尔伯特·史怀哲著:《中国思想史》,北京:社会科学文献出版社,2009 年。

(日)安居香山主编:《谶纬思想の综合的研究》,东京:国书刊行会,1984 年。

(日)安居香山:《纬书与中国神秘思想》,田人隆译,石家庄:河北人民出版社,1991 年。

(美)安乐哲:《自我的圆成:中西互镜下的古典儒学与道家》,彭国翔编译,石家庄:河北人民出版社,2006 年。

安继民:《秩序与自由:儒道互补初论》,北京:社会科学文献出版社,2010 年。

安作璋、熊铁基:《秦汉官制史稿》,济南:齐鲁书社,2007 年。

(美)本杰明·史华兹著:《古代中国的思想世界》,程钢译,南京:江苏人民出版社,2008 年。

(日)本田成之著:《中国经学史》,江侠庵译,上海:商务印书馆,1935 年。

晁福林:《先秦社会形态研究》,北京:北京师范大学出版社,2003 年。

曹旅宁:《秦汉魏晋法制探微》,北京:人民出版社,2013 年。

陈登原:《国史旧闻》,上海:三联书店,1958 年。

陈国庆:《汉书艺文志注释汇编》,北京:中华书局,1983 年。

陈侃理:《儒学、数术与政治:灾异的政治文化史》,北京:北京大学出版社,2015 年。

陈来:《古代宗教与伦理——儒家思想的根源》,北京:生活·读书·新知三联书店,1996 年。

陈丽桂:《秦汉时期的黄老思想》,台北:文津出版社,1997 年。

陈梦家:《殷墟卜辞综述》,北京:科学出版社,1956 年。

陈槃:《古谶纬研讨及其书录解题》,台北编译馆,1991 年。

陈启云:《中国古代思想文化的历史论析》,北京:北京大学出版社,2001年。

陈其泰:《二十世纪中国礼学研究论集》,北京:学苑出版社,1998年。

陈戍国:《中国礼制史》(秦汉卷),长沙:湖南教育出版社,2002年。

陈苏镇:《〈春秋〉与"汉道":两汉政治与政治文化研究》,北京:中华书局,2011年。

陈苏镇主编:《中国古代政治文化研究》,北京:北京大学出版社,2009年。

陈廷杰:《经学概论》,上海:商务印书馆,1930年。

陈寅恪:《金明馆丛稿初编》,北京:生活·读书·新知三联书店,2001年。

陈直:《汉书新证》,天津:天津人民出版社,1979年。

陈柱:《公羊家哲学》,台北:力行书局,1929年。

岑仲勉:《两周文史论丛》,北京:中华书局,1958年。

(美)成中英:《中国哲学与中国文化》,台北:三民书店,1985年。

程发轫编著:《春秋人谱》,台北:商务印书馆,1990年。

程憬:《中国古代神话研究》,北京:北京大学出版社,2011年。

程勇:《汉代经学文论叙述研究》,济南:齐鲁书社,2005年。

程元敏:《尚书学史》,台北:五南图书出版有限公司,2011年。

(日)川胜义雄:《六朝贵族社会研究》,徐谷芃、李济沧译,上海:上海人民出版社,
    2007年。

(日)串田久治:《中国古代の"谣"と"予言"》,东京:创文社,1999年。

崔大华:《庄学研究》,台北:文史哲出版社,1999年。

(英)崔瑞德、鲁惟一编:《剑桥中国秦汉史》,杨品泉等译,北京:中国社会科学出版社,
    1992年。

崔永东:《思想家的治国之道》,北京:中国政法大学出版社,2007年。

(日)大庭脩:《秦汉法制史研究》,林剑鸣等译,上海:上海人民出版社,1991年。

邓国光:《经学义理》,上海:上海古籍出版社,2011年。

邓红:《王充新八论续编》,北京:中国社会科学出版社,2007年。

邓红:《董仲舒思想研究》,台北:文津出版社,2008年。

丁鼎:《神秘的预言——中国古代谶言研究》,太原:山西人民出版社,1993年。

丁山:《中国古代宗教与神话考》,北京:科学出版社,1961年。

丁四新:《郭店楚墓竹简思想研究》,北京:东方出版社,2000年。

董作宾:《董作宾学术论著》,台北:世界书局,2008年。

(日)渡边义浩:《王莽——改革者の孤独》,东京:大修馆书店,2012年。

(美)杜维明:《道·学·政:论儒家知识分子》,钱文忠、盛勤译,上海:上海人民出版社,
    2000年。

杜正胜:《中国上古史论文选集》,台北:华世出版社,1979年。

方东美:《中国哲学精神及其发展》,北京:中华书局,2012年。

费孝通、吴晗著:《皇权与神权》,长沙:岳麓书社,2011年。

冯达文、郭齐勇主编:《新编中国哲学史》,北京:人民出版社,2004年。

冯友兰:《中国哲学史新编》,北京:人民出版社,1998年。

傅佩荣:《儒道天论发微》,台北:学生书局,1985年。

傅斯年著,欧阳哲生主编:《傅斯年全集》,长沙:湖南教育出版社,2000年。

傅勤家:《中国道教史》,上海:商务印书馆,1937年。

(日)福井重雅:《汉代官吏登用制度の研究》,东京:创文社,1988年。

甘怀真:《皇权、礼仪与经典诠释:中国古代政治史研究》,上海:华东师范大学出版社,

2008 年。

高晨阳:《中国传统思维方式研究》,北京:科学出版社,2012 年。

高敏:《秦汉魏晋南北朝史论考》,北京:中国社会科学出版社,2004 年。

(日)高木智见:《先秦社会与思想:试论中国文化的核心》,何晓毅译,上海:上海古籍出版社,2011 年。

(英)葛瑞汉:《论道者:中国古代哲学论辩》,张海晏译,北京:中国社会科学出版社,2003 年。

葛荃:《权力宰制理性——士人、传统政治文化与中国社会》,天津:南开大学出版社,2003 年。

葛兆光:《中国思想史》,上海:复旦大学出版社,2001 年。

葛志毅:《先秦两汉的制度与文化》,哈尔滨:黑龙江教育出版社,1998 年。

(法)格拉耐著:《中国古代的祭礼与歌谣》,张铭远译,上海:上海文艺出版社,1989 年。

龚鹏程:《汉代思潮》,北京:商务印书馆,2005 年。

(日)宫崎市定:《宫崎市定全集》第 7 卷,东京:岩波书店,1992 年。

(日)沟口雄三,小岛毅主编:《中国的思维世界》,南京:江苏人民出版社,2006 年。

顾颉刚:《秦汉的方士与儒生》,上海:上海古籍出版社,2005 年。

顾颉刚、刘起釪:《尚书校释译论》(四卷本),北京:中华书局,2005 年。

顾实:《汉书艺文志讲疏》,上海:上海人民出版社,1987 年。

顾涛:《中国的射礼》,南京:南京大学出版社,2013 年。

关建英:《先秦秦汉德治法治关系思想研究》,北京:人民出版社,2011 年。

郭沫若:《郭沫若全集·历史编》,北京:人民出版社,1984 年。

郭宝钧:《商周青铜器综合研究》,北京:文物出版社,1981 年。

韩养民:《秦汉文化史》,台北:里仁书局,1986 年。

韩兆琦:《中国古代的隐士》,北京:商务印书馆,1996 年。

(美)郝大维、(美)安乐哲著:《汉哲学思维的文化探源》,施忠连译,南京:江苏人民出版社,1999 年。

何丙郁、何冠彪:《敦煌残卷占云气书研究》,台北:艺文印书馆,1985 年。

何平:《中国传统政治思维探源》,天津:天津人民出版社,2003 年。

何玉蔚:《对"过度诠释"的诠释》,北京:中国社会科学出版社,2009 年。

何兆武主编:《历史理论与史学理论——近现代西方史学著作选》,北京:商务印书馆,1999 年。

洪业:《洪业论学集》,北京:中华书局,1981 年。

侯外庐、赵纪彬、杜国庠、邱汉生著:《中国思想通史》(第二卷),北京:人民出版社,1957 年。

侯外庐:《中国古代思想学说史》,长沙:岳麓书社,2009 年。

侯文莉:《儒学与意识形态》,成都:四川大学出版社,2011 年。

胡秉虔:《汉西京博士考》,上海:商务印书馆,1937 年。

胡家聪:《管子新探》,北京:中国社会科学出版社,2003 年。

胡厚宣主编:《甲骨文合集》,北京:中华书局,1979 年。

胡厚宣、胡振宇:《殷商史》,上海:上海人民出版社,2003 年。

胡寄窗:《中国经济思想史》,上海:上海人民出版社,1963 年。

胡克森:《儒家思想与秦汉政治》,长沙:湖南人民出版社,2005 年。

胡朴安:《诗经学》,台北:商务印书馆,1988 年。

胡适：《中国中古思想史长编》，上海：华东师范大学出版社，1996年。

胡翼鹏：《中国隐士：身份建构与社会影响》，北京：社会科学文献出版社，2011年。

华友根：《西汉礼学新论》，上海：上海社会科学院出版社，1998年。

黄复山：《东汉谶纬学新探》，台北：学生书局，2000年。

黄怀信：《古文献与古史考证》，济南：齐鲁书社，2003年。

黄开国：《经学管窥》，西安：陕西人民出版社，2005年。

黄开国：《儒学与经学探微》，成都：巴蜀书社，2010年。

黄留珠：《秦汉仕进制度》，西安：西北大学出版社，1985年。

黄朴民：《天人合一——董仲舒与汉代儒学思想》，长沙：岳麓书社，1999年。

黄震云、孙娟：《汉代神话史》，长春：长春出版社，2009年。

季乃礼：《三纲六纪与社会整合——从〈白虎通〉看汉代社会人伦关系》，北京：中国人民大学出版社，2004年。

姜广辉编：《中国经学思想史》，北京：中国社会科学出版社，2003年。

姜广辉：《义理与考据：思想史研究中的价值关怀与实证方法》，北京：中华书局，2010年。

姜忠奎：《纬史论微》，上海：上海书店出版社，2005年。

蒋伯潜：《十三经概论》，上海：上海古籍出版社，1983年。

金春峰：《周官之成书及其反映的文化与时代新考》，台北：东大图书公司，1993年。

金春峰：《汉代思想史》，北京：中国社会科学出版社，1997年。

金景芳、吕绍纲：《〈尚书·虞夏书〉新解》，沈阳：辽宁古籍出版社，1996年。

金开诚：《屈原辞研究》，南京：江苏古籍出版社，1992年。

(韩)金晟焕：《黄老道探源》，北京：中国社会科学出版社，2008年。

晋文：《以经治国与汉代社会》，广州：广州出版社，2001年。

(日)井上聪：《先秦阴阳五行》，武汉：湖北教育出版社，1997年。

(韩)具圣姬：《汉代人的死亡观》，北京：民族出版社，2003年。

孔广德：《政治神话论》，台北：商务印书馆，1990年。

匡亚明：《孔子评传》，南京：南京大学出版社，1990年。

邝芷人：《阴阳五行及其体系》，台北：文津出版社，1992年。

赖庆鸿：《董仲舒政治思想之研究》，台北：文史哲出版社，1981年。

劳干：《古代中国的历史与文化》，北京：中华书局，2006年。

雷戈：《秦汉之际的政治与皇权主义》，上海：上海古籍出版社，2006年。

冷德熙：《超越神话——纬书政治的神话研究》，北京：东方出版社，1996年。

李存山：《中国传统哲学纲要》，北京：中国社会科学出版社，2008年。

李汉三：《先秦两汉之阴阳五行学说》，台北：维新书局，1981年。

李济沧：《东晋贵族政治史论》，南京：江苏人民出版社，2016年。

李开元：《汉帝国的建立与刘邦集团：军功受益阶层研究》，北京：生活·读书·新知三联书店，2000年。

李零：《长沙子弹库战国楚帛书研究》，北京：中华书局，1985年。

李锐：《战国秦汉时期的学派问题研究》，北京：北京师范大学出版社，2011年。

李申：《中国古代哲学和自然科学》，北京：中国社会科学出版社，1989年。

李沈阳：《汉代人性论史》，济南：齐鲁书社，2010年。

李威熊：《中国经学发展史论》，台北：文史哲出版社，1988年。

(法)李维史陀：《神话与意义》，杨德睿译，台北：麦田出版公司，2010年。

李学勤：《中国古代文明与国家形成研究》，昆明：云南人民出版社，1997年。

李学勤:《东周与秦代文明》,上海:上海人民出版社,2007 年。

李玉福:《秦汉制度史论》,济南:山东大学出版社,2002 年。

李源澄:《秦汉史》,上海:商务印书馆,1947 年。

(英)李约瑟:《中国古代科学思想史》,陈立夫译,南昌:江西人民出版社,2006 年。

李泽厚:《中国古代思想史论》,北京:人民出版社,1985 年。

李哲贤:《荀子之核心思想:"礼义之统"及其现代意义》,台北:文津出版社,1994 年。

李中华:《神秘文化的启示——纬书与汉代文化》,北京:新华出版社,1993 年。

廖伯源:《使者与官制演变:秦汉皇帝使者考论》,台北:文津出版社,2006 年。

廖伯源:《制度与政治:政治制度与西汉后期之政局变化》,北京:中华书局,2017 年。

廖名春:《荀子新探》,台北:文津出版社,1994 年。

林聪舜:《西汉前期思想与法家的关系》,台北:大安出版社,1991 年。

林富士:《汉代的巫者》,台北:稻香出版社,2004 年。

林甘泉:《中国古代政治文化论稿》,合肥:安徽教育出版社,2004 年。

林剑鸣、余华清、周天游、黄留珠:《秦汉社会文明》,西安:西北大学出版社,1985 年。

林剑鸣:《秦汉史》,上海:上海人民出版社,1993 年。

林可济:《"天人合一"与"主客二分":中西哲学比较的重要视角》,北京:社会科学文献出版社,2010 年。

林玫玲:《先秦哲学的'命论'思想》,台北:文津出版社,2007 年。

林庆彰:《中国经学史论文选集》,台北:文史哲出版社,1992 年。

刘厚琴:《儒学与汉代社会》,济南:齐鲁书社,2002 年。

刘俊文主编:《日本中青年学者论中国史·上古秦汉卷》,上海:上海古籍出版社,1995 年。

刘纫尼、段昌国、张永堂:《中国思想与制度论集》,台北:联经出版事业公司,1981 年。

刘汝霖:《汉晋学术编年》,上海:上海书店,1991 年。

刘起釪:《尚书学史》,北京:中华书局,1989 年。

刘笑敢:《庄子哲学及其演变》,北京:中国社会科学出版社,1988 年。

刘泽华:《士人与社会》(秦汉魏晋南北朝卷),天津:天津人民出版社,1992 年。

刘泽华:《中国政治思想史》(秦汉魏晋南北朝卷),杭州:浙江人民出版社,1996 年。

(日)泷川资言:《史记会注考证》,上海:上海古籍出版社,1986 年。

(英)鲁惟一:《汉代的信仰、神话与理性》,王浩译,北京:北京大学出版社,2009 年。

吕凯:《郑玄之谶纬学》,台北:商务印书馆,1982 年。

吕思勉:《秦汉史》,上海:上海古籍出版社,1983 年。

吕思勉:《先秦史》,上海:上海古籍出版社,2005 年。

吕振羽:《中国政治思想史》,北京:生活·读书·新知三联书店,1951 年。

吕宗力:《汉代的谣言》,杭州:浙江大学出版社,2011 年。

罗振玉、王国维编:《流沙坠简》,北京:中华书局,1993 年。

马建忠:《马氏文通》,上海:商务印书馆,1927 年。

马士远:《两汉〈尚书〉学研究》,北京:中国社会科学出版社,2014 年。

马新:《两汉乡村社会史》,济南:齐鲁书社,1997 年。

马勇:《秦汉学术:社会转型时期的思想探索》,西安:陕西人民教育出版社,1998 年。

马宗霍:《中国经学史》,北京:商务印书馆,1936 年。

蒙培元:《中国心性论》,台北:学生书局,1990 年。

蒙文通:《经史抉原》,上海:上海人民出版社,2006 年。

蒙文通:《儒学五论》,桂林:广西师范大学出版社,2007年。

(美)牟复礼:《中国思想之渊源》,王立刚译,北京:北京大学出版社,2009年。

牟宗三:《政道与治道》,台北:学生书局,1991年。

牟钟鉴:《〈吕氏春秋〉与〈淮南子〉思想研究》,济南:齐鲁书社,1987年。

庞朴:《竹帛〈五行〉篇校注及研究》,台北:万卷楼图书有限公司,2000年。

彭林:《〈周礼〉主体思想与成书年代研究》,北京:中国社会科学出版社,1991年。

彭浩、陈伟、工藤元男:《二年律令与奏谳书》,上海:上海古籍出版社,2007年。

皮锡瑞:《经学通论》,北京:中华书局,2003年。

蒲慕州:《追寻一己之福——中国古代的信仰世界》,台北:麦田出版公司,2004年。

浦卫忠:《春秋三传综合研究》,台北:文津出版社,1995年。

钱穆:《中国学术思想史论丛》,台北:东大图书有限公司,1988年。

钱穆:《两汉经学今古文平议》,北京:商务印书馆,2001年。

钱玄:《三礼通论》,南京:南京师范大学出版社,1996年。

秦学顺、李禹阶主编:《中国经学史》,福州:福建人民出版社,2001年。

裘锡圭:《古代文史研究新探》,南京:江苏古籍出版社,2000年。

卿希泰:《中国道教史》,成都:四川人民出版社,1996年。

瞿同祖:《中国法律与中国社会》,北京:中华书局,1981年。

饶宗颐、李均明:《新莽简辑证》,台北:新文丰出版公司,1995年。

任继愈主编:《中国哲学发展史》(秦汉),北京:人民出版社,1985年。

任继愈主编:《中国道教史》,上海:上海人民出版社,1990年。

任强:《知识、信仰与超越:儒家礼法思想解读》,北京:北京大学出版社,2009年。

(日)日原利国:《汉代思想の研究》,东京:研文出版社,1986年。

(美)萨义德著:《知识分子论》,单德兴译,北京:生活·读书·新知三联书店,2002年。

萨孟武:《中国政治思想史》,北京:东方出版社,2008年。

邵毅平:《论衡研究》,上海:复旦大学出版社,2009年。

沈刚:《汉代国家统治方式研究:列卿、宗室、信仰与基层社会》,北京:社会科学文献出版社,2017年。

沈文倬:《宗周礼乐文明考论》,杭州:浙江大学出版社,1999年。

沈文倬:《菿闇文存》,北京:商务印书馆,2006年。

沈玉成、刘宁:《春秋左传学史稿》,南京:江苏古籍出版社,2000年。

沈展如:《新莽全史》,台北:正中书局,1977年。

(美)史华兹:《古代中国的思想世界》,程钢译,南京:江苏人民出版社,2003年。

宋艳萍:《公羊学与汉代社会》,北京:学苑出版社,2010年。

宋志明:《中国古代哲学发微》,北京:中国人民大学出版社,2011年。

(日)狩野直祯:《后汉政治史の研究》,京都:同朋舍,1993年。

孙家洲主编:《秦汉法律文化研究》,北京:中国人民大学出版社,2007年。

孙伟平:《价值哲学方法论》,北京:中国社会科学出版社,2008年。

孙筱:《两汉经学与社会》,北京:中国社会科学出版社,2002年。

孙叔平:《中国哲学史稿》,上海:上海人民出版社,1980年。

孙作云:《诗经与周代社会研究》,北京:中华书局,1966年。

汤志钧、华友根、承载、钱杭:《西汉经学与政治》,上海:上海古籍出版社,1994年。

田昌五、臧知非:《周秦社会结构研究》,西安:西北大学出版社,1996年。

田延峰:《中华帝制的精神源头——秦思想的发展历程》,北京:人民出版社,2011年。

（日）田中麻纱巳:《两汉思想の研究》,东京:研文出版社,1986年。

王葆玹:《今古文经学新论》,北京:中国社会科学出版社,1997年。

王步贵:《神秘文化——谶纬文化新探》,北京:中国社会科学出版社,1993年。

王长华:《春秋战国士人与政治》,上海:上海人民出版社,1997年。

王国维:《观堂集林》,北京:中华书局,1959年。

王洪军:《汉代博士文人群体与汉代文学》,北京:中国社会科学出版社,2010年。

王晖:《商周文化比较研究》,北京:人民出版社,2001年。

王军:《荀子思想研究:礼乐重构的视角》,北京:中国社会科学出版社,2010年。

王令樾:《纬学探原》,台北:幼狮文化事业公司,1984年。

王梦鸥:《邹衍遗说考》,台北:商务印书馆,1966年。

王启才:《汉代奏议的文学意蕴与文化精神》,北京:人民出版社,2009年。

王四达:《〈白虎通义〉与汉代社会思潮》,海口:南方出版社,2002年。

王铁:《汉代学术史》,上海:华东师范大学出版社,1995年。

王廷洽:《中国早期知识分子的社会功能》,郑州:河南人民出版社,1997年。

王彦辉:《汉代豪民研究》,长春:东北师范大学出版社,2001年。

王永祥:《董仲舒评传》,南京:南京大学出版社,1995年。

王震中:《商族起源与先商社会变迁》,北京:中国社会科学出版社,2010年。

王子今:《秦汉区域文化研究》,成都:四川人民出版社,1998年。

王子今:《"忠"观念研究:一种政治道德的文化源流与历史演变》,长春:吉林教育出版社,
　　1999年。

王子今:《秦汉社会意识研究》,北京:商务印书馆,2012年。

王治心:《中国宗教思想史大纲》,上海:中华书局,1933年。

王中江:《简帛文明与古代思想世界》,北京:北京大学出版社,2011年。

汪高鑫:《董仲舒与汉代历史思想研究》,北京:商务印书馆,2012年。

韦政通:《董仲舒》,台北:东大图书有限公司,1986年。

文史哲编辑部编:《儒学:历史、思想与信仰》,北京:商务印书馆,2011年。

向晋卫:《〈白虎通义〉思想的历史研究》,北京:人民出版社,2007年。

（日）小野泽精一:《气的思想·中国自然观和人的观念的发展》,上海:上海人民出版社,
　　1999年。

萧公权:《中国政治思想史》,沈阳:辽宁教育出版社,1998年。

谢无量:《古代政治思想研究》,上海:中华书局,1927年。

谢无量:《王充哲学》,上海:中华书局,1928年。

邢义田:《天下一家:皇帝、官僚与社会》,北京:中华书局,2011年。

熊铁基:《秦汉新道家》,上海:上海人民出版社,2001年。

熊铁基:《汉代学术论》,北京:高等教育出版社,2013年。

徐复观:《两汉思想史》(全三卷),上海:华东师范大学出版社,2001年。

徐兴无:《谶纬文献与汉代文化建构》,北京:中华书局,2003年。

徐旭生:《中国古史的传说时代》,北京:文物出版社,1985年。

许道勋、徐洪兴:《中国经学史》,上海:上海人民出版社,2006年。

许地山:《道教史》,上海:上海书店,1991年。

许倬云:《求古编》,台北:联经出版事业公司,1982年。

许倬云:《中国古代文化的特质》,北京:新星出版社,2006年。

阎步克:《察举制度变迁史稿》,沈阳:辽宁大学出版社,1991年。

阎步克:《士大夫政治演生史稿》,北京:北京大学出版社,1996 年。

阎步克:《乐师与史官》,北京:生活·读书·新知三联书店,2001 年。

杨朝明:《儒家文献与早期儒学研究》,济南:齐鲁书社,2002 年。

杨鸿烈:《中国法律思想史》,北京:商务印书馆,1998 年。

杨乃乔:《中国经学诠释学与西方诠释学》,上海:中西书局,2016 年。

杨权:《新五德理论与两汉政治:"尧后火德"说考论》,北京:中华书局,2006 年。

杨师群:《东周秦汉社会转型研究》,上海:上海古籍出版社,2003 年。

杨树达:《春秋大义述》,上海:上海古籍出版社,2007 年。

杨树增:《汉代文化特色及形成》,北京:人民出版社,2008 年。

杨天宇:《经学探研录》,上海:上海古籍出版社,2004 年。

杨向奎:《宗周社会与礼乐文明》(修订本),北京:人民出版社,1997 年。

杨幼炯:《中国政治思想史》,上海:上海书店,1984 年。

杨志刚:《中国礼仪制度研究》,上海:华东师范大学出版社,2001 年。

杨振红:《出土简牍与秦汉社会》,桂林:广西师范大学出版社,2009 年。

姚曼波:《〈春秋〉考论》,南京:江苏古籍出版社,2002 年。

(日)永田英正:《汉代石刻集成》,京都:同朋舍,1994 年。

于迎春:《秦汉士史》,北京:北京大学出版社,2000 年。

于首奎:《两汉哲学新探》,成都:四川人民出版社,1988 年。

于振波:《秦汉法律与社会》,长沙:湖南人民出版社,2000 年。

于振波:《走马楼吴简初探》,台北:文津出版社,2004 年。

(美)余英时:《士与中国文化》,上海:上海人民出版社,1987 年。

余治平:《唯天为大:建基于信息本体的董仲舒哲学研究》,北京:商务印书馆,2003 年。

俞启定:《先秦两汉儒家教育》,济南:齐鲁书社,1937 年。

俞荣根:《儒家法思想通论》,南宁:广西人民出版社,1992 年。

詹鄞鑫:《神灵与祭祀——中国传统宗教综论》,南京:江苏古籍出版社,1992 年。

臧知非:《秦汉土地赋役制度研究》,北京:中央编译出版社,2017 年。

臧知非:《秦思想与政治研究》,西安:西北大学出版社,2021 年。

章权才:《两汉经学史》,台北:万卷楼图书有限公司,1984 年。

章太炎:《章太炎全集》,上海:上海人民出版社,1985 年。

张纯、王晓波:《韩非思想的历史研究》,台北:联经出版事业公司,1983 年。

张德胜:《儒家伦理与社会秩序:社会学的诠释》,上海:上海人民出版社,2008 年。

张端穗:《西汉公羊学研究》,台北:文津出版社,2005 年。

张分田:《中国帝王观念——社会普遍意识中的"尊君—罪君"文化范式》,北京:中国人民大学出版社,2004 年。

张光直:《中国青铜时代》,台北:联经出版公司,1983 年。

张鹤泉:《周代祭祀研究》,台北:文津出版社,1993 年。

张金吾:《两汉五经博士考》,"丛书集成本",上海:商务印书馆,1937 年。

张晋藩:《中国法制通史》,北京:法律出版社,1999 年。

张君劢:《新儒学思想史》,台北:宏文馆,1986 年。

张立文等:《中国学术通史·秦汉卷》,北京:人民出版社,2004 年。

张岂之:《中国思想史》,西安:西北大学出版社,1993 年。

张岂之:《中国思想学说史》(秦汉魏晋南北朝卷),桂林:广西师范大学出版社,2007 年。

张秋升:《天人纠葛与历史运演:西汉儒家历史观的现代诠释》,济南:齐鲁书社,2003 年。

张荣明:《中国的国教——从上古到东汉》,北京:中国社会科学出版社,2001 年。

张松如:《商颂研究》,天津:南开大学出版社,1995 年。

张松如、郭杰:《周族史诗研究》,长春:长春出版社,1998 年。

张世英:《天人之际:中西哲学的困惑与选择》,北京:人民出版社,2007 年。

张舜徽:《汉书艺文志通释》,武汉:华中师范大学出版社,2004 年。

张舜徽:《周秦道论发微》,台北:木铎出版社,1983 年。

张涛:《经学与汉代社会》,石家庄:河北人民出版社,2001 年。

张涛、项永琴:《秦汉齐鲁经学》,济南:山东文艺出版社,2004 年。

张祥龙:《先秦儒家哲学九讲:从〈春秋〉到荀子》,桂林:广西师范大学出版社,2010 年。

张小峰:《西汉中后期政局演变探微》,天津:天津古籍出版社,2007 年。

张亚初、刘雨:《两周金文官制研究》,北京:中华书局,1986 年。

张运华:《先秦两汉道家思想研究》,长春:吉林教育出版社,1998 年。

赵伯雄:《春秋学史》,济南:山东教育出版社,2004 年。

赵明:《先秦儒家政治哲学引论》,北京:北京大学出版社,2004 年。

赵沛霖:《先秦神话思想史论》,北京:学苑出版社,2006 年。

赵生群:《〈春秋〉经传研究》,上海:上海古籍出版社,2000 年。

郑先兴:《汉代思想史专题论稿》,开封:河南大学出版社,2009 年。

郑杰文:《中国墨学通史》,北京:人民出版社,2006 年。

郑均:《谶纬考述》,台北:文史哲出版社,2000 年。

(日)增渊龙夫:《中国古代の社会と国家》,东京:岩波书店,1996 年。

(日)纸屋正和:《汉时代における郡县制の展开》。东京:朋友书店,2009 年。

钟肇鹏:《董仲舒哲学思想研究》,石家庄:河北人民出版社,1987 年。

钟肇鹏:《谶纬论略》,沈阳:辽宁教育出版社,1991 年。

(日)重泽俊郎:《周汉思想研究》,东京:弘文堂书局,1943 年。

周辅成:《论董仲舒思想》,上海:上海人民出版社,1961 年。

周桂钿:《虚实之辨:王充哲学的宗旨》,北京:中国人民大学出版社,1996 年。

周桂钿:《秦汉思想史》,石家庄:河北人民出版社,1999 年。

周天游:《八家后汉书辑注》,上海:上海古籍出版社,1986 年。

周予同著,朱维铮编:《周予同经学史论著选集》(增订本),上海:上海人民出版社,
    1996 年。

周振群:《荀子思想研究》,台北:文津出版社,1987 年。

邹昌林:《中国礼文化》,北京:社会科学文献出版社,2000 年。

邹水杰:《两汉县行政研究》,长沙:湖南人民出版社,2008 年。

祝瑞开:《两汉思想史》,上海:上海古籍出版社,1989 年。

朱大渭主编,孙家洲著:《中国古代思想史》(秦汉卷),桂林:广西人民出版社,2006 年。

朱凤瀚、张荣明:《西周诸王年代研究》,贵阳:贵州人民出版社,1998 年。

朱维铮编:《周予同经学史论著选集》,上海:上海人民出版社,1983 年。

朱维铮:《中国经学史十讲》,上海:复旦大学出版社,2002 年。

朱贻庭:《中国传统伦理思想史》,上海:华东师范大学出版社,1994 年。

朱源清编:《上博馆藏战国楚竹书研究》,上海:上海书店,2002 年。

(日)佐原康夫:《汉代都市机构の研究》,东京:汲古书院,2002 年。

Anthony E. Clark, *Ban Gu's History of Early China*, Amherst, NY: Cambria
    Press, 2008.

Bodde, Derk. *Essays on Chinese civilizeation. edited and introduced by Charles Le Blance and Dorothy Borei*. Princeton University Press, 1981.

Grant L. Mattos, *The Stone Drums of Ch'in,* Nettetal: Styler, 1988.

Loewe, Michael. *Divination, Mythology and Monarchy in Han China*. London: Cambridgy University Press, 1994.

Munro, Donald. *The Concept of Man in Early China*. Stanford, Calif: Standford University Press, 1969.

Michael Loewe, *A Biographical Dictionary of the Qin , Han and Xin Dynasties,* Leiden: Brill, 2000.

三、论文类

（日）安部聪一郎：《党锢的"名士"再考——贵族制成立过程的再检讨のために》,《史学杂志》2002 年第 111 卷第 10 号。

安作璋：《汉代的山东儒学》,《山东师院学报》1979 年第 5 期。

边家珍：《两汉之际的谶纬论略》,《辽宁师范大学学报》2004 年第 4 期。

卜宪群：《秦制、楚制与汉制》,《中国史研究》1995 年第 1 期。

卜宪群：《乡论与秩序：先秦至汉魏乡里舆论与国家关系的历史考察》,《中国社会科学》2018 年第 12 期。

晁福林：《先秦社会最高权力的变迁及其影响因素》,《中国社会科学》2015 年第 2 期。

曹峰：《出土文献视野下的黄老道家研究》,《中国社会科学》2013 年第 2 期。

曹金华：《刘秀"柔道"思想述论》,《南都学坛》1990 年第 2 期。

陈福滨：《论董仲舒的天道思想与天人关系》,《哲学与文化》2007 年第 10 期。

陈蔚松：《汉代太学考选制度》,《华中师范大学学报》1988 年第 4 期。

陈槃：《论早起谶纬及其与邹衍书说之关系》,《史语所集刊》1948 年第 20 本。

陈启云：《汉儒理念与价值观研究的方法论问题之考论篇》,《史学集刊》2006 年第 1 期。

陈启云：《汉儒思想的现代诠释》,《南都学坛》2003 年第 5 期。

陈其泰：《两汉之际阴阳五行说和谶纬说的演变》,《孔子研究》1993 年第 4 期。

陈苏镇：《汉室复兴的历程及其政治文化背景》,《中华文史论丛》2010 年第 1 期。

陈苏镇：《两汉之际的谶纬与〈公羊〉学》,《文史》2006 年第 3 辑。

陈廷杰《谶纬考》,《东方杂志》1924 年第 26 卷第 6 号。

陈永超：《〈世经〉帝德谱的形成过程及相关问题——再析"五德终始说"下的政治和历史》,《文史哲》2008 年第 1 期。

程苏东：《书写文化的新变与士人文学的兴起——以〈春秋〉及其早期阐释为中心》,《中国社会科学》2018 年第 6 期。

程曦：《汉代天地之祭与阴阳五行学说》,《史学史研究》2007 年第 2 期。

程志敏：《作为政治哲学的解释学——论董仲舒经学的思想史意义》,《哲学与文化》2007 年第 3 期。

成长春、张廷干、汤荣光：《意识形态自觉与价值理性认同》,《中国社会科学》2018 年第 2 期。

崔大华：《论经学的历史发展》,《中国社会科学院研究生院学报》1994 年第 6 期。

代国玺：《"赤九"谶与两汉政治》,《文史哲》2018 年第 5 期。

戴君仁：《汉武帝抑黜百家非发自董仲舒考》,《孔孟学报》1968 年第 16 期。

邓骏捷：《"诸子出于王官"说与汉家学术话语》,《中国社会科学》2017 年第 9 期。

丁鼎、薛立芳:《试论"谶"与"纬"的确——兼与钟肇鹏先生商榷》,《上海师范大学学报》2004 年第 4 期。

丁进:《汉代经学中的家法和师法辨析》,《湖南大学学报》2011 年第 5 期。

丁伟志:《儒学的变迁》,《历史研究》1978 年第 1 期。

丁原明:《汉初儒家对原始儒学的综合与拓展》,《孔子研究》1999 年第 2 期。

董平:《论汉代谶纬之学的兴起》,《中国史研究》1993 年第 2 期。

杜保瑞:《董仲舒政治哲学与宇宙论进路的儒学建构》,《哲学与文化》2003 年第 9 期。

(美)杜维明:《认识传统——对儒教中国的回顾和反思》,(新加坡)《亚洲文化》1986 年第 8 期。

樊波成、晏子然:《西汉初置师法考论》,《孔子研究》2018 年第 2 期。

方光华:《思想与皇权的协调——论孝观念从孔孟到〈白虎通义〉的转变》,《学术研究》2008 年第 6 期。

方立天:《汉代经学与魏晋玄学》,《哲学研究》1980 年第 3 期。

冯达文:《理性的界限——先秦两汉思想转型提供的启示》,《中国哲学》2002 年第 5 期。

冯友兰:《董仲舒哲学的性质及其社会作用》,《北京大学学报》1963 年第 3 期。

冯渝杰:《从"汉家"神化看两汉之际的天命竞夺》,《历史研究》2015 年第 1 期。

(日)福井重雅:《秦汉时代における博士制度の展开——五经博士の设置をめぐる疑义再论》,《东洋史研究》1995 年 6 月。

甘怀真:《秦汉的"天下"整体:以郊祀礼改革为中心》,《新史学》2005 年第 4 期。

高敏:《汉初法律全部继承秦律说》,《秦汉史论丛》1981 年第 6 辑。

郜积意:《刘歆与两汉今古文学之争》,复旦大学博士学位论文,2005 年。

葛志毅:《两汉经学与古代学术体系的转型》,《北京大学学报》1994 年第 2 期。

龚留柱、张信通:《"汉家尧后"与两汉之际的天命之争》,《史学月刊》2013 年第 10 期。

顾颉刚:《五德终始说下的政治和历史》,《清华大学学报》1930 年第 1 期。

韩星:《汉初诸子复兴思潮与思想整合》,《诸子学刊》第 11 辑,上海:上海古籍出版社,2014 年。

郝建平:《汉代太学生的干政之举》,《北方论丛》2004 年第 5 期。

何平:《论政治神话及有关政治范式的神话——古代政治神话论纲之一》,《天津社会科学》1992 年第 1 期。

何兹全:《众人和庶民》,《史学月刊》1985 年第 1 期。

侯外庐:《汉代白虎观宗教会议与神学法典〈白虎通义〉——兼论王充对白虎观神学的批判》,《历史研究》1956 年第 5 期。

侯旭东:《逐鹿或天命:汉人眼中的秦亡汉兴》,《中国社会科学》2015 年第 4 期。

胡秋银:《试论郭泰之不仕不隐》,《安徽大学学报》2002 年第 1 期。

黄留珠:《中国古代选官制度纵横谈》,《西北大学学报》1983 年第 3 期。

黄开国:《论汉代谶纬神学》,《中国哲学史研究》1984 年第 1 期。

黄朴民:《两汉五德终始说种种及其实质》,《历史教学》1989 年第 4 期。

黄宛峰:《汉代的太学生与政治》,《南都学坛》1996 年第 2 期。

黄玉顺:《大汉帝国的正义观念及其现代启示——〈白虎通义〉之"义"的诠释》,《齐鲁学刊》2008 年第 6 期。

季乃礼:《三纲六纪与社会整合——从〈白虎通〉看汉代社会人伦关系》,南开大学博士学位论文,1998 年。

蒋波:《秦汉时期的隐逸现象及相关问题研究》,西北大学博士学位论文,2012 年。

蒋国保:《汉儒之"师法""家法"考》,《中山大学学报》2011 年第 3 期。

姜维公:《汉代经学教育中的师法与家法》,《社会科学战线》2005 年第 1 期。

姜生:《马王堆帛画与汉初"道者"的信仰》,《中国社会科学》2014 年第 12 期。

姜哲:《中西方诠释学比较研究——汉代经学诠释学的基本概念及其生存论意义》,复旦大学博士学位论文,2011 年。

金发根:《东汉党锢人物的分析》,《史语所集刊》1963 年第 2 本。

晋文:《论经学与汉代"受命"论的诠释》,《学海》2008 年第 4 期。

雷戈:《班固与〈白虎通德论〉之关系考》,《古籍整理研究学刊》1996 年第 5 期。

李定生:《董仲舒与黄老之学——儒学之创新》,《复旦学报》1995 年第 1 期。

李梅训:《谶纬文献史略》,山东大学博士学位论文,2003 年。

李锦全:《从孔孟到程朱——兼论儒学发展历程中的双重价值效应》,《孔子研究》1998 年第 2 期。

李培健:《德运何以成迷——论西汉五德的三种类型》,《西部学刊》2015 年第 6 期。

李凭:《黄帝历史形象的塑造》,《中国社会科学》2012 年第 3 期。

李祥俊:《先秦儒家道论与汉代经学的兴起》,《北京师范大学学报》2004 年第 6 期。

李学勤:《汉代李寻传与纬学的兴起》,《杭州师范学院学报》1996 年第 2 期。

李源澄:《〈白虎通义〉〈五经异义〉辩证》,《学术世界》1935 年第 1 卷第 7、9、11、12 期。

李泽厚:《秦汉思想简议》,《中国社会科学》1984 年第 2 期。

李振宏:《汉代儒学的经学化进程》,《中国史研究》2013 年第 1 期。

李宗桂:《汉代礼治的形成及其思想特征》,《哲学研究》2007 年第 10 期。

冷德熙:《纬书与政治神话研究》,《天津社会科学》1992 年第 5 期。

梁宗华:《董仲舒对新儒学的建构及其意义》,《东岳论丛》1996 年第 4 期。

林丽雪:《〈白虎通〉"三纲"说与儒法之辨》,《中国哲学史研究》1984 年第 4 期。

林聪舜:《汉初黄老思想中的法家倾向》,《汉学研究》1980 年第 8 卷第 2 期。

林甘泉:《中国古代阶层的原型及其早期历史进程》,《中国史研究》2003 年第 3 期。

林永光:《兼论董仲舒对儒学的齐学化》,《文史哲》1997 年第 5 期。

刘光汉:《西汉学术发微论》,《国粹学报》1905 年第 1 卷第 10—12 期。

刘厚琴:《儒学与后汉士人的归隐之风》,《齐鲁学刊》1995 年第 3 期。

刘太祥:《汉代游学之风》,《中国史研究》1998 年第 4 期。

刘笑敢:《庄子后学中的黄老派》,《哲学研究》1985 年第 6 期。

刘修明:《两汉之际社会变动中的知识分子及其命运》,《中国史研究》1990 年第 4 期。

刘泽华:《分层研究社会形态兼论王权支配社会》,《历史研究》2000 年第 2 期。

(英)鲁惟一:《董仲舒与儒学》,张靖译,《世界汉学》2010 年春季号。

吕锡琛:《论谶纬的思想归属》,《求索》1992 年第 1 期。

吕宗力:《论汉代对谶纬神学的批判》,《南京大学学报》1990 年第 1 期。

吕宗力:《汉代开国之君神话的建构与语境》,《史学集刊》2010 年第 2 期。

罗新慧:《"帅型祖考"和"内得于己":周代"德"观念的演化》,《历史研究》2016 年第 3 期。

罗义俊:《论汉代博士家法——兼论两汉经学运动》,《史林》1990 年第 3 期。

马彪:《东汉士风中的"禄利"、"名节"之变》,《北京师范大学学报》1992 年第 2 期。

马亮宽:《略论士人与汉初政治发展》,《天津社会科学》2001 年第 6 期。

马育良:《董仲舒的政治历史观及质文观》,《孔子研究》1996 年第 1 期。

马振铎、金佩毅:《董仲舒的天人之学和燕齐方术》,《河北学刊》1999 年第 1 期。

聂济冬:《东汉士林风气与文学发展》,山东大学博士学位论文,2006 年。

（日）内野熊一郎：《经今古文分立的源流》，《管子学刊》1989 年第 2 期。

牛润珍、王磊：《进取时代的退却与守望：论汉代士人的隐逸之风》，《山东大学学报》2009
年第 1 期。

彭丰文：《两汉之际的国家认同及其历史启示》，《中南民族大学学报》2016 年第 1 期。

齐涛：《论东汉的隐士》，《安徽史学》1992 年第 1 期。

（日）齐藤幸子：《前汉の太子太傅》，《人间文化创成科学论丛》2008 年 3 月。

钱穆：《论战国秦汉间新儒家》，《思想与时代》1944 年第 35 期。

钱穆：《秦汉学术思想》，《新亚生活》1961 年第 3 卷第 17—20 期。

秦际明：《论汉代经学师法、家法与学官制度》，《中国哲学史》2016 年第 3 期。

邱秀春：《〈白虎通义〉与东汉经学的发展》，辅仁大学博士学位论文，1999 年。

曲利丽：《从公天下到"王命论"——论两汉之际儒生政治理念的变迁》，《史学集刊》2010
年第 4 期。

任继愈：《秦汉的统一与哲学思想的变革》，《历史研究》1977 年第 6 期。

沈长云、李晶：《春秋官制与〈周礼〉比较研究——〈周礼〉成书年代再探讨》，《历史研究》
2004 年第 6 期。

沈文倬：《黄龙十二博士的定员和太学郡国学校的设置》，见《宗周礼乐文明考论》，杭州：
浙江大学出版社，1999 年。

施之勉：《汉书补注辩证·尧后火德》，《大陆杂志》1954 年第 8 卷第 4 期。

宋艳萍：《阴阳五行与秦汉政治史观》，《史学史研究》2001 年第 3 期。

苏诚鉴：《"汉家尧后，有传国之运"——西汉亡于儒生论》，《安徽师范大学学报》1988 年
第 4 期。

苏红燕：《东汉经学传授与特点述论》，山东大学博士学位论文，2013 年。

孙家洲：《秦汉祭天礼与儒家文化》，《孔子研究》1994 年第 2 期。

孙钦善：《汉代的纬书与纬学》，《文献》1985 年第 4 期。

孙曙光：《谶纬与汉代政治的神秘性》，《社会科学战线》1998 年第 2 期。

孙述圻：《论汉代的儒法合流》，《南京大学学报》1977 年第 3 期。

孙诒让：《〈白虎通义〉考》，《国粹学报》1909 年第 5 卷第 6 期。

（日）守屋美都雄：《父老》，《东洋史研究》1955 年第 14 卷第 1—2 号。

陶希圣：《两汉之儒术》，《食货》1975 年第 5 卷第 7 期。

汤其领：《白虎观会议与东汉政权的苟延》，《徐州师范学院学报》1996 年第 2 期。

（日）藤田高夫：〈前汉后半期的外戚与官僚机构〉，《东洋史研究》1990 年 3 月。

田延锋：《论秦的時祭与五帝说的形成》，《前沿》2011 年第 6 期。

王范之：《两汉今古经学考》，《中国哲学史研究》1986 年第 1 期。

王和：《商周人际关系思想的发展与演变》，《历史研究》1991 年第 5 期。

王洪军：《新史料发现与"秦族东来说"的坐实》，《中国社会科学》2013 年第 2 期。

王继训：《从汉赋的历史层面看知识分子与皇朝政治的关系》，《西北大学学报》2002 年第
2 期。

王健：《西汉后期的文化危机与"再受命"事件新论》，《中国史研究》2015 年第 1 期。

王健文：《历史解释的现实意义——以汉代人对秦政权兴亡的诠释与理解为例》，《新史
学》1994 年第 5 卷第 4 期。

王青：《从区域崇拜到统一帝国崇拜——论秦汉时期的宗教统一运动》，《世界宗教研究》
1993 年第 3 期。

王四达：《〈白虎通义〉与汉代社会思潮》，中山大学博士学位论文，2001 年。

王文涛：《论董仲舒的灾异思想》，《中州学刊》2005 年第 6 期。

王彦辉：《论秦及汉初身份秩序中的"庶人"》，《历史研究》2018 件第 4 期。

王永祥：《董仲舒的天论再探》，《河北学刊》1995 年第 4 期。

王友兰：《两汉谶纬神学与反谶纬神学的斗争》，《学术月刊》1981 年第 9 期。

王子今：《汉代民间的"苍天"崇拜》，《学术月刊》1998 年第 6 期。

王子今：《秦帝国的文化格局与稷下学的历史命运》，《北京师范大学学报》2016 年第 4 期。

王竹波、田婉琳：《试论两汉太学与儒术独尊的制度性确立》，《学术论坛》2008 年第 2 期。

汪高鑫：《论刘歆的新五德终始历史学说》，《中国历史文化》2002 年夏之卷。

汪受宽：《時祭原始考》，《兰州大学学报》2002 年第 6 期。

汪文学：《论汉晋间之尚通意趣与学风转移》，《文史哲》2000 年第 4 期。

吴从祥：《〈赤伏符〉考辨》，《中华文化论丛》2016 年第 1 期。

吴根友、黄燕强：《经子关系辨正》，《中国社会科学》2014 年第 7 期。

向晋卫：《论汉代的谶纬之学》，《广西社会科学》2002 年第 5 期。

谢谦：《大一统宗教与汉家封禅》，《四川师范大学学报》1995 年第 2 期。

萧平汉：《汉武帝与董仲舒的神化儒学》，《天津师范大学学报》2001 年第 1 期。

邢文：《经今古文学·谶纬·〈白虎通〉》，《江海学刊》1992 年第 3 期。

邢义田：《秦汉的律令学——兼论曹魏律博士的出现》，自《中研院历史语言研究所集刊论文类编》（历史编·秦汉卷），北京：中华书局，2009 年。

熊铁基：《论汉代新儒家》，《南都学坛》2006 年第 4 期。

徐殿才：《〈白虎通义〉中的国家学说》，《中国史研究》1996 年第 2 期。

徐兴无：《谶纬与经学》，《中国社会科学》1992 年第 2 期。

阎步克：《秦政、汉政与文史、儒生》，《历史研究》1986 年第 3 期。

阎步克：《汉代选官之"四科"标准的性质》，《社会科学研究》1990 年第 5 期。

杨国荣：《经学的实证化及其历史意蕴》，《文史哲》1998 年第 6 期。

杨华：《秦汉帝国的神权统一——出土简帛与〈封禅书〉〈郊祀志〉的对比考察》，《历史研究》2011 年第 5 期。

杨念群：《汉代"正统论"溯源——从"灾异天谴论"到"符命授受说"的历史演变》，《河北学刊》2021 年第 1 期。

杨秀实：《黄老思想与东汉政治》，《华中师范大学学报》1998 年第 2 期。

杨权：《光武帝"始正火德"正解——对两汉五德制度史的一项新阐释》，《中山大学学报》2006 年第 1 期。

杨天宇：《〈周礼〉之天帝观考析》，《史学史研究》1990 年第 4 期。

杨英：《汉初祀時考》，《世界宗教研究》2003 年第 2 期。

杨向奎：《论西汉新儒家的产生》，《文史哲》1955 年第 9 期。

杨永泉：《两汉经学社会批判思潮管窥》，《南京社会科学》2008 年第 6 期。

（日）永田英正：《汉代の选举と官僚阶级》，《东方学报》1970 年 3 月。

于　凌：《秦汉律令学》，东北师范大学博士学位论文，2008 年。

于首奎：《〈白虎通〉神学宇宙观批判》，《江汉论坛》1981 年第 2 期。

于迎春：《以"通儒""通人"为体现的汉代经术新变》，《中州学刊》1996 年第 4 期。

于振波：《汉代官吏的考课时间与方式》，《北京大学学报》1994 年第 5 期。

臧知非：《"义不讪上，智不危身"发微——董仲舒春秋公羊学与汉代儒生的人格蜕变》，《苏州大学学报》2000 年第 4 期。

臧知非：《"驳而霸"探微——荀子眼中的秦国政治评析》，《苏州大学学报》2002 年第 4 期。

臧知非：《秦汉历史转折的思想史分析》，《江汉论坛》2008 年第 7 期。

臧知非：《两汉之际儒生价值取向探微》，《史学集刊》2003 年第 2 期。

张岱年：《董仲舒的地位及其研究方法》，《河北学刊》1987 年第 1 期。

张峰屹：《谶纬思潮与两汉士人心态之迁变》，《南开学报》2017 年第 5 期。

张鹤泉：《东汉时代的私学》，《史学集刊》1993 年第 1 期。

张弘、宋艳萍：《试论东汉前期的公羊学》，《理论学刊》2011 年第 5 期。

张秋升：《董仲舒历史哲学初探》，《南开学报》1997 年第 6 期。

张荣芳：《论两汉太学的历史作用》，《中山大学学报》1990 年第 2 期。

张荣明：《政治与学术之间的汉代章句学》，《南开学报》2007 年第 1 期。

张涛：《〈白虎通义〉与易学》，《周易研究》2004 年第 2 期。

张昱：《先秦道家的阴阳感应理论》，《首都师范大学学报》2006 年第 5 期。

张荫麟：《汉初经术与政治》，《大公报史地周刊》1936 年 10 月 16 日。

张忠炜：《汉代律章句学探源》，《史学月刊》2010 年第 4 期。

章权才：《论两汉经学的流变》，《学术研究》1984 年第 2 期。

章太炎：《论经史儒之分合》，《光华大学半月刊》1935 年第 4 卷第 5 期。

赵国华：《刘歆谋反事件考论》，《史学月刊》2016 年第 5 期。

赵茂林：《汉代四家诗〈诗〉的传承与解说歧异》，《兰州学刊》2017 年第 10 期。

赵敏俐：《中国早期书写的三种形态》，《中国社会科学》2018 年第 2 期。

赵沛：《汉武帝时期的经学与政治》，《山东大学学报》2002 年第 2 期。

赵毅、王彦辉：《两汉之际"人心思汉"思潮评议》，《东北师大学报》1994 年第 6 期。

郑杰文：《古佚书整理中的谶纬辑佚和研究》，《山东大学学报》2003 年第 3 期。

郑先兴：《论谶纬》，《南都学坛》1991 年第 3 期。

曾德雄：《中国传统政治的合法性问题》，《浙江学刊》2005 年第 1 期。

曾德雄：《〈白虎通〉中的谶纬思想》，《人文杂志》2009 年第 1 期。

曾振宇：《董仲舒"天人合一"学说再认识》，《烟台大学学报》1997 年第 4 期。

曾子友：《秦汉经学变迁大势》，《建设》1954 年第 2 卷第 9 期。

钟肇鹏：《先秦五行说的起源和发展》，《中国哲学史研究》1981 年第 2 期。

钟肇鹏：《〈白虎通义〉的哲学和神学思想》，《中国史研究》1990 年第 4 期。

周策纵：《中国古代的巫医与祭祀、历史、乐舞及诗的关系》，《清华学报》1979 年第 12 卷第 2 期。

周桂钿：《董仲舒哲学与〈公羊传〉》，《管子学刊》1994 年第 1 期。

周继旨：《略论秦汉之际儒法合流和统一的封建主义思想的形成》，《文史哲》1977 年第 4 期。

周予同：《经学史与经学之派别》，《民铎杂志》1927 年第 9 卷第 1 期。

朱绍候：《秦汉简牍与军功爵制研究》，《光明日报》2002 年 5 月 21 日。

朱维铮：《中国经学与中国文化》，《复旦学报》1986 年第 2 期。

朱玉周：《汉代谶纬天论研究》，山东大学博士学位论文，2007 年。

祝总斌：《〈后汉书·党锢传〉太学生"三万余人"质疑》，《中华文史论丛》2010 年第 1 期。

后　记

本书是国家社科基金后期资助项目"秦汉政权合法性理论的建构与演变"最终成果。课题书稿提交结项申请后，匿名评审给予了积极肯定，并提出了许多中肯的意见。在此，我要对他们的鼓励表示衷心的感谢。

我生活在"浅吟低唱中州韵，软糯细腻百媚生"的姑苏城。我对历史学发生兴趣，最早是受父亲的影响。家父高庆芬先生从事中文教学工作，博学多才，温文尔雅，有良好的语言基础和文史功底。家父有藏书之好，家藏书籍是我少时阅读习惯养成的最大助益。家父热衷文艺，奏得一手好乐器，尤擅长笛、洞箫、二胡。家父勤俭持家，为我和小妹提供了良好的成长环境和生活条件。我的父亲是坚韧的，他既是我读书、治学之路的最初领路人，也是我人生性格的塑造者。博士毕业后，我暂离姑苏，北上工作。未能长侍父亲左右，是我最大的苦楚。

本书在选题、策划与写作过程中，得到了许多前辈、同仁的关怀和帮助。感谢我的恩师臧知非先生。先生言传身教，亦师、亦父。学业上对我的要求极高，生活上也极为关心。本课题展开后的宏观与微观分析，先生无不悉心指导，使我获益良多。承先生门荫，恩泽深厚。

治学艰辛，却也乐在其中，感悟良多。史学研究，贵在求真。秦汉时代的思想史研究，既要关注思想内容的建构与诠释，又要关注思想与社会的互动关系，以及思想的践行与影响；既要考察思想产生的社会背景、思想的更新与演变，又要将之与同时代其他思想、不同时代的同类思想进行纵向与横向的比较探讨；既要作宏观上整体性、系统性的总结，又要注重对各种思想因素作微观的、结构性的分析。治思想史，还需要跳出学案式研究的范式，跳出就思想论思想的窠臼，跳出任何政治的、价值的、目的论的预设，甚至不妨站在全球史的视野回溯中国思想，冷静、客观、严谨、理性、科学地拓展历史研究。

感谢上海三联书店徐建新先生对本书校订、出版事宜中的帮助。

愿世间安好,祖国昌盛!

高海云

2023 年 5 月 21 日于姑苏·书驳岸

图书在版编目(CIP)数据

秦汉政权合法性理论的建构与演变/高海云著.
上海:上海三联书店,2024.10.—ISBN 978 - 7 - 5426
- 8604 - 6

Ⅰ.D691.2

中国国家版本馆 CIP 数据核字第 20247YZ160 号

秦汉政权合法性理论的建构与演变

著　　者 / 高海云

责任编辑 / 徐建新
装帧设计 / 一本好书
监　　制 / 姚　军
责任校对 / 王凌霄　原梦雅　张　瑞

出版发行 / 上海三联书店

　　　　(200041)中国上海市静安区威海路 755 号 30 楼
邮　　箱 / sdxsanlian@sina.com
联系电话 / 编辑部:021 - 22895517
　　　　　发行部:021 - 22895559
印　　刷 / 上海颛辉印刷厂有限公司

版　　次 / 2024 年 10 月第 1 版
印　　次 / 2024 年 10 月第 1 次印刷
开　　本 / 710 mm×1000 mm　1/16
字　　数 / 450 千字
印　　张 / 25.75
书　　号 / ISBN 978 - 7 - 5426 - 8604 - 6/D · 645
定　　价 / 99.00 元

敬启读者,如发现本书有印装质量问题,请与印刷厂联系 021 - 56152633